NZZ **LIBRO**

R. James Breiding   Gerhard Schwarz

WIRTSCHAFTSWUNDER SCHWEIZ

Ursprung und Zukunft eines Erfolgsmodells

Mit einem Geleitwort von Harold James,
Princeton University

Redaktion: Markus Christen

3., überarbeitete Auflage

Verlag Neue Zürcher Zeitung

Mit freundlicher finanzieller Unterstützung der ABB, Anova Holding AG, Emil Frey AG, FASMED (Dachverband der Schweizerischen Handels- und Industrievereinigungen der Medizintechnik), Holcim Ltd, Interpharma, Jacobs Holding AG, Johann Jacob Rieter-Stiftung, Naissance Capital AG, Nestlé S. A., Reichmuth & Co, Bernhard Sabrier, Sulzer AG, Swissmem, Swiss Re, Synthes Inc, Verband der Schweizer Uhrenindustrie FH, VP Bank, Walter Haefner Stiftung, Franz Wassmer und weiteren Organisationen.

Bibliografische Information der Deutschen Nationalbibliothek
Die Deutsche Nationalbibliothek verzeichnet diese Publikation
in der Deutschen Nationalbibliografie; detaillierte bibliografische Daten
sind im Internet über http://dnb.d-nb.de abrufbar.

Zitierweise: Gerhard Schwarz, R. James Breiding (2011): Wirtschaftswunder Schweiz. Ursprung und Zukunft
eines Erfolgsmodells. Verlag Neue Zürcher Zeitung, Zürich

3., überarbeitete Auflage 2016

© 2011 Verlag Neue Zürcher Zeitung, Zürich

Autoren: Gerhard Schwarz, R. James Breiding
Redaktion: Markus Christen
Redaktionsteam: Ueli Burkhard, Timm Delfs, Felix Erbacher, Daniel Geissmann, Karl Lüönd, Markus Schär,
    Caspar Schärer, Felix Weber, Christoph Zurfluh
Bildredaktion: Roger Zoller
Gestaltung, Satz: icona basel
Druck, Einband: CPI – Clausen & Bosse, Leck

ISBN 978-3-03810-016-4

www.nzz-libro.ch
NZZ Libro ist ein Imprint der Neuen Zürcher Zeitung

Inhaltsverzeichnis

Geleitwort

Die Schweiz ist eine Erfolgsgeschichte, wie James Breiding und Gerhard Schwarz in ihrem bemerkenswerten und aufschlussreichen Buch darlegen. Nimmt man die mittelalterliche Schweiz als Ausgangspunkt, so war diese von Bergen und Hügeln geprägte Gesellschaft arm. Ihr Hauptexportgut waren Söldner, die in die Kämpfe anderer Mächte eingespannt waren. Manch ein Kind der oft mittellosen Schweizer Familien verliess die Heimat, um sich als Landarbeiter in Deutschland und anderen Ländern zu verdingen. Doch die moderne Schweiz ist eine hochgradig prosperierende Gesellschaft, die offensichtlich auch ökonomische Krisenzeiten weit besser durchstehen kann als ihre Nachbarn. Sowohl die Krise der 1970er-Jahre als auch die 2007 begonnene Finanzkrise, die später zur Staatsverschuldungskrise wurde, hat beispielsweise nur halb so viele Arbeitslose produziert wie in den EU-Staaten.

Dieses Buch sucht nach den Ursachen dieses Phänomens und fokussiert dabei die unternehmerischen Qualitäten der Schweiz – ihre bemerkenswerten Innovationen, Ideen und Produkte. Früher tendierte man dazu, Unternehmer als hochgradige Individualisten zu verstehen. Doch diese Verengung verkennt, dass Unternehmer nicht einfach in einem sozialen Vakuum leben. Sie sind Teil einer innovativen und erfinderischen Gesellschaft – deshalb sprechen Wirtschaftshistoriker heute von Clustern des Unternehmertums, um den Erfolg von Unternehmern und den Gesellschaften, in denen sie leben, zu verstehen.

Hierfür müssen gerade beim unbedarften Beobachter von aussen diverse Klischees über die Schweiz überwunden werden. Im Film «Der Dritte Mann» sagt Orson Welles (als Harry Lime) die berühmten Zeilen: «Italien hatte in den 30 Jahren Herrschaft der Borgias Krieg, Terror, Mord und Blutvergiessen erlitten – und dabei Michelangelo, Leonardo da Vinci und die Renaissance hervorgebracht. Die Schweiz hingegen hatte Brüderlichkeit und fünfhundert Jahre Demokratie und Frieden, und was hat sie dabei geschaffen? Die Kuckucksuhr!» Einmal abgesehen davon, dass in diesem Zitat weder die Charakterisierung der Schweiz noch die Urheberschaft der Kuckucksuhr zutrifft – sie entstand nämlich im Schwarzwald –, so ist dennoch das wirtschaftliche Bild der Schweiz bei vielen Menschen von Banken und Schokolade geprägt. Doch das ist völlig falsch. Der Erfolg der Schweiz definiert sich nicht über bestimmte Produkte, sondern über die Art und Weise, wie in diesem Land unterschiedliche Innovationen miteinander verknüpft werden konnten.

Die Stärke dieses Buches ist die Darstellung der Breite der Schweizer Innovationskraft: Nicht nur Banken und Uhrenindustrie, sondern ebenso Textilindustrie und Tourismus, Nahrungsmittelindustrie und Engineering, Medizintechnik und Pharma, Handel und Versicherungen, Logistik und Informationstechnologie, Architektur, Bau- und Maschinenindustrie sind die Felder des erfolgreichen Wirkens Schweizer Unternehmertums.

Die Topografie des Landes spielt dabei eine nicht unwesentliche Rolle, will man diesen Erfolg erklären. Viele Teile des Landes waren vergleichweise isoliert, was zu Spezialisierung und gesellschaftlicher wie konfessioneller Differenzierung geführt hat. Entsprechend aufwendig gestalteten sich Abstimmung und Koordination der wirtschaftlichen und politischen Aktivitäten der sich formenden Schweiz. Brücken und Tunnels sind physische Repräsentanten dieses Integrationsmechanismus, die unterschiedliche Regionen mit unterschiedlichen Stärken zusammengeführt haben. Insofern ist die ökonomische Integration der Schweiz ein Testfall, an dem sich Mechanismen der derzeit laufenden Globalisierung ablesen lassen.

So sind die Leitprodukte dieses Landes nicht singulär, sondern eingebettet in ein ganzes Paket: Hotels und Tourismus bedingen ein exzellentes Transportnetz, Banken und Versicherungen begleiten Handelsaktivitäten. Die Fähigkeit, solch funktionierende Pakete anzubieten, zeichnet die Qualität der «Swissness» aus.

Eine zentrale Komponente in der Erschaffung dieses Qualitätsmerkmals ist Offenheit für das produktive Wirken anderer in diesem Land. Viele der dynamischsten Persönlichkeiten der Schweiz, die massgebende internationale Marken geschaffen haben, kamen aus dem Ausland. Sie flohen vor politischer Unterdrückung oder vor desolaten ökonomischen Lebensumständen. Heinrich Nestle (später dann Henri Nestlé) war in Frankfurt am Main geboren, Julius Maggi war der Sohn italienischer Immigranten. Die Uhrenindustrie wurde massgeblich von französischen Hugenotten aufgebaut, die vor der religiösen Verfolgung durch Ludwig XIV. flohen. Florentine Ariosto Jones kam aus Boston, um in Schaffhausen Uhren zu produzieren. Der polnische Aristokrat Antoni Norbert de Patek musste seine Heimat nach dem gescheiterten Novemberaufstand von 1830 verlassen und arbeitete in Genf mit dem polnischen Uhrmacher Franciszek Czapek, um später dann mit dem Franzosen Adrien Philippe zusammenzutreffen und eine Weltmarke mitzubegründen. Charles Brown kam von Uxbridge bei London aus in die Schweiz, Walter Boveri aus dem Frankenland; und Emil Georg Bührle, der in Oerlikon eine Maschinen- und Waffenfabrik begründete, stammte aus Süddeutschland. Cesare Serono, der das einst drittgrösste Schweizer Pharmaunternehmen aufgebaut hat, stammt aus

Turin; und Tadeus Reichstein, der Hoffmann-La Roche zum Vitamin C verhalf, kam von Polen in die Schweiz, um an der ETH Zürich Chemie zu studieren.

Diese Offenheit funktionierte auch umgekehrt: Der Bauernsohn Cäsar Ritz, der Jüngste von 13 Kindern, wurde nicht wegen seines Wirkens in der Schweiz zu einer globalen Ikone, sondern aufgrund der Hotels, die er in Paris und London geleitet hat. Charles-Edouard Jeanneret-Gris begann eine Lehre als Gravierer und Ziseleur in der Uhrenmetropole La Chaux-de-Fonds, wurde dann aber in Frankreich und später auch den USA als Architekt Le Corbusier weltbekannt. Der Ingenieur Othmar Hermann Ammann verband zunächst Manhattan und New Jersey mit der George-Washington-Brücke und dann Staten Island und Brooklyn mit der Verrazano-Brücke – beides spektakuläre Wahrzeichen von New York City.

Neben dieser Offenheit als Grundmerkmal sind aber auch spezifischere Aspekte bemerkenswert. So fusst die ökonomische Stärke der Schweiz zu einem nicht unwesentlichen Teil auf einer grossen Zahl sehr erfolgreicher Familienunternehmen. Diese konnten nicht nur bekannte Probleme dieses Unternehmenstypus – Nachfolgeprobleme und das Verprassen des Vermögens durch weniger talentierte Erben – vergleichsweise erfolgreich meistern, sondern sie haben durch ihre Kapitalbasis auch eine langfristige Bewirtschaftung von Produkten und Marken ermöglicht. So haben die besten Schweizer Produkte ein Renommee erreicht, das schliesslich auch den Besitzwechsel der entsprechenden Unternehmen erfolgreich überdauern konnte.

Das Buch verschweigt aber auch nicht Probleme des Wirtschaftswunders Schweiz, die sich am deutlichsten in Grossunternehmen gezeigt haben. Beispielsweise haben sich Swissair und UBS einer zu ambitionierten Strategie unterworfen, um globale Champions zu werden. Ein derartiges Umfeld gibt zudem Managern Raum für unverantwortliches Verhalten und verleitet zu kurzfristigem Denken und reiner Ausrichtung am unmittelbaren Profit anstelle einer langfristigen Orientierung. Aber auch das politische System ist vor solchen Schwächen nicht gefeit, was zu den bisher grössten Fehlern und Irrtümern der letzten Jahrzehnte geführt hat. Zu nennen sind hier unter anderem die Beziehungen zu Nazideutschland, die Verhandlungen über die Rückgabe nachrichtenloser Vermögen jüdischer Opfer des Holocaust an die Regierungen von Polen und Ungarn kurz nach dem Zweiten Weltkrieg sowie das Wiederaufflammen dieser Debatte in den 1990er-Jahren.

Die mit Blick auf den Beispielcharakter des Modells Schweiz kritischste Frage ist jene nach der Robustheit eines Landes gegenüber Krisen. Wie können ein Land und eine Gesellschaft in einer globalisierten Welt erfolgreich mit Krisen umgehen?

Hier hat die Schweiz ihre Vorteile als kleiner Staat erfolgreich umgesetzt. Beispielsweise haben sich die Gewerkschaften und Arbeitgeber in der grossen Depression der 1930er-Jahre mit zunehmenden geopolitischen Spannungen nicht mehr bekämpft, sondern sind für die Lösung der aus dieser Lage erwachsenen Probleme zusammengesessen. Kleinheit mindert auch den Handlungsspielraum für staatlichen Aktivismus, insbesondere mit Blick auf die Planbarkeit der künftigen wirtschaftlichen Entwicklung. So wäre es beispielsweise unsinnig gewesen, die Krisen, von denen die Uhrenindustrie periodisch heimgesucht worden ist, mit einem Stimulierungsprogramm zu bekämpfen. Als beispielsweise in den 1970er-Jahren die Quarzkrise die Uhrenindustrie fast in die Knie gezwungen hat und zwei von drei Arbeitnehmenden ihre Stelle verloren haben: Hätte die Regierung damals die Bevölkerung zum Tausch ihrer alten gegen eine neue Uhr bewegen sollen, wie das im Fall von Fahrzeugen während der Finanzkrise mehrere Regierungen für die Rettung ihrer Autoindustrie getan haben? Dies hätte den Niedergang höchstens verlangsamt. Die Rettung dieser Industrie ist vielmehr ein Ergebnis von gelebtem Unternehmertum. In diesem Fall ist es der aus Libanon stammende Nicolas Hayek gewesen, der mit der Lancierung der billigen, aber eleganten Plastikuhr Swatch einen neuen Trend in der Uhrenbranche geschaffen hat.

All dies bedeutet nicht, dass es keinen Spielraum für politisches Handeln in der Wirtschaft gibt. Öffentliche Güter wie Preisstabilität und die Sicherung und Durchsetzung von Eigentumsrechten bilden vielmehr das Fundament, auf dem Unternehmertum sich erst entfalten kann. Gerade in dieser Hinsicht hat die Schweiz Vorbildliches geleistet und ist ein Modell für andere Staaten, die sich den Herausforderungen der Globalisierung stellen müssen. So gesehen ist die ingenieurmässige, aber auch künstlerische und soziale Leistung, die sich im Bau einer Schweizer Brücke manifestiert, eine Metapher dafür, wie man eine sich technisch und geistig wandelnde Welt zusammenbringen kann.

Harold James, Princeton University, USA

Wirtschafts-Wunder?

Vor 1800	1291	Bundesbrief der drei Urkantone markiert den Beginn der Eidgenossenschaft.
	1332	Mit dem Vertrag mit der Stadt Luzern beginnt die Eidgenossenschaft zu wachsen. Unter anderem treten die Städte Zürich (1351) und Bern (1353) dem Bund bei.
	1476	Beginn der Burgunderkriege, in deren Folge sich die Alte Eidgenossenschaft als mitteleuropäische Macht und als Reservoir waffentüchtiger Söldner etabliert.
	1481	Das «Stanser Verkommnis» regelt den Umgang mit inneren Konflikten: gegenseitige Nichteinmischung, wechselseitige Unterstützung.
	1501	Mit Basel tritt eine europäisch bedeutsame Konzils- und Universitätsstadt der Eidgenossenschaft bei.
	1515	Die Niederlage in der Schlacht von Marignano beendet die eidgenössische Grossmachtpolitik.
	1519	Huldrych Zwinglis Berufung als Leutpriester ans Zürcher Grossmünster markiert den Beginn der Reformation in der Eidgenossenschaft, der sich vorab die Städte (u. a. Bern, Basel) anschliessen.
	1530	Bern und Freiburg garantieren die Unabhängigkeit der Stadt Genf und ermöglichen Jean Calvin die Umsetzung der Reformation. Die 1536 ausgerufene Genfer Republik wird zugewandter Ort der Eidgenossenschaft.
	1648	Im Westfälischen Frieden wird die staatliche Unabhängigkeit der Eidgenossenschaft anerkannt.
	1798	Der Einmarsch französischer Revolutionstruppen beendet die Alte Eidgenossenschaft, Beginn der Helvetik.
1800–1899	1803	Mediationsverfassung von Napoleon, ehemalige Untertanengebiete der Eidgenossenschaft werden Kantone.
	1814	Am Wiener Kongress wird die Neutralität der Schweiz anerkannt.
	1815	Bundesvertrag der 22 souveränen Kantone, Beginn der «Restauration».
	1830	Beginn der «Regeneration»: Mehrere Kantone führen liberale Verfassungen ein.
	1845	Die katholischen Kantone gründen den «Sonderbund», der im Sonderbundskrieg 1847 zerschlagen wird.
	1848	Bundesverfassung: männliche Wahlrechtsdemokratie, zwei Kammern, siebenköpfiger Bundesrat.
	1874	Totalrevision der Bundesverfassung, Einführung des fakultativen Referendums markieren Beginn der direkten Demokratie.
1900–1999	1914	Beginn des Ersten Weltkriegs. Neutralität und Mobilmachung. Innere Polarisierung zwischen Deutsch- und Westschweiz.
	1918	Nationaler Generalstreik, der durch staatlichen und militärischen Druck beendet wird.
	1919	Die ersten Nationalratswahlen nach Proporzwahlrecht beenden die Vorherrschaft des liberal-radikalen Lagers.
	1935	Rechts-autoritäre Fronten scheitern mit einem Volksbegehren zu einer Totalrevision der Bundesverfassung.
	1939	Beginn des Zweiten Weltkriegs. Mobilmachung und Réduit-Plan.
	1959	Die «Zauberformel» regelt die Aufteilung der Regierungsgewalt unter den vier grössten Parteien bis 2003.
	1960	Die Schweiz wird Gründungsmitglied der Freihandelszone EFTA.
	1971	Einführung des Frauenstimmrechts auf Bundesebene.
	1992	Die Schweizer Stimmbevölkerung verwirft den Beitritt zum Europäischen Wirtschaftsraum (EWR).
ab 2000	2000	Die bilateralen Verträge I mit der EU werden in einer Referendumsabstimmung vom Volk gutgeheissen.
	2002	In einer Volksabstimmung wird der Beitritt der Schweiz zur UNO gutgeheissen.
	2011	Die Schweizerische Nationalbank führt eine Wechselkurs-Untergrenze vom Schweizer Franken zum Euro ein – eine Massnahme zur Schwächung der Währung, die 2015 aufgehoben wird.
	2014	Die Schweizer Stimmbevölkerung stimmt einer Kontrolle der Einwanderung zu – eine Zäsur für die bilateralen Beziehungen zur EU.

Eine Bestandesaufnahme
der Schweizer Wirtschaftskraft

Wirtschaftswunder? Die Schweiz? Die Verbindung dieser beiden Begriffe überrascht auf den ersten Blick – aber auch auf den zweiten. Aufgekommen nach dem Zweiten Weltkrieg für die Beschreibung der rasanten und nicht für möglich gehaltenen Rückkehr Deutschlands zu internationaler Wettbewerbsfähigkeit und zu Wohlstand schwingt beim Wort «Wirtschaftswunder» vieles mit: Respekt für ausserordentliche Tüchtigkeit und grossen Fleiss, das Fehlen von naheliegenden Erklärungen für Leistung und Erfolg, etwas Neid ob der Gunst des Schicksals, ohne die ein solches «Wunder» nicht möglich gewesen wäre, Staunen über den unverhofften, unerwarteten, vielleicht sogar «unverdienten» eigenen Wohlstand. Ist auch die Schweiz ein solches Wirtschaftswunder? Ja und nein. Ja, weil der Aufstieg der Schweiz zumal in den letzten beiden Jahrhunderten wirklich beeindruckend ist. Ja, weil in der Tat auf den ersten Blick das einstige «Armenhaus Europas» durch nichts prädestiniert schien, dereinst zu den reichsten Ländern der Welt zu zählen. Ja auch, weil der Weg der Schweiz im Gegensatz zu demjenigen Deutschlands der Nachkriegszeit von vielen glücklichen Zufällen gepflastert war, die ausserhalb des Einflusses der Schweizer Politik lagen. Doch das Nein überwiegt, weil sich wie im Deutschland der 1950er-Jahre doch zahlreiche Erklärungen finden lassen, die im Nachhinein aus dem «Wunder» einen zwar nicht von oben gesteuerten, aber doch nachvollziehbaren Vorgang machen. Das berühmte Wort Adam Fergusons «By human action, but not by human design» trifft auch hier zu.

Dementsprechend will dieses Buch mit etwas Staunen die wirtschaftliche Erfolgsgeschichte der Schweiz erzählen und dieses Staunen dem Leser weitergeben. Zugleich sollen dabei jene Erfolgsfaktoren sichtbar gemacht werden, die individuellen, die branchenspezifischen und die vielleicht typisch schweizerischen, die zeigen, dass der erstaunliche Aufstieg eben doch kein «Wunder» ist. Unser Blick wandert dafür zunächst zurück in jene Gründerzeit, in der in Genf, Basel, Zürich, Winterthur oder St. Gallen, aber auch im Jura enorm dynamische Kräfte wirkten. Wir fragen uns, welche Menschen es in diesem Land aus welchen Gründen geschafft haben, bedeutende Unternehmen aus der Taufe zu heben. Kein anderes Land dieser Welt ist gemessen an seiner Grösse in so vielen unterschiedlichen Branchen derart präsent. Und auch mehrere gesamtwirtschaftliche und soziale Kennzahlen weisen die Schweiz als eines der erfolgreichsten Länder der Welt aus. Solche Feststellungen werden hierzulande meist diskret geäussert – nicht nur, weil man nicht gerne über Geld spricht, sondern auch, weil man weiss, dass Erfolg meist Neid und Begehrlichkeit weckt. Doch kann das Schweizer Wirtschaftswunder überleben? Und kann es gar Vorbild für andere sein? Beide Fragen lassen sich nicht mit Gewissheit beantworten, weil das Wirtschaftswunder Schweiz in erster Linie das Ergebnis des aktiven Ergreifens von Möglichkeiten und Gelegenheiten durch initiative Menschen ist. Gewiss gibt es einige institutionelle Erfolgsfaktoren, die diesem unternehmerischen Handeln Raum gaben. Andere Länder können davon lernen, doch sind solche Faktoren nur begrenzt direkt übertragbar. Entscheidend bleibt, gerade in einer Zeit, in der sich mehr und mehr Menschen als Rädchen in einer unüberschaubaren Maschine sehen, der Gestaltungswille Einzelner. Dass diesem Sorge getragen werden muss, ist eine der unzerbrechlichen Botschaften dieses Buches oder besser, der Geschichte, die es beschreibt.

Ein «heimliches Imperium»?

Vor nahezu 50 Jahren hat der weltgewandte Schweizer Publizist Lorenz Stucki ein
Buch geschrieben, dessen Titel fast schon unschweizerisch frech ist: «Das heimliche Imperium. Wie die Schweiz reich wurde». Eloquent wird darin die erstaunliche, damals weitgehend unbekannte Geschichte der Schweizer Wirtschaft als ein
Muster von besonderer Aussagekraft beschrieben: als Aufstieg eines rohstofflosen
und unterentwickelten kleinen Landes ohne politische Macht und ohne Kolonien
zu einem der reichsten Länder der Welt. Gewiss ist diese Geschichte kein reines
Heldenepos – was auch Stucki bewusst war. Sie zeige aber, wie er schrieb, eine
unternehmerische Initiative und einen Mut zum Risiko, die selten geworden seien.
Stuckis Buch ist in einer Zeit erschienen, die man heute «Hochkonjunktur» nennt.
Der wirtschaftliche Motor des «heimlichen Imperiums» brummte, das Selbstbewusstsein der Schweiz war ungebrochen. Doch die vergangenen fünf Jahrzehnte
haben das Gesicht der Welt verändert. Der Kalte Krieg zwischen Ost und West
ist einer multipolaren Welt gewichen, in der sich das Prinzip Demokratie neu
bewähren muss. Die wirtschaftlichen Gewichte verschieben sich zunehmend in
aufstrebende Schwellenländer, und Europa kämpft sich durch einen nicht immer
reibungslos verlaufenden Integrationsprozess.

In dieser Welt ist es der Schweiz offenbar nicht mehr so wohl wie auch schon.
Sie fühlt sich international weniger geliebt als früher, und im Innern ist der Zusammenhalt zwischen den gesellschaftlichen Schichten in Gefahr. Zudem hatte sich die
Schweiz an den ausserordentlichen Erfolg des «heimlichen Imperiums» etwas
selbstgerecht gewöhnt und glaubte, sich behaglich einrichten zu können, ohne
Angst vor dem Neid der anderen haben zu müssen. Nun muss sie erfahren, dass
dies nicht so ist. Darauf mit Zerknirschung zu reagieren, zeugt – sieht man von
offensichtlichen Verfehlungen ab – von unverständlichen Schuldgefühlen. Man
sollte sich für Erfolg nicht schämen. Er beruht, bei einem Individuum wie bei
einem Land, immer auf einer Kombination von Glück und Tüchtigkeit. Die Lehre
daraus muss einerseits Bescheidenheit sein – daran mangelte es manchmal –,
anderseits und keineswegs im Widerspruch dazu aber steht die Pflege jener Eigenheiten, die dem Erfolg zugrunde liegen. Moralische Qualität und Solidarität mit
den Nachbarn äussert sich nicht darin, dass man die Quellen des eigenen Wohl-
ergehens aufgibt, sich den anderen angleicht oder sich dem Zeitgeist anpasst, um
nur ja nicht durch Erfolg unangenehm aufzufallen und dann ausgegrenzt zu
werden. Solches Tun zeugt von einem Mangel an Autonomie und an selbstbewuss-
ter – nicht arroganter – Identität.

Indikatoren des Erfolgs

Selbstbewusste Identität nährt sich nicht zuletzt aus dem Wissen über die eigene Vergangenheit. Zu diesem gehört die Tatsache, dass die Schweiz über gut eineinhalb Jahrhunderte gesamtwirtschaftlich überdurchschnittlich gut gefahren ist. Es gehört dazu aber auch, dass die Verteilung der Einkommen im internationalen Vergleich bemerkenswert egalitär ist.

Volkseinkommen (BIP pro Kopf in US $ kaufkraftbereinigt)

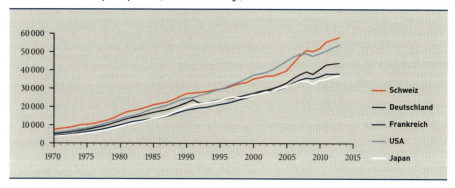

Volkseinkommen (Bruttoinlandprodukt, BIP) pro Kopf gemessen in US-Dollar von Deutschland, Frankreich, Japan, Schweiz und den USA. Die Schweiz hat sich selbst unter Berücksichtigung des hohen Preisniveaus an die Spitze geschlagen. Quelle: OECD

Staatsverschuldung (in % BIP)

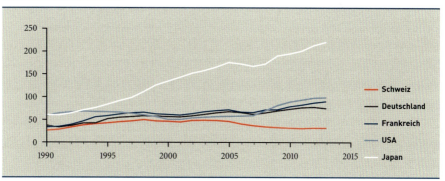

Staatsverschuldung (Gesamtstaat und Untereinheiten wie Gemeinden usw.) ausgedrückt in Prozent des Bruttoinlandprodukts (BIP) im jeweils laufenden Jahr von Deutschland, Frankreich, Japan, Schweiz und den USA. Im Gegensatz zu den anderen grossen Industriestaaten hat die Schweiz insbesondere nach der Krise von 2008 ihre Verschuldungslage in den letzten Jahren deutlich verbessern können. Japan hat im Gegensatz eine enorme Schuldenlast angehäuft. Quelle: BfS, Eurostat, US Government

Jedenfalls ist die Schweiz heute deutlich egalitärer als andere Staaten. Seit 1980 ist etwa der Anteil der Arbeitseinkommen am Volkseinkommen in der Schweiz gestiegen, während er in der Eurozone oder in den USA spürbar gesunken ist. Ferner hat die Schweiz zurzeit im OECD-Vergleich eine der höchsten Arbeitseinkommens-quoten und weist den mit Abstand niedrigsten Gini-Koeffizienten auf – eine Mass-

Arbeitslosigkeit (Arbeitslosenrate in % der erwerbstätigen Bevölkerung)

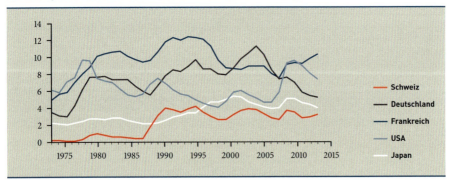

Standardisiert erhobene Arbeitslosenraten von Deutschland, Frankreich, Japan, Schweiz und den USA. Für Deutschland (1978–1990) und die Schweiz (1978–1991) beruhen die Zahlen für die angegebenen Zeiträume auf nichtharmonisierten Umfragen, der Niveauunterschied wurde korrigiert. Der deutliche Anstieg nach 1990 in der Schweiz resultiert aus der damaligen Wirtschaftskrise. Die Schweiz hat aber eine konstant tiefe Arbeits-losigkeit aufrechterhalten können, was von den grossen Industriestaaten lediglich Japan geschafft hat, wobei Deutschland seit dem Höchststand 2005 eine bemerkenswerte Verbesserung erreicht hat. Quelle: OECD/SECO

Ungleichheit (Gini-Koeffizient)

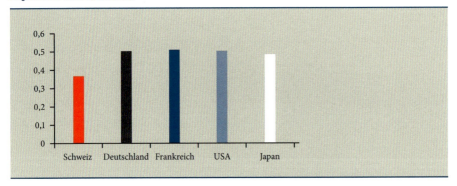

Ungleichheit bemessen mit dem Gini-Koeffizienten vor Steuern und Transfers. Der Gini-Koeffizient misst den Unterschied zwischen einer Gleichverteilung des Einkommens (jeder verdient gleich viel) und der tatsächlichen Einkommensverteilung. Je höher der Koeffizient, desto ungleicher die Verteilung. Die Schweiz ist mit Blick auf die Einkommen deutlich «gleicher» als alle anderen grossen Industriestaaten (Jahr: 2012). Quelle: OECD

zahl für die Einkommensungleichheit in einer Gesellschaft. Auch liegen die Aufwendungen für soziale Sicherheit in der Schweiz bei fast 15 300 Euro pro Person, während die EU-27 nur gut 7300 Euro pro Person aufwendet (2012, kaufkraftbereinigt ist der Unterschied geringer: 9200 zu 7300), und ganz generell kann die Schweiz als Folge ihres Wohlstands deutlich mehr in den Bereichen Gesundheit und Bildung investieren als die meisten anderen Staaten.

Topeinkommen (% des Gesamteinkommens)

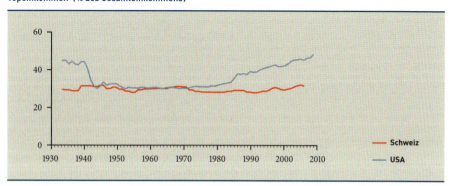

Ein langfristiger Vergleich zwischen den Topverdienern in der Schweiz und den USA. Gezeigt wird, wie viel Prozent vom jährlichen Gesamteinkommen auf die obersten 10 Prozent der Einkommensbezüger entfallen. Die Schweiz zeigt einen stabilen, gleichbleibenden Anteil, während sich in den USA die Kluft zwischen Arm und Reich, die kriegsbedingt deutlich vermindert worden ist, ab den 1980er-Jahren wieder zunehmend öffnet. Quelle: Emmanuel Saez, Center for Equitable Growth, University of California, Berkeley. Von der Schweiz liegen nur Daten bis und mit 2009 vor.

Inflation (Aufsummierte Inflation in %)

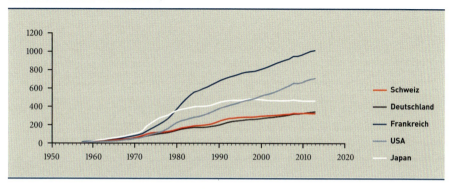

Aufsummierte Inflation seit 1959 von Deutschland (Mark, Euro), Frankreich (Franc, Euro), Japan (Yen), Schweiz (Schweizer Franken) und den USA (US-Dollar). Nur Deutschland hat von den grossen Industriestaaten eine gleich tiefe Inflation wie die Schweiz in den vergangenen 50 Jahren erreicht. Quelle: OECD

Auch die jüngste Vergangenheit kann Selbstbewusstsein nähren, denn man kann die Wirtschaftskrise, die 2007 auf dem amerikanischen Häusermarkt ihren Ausgangspunkt genommen und mehr und mehr Bereiche der globalen Wirtschaft in Mitleidenschaft gezogen hat, sehr wohl als zwar harten, aber durchaus erfolg-

Frankenrendite (kumulierte Jahresrendite in %)

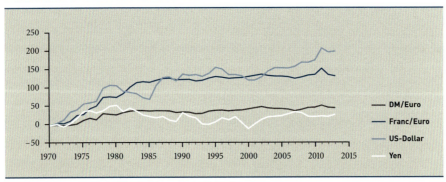

Die kumulierte, jährliche Rendite des Schweizer Frankens gegenüber den vier betrachteten Fremdwährungen.
Beispielsweise ein Amerikaner, der 1970 100 US-Dollar in Franken wechselt und am Ende jeden Jahres
den Wechselkursgewinn (bzw. Verlust) einzieht, hat 2009 einen Gewinn von insgesamt 164 Franken erzielt,
was einer jährlichen Rendite von 4,1 Prozent entspricht. Selbst mit starken Währungen wie der Deutschen
Mark und dem Yen hätte man bei einer Investition in den Schweizer Franken Geld verdienen können.
Quelle: OECD, Schweizerische Nationalbank

Frankenstärke (Franken für Fremdwährung)

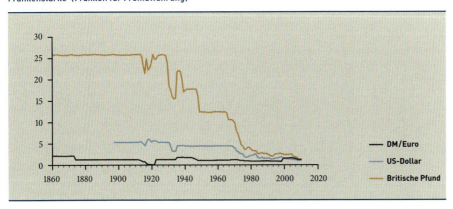

Die langfristige Stärke des Schweizer Frankens gegenüber Leitwährungen der letzten 200 Jahre: Pfund,
US-Dollar, Deutsche Mark bzw. Euro ab 2002. Die vertikale Achse gibt an, wie viel Schweizer Franken man
zur jeweiligen Zeit für eine Einheit der Fremdwährung bezahlen musste (linke Achse: Dollar, DM,
rechte Achse: Britische Pfund). Alle drei globalen Leitwährungen der letzten 150 Jahre haben gegenüber
dem Schweizer Franken enorm an Wert verloren. Quelle: Heiner Ritzmann (Hg.): Historische Statistik
der Schweiz, Zürich, Chronos-Verlag, 1996 (Wechselkurs-Datenbanken ab 1995)

reich bestandenen Testfall für das Modell Schweiz ansehen. Eigentlich hätte man meinen können, das Land hätte wegen seiner enormen Exportabhängigkeit und angesichts des grossen Gewichts des Finanzplatzes durch die Krise in besonderem Masse in geradezu existenzielle Schwierigkeiten geraten müssen. Doch während andere Länder äusserst hart getroffen wurden und an den Rand des Staatsbankrotts gerieten – erinnert sei an Griechenland, Island, Irland oder Lettland –, hat die Schweiz von der Krise weniger grosse Schrammen abbekommen. In den meisten reichen Ländern hat der Staat im Durchschnitt 35 Prozent des Bruttoinlandprodukts (BIP) aufgewendet, um den Zusammenbruch abzuwenden, in der Schweiz waren es dagegen nur 8 Prozent – trotz des hohen Gewichts des Finanzplatzes. Die Schweizer Wirtschaft schrumpfte 2009 als Folge der Krise um 1,9 Prozent, die deutsche mit 4,7 Prozent um mehr als das Doppelte; die Arbeitslosigkeit ist in der Schweiz mit 4,4 Prozent weniger als halb so hoch wie in der EU; seit 2006 erwirtschaftet der Bund Überschüsse, während das Defizit in der EU-27 nun (2012) auf immer noch 4 Prozent des Bruttoinlandprodukts zu stehen kommt (2009 betrug dieses gar 6,9 Prozent); parallel dazu ist die Staatsverschuldung in der Schweiz auf unter 35 Prozent (des BIP) gesunken, während sie in der EU-27 über 85 Prozent erreicht hat (2012) (nach 60 Prozent vor der Krise). Das «Modell Schweiz» erwies sich also in diesem realen «Stresstest» als sehr robust, was sich auch in der Höherbewertung des Schweizerfrankens gegenüber Dollar und Euro niederschlug.

Gewiss muss man solche Vergleiche mit Vorsicht geniessen, und natürlich finden sich auch in der «Schweizer Bilanz» dunkle Flecken. Doch am Gesamtbild eines im internationalen Vergleich überaus erfolgreichen Landes ändert das nichts: Die Schweiz gibt für zentrale Bereiche wie Bildung, Gesundheit und soziale Sicherheit vergleichsweise hohe Summen aus und ist dennoch deutlich weniger verschuldet als viele andere Länder; das Leben in der Schweiz ist zwar vergleichsweise teuer, doch wird dies durch entsprechende Löhne mehr als kompensiert; und der Wohlstand ist zwar ungleich verteilt, aber den ärmeren Schichten in diesem Land geht es gleichwohl besser als anderswo. Die vielen Faktoren, die den Erfolg eines Landes ausmachen, führen also zu einem Zustand, der insgesamt ausgewogen erscheint.

Zentralen Anteil daran hat für uns der in diesem Buch dargestellte unternehmerische Aufbruch. Ihm ist es zu verdanken, dass in der Schweiz heute rund 1,6 Fortune-Global-500-Firmen pro Mio. Einwohner beheimatet sind – ein ziemlich einsamer Rekord, denn in den Niederlanden, der Nummer zwei auf dieser Liste, sind es bloss 0,78 Firmen pro Mio. Einwohner. Diese Firmen bieten auch ausserhalb der Schweiz vielen Menschen Arbeit. Allein die 20 grössten, im Ausland aktiven Schweizer Firmen beschäftigen dort über 1,2 Mio. Mitarbeitende. Dazu kommt die grosse Zahl mittlerer und kleinerer Unternehmen, von denen nicht wenige in Nischen international bedeutende Rollen spielen. Dass diese Unternehmen auch eine gewichtige Innovationsleistung erbringen, wird an der Zahl der hierzulande angemeldeten Patente deutlich. Gemessen an der Zahl der Einwohner

Zahl der Grossfirmen (Fortune-Global-500-Firmen pro 1 Mio. Einwohner)

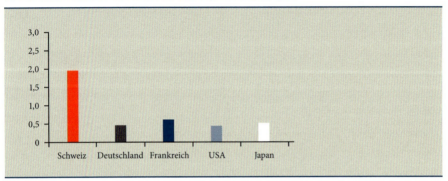

Zahl der weltgrössten Firmen (Fortune Global 500) mit Hauptsitz im jeweiligen Land pro 1 Mio. Einwohner für Deutschland, Frankreich, Japan, Schweiz und die USA. Kein grosses Industrieland (und auch kein kleineres Land) erreicht nur annähernd eine derart grosse «Dichte» an Grossfirmen. Quelle: Fortune Global 500 / CNNmoney.com

Innovation (Zahl der Patente pro 1 Mio. Einwohner)

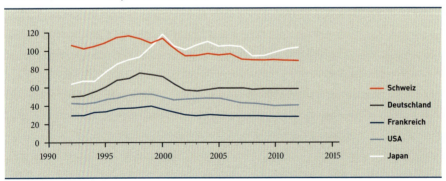

Innovation gemessen in der Zahl von Patentanmeldungen pro Jahr und pro Mio. Einwohner für Deutschland, Frankreich, Japan, Schweiz und die USA. Im langjährigen Schnitt erreicht kein anderes grosses Industrieland eine derart hohe, mit der Bevölkerungsgrösse gewichtete Zahl an Neupatenten (Patentanmeldungen in Europa, USA und Japan), wobei Japan die Schweiz aber ab 2000 überholt hat. Quelle: BfS

liegt die Schweiz im langfristigen Vergleich an der Spitze; sie ist aber seit 2000 von Japan überholt worden, während es etwa die grösste Volkswirtschaft der Welt, die USA, auf nicht einmal halb so viele Patentanmeldungen bringt.

Der Erfolg der Schweizer Unternehmen in den letzten rund 15 Jahren lässt sich auch mit einem interessanten Gedankenexperiment veranschaulichen. Hätte ein

Portfolio Schweiz gegen Ausland (Gewinn und Risiko in %)

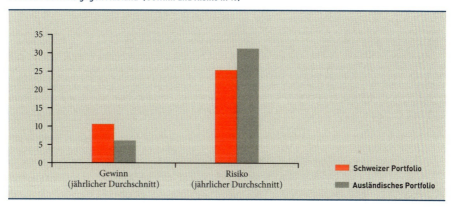

Der durchschnittliche jährliche Gewinn und das dabei eingegangene Risiko eines Portfolios führender Schweizer Firmen aus den Branchen Baustoffe, Luxusgüter, Maschinenindustrie, Nahrungsmittel, Pflanzenschutz und Pharma gegen ein Portfolio führender ausländischer Firmen der gleichen Branchen (Zeitraum: 1993–2010). Die Performance der Investition des «Schweizer Portfolios» ist deutlich grösser trotz geringerem Risiko. Quelle: Bloomberg

Unternehmenskultur (Gewinn/Risiko in %)

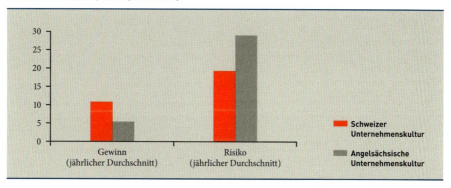

Der durchschnittliche jährliche Gewinn und das dabei eingegangene Risiko eines Portfolios von vier Schweizer Grosskonzernen mit «Schweizer Unternehmenskultur» (Holcim, Nestlé, Roche, Schindler) gegen ein Portfolio von vier Schweizer Grosskonzernen mit «angelsächsischer Unternehmenskultur» (CS, Zurich Financial Services, Novartis, UBS bzw. Vorläufer) im Zeitraum 1993–2010. Die «Schweizer Unternehmenskultur» erreicht doppelt so viel Gewinn bei deutlich geringerem Risiko. Quelle: Bloomberg

Investor Mitte der 1990er-Jahre in ein «Swiss Portfolio» mit ausgewählten Schweizer Repräsentanten zentraler Branchen wie Nahrungsmittelindustrie, Maschinenindustrie, Chemie und Pharma sowie Baustoffindustrie investiert, und hätte er diesem ein Portfolio bestehend aus den jeweils grössten Konkurrenten dieser Firmen gegenübergestellt, wäre das Resultat eindeutig: Das Swiss Portfolio hätte bis heute deutlich mehr Gewinn eingebracht – und dies erst noch bei klar geringerem Risiko (gemessen an der durchschnittlichen jährlichen Volatilität der Kurse). Der Swiss-Portfolio-Investor hätte aus 1 Mio. Franken 6,34 Mio. Franken gemacht – fast doppelt so viel wie die 3,32 Mio. Franken, die das Konkurrenz-Portfolio eingebracht hätte. Ein ähnliches Ergebnis ergibt sich, wenn man Schweizer Firmen, die sich für eine «schweizerische» Unternehmenskultur entschieden haben, mit solchen vergleicht, die eine eher «angelsächsische» Unternehmenskultur leben, d. h. in denen sich die Führung an der kurzfristigen Optimierung des Shareholder-Value mit entsprechend hoher leistungsorientierter eigener Entlöhnung («Bonus») orientiert. Erstere erreichen einen mehr als doppelt so hohen Gewinn als Letztere – bei fast 50 Prozent weniger Risiko. Daran sieht man, dass der höhere Return nicht durch die Herkunft ‹Schweiz› entsteht, sondern durch den Geschäftsstil.

14 Branchen – und die Lücken

Die Geschichten dieser ganz grossen Unternehmen und ihrer Gründer, aber auch vieler mittlerer Unternehmen, stehen im Zentrum des vorliegenden Buches. Sie sind in 14 Kapitel gegliedert, entsprechend den 14 Branchen, deren internationale Ausstrahlung wir für besonders bedeutsam halten. Wegen dieser Aussenorientierung haben wir bewusst auch Schweizer Beiträge zur Architektur und im Kunsthandel ins Blickfeld gerückt. Rein quantitativ mag deren Beitrag zum schweizerischen Wohlstand gering sein – doch sowohl für das wirtschaftskulturelle Fundament als auch für das Image der Schweiz im Ausland sind sie bedeutender, als es Zahlen zum Ausdruck bringen.

Jeder Raster hat den Nachteil, dass er nicht allen gerecht wird. Ein wirklich enzyklopädischer Ansatz würde den Rahmen eines solchen Buches sprengen. Deshalb kommen auch bei uns einige durchaus bedeutende Unternehmen nicht vor, nicht aus Unkenntnis oder gar aus Antipathie, sondern einfach, weil sie nirgends so richtig ins Schema passen wollten. Dazu zählen etwa mit Adecco der grösste Personalvermittler der Welt, eine Erfolgsgeschichte sondergleichen, oder alle in Liechtenstein beheimateten Unternehmen, darunter die Hilti-Gruppe. Andere Unternehmen werden bewusst nur knapp erwähnt, etwa Firmen, deren Aktivitäten sich praktisch nur auf die Schweiz beschränken, oder Betriebe wie die Post, die SBB und die Swisscom, deren Wurzeln nicht im privaten Unternehmertum liegen und die sich (weitgehend) in Staatsbesitz befinden. Auch Holding-Gesellschaften, von denen es in der Schweiz viele gibt, kommen in unserer Darstellung nur am Rande vor. Hingegen suchten wir – neben den bekannten Namen – nach unbekannten Firmen, die auf der globalen Bühne tragende Rollen spielen. Dass wir hierbei weder vollständig noch repräsentativ sein konnten, liegt auf der Hand; es ging uns um treffende Beispiele helvetischen Erfolgs, um nicht mehr und nicht weniger.

Ein anderes Phänomen der letzten Jahre wird in diesem Buch ebenfalls nur an wenigen Exempeln verdeutlicht: Die Eidgenossenschaft hat sich zunehmend zu einem «Heimathafen» für Global Players entwickelt, die ihren Hauptsitz hierher verlegt haben. Beispiele sind der schwedische Verpackungskonzern Tetra Pak, die deutschen Firmengruppen Liebherr (Baumaschinen) und Rehau (Polymere) oder das US-Technologieunternehmen Garmin – alles milliardenschwere Unternehmen, die Zehntausende Menschen beschäftigen. Es greift zu kurz, diese Umsiedlungen rein steuertechnisch erklären zu wollen. Bildungsniveau, Infrastruktur, Rechtssicherheit, der liberale Arbeitsmarkt und manchmal sogar das Abseitsstehen von der EU sind weitere wichtige Faktoren für die Wahl des Standortes Schweiz.

Schliesslich wollen wir festhalten, dass dieses Buch weder von der Zielsetzung noch vom Anspruch her ein wirtschaftshistorisches Buch im engeren Sinn sein will. Eine umfassende Aufarbeitung des Zusammenspiels wirtschaftlicher, gesellschaftlicher, kultureller und ökonomischer Aspekte der letzten zwei- bis dreihundert Jahre kann dieses Buch nicht leisten. Unsere Darstellung orientiert sich hauptsächlich an exemplarischen Geschichten von Unternehmen und Unternehmern und nicht am *cultural turn*, der den Fokus auf Zusammenhänge zwischen wirtschaftlicher Entwicklung und sozio-kulturellem Wandel legt und der die modernen Geschichtswissenschaften prägt. Allerdings sind diese Geschichten, die in der Regel innerhalb der Darstellung der einzelnen Branchen chronologisch gegliedert sind, eingebettet in den jeweiligen sozialen und wirtschaftspolitischen Kontext. Die Reihenfolge der Branchen folgt zwei Überlegungen. Zum einen beginnen wir mit bekannteren Branchen, die sich quasi am Klischee der Schweiz – Landschaft, Käse, Uhren und Banken – orientieren, und gehen dann zu weniger bekannten Branchen über. Zum anderen spiegelt die Abfolge teilweise auch Ursache und Wirkung in der Entwicklung. So sind sowohl die Maschinenindustrie als auch die Chemie massgeblich durch den Aufbau der Textilindustrie in der Schweiz geprägt worden.

Im Schlusskapitel wagen wir dann den Versuch, aus der Vielgestalt dieser Geschichten gemeinsame Muster herauszufiltern, die den Erfolg des Wirtschaftswunders Schweiz erklären können. Viele der Erfolgsfaktoren findet man so oder ähnlich
auch in anderen Ländern. Am Schluss sind es daher nur wenige, sich quer durch
alle Branchen ziehende, spezifisch schweizerische Faktoren, die dem Wirtschaftswunderland Schweiz Pate standen. Ihnen Sorge zu tragen, muss, bei allem Wissen
um die Anforderungen der Moderne, die Strategie sein, die sicherstellt, dass die
Schweiz auch in Zukunft ein «Wirtschaftswunderland» bleibt.

Rohstoff Natur

Vor 1800	1538	Aegidius Tschudi publiziert die erste Karte der Schweiz.
	1732	Albrecht von Hallers Gedicht «Die Alpen» wird veröffentlicht.
	1793	Johann Gottfried Ebel publiziert die «Anleitung, auf die nützlichste und genussvollste Art die Schweitz zu bereisen».
1800–1899	1811	Erstbesteigung der Jungfrau eröffnet den Wettlauf auf die Alpengipfel.
	1829	Bau des «Grand Quai» in Genf.
	1845	Eröffnung des Hotel Schweizerhof in Luzern.
	1863	Thomas Cook publiziert «The First Conducted Tour of Switzerland».
	1865	Beginn der Karriere von Cäsar Ritz.
	1871	Erste Zahnradbahn auf europäischem Festland führt von Vitznau nach Rigi Staffel.
	1893	Gründung der weltweit ersten Hotelfachschule in Lausanne.
1900–1999	1906	Alfred Kuoni gründet Reisebüro in Zürich.
	1917	Gründung der Schweizer Verkehrszentrale.
	1928	Antonio Mantegazza gründet Globus Viaggi in Lugano.
	1934	Ernst Gustav Constam baut in Davos den ersten Bügelskilift der Welt.
	1935	Gottlieb Duttweiler gründet Hotelplan.
	1941	Eröffnung des Forschungsinstituts für Freizeit und Tourismus an der Universität Bern.
	1948	Ueli Prager eröffnet das erste Mövenpick-Restaurant in Zürich.
	1955	Alfred Erhart gründet die Chartergesellschaft Universal Air Charter.
	1971	Start des World Economic Forum in Davos.
ab 2000	2009	Spatenstich für das «Andermatt Resort» von Samih Sawiris – 2013 wird mit dem «The Chedi Andermatt» ein Markstein des Resorts eröffnet.
	2015	Kuoni gibt das Reisebüro-Geschäft auf.

Der einst wegweisende Schweizer Tourismus vor neuen Bewährungsproben

Am Anfang des Tourismus in der Schweiz steht eine einzigartige, spektakuläre Natur, verbunden mit einer überraschenden, abwechslungsreichen Kultur. Von diesem Rohstoff zehrt der Tourismus in diesem kleinen Land, in dem die unterschiedlichsten Erlebnisräume nahe beieinanderliegen, bis heute. Die einst an der europäischen Peripherie gelegene Schweiz hat früher als andere Länder erkannt, dass der durch die industrielle Revolution erzeugte Wohlstand neue, auch reisefreudige gesellschaftliche Schichten geschaffen hat. Vorab Engländer haben als frühe Touristen das Land bereits im 19. Jahrhundert bereist und dessen Schönheit gepriesen, was Anstoss zu einer beispiellosen Entwicklung gegeben hat. In touristischen «Hotspots» wie der Genferseeregion, Luzern, dem Berner Oberland oder dem Oberengadin entstand in nur wenigen Jahrzehnten eine umfassende Infrastruktur, die um die Wende zum 20. Jahrhundert Touristen aus aller Herren Länder in die Schweiz lockte. Schweizer wie Cäsar Ritz schufen Massstäbe der internationalen Hotellerie. Doch nachfolgende Krisen wie auch das Aufkommen anderer «Tourismusgrossmächte» haben ihre Spuren hinterlassen – und der starke Schweizer Franken erhöht den Druck. So muss sich heute der Schweizer Tourismus – nach der chemisch-pharmazeutischen Industrie, der Metall- und Maschinenindustrie und der Uhrenindustrie immer noch die viertwichtigste Export-Einnahmequelle des Landes – neu bewähren.

Am Anfang stehen die Alpen

«Es giebt zuverlässig kein Land, keinen Theil unseres Erdbodens, der in so vielen Rücksichten merkwürdig und interessant wäre als die Schweitz. Alles Grosse, Erhabene, Ausserordentliche und Erstaunenswürdige, alles Schreckliche und Schauderhafte, alles Trotzige, Finstere und Melancholische, alles Romantische, Sanfte, Reitzende, Heitre, Ruhige, Süsserquickende und Idyllenliebliche der ganzen weiten Natur scheint sich hier in einem kleinen Raume vereinigt zu haben...». So beschreibt 1793 Johann Gottfried Ebel in seiner «Anleitung, auf die nützlichste und genussvollste Art die Schweitz zu bereisen» das Alpenland. Diese Zeilen bringen nicht nur wichtige Stärken des Tourismuslandes Schweiz auf den Punkt – die Vielfalt auf engem Raum –, sie leiten auch den Aufschwung des Fremdenverkehrs in diesem Land ein. Selbst der deutsche Dichter Friedrich Schiller lässt sich von Ebel inspirieren, als er das Schweizer National-Epos «Wilhelm Tell» verfasst.

Ebels Reiseführer zeigt: Die moderne Tourismus-Schweiz hat ihre Wurzeln an der Wende zum 19. Jahrhundert. Doch bereist wird das Land bereits bedeutend früher. Wenn man so will, sind die ersten Nutzniesser des touristischen Angebots des damaligen Helvetiens die Römer. Sie sind zwar nicht in friedlicher Absicht gekommen, aber sie geniessen die Bademöglichkeiten, die sie bereits vor 2000 Jahren im Gebiet der heutigen Schweiz vorfinden. Doch das Reisen ist in der damaligen Zeit beschwerlich, und kaum jemand macht sich zum Spass auf den gefährlichen Weg. Das gilt noch weit übers Mittelalter hinaus, als nur reist, wer muss. Obwohl einige Heilbäder (wie Baden und Leukerbad) sich bereits im Mittelalter etablieren, Bildungsstätten (wie die Universität Basel) Wissensdurstige aus dem Ausland anziehen und Hospize bei den Alpenübergängen (wie Gotthard, Simplon und Splügen) für ein bescheidenes Dach über dem Kopf der Reisenden sorgen, kann von Tourismus im heutigen Sinn noch keine Rede sein. Immerhin entsteht eine minimale Infrastruktur für Reisende – von der Sänfte oder Kutsche über die Fähre bis hin zu Bett und Tisch. Diesen Service bietet man in der Regel im privaten Rahmen und meist auf Sparflamme, und so zeichnet sich eine glückliche Reise weniger durch das positive Erlebnis aus als dadurch, dass man halbwegs unbeschadet am Ziel ankommt. Erasmus von Rotterdam etwa beklagt sich 1520 über die Schweizer Gasthöfe: «Die Leintücher sind vielleicht vor 6 Monaten zuletzt gewaschen worden.»

Touristen im heutigen Sinn kennt die Eidgenossenschaft bis in die Zeit der Romantik nicht. Reisende hingegen gibt es wohl. Sie sind aber nicht zum Vergnügen unterwegs, sondern als Pilger nach Rom oder Santiago de Compostela – heute

Links *Aegidius Tschudi (1505–1572), Schweizer Gelehrter und Staatsmann*
Rechts *Schweizer Karte von Aegidius Tschudi aus dem Jahr 1538*

ist der Jakobsweg vom Bodensee nach Genf einer der beliebtesten Fernwanderwege
der Schweiz – sowie als Kreuzfahrer, Reisläufer und Marktfahrer. Dabei vermeiden
diese Reisenden tunlichst, sich allzu weit ins Gebirge vorzuwagen. Niemandem
kommt es zu dieser Zeit in den Sinn, aus purer Lust und Laune einen Berggipfel zu
stürmen. Dennoch finden sich bereits früh Ansätze einer schweizerischen «Fremden-
industrie»: Schon in vorreformatorischer Zeit sind Bäder im Gebiet der heutigen
Eidgenossenschaft verbreitet. Wichtig ist das Städtchen Baden, das 1415 Teil der
Eidgenossenschaft und dann oft als Tagsatzungsort gewählt wird.

Im 16. Jahrhundert beginnt zaghaft der Sturm auf die Schweizer Voralpengipfel,
so auf die Rigi und den Pilatus. Doch die Expeditionen finden mehr aus wissen-
schaftlichem Interesse als aus Abenteuerlust statt. Der Humanist Joachim von Watt
(Vadianus), einer der Pilatusbezwinger, beschreibt 1522 sein Erlebnis denn auch in
elegantem Latein. 1538 publiziert Aegidius Tschudi eine erste Übersichtskarte der
Schweiz und 1547 Johannes Stumpf seine 13-bändige Beschreibung der Eidgenossenschaft. Nach den Wirren der Reformation werden die Alpen ab dem 17. Jahrhundert erneut zum Thema: Adelige und Gelehrte aus ganz Europa reisen durch die
Eidgenossenschaft und berichten euphorisch von ihren Eindrücken. Zusammen
mit Dichtern und Malern prägen sie das Image des Hirten- und Berglandes. Massgebende Impulse gehen im frühen 18. Jahrhundert vom Zürcher Naturforscher und

Professor Johann Jakob Scheuchzer und vom Berner Arzt Albrecht von Haller aus. Dessen Gedicht «Die Alpen» (1732) weckt durch seine idyllische Schilderung des einfachen Lebens der «Eingeborenen» die Reiselust der Zeitgenossen. Ebenso löst die Beschreibung der zauberhaften Natur am oberen Genfersee in Jean-Jacques Rousseaus «Nouvelle Héloïse» (1759) einen kaum mehr abreissenden Pilgerstrom nach Chillon und Clarens, den Handlungsorten des Romans, aus. Bis zum Aufkommen der Massentransportmittel im 19. Jahrhundert bleibt das Reisen jedoch Angehörigen der gehobenen Bürgerschicht vorbehalten. Sie sind die eigentlichen Entdecker der Schweiz als Reiseland, das berühmte Zeitgenossen wie Johann Wolfgang von Goethe, Heinrich von Kleist, Carl Maria von Weber und Felix Mendelssohn mit ihren euphorischen Reiseberichten bekannt machen.

Gegen Ende des 18. Jahrhunderts folgen erste Reiseführer, etwa die dreibändigen «Travels in Switzerland» von William Coxe (1789) oder die erwähnte «Anleitung, auf die nützlichste und genussvollste Art die Schweitz zu bereisen» (1793) von Johann Gottfried Ebel. 1844 schliesslich erscheint mit dem ersten «Baedeker» das Reisehandbuch für Aufenthalte in der Schweiz schlechthin. Die Bücher spielen eine nicht zu unterschätzende Rolle für die Breitenentwicklung des Tourismus.

Die Anfänge im frühen 19. Jahrhundert

Zu Beginn des 19. Jahrhunderts weicht die Angst vor den mächtigen Bergen und engen Tälern allmählich der Neugierde. Und der Weg dorthin wird einfacher: 1805 wird die Strasse über den Simplon als erste mit Kutschen befahrbare Hochalpenstrasse eröffnet. 1823 rollt die erste Kutschenpost über die Pässe San Bernardino und Splügen. 1838 verkehrt zwischen Basel und Bern täglich ein «Eilwagen» als Schnellkutsche; er ist beliebt bei Touristen, die ins Berner Oberland reisen. 1842 überquert die erste Postkutsche den Gotthardpass; genau 30 Jahre später wird mit dem Baubeginn des 15 Kilometer langen Bahntunnels allerdings bereits der Anfang vom Ende der Postkutsche eingeläutet. Am 1. Juni 1882 wird am Gotthard der damals längste Eisenbahntunnel der Welt eröffnet, nur 35 Jahre nachdem zwischen Baden und Zürich die erste Eisenbahn der Schweiz, die «Spanisch-Brötli-Bahn» ihren Betrieb aufnimmt.

Als eine der wichtigsten Tourismusregionen entwickelt sich in jener Zeit das Ufer des Genfersees. Die Lobgesänge des englischen Dichters Lord Byron, der 1816 hier weilt, auf die Schönheiten der Landschaft, die er virtuos mit der regionalen Geschichte verwebt (in «Childe Harold», «The Prisoner of Chillon» und «Manfred»), sorgen für eine wahre Tourismuswelle. Beste Propaganda für das Reiseland

Schweiz werden später auch andere Schriftsteller machen: Hermann Hesse, der über 40 Jahre in Montagnola im Tessin lebt, Rainer Maria Rilke, der sich in der Nähe von Sierre im Kanton Wallis niederlässt, oder der Philosoph Friedrich Nietzsche, der Sils im Engadin bis heute zu Weltruhm verhilft. Sportlicher geht es in der zweiten Trendregion des frühen 19. Jahrhunderts zu und her: Das Berner Oberland mit dem boomenden Interlaken ist die perfekte Basis für Gebirgserlebnis und Gipfelsturm. 1811 wird als erster Viertausender der Schweiz die Jungfrau erobert. Weitere Berge wie das Finsteraarhorn (1812) folgen. Es beginnt ein eigentlicher Wettlauf auf die höchsten Gipfel des Landes. Die Nase vorn haben die «verrückten Engländer», die enormen Einfluss auf die Entwicklung des Schweizer Tourismus haben: Die Schweizer Touristiker richten ihr Angebot konsequent auf die Gäste aus dem Königreich aus, sorgen für britische Atmosphäre in den Hotels, bauen englische Kirchen und bemühen sich, Englisch zu sprechen. Ebenfalls en vogue ist bei abenteuerlustigen Reisenden die Innerschweiz rund um Luzern mit den berühmten Berggipfeln Pilatus und Rigi. Die hier wie im Berner Oberland ursprünglich innenpolitisch motivierten Schützen-, Schwing- und Musikfeste in heiler Alpenwelt entsprechen perfekt dem Denken und Fühlen der Romantik. Die Schweiz ist in jener Zeit das, was ab den 1950er-Jahren Afrika mit seinen Safaris ist: ein exotischer Ort, der eine fantastische Natur und eine überraschende Kultur auf abenteuerliche Art und Weise vereint.

Was alle drei Trendregionen auszeichnet, sind – neben majestätischen Bergen, exotischen Bräuchen und einer vernünftigen Infrastruktur – ihre Seen. Ihretwegen wird die Schweiz auch in der Binnenschifffahrt zu einem Pionier. 1823 kreuzt das in Manchester und Bordeaux gebaute Dampfschiff «Guillaume Tell» auf dem Genfersee – als erstes Dampfschiff auf einem Binnensee. 1837 folgt auf dem Vierwaldstättersee die «Stadt Luzern» als erstes in der Schweiz – von Escher Wyss – gebautes Dampfschiff. 1839 nimmt Hotelier Matti vom «Bellevue» in Kienholz das erste Dampfschiff auf dem Brienzersee in Betrieb, die «Giessbach». Innerhalb von 50 Jahren kursieren auf allen grösseren Schweizer Seen Dampfschiffe.

Hochleistungstourismus in Reinkultur:
die Blütezeit von 1850 bis 1914

Um die Mitte des 19. Jahrhunderts geschieht etwas Entscheidendes: Reisen verliert seine Exklusivität. Sichtbares Zeichen dafür sind die Gruppenreisen des englischen Tourismuspioniers Thomas Cook, der 1855 erstmals eine Reisegruppe von England auf den Kontinent führt und seine «Studienreisen» als «sicheres Abenteuer» verkauft. Ganz ohne sind seine Touren allerdings nicht: Die Reise durch die Schweiz – «The First Conducted Tour of Switzerland» 1863 – verlangt den Gästen auch körperlich eine Menge ab. Doch das Land ist ganz nach dem Geschmack der entdeckungsfreudigen Reisenden, und die Anbieter vor Ort machen aus der Not eine Tugend. Das Fehlen einer adäquaten Infrastruktur kompensieren sie mit Improvisationstalent und Selbstbewusstsein. Die Schweiz wird zum Tummelplatz Europas, oder, wie es der französische Schriftsteller Alphonse Daudet 1888 ausdrückt, «Die Schweiz ist ein grosser Kursaal mit Öffnungszeiten von Juni bis September.»

Weit oben auf der Wunschliste vor allem englischer Abenteurer steht der Gipfelsturm. Es schlägt die Geburtsstunde des Alpinismus. 1863 wird nach dem Vorbild des englischen Alpine Club der Schweizer Alpen-Club (SAC) gegründet, 1870 im Wallis das erste Reglement über das Bergführerwesen in der Schweiz publiziert und 1903 im Glarnerland die erste SAC-Hütte eingeweiht. Johannes Badrutt lanciert

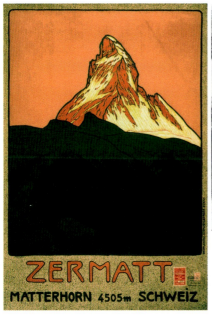

Links *Das berühmte Matterhorn (1908) von Emil Cardinaux wird als das erste moderne Schweizer Plakat erachtet*

Rechts *British Alpine Club vor dem Hotel Monte Rosa, Zermatt (1864)*

1864 den Wintertourismus in St. Moritz und löst damit im ganzen Alpenraum eine «Winterwelle» aus. Niemand ahnt damals, dass es sich um eine der wegweisendsten Entwicklungen im Tourismus überhaupt handelt und die zweite Saison dereinst dem klassischen Sommerprogramm den Rang ablaufen wird.

Die Schweiz etabliert sich als Pionierland des Tourismus. Der Gast muss transportiert und untergebracht werden. Hotels – teils von zweifelhafter Qualität – schiessen wie Pilze aus dem Boden. 1912 gibt es bereits 211 000 Hotelbetten, 2009 sind es 274 000. Meist werden sie – wie man es sich vom Bauernleben gewohnt ist – von Familien erbaut, betrieben und von Generation zu Generation weitervererbt; nicht der Beste wird zum Direktor, sondern der Nächste. Gleichzeitig werden Strassen und Alpenpässe für den Kutschenverkehr ausgebaut, auf den Seen kreuzen Dampfschiffe, Eisenbahnlinien werden aus dem Boden gestampft, ebenso rasant wie unkoordiniert, aber man peilt immerhin konsequent die touristischen Zentren an. Nur die Alpen als Traumziel aller Schweiz-Touristen widersetzen sich: Sie sind mit herkömmlichen Bahnen nicht erreichbar. Erst die Erfindung der Zahnradbahn durch Niklaus Riggenbach, Direktor der Centralbahnwerkstätte in Olten, macht die Eisenbahn gebirgstauglich. 1871 wird die erste Zahnradbahn auf europäischem Festland von Vitznau nach Rigi Staffel eröffnet. 1888 folgt die Brünigbahn zwischen Alpnachstad und Brienz als Verbindung der Innerschweiz mit dem Berner Oberland, und innerhalb kürzester Zeit entstehen alle heute bestehenden Bergbahnen in der Nähe der bekannten Tourismusgebiete, allen voran die steilste Zahnradbahn der Welt auf den Pilatus und als Krönung der Schweizer Bergbahn-Baukunst jene in Richtung Jungfraugipfel; das Abenteuer endet 1912 allerdings mit der Eröffnung der höchsten Bahnstation Europas auf dem Jungfraujoch und nicht auf dem Gipfel.

Nicht ganz unschuldig an der wild wuchernden Projektierungs- und Bautätigkeit, die teilweise haarsträubende Ausmasse annimmt (wie das Projekt einer Luftballonbahn auf die Rigi 1859), ist der Bund, der 1859 einen Ideenwettbewerb zum Bau von Bergbahnen lanciert. Insgesamt aber hält sich der Staat in der Förderung des Tourismus doch zurück. Die treibenden Kräfte sind die Hoteliers, und so ist denn von den rund 60 Drahtseilbahnen, die in der Schweiz zwischen 1883 und 1914 entstehen, rund ein Dutzend reine Hotelbahnen.

Einen besonderen Entwicklungsschub erlebt das obere Ufer des Genfersees gegen Ende des 19. Jahrhunderts: Zwischen Vevey und dem Schloss Chillon entsteht eine eigentliche Hotelstadt auf höchstem Luxusniveau. Hat Montreux im Jahr 1835 gerade mal zwei einfache Gasthöfe, sind es um die Jahrhundertwende 74 Hotels mit über 5000 Betten, darunter mit dem 1902 eröffneten «Caux-Palace» eines der damals weltweit grössten Hotels. 1888 entsteht zwischen Vevey und Chillon – als besondere touristische Attraktion – die erste elektrische Bahn der Schweiz. Trendsetter im Berner Oberland bleibt auch in den Sturm-und-Drang-Jahren des ausgehenden 19. Jahrhunderts die Region um Interlaken, wo zwischen 1864 und 1866 die beiden Prunkbauten «Victoria» und «Jungfrau» in Interlaken selbst und 1874 das Hotel am Giessbachfall entstehen. In weiser Voraussicht wird die riesige Grünfläche, die Höhematte, auf Druck der Hoteliers mit einem Bauverbot belegt, damit die Aussicht auf das Jungfraumassiv nicht gestört wird. Man kann dies als frühen Versuch interpretieren, dem wichtigsten touristischen Kapital, der Natur, Sorge zu tragen. Luzern baut derweil zwischen 1833 und 1854 eine imposante Quaianlage und schafft damit Raum für Erstklasshäuser an bester Aussichtslage: das «Tivoli» (1840), den «Schweizerhof» (1844/45), das «National» (1869) und das «Palace» (1904–1906). Rund um den Vierwaldstättersee rüsten Weggis, Küssnacht, Brunnen und Seelisberg ebenfalls touristisch auf, während im Tessin der Tourismus vorerst auf Lugano konzentriert bleibt, wo ebenfalls eine grosse Quaianlage die Kulisse für zahlreiche Hotels bietet. Locarno und Ascona werden erst nach dem Zweiten Weltkrieg zu touristischen Hochburgen.

Ein Mauerblümchendasein fristet lange das Bündnerland. Davos profitiert vor allem vom Bau der Landquart-Davos-Bahn (1890) und etabliert sich 1899 mit der Inbetriebnahme des Sanatoriums auf der Schatzalp als Luftkurort. Im Engadin mausert sich St. Moritz zum Ort von Welt: Hier entsteht ab den 1860er-Jahren ein Hotel nach dem andern, und der Ort macht durch seinen Innovationsdrang von sich reden. Der Hotelbauboom treibt allerdings mitunter wilde Blüten, etwa in Maloja, wo mit dem «Maloja Palace» ab 1884 eines der grössenwahnsinnigsten Projekte der Belle Epoque in der Schweiz realisiert wird. Massgeblich finanziert wird das Haus mit seinen 350 Zimmern vom belgischen Grafen Camille Frédéric Maximilien de Renesse, der das Engadin als Kurgast kennen und lieben gelernt hat und sich mit dem Geld seiner vermögenden Frau und horrenden Bankkrediten ein Denkmal setzen will. Umgerechnet in heutige Kaufkraft kostet das Hotel rund 100 Mio. Franken – und geht schon kurz nach der Einweihung mit wehenden Fahnen unter. Glanzvolles Highlight seiner kurzen Geschichte bleibt jener Galaabend im August 1887, an dem der Speisesaal geflutet wird, damit die Kellner als Gondoliere – in Originalgondeln aus Venedig – die illustre Gästeschar bedienen können. «C. 900 Wagen, davon c. 500 Kutschen und Equipagen», will Friedrich Nietzsche, der damals in Sils zu Hause ist, gezählt haben: «Sehr nizza-mässig ...»

Vom Hotelier der Könige zum König der Hoteliers –

und andere Hotelgeschichten

Weil sich die Gäste gerne als Statisten des Naturspektakels sehen, macht die Bau-
euphorie selbst vor so unbekannten Tälern wie dem Urner Maderanertal nicht halt,
wo 1865 ein grosser Hotelkomplex aufgestellt wird. Das freut nicht alle und ruft
immer häufiger den aufkommenden Heimatschutz auf den Plan. So liest man im
Jahr 1906: «Nicht zuletzt verderben Hotels und Kurhäuser mit ihren gewaltigen,
ungebrochenen Höhen- und Längendimensionen ganze Täler und Höhenketten.»
Die Hoteliers fangen auch bald einmal an, über die engen Schweizer Grenzen hinaus zu denken. Einer der grössten Unternehmer jener Zeit ist der Obwaldner Franz
Josef Bucher (1834–1906). Er begründet zusammen mit seinem Partner Robert
Durrer (1841–1919) aus Sarnen ein riesiges Hotelimperium, das vom heimischen
Engelberg übers benachbarte Italien bis nach Ägypten reicht und am Ende mehr
als zehn Luxushotels umfasst, die er mit Vorliebe «Palace» tauft. Bucher und Durrer
bauen aber auch die Strassenbahnen in Lugano, Genua und Stansstad sowie zahlreiche Drahtseilbahnen, unter anderem auf das Stanserhorn, zum Reichenbachfall,
auf den Mont Pèlerin, zum San Salvatore und nach Braunwald. Mit Strom versorgt
werden sie meist aus eigenen Kraftwerken. Bucher hat eine gute Nase für die
Bedürfnisse der Gäste, was seine Grossüberbauung auf dem Bürgenstock oberhalb
des Vierwaldstättersees beweist, die er mit einer Strasse, einer Bahn und dem
berühmten Hammetschwandlift erschliesst. Motor seiner leidenschaftlichen Bautätigkeit ist aber eine ausgeprägte Goldgräbermentalität und weniger ein grundsätzliches Interesse am Tourismus.

Ganz anders ist die Dynastie der Seiler aus Blitzingen im Goms, die sich zu den
unbestrittenen, wenn auch wenig geliebten Fürsten von Zermatt mausert. Den
Anfang macht der gelernte Seifensieder und Kerzenmacher Alexander (1819–1891),
zusammen mit seinem Bruder Joseph, der als missionierender Kaplan rund um
den Erdball reist und letztlich am Ende der Welt landet: in Zermatt. Hier beherbergt der «medizinische Hotelier» Dr. Josef Lauber seit 1838 als Einziger mehr
schlecht als recht die englischen Gäste, die sich – nachdem sie das Herz Afrikas
erforscht haben – bis in den hintersten Winkel des Walliser Bergtals vorwagen. Es
gelingt Joseph Seiler nach langem Drängen, seinen Bruder Alexander 1852 nach
Zermatt zu holen, wo dieser Laubers Pension mit sechs Betten übernimmt. Zwei
Jahre später betreibt er auch das von seinem Bruder Joseph initiierte Gasthaus
auf der Riffelalp, das höchstgelegene Europas. Alexander Seiler findet Gefallen an
der Aufgabe als Hotelier und beginnt, ein kleines Imperium aufzubauen. Als am

Links *Hotel-Pionier von St. Moritz Johannes Badrutt (1819–1889)*

Rechts *Der Engländer Philipp Spence bei einem spektakulären Sprung am 10. März 1900 auf dem legendären Cresta Run in Celerina*

14. Juli 1865 der Engländer Whymper mit seinem Gefolge als Erster das Matterhorn besteigt und beim Abstieg die Hälfte seiner Bergkumpane ums Leben kommt, werden Zermatt und sein (Un-)Glücksberg über Nacht weltberühmt, was die touristische Entwicklung des Alpendorfs spektakulär beschleunigt. Seiler baut seine Hotels aus und erstellt neue – in Zermatt, in Brig und in Gletsch am Fusse des Rhonegletschers. Innerhalb kürzester Zeit beschäftigt er 600 Angestellte, die sich um rund 1000 Gäste kümmern.

Sohn Alexander II. tritt in die Fussstapfen des Hotelpioniers. Seine Leistung besteht allerdings hauptsächlich in seinem politischen Engagement. Er setzt sich für eine liberale Politik ein und unternimmt als Nationalrat 1911 einen Vorstoss zur Gründung einer schweizerischen Verkehrszentrale, da er befürchtet, dass die Schweiz die Zeichen der Zeit verkennen könnte: Die benachbarten Alpenländer haben nämlich längst festgestellt, dass sie ebenfalls gute Alpenluft und schöne Landschaften zu bieten haben, und es beginnt ein Konkurrenzkampf, dem nur mit einer starken Auslandwerbung begegnet werden kann. Ausserdem sieht er aufgrund des masslosen Hotelbaubooms eine drohende Überkapazität an Betten sowie die Gefahr eines Imageverlusts durch allerhand «Hotelier-Gesindel», das nur das schnelle Geld, aber nicht das Wohl der Gäste im Auge hat.

Nicht zum «Hotelier-Gesindel», sondern zu den grossen Pionieren gehört im «furchtbar abgelegenen» Engadin die Familie Badrutt. Auch ihre Geschichte beginnt im Elend: im von Hungersnot geplagten Pagig bei Chur. Ausgelaugt durch die napoleonischen Kriege und Missernten, schickt die Gemeinde 1816 einen Teil der jungen Männer aus schierer Not ins Exil nach Amerika. Das Los trifft auch einen gewissen Hans Badrutt, der sich aber nicht über den grossen Teich, sondern über die wilden Berge nach Samedan im Engadin absetzt, wo er zuletzt ein kleines Gasthaus führt. 1855 kauft sein Sohn Johannes im nahen St. Moritz die Pension Faller und später das «Engadiner Kulm-Hotel» – der Rest ist Erfolgsgeschichte pur. Das «Kulm» soll auch Schauplatz einer legendären Wette gewesen sein. Badrutt soll Ende September 1864, am Vorabend der Abreise englischer Sommergäste, diesen bei feuchtfröhlicher Stimmung vorgeschlagen haben, sie sollen im Winter wiederkommen. Dann sei es nicht minder sonnig und mild, und man könne an schönen Tagen hemdsärmlig im Freien sitzen. Falls er nicht recht habe, werde er ihnen die Reisekosten vergüten. Die wettfreudigen Engländer reisen tatsächlich im Dezember an. Die historischen Belege für diese Geschichte fehlen zwar, doch immerhin verzeichnet das «Kulm» ab 1865 eine deutliche Zunahme der Zahl englischer Gäste. So gilt es, noch bevor das Skifahren zum Massensport avanciert, bald einmal als schick, im Winter statt an die Riviera oder nach Ägypten nach St. Moritz zu reisen.

Persönlichkeiten wie der Obwaldner Bucher, die Seiler in Zermatt und die Badrutt in St. Moritz sind es, die das Image der Schweizer Hotellerie prägen, einer Hotellerie, die bis zum Zweiten Weltkrieg Weltformat erlangt. Die Vorzeigehoteliers werden international hoch gehandelt und brauchen sich nicht über mangelnden Gästezustrom zu beklagen: Vier Fünftel der Hotelgäste sind Ausländer. Praktisch alle berühmten Luxushäuser der Schweiz werden im 19. und zu Beginn des 20. Jahrhunderts gebaut – oft von visionären Söhnen kleiner Gastwirte, die über ihre Väter hinauswachsen.

Unter den vielen bedeutenden Pionieren wird aber nur ein Name zu einer Weltmarke: Cäsar Ritz (1850–1918). «Sie sind der Hotelier der Könige», soll Edward VII. von England einst zu ihm gesagt haben, «und der König der Hoteliers». Cäsar Ritz kommt 1850 als jüngstes von 13 Kindern einer Bergbauernfamilie in Niederwald im Wallis zur Welt und startet seine Karriere im Gastgewerbe denkbar schlecht: Seine Kellnerlehre im Hotel Couronne et Poste in Brig endet 1865 mit dem Rauswurf. Er aber lässt sich nicht entmutigen und arbeitet sich in nur sieben Jahren zum Maître d'Hôtel im Pariser Luxushotel Splendid hoch. Von da an gibt es kein Halten mehr. Ritz ist ein schlauer Fuchs mit einer unglaublichen Nase für die Bedürfnisse seiner Klientel. Er notiert sich die Extrawünsche und Eigenheiten der berühmten Gäste und überrascht sie später mit entsprechenden Aufmerksamkeiten – womit er sie für immer gewinnt. Ritz ist Visionär, Perfektionist, Arbeitstier

Links *Cäsar Ritz (1850–1918), König der Hoteliers, mit Ehefrau Marie-Louise (1888)*
Rechts *The Royal Suite Bedroom im «Ritz» in London*

und Taktiker. Wo immer ein Luxushotel ins Schlingern gerät, wird Ritz als Sanierer gerufen. Und er wird seinem Ruf gerecht. So rettet er das «National» in Luzern oder – noch ein paar Nummern grösser – das «Savoy» in London.

Um die Jahrhundertwende führt Ritz bis zu zehn Luxushotels und Restaurants gleichzeitig, die er aber nach und nach verkauft, um nur noch als Generaldirektor zu agieren, unter anderem auch für die neuen Häuser der «Ritz Hotel Development Company». Sein Perfektionismus treibt ihn ununterbrochen kreuz und quer durch Europa, bis er – gerade mal 52-jährig – körperlich und seelisch zusammenbricht, Beruf und Berufung an den Nagel hängen muss und sich bis zu seinem Tod 1918 nicht mehr erholt. Mit seinem Gastgeberverständnis revolutioniert Ritz die Hotellerie und setzt neue Massstäbe. Damit trägt er wesentlich zum Ruf der Schweiz als «Kompetenzzentrum für Beherbergung» bei, der durch die 1893 gegründete erste Hotelfachschule der Welt in Lausanne untermauert wird. Die Ecole hôtelière de Lausanne geniesst bis heute Weltruf, und Hoteliers sind ein erfolgreiches «Exportgut»: Zahlreiche grosse Häuser und Hotelketten auf der ganzen Welt werden von Schweizern geführt, aktuell etwa das legendäre «Peninsula» in Hongkong, die Asia Pacific Carlson Hotels Worldwide, die stark wachsende Rezidor Group (unter anderem Radisson Blu, Regent und Park Inn) oder das einzige 7-Sterne-Hotel der Welt, das «Burj Al Arab» in Dubai.

Das jähe Ende der Belle Epoque:

die Krisenzeit bis 1945 und ein neuer Aufschwung

Vor dem Ersten Weltkrieg hat der Schweizer Tourismus die Spitze erreicht – die Belle Epoque des Fremdenverkehrs geht dann aber zu Ende. Erster Weltkrieg, Weltwirtschaftskrise und Zweiter Weltkrieg brechen ihm fast das Genick. Hotels stehen leer, Bahnen vor dem Konkurs. Mit der Schaffung der Schweizer Verkehrszentrale 1917 wird der Grundstein für ein landesweites Marketing gelegt. Es wird sich später auszahlen. Und die Schweizerische Hotel-Treuhand-Gesellschaft greift ab 1921 angeschlagenen Betrieben unter die Arme. Leicht erfreulicher entwickelt sich der Wintertourismus, der dadurch die Situation in den 1920er-Jahren entschärft. Einmal mehr sind es die Engländer, die Starthilfe leisten, vor allem im Bündnerland. Ab den 1860er-Jahren kommen sie im Winter nach St. Moritz und Davos, 20 Jahre später (1888/89) bleibt auch das Hotel Baer in Grindelwald als erstes Haus im Berner Oberland im Winter geöffnet. 1895 erscheint der englische Reiseführer «Two seasons in Switzerland», der Winterfreuden in der Schweiz propagiert. Im Winter 1912/13 werden in Mürren und St. Moritz die ersten, speziell für den Wintersport erbauten Drahtseilbahnen (auf den Allmendhubel und nach Chantarella) eröffnet. Gut 20 Jahre später, 1934, baut der amerikanisch-schweizerische Ingenieur Ernst Gustav Constam in Davos den ersten Bügelskilift der Welt.

Besonders erfinderisch zeigt sich St. Moritz in der Promotion des Wintersports: vom ersten Curling-Match auf dem europäischen Festland (1880) über die ersten Europameisterschaften im Eislaufen (1882) bis zum ersten Eishockeyspiel auf Schweizer Boden (1888). Für internationales Renommee und Begeisterung vor allem im Königreich sorgt natürlich der legendäre Natureiskanal Cresta Run, der in zehn spektakulären Kurven von St. Moritz nach Celerina führt. Bis heute ist die «Amtssprache» im exklusiven St. Moritz Tobogganing Club, der 2010 seinen 125. Geburtstag feiert, Englisch. Bis in die 1920er-Jahre bleibt der Wintersport recht elitär. Erst das Skifahren macht ihn massentauglich. Die Olympischen Winterspiele von 1928 in St. Moritz, an denen erstmals Skirennen ausgetragen werden, tragen wesentlich dazu bei. Doch erst nach dem Zweiten Weltkrieg wird die Wintersaison zur eigentlichen Hauptsaison des Alpenlandes. Schweizer Wintersportorte wie Gstaad, Zermatt, St. Moritz und Davos werden zur Marke – eine Entwicklung, die vor allem St. Moritz so erfolgreich vorantreibt, dass man die Schweiz im Ausland zuweilen als «cosy little country around St. Moritz» wahrnimmt.

Während sich das mondäne St. Moritz als Platz der Schönen und Reichen etabliert und Gstaad als stilvolle Hochpreisinsel für diskrete VIPs, erreicht Davos seit

Links *Plakat «Jungfraubahn, Polarhunde auf der Jungfraujoch-Station» aus dem Jahr 1925*

Rechts *Die 1889 eröffnete Pilatusbahn, die steilste Zahnradbahn der Welt*

1971 dank dem World Economic Forum (WEF) Weltformat. Das Alpenstädtchen wird international zum Synonym für das WEF. Eine andere Richtung auf dem Weg zur Marke geht Luzern, das sich noch vor dem Zweiten Weltkrieg mit den Internationalen Musikfestwochen einen Namen schafft und sich mit dem Bau des Kunst- und Kongresshauses (KKL) durch den französischen Stararchitekten Jean Nouvel im Jahr 2000 definitiv in der internationalen Kulturszene positioniert. In ihrer Unterschiedlichkeit ergeben diese Orte – stellvertretend für viele – die touristische Schweiz.

Mitte des 20. Jahrhunderts beginnt der Tourismus – nicht nur in der Schweiz – neu zu erblühen (erstmals auch so richtig im Tessin), aber er hat sich grundlegend geändert: Reisen wird zum Allgemeingut. Zur Luxushotellerie gesellt sich eine «Budgethotellerie» unterschiedlicher Qualität. Zwischen 1950 und 1970 verdoppelt sich die Zahl der Hotellogiernächte fast, von rund 19 Mio. auf 36 Mio. Reisen wird einfacher: Flugverbindungen machen es auch Gästen aus Übersee möglich, die Schweiz zu besuchen, Autos gehören neu zum Strassenbild (1952 reisen erstmals mehr als 1 Mio. ausländische Motorfahrzeuge in die Schweiz ein), und nachdem erst 1946 über den Susten die erste, speziell für den Autoverkehr konzipierte Passstrasse gebaut wird, beginnt 1960 der Autobahnbau. Nirgends sonst auf der Welt

gibt es auf so kleinem Raum derart viele spektakuläre Verkehrswege – was zurzeit
wieder stark beworben wird, etwa das Unesco-Welterbe Albula / Bernina.

Ab den 1970er-Jahren folgt jedoch die Ernüchterung: Eine schöne Landschaft
und ein Hotelbett genügen nicht mehr. Der Gast erwartet mehr, die Konkurrenz
wird grösser. Die Globalisierung hält im Tourismus Einzug. Die Schweiz verschläft
die Entwicklung und bietet für zu viel Geld zu wenig: Der Weltmarktanteil des
Landes schrumpft von 8 Prozent (1950er-Jahre) auf zwei Prozent (1990er-Jahre),
was auch mit dem Wachstum des Gesamtmarkts zusammenhängt. Während sich
die Hotellogiernächte in den 1970er- und 1980er-Jahren irgendwo zwischen 31
und 37 Mio. einpendeln, steigt der Anteil der Logiernächte in der Parahotellerie
(Chalets, Ferienwohnungen, Campingplätze, Gruppenunterkünfte und Jugend-
herbergen) kontinuierlich: Die letzten vier Jahrzehnte sind geprägt von einer
eigentlichen Verlagerung von der Hotellerie zur Parahotellerie. Hat erstere 1955
noch einen Anteil von 80 bis 90 Prozent am Total aller Gästeübernachtungen, ist
es 1998 nicht einmal mehr die Hälfte. Die Gründe für den relativen Niedergang
des Schweizer Tourismus sind also nicht allein in der Rezession in den Industrie-
ländern oder im hohen Frankenkurs zu suchen; sie sind struktureller Natur: unzu-
längliche Koordination zwischen den Tourismusdienstleistern, unbefriedigendes
Preis- / Leistungsverhältnis und mangelnde Innovation bei den Angeboten.

Die neuen Pioniere

Zum Glück gibt es immer wieder visionäre Köpfe, die bereit sind, sich zu exponie-
ren, Risiken einzugehen und Grenzen zu sprengen. Ein solcher Innovator ist in der
Krisenzeit nach der Belle Epoque der Bündner Alfred Kuoni (1874–1943). Er gründet – inspiriert von den Erlebnissen während seines Englandaufenthalts – 1906 in
Zürich eine kleine, lokale Reiseagentur, die Nachmittagsausflüge in die Umgebung
verkauft. Mit seiner Idee, professionell Reisearrangements zu vermarkten, gehört
er zu den Pionieren in der Schweiz, auch wenn es in Zürich mit Meiss & Co. und
der Filiale von Thomas Cook, der Kuoni wohl überhaupt erst auf die Idee bringt,
ins Tourismusgeschäft einzusteigen, zwei weitere Anbieter gibt.

Kuoni beginnt klein und arbeitet unter dem Dach der Fuhrhalterei seiner
Brüder, die wenig Interesse am neuen Geschäftsfeld zeigen, ihren Bruder aber
machen lassen. Dieser preist als «grosse Attraktion» eine «Gesellschaftsreise nach
dem Dolderpark zum Preis von Fr. 1.– pro Person» an. Das Reiseziel liegt nur einen
Katzensprung vom Standort der Agentur entfernt. Etwas weiter ist es bis zur «herr-
lichen Zahnradfahrt» auf den Üetliberg, der sich immerhin am andern Ende der

Stadt erhebt. Anfangs muss Kuoni unten durch: In den ersten beiden Jahren arbeitet das Reisebüro mit massiven Verlusten. Einschliesslich Gepäckexpedition werden für das Gründungsjahr 2500 Franken und für 1907 rund 6300 Franken Kommissionseinnahmen verbucht. Das ändert sich drastisch, als Kuoni erste Auslandsreisen anbietet, beispielsweise «eine Gesellschaftsreise per Eisenbahn nach Lyon, Marseille, Nizza, Monte Carlo, Genua, Mailand mit speziellem Besuch eines Stiergefechtes in Nîmes». Ein Highlight des Kuoni-Programms von 1909 ist «eine Expedition zu den Katarakten des Nil». Die Ägyptenreise kostet 2750 Franken, was in etwa zwei Jahreslöhnen eines Arbeiters entspricht – und die Ausrichtung von Kuoni zeigt: Das junge Unternehmen sieht sich als Reiseorganisation für gehobene Ansprüche und als erste Adresse für eine wohlhabende Kundschaft, die eine persönliche Betreuung schätzt. Dass Alfred Kuoni in seinem Prospekt «alle und jede Vorteile» verspricht, «sei es in Bezug auf bequemes als auch vorteilhaftes und sicheres Reisen», verfehlt seine Wirkung nicht. Allerdings hat er auch kaum eine Wahl: Zu dieser Zeit reist nur, wer es sich wirklich leisten kann.

Alfred Kuoni glaubt an sich und die Zukunft seines Geschäfts und denkt bereits gross, als sein Unternehmen noch meilenweit vom Erfolg entfernt ist. Als er sich 1912 für atemberaubende 27 000 Franken Miete pro Jahr am Bahnhofplatz niederlässt, bekommen seine Brüder Hermann und Simon kalte Füsse und steigen aus. Zwar bricht der Erste Weltkrieg dem noch jungen Unternehmen fast das Genick, aber Kuoni wurstelt sich durch und expandiert in den folgenden Jahren kräftig. Überall in der Schweiz werden Reisebüros eröffnet. Kuoni merkt bald, dass der Schweizer Markt nicht genügend Zukunftsperspektiven bietet und lanciert kurz vor dem Zweiten Weltkrieg die erste Auslandsverkaufstelle in Nizza. Kaum ist der Zweite Weltkrieg vorbei, setzt Kuoni – ohne Firmengründer Alfred Kuoni, der 1943 stirbt – seine Ambitionen im internationalen Markt mit aller Energie in die Tat um. 1948 entstehen Niederlassungen in Italien und Frankreich, und die Suche nach immer exotischeren Destinationen führt das Unternehmen nach Afrika, wo 1957 die ersten Charterflüge «Marke Kuoni» landen. Mit der Eröffnung der Niederlassung in Japan startet Kuoni 1963 seine Offensive in Asien. Zwei Jahre später folgt mit dem Kauf von Challis & Benson der Schritt auf den englischen Markt, und ab 1970 nennt sich das Unternehmen Kuoni Travel Ltd.

Der Schritt an die Schweizer Börse 1972 verschafft Kuoni die Möglichkeit, seinen Expansionshunger zu stillen. Niederlassungen in Österreich, Deutschland, Spanien und Griechenland werden eröffnet, weitere Tour Operators gekauft. Auch neue Produkte werden entwickelt – etwa die erste Tour rund um die Welt und

Charterflüge mit der legendären Concorde. In den beliebtesten Destinationen kauft Kuoni eine Reihe erstklassiger Hotels, und in der Schweiz wird das «Budget-Label» Helvetic lanciert, um eine Plattform für preiswerte Reisen zu haben – ein Segment, das man der Konkurrenz nicht kampflos überlassen will. 1981 übertrifft Kuoni erstmals die Schwelle von 1 Mrd. Franken Umsatz. Der Reiseriese geht weiter weltweit auf Einkaufstour, auch wenn eine klare Strategie kaum erkennbar ist. Aber Kuoni stärkt die Position in Frankreich, Skandinavien und in den Niederlanden und macht sich daran, den indischen Markt zu erobern: 2000 ist Kuoni tatsächlich die führende Reisegruppe in Indien. Und bleibt es auch.

Von jedem Franken, den Kuoni umsetzt, kommen heute 88 Rappen aus dem Ausland (2014). Und die Potenzialmärkte liegen weit weg – in Asien etwa. Kuoni hat zwar schweizerische Wurzeln, ist aber inzwischen ein global tätiger Reisedienstleister mit 12 000 Mitarbeitenden und 5,5 Mrd. Franken Umsatz (2014). Mit der Veränderung der Aktivitäten vom traditionellen Ferienveranstalter zu einem globalen Reisedienstleister baut Kuoni das Unternehmen ab 2011 um. So wird mit der grössten Akquisition der Firmengeschichte Gullivers Travel Associates (GTA) in das Unternehmen integriert – einer der weltweit führenden Online-Vertriebspartner für Hotelübernachtungen und weiterer Reisedienstleistungen. Schritt für Schritt stösst Kuoni unrentable klassische Reiseveranstalter in diversen Ländern ab. 2015 erfolgt dann der Paukenschlag: Kuoni gibt bekannt, das gesamte klassische Reiseveranstalter-Geschäft aufzugeben – ein radikaler Bruch mit der Tradition. Künftig will sich das Unternehmen als reiner Dienstleister etablieren. Ein Beispiel ist die Einheit VFS Global, die innert wenigen Jahren zu einem weltweit führenden Anbieter im Visumgeschäft geworden ist. Die Kunden sind in diesem Fall Staaten, welche die administrative Abwicklung der Einreisebewilligungen nicht selber ausführen wollen. Damit bildet Kuoni neu ein Gegenmodell zum klassischen Geschäft der Reisebranche.

Der zweite grosse Schweizer Reisekonzern, der umsatzmässig Kuoni heute übertrifft, beginnt ebenfalls sehr klein: In den 1920er-Jahren wird auch das Tessin langsam zu einem touristischen Anziehungspunkt, und der einheimische Antonio Mantegazza merkt schnell, dass hier ein Geschäft zu machen ist. So kauft er 1928 auf Pump ein Ruderboot, mit dem er die Touristen an die schönsten Orte rund um den Lago di Lugano schaukelt und dazu Geschichten erzählt. Globus Viaggi ist geboren. Und das Unternehmen steht unter einem guten Stern: Mehr Ruderboote werden gekauft, auf die schon bald Motorboote und schliesslich der Schritt an Land folgen. Mantegazza zieht einen Taxiservice auf und steigt später ins Reisebusgeschäft ein. Nach dem Zweiten Weltkrieg umfasst die Globus-Flotte bereits 33 Busse und agiert im Tessin praktisch konkurrenzlos. Das Unternehmen wächst dynamisch und wird zur echten Grösse im Incoming-Geschäft (für Ausländer, die die Schweiz besuchen). Der Name Globus steht aber bald für Gruppenreisen in ganz Europa, und das Unternehmen bietet von Sizilien bis zum Nordkap Luxusbusreisen nach dem Vorbild der legendären «Grand Tours» an, den Bildungsreisen der reichen Europäer. Ende der 1950er-Jahre drängt das Tessiner Familienunternehmen mit Sitz in Montagnola auf den amerikanischen Markt, lanciert wenige Jahre später erfolgreich die Budgetmarke Cosmos sowie die eigene Fluglinie Monarch und dehnt seine Aktivitäten auch auf Fernreisen weltweit aus. Mit der Kreuzfahrtgesellschaft Avalon Waterways, die kleine, feine Schiffe im Programm hat, und Monograms, das sich auf kapitalkräftige Individualreisende spezialisiert, lanciert Globus 2003 zwei weitere Marken. Mit einem Umsatz von über 6 Mrd. Franken gehört die Globus Family of Brands heute (2013) zu den grössten Schweizer Firmen – allerdings auch zu den unbekanntesten. Selbst in Tourismuskreisen kennt man den Giganten aus dem Tessin nur vage, vor allem, weil er im Schweizer Outgoing-Geschäft – wo beispielsweise Kuoni und die aus der Migros hervorgegangene Hotelplan tätig sind – keine Rolle spielt und auch sonst wenig preisgibt. Unter Sportfans ist der Name Mantegazza hingegen ein Begriff: Die Familie steht unter anderem als Sponsor hinter den Erfolgen des HC Lugano.

Eine schweizerische Unternehmensgruppe mit weltweiter Ausstrahlung ist auch Mövenpick. Am 19. Juli 1948 eröffnet ein gewisser Ueli Prager (1916–2011) mit dem «Claridenhof» an der Dreikönigstrasse 21 in Zürich das erste Mövenpick-Restaurant. Das Gastronomiekonzept setzt auf Menschen mit wenig Zeit – daher das damalige Logo von Mövenpick: eine Möwe, die quasi im Flug verpflegt wird. Heute (2014) zählt die Mövenpick-Gruppe mit vier selbstständig operierenden Unternehmensbereichen rund 20 000 Mitarbeitende, betreibt über 80 Hotels und Resorts in den Kernmärkten Europa, Afrika, Naher und Mittlerer Osten, führt 28 Weinkeller in der Schweiz und in Deutschland und bietet via Lizenz- und Vertriebspartner Premium-Food-Produkte an. Unter den weltweiten Marken Marché Restaurants, Mövenpick Restaurants, Marché Mövenpick, Cindy's Diner und Palavrion Grill wird ein ergänzendes und hochwertiges gastronomisches Gesamterlebnis angeboten. Motor hinter Mövenpick ist bis 1992 der Hoteliersohn Prager, der unermüdlich Konzepte entwickelt, die er oft zum Erfolg führt: 1954 lanciert er den «Wein des Monats» und macht ihn zur Mövenpick-Institution. 1963 folgt «Der Himmlische», der zum Synonym für Kaffeegenuss wird. 1962 macht die erste «Silberkugel» (an der Zürcher Löwenstrasse) den Anfang einer Schnellimbiss-

Kette nach amerikanischem Vorbild, zehn Jahre später folgt die Kette Cindy's – den Namen darf die Tochter von Ueli Prager geben, sie war ein grosser Fan von Cinderella. Im gleichen Jahr wird die erste Cash-and-Carry-Weinhandlung gegründet, aus der im Laufe der Jahre ein Netz aus Weinkellern in der Schweiz und in Deutschland entsteht. 1965 wagt Prager mit dem Mövenpick-Restaurant in Frankfurt am Main den Schritt über die Grenze, 1980 werden erste Ableger auf dem nordamerikanischen Kontinent eröffnet (New York und Toronto). Den grössten internationalen Markenartikel-Hit landet er 1969 mit Mövenpick Ice Cream (die Markenrechte gehen 2003 an Nestlé). Vier Jahre später legt Mövenpick mit den ersten neuen Grosshotels der Schweiz, den beiden Airport Hotels in Zürich, den Grundstein für den Unternehmensbereich Hotels & Resorts: 1975 entstehen die ersten Hotels in Ägypten. Heute gehört Mövenpick Hotels & Resorts zu den 50 führenden internationalen Hotelgruppen im Premium-Segment. 1983 wird das erste Marché-Selbstbedienungsrestaurant, in dem Speisen à la minute vor den Augen der Gäste zubereitet werden, in Stuttgart eröffnet. 1992 verkauft Ueli Prager seine Aktienmehrheit an den deutschen Unternehmer August von Finck. Im Juni 2007 übernimmt die Carlton-Holding AG und deren Besitzer Luitpold von Finck die Mövenpick-Gruppe und lässt die Aktien der Gesellschaft von der Börse dekotieren. Mövenpick ist nun wieder ein privates Familienunternehmen.

Den richtigen Riecher und die nötige Energie, Visionen zu realisieren, hat – wie Ueli Prager mit Mövenpick – der rührige, weitgehend unbekannte Alfred Erhart (1918–1998) mit Mallorca, das er in den 1960er-Jahren zur «Putzfraueninsel» macht. 1918 in Rüschlikon geboren, zeichnet sich Erhart durch seinen unerschütterlichen Glauben an den eigenen Erfolg aus sowie seine Leidenschaft für das Tourismusgeschäft, das er vor allem im Flugbereich wesentlich mitprägt. Nach einem zweijährigen Praktikum bei der Schweizerischen Kreditanstalt, das sein Interesse an wirtschaftlichen Zusammenhängen schürt, studiert er während des Zweiten Weltkriegs an der Universität Basel Wirtschaftswissenschaften, weil er darin die besten Chancen sieht, «wie man zu genügend materiellem Erfolg kommt, um in Freiheit zu leben». Kurz nach dem Krieg schliesst er das Studium mit einer Dissertation über die Schweizer Handelsflotte ab, die er selbstbewusst in einer Bestsellerauflage von 2000 Exemplaren drucken lässt (und das letzte Exemplar tatsächlich 40 Jahre später verkauft). Was ihn fasziniert, ist das Paradox, dass ein Binnenland sich eine eigene Hochseeflotte hält. Genau dieses Denken – dass nichts unmöglich ist und Erfolg auf Unabhängigkeit beruht – wird ihn sein Leben lang führen. In seinem Vokabular, wie er im Rückblick schreibt, findet sich das Wort «unmöglich» nicht.

Als Leutnant der Fliegertruppen ist Erhart vom noch jungen Flugwesen faszi-
niert. Es ist in seiner Einschätzung ein riesiges, wirtschaftlich kaum entwickeltes
Gebiet, bei dem man unbedingt mitmachen sollte. Und er macht mit: Wo immer
etwas in der Welt herumgeflogen werden soll, ist er mit einer Idee und einem Flug-
zeug zur Stelle – Erdbeeren vom Wallis nach Luxemburg, ein Sarg von Zürich nach
Lissabon, vier Tonnen Bügeleisen von England in die Schweiz, das Olympische
Komitee «last minute» an die Spiele in London oder Juden in ihre neue Heimat
Israel. Erhart ist «Mr. Charter», bevor es in der Schweiz Chartergesellschaften gibt.
Weil die Fliegerei seine Goldgräbermentalität anstachelt, macht er sich zum Generalagenten von 117 englischen Kleinstfluggesellschaften. Deren Respekt gewinnt er
aber erst mit seiner Arbeit für den Flughafen Basel-Mulhouse, den er zum Schweizer Charterflughafen schlechthin macht. Da er immer mehr Flugpassagiere vor
allem nach England schickt, entschliesst er sich 1955 kurzerhand, eine schrottreife,
36-plätzige Vickers-Viking-Maschine zu kaufen und die erste Chartergesellschaft
der Schweiz zu gründen: die Universal Air Charter.

Zwar endet sein Traum vom Flugzeugbesitzer bereits 1961, aber er hat viel gelernt, unter anderem, dass Marktunabhängigkeit ein enormer Vorteil ist. Dieses
Denken leitet ihn wenig später beim Entscheid, Mallorca allen Unkenrufen zum
Trotz zu seinem einzigen Reiseziel zu machen und sich nicht auf die Infrastruktur
vor Ort zu verlassen, sondern Hotels an den schönsten Lagen und genau nach seinen
Vorstellungen gleich selber zu bauen. Die Finanzierung sichert er sich über einen
abenteuerlichen Akt der Finanzakrobatik (mit hoch verzinsten Anleihen inklusive
einem 20-Prozent-Rabatt auf Ferienbuchungen), aber er ist mit seinem Business so
erfolgreich, dass er in hoher Kadenz eine Bettenburg nach der andern bauen kann,
angefangen mit dem «Aquamarin». Erhart ist auf dem Höhepunkt seines Mallorca-
Engagements Multimillionär und Herr über ein Dutzend Häuser. Er krönt seinen
Erfolg mit einem weiteren verwegenen Schritt – jenem in die Karibik. 1978 baut er
das «Jolly Beach» auf Antigua, eine gigantische Anlage «am schönsten Strand der
Welt». Dass es ihm bis zu seinem Tod 1998 nicht gelingt, diese rentabel zu betreiben,
kümmert ihn wenig. Eine solche Anlage lasse sich an einem solchen Ort überhaupt
nicht gewinnbringend betreiben. Er freue sich einfach darüber, dass er für sich selber
hier ein Stück Paradies gefunden habe, das er mit vielen Menschen teilen könne. So
denkt Erhart zumindest im Alter, das ihn wohl milde stimmt.

Die Fähigkeit, an eine Vision zu glauben und dafür zu kämpfen, teilt Erhart
mit manchen andern Schweizer «Touristikern». Einer ist der Luzerner Kurt H. Illi,
der von 1978 bis 2010 als Verkehrsdirektor die Stadt Luzern mit der verblüffend

Oben *Blick auf einen Markstein des Andermatt Resorts: «The Chedi Andermatt»*

Unten *Samih Sawiris (*1957), Investor des Andermatt-Resorts*

einfachen Botschaft «Lucerne is fantastic» aus dem Dornröschenschlaf weckt. Sein Bündner Pendant, Hanspeter Danuser, macht in seiner 30-jährigen Tätigkeit als Kurdirektor St. Moritz zur bekanntesten (Ferien-)Destinationsmarke der Welt und zur ersten Ortschaft überhaupt mit patentiertem Namen und Logo (Schriftzug und Sonne). Auch Zermatt profitiert nicht nur von der Ikone «Matterhorn», sondern verdankt seinen Ruf als eine der besten Alpendestinationen unter anderem Christen Baumann, bis 2010 CEO der Bergbahnen, die unter ihm über 300 Mio. Franken in die Infrastruktur gesteckt haben. Die einzigartige Bergwelt soll so komfortabel und barrierefrei wie möglich erschlossen werden – bis auf 4000 Meter. Reto Gurtner, CEO der Weissen Arena Gruppe in Flims-Laax, hat mit Investitionen von 80 Mio. Franken und dem «Rocksresort» seine wegweisende Vision vom (Winter-)Tourismus der Zukunft realisiert.

All diese unternehmerischen Anstrengungen werden vom Projekt des ägyptischen Investors Samih Sawiris (*1957) aber noch übertroffen. Sawiris, der – wie andere ausländische Investoren auch – an die touristischen Qualitäten der Schweiz glaubt, demonstriert eindrücklich, was «visionär» bedeuten kann. Gegen 1,8 Mrd. Franken will er in den kommenden Jahren in das Andermatt Swiss Alps Resort mit sechs Hotels, rund 500 Wohnungen, 25 Chalets und einem 18-Loch-Golfplatz (Eröffnung 2016) investieren. Was das Andermatt Swiss Alps Resort von anderen Tourismusdestinationen der Schweiz unterscheidet, ist nicht nur die Grösse, sondern die Art und Weise, wie es realisiert wird. Hier wird ein Bergdorf quasi auf den Kopf gestellt und mit einem komplett neuen Image versehen. Samih Sawiris geht dabei sehr umsichtig vor, und es ist ihm gelungen, die kritischen Andermatter praktisch in corpore für sein Unternehmen zu begeistern. So darf das Projekt nie grösser werden als der bewilligte Umfang, und gebaut wird nur, was zuvor verkauft worden ist bzw. wonach eine Nachfrage besteht. Mit der Eröffnung des Deluxe-Hotels The Chedi Andermatt im Dezember 2013 ist jedenfalls ein viel beachteter Meilenstein gesetzt worden. Das Potenzial des Schweizer Tourismus ist offensichtlich noch nicht ausgereizt.

Der Schweizer Tourismus heute

Die Schweiz wird auch heute trotz aller Krisen weltweit als Tourismusland wahrgenommen, nicht nur wegen ihrer bedeutenden Tourismusgeschichte. Zum Ruf trägt bei, dass die Schweiz im Tourismusbereich eine Ausbildung von Weltklasse anbietet. Unzählige Tourismusmanager und Hotelmanager in aller Welt stammen aus der Schweiz oder haben hier ihre Ausbildung genossen. Man hat in der Schweiz eben früh erkannt, dass der Tourismus nicht nur «aus dem Bauch heraus» funktioniert, sondern dass es Ausbildung und Professionalität braucht: Bereits 1941 werden das Forschungsinstitut für Freizeit und Tourismus an der Universität Bern und das Institut für Tourismus und Verkehrswirtschaft an der Hochschule St. Gallen gegründet (heute: Institut für öffentliche Dienstleistungen und Tourismus). Besonders aber die Hotelfachschulen, allen voran jene des Schweizer Hotelier-Vereins in Lausanne, tragen den Ruf schweizerischer Gastlichkeit in alle Welt.

Nach wie vor profitiert das Land vom «natürlichen» Reichtum. Es weist eine ausserordentliche Dichte an landschaftlichen und kulturellen Höhepunkten auf. Das spiegelt sich in der Unesco-Welterbe-Liste. Von 1007 Welterbestätten in 162 Ländern liegen elf in der Schweiz; schon jetzt weist kein Land «mehr Welterbe pro Quadratkilometer» auf. Dazu kommt die Unesco Biosphäre Entlebuch. Darin kommt eine der grossen Stärken der Schweiz zum Ausdruck: Es sind Natur, Ambiance und Authentizität, die sie von vergleichbaren Destinationen abheben. Daran hat sich in 200 Jahren wenig geändert.

Links *Karl Elsener
(1860–1918), Begründer
von Victorinox*

Rechts *Ein Symbol
der «Swissness»,
die Taschenmesser
von Victorinox*

Nicht zu unterschätzen für die Breitenwirkung der Marke Schweiz sind aber auch Produkte, die dieses Land gleichsam repräsentieren und von Touristen aus aller Welt als Andenken gekauft werden. Exemplarisch dafür ist das Taschenmesser von Victorinox, von dem heute pro Jahr rund 13 Mio. Stück in den unterschiedlichsten Ausfertigungen hergestellt werden. Ausgangspunkt ist auch hier eine innovative Persönlichkeit: Karl Elsener eröffnet 1884 ein Messerschmiedegeschäft, um die Schweizer Armee mit einem Soldatenmesser zu beliefern. Über viele Jahre feilt er an seiner Idee, ein kompaktes Messer mit möglichst vielen Funktionen zu kreieren. 1891 ist es dann so weit: Erstmals beliefert er die Schweizer Armee mit seinem Messer, 1897 wird das Schweizer Offiziers- und Sportmesser gesetzlich geschützt. Und bereits 1909 verwendet er das Schweizerkreuz im Schild, das heutige Victorinox-Emblem, auf allen Taschenmessern, um diese von der Konkurrenz abzuheben. Der Firmenname selbst vereint Tradition und Innovation. Als 1909 die Mutter von Elsener stirbt, wählt er ihren Vornamen «Victoria» als Firmennamen. Und als dann 1921 der rostfreie Stahl erstmals vom deutschen Hersteller Krupp patentiert wird – bezeichnet mit der Kurzform «inox» –, bildet die Kombination von Namen und Messerstahl die Marke «Victorinox». Das grosse Interesse der US-Streitkräfte am Schweizer Produkt nach 1945 eröffnet einen weiteren grossen Absatzmarkt, in dem die Taschenmesser schlicht als Swiss Army Knife bezeichnet werden. Dies wirkt bis heute nach: Victorinox ist das einzige Unternehmen, das vom Bund das Recht erhalten hat, den Markennamen «Swiss Army» zu nutzen. Die ursprünglich aus Taschen-, Haushalts- und Berufsmesser bestehende Produktpalette verbreitet sich kontinuierlich und umfasst heute auch Uhren, Bekleidung, eine Gepäcklinie – und seit 2007 sogar ein Parfum.

Heute (2014) beschäftigt das Unternehmen weltweit 2000 Mitarbeitende und erzielt einen Jahresumsatz von 510 Mio. Franken. So steht Victorinox beispielhaft für jene Unternehmen, die im Umfeld des touristischen Kerngeschäfts Innovatives leisten.

Der Tourismus selbst ist weiterhin ein bedeutender Wirtschaftssektor, in dem – abhängig von der Konjunkturlage – weit über 30 Mrd. Franken erwirtschaftet werden. Fast die Hälfte der Wertschöpfung stammt von ausländischen Gästen – ein Anteil, der aufgrund der markanten Frankenaufwertung im Januar 2015 unter Druck geraten könnte. Die Branche generiert damit rund 5 Prozent der gesamten Exporteinnahmen des Landes und liegt hinter der chemisch-pharmazeutischen Industrie, der Metall- und Maschinenindustrie und der Uhrenindustrie auf Rang vier der Einnahmen aus dem Export von Gütern und Dienstleistungen (ohne Kapital- und Arbeitseinkommen aus dem Ausland). Da die ausländischen Gäste in der Schweiz mehr ausgeben als die Schweizer Touristen im Ausland, weist die Fremdenverkehrsbilanz seit Jahren einen aktiven Saldo aus. Entsprechend wichtig ist der Tourismus auch als Arbeitgeber: Mit gegen 170 000 Vollzeitstellen (2013) entfallen auf ihn 4,3 Prozent der Beschäftigung, wobei der Anteil in den Bergregionen naturgemäss höher ist als in den Agglomerationen. Dabei ist die Beherbergung und Verpflegung für knapp die Hälfte der Vollzeitstellen verantwortlich und trägt mit einem Anteil von mehr als 40 Prozent (2013) überproportional zur gesamten Wertschöpfung bei. Vom Tourismus profitieren auch viele weitere Branchen wie Handel, Verkehr, Banken, Versicherungen und kulturelle Institutionen.

Zunehmend entwickelt sich auch eine Verbindung zwischen dem Gesundheitssektor und dem Tourismus. Noch präsentiert sich die Schweiz diesbezüglich zwar in traditionell föderalistischer Manier, doch das soll sich ändern: Gemeinsam mit der Aussenhandelsorganisation Osec hat Schweiz Tourismus den Verein Swiss Health gegründet, um die Verbindung zwischen Kliniken und dem Tourismus herzustellen. Luxushotels schnüren mit Spitzenkliniken Gesundheitspakete. Exklusive Privatspitäler wie die «Pyramide» am Zürichsee spannen – analog zu den Tophotels – marketingmässig als «The Swiss Leading Hospitals» zusammen und konzentrieren sich auf anspruchsvolle Privatpatienten aus dem Ausland.

Ein weiteres Gebiet, in dem die Schweiz neue Angebote entwickelt, ist der nachhaltige Tourismus. Dieser kann auf der Tatsache aufbauen, dass das Land aus ökologischer Sicht international führend ist. So belegt die Schweiz im «Environmental Performance Index 2014» der Yale University den ersten Platz. Im «Travel & Tourism Competitiveness Report 2013» kommt denn auch der Schweizer Tourismus in der Kategorie «Environmental Sustainability» nach Schweden weltweit auf den zweiten Platz. Exemplarisch für diese neue Form von Tourismus stehen etwa die neue Monte Rosa Hütte des Schweizerischen Alpenclubs oder der weltweit erste Solarskilift Tenna.

Schon weiter zurück reicht die Positionierung der Schweiz als Standort für die Durchführung von Kongressen. Der Jahresumsatz in diesem Segment liegt bei bis zu 2 Mrd. Franken (2013: 1,9 Mrd.). Vieles spielt hier eine Rolle: Landschaft, Kultur, zentrale Lage in Europa, hervorragende Verkehrsanbindung, gelegentlich auch politische Ungebundenheit und Neutralität sowie Vielsprachigkeit. Das wohl herausragendste Beispiel für diese Spielart des Tourismus ist das von Klaus Schwab initiierte, bereits erwähnte World Economic Forum (WEF), das aufs Eindrücklichste demonstriert, dass Kleinheit gerade im Tourismus kein Nachteil sein muss. Man muss nur gross genug denken, wie es so viele Pioniere des Schweizer Tourismus immer wieder getan haben.

Wichtige Schweizer Tourismusunternehmen in Zahlen

Kuoni Reisen Holding AG (1906)					
	1950	1970	1990	2000	2013
Umsatz	2	255	2196	4113	5669
Beschäftigte	n. v.	1350	3100	7670	11 621
davon im Inland	n. v.	1080	1600	1730	1317

Hotelplan Holding AG (1935)					
	1950	1970	1990	2000	2014
Umsatz	12	194	1036	2181	1322
Beschäftigte	n. v.	n. v.	n. v.	3800	2704
davon im Inland	n. v.	n. v.	n. v.	1470	1256

Mövenpick Hotels & Resorts (1948/1973)					
	1950	1970	1990	2000	2013
Umsatz	n. v.	98	313	456	947
Beschäftigte	n. v.	3190	2000	6535	16 800
davon im Inland	n. v.	n. v.	n. v.	n. v.	n. v.

Genannt werden Umsatz und Zahl der Beschäftigten (insgesamt und in der Schweiz) grosser Schweizer Tourismusunternehmen der letzten 60 Jahre, soweit diese verfügbar sind (ansonsten findet sich der Vermerk n. v.). In Klammern ist das Gründungsjahr des Unternehmens angegeben, der Umsatz ist in Mio. Franken aufgeführt, die Zahlen zu Umsatz und Beschäftigten sind gerundet und können im Einzelfall um ein Jahr abweichen. Das Familienunternehmen Globus Travel Services SA, das umsatzstärkste Unternehmen, veröffentlicht keine Zahlen. Bei Mövenpick betreffen die Zahlen von 1970 die ganze Mövenpick-Gruppe.

Veredelte Kalorien

vor 1800	ab 1687	Bern fördert den Käsehandel, um die Wirtschaft des Standes anzukurbeln.
1800–1899	1819	François-Louis Cailler eröffnet in der Nähe von Vevey eine der ersten mechanisierten Schokolademanufakturen.
	1825	Philippe Suchard eröffnet eine Confiserie in Neuenburg.
	1839	Henri Nestlé legt in Lausanne die Zulassungsprüfung als Apothekergehilfe ab.
	1845	David Sprüngli-Schwarz und Sohn Rudolf Sprüngli-Ammann beginnen mit der Schokoladeproduktion.
	1866	Gründung der Anglo-Swiss-Condensed Milk Company in Cham.
	1867	Henri Nestlé entwickelt das «Kindermehl» (Ersatznahrungsmittel für Säuglinge).
	1875	Daniel Peter erfindet die Milchschokolade.
	1879	Rodolphe Lindt erfindet das Verfahren des «Conchierens» und damit die erste Schokolade mit zartschmelzender Struktur.
	1886	Julius Maggi erfindet die «Maggi-Würze».
	1886	Gründung der Hero.
	1890	Der Verband schweizerischer Konsumvereine (VSK), Vorläufer von Coop, wird ins Leben gerufen.
1900–1999	1900	Maximilian Oskar Bircher entwickelt das Rezept für das «Birchermüesli».
	1904	Georg Wander entwickelt Ovomaltine, ein lösliches Malzgetränk.
	1905	Nestlé und die Anglo-Swiss-Condensed Milk Company fusionieren.
	1913	Walter Gerber erfindet den Schmelzkäse.
	1925	Gottlieb Duttweiler gründet die Migros.
	1938	Nestlé steigt mit «Nescafé» in das Kaffeegeschäft ein.
	1971	Nestlé akquiriert Ursina-Franck und avanciert zum weltgrössten Nahrungsmittelunternehmen.
	1986	Gründung der Nespresso AG.
	1993	Gründung des Unternehmens Emmi AG, deren Wurzeln allerdings auf 1907 zurückgehen.
ab 2000	2006	Novartis verkauft Nestlé den Bereich «Medical Nutrition».

Die Schweizer Nahrungsmittelindustrie als Produzentin von Weltmarken

Milch und Honig fliessen im Paradies. So weit ist die Schweiz zwar nicht, aber die Produktion von Milch ist die Basis für viele Entwicklungen in der Schweizer Nahrungsmittelindustrie, nicht nur der Klischee-Produkte Käse und (Milch-)Schokolade, die volkswirtschaftlich heute von geringer Bedeutung sind. Die an der Milch geübte Fähigkeit, Grundstoffe zu veredeln und dann zur rechten Zeit das richtige Produkt anzubieten, macht die Schweizer Nahrungsmittelindustrie gross. Henri Nestlé etwa bringt sein «Kindermehl» auf den Markt, als die industrielle Revolution die Sozialstrukturen umpflügt und die hohe Säuglingssterblichkeit im Verbund mit wachsender Zeitknappheit der Frauen ein enormes Bedürfnis nach alternativer Säuglingsnahrung schaffen. Milch wird so zum Fundament für den Aufbau des grössten Nahrungsmittelkonzerns der Welt. Das enorme Wachstum von Nestlé ist zu einem grossen Teil mit durchwegs erfolgreichen Fusionen und Akquisitionen bewerkstelligt worden – was angesichts der Tatsache, dass solche Zusammenschlüsse oft scheitern, bemerkenswert ist. Die Veredelung von Produkten geht zudem einher mit einer cleveren Vermarktung. Schweizer Marken wie Nescafé, Maggi, Ovomaltine oder Toblerone hinterlassen weltweit ihre Spuren. Neben einem Grosskonzern wie Nestlé prägen aber auch die bäuerliche Produktion, Kleinstbetriebe mit eigenen Nischenprodukten, Industrieunternehmen im Umfeld der Lebensmitteltechnik und nicht zuletzt der Detailhandel die Nahrungsmittelbranche. Letzterer setzt in der Schweiz bedeutende Akzente und nimmt teilweise Entwicklungen wie den Bio-Boom vorweg. Die zunehmende Technisierung der Lebensmittel, der Wunsch nach Ursprünglichkeit, Gesundheitsprobleme aufgrund falscher Ernährungsgewohnheiten und die Notwendigkeit, eine wachsende Weltbevölkerung zu ernähren, stellen die Nahrungsmittelindustrie weltweit vor grosse Herausforderungen. Die Schweiz kann hier mit ihren Unternehmen einen wichtigen Beitrag leisten.

Die Anfänge der Schweizer Lebensmittelbranche: der Käse

«Ich will allen Kindern die gute Schweizer Milch zugänglich machen, die von mit Alpenkräutern genährten Kühen stammt!» Kann man ein derart hehres Ziel dem Gründer des heute weltgrössten Nahrungsmittelkonzerns, Henri Nestlé, glauben? Vielleicht war es ja nicht das einzige Motiv, doch hat Nestlé ohne Zweifel die Bedürfnisse erkannt, die sich aus den Umwälzungen der industriellen Revolution für viele Menschen ergeben haben. Und er schafft ein auf wissenschaftlichen Erkenntnissen basierendes Nahrungsmittel für Säuglinge, weil Kinder unter den damaligen sozialen Bedingungen oft nur ungenügend gestillt werden konnten. Die argwöhnische Frage nach der wahren Motivation ist irgendwie symptomatisch für eine Branche, die immer starker Kritik ausgesetzt ist und gleichzeitig auch eine Sonderstellung für sich beansprucht.

Die Produktion von Lebensmitteln steht am Anfang der menschlichen Zivilisation, Hunger ist eine ständige Geissel der Menschheit (und eine Waffe in der Hand despotischer Herrscher). Entsprechend sind protektionistische Massnahmen zum Schutz der Landwirtschaft, die primär im Dienst der Ernährungssicherheit stehen, besonders weit verbreitet. Erst in jüngster Zeit entwickelt sich die «Überernährung» in vielen reichen Ländern zu einem signifikanten Gesundheitsproblem, was neue Fragen mit Blick auf die Qualität der Lebensmittel stellt und gleichsam einen Paradigmenwechsel für die Nahrungsmittelindustrie insgesamt bedeutet, denn in vielen Ländern ist heute nicht mehr ein «Zuwenig», sondern ein «Zuviel» an Kalorien das Problem. Doch während Jahrhunderten ist die Sicherung der Nahrungsmittelproduktion die primäre Herausforderung gewesen. Auch die Schweiz war oft mit Hungersnöten konfrontiert. Produktion und Verwertung von Nahrungsmitteln bewegen sich zu Beginn der Menschheitsgeschichte im Rahmen einer Subsistenzwirtschaft und sind in der Regel – abgesehen von Ausnahmen wie Gewürze, Wein, Salz oder Getreide – kleinräumig organisiert. Ein Verkauf von Nahrungsmitteln ausserhalb der lokalen Struktur ist nur möglich, wenn eine Region Überschüsse an Nahrungsmitteln produzieren kann, wenn sie über Technologien verfügt, um die Lebensmittel haltbar zu machen und wenn Transportwege und -kapazitäten vorhanden sind. In der Schweiz, in der grosse Teile der Landesfläche vorab im Alpenraum und im Jura für den Ackerbau ungeeignet sind, geht es dabei vor allem um ein Produkt: die Milch. In den voralpinen Gebieten der Schweiz sowie im Kettenjura setzt sich ab dem Mittelalter die Viehwirtschaft durch. Die so produzierte Milch wird in Form von Käse haltbar gemacht – eine Lagerungsform, die bereits in der Jungsteinzeit bekannt war. Käse ist weitgehend frei gehandelt worden.

Bern fördert ab 1687 den Käsehandel gar in merkantilistischer Absicht. Weil die Käseherstellung höhere Gewinne als der obrigkeitlich reglementierte Butterhandel verspricht, wird möglichst viel Milch zu Käse verarbeitet, was die Versorgung der Städte mit Butter immer wieder prekär werden lässt.

Wichtige Produktionsgebiete werden das Greyerzerland («Greyerzer»), das Emmental («Emmentaler»), das Berner Oberland («Sbrinz») und das Appenzellerland («Appenzeller»), deren Käsesorten mit der Zeit weltweit berühmt werden. Es entwickeln sich regelrechte Käsehändlerdynastien. Ab dem 18. Jahrhundert bestimmen dann zunehmend Kaufleute aus der Bankbranche und der Textilindustrie mit weitreichenden Handelsbeziehungen den lukrativen Handel mit Milchprodukten. In der zweiten Hälfte des 18. Jahrhunderts nehmen die Exporte enorm zu. Ab dem 19. Jahrhundert findet Schweizer Käse nicht nur in der ganzen Eidgenossenschaft, sondern auch in vielen europäischen Ländern, in Nordafrika und in den USA Absatz. Zur «Ikone» entwickelt sich dabei der Emmentaler. Dass es nicht gelingt, diese starke Marke zu schützen, hat vor allem damit zu tun, dass zum Zeitpunkt (1882), in dem die Grundlagen für den Markenschutz in Europa geschaffen werden, Emmentaler bereits in beträchtlichem Umfang im Ausland hergestellt wird. Als es das schweizerische Bundesamt für Landwirtschaft 2004 wagt, «Emmentaler» als Herkunftsbezeichnung zu schützen, hagelt es von Frankreich bis Finnland Proteste. Trotzdem trägt das Schweizerische Bundesgericht im Herbst 2006 «Emmentaler» als AOC, als geschützte Ursprungsbezeichnung, ein – vermutlich mit bescheidener Wirkung. So berühmt der Schweizer Käse im Ausland nämlich auch sein mag, macht der in der Schweiz fabrizierte Käse gewichtsmässig doch nur rund ein halbes Prozent des Weltmarktes aus. Immerhin wird über ein Drittel des hierzulande produzierten Käses exportiert, 2013 waren dies rund 68 000 Tonnen.

Schweizer Käse – einst ein ernstzunehmendes Exportprodukt der Schweiz – ist also inzwischen volkswirtschaftlich zu einer Marginalie geworden. In Sachen Innovation wurden und werden aber gleichwohl Massstäbe gesetzt, so durch den Emmentaler Walter Gerber (1880–1942), den Erfinder des Schmelzkäses. Im 19. Jahrhundert wandern Zehntausende Schweizer aus, um dem Hunger und der Armut zu entfliehen. Die Auswanderer aber haben Heimweh und Lust auf ein gutes Stück Käse. Die bestellten Laibe kommen jedoch in den südlichen Ländern angeschmolzen und verschimmelt an – die klassische Form der Konservierung ist den Erfordernissen einer ersten, frühen Globalisierung nicht gewachsen. Die Hersteller wollen aber nicht auf den wichtigen Export verzichten und versuchen, den Käse in einer Welt ohne Kühlkette zum Endkunden zu bringen. Bei manchem Käse gelingt das verhält-

Links *Gerber-Käse «Fleurs des Alpes»*
Rechts *Nestlé-Plakat «Kindermehl» aus dem Jahr 1929*

nismässig rasch, aber nicht beim Emmentaler. Doch Gerber, Sohn eines Fellhändlers, und sein Kollege Fritz Stettler schaffen das Kunststück. Sie richten ein Chemielabor ein und tüfteln wissenschaftlich nach einer Lösung. Als Robert Burri, Vorstand der Eidgenössischen milchwirtschaftlichen und bakteriologischen Anstalt Liebefeld, 1912 herausfindet, dass Natriumcitrat eine konservierende Wirkung auf Lebensmittel zeigt, zeichnet sich eine Lösung ab. Walter Gerber nützt seine guten Beziehungen zum Gelehrten, bestellt die Substanz – und am 18. Juli 1913 ist der Schmelzkäse erfunden: Der Käse wird zerrieben und mit Schmelzsalzen und Wasser gemischt: dann wird die Masse bis zur Verflüssigung erhitzt, in Formen gefüllt und abgekühlt, bis sie sich wieder verfestigt. Der Schmelzkäse erregt an der Landesausstellung von 1914 in Bern grosses Aufsehen. Weil aber die Patentgesetze in der Schweiz einen Schutz des Schmelzkäses verhindern (weil er gegen das Reinheitsgebot verstösst), sind Nachahmer schnell zur Stelle. Der Phenix Cheese Corporation gelingt es, den Schmelzkäse in den USA zu patentieren, ohne dass Gerber etwas davon weiss. Und der amerikanische Bauernsohn und Käsehändler James Lewis Kraft (er kauft 1928 dann auch die Phenix Cheese Corporation) ändert das Verfahren leicht ab, patentiert es – und wird zum grössten Käseverkäufer der Welt. Während die Schweiz also in vielen Branchen vom noch laschen internationalen Patentschutz profitiert, ist es hier umgekehrt: Dass Gerber seine Erfindung im Heimatland nicht patentieren kann, verhilft einem amerikanischen Unternehmen zu einem wirtschaftlichen Grosserfolg.

Walter Gerber wird trotzdem zu einem reichen Mann. Während die kleineren Schmelzkäsefirmen in der Schweiz untergehen, hat die Gerberkäse AG, deren Ursprünge auf das Jahr 1836 zurückgehen, Erfolg. Gerber ersetzt die umständliche Blechdose durch die einfachere Spanschachtel. 1918 verkauft er 25 Prozent seiner Aktien an den Zentralverband Schweizerischer Milchproduzenten, 1927 weitere 25 Prozent an Nestlé, womit die Firma Zugang zu einem weltweiten Vertriebsnetz erhält. Er selbst zieht sich aus dem Geschäft zurück. 2002 landet die Gerberkäse AG im Schoss des heute (2013) mit über 3,3 Mrd. Franken Nettoumsatz grössten Schweizer Milchverarbeiters, der Emmi AG. Das Unternehmen, dessen Wurzeln in der 1907 vollzogenen Gründung des Verbandes der Zentralschweizerischen Käserei- und Milchgenossenschaften liegen, exportiert seine Produkte in 60 Länder und betreibt Produktionsbetriebe in acht Ländern. Einer davon ist der 2009 übernommene US-Käsehersteller Roth Ltd., der mit europäischen Produktionsmethoden in den USA Edelkäse herstellt. Bis 2016 will das Unternehmen die Hälfte seines Umsatzes im Ausland erwirtschaften. So geht die Tradition des Schweizer Käses weiter. Denn immerhin ist die Milchwirtschaft nach der Fleischproduktion der wertschöpfungsstärkste Teil der Schweizer Landwirtschaft.

Das «Kindermehl» des Henri Nestlé legt die Basis für einen Weltkonzern

Der Weltkonzern Nestlé ist natürlich noch von einmal anderem Kaliber. An seinem Anfang steht das Genie eines Henri Nestlé, der als Heinrich Nestle am 10. August 1814 in Frankfurt am Main geboren wird. Dort macht er eine Apothekerlehre. Danach verliert sich seine Spur, wahrscheinlich absolviert er einige Wanderjahre im Ausland. Im November 1839 legt er in Lausanne die Zulassungsprüfung als Apothekergehilfe beim Apotheker Marc Nicollier in Vevey ab. Warum er Frankfurt verlassen hat, ist unklar. Möglicherweise sind es politische Motive, denn in Frankfurt sympathisiert er mit der geächteten liberalen Bewegung, sodass Denunziation und polizeiliche Ermittlungen drohen. Zudem besitzt die Schweiz bei deutschen Gesellen traditionell eine hohe Anziehungskraft. Nicollier ist für Nestlé von entscheidender Bedeutung: Er gibt Nestlé, der seinen Vornamen dank seinem Anpassungswillen in Henri umwandelt, eine berufliche Neuorientierung, indem er ihm die Lehren und Arbeitsmethoden des bedeutenden deutschen Chemikers Justus von Liebig vermittelt. Auch ermöglicht er ihm die Integration in die Gemeinde Vevey und den Gang in die Selbstständigkeit, indem er ihm ein Wohnhaus seines Bruders mit diversen Maschinen verkauft.

Wie fast überall in der Schweiz lebt die Mehrheit der Bevölkerung im Kanton Waadt von der Landwirtschaft. Vevey jedoch ist ein immerhin schwach industrialisierter Ort mit wirtschaftlichen Freiheiten, von denen auch Nichtbürger profitieren können. In den von Nestlé erworbenen Gebäuden führt er die bisherige Produktion von Öl, Likör, Essig und Dünger weiter. Zudem setzt er sich die Herstellung von Mineralwasser und Limonade in den Kopf. Dafür lässt er eigens eine Wasserleitung zu seinen Gebäuden erstellen. Nestlé wird so zu einem der Ersten, die gewerbsmässig fertig aromatisierte Tafelgetränke in der Schweiz anbieten. Noch vor seinem 30. Geburtstag hat er den Schritt vom Gehilfen zum selbstständigen Eigentümer und Leiter einer Fabrik geschafft. Sein Ideenreichtum ist frappant. So entwickelt er einen Senf in feiner Puder- und Pastenform. Wahrscheinlich mangels Nachfrage während der Krisenjahre 1845 bis 1847 stellt er die Herstellung von Mineralwasser wieder ein. Stattdessen steigt er ins Gasgeschäft ein und verkauft der Gemeinde Vevey Flüssiggas für die Strassenbeleuchtung. Doch ob der Vielfalt der Ideen verzettelt sich sein Unternehmen, das die vielen unterschiedlichen Produkte weder rationell herstellen noch vermarkten kann. 1849 richtet er ein chemisches Labor ein, fokussiert auf die Forschung und sucht nach Produkten, die näher bei den Bedürfnissen der Konsumenten liegen. Angesichts der wachsenden Bevölkerung und der Tatsache, dass die meisten Familien zwischen 50 und 80 Prozent des Haushalteinkommens für Lebensmittel ausgeben, sieht er diese im Lebensmittelbereich. Auch andere haben das erkannt, und so gibt es Mitte des 19. Jahrhunderts in der Umgebung von Vevey mehrere Betriebe, die Lebensmittel verarbeiten: Die Manufaktur Baup in Vevey stellt auf neue Weise Fleischkonserven her, die sie 1851 an der ersten Weltindustrieausstellung in London präsentiert. An der Industrieausstellung 1857 in Bern zeigt Charles Grenier Teigwaren, die in Vevey und Bex hergestellt werden, und F. L. Senechaud Konserven mit gezuckerten Erbsen, die in Montreux produziert werden.

In dieser Zeit besteht die Fabrikbevölkerung wegen der ärmlichen Nahrung und des grossen Branntweinkonsums grossteils aus schmächtigen und schwächlichen Menschen. Zudem führen Zeit- und Geldknappheit, mangelhafte Ernährung und prekäre hygienische Verhältnisse in der Arbeiterschaft zu einem Anstieg der Kinder- und Säuglingssterblichkeit. Dies und die schon damals laufende Diskussion über die Qualität der Tiernahrung und deren Einfluss auf die Qualität von Kuhmilch regen Nestlé an, einen Weg zu finden, Milch in einer für Kindernahrung günstigen Form haltbar zu machen. Motiv ist die Beobachtung, dass die Säuglingssterblichkeit in Genf viel geringer ist als in den Städten seines Heimatlandes

Deutschland. Er will eine Ersatznahrung für Säuglinge schaffen, weil Kinder unter den damaligen Bedingungen oft ungenügend gestillt werden. Den Durchbruch, die Erfindung des «Kindermehls», schafft er 1867. Auf der Basis von Muttermilch-Analysen durch Justus von Liebig gelingt es ihm, ein lösliches Pulver auf der Basis einer Milch-Zwiebackmischung herzustellen, das Säuglingen als Nahrung verabreicht werden kann. Ein «Test» Anfang Oktober 1867 bei einem zwei Wochen alten Säugling klappt, sodass Nestlé noch vor Jahresende die notwendigen Maschinen für die Produktion bestellt. Die ersten Verkäufe übertreffen seine Erwartungen – die Nachfrage nach dem Produkt ist enorm. Das Kindermehl muss nur einige Minuten im Wasser gekocht werden und wird als Heilmittel wie auch bei Ernährungsstörungen eingesetzt. Innert sieben Jahren werden 1,6 Mio. Büchsen verkauft, nicht nur in Westeuropa, sondern auch in den USA, in Lateinamerika, in Russland, in Australien und in Indien.

Henri Nestlé, der mit seiner Frau 1873 das Bürgerrecht von Vevey erhält, ist immer darauf bedacht, den Ausbau seiner Firma selbst zu finanzieren. Als 1875 ein bedeutender Ausbauschritt bevorsteht, der ihn zur Aufnahme von Fremdkapital gezwungen hätte, veräussert er das Unternehmen im Alter von knapp 60 Jahren. Er stirbt 15 Jahre später, 76-jährig, nach kurzer Krankheit in seinem Haus in Glion. Die Firma erfährt ein ungeahntes Wachstum. 1875 zählt sie lediglich 30 Mitarbeitende, ist aber mit dem neuen Produkt auf dem Weg zum Grossunternehmen. Für 1 Mio. Franken gehen sie und die Marke «Nestlé» an die Hauptaktionäre Pierre-Samuel Roussy, Jules Monnerat und Gustave Marquis über. Sofort nach der Übernahme von «Farine Lactée Henri Nestlé» gehen diese unter der Führung von Monnerat an den Fabrikausbau. Noch im selben Jahr verdoppeln sie die Produktionskapazität und wenden sich neuen Produkten zu. Eines davon ist die ab 1878 produzierte Kondensmilch, mit der die Firma gegen ihren grössten Konkurrenten, die 1866 gegründete Anglo-Swiss Condensed Milk Company in Cham, einen Preiskrieg führt, der sich über viele Jahre erstreckt. Dieses Unternehmen, das auf eine Initiative des amerikanischen Konsuls in Zürich, Charles Page (1838–1873), und seines Bruders George (1836–1899) zurückgeht, ist von Anfang an auf internationale Expansion ausgerichtet. Es eröffnet beispielsweise bereits ein Verkaufsbüro in London, bevor die damals erste europäische Produktionsstätte von Kondensmilch in Cham überhaupt anläuft. Die Anglo-Swiss Condensed Milk Company entwickelt sich nach dem frühen Tod von Charles Page unter seinem Bruder rasch zu einem der grössten Milchnachfrager in der Schweiz und konkurrenziert ihrerseits auch Nestlé mit einem ebenfalls 1878 lancierten Mehl für Kindernahrung. Nestlé wiederum baut die Produktion in der Schweiz mit diversen neuen Fabriken ebenso aus wie im Ausland mit Fabriken in Norwegen (1898), den USA (1900), Grossbritannien (1901), Deutschland (1903) und Spanien (1905). Erst 1905 endet der Preiskrieg mit der «Anglo-Swiss». Unter Führung der Banker Wilhelm Caspar Escher, Chef der Kreditanstalt und Verwaltungsrat von Anglo-Swiss, sowie Benjamin Rossier, Chef der Banque Suisse et Française, fusionieren die Konkurrenten zur «Nestlé and Anglo-Swiss Condensed Milk Company». Die Heirat kommt zustande, obwohl Anglo-Swiss finanziell die deutlich stärkere Firma ist. Die Absatzmärkte der beiden Firmen ergänzen sich ebenso gut wie die insgesamt 18 Produktionsstandorte auf zwei Kontinenten.

Das fusionierte Unternehmen hat einen guten Start, obwohl es fast zwei Jahrzehnte dauert, bis es zentral geführt wird. Die steigende Nachfrage nach Milchprodukten vor und während des Ersten Weltkriegs bildet einen guten Nährboden für weiteres Wachstum. 1907 beginnt die Produktion in Australien, dem zweitgrössten Exportmarkt. Standorte in anderen Ländern folgen. Parallel dazu verbessert «Nestlé and Anglo-Swiss» die Verkaufsorganisationen in Singapur, Hongkong, Kalkutta, Madras, Bombay, Colombo und in Japan. Ein Weltkonzern ist entstanden.

Schweizer Schokolade wird zu einem Leitprodukt des Landes

Noch kurz vor dem Zusammenschluss mit der Anglo-Swiss nimmt Nestlé Kontakt zu einem Bereich der Lebensmittelindustrie auf, der sich bis dahin autonom entwickelt hat und neben dem Käse das Klischee der Schweizer Nahrungsmittelbranche weithin prägt: die Schokolade. Dieses Produkt ist beileibe keine Schweizer Erfindung. Doch Schweizer Veredelungskunst trägt dazu bei, dass die Schokolade von einer eher bitteren und teuren Spezialität zu jenem Massenprodukt wird, das man heute überall kaufen kann. Zuerst nutzt man die Kakaobohne nur zur Herstellung eines Getränks. 1528 bringt der spanische Eroberer Hernán Cortés die ersten Bohnen und die für die Zubereitung des exotischen Getränks nötigen Geräte nach Spanien, wo dieses am Hofe bald grossen Anklang findet. 1615 führt die in Madrid aufgewachsene Infantin Anna von Österreich als Gattin von König Ludwig XIII. die Trinkschokolade am französischen Hof ein. In Paris wird sie zum Status- und Modegetränk der Aristokratie und findet von dort aus Verbreitung in ganz Europa.

Im 19. Jahrhundert verliert die Trinkschokolade an Bedeutung, während jene der festen Schokolade zunimmt. Allerdings hat diese mit der heutigen Schokolade wenig zu tun. Wann und wo erstmals eine halbwegs moderne Schokolade hergestellt wird, lässt sich nicht klar sagen. Einige Quellen sehen Frankreich als

Ursprung der festen Schokolade, die dort um 1830 entstanden sein soll. Um ungefähr die gleiche Zeit ziehen zudem in Italien «Cioccolatieri» als fahrende Produzenten im Lande herum und bieten die braune und sehr teure Masse auf Jahrmärkten feil. Mit dieser Kunst der Cioccolatieri macht sich übrigens auch ein Schweizer Handwerksbursche, François-Louis Cailler, bekannt. Andere Quellen sprechen vom britischen Bristol als jenem Ort, an dem 1847 erstmals ein Verfahren zum Vermischen von Kakao, Zucker und geschmolzener Kakaobutter entwickelt worden sein soll. Die Milchschokolade ist gemäss manchen Quellen 1875 vom Schweizer Daniel Peter erfunden worden, während andere auf die 1823 gegründete Dresdner Firma Jordan und Timaeus verweisen, die bereits 1839 die erste Milchschokolade in den Verkauf gebracht haben soll. Gesichert ist aber, dass Schweizer Fabrikanten der Milchschokolade mit geschicktem Marketing unter Nutzung der Symbole Berge, Chalet und Alpenmilch zum Durchbruch verhelfen und beginnen, die internationalen Märkte zu dominieren. Mehrere Pioniere sind wegweisend für diese Entwicklung. Der erwähnte François-Louis Cailler eröffnet 1819 in der Nähe von Vevey eine der ersten mechanisierten Schokolademanufakturen und begründet damit zugleich die älteste noch existierende Schokolademarke der Schweiz. Ihm folgen 1826 Jacques Foulquier in Genf, 1830 Charles-Amédée Kohler in Lausanne, 1845 Rudolf Sprüngli in Zürich, 1852 Aquilino Maestrani in Luzern, 1874 Johann Georg Munz in Flawil und 1899 Jean Tobler in Bern – der mit der 1908 lancierten «Toblerone» dann einen absoluten Welterfolg landet.

Drei Pioniere ragen aber besonders hervor: Der erste ist Philippe Suchard (1797–1884), der das Bild der Schweizer Schokolade prägt und als «Marketing-Champion» Suchard weltweit bekannt macht – besonders mit der Marke «Milka» (zusammengesetzt aus den Begriffen Milch + Kakao). Suchard absolviert in der Berner Confiserie seines Bruders Frédéric eine Lehre als Zuckerbäcker. 1825 eröffnet er seine eigene Confiserie in Neuenburg. Schon ein Jahr später zieht er in Serrières in eine leer stehende Mühle und baut seine erste Schokoladefabrik. Noch ist das Produkt eine dunkle und raue Schleckerei, der keine Milch beigemengt wird. Sein Ziel ist es aber, daraus ein nahrhaftes Produkt zu machen, das auch für einfache und schlechter ernährte Familien erschwinglich ist. Als 1860 die Eisenbahn nach Serrières kommt, führt dies zu einem deutlichen Wachstum des Unternehmens. Das findet seinen Ausdruck in der ersten Produktionsstätte ausserhalb der Schweiz: 1880 wird im deutschen Lörrach nahe der Schweizer Grenze eine Suchard-Fabrik gegründet. Vier Jahre nach dem Tod von Philippe Suchard gründet sein Schwiegersohn Carl Russ Suchard 1888 in Österreich eine weitere Tochtergesellschaft.

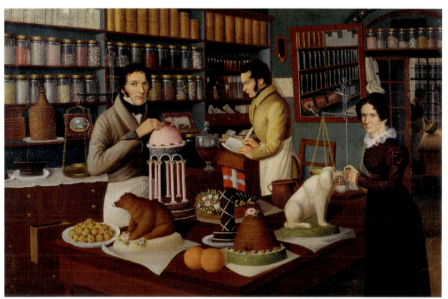

Oben *Das einzige Bild des jugendlichen Philippe Suchard (1797–1884, Mitte) zeigt ihn als Teilhaber in der Zuckerbäckerei seines Bruders Frédéric (links) an der Marktgasse in Bern; rechts Schwester Rosalie Suchard*

Unten *Die von Alexandre Cailler (1866–1956), dem Enkel des Gründers, im Jahr 1898 in Broc, Kanton Freiburg, erbaute Schokoladefabrik 1915*

Es folgen Fabriken und Verkaufsagenturen in vielen weiteren Ländern. Als nach dem Ersten Weltkrieg hohe Zölle und strenge Devisenvorschriften den Export behindern, forciert das Unternehmen die Produktion im Ausland und eröffnet zwischen 1928 und 1948 Schokoladefabriken in den USA, in Grossbritannien, in Argentinien, in Schweden und in Südafrika.

Eine zweite bedeutende Figur ist Daniel Peter (1836–1919), der 1875 die Milchschokolade kreiert und damit eine entscheidende Weiche für jenes Nahrungsmittel stellt, das als Inbegriff der Schweiz gilt. Mit Schokolade hat Peter aber vorerst nichts zu tun. Sein Vater ist Metzger im waadtländischen Moudon, seine Lehrjahre absolviert er im Lebensmittelhandel und in einer Kerzenfabrik in Vevey. Diese erwirbt er dann zusammen mit seinem Bruder, betreibt sie aber nur mit mässigem Erfolg, weil Kerzen zunehmend durch Petroleumlampen verdrängt werden. Erst die Liebe

ebnet den Weg zur Schokolade: 1863 heiratet er Fanny-Louise Cailler, die älteste
Tochter des Schokoladefabrikanten François-Louis Cailler. 1866 absolviert er ein
Praktikum in einer Schokoladefabrik in Lyon, und 1867 gründet er das Schokoladeunternehmen Peter Cailler et Compagnie. Die ersten Jahre verlaufen harzig, doch
inspiriert vom Erfolg Henri Nestlés tüftelt er an der Milchschokolade. 1875 gelingt
es ihm erstmals, ein Pulver für Trinkmilchschokolade herzustellen. Es dauert dann
noch Jahre, bis er 1888 eine feste Milchschokolade kreiert, die er unter der Marke
«Gala Peter» lanciert. 1891 bringt er das Produkt unter dem Namen «Peters' – The
Original Milk-Chocolate» auf den englischen Markt und erreicht einen überwältigenden Erfolg. Über mehrere Ausbauschritte folgt 1911 die Fusion mit dem
Unternehmen seines Schwiegervaters. Später wird das Unternehmen für Nestlé
zur Einstiegspforte in den Schokoladebereich. Am 1911 neu entstandenen Unternehmen hält Nestlé eine Beteiligung von 39 Prozent, 1929 übernimmt Nestlé das
Unternehmen vollständig.

Ein dritter Pionier ist Rudolf Lindt (1855–1909). Er stellt dank der Erfindung
des «Conchierens», einer neuen Technologie, die erste Schmelzschokolade der
Welt her. Durch die Conche, eine Walzenreibmaschine, erhält die Schokolade statt
der bis dahin üblichen brüchig-sandigen Struktur eine zartschmelzende Konsis-
tenz. Lindt soll als 24-Jähriger vor einem Wochenende vergessen haben, seine vom
Wasserrad betriebene Rührmaschine abzustellen. Am Montagmorgen findet er
eine Rührmasse, die so flüssig ist, dass man sie nicht wie die bisherige Schokolade
mühevoll in die Formen pressen muss. Da Lindt aber kommerziell nicht ehrgeizig
ist, verheimlicht er sein «Rührgeheimnis» während 20 Jahren. Doch er gibt seine
Schokolade dem Berner Zuckerbäcker Jean Tobler in Kommission. Als Lindt ihm
die Provision zu arg kürzt, stellt Tobler eine eigene Fabrik auf die Beine: Lindt
benötigt einen neuen Partner. Er lehnt alle Fusions- und Kooperationsangebote
ab und verkauft seine Firma 1899 für 1,5 Mio. Franken (nach heutiger Kaufkraft
100 Mio. Franken) an die Chocolat Sprüngli AG. Das ist die Basis für das grösste,
noch selbstständige Schweizer Schokoladeunternehmen, Lindt & Sprüngli, mit
zwölf eigenen Produktionsstätten in Europa und in den USA, das seine Produkte in
über 120 Ländern verkauft. 2014 übernimmt das Unternehmen die amerikanische
Russell Stover Candies, Inc. – die bislang grösste Akquisition in der Firmengeschichte – und wird damit die Nummer drei im nordamerikanischen Schokolademarkt.

Die drei Biografien sind beispielhaft für die Entstehung der Schweizer Schokoladeindustrie, bei der aber auch externe Faktoren eine wichtige Rolle spielen. Einer
ist der aufblühende Tourismus, der die Schweiz im ausklingenden 19. Jahrhundert

zu einer der bedeutendsten Destinationen der oberen Gesellschaftsschichten aus aller Welt werden lässt. Diese lernen die Schweizer Schokolade kennen und schätzen und verbreiten deren Ruf in ihren Heimatländern. Dank diesem vorbereiteten Terrain erobern die Schweizer Produzenten zwischen 1900 und 1918 den Weltmarkt: Die kleine Schweiz wird zu einer Schokolade-Weltmacht. 1900 entfällt mehr als ein Drittel der weltweiten Schokolade-Exporte auf die Schweiz. Die Zwischenkriegszeit führt mit verstärktem Protektionismus und der Weltwirtschaftskrise zum Verlust der Exportmärkte, und der Zweite Weltkrieg bringt strenge Einfuhrbeschränkungen für Zucker und Kakao und 1943 die Rationierung. Erst nach dem Zweiten Weltkrieg kann die Schweizer Schokoladeindustrie an die früheren Erfolge anknüpfen.

Nestlé erreicht die Weltspitze

Nestlé ergänzt 1904 sein Sortiment ebenfalls mit Schokolade. Mit Daniel Peter aus Vevey und Jean-Jacques Kohler aus Lausanne wird vereinbart, deren Milchschokolade unter dem Nestlé-Label herzustellen und zu verkaufen. 1928 wird ein neues Abkommen mit der «Société Peter, Cailler, Kohler, Chocolats Suisse S.A.» in Angriff genommen, das 1929 zur Fusion führt und für die Internationalisierung der Schweizer Schokolade von entscheidender Bedeutung ist. In diese Zeit fällt aber auch eine der grössten Krisen von Nestlé, als das Unternehmen seine im Ersten Weltkrieg aufgebauten Überkapazitäten nicht rasch genug zurückfährt und die grossen Lager beim Preiszerfall zu Beginn der 1920er-Jahre nur mit riesigem Verlust abbauen kann. Wichtige organisatorische Änderungen sind die Folge, sodass die Weltwirtschaftskrise dem Unternehmen dann nicht viel anhaben kann. Überall auf der Welt werden neue Fabriken errichtet, und bereits ab 1934 steigen die Verkäufe wieder rasant an. Im Zuge der Expansion wird auch die Produktpalette verbreitert, die bis dahin hauptsächlich aus Kondensmilch und Schokolade besteht. Brasilien produziert zu jener Zeit enorme Überschüsse an Kaffee. Kann man daraus ebenfalls ein haltbares, einfach zu vertreibendes Produkt machen? Nach Jahren mühsamer Forschung gelingt dem Nestlé-Forscher Max Morgenthaler (1901–1980) im Frühling 1937 ein Durchbruch: Der lösliche Nescafé erblickt das Licht der Welt. Er ist nach Henri Nestlés Kindermehl und Daniel Peters Milchschokolade die dritte grosse Produktinnovation. Die Schweiz macht 1938 mit der Fabrik in Orbe den Anfang mit der Produktion von Nescafé. Das Produkt stösst sofort auf Anklang: In Europa bremst zwar der Zweite Weltkrieg den Absatz, aber in den USA feiert Nescafé spektakuläre Erfolge.

Links *Nescafé-Plakat aus dem Jahr 1952*
Oben rechts *Erfinder des Nescafé Max Morgenthaler (1901–1980)*
Unten rechts *Nespresso-Entwickler Eric Favre (*1947)*

Angesichts der fortgeschrittenen Grösse – dannzumal weltweit um die 100 Fabriken – und mit Blick auf die Zukunft schafft Nestlé 1935 zwei Holdinggesellschaften: Die Nestlé and Anglo-Swiss Holding Company und die Unilac Inc., Letztere mit Sitz in Panama. Sie hält Beteiligungen an Nestlé-Firmen vor allem in Amerika. Als der Zweite Weltkrieg seine Schatten wirft, überdenkt das Unternehmen seine Organisation erneut: Die Kommunikation zwischen den verschiedenen Ländergruppen wird verbessert, der rechtliche Status der produzierenden Firmen wird gesichert, und es werden eine einheitliche Einkaufspolitik für die Rohmaterialien und eine effizientere Lagerpolitik eingeführt. Im Zweiten Weltkrieg werden die kontinental-europäischen und afrikanischen Firmen von Nestlé von Vevey aus, die nord- und südamerikanischen sowie die englischen Firmen von den USA aus geführt. Dies ermöglicht einen flexiblen Umgang mit den je nach Land unterschiedlichen Erschwernissen des Kriegs. In den USA beispielsweise steht Nescafé auf den

Nahrungsmittel-Bestellungslisten der Armee ganz oben. Nach dem Krieg ist Nestlé ausgezeichnet aufgestellt: Die Schäden in den Fabriken in Europa halten sich in Grenzen, die Niederlassungen in den USA, in Lateinamerika und in Asien bleiben gar mehrheitlich unversehrt.

Die Nachkriegszeit führt in den Industriestaaten zu enormem Wirtschaftswachstum und breiten Wohlstandsgewinnen – und wieder hat Nestlé den richtigen Riecher. Durch geschickte Übernahmen und Ausweitung der entsprechenden Forschung kann Nestlé Konsumprodukte für die Massen anbieten. 1947 erfolgt die Fusion mit dem Schweizer Unternehmen Maggi und die Umbenennung in Nestlé Alimentana S.A. So hat Nestlé nun auch Suppen und Bouillon im globalen Angebot. 1960 wird das britische Unternehmen Crosse & Blackwell übernommen. Dadurch kommen Büchsensuppen, Bohnen-, Fisch-, Schokolade- und Konfitüreprodukte ins Sortiment. 1962 folgt der Einstieg ins Geschäft mit Eiscreme durch die Übernahme der französischen Produzenten Heudebert, Gervais und France-Glaces. 1963 kauft Nestlé die skandinavische Findus Tiefkühlkost, einen Pionier der Herstellung tiefgefrorener und grätenfreier Fischfilets. 1969 erfolgt der Einstieg in das Mineralwassergeschäft, indem sich Nestlé mit 30 Prozent am drittgrössten französischen Hersteller Vittel beteiligt – 1987 wird dann die Aktienmehrheit übernommen. Und 1970 folgt die Übernahme der Mehrheit an der breit diversifizierten US-amerikanischen Libby, McNeill & Libby. Die Firma geht 1975 vollständig in den Besitz von Nestlé über. Gleichzeitig richtet Nestlé von 1951 bis 1966 weltweit über 40 neue Produktionszentren ein, die kondensierte Milch, Milchpulver, Nescafé und Nesquik, Baby-Nahrung, angereicherte Nahrung, Schokolade und andere Nahrungsmittel herstellen. Der internationale Charakter und die weltweite Ausstrahlung werden immer grösser, und auch das Renommee im Inland steigt. Während der 50. Geburtstag des Unternehmens kaum gefeiert wird, erfolgt der Festakt zum 100. Geburtstag im Jahr 1966 in Anwesenheit mehrerer Bundesräte.

Im Jahr 1971 ist es dann so weit: Mit der Einverleibung der Schweizer Ursina-Franck-Gruppe, dem damals weltweit neuntgrössten Nahrungsmittelkonzern, erreicht Nestlé umsatzmässig erstmals die Weltspitze und beschäftigt nun gut 100 000 Menschen. Die Berner Gruppe trägt mit ihren Firmen in zwölf Ländern zur Internationalisierung von Nestlé bei. Nestlés Weltmarktanteil wird erheblich gestärkt. Durch den Kauf der US-amerikanischen Stouffer Corporation im Jahr 1973, die die Hälfte ihres Umsatzes mit gefrorenen Nahrungsmitteln erzielt, baut Nestlé schliesslich das Engagement im Convenience-Food-Bereich weiter aus, der in den kommenden Jahren stark wachsen soll.

Neben Nestlé: Schweizer Marken erreichen Weltruhm

Die erstaunliche Erfolgsgeschichte von Nestlé sollte nicht vergessen lassen, dass auch andere Marken über die Schweizer Grenzen hinaus hohe Bekanntheit erlangen. Einige davon haben exemplarischen Charakter für die Lebensmittelbranche. So stammt einer der weltweit ersten Markenartikel aus der Schweiz. Der in der Ostschweiz geborene Julius Maggi (1846–1912), jüngstes von fünf Kindern eines italienischen Einwanderers, erfindet diesen 1886 in Form der Maggi-Würze, die in einem markant braunen Fläschchen mit langem Hals auf den Markt kommt – als begnadeter Marketing-Mann schreibt Maggi Form und Farbe des Fläschchens genau vor. Maggi beginnt seine Karriere mit einer abgebrochenen kaufmännischen Lehre in Basel. Zunächst als Praktikant, später als Vizedirektor arbeitet er dann bei der «Ersten Ofen-Pester Dampfmühle AG» in Budapest. 1869 übernimmt er vom Vater die Hammermühle im Kemptthal bei Winterthur, später folgen weitere Mühlen. Doch das Geschäft ist hart, Maggi sucht Alternativen – und findet sie unter anderem in den Maggi-Suppen und seiner Maggi-Würze. Noch vor der Jahrhundertwende beginnen Fabriken in der Schweiz, in Europa und in den USA Maggi-Produkte herzustellen und mit viel Erfolg zu verkaufen. Julius Maggi zieht 1901 nach Paris und gründet die «Société Laitière Maggi», die erfolgreich Frischmilch vertreibt. Nach dem Tod von Maggi werden die Firmen in eine Holdinggesellschaft umgewandelt und später in Alimenta AG umbenannt – die dann 1947 mit Nestlé zur Nestlé Alimentana AG verschmilzt.

Ein weiteres Unternehmen, das in Bezug auf Produkte und Marken Akzente setzen kann, ist die Firma Knorr. 1838 gründet Carl Heinrich Knorr das Stammhaus im deutschen Heilbronn. Die Geschäfte laufen so gut, dass sein Sohn Carl 1885 in St. Margarethen eine Abpackstelle für den Export einrichtet. Auf den 1. Juli 1907 zügelt diese nach Thayngen in die leer stehenden Räume einer ehemaligen Schuhfabrik. Die Mehle und Suppenmischungen werden zunächst noch aus Heilbronn angeliefert und in Thayngen abgepackt. 1949 bringt das Unternehmen die weltweit erste Beutelsuppe auf den Markt, eine Nudelsuppe mit Huhn. Suppen mit einer stark verkürzten Kochzeit entsprechen dem Trend zur schnellen Küche. Eine Reihe anderer Marken von Knorr folgt dem gleichen Trend, etwa die Gewürzmischung Aromat (1953), das Instant-Kartoffelpüree Stocki (1961) oder die Tassensuppe Quick Soup (1975). Mit dem «Knorrli» landet Knorr zudem eine der bekanntesten Werbefiguren der Schweiz. Heute werden Knorr-Produkte in über 100 Ländern verkauft: In wichtigen Absatzmärkten bestehen eigene Produktionen und Verkaufsorganisationen. Das Unternehmen gehört aber bereits ab 1958 dem amerikanischen

Links *Julius Maggi 1907 (1848–1912)*
Rechts *Maggi-Plakat aus dem Jahr 1932*

Unternehmen Bestfoods, das seinerseits 2000 von der britisch-holländischen Uni-lever-Gruppe übernommen wird – einem direkten Konkurrenten von Nestlé.

Ein anderes Unternehmen mit internationalem Markenerfolg ist Hero. Fast überall in den Hotels der Welt findet man die Portionen-Konfitüren des Unternehmens. Gut 320 Mio. Stück verlassen jährlich die Fabriken. Gegründet wird die Firma 1886 von Gustav Henckell und Gustav Zeiler in Lenzburg als obst- und ge-müseverarbeitendes Unternehmen. 1890 stirbt Gustav Zeiler, und Carl Roth tritt in den Betrieb ein. 1910 entsteht aus den ersten zwei Buchstaben der beiden Eigner die Marke Hero. 1995 wird der Deutsche Arend Oetker Mehrheitsaktionär von Hero, 2003 geht das Unternehmen vollständig in Besitz der Familie Oetker über. Zu den erfolgreichen Marken im Lebensmittelbereich mit schweizerischem Ursprung ge-hört ferner Ovomaltine. Das vom Berner Apotheker Georg Wander – Begründer des gleichnamigen Unternehmens – entwickelte, 1904 von seinem Sohn Albert zur Marktreife gebrachte Malzgetränk wird heute in über 100 Ländern vertrieben. Be-reits in den 1920er-Jahren wird Ovomaltine als eine der ersten Marken im Sponso-ring von Sportveranstaltungen eingesetzt; danach ist die Marke an 20 Olympischen Spielen in Folge vertreten. Sie gehört heute der Associated British Foods (ABF).

Ein weiteres Beispiel für Schweizer Marken-Innovation ist Thomy. Das Unternehmen bringt 1930 erstmals Senf in einer Tube auf den Markt, der bis dahin unverpackt in grossen Steintöpfen verkauft worden ist. Mutterunternehmen ist die Firma Thomi + Franck, die 1929 aus einem Zusammenschluss der 1893 gegründeten Basler Heinrich Franck's Söhne AG (Interfranck) mit der im Besitz der Familie Thomi befindlichen Helvetia Langenthal entsteht. Der eine Partner, Helvetia, hat bereits 1907 die industrielle Produktion von Senf unter der Marke «Langenthaler Senf» aufgenommen. 1930 wird der Langenthaler Senf zu Thomy Senf – der Markenname «Thomy» ist geboren. Die Firma selbst verliert 1989 ihre Unabhängigkeit und landet bei Nestlé. Andere berühmte Marken im Nahrungs- und Genussmittelbereich können ihre Eigenständigkeit bewahren, etwa das Kräuterbonbon Ricola des gleichnamigen Laufentaler Familienunternehmens, das ursprünglich 1930 unter dem Namen «Richterich & Co. Laufen» gegründet wird. Nicht im Nahrungsmittelbereich im engeren Sinne, sondern im Genussmittelbereich angesiedelt ist die Weltmarke «Davidoff» der in Basel angesiedelten Oettinger Davidoff Group. Der Tabakwarenkonzern setzt mit über 3500 Mitarbeitenden rund 1,23 Mrd. Franken um. Bei sehr vielen dieser erfolgreichen Marken steht am Anfang eine echte Innovation – des Produkts oder der Verpackung –, die dann durch eine geschickte Markenbildung und -werbung unterstützt wird.

Nestlé beschreitet neue Wege

In kaum einer anderen Branche kann man so stark beobachten, dass die Marken zwar überleben, die entsprechenden Firmen aber zunehmend unter die Fittiche der Grossen gelangen. Vor allem Nestlé wird zum Auffangbecken für viele Nahrungsmittelmarken – wobei zwei Dinge bemerkenswert sind: Zum einen verlaufen diese Akquisitionen meist reibungslos, was keineswegs selbstverständlich ist. Zum anderen versucht der Grosskonzern, sich zunehmend zu diversifizieren. So streckt er Anfang der 1970er-Jahre die Fühler zum weltweit zweitgrössten Kosmetik-Hersteller, L'Oréal, aus und verlässt damit die bekannten Gefilde. Nestlé übernimmt 49 Prozent der (heute nicht mehr existierenden) Holding-Gesellschaft Gesparal, die L'Oréal kontrolliert: Die anderen 51 Prozent gehören der Familie des L'Oréal-Gründers Eugène Schueller. Die Vereinbarung, die 1974 bekannt wird und für Aufsehen sorgt, hat durchaus eine innere Logik: L'Oréal kann sich so in Ländern, in denen der eigene Marktanteil nicht gross genug ist, besser etablieren. Für Nestlé wiederum liegt die Diversifikation nahe genug bei den eigenen Aktivitäten, um gewisse Synergien in Forschung und Marketing erzielen zu können. 1975 folgt ein weiterer Schritt weg von der Nahrungsmittelbranche. Unter Arthur Fürer, der den Firmennamen von Nestlé Alimentana zu Nestlé S.A. ändert, übernimmt Nestlé das amerikanische Ophthalmologie-Unternehmen Alcon und fasst im Pharmabereich Fuss. Unter Nestlés Fittichen wächst Alcon in drei Jahren zum weltgrössten Augenmittel- und Augenlinsen-Hersteller, der aber schliesslich im Zuge der Refokussierung 2010 doch wieder verkauft wird – an Novartis.

Der Koloss Nestlé, der zu Beginn der 1980er-Jahre weltweit über 300 Produktionsstätten unterhält, über 150 000 Menschen beschäftigt und einen Umsatz von 25 Mrd. Franken erzielt, wird fast naturgemäss auch immer wieder zum Objekt der Kritik. Eine der heftigsten Kampagnen, die von zahlreichen Drittweltorganisationen getragen wird, wirft dem Unternehmen in den 1970er-Jahren unter dem eingängigen Slogan «Nestlé tötet Babies» vor, es vermarkte seine industriell gefertigte Kindernahrung in der Dritten Welt mit aggressiven Methoden. Die Flaschenernährung anstelle des Stillens führe bei Kleinkindern in Ländern der südlichen Hemisphäre zu Mangelerkrankungen, Durchfall, Austrocknung und Infektionen. In mehreren Ländern, vorab in den USA, kommt es zu jahrelangen Boykottmassnahmen gegen Nestlé. Das Unternehmen anerkennt umgehend die 1981 von der Weltgesundheitsorganisation verabschiedeten Vermarktungsrichtlinien, was zu einem Abflauen der Bewegung führt.

Nestlé ist weiterhin bestrebt, durch Übernahmen zu wachsen. Der Konzern erwirbt ab 1983 eine Reihe kleinerer Firmen in Deutschland, den USA und in Kanada, doch keiner dieser Käufe kann mit der 1985 vollzogenen, bis dahin weltgrössten Übernahme in der Nahrungsmittelbranche mithalten: dem Kauf des US-Konzerns Carnation für 3 Mrd. Dollar. Der Konzern besitzt weltweit 111 Produktionsstätten und bringt Nestlé eine gefestigte Stellung im Molkereiprodukte-Markt der USA, wo das Unternehmen stark untervertreten gewesen ist, sowie den Einstieg in den Haustierfuttermarkt. Doch der Hunger von Nestlé ist damit nicht gestillt. Es folgen zahlreiche weitere Übernahmen, unter anderem 1988 der Erwerb der italienischen Buitoni-Perugina für 1,8 Mrd. Franken und der britischen Rowntree, dem weltweit viertgrössten Schokolade- und Süssigkeitsproduzenten, für 6,6 Mrd. Franken – erneut die bis dahin grösste Übernahme im Nahrungsmittelbereich.

Der Konzern macht aber nicht nur durch Grossakquisitionen von sich reden, sondern schafft auch aus eigener Kraft einen spektakulären Produkte- und Markenerfolg: Nespresso. Diesem Produkt – und der Werbeunterstützung durch den Filmstar George Clooney – verdankt der Konzern einen gewaltigen Imagegewinn.

Doch so bekannt der Kapselkaffee inzwischen ist, so holprig ist der Weg dorthin. Schliesslich bedeutet Kaffee für Nestlé bis in die 1980er-Jahre in erster Linie Nescafé. Als die Verkäufe in den USA stagnieren, will man die Abhängigkeit vom Erfolgsprodukt abbauen. Nestlé erwirbt daher die Röstkaffeefirmen Hills Brothers (1985) in den USA und eine Beteiligung an der deutschen Dallmayr (1987). Im Zuge dieser Repositionierung erinnert man sich in Vevey auch der 1974 vom Battelle-Institut erworbenen Technologie, mit der Röstkaffee in hermetisch versiegelte Kapseln abgefüllt werden kann, die dann in speziellen Espresso-Maschinen verwendet werden. CEO Arthur Fürer will zunächst nichts von dieser Technologie wissen, fürchtet deren Konkurrenz zu Nescafé und verbietet 1978 gar deren Weiterentwicklung. Nestlé-Forscher Eric Favre (*1947) beschliesst darauf, das System auf eigene Faust weiterzuentwickeln und bewegt 1984 den Marktchef von Japan zu einem – erfolgreichen – Markttest im Inselstaat. Der Name Nespresso wird geboren, und Generaldirektor Camillo Pagano hält schützend die Hand über das Projekt. CEO Helmut Maucher dagegen ist zunächst skeptisch, bewilligt 1986 aber die Gründung der Nespresso AG, um das Problem der internen Konkurrenzierung zu umgehen und der Firma einen gewissen Spielraum zu geben. 1988 stösst Jean-Paul Gaillard als Marketingverantwortlicher zu Nespresso und übernimmt dann von 1990 bis 1998 die Leitung des Geschäfts, das sich zu Beginn äusserst schwierig gestaltet: Ursprünglich sind Büros, Coiffeurgeschäfte und andere Betriebe als Absatzmarkt vorgesehen – doch keiner will das neue Kapselsystem Nespresso kaufen, keiner die neuen Maschinen auf eigene Rechnung produzieren und kein Geschäft will die Kapseln verkaufen. Doch unverdrossen ordert Favre Tausende Maschinen beim Hersteller Turmix, eine enorme Investition für das junge Unternehmen. Die Mitarbeitenden vertreiben die Maschinen nun vermehrt direkt bei Privatpersonen und beginnen – gegen alle Prinzipien und Traditionen des Mutterhauses Nestlé – mit Direktverkauf. Kaffeebestellungen können nur per Telefon und Post, später auch per Internet ausgeführt werden. Zudem wird der Nespresso Club, der den Kapseln Exklusivität einhaucht, lanciert. Dieser unkonventionelle Weg rettet das Unternehmen. 1995 erzielt Nespresso erstmals Gewinn, danach wächst das Unternehmen mit jährlichen Raten von 30 bis 40 Prozent und erreicht 2013 mit 9500 Mitarbeitenden in gegen 60 Ländern einen Umsatz von deutlich über 4 Mrd. Franken. Dank Nespresso exportiert die Schweiz heute wertmässig mehr Kaffee als Käse oder Schokolade.

Eine etwas andere Geschichte: der Schweizer Detailhandel

Nestlé ist längst zu einem Unternehmen geworden, in dem die Schweiz nur mehr eine kleine Rolle spielt. Doch Lebensmittel müssen nicht nur produziert, sie müssen auch an den Mann oder die Frau gebracht werden. Zwar haben es Schweizer Detailhändler nie unter die weltgrössten Konzerne ihrer Branche (Walmart aus den USA mit einem Umsatz von über 470 Mrd. Dollar und die französische Carrefour mit einem Umsatz von gegen 80 Mrd. Euro) geschafft, aber auch in diesem Sektor gibt es interessante Geschichten zu erzählen. Eine davon ist ohne Zweifel die des Migros-Gründers Gottlieb Duttweiler (1888–1962), dem zeit seines Lebens die öffentliche Anerkennung versagt bleibt. Er erhält keine Ehrendoktorwürde oder sonstige Auszeichnung, seine Geschäfte werden anfangs von den Zulieferern boykottiert, und die Verbände der Markenartikelfabrikanten verbieten ihren Mitgliedern, die Migros zu beliefern. Aber sein Wirken strahlt dennoch weit über die Landesgrenzen hinaus, und seine Verdienste werden im Ausland anerkannt. So wird er zum Beispiel 1953 in die Hall of Fame der Boston Conference on Distribution aufgenommen. Erst nach seinem Tod stimmen auch seine Gegner in das Lob eines grossen Mannes mit grossen Verdiensten ein.

Duttweilers Geschäftsidee liegt in einer Verkaufsorganisation ohne Zwischenhandel. Seine Devise lautet: weniger Marge, grosser Umsatz. Der Name der von ihm 1925 gegründeten Migros AG setzt sich aus den Wortteilen «demi» und «en gros» zusammen. In Zürich startet er sein Unternehmen mit fünf Verkaufswagen. Das Sortiment besteht aus Zucker, Kaffee, Teigwaren, Reis, Kokosfett und Seife. Diese Waren kann er um bis zu 40 Prozent billiger als die Konkurrenz verkaufen, auch, weil er einen schnellen Warenumschlag erzielt und keine teuren Ladenmieten bezahlen muss. Wegen der Lieferboykotte bringt er Produkte auf den Markt, die von kleineren Firmen hergestellt werden und mit deren Namen («Einmalzin», «Kaffee Zaun») er bekannte Marken wie «Ovomaltine» oder «Kaffee Hag» geschickt aufs Korn nimmt. Bald darauf errichtet Duttweiler eigene Produktionsstätten für die in den Migros-Läden verkauften Produkte. Zu Meilensteinen seines Wirkens gehören die Gründung des Reiseunternehmens Hotelplan (1935), einer politischen Partei, des Landesrings der Unabhängigen LdU (1935), der Tageszeitung «Die Tat» (1939), der Wochenzeitschrift «Wir Brückenbauer» für die Migros-Genossenschafter (1942), der Migros Bank (1957) und des Gottlieb-Duttweiler-Instituts (1963) sowie die Eröffnung des ersten Selbstbedienungsladens in Zürich (1948).

Die geistige Mutter dieser Läden ist übrigens eine aussergewöhnliche Frau und die rechte Hand Duttweilers: Elsa Felicya Gasser (1896–1967). Die gebürtige Polin

Oben *Früher Migros-
Verkaufswagen*

Unten links *Migros-Gründer
Gottlieb Duttweiler
(1888–1962)*

Unten rechts *Die rechte
Hand von Duttweiler: Elsa
Felicya Gasser (1896–1967)*

begleitet den Aufbau der Migros von Anbeginn, zuerst als Beraterin, dann als
Mitglied der Verwaltung, und wird zum kulturellen Gewissen des Unternehmens.
So übernimmt die Migros auf ihre Initiative hin 1950 die Buchgemeinschaft
Ex Libris, und sie überzeugt Duttweiler 1957 zur Einrichtung des Kulturprozents,
wonach ein Prozent des Grosshandelsumsatzes und ein halbes Prozent des Detail-
handelsumsatzes für kulturelle Zwecke ausgeschüttet werden soll.

Getreu seinen Idealen wandelt Duttweiler 1941 die Migros AG in eine Genossen-
schaft um, deren Anteile den Kundinnen und Kunden verkauft werden sollen. Das
Kapital soll dem Volksnutzen dienen. Gleichwohl wendet sich «Dutti», wie er im
Volksmund genannt wird, klar gegen eine sozialistisch geprägte Abschaffung des

Kapitalismus. Die Migros wächst in der Folge in jeder Beziehung: Umsatz, Läden, Fabriken, Genossenschafter und Artikel. Nach dem Tod Duttweilers und angesichts des starken Wachstums verringert sich zwar zunehmend der Stellenwert des sozialen Gedankengutes im Unternehmen. Die Witwe Adele Duttweiler sorgt aber bis zu ihrem Tod im Jahr 1990 dafür, dass «Duttis» Grundwerten nachgelebt wird. Heute ist die Migros der grösste Detaillist der Schweiz: Auf der Rangliste der weltgrössten Detailhandelsunternehmen belegt sie immerhin Platz 39, auch dank der Übernahme der Warenhausgruppe Globus (1997) und des Konkurrenten Denner (2007). Der Industrieumsatz der selbst hergestellten Produkte beträgt heute (2014) gegen 6 Mrd. Franken. Davon stammen über 626 Mio. Franken aus dem Export.

Trotz der markigen Persönlichkeit Duttweilers (oder vielleicht wegen ihr) bleibt die Wirkung der Migros als Trendsetter im Detailhandel ausserhalb der Landesgrenzen gering. Hingegen gibt es einen anderen Bereich, in dem ein Schweizer Grossverteiler beispielhaft eine Strömung der Gesellschaft aufnimmt und zum Trend macht. Die Rede ist von der Bio-Nahrung. Der Wunsch nach «unverfälschten» Nahrungsmitteln entwickelt sich als Gegenbewegung zu einer Landwirtschaft, die im 20. Jahrhundert zunehmend industrialisiert wird, er wurzelt aber auch in diversen Lehren über gesunde Ernährung, die die Modernisierung der Lebenswelt begleiten. Ein solcher Ernährungswissenschafter ist übrigens der Schweizer Arzt Maximilian Oskar Bircher-Benner (1867–1939), der Erfinder des Birchermüesli und Pionier der Vollwertkost. Er lehnt entgegen dem Trend seiner Zeit in der Ernährungslehre sowohl das Behandeln von Lebensmitteln – beispielsweise in Form von Weissmehl – als auch deren Einlagerung in Konserven als ungesund ab. Man kann sein Birchermüesli durchaus als Vorläufer einer Entwicklung im Nahrungsmittelsektor sehen, die heute unter «Bio» subsumiert wird. Bei der Entwicklung dieser Bio-Welle spielt das Schweizer Detail- und Grosshandelsunternehmen Coop eine bemerkenswerte Rolle. Das Unternehmen wurzelt in vielen, vorab in der zweiten Hälfte des 19. Jahrhunderts gegründeten Konsumgenossenschaften, die sich 1890 zum Verband schweizerischer Konsumvereine zusammenschliessen, aus der drei Jahre später eine Genossenschaft wird, die sich 1969 in Coop Schweiz umbenennt. Nach eigenen Angaben baut das Unternehmen als weltweit erster Grossverteiler eine umfassende Biostrategie auf und lanciert diese 1993 mit der Marke «Naturaplan». Dem lässt sie weitere Aktivitäten folgen, etwa eine verstärkte Ausrichtung des Sortiments auf Fairtrade und auf Produkte aus tierfreundlicher Haltung. Heute ist Coop Naturaplan die bekannteste Marke für biologisch produzierte Lebensmittel in der Schweiz. Der Bekanntheitsgrad der Coop-Naturaplan-Marke stieg von 22 Prozent im Startjahr 1993 auf heute deutlich über 90 Prozent. Das Bio-Sortiment umfasst inzwischen rund 2500 Produkte – kein anderer Grossverteiler weist einen vergleichbaren Anteil von Bio-Produkten in seinem Sortiment auf. Ausländische Konkurrenten pilgern in Scharen zu Coop, um mehr über das Erfolgsrezept zu erfahren. Das Unternehmen hält fast die Hälfte des auf über 2 Mrd. Franken veranschlagten Bio-Marktes in der Schweiz, Migros ein Viertel. Mit der 2011 erfolgten Übernahme der Transgourmet-Gruppe erweitert Coop zudem ihr In- und Auslandengagement im Gastronomie- und Gewerbegrosshandel. Zusammen mit der Grosshandelssparte überflügelt Coop umsatzmässig nun sogar die Migros.

Migros und Coop sind die grössten Detailhändler der Schweiz und erreichen vorab im Food-Bereich eine im Vergleich mit anderen Ländern grosse Dominanz – aber sie sind nicht die einzigen «Grossen». Bedeutend ist besonders das in Genf ansässige Familienunternehmen Maus Frères Holding, das aus dem 1902 von den Brüdern Ernest und Henri Maus und Leon Nordmann in Luzern eröffneten Warenhaus Leon Nordmann hervorgegangen ist, ab den 1990er-Jahren auch im Ausland mit Akquisitionen und Beteiligungen von sich reden macht und einen geschätzten Umsatz von rund 7 Mrd. Franken erzielt. Aufsehen erregte die Firma 2011 mit der Übernahme der traditionsreichen französischen Modeunternehmen Lacoste. Nicht ganz so gross ist die europaweit tätige Valora-Gruppe, die neben dem Einzelhandel auch in der Logistik tätig ist. Das Unternehmen hat seine Wurzeln im 1905 in Olten gegründeten Unternehmen Schweizer Chocoladen & Colonialhaus, aus dem die Merkur AG und dann die Merkur Holding entsteht, die sich seit 1996 Valora nennt. Das Unternehmen kommt derzeit (2013) auf einen Umsatz von knapp 2,9 Mrd. Franken.

Die Schweizer Lebensmittelbranche heute

Ab den 1990er-Jahren verändert sich die Nahrungsmittelindustrie weltweit rasant. Während sich Nestlé behauptet, verschwinden viele Konkurrenten als eigenständige Unternehmen und werden von Grösseren – unter anderem auch von Nestlé – geschluckt. Doch obwohl die Konzerne immer grösser werden, kann keiner auch nur annähernd eine dominierende Stellung einnehmen. Selbst Nestlé als grösster Anbieter kommt je nach Berechnungsart nur auf einen Marktanteil von 2 bis gut 4 Prozent am Volumen der weltweiten Nahrungsmittelindustrie. Die 20 grössten Nahrungsmittel- und Getränkehersteller zusammen kommen auf einen Marktanteil von rund 17 Prozent. Zum Vergleich: In der Pharma-Branche nehmen die 20 grössten Unternehmen über 55 Prozent des Weltmarktes ein. Der Lebensmittel-

Links *Das Naturaplan-Sortiment von Coop*
Rechts *Aroma-Testing bei Nestlé*

markt ist damit bedeutend vielfältiger als viele andere Märkte, in denen die Konsumenten deutlich weniger Auswahlmöglichkeiten haben.

Das Ende des Kalten Kriegs und die zunehmende Bedeutung neuer Mächte wie China und Indien bieten den Grosskonzernen der Nahrungsmittelindustrie ab den 1990er-Jahren enorme Möglichkeiten. So eröffnet Nestlé zwischen 1990 und 2005 unter Helmut Maucher und Peter Brabeck-Letmathe allein in China nicht weniger als 21 Fabriken. Ausserdem werden neue Themen relevant: Eines davon ist das Geschäft mit Wasser, das ab 1990 konsequent ausgebaut wird. 1992 erwirbt Nestlé die Perrier-Gruppe und wird zum weltweit grössten Anbieter von abgefülltem Wasser. Ein anderes, angesichts der Zunahme von Adipositas und den damit verbunden Gesundheitsrisiken wie Diabetes ebenfalls zukunftsträchtiges Thema ist die Veredelung von Nahrungsmitteln unter gesundheitlichen Gesichtspunkten. Nestlé forscht auf diesem Gebiet seit Beginn der 1990er-Jahre unter dem Titel «Nutrition» und baut 1997 eine entsprechende Abteilung auf. Mit der Übernahme von Medical Nutrition von Novartis im Jahr 2006, einem Produzenten von Spezialnahrung für Kranke, und der Gründung des Nestlé Institute of Health Sciences 2011 in Lausanne wird das neue Tätigkeitsfeld gestärkt. Nestlé will gemäss Mauchers Nachfolger Peter Brabeck-Letmathe, der den Konzern von 1997 bis 2007 als CEO führt, in allen Bereichen der Lebensmittelbranche, inklusive Wasser und Haustiernahrung, weltweit den ersten Rang einnehmen. Mit einem Umsatz von rund 88 Mrd. Dollar ist das Schweizer Unternehmen, das knapp 450 Fabriken in über 80 Ländern besitzt und 333 000 Menschen beschäftigt, deutlich grösser als die Nummer zwei der Welt, PepsiCo, Inc., mit rund 65 Mrd. Dollar (2012). Auf den folgenden Plätzen liegen Coca Cola mit 48 Mrd. Dollar, Archer Daniels Midland

Links *Die Weiterverarbeitung von dünnwandigen
Truffes-Hohlkugeln*

Rechts *Das Gründer-Ehepaar der Confiseur Läderach AG:
Rudolf und Maria Läderach*

mit knapp 47 Mrd. Dollar, Anheuser-Busch mit knapp 40 Mrd. Dollar und die
brasilianische JBS mit knapp 39 Mrd. Dollar Umsatz.

Eine derartige Dominanz gegenüber der Konkurrenz hat in der Schokolade-
branche kein Schweizer Unternehmen je erreicht, im Gegenteil. Ab den 1970er-
Jahren setzen hier tief greifende Umstrukturierungen ein. 1970 fusioniert Suchard
mit Chocolat Tobler: Die Interfood-Gruppe entsteht. 1982 schliessen sich die schweizerische Interfood und die deutsche Kaffee-Kette Jacobs zu der in der Schweiz
beheimateten Jacobs Suchard zusammen. Auch hier ist die Internationalisierung
des Geschäfts ein wichtiger Beweggrund. Weil sich das Kaffee- und das Schokolade-
geschäft ähneln, erwarten die Protagonisten des Zusammenschlusses zudem erhebliche Skalenerträge. Doch auch die Eigenständigkeit von Jacobs Suchard dauert nur
acht Jahre. 1989 vereint Philip Morris ihre beiden Nahrungsmittel-Gesellschaften
General Foods und Kraft zu Kraft General Foods (das Unternehmen wird dann
2007 vom Tabakkonzern losgelöst). Dieser Gigant kauft 1990 für 5,4 Mrd. Franken
Jacobs Suchard – den bis dahin höchsten Preis, der für eine Schweizer Firma bezahlt worden ist. Diese und andere Übernahmen mindern die frühere Bedeutung
der Schweizer Schokoladeproduktion deutlich. Zwar werden auch jetzt (2013) noch
rund 180 000 Tonnen produziert, und gegen 110 000 Tonnen gelangen in den Export. Der Anteil der Schweizer Schokolade am Weltmarkt bewegt sich damit aber
bei nur noch gut 3 Prozent. Mit Umsätzen von 1,7 Mrd. Franken und 4400 Beschäftigten steht die volkswirtschaftliche Bedeutung der Schokolade heute in keinem

Verhältnis mehr zum Image, das die Schokolade der Schweiz gibt. Es gibt aber bemerkenswerte Ausnahmen. Eine davon ist das 1962 in Glarus gegründete Familienunternehmen Confiseur Läderach. Auch hier steht Innovation am Anfang einer
beeindruckenden Wachstumsgeschichte. 1970 erfindet der Glarner Chocolatier
Rudolf Läderach (1928–2013) die dünnwandige Truffes-Hohlkugel – eine technische Sensation in der handwerklichen Confiserie. Der hohen handwerklichen Qualität ist das Unternehmen treu geblieben, obgleich es sein Wachstum forciert. 1981
wagt Läderach den Schritt nach Deutschland, und 2004 erfolgt der Einstieg ins
Retailgeschäft mit der Übernahme der Merkur-Confiserien in der Schweiz. Weitere
Schritte in Richtung Ausland folgen. Mit dem 2012 abgeschlossenen Bau einer
eigenen Fabrik zur Herstellung von Schokolademasse wird Läderach zum einzigen
«von der Kakaobohne bis zur Ladentheke» voll vertikal integrierten Unternehmen
in der Schweizer Schokoladewelt. Mit über 700 Mitarbeitern erzielt Läderach 2014
einen Umsatz von über 110 Mio. Franken. Und nebst solchen unternehmerischen
Perlen sitzt das weltgrösste Schokoladeunternehmen Barry Callebaut heute in
Zürich. Der Konzern mit Wurzeln in Frankreich und Belgien setzt mit seinen weltweit rund 9300 Mitarbeitenden jährlich über 5,8 Mrd. Franken um (2013). So ist
die Schweiz zumindest indirekt eine Schokoladenweltmacht geblieben.

Wichtige Schweizer Lebensmittelproduzenten und -händler in Zahlen

Nestlé (1866)

	1950	1970	1990	2000	2014
Umsatz	1877	10 205	46 369	81 422	91 612
Beschäftigte	43 310	91 170	199 020	224 540	339 456
davon im Inland	n. v.	n. v.	~6900	~6600	~9000

Migros (1925)

	1950	1970	1990	2000	2014
Umsatz	254	3333	11 454	19 645	27 292
Beschäftigte	4530	29 150	50 400	80 050	97 456
davon im Inland	s. o.	s. o.	s. o.	s. o.	s. o.

Coop (1890)

	1950	1970	1990	2000	2014
Umsatz	728	3432	9570	13 007	28 174
Beschäftigte	14 130	33 010	41 720	45 100	77 087
davon im Inland	s. o.	s. o.	s. o.	s. o.	~52 000

Emmi AG (1907/1993)

	1950	1970	1990	2000	2014
Umsatz	n. v.	n. v.	358	1150	3404
Beschäftigte	n. v.	n. v.	780	1330	5207
davon im Inland	n. v.	n. v.	n. v.	n. v.	2990

Lindt & Sprüngli (1845)

	1950	1970	1990	2000	2013
Umsatz	25	225	975	1537	2882
Beschäftigte	~1000	1000	3880	5870	8949
davon im Inland	n. v.	n. v.	1300	870	1100

Genannt werden Umsatz und Zahl der Beschäftigten (insgesamt und in der Schweiz) grosser Schweizer Lebensmittelproduzenten und -händler der letzten 60 Jahre, soweit diese verfügbar sind (ansonsten findet sich der Vermerk n.v.). In Klammern ist das Gründungsjahr des Unternehmens (bzw. dessen Vorläufer) angegeben, der Umsatz ist in Mio. Franken aufgeführt, die Zahlen zu Umsatz und Beschäftigten sind gerundet und können im Einzelfall um ein Jahr abweichen. Ein sehr kleiner Teil der bei Migros Beschäftigten arbeitet im Ausland, d. h. die Zahlen bei «Beschäftigte im Inland» sind etwas kleiner als hier angegeben.

Materialisierte Präzision

vor 1800	1572	Die Bartholomäusnacht in Frankreich führt zur Flucht vieler Hugenotten in die Schweiz.
	1705	Daniel JeanRichard gründet in Le Locle eine der ersten kleinen Uhrmacherfabriken des Jurabogens.
	1755	Jean-Marc Vacheron gründet ein Uhrmacheratelier in Genf.
	1762	Abraham-Louis Breguet verlässt die Schweiz Richtung Paris.
	1794	Das Uhrmacherdorf La Chaux-de-Fonds wird durch einen Brand zerstört.
1800–1899	1833	Antoine LeCoultre eröffnet eine Manufaktur in Le Sentier im Vallée de Joux.
	1835	Der Wiederaufbau von La Chaux-de-Fonds erfolgt im Zeichen der Uhrenindustrie.
	1839	Norbert de Patek eröffnet eine Manufaktur in Genf.
	1868	Gründung der International Watch Co. (IWC) in Schaffhausen.
	1878	Jean und Anna-Maria Aegler gründen ein Uhrwerk in Biel, eine Keimzelle der späteren Rolex.
1900–1999	1908	Die Marke «Rolex» entsteht.
	1931	Entstehung der Holdings Allgemeine Schweizer Uhrenindustrie AG (ASUAG) und Société Suisse de l'Industrie Horlogère (SSIH).
	1967	Kreation der «Beta 21», der weltweit ersten Quarzarmbanduhr.
	1969	Die Omega «Speedmaster» ist die erste Uhr auf dem Mond.
	1973	Beginn der Quarzkrise, bis 1983 verliert die Uhrenindustrie zwei Drittel aller Arbeitsplätze.
	1981	Die Schweizer Uhrenindustrie steht vor dem Zusammenbruch, Beginn der Sanierungsmassnahmen.
	1982	Die «Swatch» wird geboren.
	1985	Aus ASUAG-SSIH entsteht die Schweizerische Gesellschaft für Mikroelektronik und Uhrenindustrie AG (SMH).
	1988	Anton Rupert gründet die Compagnie Financière Richemont SA.
	1998	Aus der SMH entsteht die Swatch Group.
ab 2000	2003	Nicolas G. Hayek tritt die Generaldirektion der Swatch Group an seinen Sohn ab. Er stirbt sieben Jahre später.

Die Uhrenherstellung als frühes Markenzeichen der Schweiz

Die Schweiz ist weltbekannt für ihre Uhrenindustrie, obschon die Ursprünge der mechanischen Zeitmessung ausserhalb der Schweiz liegen. Wie in andern Branchen auch haben hugenottische Glaubensflüchtlinge entscheidend dazu beigetragen, dass sich die Uhrmacherei in der Schweiz festsetzen konnte. Vorab entlang des Jurabogens ist so eine Industrie entstanden, die Weltmarken wie Rolex und Swatch hervorgebracht hat, aber nur wenig über produzierte Stückzahlen und Umsätze verrät. Dasselbe gilt für die Zulieferfirmen, die sich diskret im Hintergrund halten und auch bei Anfrage keine Auskunft geben, für welche Auftraggeber sie tätig sind. Insgesamt gibt es in der Schweiz etwa 600 Firmen, die für die Uhrenherstellung tätig sind. Die Branche ist stark «horizontalisiert», obwohl jede Marke sich in der Werbung den Anschein gibt, alles unter einem Dach zu vereinen. Nur wenige Marken, wie Jaeger-LeCoultre im Vallée de Joux oder Rolex in Genf und Biel, sind so stark vertikalisiert, dass sie ihre Werke und sogar Gehäuse selbst fertigen. Die meisten bekannten Marken befinden sich in der Hand der drei dominierenden Luxusgüterkonzerne Swatch Group, Richemont und Louis-Vuitton-Moët-Hennessy. Jährlich exportiert die Industrie Uhren im Gesamtwert von rund 22 Mrd. Franken – dies mit vergleichsweise geringen Stückzahlen. Der durchschnittliche Wert der Schweizer Uhren ist also ausgesprochen hoch, besonders derjenigen mit mechanischem Uhrwerk. Die Branche hat mehrere Krisen durchlitten und stand zu Beginn der 1980er-Jahre beinahe vor ihrem Ende. Im Unterschied zu den USA, die ihre einst dominierende Uhrenindustrie praktisch völlig verloren haben, gelang es findigen Ingenieuren und Unternehmern in der Schweiz, die Uhrenindustrie neu zu positionieren. So ist sie auch heute noch die drittwichtigste Branche des Landes, und mit der Zeitmessung verbundene Eigenschaften wie Pünktlichkeit und Präzision werden oft mit der Schweiz assoziiert.

Wie die Uhr in die Schweiz kam

«In welche Firma soll ich mein Vermögen investieren?», fragt Nicolas G. Hayek 1984 den Banker Peter Gross. «In die Uhrenindustrie», antwortet dieser. Also in eine Branche, die damals innerhalb von zehn Jahren zwei Drittel ihrer Arbeitskräfte verloren hat und kurz vor dem Bankrott gestanden ist. Eine Branche in höchster Not, in der Persönlichkeiten wie beispielsweise Hayek, Gross, Ernst Thomke und Walter Frehner zu Beginn der 1980er-Jahre eine der umfassendsten Sanierungsmassnahmen der Schweizer Wirtschaftsgeschichte durchziehen – gegen schimpfende Uhrenbarone, protestierende Gewerkschaften und desillusionierte Gläubiger. Es ist die vielleicht erstaunlichste Geschichte in der an Aufregungen ohnehin nicht armen Schweizer Uhrenindustrie.

Ihre Anfänge sind unspektakulär. Entgegen der weitverbreiteten Meinung, die Uhrmacherei in der Schweiz habe ihren Ursprung in den französischsprachigen Gebieten, ist diese Tätigkeit seit dem Aufkommen der Räderuhr im 14. Jahrhundert in allen grösseren Städten der Schweiz anzutreffen. Der Beruf des Uhrmachers entwickelt sich ursprünglich aus dem des Schmieds und des Büchsenmachers. Wichtige Zentren sind Basel, Bern und später Zürich. Auch kleinere Städte wie Solothurn, Zofingen, Zug, Winterthur und Schaffhausen haben bald eine eigene Uhrenfabrikation. Anfänglich fertigen Uhrmacher in erster Linie Grossuhren für Kirchtürme und Stadttore. Von Miniaturisierung kann noch nicht die Rede sein, weshalb sich in erster Linie Schmiede auf dieses Gebiet spezialisieren. Besonderen Ruhm erlangt die Uhrmacherdynastie Liechti in Winterthur, die von etwa 1514 bis 1857 über zwölf Generationen aktiv ist. Ihre Türmchenuhren aus dem 16. und 17. Jahrhundert gehören zu den wertvollsten jener Periode. Mit zunehmendem Geschick entstehen immer kleinere Uhrwerke, die dann auch für den Gebrauch in Wohnräumen geeignet sind. Sogenannte gotische Eisenuhren zieren bald die Räume der Reichen und Mächtigen, aber es dauert nicht lange, bis von Tischlern und Schreinern eine günstigere Variante aus Holz ersonnen wird.

Im 16. Jahrhundert geben dann die politischen Ereignisse in Frankreich der Etablierung der Branche in der Eidgenossenschaft und der Verbreitung der tragbaren Uhr einen entscheidenden Schub: Die Verfolgung der protestantischen Hugenotten führt dazu, dass viele von ihnen aus Frankreich fliehen. Darunter befinden sich zahlreiche Goldschmiede und Uhrmacher, gewissermassen eine Handwerkerelite. Zwei Ereignisse sorgen für Fluchtwellen aus dem Nachbarland: die Bartholomäusnacht vom 24. August 1572 und das Edikt von Fontainebleau vom Oktober 1685, das das Edikt von Nantes (1598) annulliert und den Hugenotten sämtliche Rechte abspricht. Viele Verfolgte suchen in Genf Sicherheit, das damals allerdings noch nicht zur Schweiz gehört. Die Stadt ist streng calvinistisch, weshalb es den Goldschmieden untersagt ist, Schmuck mit religiösen Motiven zu fertigen. Viele Goldschmiede satteln also um und fertigen Gehäuse für Uhren, da diese von Calvin als nutzbringend angesehen werden. Nebenbei entsteht so eine Genfer Tradition, auch wenn sie letztlich aus Frankreich stammt: die reiche Verzierung goldener Uhrengehäuse mit Emailminiaturen. Spezialisten verstehen es, mit buntem, zu Pulver zerstossenem Glas Porträts ihrer Auftraggeber oder allegorische Motive auf die Uhrengehäuse aufzubringen. Die farbenprächtigen Bilder sind lichtecht und abriebsicher. 1610 entsteht dann die erste Uhrmacherzunft in Genf; sie wird erst 1795 wieder abgeschafft. Die strengen Aufnahmeregeln und das Überangebot an Uhrmachern zwingen viele, die Stadt zu verlassen und ihr Glück andernorts zu versuchen. Dadurch verbreitet sich die Uhrmacherei entlang dem Jurasüdfuss Richtung Nordosten. Viele lassen sich in Neuenburg nieder. Andere besiedeln einsame Täler wie das Vallée de Joux oder das Val de Travers.

Die eingewanderten Uhrmacher und ihre Nachkommen sind auch gute Kaufleute. Auf der Suche nach Arbeitskräften stossen sie auf Bauernfamilien, die in den Höhen des Juras mehr schlecht als recht über die Runden kommen. Im Winter, wenn ihr Land unter einer dicken Schneeschicht vergraben liegt, sind sie oft zur Untätigkeit verdammt. Sie sind froh um jede Möglichkeit, ihr Einkommen aufzubessern. Die Uhrmacher in den Städten gründen «Ateliers d'assemblage» und «Ateliers d'emboîtage», wo Uhren in grösseren Serien zusammengesetzt werden. Für sie stellen die Bauern in ihren isolierten Höfen die ideale Arbeitskraft dar. Sie sind mit wenig Lohn zufrieden, und solange man sie nur einen kleinen Teil davon fertigen lässt, verstehen sie das Uhrwerk in seiner Gesamtheit nicht. Die Patrons können also sicher sein, dass sich ihr Wissen nicht verselbstständigt. Im Herbst holen die Bauern sich beim Etablisseur das Rohmaterial, im Frühling tragen sie die bearbeiteten Teile ins Tal zu den Ateliers d'assemblage. Dennoch können die Patrons nicht verhindern, dass die Talentierteren unter den Winteruhrmachern dem Geheimnis der Uhr auf die Schliche kommen. Daniel JeanRichard (1665–1741) aus La Sagne soll sich als Erster von den Patrons unabhängig gemacht haben. Er, der eine Lehre als Schmied absolviert hatte, sei als 18-Jähriger von einem Reisenden gefragt worden, ob er ihm seine Taschenuhr reparieren könne. Neugierig habe der Jüngling die Uhr geöffnet und sich den Mechanismus genau skizziert. Es sei ihm nicht nur gelungen, die Uhr zu reparieren, sondern auch gleich eine Kopie davon anzufertigen. Mit diesem Wissen habe er dann erste eigene Uhren angefertigt.

Links *Daniel JeanRichard (1665–1741), Porträt von einem unbekannten Maler*
Rechts *Teilansicht einer Daniel JeanRichard zugeschriebenen Uhr*

JeanRichard gründet in Le Locle eine kleine Fabrik, in der er die wichtigsten Produktionsschritte zentralisiert. Statt im Winter zu Hause zu arbeiten, kommen die Mitarbeitenden nun regelmässig in die Fabrik. Viele hängen die Landwirtschaft zugunsten der Uhrmacherei an den Nagel. JeanRichard macht Fortschritte in der Rationalisierung der Arbeit und entwickelt erste Maschinen zur Fertigung von Uhrwerksteilen. Die kleine Fabrik wird zur Keimzelle weiterer Uhrmachersprösslinge wie Isaac und Jacob Brandt, die 1705 die Uhrmacherei nach La Chaux-de-Fonds bringen, nachdem sie bei Daniel JeanRichard das Handwerk gelernt haben. Neben Le Locle entwickelt sich so auch La Chaux-de-Fonds zu einer wichtigen Uhrmacherstadt.

In Genf wiederum gründet 1755 Jean-Marc Vacheron (1731–1805) ein Atelier, das bis heute Uhren produziert. Als Standort wählt er den obersten Stock in einem Gebäude beim Seeausfluss der Rhone, was ihm, zusammen mit der Ausrichtung der Fenster nach Süden, viel Tageslicht garantiert. Von da kommt der Name «Cabinotiers»; so nennen sich die Uhrmacher, die hoch über der Rhone an den Fenstern arbeiten. Vacherons Sohn Abraham und Enkel Jacques Barthélemy führen das Atelier erfolgreich weiter. 1819 stösst François Constantin (1788–1854) dazu und übernimmt die kaufmännischen Belange. Die Firma heisst ab 1819 Vacheron Constantin und spezialisiert sich auf Uhren der Luxusklasse. Als Markenzeichen wählt sie 1880 das Malteserkreuz; es ist die stilisierte Form einer funktionalen Komponente des Uhrwerks, die einem solchen Kreuz ähnelt und auch so heisst. Bedeutsam für die Firma ist die Anstellung von Georges-Auguste Leschot im Jahr 1839.

Er konzipiert neuartige Produktionsmaschinen, mit denen sich Präzisionsteile mit sehr geringen Toleranzen identisch und in grossen Mengen herstellen lassen. Ferner erfindet er den Pantografen, mit dessen Hilfe sich Entwürfe für Gravuren miniaturisieren und auf Uhrengehäuse übertragen lassen. Und er führt den Mikrometer als Standardtoleranz im Unternehmen ein. Solche und andere Innovationen tragen dazu bei, dass Vacheron Constantin mit ihren 260 Jahren die älteste noch bestehende Schweizer Uhrenmanufaktur ist.

Breguet & Co. – bedeutende Uhrmacher als Ursprünge grosser Marken

Wie nur wenige andere Produkte ist die Uhr stark an ihren Schöpfer gekoppelt, der so oft zum Namensgeber bedeutender Marken wird. Dies gilt auch für die bedeutendste Persönlichkeit in der Geschichte der Uhrmacherei, den in Neuenburg geborenen Abraham-Louis Breguet (1747–1823). Er wird mit 15 Jahren von seinem Stiefvater Joseph Tattet zur Ausbildung als Uhrmacher nach Versailles geschickt. Nachdem er 1767 seine Lehre beendet hat, bleibt er in Paris und eröffnet, nach der Heirat im Jahr 1775, seine berühmte Werkstätte am Quai de l'Horloge. Während viele seiner Kollegen sich auf die Konstruktion immer genauerer Chronometer für die Marine konzentrieren, entdeckt Breguet im Adel und in den Königshäusern eine Kundschaft mit anderem Gusto, die er mit immer neuen Konstruktionen und Zusatzfunktionen wie akustischer Zeitanzeige oder Kalendarien beeindruckt. Besonderen Wert legt er auf das Aussehen seiner Uhren, die sich von den Erzeugnissen der «Konkurrenz» völlig unterscheiden und seine eigene Handschrift tragen, ob es sich nun um Penduletten oder um Taschenuhren handelt. Über das Innenleben seiner Werke schweigt sich der Meister aus, was um seine Erzeugnisse eine Aura des Geheimnisvollen entstehen lässt. Ein Zeitgenosse Breguets drückt es so aus: «To carry a fine Breguet watch is to feel that you have the brains of a genius in your pocket».

Dass seine Beziehungen mit dem Adel angesichts des wachsenden Unmuts in Frankreich über die herrschende Klasse für ihn gefährlich werden könnten, scheint Breguet wenig zu kümmern. Am 14. Juli 1789 stürmen wütende Bürger und Bauern die Bastille und lancieren die Französische Revolution. Doch Breguet beliefert unbeirrt den Hof Ludwigs XVI. weiter mit Uhren. Selbst als der König im Januar 1793 enthauptet wird, bringt das Abraham-Louis Breguet nicht aus der Ruhe. Er liefert gar Königin Marie Antoinette, die im Oktober ebenfalls auf dem Schafott enden wird, noch eine Uhr ins Gefängnis. Dann wird es ihm doch zu brenzlig. Die Jakobiner unter Führung Robespierres bauen den Terror systematisch aus. Gerichts-

Links *Statue von Abraham-Louis Breguet (1747–1823) auf dem Pariser Friedhof Père Lachaise*

Rechts *Rekonstruktion der Breguet-Taschenuhr «Marie-Antoinette»*

verfahren werden abgeschafft. Die Guillotine ist Tag und Nacht in Betrieb. So ringt sich Breguet im August 1793 zum Entschluss durch, mit Sohn und Schwägerin in die Schweiz zu fliehen.

Doch selbst in Genf ist Breguet seiner Haut nicht sicher. Sein dortiger Geschäftspartner und Freund Descombaz rät ihm, nach Neuenburg zu ziehen und nicht in der Calvin-Stadt zu bleiben, wo er als Verräter an der Revolution betrachtet wird. Obwohl Genf mittlerweile zur Eidgenossenschaft gehört, ist es Frankreich stark verbunden. Ausserdem dürfte der Neid der Uhrmachergilde gegenüber der unwillkommenen Konkurrenz eine Rolle spielen. Breguet zieht nach Neuenburg, übersiedelt dann aber mangels Arbeit nach Le Locle. Immerhin gelingt es ihm, eine kleine Werkstatt aufzubauen und die Lieferungen an den englischen und den russischen Hof aufrechtzuerhalten. Nach drei Monaten Abwesenheit in Paris verliert Breguet dort seine Rechte als Bürger der Stadt. Er wird enteignet, sein Geschäftslokal wird veräussert. Breguet produziert mit seinen etwa sechs Schweizer Mitarbeitenden nicht allzu viel, findet aber in den zwei Jahren seines Exils genügend

Zeit, gedanklich und auf dem Papier einige seiner berühmtesten Entwicklungen auszuhecken. Das Tourbillon – eine Vorrichtung, die einen aus dem Einfluss der Schwerkraft resultierenden Fehler der Ganggenauigkeit einer Uhr ausgleicht – ist eine der Ideen, die während seines Aufenthalts im Schweizer Jura heranreifen.

1795 – Jahr III nach dem Revolutionskalender – kehrt Breguet nach Paris zurück. Die Uhrmacherei in Versailles liegt danieder, Breguet wird mit offenen Armen empfangen. Man ist sicher, die Branche mit seiner Hilfe wieder ankurbeln zu können, und die Armee braucht dringend Zeitmesser. Breguets Geschäftssinn ist ungebrochen, er akzeptiert unter der Bedingung, dass er sein Geschäft zurückerhält und für die Verluste während des Terrors kompensiert wird. Zudem verlangt er, dass seine Angestellten vom Militärdienst befreit werden, damit er sein Geschäft schnellstmöglich sanieren kann. So beginnt die kreativste Schaffensphase Breguets. Die Weltausstellungen 1798 und 1819, an denen er mit seinen erstaunlichen Werken vertreten ist, werden für ihn zum Triumph. Als er an der Weltausstellung 1823 als Juror tätig ist, stirbt er im Alter von 77 Jahren. Seine Nachkommen führen das Unternehmen mit Erfolg weiter, versuchen sich gar als Flugzeugbauer und beliefern weiterhin das französische Militär mit Zeitmessern. Heute befindet sich Breguet im Besitz der Swatch Group. Die Uhrwerke stammen aus Le Brassus, wo eine ehemalige Uhrwerksfabrik zur Breguet-Manufaktur umgebaut wurde. Nicolas G. Hayek hat 1999 mit dem Kauf von Breguet die Swatch Group gewissermassen geadelt und die Marke wieder in eine Liga gehievt, in der sie mit Patek Philippe oder Vacheron Constantin konkurrieren kann. Breguet-Uhren zählen zu den exklusivsten Zeitmessern, die man kaufen kann, und antike Breguets erzielen an Auktionen Höchstpreise.

Breguet ist wohl der bedeutendste, sicher aber nicht der einzige Uhrmacher, dessen Tätigkeit bis heute nachhallt. Ein anderer ist Antoine LeCoultre (1803–1881). Er erfindet das Millionomètre, mit dem es erstmals möglich wird, Materialstärken mit einer Genauigkeit eines Tausendstelmillimeters (Mikron) zu messen, und legt damit 1833 in Le Sentier im Vallée de Joux den Grundstein zu einer der renommiertesten Manufakturen, die so viele Patente besitzt wie kaum eine andere Uhrenmarke. Wichtige Schritte sind die Kooperation mit Edmond Jaeger aus Paris, der die Verbindung mit Cartier und der französischen Autoindustrie herstellt, die Erfindung der «Atmos», einer Pendüle, die ihre Antriebsenergie aus den Temperaturschwankungen der Umgebung schöpft und nie aufgezogen werden muss, sowie die «Reverso», eine Ikone des Armbanduhrdesigns. Ungefähr um die gleiche Zeit, 1839, eröffnen in Genf die Polen Norbert de Patek (1812–1877) und François Czapek

(1811–1869) ein Atelier für die Herstellung und den Verkauf von Uhren. 1844 steigt der Franzose Adrien Philippe (1815–1894) ins Geschäft ein, das Czapek im gleichen Jahr verlässt. «Patek Philippe» entwickelt sich zur renommiertesten Marke der Schweiz. Das Haus erfreut sich dank Innovation, Komplikation (Zusatzfunktionen von Uhren) und der Bewahrung traditioneller Werte bei wohlhabenden Sammlern grosser Beliebtheit, besonders in den USA der Zwischenkriegszeit. Junge, erfolgreiche Industrielle lassen sich von Patek Philippe Uhren der Superlative individuell anfertigen. Heute sind Uhren von Patek Philippe so prestigeträchtig, dass ihr Wert, ähnlich wie bei Rolex, je nach Modell im Lauf der Zeit sogar steigen kann.

Die Firmengeschichte von Omega ist eine der vielseitigsten der Uhrenindustrie. 1848 gründet der 23-jährige Louis Brandt (1825–1879) in La Chaux-de-Fonds ein Uhrencomptoir, das unter seinem Namen figuriert. Seine Söhne Louis Paul und César stellen die Weichen anders, übersiedeln mit dem Unternehmen nach Biel und machen es innerhalb von zehn Jahren zum grössten Uhrenhersteller der Schweiz. 1894 entsteht das erfolgreiche Kaliber «Omega», das dem Unternehmen schliesslich seinen Namen gibt. Die Marke macht sich in der Sportzeitmessung einen Namen, wo sie an Olympischen Spielen immer wieder mit Innovationen für Aufsehen sorgt. Denkwürdigstes Ereignis in der Firmengeschichte ist aber 1969 die Mondlandung der Astronauten Neil Armstrong und Edwin Aldrin, die beide mit einer Omega Speedmaster ausgerüstet sind. Die NASA hat den Chronografen bereits 1964 zum offiziellen Ausrüstungsgegenstand der bemannten Raumfahrt erkoren. Von der Tatsache, die erste und einzige Uhrenmarke zu sein, deren Produkte auf dem Mond gewesen sind, profitiert Omega noch immer. Das Modell Speedmaster wird bis heute unverändert hergestellt. Omega gehört seit 1982 ebenfalls zur Swatch Group, damals noch SMH. Sie war und ist das Zugpferd der Gruppe.

Schliesslich ist noch an Georges Favre-Jacot (1843–1917) zu erinnern, der 1865 eine Uhrenfabrik in Le Locle gründet. Ein erfolgreiches Uhrwerk liefert später den Namen für die Firma Zenith. Die Marke gewinnt 1969 knapp das Rennen um das erste Armbanduhrwerk, das einen automatischen Aufzug mit einem Chronografen kombiniert. Heuer-Leonidas unterliegt um wenige Wochen.

Eine von Krisen und Wiederaufstieg geprägte Branche

Wie kaum eine andere Branche der Schweiz ist die Uhrenindustrie immer wieder von existenziellen Krisen und spektakulären Comebacks geprägt. Ein Grund dafür ist die starke regionale Clusterbildung. Eine erste Grosskatastrophe, die der Uhrenindustrie einen schweren Schlag versetzt, ist 1794 der Brand von La Chaux-de-Fonds. Die Schweiz verliert damit auf einen Schlag eines der Zentren der Uhrmacherei. Der Brand wird aber auch als Chance genutzt. Der Wiederaufbau der Stadt ab 1835 wird auf dem Reissbrett geplant und auf die Bedürfnisse der Uhrenindustrie ausgelegt. Grosse Abstände zwischen den Gebäuden sollen Feuersbrünsten vorbeugen. Sie ermöglichen zugleich, dass die Fabriken und Heimateliers genügend Tageslicht für die Uhrenproduktion haben und die Uhrenarbeiter genügend grosse Gärten für das eigene Gemüse anlegen können. Die Stadt auf rund 1000 Metern Höhe wird zu einer der weltweit besterhaltenen Planstädte und, zusammen mit Le Locle, Teil des Unesco-Welterbes. In La Chaux-de-Fonds entstehen einige der grössten Uhrenfabriken der damaligen Zeit und ein eigener Architekturstil. Charles-Edouard Jeanneret-Gris lernt hier Anfang des 20. Jahrhunderts nach einer Ausbildung zum Graveur bei Charles L'Eplattenier Architektur. Er wird sich später «Le Corbusier» nennen und zum Architekten von Weltruhm werden. Zwei weitere Söhne der Stadt, die es weit bringen, sind der Autokonstrukteur Louis Chevrolet und der Schriftsteller Blaise Cendrars.

Auch die Konkurrenz aus dem Ausland erweist sich regelmässig als Herausforderung für die Schweizer Uhrmacherei. Ernest Francillon (1834–1900), Neffe des ehemaligen Bankiers Auguste Agassiz, der 1832 in St. Imier zwischen Biel und La Chaux-de-Fonds ein Uhrencomptoir gegründet hatte, in dem Uhrenbestandteile zu ganzen Uhren zusammengesetzt werden, verwandelt dieses Comptoir in eine eigentliche Fabrik. Er erwirbt dafür 1866 ein Grundstück am Flüsschen Suze unterhalb von St. Imier, damit sein für damalige Verhältnisse hochmoderner Maschinenpark die Energieversorgung direkt vor der Tür hat. Francillon und sein Cousin Jacques David sind sich bewusst, dass sich die Uhrenindustrie gegen die ausländische Konkurrenz nur behaupten kann, wenn sie es schafft, Komponenten mit geringen Toleranzen in grosser Stückzahl zu fertigen, sodass man die Teile nur zusammenzusetzen braucht, ohne sie jedes Mal individuell anpassen zu müssen. Die zentrale Bedeutung dieser Idee zeigt sich 1876, als eine Schweizer Delegation die Weltausstellung in Philadelphia besucht, in der David die Uhrenindustrie vertritt. Die Ausstellung gerät für die Schweizer zum Debakel. Die Delegation muss frustriert feststellen, dass die amerikanische Konkurrenz (Waltham, gegründet 1859 in Boston, und Elgin, gegründet 1865 in Chicago) die Schweiz überflügelt hat. Die Amerikaner haben die Uhrenfertigung so rationalisiert, dass die produzierten Teile ohne Weiteres untereinander ausgetauscht werden können. Die amerikanischen Taschenuhren sind sehr genau, sehr schön verziert und billiger als die schweizerischen. Der Bericht von David rüttelt auf. Die Weltausstellungen in Paris (1878) und Melbourne (1880) geraten zum Sinnbild einer Aufholjagd. An der Weltausstellung in Chicago 1893 können die Schweizer wieder triumphieren. Sie haben die Produktionsmethoden der Amerikaner adaptiert und die schöneren Uhren in der Auslage. Zur Umstellung gehören unter anderem die Adaptation des metrischen Systems und die Standardisierung von Schraubengewinden. Trotz allem wird der Durchmesser von Uhrwerken bis heute in Linien gemessen (1 Linie = 2,255 mm).

Des Öfteren wird die Uhrmacherei von Regionen, die in wirtschaftliche Krisen geraten, als Rettungsanker angesehen. So entstehen Schwerpunkte ausserhalb des Uhrenbogens. Einer ist das Waldenburgertal. Der Bau des Hauenstein-Eisenbahntunnels 1850 beraubt es seiner wichtigsten Einnahmequelle, der Durchreisenden. Um eine Hungersnot abzuwenden, schliesst sich das Tal zusammen und heuert mit Gemeindegeld teure Lehrmeister aus der Westschweiz an, die die Wirte und Bauern in das Handwerk einführen. Trotz Sprachschwierigkeiten ist das Projekt von Erfolg gekrönt, es entstehen Uhrenfabriken (Revue Thommen und Oris) und im ganzen Tal verteilte Zulieferbetriebe. Besonders floriert die Produktion günstiger Roskopfuhren. In der Quarzkrise kommt die Produktion der Roskopfuhren dann total zum Erliegen. Die Uhrenfabriken müssen schliessen, die Zulieferbetriebe beginnen sich dagegen nach anderem umzusehen und erweisen sich erneut als ausgesprochen innovativ und dynamisch. Sie bringen ihr Know-how in die im Entstehen begriffene Medizinaltechnik ein. Ein Paradebeispiel ist das Institut Straumann, das sich vom Spezialisten für Unruhspiralen zum weltbekannten Implantologieunternehmen wandelt. Auch in Grenchen, das wegen regelmässiger Hochwasser von der Armut bedroht ist, wird die Uhrenindustrie per Dekret und mit Beizug von Uhrmachern aus der Westschweiz eingeführt. Besonders tut sich die Familie Schild hervor. Auf sie gehen die Marke «Eterna» und die ETA zurück. In den Glanzzeiten von 1950 bis 1970 verzeichnet Grenchen ein ungestümes Wirtschafts- und Bevölkerungswachstum. Mit der Quarzkrise der 1970er-Jahre kommt der jähe Absturz mit einem Verlust von 3000 Arbeitsplätzen innerhalb weniger Jahre.

Ein anderer untypischer Schwerpunkt entsteht in Schaffhausen. Der Unternehmer Florentine Ariosto Jones (1841–1916) aus Boston kennt sich in der amerikanischen Uhrenindustrie gut aus. Er träumt davon, Uhren in einem Billiglohnland zu produzieren und dann mit Gewinn in der Heimat zu verkaufen. Die Schweiz mit ihren günstigen Löhnen scheint ihm dafür geeignet. Im Jura stösst der Amerikaner

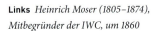

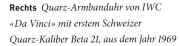

Links *Heinrich Moser (1805–1874),*
Mitbegründer der IWC, um 1860

Rechts *Quarz-Armbanduhr von IWC*
«Da Vinci» mit erstem Schweizer
Quarz-Kaliber Beta 21, aus dem Jahr 1969

aber auf wenig Gegenliebe. Mit der Industrialisierung wollen die dortigen Uhrmacher nichts zu tun haben. Sie fürchten vielmehr um ihre Arbeitsplätze. Jones wird daher auf Schaffhausen aufmerksam, wo der junge Heinrich Moser (1805–1874) ein einzigartiges Kraftwerk gebaut hat, das 1851 seinen Betrieb aufnimmt. Moser will Schaffhausen zur Industriestadt machen und versucht, Unternehmen anzulocken, die Wasserkraft und Elektrizität benötigen. Da er selbst Uhrenproduzent ist und in Russland mehrere Uhrengeschäfte aufgebaut hat, versteht er die Bedürfnisse des 27-jährigen Amerikaners und sieht in ihm nicht den Konkurrenten. Die International Watch Co. (IWC), die 1868 in unmittelbarer Nähe des Rheins entsteht, wird durch ein Transmissionssystem mit Stahlseilen mit Energie versorgt. Als die amerikanischen Uhrenproduzenten sich des Angriffs bewusst werden, schalten sie den Staat ein, der sofort hohe Schutzzölle auf importierte Uhren und Uhrenbestandteile erhebt. Der Konkurs ist unabwendbar, und Jones verlässt Schaffhausen fluchtartig Richtung Heimat. Danach übernimmt die Schaffhauser Industriellenfamilie Rauschenbach die Fabrik, die zwischendurch auch nicht mehr IWC heisst. Durch Heirat geht sie 1929 an die Familie Homberger über. 1978 wird sie an die deutsche

VDO verkauft, die Bordinstrumente für Autos herstellt. Zehn Jahre später wird VDO von Mannesmann übernommen. Als 2000 der Telekom-Gigant Vodafone Mannesmann erwirbt, will er die Uhrendivision, die mittlerweile auch die Marken Jaeger-LeCoultre sowie die ostdeutsche A. Lange & Söhne umfasst, abstossen. Nach einigem Gerangel gehen die drei Marken an die Compagnie Financière Richemont SA, einen heute in Bellevue bei Genf beheimateten Luxusgüterkonzern, der 1988 durch den südafrikanischen Milliardär Anton Rupert gegründet wird und mit einem Umsatz von knapp 8,7 Mrd. Euro (2013/14) sowie fast 29 000 Beschäftigten zu den grössten Luxusgüterkonzernen der Welt zählt. Seit den 1980er-Jahren ist der Ingenieur Günter Blümlein (1943–2001) der Architekt des Erfolges von IWC, Jaeger-LeCoultre und der von ihm nach dem Fall des Eisernen Vorhangs zu einer Marke der Luxusklasse aufgebauten Lange & Söhne.

Rolex – und wie die Schweizer Uhrmacherei Weltspitze erreicht

Um die Wende zum 20. Jahrhundert gehört die Schweiz zu den bedeutendsten Uhrenproduzenten der Welt – doch der Weg zur Weltspitze gelingt ihr erst in den Jahrzehnten danach. Sie profitiert von den Auswirkungen des Ersten Weltkriegs, vor allem aber von der Fähigkeit, einen neuen Uhrentyp – die Armbanduhr – als Erste gross herauszubringen. In diesem Kontext gehört die Geschichte der bekanntesten Schweizer Uhr, der Rolex. Sie beginnt 1878, als Jean (1850–1891) und Anna-Maria Aegler in Biel eine Uhrwerksfabrik gründen. Sie gehen andere Wege als die übrige Industrie, folgen ihrer Intuition und investieren ihr ganzes Können in die Konzeption und Produktion von Uhrwerken, die kleiner sind als die bisherigen Taschenuhrwerke. 1891 stirbt jedoch Jean Aegler; sein Sohn Hermann folgt ihm kurz darauf in die Geschäftsleitung. Einige Jahre später, 1902, fragt der Deutsche Hans Wilsdorf (1881–1960) bei Aegler an, ob er Uhrwerke beziehen könne. Wilsdorf, in Bayern geboren, ist im Alter von 12 Jahren zum Waisenkind geworden. Mit 19 wandert er in die Schweiz aus und gelangt nach La Chaux-de-Fonds, wo er für einen Uhrenhändler englische Korrespondenz erledigt. Der Kontakt mit der Uhrenindustrie lässt in ihm jene Idee reifen, die ihn zur Kontaktaufnahme mit Aegler bewegt. 1905 wandert er nach London aus und gründet im selben Jahr mit dem englischen Investor Alfred James Davis den Uhrenhandel Wilsdorf & Davis. Wilsdorf beobachtet die Herrenmode und erkennt, wie die traditionelle Weste immer mehr zu einem alten Zopf verkommt. Er ahnt, dass damit das Ende der Taschenuhr nicht mehr allzu fern ist. Wilsdorf setzt voll auf die Armbanduhr. Mit Aegler hat er einen Lieferanten, dessen Uhrwerke von nur 25 Millimeter Durchmesser – rund

10 Millimeter kleiner als Taschenuhrwerke – robust sind und die Genauigkeit von Taschenuhrwerken erreichen. 1908 kommt ihm die Idee für den Namen seiner Uhrenmarke. Er lässt ihn schützen. Er lautet Rolex. Aegler ist zunächst auch noch für andere Marken tätig, etwa für Gruen in den USA. Um Aegler stärker an Rolex zu binden, verkaufen Wilsdorf und Davis an Hermann Aegler 15 Prozent ihres Aktienkapitals. Aegler muss sich allerdings verpflichten, im gesamten britischen Einflussbereich ausschliesslich Rolex zu liefern. Im Gegenzug beteiligen sich Wilsdorf und Gruen an Aegler.

Um den Traum von der Ablösung der Taschenuhr durch die Armbanduhr wahr zu machen, muss Wilsdorf allerdings einige Hürden nehmen. Am Handgelenk erfährt eine Uhr mehr Bewegungen und grössere Erschütterungen als in der Westentasche. Zudem ist das Werk kleiner, und mit abnehmender Grösse leidet die Genauigkeit. Schliesslich ist eine Uhr am Handgelenk mehr Umwelteinflüssen wie Staub und Wasser ausgesetzt als im schützenden Wams. Wilsdorf ist kein Uhrmacher, sondern Kaufmann: Seine klaren Vorstellungen, seine Verbindungen zu den richtigen Leuten, sein eiserner Wille und sein Gespür für Marketing ermöglichen es ihm, mit einer Marke, die viel jünger ist als die Konkurrenz, Uhrengeschichte zu schreiben. Sein Siegeszug beginnt 1910, als er als Erster eine Armbanduhr von den Bureaux Officiels Communaux pour l'Observation des Montres in Genf prüfen lässt – geradezu ein Affront, denn das Institut prüft sonst nur Taschenuhren und Marinechronometer. Nach zweiwöchiger Prüfung erhält die kleine Uhr das Chronometer-Zertifikat. Eine ähnliche Zertifizierung erhält Rolex 1914 nach 45 Tage währenden Tests von der Sternwarte von Kew-Teddington.

Der Durchbruch der Armbanduhr erfolgt aber schliesslich aus andern Gründen. Der Erste Weltkrieg bricht aus; er übertrifft an Vernichtungskraft alle bisherigen Kriege. Erstmals kommen im grossen Stil Panzer und Flugzeuge zum Einsatz, die Artillerie und das noch ungewohnte Maschinengewehr entfalten ein tödliches, präzises Feuer. In solch mörderischer Umgebung erweist sich die Armbanduhr für die Soldaten als lebenswichtig. Bis dahin ist die seit etwa 1850 im grösseren Massstab produzierte Armbanduhr als weibisch verschrien, da sie vor allem Krankenschwestern im Spital eine grosse Hilfe bei der Pulsmessung ist. Die Piloten und die Soldaten in den Gräben denken plötzlich anders. Die Armbanduhren können Leben retten, da man die Uhrzeit mit einem flüchtigen Blick erfassen und aufgrund der Zeitdifferenz zwischen Geschützblitz und Geschützdonner die Distanz zum Gegner schätzen kann. Nach dem Krieg ist die Armbanduhr mit einem Schlag männlich und gefragt wie nie zuvor.

Links *Rolex-Gründer Hans Wilsdorf (1881–1960)*

Rechts *Mercedes Gleitze durchschwimmt 1927 den Ärmelkanal in 15 Stunden mit einer wasserdichten Rolex am Arm*

Krieg und Protektionismus verändern aber auch die Exportbedingungen für die Uhrenindustrie. Die hohen Einfuhrzölle auf Schweizer Uhren während des Kriegs in England veranlassen Wilsdorf bereits 1915 dazu, die Exportorganisation in die Büros in Biel zu verlegen und sich auf den europäischen Binnenmarkt zu konzentrieren. Nach dem Krieg bricht er die Zelte in London endgültig ab und verlegt das Geschäft nach Genf, weil dort der bessere Standort für die Entwicklung modisch anspruchsvoller Uhren ist. Die Zweiteilung hat Bestand: Genf und Biel bleiben bis 2004, als Rolex Genf Rolex Biel kauft, autonom. Noch heute werden die Uhrwerke in Biel gefertigt, während in Genf die Modelle kreiert und die Werke in Gehäuse eingebaut werden. Design, Werbung und Vertrieb befinden sich ebenfalls in Genf.

Mit den Chronometerauszeichnungen beweist Rolex, dass man Armbanduhren bauen kann, die so präzise sind wie Taschenuhren. Wilsdorf will aber auch die andern Herausforderungen für eine Armbanduhr meistern. Es gelingt seinen Ingenieuren, als Erste ein absolut wasser- und staubdichtes Gehäuse zu konstruieren, das 1926 patentiert wird. Wilsdorf nennt es «Oyster». Er vermarktet die Innovation, indem er Aquarien als Schaufensterdisplays einsetzt, in denen die Uhren zwischen herumschwimmenden Fischen ticken. Und als er 1927 erfährt, dass die Stenotypistin Mercedes Gleitze als erste Frau den Ärmelkanal durchschwimmen will, rüstet er sie mit einer Rolex Oyster aus. Als Gleitze nach 15 Stunden in Dover ankommt und ihre Uhr unbeirrt die genaue Zeit anzeigt, ist das ein Triumph auch für Wilsdorf. Er kauft die Frontseite des «Daily Mail» und kündet in einem ganz-seitigen Inserat von Gleitzes Heldentat und ihrer Uhr. Doch Wilsdorf ist noch nicht zufrieden. Ihn stört, dass man seine Uhren aufziehen muss. Dazu muss die Krone losgeschraubt werden; das begünstigt das Eindringen von Staub und Wasser. Der automatische Aufzug ist zwar seit dem 19. Jahrhundert bekannt, doch für Arm-banduhren gibt es keinen zuverlässigen und robusten Mechanismus. Die Lösung kommt von Aegler in Biel. Der Konstrukteur Emile Borer versieht ein Uhrwerk mit einer exzentrischen Schwungmasse, die sich auf dem gesamten Umfang des Uhr-werks frei drehen kann und dabei stetig etwas Energie an die Aufzugsfeder abgibt. Das System wird 1933 patentiert und erhält den Namen «Perpetual», da die Uhr theoretisch ständig liefe, würde man sie nie ablegen.

So entstehen die Prädikate «präzis, wasserdicht, automatisch», die Rolex dafür prädestinieren, Zeitmesser für professionelle Zwecke zu bauen. Die Marke ent-wickelt besonders dichte Uhren für Taucher, Chronografen für Militärpiloten und Rennfahrer sowie solche mit einer 24-Stunden-Anzeige für die Zivilluftfahrt. 1960 lässt das Unternehmen eine Uhr, die einem Miniaturpanzer gleicht, an das Tiefsee-U-Boot «Trieste» des Schweizer Forschers Jacques Piccard befestigen, der damit zum Marianengraben hinabtaucht. Die Uhr hält dem Druck in 11 000 Metern Tiefe stand. Das Attribut «Oyster» lässt sich übrigens auf das Unternehmen Rolex über-tragen: Es ist so diskret wie kein anderes der Branche. Besonders gilt das für Biel, wo das Allerheiligste, das Werk jeder Rolex, entsteht. Kein Wunder gibt es keine Rolex Oyster mit Sichtboden.

Hans Wilsdorf führt das Unternehmen, das seit 1944 als Stiftung angelegt ist, bis zu seinem Tod 1960. Auf ihn folgt André Heiniger, der die Zügel 1992 seinem Sohn Patrick übergibt. Er verlässt die Firma 2008. Der aktuelle Patron heisst Jean-Frédérique Dufour. Noch heute zeugt die Beschriftung der Oyster-Uhren von den revolutionären Errungenschaften: «Superlative Chronometer Officially Certified» bezeugt, dass jede Uhr den Chronometertest eines unabhängigen Instituts be-stehen muss, des Contrôle Officiel Suisse des Chronomètres. Der Name «Oyster» steht für das wasserdichte Gehäuse, «Perpetual» für den automatischen Aufzug.

Kartell und Innovationen

Die technischen und die Marketingerfolge der Schweizer Uhrenindustrie werden immer wieder überschattet und gestört von wirtschaftlichen Krisen. Der Börsen-crash von 1929 an der Wall Street, der die grosse Depression einläutet, lässt die schweizerischen Uhrenexporte innerhalb eines Jahres um 15 Prozent einbrechen.

In der Folge entsteht 1931 mithilfe des Staates und der Banken die Superholding ASUAG, die Allgemeine Schweizer Uhrenindustrie AG. Mit ihrer Hilfe soll die serbelnde Uhrenindustrie saniert werden. Zur ASUAG gehören Marken wie Longines und Rado, eine Reihe weiterer Firmen sowie die Holding Ebauches SA, die verschiedene Uhrwerkhersteller vereint, unter anderem die ETA. Diese ETA geht 1932 aus der Grenchner Firma Schild Frères hervor, die sich aus buchhalterischen Gründen in zwei Unternehmenszweige aufgespalten hat: Eterna für Fertiguhren, ETA für Uhrwerke. Letztere wird dereinst zur Brutstätte der Swatch und, unter dem Dach der Swatch Group, zum weltweit grössten Hersteller mechanischer Uhrwerke. Ebenfalls 1931 bilden die Uhrenhersteller der französischen Schweiz die Holding Société Suisse de l'Industrie Horlogère (SSIH), zu der Marken wie Omega, Tissot, Rayville-Blancpain oder Hamilton (USA) gehören.

Nun regeln Kartelle, Preisabsprachen und das «Uhrenstatut» Preise und Stückzahlen. Jede Uhrenmarke wird einem Preissegment zugeteilt. Die Ausfuhr von Uhrwerksteilen und Uhrwerken ist verboten. Der Zusammenschluss der Konzerne, die Kartelle und Preisabsprachen zeigen zunächst einmal Erfolge: Die Schweizer Uhrenindustrie arbeitet ab 1937 wieder profitabel. Das Uhrenstatut wird zweimal erneuert und fällt erst 1971. ASUAG und SSIH existieren gar bis 1983, als sie im Rahmen der Quarzkrise saniert und fusioniert werden. Zuerst aber erklimmt die Schweizer Uhrenindustrie ungeahnte Höhen. Der Zweite Weltkrieg nützt der Uhrenindustrie doppelt. Zum einen beliefert sie alle Krieg führenden Parteien mit Zeitmessern. Besonders beliebt sind gut ablesbare Fliegeruhren, die mit einem Magnetschutz versehen sind, damit sie von den starken Feldern der Zündspulen der Flugzeugmotoren nicht aus dem Takt gebracht werden. Zum andern wird die Konkurrenz aus dem Ausland – besonders in Deutschland – dazu verknurrt, Zeitzünder für Bomben und Granaten zu produzieren. Daher wird sie auch fast ausnahmslos bombardiert, sodass sie grösstenteils ausgelöscht wird. Mit dem nach dem Krieg einsetzenden Aufbau wächst dann die Nachfrage nach Schweizer Uhren. 1949 sind alle Schulden der ASUAG abbezahlt. 1950 kommt die Hälfte aller Uhren, die auf der Welt verkauft werden, aus der Schweiz. Und mit der ab 1950 von William Mosset (1909–1985) in der Manufaktur Ronda (Lausen BL) gefertigten Roskopf-Uhr hat die Schweiz auch eine Billiguhr im Sortiment, die massenproduziert werden kann. 1970 stellt Mosset die Produktion allmählich auf Quarzkaliber um. Wichtige Bestandteile bezieht er am Anfang von Seiko in Japan. Mit der Zeit wird seine Produktion jedoch komplett autonom. Ronda gilt heute als Alternative zu den Quarzwerken von ETA, wenn sie «Swiss Made» sein müssen.

Die Schweizer Uhrenindustrie wird durch die vielen Erfolge nicht träge, sondern bleibt innovativ. Viele Neuerungen werden in der Schweiz entwickelt, etwa das erste Miniaturkugellager für ein Uhrwerk, das Eterna 1948 einführt und das nach Ablauf des Patents von fast allen Marken eingesetzt wird. Doch es erweist sich als fatal, dass das Potenzial einiger dieser Neuerungen nicht erkannt wird und sie daher die Ateliers der Ingenieure nie verlassen. Die Basis vieler Neuerungen ist die Erfindung des Transistors im Jahr 1950, die das elektronische Zeitalter einläutet und prinzipiell die Miniaturisierung der elektronischen Uhr ermöglicht. Bereits drei Jahre später entwickelt der Bulova-Mitarbeiter Max Hetzel in Biel eine elektronische Uhr, in der eine kleine Stimmgabel über Spulen und Wechselstrom zum Schwingen angeregt wird. Deren winzige Bewegungen werden mechanisch auf ein Räderwerk übertragen. Die Bulova Accutron kommt 1960 auf den Markt. Man ist bei Bulova so stolz auf die Technologie, dass ein Grossteil der Uhren ohne Zifferblatt hergestellt wird, damit man das Innenleben betrachten kann. 1962 wird in Neuenburg das Centre Electronique Horloger (CEH) gegründet, um Quarzkaliber in Armbanduhr-Grösse zu entwickeln. Wichtige Firmen – ASUAG, Omega, Tissot, IWC, LeCoultre, Mido, Rolex – beteiligen sich am Projekt, um für den Notfall ein Quarzuhrwerk zur Hand zu haben. Fünf Jahre später ist das Resultat da: das Quarzkaliber «Beta 21». Ebenfalls 1967 präsentiert Seiko in Japan ein kompaktes Quarzkaliber. 1969 folgt Longines mit der in Eigenregie entwickelten «Ultraquartz», während Hamilton aus den USA mit «Pulsar» die erste Quarzarmbanduhr mit digitaler Anzeige vorstellt. Um die Zeit abzulesen, muss man allerdings auf einen Knopf drücken. Der Stromverbrauch der Anzeigen ist enorm, der Preis der Uhr ebenfalls. 1972 vermarktet Girard-Perregaux eine Uhr mit dem intern entwickelten Quarzwerk GP350. Eine bedrohliche Revolution bahnt sich an.

Die Uhrenindustrie vor dem Aus –
die Geschichte einer Rettung aus höchster Not
1973 beginnt die sogenannte Quarzkrise. Die Schweiz hat nicht mit dem Preiszerfall der elektronischen Uhr gerechnet. Jahrzehntelang galt, dass die Präzision einer Uhr sich im Preis spiegelt. Deshalb glaubt man, dass die deutlich präzisere Quarzuhr immer die bessere und teurere Alternative zur mechanischen Armbanduhr bleiben und deshalb nur in geringen Stückzahlen benötigt werden wird. Also werden weiterhin billige Roskopf-Uhren in grossen Mengen fabriziert, während Quarzuhren aus Schweizer Produktion rar und teuer sind. Als Japan Jahr für Jahr neue und billigere Quarzuhren produziert und damit den Weltmarkt überschwemmt, geht die Nach-

frage nach mechanischen Uhren rapide zurück. In den gut zehn Jahren bis 1983 gehen 60 000 der 90 000 Arbeitsplätze verloren, die die Uhrenindustrie noch Ende der 1960er-Jahre geboten hatte. Städte wie Grenchen und Biel sind besonders betroffen.

Man versucht verzweifelt, gegen den Niedergang zu kämpfen. Die ETA lanciert im Januar 1979 das flachste je industriell hergestellte Quarzkaliber der Welt, die «Delirium». Die Uhr ist knapp 2 Millimeter dick. Bereits im April folgt die Delirium 2; sie ist nur 1,44 Millimeter dick. Man will die Japaner wenigstens in einer Disziplin schlagen, dem Herstellen der flachsten Uhr – und baut mit der Delirium 4 schliesslich eine Uhr mit weniger als einem Millimeter Dicke. Doch die Uhr ist unglaublich teuer und nicht praxistauglich: Am Handgelenk verbiegt sie sich beim geringsten Druck und bleibt stehen. Das Beispiel ist bezeichnend: Die Firmen produzieren unverdrossen Uhren, die niemand mehr haben will. Omega beispielsweise – die wichtigste Marke der SSIH – führt Ende der 1970er-Jahre eine unüberschaubare Menge an Modellen von der untersten bis zur obersten Preiskategorie. Eine Markenphilosophie ist nicht erkennbar. 1980 kommt das ganze Ausmass der Krise ans Licht, als die SSIH Dezemberlöhne und Jahresendgratifikationen nicht bezahlen kann. Sie bittet die Schweizerische Bankgesellschaft (SBG), nebst dem Schweizerischen Bankverein (SBV) Hauptgläubiger von SSIH und ASUAG, um einen Überbrückungskredit. Peter Gross von der SBG – beim SBV ist Walter G. Frehner zuständig – bildet ein «Konsultativ-Komitee» zur Vorbereitung der Massnahmen zur Rettung der SSIH. Er verlangt vom Verwaltungsrat der SSIH, dass er das Unternehmen durch eine unabhängige Beraterfirma untersuchen lässt, um herauszufinden, was noch zu retten ist. Die Wahl fällt auf die Hayek Engineering. Deren Inhaber, Nicolas G. Hayek, macht die Sache rasch zu seiner persönlichen Aufgabe und widmet ihr seine volle Aufmerksamkeit.

Nicolas G. Hayek (1928–2010) ist eine für die Schweizer Uhrenindustrie ausgesprochen wichtige Persönlichkeit. Der aus Libanon stammende Unternehmer hat klein angefangen, 1957 mit einem Startkredit von 4000 Franken die Hayek Engineering in Zürich gegründet – ein Beratungsunternehmen, das sich zunächst nur mit Mühe über Wasser hält. Erst mit den Aufträgen deutscher Stahlunternehmen gewinnt der Name Hayek allmählich Bekanntheit. Der Auftrag der beiden Banken SBG und SBV, ein Rettungsszenario für die angeschlagenen Uhrenholdings ASUAG und SSIH zu entwerfen, gibt Hayeks Leben eine neue Richtung. Er erntet bei den Auftraggebern und der Uhrenindustrie Bewunderung, weil er nicht nur seine Meinung in die Angelegenheit einbringt, sondern gleich sein eigenes Kapital.

Er holt zudem ihm wohlgesinnte Investoren an Bord, um die Kontinuität des Vorhabens zu garantieren und um keine Manager im Team zu haben, die nur am schnellen Geld interessiert sind.

Doch zunächst einmal herrscht bei der SSIH die schiere Not. Im Frühling 1981 müssen Gross und Frehner unter grossem Zeitdruck die Gläubiger (rund 30 Banken und 20 weitere Firmen) davon überzeugen, dass sie auf einen Teil ihrer Forderungen verzichten und einen weiteren Teil in neues Aktienkapital wandeln sollen. Andernfalls würde die SSIH mit ihrem Flaggschiff Omega in Konkurs gehen. Trotz anfangs heftigem Widerstand wird an einer turbulenten Generalversammlung am 16. Juni in Genf die Sanierung beschlossen. Gross wird zum Verwaltungsratspräsidenten, Frehner zum Verwaltungsratsmitglied gewählt. Sämtliche Kaderposten werden neu besetzt. Gleichzeitig verdüstert sich die Situation bei der wesentlich grösseren ASUAG. Im Herbst 1981 drängt Frehner bei Verwaltungsratspräsident Pierre Renggli auf Restrukturierungsmassnahmen. Ein Konsortialkredit für dringende Liquiditätsbedürfnisse entschärft die Lage kaum. Daher veranlasst Frehner eine umfassende Analyse durch die Hayek Engineering. Auf Antrag der Banken wird auch bei der ASUAG ein «Steuerungsausschuss» eingesetzt, der alle finanziell relevanten Entscheide zuhanden von Konzernleitung oder Verwaltungsrat im Voraus genehmigen muss. Im Herbst empfiehlt Hayek an einem Geheimtreffen mit Gross, Frehner und einigen andern in Interlaken, die beiden Gruppen zu fusionieren. So beginnt die bis dahin grösste Sanierung der Schweizer Wirtschaftsgeschichte.

Zuerst wird versucht, ein möglichst überzeugendes industrielles Konzept zu erarbeiten. Dann werden in aufwendiger Überzeugungsarbeit über 100 Banken und andere Gläubiger dazu gebracht, ihren Beitrag zur Rettung der Schweizer Uhrenindustrie zu leisten. Insgesamt stellen die Banken 860 Mio. Franken in Form von Forderungsverzichten, Zeichnung neuer Aktien, subordinierten Darlehen und neuen Krediten bereit. Über 50 Prozent davon entfallen auf SBV und SBG. Am 29. Juni 1983 beschliesst die Generalversammlung der ASUAG, das Aktienkapital um 90 Prozent herabzusetzen und dann durch diverse Operationen eine neue Kapitalbasis von 400 Mio. Franken zu schaffen. Ähnliche Beschlüsse fasst die Generalversammlung der SSIH am 6. Juli 1983. Dadurch werden die Voraussetzungen für ein Zusammenlegen der beiden Gruppen im Verhältnis 2:1 geschaffen. Am 8. Dezember 1983 beschliesst eine ausserordentliche Generalversammlung der ASUAG deren Quasifusion mit der SSIH und die Änderung der Firmenbezeichnung in «ASUAG-SSIH». Der Manager Ernst Thomke (*1939) wird Generaldirektor. Gut ein halbes Jahr später wird die Auflösung der bestehenden Subholdings be-

Links *«Mister Swatch» Nicolas G. Hayek (1928–2010)*

Rechts *Eintrag von Swatch im «Guinness Buch der Rekorde» 1984 mit der 13 Tonnen schweren und 162 Meter langen Giant Swatch am Hauptsitz der Commerzbank in Frankfurt*

schlossen; es ist die letzte Etappe auf dem Weg zu einem integrierten Uhrenkonzern. Ein Jahr später schliesst Hayek mit dem Bankenpool einen Vertrag für eine zeitlich beschränkte Option auf bis zu 51 Prozent der Aktien der ASUAG-SSIH ab, die 1985 in SMH umbenannt wird. Hayek sucht weitere Investoren. Als Erster meldet sich Stephan Schmidheiny. Zu Beginn des Jahres 1985 erwerben beide ein Aktienpaket von je 7 Prozent von den Banken, in der zweiten Jahreshälfte folgen nochmals je 17 Prozent. Rund ein Dutzend von Hayek angelockte Deutschschweizer Investoren, darunter Esther Grether von der Basler Grosshandelsfirma und Kosmetika-Produzentin Doetsch Grether AG, übernehmen weitere 16 Prozent des Aktienkapitals. 1985 erhält Thomke den Auftrag, Omega zu sanieren. Es folgt eine Rosskur für die Marke, deren Uhren-Sortiment heillos verzettelt ist und von Billiguhren bis zu Luxuszeitmessern reicht. Thomke streicht nicht nur die Zahl der Modelle radikal zusammen, sondern nimmt auch einen Abbau der Belegschaft, besonders des Kaders, vor. Es folgen Proteste in Biels Strassen, Thomke wird zum Feindbild der Gewerkschaften. Doch nach anderthalb Jahren ist Omega wieder in der Gewinnzone.

In dieser turbulentesten Zeit der Branche wird ein Produkt geboren, das als Fanal der Erneuerung der Uhrenindustrie gilt: die Swatch. Über ihre Geburt gibt es zwei Versionen. Jene von Ernst Thomke, von 1978 bis 1984 Generaldirektor der ETA und folglich für die Entwicklung der Kunststoffuhr verantwortlich, lautet:

Thomke ist bereits Ende der 1970er-Jahre klar, dass die Schweiz der Flut von Billiguhren aus Fernost etwas entgegensetzen muss. Er setzt daher die Entwickler der
ETA im Lauf des Jahres 1979 darauf an, eine Billiguhr aus Kunststoff zu entwickeln.
Als der junge Ingenieur Elmar Mock, der für die ETA Kunststoffteile herstellen soll,
mit der existierenden Spritzgussmaschine nicht zufrieden ist und bei Thomke
einen Kredit für eine bessere Maschine beantragt, ist Thomke, der Weisung hat, an
allen Ecken und Enden zu sparen, darüber nicht erfreut und bestellt den jungen
Mann eher aufgebracht zu sich. Dieser versucht sich zu wappnen und zeichnet
mit seinem Kollegen Jacques Muller auf einem Blatt Papier die rohe Skizze einer
Plasticuhr, die sich von der Konstruktion her stark an die ultraflache «Delirium»
anlehnt. Das Sparpotenzial sehen die beiden in der radikalen Reduktion von
Einzelteilen. Zur Herstellung, so ihr Argument, benötigten sie eine sehr genaue
Spritzgussmaschine. Als Thomke die Skizzen sieht, erkennt er das Potenzial der
Konstruktion und genehmigt den Kauf der Maschine. Gleichzeitig fordert er, dass
ihm die beiden Ingenieure innerhalb eines halben Jahres einen Prototyp liefern
sollen. So laufen 1982 die ersten Swatch vom Band einer völlig neuen, roboterisier-
ten Fertigungslinie in Grenchen. Die zunächst grauen und braunen Uhren mit
weissen und goldenen Zifferblättern haben aber wenig Sex-Appeal. Sie sehen aus
wie normale Uhren. Die Idee, daraus einen saisonal wechselnden Modeartikel, ein
Lifestyle-Produkt, zu machen, stammt unter anderem vom ehemaligen Omega-
Manager Max Imgrüth, der die Swatch im amerikanischen Markt einführen soll,
und von Marvin Traub, dem CEO von Bloomingdales in New York, der auf das
Potenzial einer Uhr als eines blossen Accessoires aufmerksam gemacht wird. Die
Version von Nicolas G. Hayek unterscheidet sich nur in wenigen Punkten. Demnach
hat Hayek geraten, eine Billiguhr zu entwickeln, was zur Bildung eines entsprechenden Teams aus Mitarbeitenden der ETA und der Fabrique d'Horlogerie de Fontaine-
melon (FHF) führt. Das Team entwickelt die Swatch, indem die Idee der «Delirium»
aufgenommen und ihr Konzept auf Wunsch der ASUAG auf eine im Spritzgussver-
fahren hergestellte Kunststoffuhr angewendet wird. Statt Thomke und zwei jungen
Ingenieuren wären also Hayek und André Beyner, Vizedirektor der Ebauches SA,
der mit seiner Equipe die dünnsten Quarzuhren der Welt konstruiert hat, die
«Väter» der Swatch.

So oder so ist klar: Die Swatch wird für die serbelnde Uhrenindustrie zu einem
Lebensimpuls. Sie sorgt dafür, dass die Maschinen der ETA wieder laufen und dass
Volumen produziert wird, das auch Absatz findet. Im Oktober 1982 erfolgt ein Pro-
belauf in Texas, 1983 die Markteinführung der Swatch in Europa und bald darauf

in den USA. Bis 1985 werden 10 Mio. Stück produziert, bis 1988 50 Mio., 1992 wird die Marke von 100 Mio., 1996 jene von 200 Mio. Stück überschritten. 1991 lanciert Swatch ein mechanisches Modell mit automatischem Aufzug, durch das viele junge Swatch-Sammler die Liebe zur mechanischen Uhr wiederentdecken. Diese Swatch erlaubt mit ihrem durchsichtigen Boden die Betrachtung des Uhrwerks – ein Novum, das dann auch bei höherwertigen Uhren nachgeahmt wird.

1983 lanciert Migros die M-Watch von Mondaine. Mondaine zählt zu den eher unkonventionellen Erfolgsgeschichten der Schweizer Uhrenindustrie. Der Zürcher Schneidermeister Erwin Bernheim wird während des Zweiten Weltkriegs häufig von jüdischen Flüchtlingen frequentiert, die sich in Zürich und Umgebung niedergelassen haben. Als diese Leute nach dem Krieg nach Übersee emigrieren, bitten sie Bernheim, sie mit Uhren aus der Schweiz zu beliefern. Auf der Suche nach günstigen Angeboten entdeckt Bernheim den Jura und die Passion für die Uhrmacherei. Aus der Nebenbeschäftigung wird mit der Zeit eine kleine Handelsfirma für Uhren. Als genügend Kapital vorhanden ist, kauft Bernheim zwei Uhrwerksfabriken in Bettlach und Neuenburg. 1983 wird Sohn Ronnie Bernheim damit beauftragt, innerhalb kürzester Zeit für die Migros ein Konkurrenzprodukt zur Swatch zu entwickeln. Die M-Watch, die er in 28 Tagen produktionsreif macht, kommt sogar einige Tage vor der Swatch auf den Schweizer Markt und hat beträchtlichen Erfolg. Heute ist Mondaine in erster Linie für eine Armbanduhr mit dem Design der Schweizer Bahnhofsuhren von Hans Hilfiker bekannt.

Doch nicht nur radikaler Sanierungswille und die Erfolgsgeschichte der Swatch haben die Schweizer Uhrenindustrie aus ihrer bisher tiefsten Krise gerettet. Dazu kommt in den 1990er-Jahren eine nicht erwartete Rückbesinnung auf die mechanische Uhr im Luxussegment. Einige Uhrensammler haben von der Quarzkrise profitiert und günstig mechanische Uhren gekauft, die vormals Ikonen gewesen waren. Dann erscheinen in Deutschland, Italien, Spanien und anderswo vermehrt Bücher und Hefte zum Thema Uhren und wecken die Sammelleidenschaft. Das 1974 gegründete Auktionshaus Antiquorum in Genf wird zur Drehscheibe für wertvolle historische Uhren. Gegen Ende des Jahrzehnts werden immer mehr Marken, deren Name in der Quarzkrise oder früher von der Bildfläche verschwunden ist, neu lanciert, um das unterbrochene Erbe weiterzuführen. Zum Teil stehen dahinter Financiers, die auf schnelles Geld aus sind, zum Teil aber «Idealisten», die den Traum von der eigenen Uhrenmarke wahr machen wollen. Paradebeispiele für solch gelungene Wiedergeburten untergegangener Marken sind Blancpain und A. Lange & Söhne. Auch die SMH profitiert vom Boom. So kauft sie 1992 für 80 Mio.

Franken die Marke Blancpain (inklusive den Werkhersteller Frédéric Piguet), die zuvor vom ehemaligen Omega-Manager Jean-Claude Biver wieder ins Hochpreissegment und in die Gewinnzone katapultiert worden ist. Biver hatte 1981 mit Jacques Piguet der SSIH die Rechte an der Marke für lediglich 22 000 Franken abgekauft. Er gehört zu den unternehmerischen Lichtgestalten der wiedererweckten Schweizer Uhrenindustrie. Nach seiner Tätigkeit im Swatch-Management wird er 2004 CEO des kleinen Unternehmens Hublot, das bald darauf ein rasantes Wachstum erlebt. In nur vier Jahren wird der Umsatz beinahe verzehnfacht, bis dann die Marke 2008 an den Luxusgüterkonzern LVMH verkauft wird. Seit 2004 ist Biver dort verantwortlich für die Uhrenmarken TAG Heuer und Zenith.

Bei der SMH kommt es Anfang der 1990er-Jahre noch einmal zu Turbulenzen. Am 1. Juni 1991 scheidet Ernst Thomke aus der Konzernleitung aus, nachdem es zwischen ihm und Hayek zu Reibereien gekommen ist. 1993 verkauft Stephan Schmidheiny einen Teil seiner Aktien, was einen Kurssturz der SMH-Aktien verursacht. Auch hier ist es zu Meinungsverschiedenheiten mit Hayek gekommen. Schmidheiny hat angeregt, Hayek solle sich rechtzeitig um seine Nachfolge als Konzernchef kümmern. Schmidheiny verlässt danach auch den Verwaltungsrat. Der Konzern selbst aber gewinnt an Fahrt und wird 1998 in Swatch Group umbenannt.

Die Schweizer Uhrenindustrie heute

Die erfolgreiche Rettung des Kerns der Schweizer Uhrenindustrie innerhalb weniger Jahre ist eine der bemerkenswertesten Leistungen in der jüngeren Schweizer Wirtschaftsgeschichte. Die Branche bleibt aber selbstverständlich weiter in Bewegung. So kauft Hayek 1999 Breguet, heute die edelste Marke im Swatch-Group-Portfolio. Ein Jahr später erwirbt er Glashütte Original. Ebenfalls 1999 schafft Louis-Vuitton-Moët-Hennessy (LVMH) eine Uhrendivision in La Chaux-de-Fonds und kauft die Marken TAG Heuer, Ebel und Christian Dior Watches. Später folgen Zenith, Chaumet und Hublot. 2000 kauft Richemont von Vodafone die Marken A. Lange & Söhne, IWC und Jaeger-LeCoultre. Abgesehen vom Sonderfall Rolex befinden sich somit die meisten bekannten Marken in der Hand eines der drei weltweit dominierenden Luxusgüterkonzerne Swatch Group, Richemont und LVMH, von denen zwei in der Schweiz beheimatet sind. Während sich die Swatch Group fast ausschliesslich der Produktion von Uhren und Schmuck widmet, hat Richemont weitere Luxusgüter wie Mode und Accessoires im Portefeuille. Für LVMH stellen Uhren sogar fast eine Nebenbeschäftigung dar. Nur noch wenige Marken

Links *Eine Uhr von Zenith mit der charakteristischen Zunge der «Stones»*

Oben *Nutzt Prominenz für den Verkauf seiner Uhren: Jean-Claude Biver mit den Rolling Stones*

sind unabhängig von den grossen Konzernen und werden als Familienunternehmen geführt: Patek Philippe (Familie Stern), Chopard (Familie Scheufele), Breitling (Familie Schneider), Audemars Piguet (mehrere Familien), Mondaine (Familie Bernheim) sowie Oris und Raymond Weil (Familie Bernheim).

Die markanten Veränderungen zeigen sich auch an den Zahlen der in der Uhrenindustrie Beschäftigten. Es sind dies 2014 rund 60 000 Personen, zur Zeit der Hochblüte in den 1960er-Jahren bis kurz vor der Quarzkrise waren es noch 90 000, in den 1970er-Jahren aber zeitweise nur 20 000. In der Produktion arbeiten einerseits spezialisierte Uhrmacher, die an den Uhrmacherschulen in Grenchen, Genf, Pruntrut, Biel, Le Locle und Le Sentier ausgebildet werden, andererseits viele angelernte Personen, darunter zu einem Grossteil Grenzgänger. Die Exporte der Uhrenindustrie haben sich innert zehn Jahren verdoppelt von gut 11 Mrd. im Jahr 2003 auf nun über 22 Mrd. (2014), was etwa 95 Prozent der Produktion entspricht. Die Stückzahlen sind allerdings wegen des hohen Durchschnittswerts der Schweizer Uhren, besonders derjenigen mit mechanischem Uhrwerk, im internationalen Vergleich relativ gering. So exportierte die Schweiz 2014 nur gut 29 Mio. Fertiguhren, davon 8,1 Mio. mit einem mechanischen Uhrwerk. Letztere machten aber 79 Prozent des Exportwerts aus. China exportierte im selben Jahr 669 Mio. Uhren mit einem Durchschnittspreis von etwa 3 Franken. Jener der Schweizer Uhren liegt bei über 750 Franken – die billige Swatch, die stückzahlmässig am meisten beiträgt, eingerechnet. Ohne Swatch läge der Durchschnittspreis markant höher. Insgesamt beträgt der Anteil der Schweiz am weltweiten Volumen nur 2,5 Prozent, doch wertmässig liegt dieser bei 54 Prozent.

Der heutige Erfolg der Schweizer Uhrenindustrie beruht auf zwei Elementen: Das erste ist die Liebe zur mechanischen Uhr. Die Nostalgiewelle hat zwar alle Bereiche des Lebens erfasst, doch die Uhr ist wohl das einzige technische Gerät, das heute lieber mit einer Technik von vorgestern gekauft wird, als mit moderner Technologie. Eine mechanische Uhr zu besitzen, ist ein Luxus, der ein kleines Vermögen kosten kann. Das zweite Element ist die Tatsache, dass durch die aufstrebenden Schwellenländer in wenigen Jahren ein grosses Segment neuer, vermögender Kunden entstanden ist, die sich an der mechanischen Uhr erfreuen. Die Abhängigkeit vom Luxusbereich macht die Uhrenindustrie allerdings auch empfindlich für Konjunkturschwankungen. Zudem könnte die Schweizer Uhrenindustrie bereits wieder in einer ähnlich verhängnisvollen Dynamik gefangen sein wie vor der Quarzkrise: Sie produziert Jahr für Jahr weniger Uhren, während der Durchschnittspreis kontinuierlich steigt. Sie investiert viel Geld in Maschinen zur Produktion mechanischer Uhrwerke und verliert dadurch Skaleneffekte, die sich aus der Produktion grosser Serien ergäben. Die Swatch Group hat dieses Problem erkannt und rund 80 Mio. Franken in das Projekt Sistem 51 investiert – einer vollautomatisierten Produktionsstätte, in der eine mechanische Uhr in Millionen von Stückzahlen in der Schweiz hergestellt wird. Doch das Segment der elektronischen Multifunktionsuhren, also das Preissegment zwischen Swatch und den günstigsten mechanischen Uhren, hat die Schweizer Uhrenindustrie völlig der ausländischen Konkurrenz überlassen. Unklar ist auch, welche Folgen die sogenannten Smartwatches haben – also vollelektronische Systeme von Herstellern wie dem Computerkonzern Apple, die keine Uhrmachertradition aufweisen. Extrapoliert man die Entwicklung, werden am Schluss nur noch wenige sehr teure Uhren produziert, und die Uhrenindustrie wäre wieder am Anfang angekommen: Wenige, hoch talentierte Uhren-Genies produzieren für die Geldelite der Welt. Vielleicht liegt somit in der Dynamik von heute bereits der Keim der Uhrenkrise von morgen.

Wichtige Schweizer Uhren- und Luxusgüterunternehmen in Zahlen

Richemont (1988)					
	1950	1970	1990	2000	2014
Umsatz	–	–	2176	4708	10 649
Beschäftigte	–	–	n. v.	10 390	29 101
davon im Inland	–	–	n. v.	2360	8586

Swatch Group (1983)					
	1950	1970	1990	2000	2013
Umsatz	–	–	2373	4263	8456
Beschäftigte	–	–	14 250	19 750	33 590
davon im Inland	–	–	8830	11 030	~16 700

Genannt werden Umsatz und Zahl der Beschäftigten (insgesamt und in der Schweiz) grosser Schweizer Uhren- und Luxusgüterunternehmen, soweit diese verfügbar sind (ansonsten findet sich der Vermerk n. v.). In Klammern ist das Gründungsjahr des Unternehmens angegeben (im Fall der Swatch Group ist das die Gründung der SMH), der Umsatz ist in Mio. Franken aufgeführt, die Zahlen zu Umsatz und Beschäftigten sind gerundet und können im Einzelfall um ein Jahr abweichen. Rolex, eines der umsatzstärksten Unternehmen, veröffentlicht keine Zahlen. Der Umsatz 1990 von Richemont enthält die Einnahmen aus dem Tabak-Geschäft, einem damals wichtigen Umsatzträger, nicht, der Umsatz 2014 ist in Euro.

Kritische Grösse

vor 1800	1428	Königliche Münzstätte in Basel. Basel und Genf sind die ersten internationalen Finanzplätze.
	1741	Der Eintritt von Caspar Zyli in die St. Galler «Kleintuchhandel und Speditionshandlung» gilt als Gründungsdokument der späteren Bank Wegelin.
	1755	Gründung der Bank Leu in Zürich.
1800–1899	1805	Gründung der Bank de Candolle Mallet & Cie. in Genf, später Pictet & Cie.
	1816	Gründung der ersten Kantonalbank in Genf.
	1856	Alfred Escher gründet die Schweizerische Kreditanstalt.
	1862	Gründung der Bank in Winterthur, aus der später die Schweizerische Bankgesellschaft entsteht.
	1869	Gründung der Schweizerischen Volksbank in Bern.
	1872	Gründung des Basler Bankvereins, später Schweizerischer Bankverein.
1900–1999	1907	Die Schweizerische Nationalbank wird gegründet.
	1934	Das Bankengesetz schreibt das Bankgeheimnis fest.
	1945	Die Schweizerische Bankgesellschaft übernimmt die kriselnde Eidgenössische Bank.
	1977	Der «Chiasso-Skandal» erschüttert die Schweizerische Kreditanstalt.
	1988	Die Schweizerische Kreditanstalt (CS Holding) übernimmt die US-Investmentbank First Boston, Beginn des verstärkten Engagements Schweizer Banken in den USA.
	1990	Die Schweizerische Kreditanstalt (CS Holding) übernimmt die Bank Leu, Beginn einer Konsolidierungswelle im Zug der Immobilienkrise.
	1993	Übernahme der Schweizerischen Volksbank durch die Schweizerische Kreditanstalt (CS Holding).
	1998	Der Schweizerische Bankverein und die Schweizerische Bankgesellschaft fusionieren zur UBS.
ab 2000	2000	Die UBS kauft Paine Webber und steigt zur weltweit bedeutendsten Vermögensverwaltungsbank auf. Im gleichen Jahr kauft die CS die US-Investmentbank DLJ.
	2008	Im Zug der Finanzkrise stützen Nationalbank und Bund die UBS mit Garantien von 60 Mrd. Franken. 2013 wird der letzte Teil der Pflichtwandelanleihe von 6 Mrd. Franken zurückbezahlt.
	2013	Die Bank Wegelin gibt ihre Geschäftstätigkeit wegen dem US-Steuerstreit auf. Im gleichen Jahr verpflichtet das Schweizer Parlament die Banken zur Umsetzung des US-Steuergesetzes FATCA.
	2014	Die OECD legt einen globalen Standard für den automatischen Informationsaustausch vor, der voraussichtlich 2017 umgesetzt wird – das faktische Ende des Bankgeheimnisses.
	2015	Die Nationalbank hebt die 2011 eingeführte Untergrenze zum Euro auf und führt Negativzinsen für Guthaben auf ihren Girokonten ein.

Die schillernde Attraktivität des Bankenplatzes Schweiz

Keine andere Branche der Schweiz wird international derart zwiespältig betrachtet wie das Bankenwesen. Bewunderung über Grösse, Diskretion und Effizienz des Swiss Banking mischt sich mit Skepsis rund um die Frage, wessen Geld in den legendären Tresoren unter dem Paradeplatz und anderswo lagert. Wissen und Mythos sind in der Banken-Branche enger vermengt als in anderen Wirtschaftsbereichen, was beispielhaft am «Bankgeheimnis» sichtbar wird. Für viele Ausländer und nicht wenige Schweizer besteht die Schweizer Wirtschaft im Wesentlichen aus den Banken – was stark übertrieben ist. Gleichwohl ist die Finanzbranche für die Schweizer Volkswirtschaft zentral, ihr Anteil an der gesamten Wertschöpfung ist etwa zwei- bis dreimal so gross wie in den anderen europäischen Ländern (abgesehen von Luxemburg und Grossbritannien). Der Anteil der Finanzbranche am Bruttoinlandprodukt (BIP) der Schweiz liegt in den letzten zehn Jahren zwischen 10 und 12 Prozent, Versicherungen eingeschlossen. Der Anteil des Kreditgewerbes im engeren Sinn ist aber deutlich zurückgegangen, von über 9 Prozent um das Jahr 2000 auf nun (2014) rund 6 Prozent – was unter anderem zeigt, dass die Schweizer Volkswirtschaft durchaus in der Lage ist, einen Einbruch ihrer Paradebranche um etwa einen Viertel zu verkraften. Wird die Wertschöpfung umfassend berechnet, erreicht der gesamte Finanzplatz, der rund 4,5 Prozent aller Beschäftigten in der Schweiz umfasst, sogar einen Anteil von 15 Prozent des BIP. Auch die Summe der in der Schweiz verwalteten Vermögen ist imposant. Die Summe beträgt derzeit (2014) 6,65 Billionen Franken, gut das Zehnfache des BIP des Landes. Der Finanzplatz spielt also in der Schweiz sehr wohl eine besondere Rolle, sodass es verständlich ist, wenn das Verhältnis zwischen Banken, Wirtschaft und Politik immer wieder Gegenstand von Auseinandersetzungen im Inland und mit dem Ausland ist.

Die protestantischen Wurzeln der Schweizer Banken

«Wenn Sie einen Schweizer Bankier aus dem Fenster springen sehen, springen Sie hinterher», spottete Voltaire, «es gibt bestimmt etwas zu verdienen.» Die bissige Bemerkung des Denkers, der 1758 ein Landgut nahe Genf kauft, begleitet die Schweizer Bankiers von ihren Anfängen bis in die Gegenwart: Voltaire drückt damit nicht nur das Misstrauen gegenüber ihren Geschäften aus, sondern auch die Hochachtung für ihre Geschäftstüchtigkeit. Er meint die Genfer, als er über die Schweizer Bankiers höhnt, denn er erlebt in der Rhonestadt die Blüte einer einzigartigen Kultur, die Jahrhunderte zuvor entstanden ist. Schon 1387 erlaubt der Genfer Bischof Adhémar Fabri als einziger Kirchenfürst in Europa den Stadtbürgern das Verleihen von Geld gegen Zins. Genf fügt sich damit in eine Entwicklung ein, die Europa erfasst, nachdem im 12. Jahrhundert in Norditalien, besonders in Florenz, die ersten europaweit tätigen Banken entstehen. Diese sichern die mit den zunehmenden Warenflüssen zusammenhängenden Kredit- und Wechselgeschäfte ab – ein schon damals riskantes Geschäft. Der Entscheid von Bischof Fabri, der durchaus in einem Spannungsverhältnis zur christlichen Skepsis gegenüber dem Zinsgeschäft steht, ist für Genf segensreich. Bankiers aus den führenden Familien von Genua, Venedig und Florenz ziehen nach Genf, um hier ihre Geschäfte zu betreiben. Vor allem während der Handelsmessen, die seit dem 11. Jahrhundert stattfinden, bekommen die «Banquiers» grosse Bedeutung, weil sie alle Arten von Münzen bewerten und umtauschen, und zwar auf Bänken auf offener Strasse – daher die Bezeichnung «Banquiers».

Im ausgehenden 15. Jahrhundert wandern die Handelsmessen allerdings nach Lyon ab, und die Burgunderkriege von 1474 bis 1477 treiben Genf in den Ruin. Erst der protestantische Reformator Johannes Calvin (1509–1564), der von 1536 bis 1538 in Genf lehrt und – aus der Verbannung zurückgeholt – ab 1541 über die Gemeinde herrscht, schafft den kulturellen Boden für eine Renaissance des Bankengeschäfts in der Rhonestadt. Er predigt, dass das Gelingen von Geschäften nicht als Verdienst des Gläubigen, sondern als Zeichen der Gnade Gottes zu verstehen ist. Wie Max Weber in seiner berühmten, bis heute umstrittenen Studie «Die protestantische Ethik und der Geist des Kapitalismus» zeigt, führt dies dazu, dass die Gläubigen nach beruflichem Erfolg streben, um sich ihres Seelenheils zu versichern. Darüber hinaus erlaubt der Reformator den durch das zweite Laterankonzil von 1139 in der christlichen Welt verbotenen Kreditzins, verknüpft diesen aber mit strengen moralischen Anforderungen: Er verlangt von den Bankiers Aufrichtigkeit, Vertragstreue, Diskretion und persönliche Sparsamkeit – gleichsam ein Tugendkatalog für die Schweiz.

Links *Johann Jacob Leu (1689–1768), Gründer der Bank Leu*

Rechts *Geldtruhe der Bank Leu. In dieser Kiste musste einst der «Secretarius», der einzige besoldete Angestellte der Bank, die eingelegten Gelder unter Aufsicht der beiden «Schlüssler» versorgen*

Die ersten Schweizer Banken entstehen in den protestantischen Städten Basel, Genf und St. Gallen. In St. Gallen mit seiner reichen Textilindustrie, die auch ein internationales Geldgeschäft erfordert, tritt 1741 Caspar Zyli, Spross einer Kaufmannsfamilie, in die «Leinentuchhandel und Speditionshandlung» ein: Der Vertrag gilt als Gründungsdokument der Bank Wegelin, die 2013 als Folge des Steuerstreits mit den USA ihre Geschäftätigkeit aufgeben musste – ein zentrales Ereignis, denn dadurch wird deutlich, dass der (eingehaltene) rechtliche Rahmen der Schweiz eine Bank nicht vor dem Fall schützen kann. In Basel, das bereits seit 1504 eine Staatsbank betreibt und eigene Münzen ausgibt, sorgen ab dem 18. Jahrhundert Händlerfamilien wie die Burckhardt, die Sarasin oder die Merian für die Finanzierung ihrer europaweiten Geschäfte. Die Bank Sarasin beispielsweise – 2011 von der brasilianischen Safra Group übernommen – geht auf das 1841 von Johannes Riggenbach-Huber (1790–1859) gegründete Bankhaus zurück, in das 1892 Alfred Sarasin-Iselin (1865–1953) als Teilhaber einsteigt. Und in Zürich gründen die Kaufleute Caspar und Hans Conrad Schulthess 1750 ein Seidenhandelshaus, das zunehmend mit Effekten und Wechseln handelt und aus dem die heute noch bestehende Privatbank Rahn & Bodmer herauswächst. Ferner regt 1755 der Ratsherr und Geistliche Johann Conrad Heidegger die Gründung einer Staatsbank an: Sie soll die Erspar-

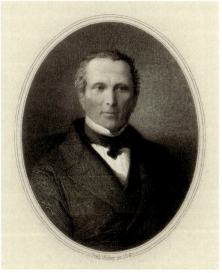

Links *Repräsentant des Bankenplatz Genf: Edouard Pictet-Prévost (1813–1878)*
Rechts *Repräsentant des Bankenplatz Basel: Johannes Riggenbach-Huber (1790–1859)*

nisse der reichen, aber geizigen Zürcher Kaufleute im Ausland anlegen. Benannt nach dem Säckelmeister Johann Jacob Leu (1689–1768), entwickelt sich die Bank Leu zu einer der grösseren Schweizer Banken, bis sie 1990 in der CS aufgeht.

Der Protestantismus hat aber für die Entstehung des Schweizer Bankenwesens nicht nur wegen seiner Prädestinationslehre Bedeutung. Als Ludwig XIV. 1685 das Edikt von Nantes aufhebt und damit nach einem Jahrhundert Toleranz die französischen Protestanten aller religiösen und bürgerlichen Rechte beraubt, flüchten viele Hugenotten nach Genf. Im Genfer Exil betreuen sie die Finanzen ihrer in Frankreich zurückgebliebenen Glaubensgenossen. Sie üben dabei strengste Diskretion, weil der ständig überschuldete König Spione in die Stadt schickt: So beginnt gewissermassen die Tradition des Schweizer Bankgeheimnisses schon Anfang des 18. Jahrhunderts – aufgrund der unersättlichen Ansprüche eines fremden Herrschers. Einen zweiten Impuls von aussen erhalten die Genfer Privatbanken durch die Französische Revolution. Der Untergang des Ancien Régime in Frankreich führt Adlige und Royalisten nach Genf, die in der Stadt Schutz suchen. So entstehen Privatbanken, die bis heute bestehen, etwa jene von Henri Hentsch oder von Jacques Marie Jean Mirabaud. Die gegenwärtig bedeutendste gründen Jacob-Michel François de Candolle und Jacques-Henri Mallet 1805: Die beiden Kaufleute wollen eigentlich das Kommissions- und Inkassogeschäft betreiben; sie beraten ihre Kunden aber zunehmend in Finanz- und Geschäftsangelegenheiten, bauen also eine Vermögensverwaltungsbank auf. 1841 stirbt de Candolle ohne Nachkommen, an seiner Stelle tritt ein Neffe seiner Frau in die Bank ein: Edouard Pictet-Prévost (1813–1878). Die Pictets als eine der ältesten Familien von Genf mit Wohnrecht seit 1474 führen von da an die Privatbank; erst 1926 benennen sie diese in Pictet & Cie um. Über lange Zeit zeichnen sich die Genfer Privatbankiers mit einer besonderen Rechtsform aus: Sie haften mit ihrem privaten Vermögen. Doch im Zug der Verwerfungen der globalen Finanzkrise seit 2008 hat sich das geändert. Zuletzt haben sich die Institute Pictet, Lombard Odier, Mirabaud und La Roche neu als Aktiengesellschaften konstituiert. Heute (2014) gibt es gesamtschweizerisch nur noch sieben Privatbankiers mit der besonderen Rechtsform der Privathaftung eines Gesellschafters.

Das «System Escher» als Basis des Bankenplatzes Zürich

In der ersten Phase des Aufbaus des Schweizer Bankenplatzes dominiert Genf. Die Stadt ist vielfältig verknüpft mit der damals bedeutendsten Wirtschaftsmacht Frankreich. Die Stärke zeigt sich auch in den Einwohnerzahlen. Bei der Volkszählung von 1850 ist Genf mit 31 000 Einwohnern die grösste Stadt des eben gegründeten Schweizer Bundesstaates, es folgen Bern und Basel mit je 27 000 Einwohnern. Zürich, das nur den heutigen Kreis 1 umfasst, zählt bloss 17 000 Seelen. Doch auch in Zürich gibt es einen Mann, der getreu dem protestantischen Ethos arbeitet und die Stadt zum wichtigsten Finanzplatz der Schweiz macht: Alfred Escher (1819–1882). Zwar spotten die Zürcher, er sei am ehesten während des Gottesdienstes zu Hause anzutreffen, aber er unterwirft sich jedenfalls unerbittlich der puritanischen Arbeitsethik, obwohl er sich auf dem Vermögen der Familie ausruhen könnte. Doch der bedeutendste Pionier der Schweizer Wirtschaftsgeschichte ist in Zürich ein Aussenseiter, kein Eingewanderter zwar, wohl aber ein Ausgestossener. Grossvater Hans Caspar Escher lässt sich zu Spekulationsgeschäften hinreissen und verursacht 1788 den grössten Bankrott, den das alte Zürich erlebt. Er wandert danach nach Russland aus und kämpft als Offizier in der Armee des Zaren gegen Napoleon. Seinen Sohn Heinrich schickt der Konkursit nach Paris, Genf und London, um ihn zum Kaufmann auszubilden. Nachdem dieser in Amerika ein Millionenvermögen gemacht hat, zieht er sich 1814 zurück nach Zürich, baut aber sein Landgut «Bellevoir» demonstrativ ausserhalb der Stadtmauern in der Enge und hält sich von der Zürcher Gesellschaft fern, die ihm die Weigerung seines Vaters, seine Schulden nach dem Bankrott zurückzuzahlen, immer noch übel nimmt.

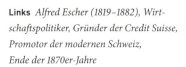

Links *Alfred Escher (1819–1882), Wirt-*
schaftspolitiker, Gründer der Credit Suisse,
Promotor der modernen Schweiz,
Ende der 1870er-Jahre

Rechts *Sitz der Credit Suisse in New York*

Demgegenüber bürdet sich der einzige Sohn von Heinrich Escher, Alfred, schon im jugendlichen Alter in den Worten Gottfried Kellers «schwere, weitläufige Ämter» auf: 1849 ist der erst 30-Jährige sowohl Regierungsrat und Regierungspräsident des Kantons Zürich als auch Nationalratspräsident. Der Magistrat übernachtet oft zwischen den Aktenbergen in seinem Büro. 1855 bricht er unter der Belastung zusammen, erleidet eine schwere Erkrankung und tritt aus dem Regierungsrat zurück. «Was hilft ihm nun sein grosser Eifer, denn er hat sich offenbar durch seine Regiererei und Arbeit ruiniert», höhnt Keller. «Es ist am Ende doch dauerhafter, wenn man sich nicht zu sehr anstrengt.» Doch Escher denkt nicht an Ruhestand, sondern wagt sich stattdessen ins Unternehmertum: als Direktionspräsident der Schweizerischen Nordostbahn. Der Bau von Eisenbahnlinien ist zu dieser Zeit europaweit eine Triebkraft wirtschaftlichen Fortschritts. Escher erkennt dies und warnt im Nationalrat, die Schweiz werde «in Zukunft das traurige Bild einer europäischen Einsiedelei darbieten», wenn die Schienenwege um die Schweiz herum geführt würden. Für den Bau eines Eisenbahnnetzes fehlt aber das Kapital, deshalb gründet Escher 1856 zusammen mit weiteren Partnern die Schweizerische Kreditanstalt SKA als «Dampfmaschine des Kredits». Am Ende des ersten Geschäftsjahres

machen die Aktien der von Escher präsidierten Nordostbahn ein Viertel des Wert-
schriftenportfolios der Bank aus – ein halsbrecherisches Klumpenrisiko. Daneben
will die Kreditanstalt «industrielle und andere Unternehmungen für eigene Rechnung begründen und betreiben, sich bei bestehenden oder neu entstehenden beteiligen, bei deren Verwaltung mitwirken oder sie ganz übernehmen». Die junge
Bank ist also die erste Venture-Capital-Firma der Schweiz – und das mit gewaltigen
Auswirkungen: Die SKA, mit Escher als Verwaltungsratspräsident, gründet 1857
die Schweizerische Lebensversicherungs- und Rentenanstalt (heute Swiss Life) und
1863 die Schweizerische Rückversicherungs-Gesellschaft (heute Swiss Re) mit, sie
hält Beteiligungen an wichtigen Industriefirmen wie Georg Fischer, Escher Wyss,
Brown, Boveri & Cie. und der Anglo-Swiss Condensed Milk Company (die später
mit Nestlé fusioniert), und sie spricht Kredite für Maggi und Sprüngli, weil sie das
Marktpotenzial für die industriell gefertigten Nahrungsmittel erkennt. Mit all dem
wird Escher wie kein anderer zum Schöpfer der modernen, unternehmerischen
Schweiz.

Der Aufbau des Eisenbahnnetzes gipfelt im von Escher initiierten Bau des
Gotthardtunnels. Zur Feier des Durchstosses 1880 erhält Escher allerdings, von
seinen Feinden kaltgestellt, keine Einladung, denn schon in den 1860er-Jahren
kommt es in Zürich zum Aufstand gegen das verhasste «System Escher»: Die
Demokraten kämpfen gegen die Liberalen, fordern den Ausbau der Volksrechte
und schaffen neben der «Herrenbank» für Handel und Industrie «Volksbanken»
für Gewerbetreibende und Bauern wie die 1870 gegründete Zürcher Kantonalbank,
heute nach den globalen Giganten UBS und CS sowie der Raiffeisengruppe die
viertgrösste Schweizer Bank. In Bern entsteht 1869 die Berner Volksbank, aus der
1880 die Schweizerische Volksbank hervorgeht. Schliesslich gründen 1862 die
Winterthurer Demokraten um Stadtpräsident Johann Jakob Sulzer, die auch gegen
Eschers Nordostbahn kämpfen, die Bank in Winterthur. Sie schliesst sich 1912 mit
der Toggenburger Bank zur Schweizerischen Bankgesellschaft zusammen, zieht
aber erst 1945 mit ihrem Hauptsitz an die Zürcher Bahnhofstrasse, was die Rivalität
zwischen der eingesessenen Kreditanstalt und der «dahergelaufenen Ostschweizer
Bank» illustriert. Eine wichtige, wenn auch nicht von der demokratischen Bewegung initiierte Gründung erfolgt in Basel 1872, als der Basler Bankverein aus der
Taufe gehoben wird. Daraus geht 1895/96 nach dem Zusammenschluss mit anderen Instituten der Schweizerische Bankverein hervor.

Die Kreditanstalt gehört auch zu den Wegbereitern der zweiten industriellen
Revolution in der Schweiz, also der Elektrifizierung. Sie gründet 1891 zusammen

mit Escher Wyss und der Maschinenfabrik Oerlikon die Studiengesellschaft für die Nutzbarmachung von Wasserkräften in der Schweiz und beteiligt sich 1894 in Rheinfelden am ersten grossen Kraftwerk am Rhein sowie 1895 an der Elektro-Bank: Daraus wächst die Elektrowatt als «Bank für elektrische Unternehmungen», die international den Ausbau der Stromversorgung finanziert und später zu einer bedeutenden Planungsfirma wird.

Das Bankgeheimnis und andere Gründe – der Schweizer Finanzplatz entsteht
Die Entwicklungen in Genf und Zürich sind bemerkenswert, doch kann von einem international bedeutsamen «Finanzplatz Schweiz» – also einem Ort, der durch ein dichtes Netz von Banken, Finanzgesellschaften, Börsen und Versicherungen geprägt ist – Ende des 19. Jahrhunderts noch keine Rede sein. Während die Schweizer Industrie zu Beginn des 20. Jahrhunderts die Welt erobert, steht der Finanzplatz Schweiz weltweit an siebter Stelle, hinter London, Paris, Berlin, New York, Brüssel und Amsterdam. Und keine Schweizer Bank gehört zu den 50 grössten Banken der Welt. Die Hälfte der Bilanzsumme aller Schweizer Banken zusammen macht 1930 nicht einmal die Bilanzsumme der Barclays Bank aus, einer der englischen Big Five.

Damit der Finanzplatz Schweiz entstehen kann, müssen erst wesentliche politische und volkswirtschaftliche Rahmenbedingungen geschaffen werden. So verfügt das Land aufgrund der Bundesverfassung von 1848 zwar mit dem Franken über eine eigene Währung, aber nicht über eine eigenständige: Die silbernen Frankenmünzen übernimmt die Schweiz der Einfachheit halber von Frankreich. Und 1865 schliesst sich das Land der Lateinischen Münzunion an, dem damals grössten Währungsraum, zu dem Frankreich, Belgien, Italien und Griechenland gehören. Erst 1907 nimmt die Schweizerische Nationalbank ihre Geschäftstätigkeit auf und übt das Notenmonopol aus: Sie schafft den harten Schweizer Franken, weil sie eine einheitliche Geld- und Währungspolitik ohne Rücksicht auf geschäftliche Interessen für die gesamte Schweiz führen kann – eine der Voraussetzungen für den Aufstieg des Finanzplatzes Schweiz. Als weitere Voraussetzung gilt das Bankgeheimnis. Um seine Einführung ranken sich bis heute Mythen: Angeblich führt es die Schweiz 1935 ein, um die deutschen Juden zu schützen. Der frühere Historiker der SBG bzw. UBS, Robert Vogler, hält dazu fest: «Der Aufstieg des Finanzplatzes Schweiz soll auf die Einführung und Existenz des Bankgeheimnisses reduziert werden.» Dagegen erklärt er den Erfolg der Schweizer Banken vor allem mit der harten Währung und der verlässlichen Politik. Und er erzählt eine weniger mythische

Links *Eine grosse Menschenmenge vor einer Filiale der ehemaligen Schweizerischen Volksbank während der Bankenkrise in den 1930er-Jahren*

Rechts *Titelblatt des Reichsgesetzblattes 1933, Teil 1, in dem ab Seite 360 ein Gesetz aufgeführt wird, das den Bürgern für das Verheimlichen von Vermögen im Ausland mindestens drei Jahre Zuchthaus androht*

Geschichte: Nach dem Ersten Weltkrieg herrschen in den Nachbarländern Revolutionswirren und Hyperinflation; das Deutsche Reich, das den Siegermächten drückende Reparationen bezahlen muss, hebt das Bankgeheimnis im eigenen Land auf und führt Massnahmen gegen Steuerflucht und Kapitalverheimlichung ein. So entdecken viele Deutsche – aber auch Franzosen und Italiener, deren Staaten wegen ihrer Kriegsschulden hohe Steuern erheben – die Schweiz als Insel der Stabilität: Wie während der Französischen Revolution bringen sie ihre Vermögen in einen sicheren Hafen.

Das stetig wachsende Kapital legen die Schweizer Banken während der «tollen Zwanzigerjahre» weitgehend wieder in jenen Ländern an, aus denen es stammt. Sie erleiden deshalb nach dem Börsenkrach von 1929 und der Weltwirtschaftskrise schwere Verluste; die Bilanzsumme der damals acht Grossbanken schrumpft zwischen 1930 und 1935 um die Hälfte auf noch 4,2 Mrd. Franken. Und 1933 muss der Bund eine der acht Grossen, die Schweizerische Volksbank, retten, indem er sich mit 100 Mio. Franken beteiligt. Die Summe entspricht einem heutigen Wert von 15 Mrd. Franken, etwa ein Viertel des heutigen Bundesbudgets. 1936/37 muss die Bank dennoch ein zweites Mal ihre Bilanz bereinigen und Positionen von 120 Mio. Franken in eine externe Gesellschaft, eine «Bad Bank», auslagern. Der

Bund verliert, wie die anderen Genossenschafter auch, die Hälfte seiner Einlage – also einen Achtel des Staatshaushaltes. Solche Krisen sind aber nicht neu. Bereits 1915 berät das Parlament erstmals ein Bankengesetz, weil in den Vorjahren zahlreiche Regionalbanken insgesamt mehr als 100 Mio. Franken verloren haben. Und nach 1919, als die Sozialdemokraten (SP) und die Bauern-, Gewerbe- und Bürgerpartei (Vorläuferin der heutigen SVP) bei den ersten Proporzwahlen ein starkes Gewicht im Nationalrat bekommen, fordern die beiden neuen Kräfte in einer unheiligen Allianz ein Jahrzehnt lang eine Aufsicht über die Banken und die Aufhebung des gewohnheitsrechtlichen Bankgeheimnisses. Aber erst nach dem Debakel der Finanzhäuser in der Weltwirtschaftskrise greift die Regierung, wie in den anderen Staaten auch, stärker in die Bankentätigkeit ein: «Der unbeschränkte Einfluss derer, die den Geldmarkt beherrschen und den Kredit verteilen, ist unbestreitbar einer der grossen Machtfaktoren der Gegenwart», stellt der Bundesrat in seiner Botschaft zum 1935 in Kraft getretenen Bankengesetz fest. «Bei diesen Verhältnissen ist die Banktätigkeit eine Art öffentlicher Dienst geworden.» Gleichzeitig hält sich jedoch im liberalen Land eine deutliche Skepsis gegen einen allzu mächtigen (Steuer-)Staat. So findet sich das Parlament in einem Kompromiss: Im Bundesgesetz über die Banken und Sparkassen schafft es die Eidgenössische Bankenkommission, um das Geschäft zu regeln, und schreibt das Bankgeheimnis fest, um die einheimischen und die ausländischen Kunden vor dem Zugriff des Staates zu schützen.

Die Gefahr eines solchen Zugriffs ist durchaus real. Seit den 1920er-Jahren schicken die Nachbarländer Spione in die Schweiz, um Bankbeamte zu bestechen und Informationen über Vermögen zu bekommen. Im Juni 1933 erlässt das nationalsozialistische Regime in Deutschland ein Gesetz, das den Bürgern für das Verheimlichen von Vermögen im Ausland mindestens drei Jahre Zuchthaus androht. Die französische Polizei wiederum verhaftet im Oktober 1932 den Direktor und den Vizedirektor der Basler Handelsbank sowie den Leiter ihrer Pariser Niederlassung, weil sie ihren vermögenden Kunden beim Hinterziehen von Steuern und illegaler Kapitalflucht halfen. Dabei erbeuten die Polizisten ein Verzeichnis von 2000 französischen Kunden, die angeblich insgesamt 2 Mrd. französische Francs bei der Bank in Basel versteckt haben. Zwei Wochen später nennt während einer stürmischen Debatte im französischen Parlament ein Sozialist die Namen einiger Kunden – unter anderem zwei Bischöfe, mehrere Generäle, zwölf Senatoren, ein Ex-Minister sowie der Industrielle Peugeot und der Verleger des «Figaro». Jene Gründe, die 2014 zur faktischen Auflösung des Bankgeheimnisses führen, also Spannungen mit anderen Staaten, die angesichts ihrer Budgetprobleme die Steuerflucht der Bürger nicht mehr dulden, tragen somit in den 1930er-Jahren zur Etablierung eben dieses Bankgeheimnisses bei.

Das «Goldene Zeitalter» der Schweizer Banken

Nach dem Zweiten Weltkrieg bricht ein Goldenes Zeitalter für die Schweizer Banken an. Bevor aber dieser Aufstieg beginnen kann, gilt es für die Schweiz, ihre Geschichte während Naziherrschaft und Weltkrieg zu bewältigen – zumal in der Auseinandersetzung mit den Amerikanern. Bei der Konferenz von Jalta im Februar 1945 beschliessen Roosevelt, Churchill und Stalin, alle deutschen Guthaben im Ausland für Reparationsleistungen zu beschlagnahmen. Deshalb wird die Schweiz Anfang 1946 zu Verhandlungen nach Washington aufgeboten. Die Alliierten wissen viel über das Gold, das die Deutschen in den besetzten Ländern geraubt und unter anderem der Schweizerischen Nationalbank verkauft haben. Vor allem fordern sie die Rückgabe von Gold im Wert von mehr als 500 Mio. Franken, das aus den Beständen der belgischen Nationalbank stammt. Die zähen Verhandlungen drohen zu scheitern, aber dann gelingt der Schweizer Delegation um Minister Walter Stucki ein diplomatischer Erfolg: Im Washingtoner Abkommen verpflichtet sich die Schweiz, zur Wiedergutmachung 250 Mio. Franken zu zahlen – «eine Summe, die niemand befriedigend fand», wie der amerikanische Delegationschef Seymour Rubin später sagt. Im Abkommen wird auch festgehalten, was mit den deutschen Guthaben in der Schweiz zu geschehen hat, besonders mit den «nachrichtenlosen» Vermögen von Juden, die geflüchtet oder umgekommen sind: Die in der Schweiz liegenden Vermögen sollten liquidiert und je zur Hälfte der Schweiz und den Alliierten zukommen – was so aber nicht umgesetzt wird. Dieser Punkt gewinnt dann in den 1990er-Jahren neue und unangenehme Aktualität.

Die Vorgänge rund um den Zweiten Weltkrieg haben auch im Land selbst Auswirkungen und führen zum Verschwinden der 1863 vom damaligen Bundesrat Jakob Stämpfli in Bern gegründeten Eidgenössischen Bank EiBa. Sie betreibt nach dem Ersten Weltkrieg aggressive Geschäfte im Deutschen Reich, sodass sie 1929 mit einer Bilanzsumme von 855 Mio. Franken beinahe die Bankgesellschaft einholt. Auch mit den Nazis lässt sich die Bank ein, diese blockieren aber zunehmend die Vermögenswerte der Schweizer Bank. Die Abschreibungen am Ende des Zweiten Weltkriegs verkraftet die EiBa nicht, sie muss sich im September 1945 von der SBG übernehmen lassen. Insgesamt nutzt aber der Finanzplatz stärker als in der krisengeschüttelten Zwischenkriegszeit die Vorteile des kriegsverschonten Landes:

Links *Alfred Schaefer (1905–1986), ehemaliger Generaldirektor und Verwaltungsratspräsident der SBG*

Rechts *Der ehemalige «Trading Floor» der UBS in Stamford (USA) war der grösste «Single Trading Floor» der Welt*

Stabilität im Innern, Neutralität nach aussen. Der rasante Aufstieg des Finanzplatzes in der Nachkriegszeit zeigt sich in den Zahlen. 1945 beschäftigen die 383 Banken 18 000 Personen und erzielen bei einer Bilanzsumme von rund 20 Mrd. Franken Gewinne von 94 Mio. Franken. Bis 1960 wächst die Zahl der Beschäftigten auf 28 000, Bilanzsumme und Gesamtgewinn verdreifachen sich, die Schweiz klettert in der Hierarchie der Finanzplätze an die dritte Stelle hinter New York und London. Diesen Durchbruch verdankt der Finanzplatz Schweiz seinen traditionellen Erfolgsfaktoren: der Diskretion, die das Parlament 1934 mit dem Bankgeheimnis festschreibt, und der Währung, die seit ihrem Beginn 1850 nur einmal, 1936, abgewertet wird. Dazu kommt im Nachkriegseuropa mit seinen staatlich regulierten Finanzmärkten, die teils noch Devisen- und Handelsrestriktionen aus den 1930er-Jahren kennen, die freie Handelbarkeit des Franken. Die Geschäftsmöglichkeiten, die sich dadurch bieten, nutzen vor allem die Grossbanken. Während auf sie Mitte des 20. Jahrhunderts erst ein Viertel des Bankgeschäfts entfällt, gleich viel wie auf die Sparkassen und Regionalbanken, wohingegen die Kantonalbanken einen Marktanteil von 40 Prozent halten, übernehmen sie in den 1960er-Jahren die Führung, allen voran die Schweizerische Bankgesellschaft SBG. Der Aufstieg der SBG zur grössten Schweizer Bank wird schon 1945 mit der erwähnten Übernahme der

EiBa eingeleitet. An der Spitze der SBG steht seit 1945 Alfred Schaefer (1905–1986), der in der goldenen Zeit der Schweizer Banken neben Adolf Jöhr (SKA) als ihre stärkste Persönlichkeit gilt, als Intellektueller, Stratege und Herr des Finanzplatzes. Nach dem Jus-Studium bewirbt er sich 1930 «ohne viel Begeisterung» direkt bei der SBG in Zürich, beschliesst jedoch noch vor seiner Rückkehr in den Aargau, seine Bewerbung zu widerrufen, weil er findet, er habe sich «verkauft». Als er zur Bank zurückkehrt, steht er (abends um sechs) vor verschlossenen Türen. Der Praktikant fügt sich deshalb in sein Schicksal – und bleibt 45 Jahre. Bereits nach elf Jahren wird er in die zweiköpfige Generaldirektion befördert und sorgt dort für die grossen Würfe. Gleichzeitig bleibt er aber von den Depressionszeiten der 1930er-Jahre geprägt. Die Bank, die ihr Aktienkapital in der Krise von 100 auf 40 Mio. Franken hat reduzieren müssen, dreht jeden Rappen um: Zigarren bei Konferenzen sind tabu, getrunken wird nur offener Wein, und das Menü während einer Direktoren-konferenz darf nie über 4 Franken 50 kosten.

Den nächsten grossen Schritt macht die SBG 1967 durch die Fusion mit der Interhandel, die eine bewegte und umstrittene Geschichte hinter sich hat, was sich in den 1990er-Jahren als sehr kritisch für die Bank erweist. Die Interhandel geht auf eine Initiative der deutschen I.G. Farben zurück, des damals grössten Chemie-konzerns der Welt, der 1929 in Basel die I.G. Chemie gründet, um Beteiligungen im Ausland zu halten. 1945 benennt sich die Gesellschaft um in Internationale Industrie- und Handelsbeteiligungen AG, kurz Interhandel, um die Spuren nach Nazideutschland zu verwischen. Zwar wissen die Amerikaner, dass immer noch Beziehungen bestehen, aber sie lassen die Interhandel unbehelligt. 1965 erhält sie sogar rund 500 Mio. Franken aus der Versteigerung ihrer amerikanischen Tochter General Aniline & Film, die 1942 als Feindvermögen beschlagnahmt worden ist. Die Fusion mit der Interhandel bringt die SBG endgültig an die Spitze der Schwei-zer Banken.

Nicht nur die SBG, sondern auch die anderen Schweizer Banken tragen mit ihren Auslandanleihen zum Wiederaufbau und zum Wirtschaftswunder in Deutsch-land bei und treiben mit Emissionen und Devisengeschäften die aufblühende Schweizer Exportwirtschaft an. Zwar etabliert sich der Eurobondmarkt, der grösste Kapitalmarkt der Welt, in den 1970er-Jahren in London, weil die Eidgenossenschaft nicht auf die Stempelgebühr verzichten will. Dafür erringt Zürich aber mit einem Marktanteil von bis zu 70 Prozent die weltweit führende Stellung im Goldhandel. Ursache dafür ist die Spekulation gegen den Dollar im März 1968. Sie sprengt den Londoner Goldpool, der das Edelmetall zum fixen Preis von 35 Dollar pro Unze verkauft, aber zu diesem Preis keinen Nachschub mehr bekommt. Die Zürcher Grossbanken gründen deshalb ihren eigenen Goldpool, der sich zum wichtigsten Abnehmer von südafrikanischem Gold entwickelt.

Wegen der politischen Stabilität und der konvertiblen Währung fliessen auch immer grössere Vermögen in die Schweiz, zumal nach den Unruhen von 1968 in vielen westlichen Staaten und nach dem Ende der Weltwährungsordnung von Bretton Woods 1971, als die USA die Goldbindung des Dollar aufgeben. Die Nationalbank verordnet daher zeitweise Negativzinsen: Die Vermögenden der Welt bezahlen also, wenn sie ihr Geld auf Konten in der Schweiz bringen. Verwerfungen des globalen Währungssystems im Zug der weltweiten Schuldenkrise bringen die Nationalbank 2015 erneut dazu, dieses Mittel einzusetzen. Sie erhofft sich, damit die Fluchtwährung Franken unattraktiv zu machen.

«Die Gnomen von Zürich»

Der Erfolg trägt dem Finanzplatz Schweiz viele Neider und Gegner ein, national wie international. Der britische Premierminister Harold Wilson prägt 1964 das böse Wort von den «Gnomen von Zürich», die angeblich die Abwertung des Britischen Pfundes mitverschuldet hätten. In Kino und Literatur blüht seit Jahrzehnten das Klischee der Schweizer Banker mit ihren Nummernkonti und Alpenfestungstresoren, von James Bond bis zu Dan Brown mit seinem «Da Vinci Code». Zudem macht die Schweiz regelmässig Schlagzeilen, wenn bekannt wird, dass sich Vermögen afrikanischer, asiatischer oder lateinamerikanischer Potentaten auf Schweizer Banken befinden – etwa 1979, als die Revolutionäre in Iran die Gelder des Schah zurückfordern, 1986, als sich Hunderte von Millionen Dollar des gestürzten philippinischen Diktators Marcos auf Schweizer Banken finden, oder zuletzt 2011, als die Schweiz vor allen anderen europäischen Staaten die Vermögen der im Zug des Arabischen Frühlings gestürzten Herrscher Ben Ali (Tunesien), Mubarak (Ägypten) und Ghaddafi (Libyen) sperrt. Dazu kommt die Kritik wegen der relativ engen Zusammenarbeit mit dem Apartheid-Regime in Südafrika. Im Inland wiederum wächst das Unbehagen, als 1977 die Kreditanstalt im «Chiasso-Skandal» wegen betrügerischer Machenschaften von Exponenten ihrer erfolgreichen Filiale im Tessiner Grenzort mehr als 2 Mrd. Franken verliert. Im Gefolge des Chiasso-Skandals reicht die Sozialdemokratische Partei der Schweiz zusammen mit Entwicklungshilfeorganisationen die «Bankeninitiative» ein, um den Finanzplatz drastisch einzuschränken und das Bankgeheimnis aufzuheben; das Volk lehnt das Begehren aber 1984 mit 73 Prozent Nein-Stimmen ab. Die Kritik aus dem In-

Pro- und Contra-Plakate zur Banken-Initiative, die 1984 vom Volk mit grosser Mehrheit abgelehnt wurde

und Ausland führt bei den Banken zu einer Läuterung. Bereits 1977 beschliessen sie, im Schosse der Schweizerischen Bankiervereinigung, der Standesorganisation der Banken, die Sorgfaltspflichtvereinbarung (VSB) einzuführen. Die VSB legt die Pflichten der Banken im Bereich der Kundenidentifikation und der Feststellung des wirtschaftlich Berechtigten fest und verbietet die aktive Beihilfe zur Kapitalflucht und zur Steuerhinterziehung. 1986 erklärt dann die Eidgenössische Bankenkommission Potentatengelder für unerwünscht, und die Schweiz kennt heute die weltweit schärfsten Gesetze gegen Terroristengelder und Geldwäscherei, ohne dass dies die weltweite öffentliche Meinung wirklich zur Kenntnis nehmen würde.

Ein Ereignis mit grosser medialer Auswirkung auf die internationale Reputation der Schweizer Banken ist die Debatte um die nachrichtenlosen Vermögen, die 50 Jahre nach dem Washingtoner Abkommen akzentuiert wieder aufflammt. Das Thema wird lange Zeit kaum beachtet. Zwar nehmen die Banken nach Kriegsende erfolgreich wieder Kontakt mit Kunden im Ausland auf, bei Umfragen nach nachrichtenlosen Vermögen, die die Schweizerische Bankiervereinigung 1947 und 1956 durchführt, melden die Institute aber nur geringe Summen. Auch ein Bundesbeschluss von 1962, den die Schweiz aufgrund ausländischen Drucks erlässt, erreicht sein Ziel nicht. Die bei Schweizer Banken liegenden nachrichtenlosen Vermögen werden nur unvollständig an Berechtigte restituiert bzw. – falls solche nicht ausfindig gemacht werden – wohltätigen Zwecken zugeführt. Im Zug einer in vielen Ländern geführten Debatte um offene Rechnungen aus dem Zweiten Weltkrieg geraten auch die Schweizer Banken ab 1996 ins Visier: Der Vorwurf lautet, die Banken hätten sich an den nachrichtenlosen Vermögen von Juden, die im Holocaust umgekommen sind, bereichert. Dazu kommt der Vorwurf eines indirekten Profitierens vom nationalsozialistischen Zwangsarbeitersystem – unter anderem geknüpft an die 1967 durch die SBG übernommene Interhandel. Schliesslich erklären sich UBS und Credit Suisse – erpressbar, weil sie ihr USA-Geschäft nicht gefährden wollen – zu einem Vergleich bereit, der die Schweizer Banken 1,25 Mrd. Dollar kostet. 2013 endet das Verfahren der Auszahlung: Rund 18 000 Personen mit Ansprüchen auf Guthaben bei Schweizer Banken wurden mit insgesamt rund 800 Mio. Dollar entschädigt. Weitere 500 Mio. Dollar gehen an Zwangsarbeiter sowie an weitere Menschen, die unter den Nazis gelitten hatten – insgesamt sind dies 440 000 Menschen, zumeist aus Staaten der ehemaligen Sowjetunion. Die Debatte führt auch in der Schweiz zu einer Aufarbeitung der Geschichte während des Zweiten Weltkriegs, wofür die Unabhängige Expertenkommission Schweiz – Zweiter Weltkrieg eingesetzt wird.

Diese Probleme schlagen sich indessen nicht in einer negativen Bewertung der Finanzbranche nieder – das Volk steht in seiner grossen Mehrheit hinter den Schweizer Banken, die quasi in das wirtschaftskulturelle Fundament der Schweiz integriert sind. Dazu kommt, dass vom Finanzplatz als einem zentralen Sektor der Volkswirtschaft Zehntausende von Stellen in anderen Branchen abhängen. Zudem bewahren sich die Bankiers lange das Wohlwollen des Volkes, indem sie in Politik und Armee ihre Bürgerpflichten erfüllen, die Exportwirtschaft, aber auch das Gewerbe mit Krediten und dem Einsitz in den Verwaltungsräten unterstützen und sich um ein zurückhaltendes Auftreten bemühen. Wie streng sie sich an den Verhaltenskodex halten, erzählt der Privatbankier Hans J. Bär in seinen Memoiren: Er erinnert sich daran, dass seine Eltern in den Nachkriegsjahren zwei baugleiche Autos fuhren, damit weniger auffiel, dass sie zwei Wagen besassen. Das Understatement gilt auch für die SBG, wo Schaefer drei Nachfolger heranzieht, die nacheinander die Grossbank führen: Philippe de Weck, Robert Holzach und Niklaus Senn. Vor allem Holzach prägt als Verwaltungsratspräsident von 1980 bis 1988 die Kultur der Bank. Er warnt früh vor «ertragserpichten Händlernaturen» und Bankern, die sich auf mathematische Modelle verlassen: «Die Reaktionen der neuen Märkte auf aussergewöhnliche Belastungen sind noch unbekannt. Es sind deshalb brutale Ernüchterungen für allzu eifrige Finanzalchimisten zu erwarten.»

Globalisierung, Strukturwandel, Technisierung

Die Prognose von Holzach bewahrheitet sich. Sie verweist gleichzeitig auf einen folgenschweren Umbruch im Schweizer Bankenwesen, der sich in drei Entwicklungen zeigt. Erstens mutiert die Bankbranche von einem Schweiz-basierten Sektor zu einer globalisierten Branche, was besonders bei den Grossbanken mit einem Wandel der Betriebskultur einhergeht. Zweitens geht der Bankplatz durch eine schwere Kreditkrise, die im Inland einen umfassenden Strukturwandel nach sich zieht, der auch zur Entstehung neuer Nischenunternehmen führt, den sogenannten Specialized Financial Services. Diese bilden heute neben den Banken und Versicherungen ein drittes Standbein des Finanzplatzes Schweiz. Drittens schliesslich erarbeitet der Finanzplatz eine wegweisende Infrastruktur – die Swiss Value Chain –, die in Fachkreisen ein vergleichbares Renommee wie das Bankgeheimnis geniesst.

Eine zentrale Figur hinsichtlich der ersten Entwicklung ist Rainer E. Gut (*1932). Der Sohn eines Direktors der Zuger Kantonalbank macht seine Karriere in den USA: Er erreicht 1965 für die SBG erfolgreich die Rückgabe des Vermögens der Interhandel-Tochter General Aniline & Film, und er wechselt 1969 in New York zur Investmentbank Lazard Frères. Nachdem er in die USA-Organisation der SKA wechselt, holt ihn diese 1973 als Generaldirektor nach Zürich mit dem Auftrag, die internationale Expansion im Wertschriftengeschäft voranzutreiben. Als führendes Emissionshaus für Frankenanleihen geht die SKA 1974 eine Partnerschaft mit White Weld ein, einem grossen amerikanischen Wertpapierhaus. Dadurch steht der Credit Suisse der Finanzplatz New York offen, und der Londoner Ableger der gemeinsamen Gesellschaft CSWW erkämpft sich mit massgebender Beteiligung des Bankers Hansjörg Rudloff eine führende Stellung im Eurobondgeschäft – mit einem Bondhändler namens Oswald Grübel. Gut treibt das Geschäft in Amerika voran. 1978 übernimmt die Kreditanstalt 25 Prozent der Investmentbank First Boston, 1988 erhöht sie ihre Beteiligung auf 44,5 Prozent und benennt die Bank in Credit Suisse First Boston um. 1990 bekommt sie unfreiwillig die Mehrheit, weil sie das schwer angeschlagene Haus mit 2 Mrd. Franken retten muss. Auch in der Heimat setzt Gut, der als Retter der SKA nach dem Chiasso-Skandal gilt, ab 1982 moderne amerikanische Geschäftsmethoden durch.

Ein tief greifender Wandel der Unternehmenskultur findet aber auch im Schweizerischen Bankverein SBV statt, wo 1987 – nach 30 Jahren mit jährlich wechselnden Vorsitzenden – Walter G. Frehner als ständiger CEO das Steuer übernimmt. Bis 1990 werden die neuen Führungsstrukturen weltweit vereinheitlicht, das Niederlassungsnetz gestrafft, Betriebsabläufe vereinfacht, zahlreiche Tochterbanken integriert, die Informatik ausgebaut – und vor allem entsteht eine neue Betriebskultur. Ende 1991 gewinnt der Bankverein seine Schlagkraft wieder und geht daran, seine Stellung im internationalen Finanzgeschäft auszubauen, das sich infolge Deregulierung und neuen Technologien rasant entwickelt. Unter der Führung des jungen Generaldirektors Marcel Ospel kauft der Bankverein 1992 die Derivate-Boutique O'Connor & Associates in Chicago, wo neben Bankern Mathematiker und Ingenieure neuartige Finanzinstrumente entwickeln: Mit den «Turnschuh-Bankern» kommt eine bisher unbekannte Kultur in das eidgenössische Traditionshaus. 1995 übernimmt der SBV, ebenfalls in Chicago, die Vermögensverwaltungsfirma Brinson Partners sowie – als erste Schweizer Bank – ein traditionelles Londoner Institut, die Investmentbank S. G. Warburg & Co.

Der Schweizerischen Bankgesellschaft SBG wird der Kulturwandel mindestens teilweise von aussen aufgedrängt. Ab den 1990er-Jahren gestaltet der Financier Martin Ebner, der «Mann mit der Fliege», mit der BZ-Bank und mit Beteiligungsgesellschaften als Erster und Einflussreichster eines neuen Typs von Bankern den Finanzplatz Schweiz mit. Zusammen mit dem Industriellen und Politiker Christoph Blocher und dem Ex-Nationalbanker Kurt Schiltknecht prägt er das wirtschaftliche Leben in den 1990er-Jahren, indem er die Shareholder-Value-Orientierung in der Schweiz propagiert und unterstützt. In der Bankgesellschaft sieht er das «beste Geschäftsmodell der Welt» – er scheitert aber 1996 mit seinen Angriffen auf die SBG an der Generalversammlung, wo Robert Studer anstelle des altershalber zurücktretenden Niklaus Senn den Vorsitz des Verwaltungsrats übernimmt und Mathias Cabiallavetta neu CEO wird. Die Druckversuche Ebners haben aber bereits 1995 zu Sondierungen vom Bankverein bei der SBG hinsichtlich Fusion geführt, um zwei Fliegen mit einer Klappe zu schlagen: die Belagerung der SBG durch Ebner zu sprengen und die latente Gefahr einer feindlichen Übernahme des Bankvereins durch die SKA zu bannen. Doch zunächst wird nichts daraus, bis schliesslich im Herbst 1997 Cabiallavetta die Initiative erneut ergreift und Ospel – er wird im Jahr zuvor neuer CEO des Bankvereins – vorschlägt, die Fusion anzupacken. So entsteht 1998 die UBS, die bald wegen einem «Mitbringsel» der SGB unter Druck gerät: Im Herbst 1998 erleidet die neue UBS einen Milliardenverlust, als der amerikanische Hedge Fund LTCM zusammenbricht. Verwaltungsratspräsident Cabiallavetta muss deshalb zurücktreten und wird von Alex Krauer, dem früheren Präsidenten von Ciba-Geigy und Novartis, abgelöst.

Die Globalisierung der Grossbanken und die Einführung der obligatorischen beruflichen Vorsorge ab 1985 im Inland sorgen im Bankenwesen für einen enormen Wachstumsschub. In den 1980er-Jahren wächst die Schweizer Finanzbranche mit jährlich 6,8 Prozent, die Bilanzsumme aller Banken der Schweiz schwillt von 489 Mrd. Franken (1980) auf 1082 Mrd. Franken (1990) an und das Land zählt 1991 592 Banken mit 4264 Geschäftsstellen und 120 000 Beschäftigten im Inland, die 10 Prozent der Bruttowertschöpfung des Landes erarbeiten. Doch das Fundament der Branche ist brüchig. Das zeigt etwa der Börsencrash von 1987, den die Zentralbanken weltweit mit einer Geldschwemme abfedern (müssen). Die Schweizerische Nationalbank (SNB) lässt dabei die Geldversorgung der Banken aus dem Ruder laufen, wobei die gleichzeitige Einführung des ersten Realtime Gross Settlement Systems (Swiss Interbank Clearing, SIC) und die Änderung der gesetzlichen Liquiditätsvorschriften die Aufgabe der SNB erschweren. Die Preise am bereits überbewerteten schweizerischen Immobilienmarkt steigen deshalb Ende der 1980er-Jahre stark an – bis die Blase platzt. Mehr als 50 Mrd. Franken müssen die Banken in den frühen 1990er-Jahren abschreiben. Gleichzeitig lösen sich die Bankenkartelle auf, die bis dahin Preise, Zinsen und Konditionen festgelegt haben. Zwei Drittel der Schweizer Regionalbanken verschwinden, viele flüchten sich unter das Dach der Grossbanken – eine Flurbereinigung enormen Ausmasses, die eine Entwicklung vorwegnimmt, die anderen Ländern in der Folge späterer Krisen erst noch bevorsteht. 1991 gehen unschöne Bilder um die Welt, als Kunden der zusammengebrochenen Spar- und Leihkasse Thun vor geschlossenen Bankschaltern um ihre Einlagen bangen. Auch die Kantonalbanken müssen herbe Verluste einstecken, zwei Kantone geben ihre Banken ganz auf. Gewinner im Inlandgeschäft sind unter anderem die Raiffeisenbanken und die CS. Die Krise führt dazu, dass die Grossbanken die Expansion im Ausland vorantreiben und das «Overbanking» im Heimmarkt durch Fusionen und Filialschliessungen bereinigen. Dabei geht die Kreditanstalt (bzw. später die Credit Suisse Group) voran: Sie übernimmt 1990 die Bank Leu, 1993 die viertgrösste Bank des Landes, die Schweizerische Volksbank, 1994 die Neue Aargauer Bank und 1997 im Rahmen einer neuen Allfinanzstrategie die Winterthur-Versicherung. Ausserdem versucht Rainer Gut im Frühling 1996 die im Kampf mit Martin Ebner stehende SBG zu übernehmen, was gezielte Indiskretionen sowie Niklaus Senn als SBG-Verwaltungsratspräsident verhindern. Auch mit dem im Rückblick visionären Vorschlag, die CS als Holding aufzuziehen, der

an die nun in der Finanzkrise gewälzte Idee von «Sollbruchstellen» bei den Grossbanken erinnert, stösst er – vor allem beim Bundesgericht – auf Widerstand.

Dieser Strukturwandel hat einen oft vergessenen, aber zentralen Effekt auf den
Finanzplatz Schweiz – die zweite oben angeführte Entwicklung: Er führt zu zahlreichen Neugründungen und zum Aufbau eines Finanzsektors jenseits des klassischen Banking – ein Muster, das sich auch in der Pharmabranche im Umfeld der
Novartis-Fusion zeigt, als zahlreiche neue Biotech-Unternehmen von ehemaligen
Mitarbeitenden der grossen Basler Pharmakonzerne gegründet werden. Unabhängige Vermögensverwalter werden zu einer wesentlichen Kraft im Private Banking,
nicht zuletzt durch die Verselbstständigung vieler Privatkundenbetreuer aus Banken. Jean Pierre Cuoni gründet 1995 in Zürich die EFG Bank und bringt sie später
an die Börse. Sie forciert weltweit in raschen Schritten das Private Banking und
beschäftigt heute in 30 Ländern über 2000 Mitarbeitende. Ernst Müller-Möhl
gründet 1992 die Bank am Bellevue und in seinem Todesjahr 1998 die A & A Actien-
bank, die grosse Industriebeteiligungen erwirbt, 2002 aber aufgeben muss. Rainer-
Marc Frey zieht ab 1992 mit seiner Finanzboutique RMF das Geschäft mit Funds
von Beteiligungen an Hedge Funds auf, verkauft die Firma zehn Jahre später für
1,3 Mrd. Franken an die englische Man Group und steckt sein Vermögen unter
anderem in die Beteiligungsgesellschaft Horizon21. Dank ihm und dem Liechtenstein Global Trust (LGT) zählt Pfäffikon SZ heute zu den Zentren der Funds of
Hedge-Funds-Branche weltweit. Ähnliche Entwicklungen finden auch in anderen
Teilen des Landes statt, vor allem in Zug und am Genfersee. Diese Specialized
Financial Services legen ein enormes Wachstum an den Tag: Ab 1995 steigt die
Beschäftigung in diesem dritten Standbein des Finanzplatzes Schweiz deutlich an.
Sie beträgt heute beinahe 47 000 Personen, knapp 20 Prozent aller in der Finanz-
und Versicherungsbranche beschäftigten Personen.

Zunehmend wichtiger in diesem Geschäft wird der Fokus auf verantwortliches
und nachhaltiges Investment, was sich beispielhaft an zwei Unternehmen zeigen
lässt. Alfred Gantner, Urs Wietlisbach und Marcel Erni gründeten 1996 die Partners
Group in Zug, die das Geld ihrer Kunden vorwiegend in privaten Märkten anlegt.
Mit heute (2015) über 780 Mitarbeitenden in weltweit 18 Standorten verwaltet das
Unternehmen Kapitalzusagen von insgesamt 42 Mrd. Euro. Die Partners Group
verpflichtet sich dabei, soziale, ökologische und Corporate-Governance-Grund-
sätze zu berücksichtigen, was sich beispielsweise in Investitionen in KMU-Betrieben
in Schwellenländern oder der weltweiten Entwicklung von Windprojekten wie
Sorgenia France oder den Bau von Solaranlagen in Japan ausdrückt.

Links *Ein Solarkraftwerk in Japan, unterstützt mit Investitionen der Partners Group*
Rechts *Ein Pionier des nachhaltigen Investments: Reto Ringger*

Reto Ringger (*1963) wiederum wird mit der 1995 in Zürich gegründeten Sustainable Asset Management AG (SAM) zu einem Pionier für nachhaltige Kapitalanlagen. 2011 gründet Ringger mit weiteren Experten aus dem Umfeld von SAM dann die Globalance Privatbank, die – so der Leitspruch – «mehr als Geld bewegen» will. Mit dem Konzept des Globalance Footprint zeigt die Bank ihren Kunden konkret auf, welche positiven und negativen Effekte ihr derzeit investiertes Vermögen weltweit hat. Sie hat damit ein Instrument in der Hand, um einerseits Investitionsentscheide in Richtung nachhaltige Grundlagen für Wohlstand, Zukunftsfähigkeit der Gesellschaft und Erhalt der natürlichen Lebensgrundlagen zu lenken. Andererseits identifiziert sie mit dem Footprint frühzeitig ökonomische, ökologische und gesellschaftliche Risiken in den Kunden-Portfolios. So wird ein ursprünglich nur in wenigen Nischen gelebter Ansatz wie jener der 1990 gegründeten Alternativen Bank Schweiz zu einem zunehmend wichtigen Fokus des sich wandelnden Finanzplatzes Schweiz.

So entstehen in der Schweiz neben Zürich und Genf weitere, deutlich kleinere Zentren für innovative Finanzdienstleister. Nicht zu vergessen ist dabei das Tessin; Lugano ist heute mit 54 Kreditinstituten nach Zürich und Genf der drittgrösste Finanzplatz; er wächst seit Mitte des 20. Jahrhunderts. Rund 15 000 Personen arbeiten im Tessin in der Banken- und Treuhandbranche, die geschätzte 350 Mrd. Franken an Vermögen verwaltet; nicht wenige dieser Gelder stammen aus Italien.

Im Windschatten dieses von Globalisierung und Strukturwandel getriebenen Umbruchs des Schweizer Finanzplatzes wird – dies die dritte Entwicklung – zwi-

schen 1987 und 1996 der Aufbau der modernsten und effizientesten Finanzplatz-
infrastruktur der Welt betrieben, der Swiss Value Chain. Sie ermöglicht eine vollelektronische Integration von Effektenhandel, -abrechnung und -abwicklung sowie
von Zahlungen. Dies erlaubt eine effiziente, risikolose Abwicklung von Effekten-
transaktionen nach dem Prinzip Lieferung-gegen-Zahlung. Die Swiss Value Chain
besteht heute aus vier Elementen: den elektronischen Handelsplattformen Eurex
und SIX Swiss Exchange; den zentralen Gegenparteien SIX x-clear, London Clearing House (LCH) und Eurex Clearing; dem Effektenabwicklungssystem SECOM;
und den Zahlungssystemen Swiss Interbank Clearing (SIC) und euroSIC. Die
einzelnen Elemente der Swiss Value Chain, die kontinuierlich ausgebaut wird, sind
Gemeinschaftswerke des Schweizer Finanzplatzes und stehen im Besitz der Schweizer Finanzintermediäre. In der Fachwelt gehört die Swiss Value Chain ebenso zu
den Markenzeichen des Schweizer Finanzplatzes wie das Bankgeheimnis.

«Too big to fail» – und andere Folgen eines Kulturwandels

Doch zurück zu den Grossbanken, die das schwierige und anspruchsvolle Unterfangen angehen, die schweizerische und die angelsächsische Bankenkultur im
gleichen Haus zu verbinden. Das Geschäft der Schweizer Bankiers, vor allem in der
Vermögensverwaltung, beruht auf der Loyalität zu vertrauten Kunden. Dagegen
agieren angelsächsische Investmentbanker meist ausgesprochen transaktionsorien-
tiert und aggressiv. Loyalität – vor allem zum Arbeitgeber und zum Aktionär –
spielt bei ihnen eine viel kleinere Rolle. Nicht zuletzt wegen dieses Spannungs-
feldes stürzen die beiden Schweizer Grossbanken in schwere Krisen. «Die Schweiz
droht als internationaler Finanzplatz in Grössenordnungen hineinzuwachsen, die
mit dem wirtschaftlichen Potenzial des Landes kaum mehr in Einklang stehen»,
erkennt die Nationalbank schon in ihrer Festschrift von 1982 – eine Entwicklung,
die sich danach deutlich verstärkt. Nirgends sonst bekommen die globalen Finanzinstitute ein derart grosses Gewicht wie in der Schweiz mit der dritt- und der viertgrössten Bank Europas. 2007, vor Ausbruch der grossen Finanzkrise, halten UBS
und CS zusammen 30 bis 40 Prozent des einheimischen Kundengeschäftes; die
Bilanzsummen von UBS (2,5 Billionen Franken) und CS (1,3 Billionen Franken)
zusammen entsprechen dem Siebenfachen der jährlichen schweizerischen Wirt-
schaftsleistung. Im Vergleich: Die Bilanzsumme aller amerikanischen Banken
zusammen ist nur gleich gross wie das Bruttoinlandprodukt der USA.

Solche Grösse kann naturgemäss zu Problemen führen. Aggressiv und expansiv
tritt um die Jahrtausendwende die Kreditanstalt auf, die sich ab 1997 Credit Suisse

Group nennt. Im gleichen Jahr übernimmt Lukas Mühlemann die operative Führung der Grossbank. Der ehemalige McKinsey-Mann hat zuvor von 1994 bis 1996 als CEO die eng mit der Kreditanstalt verbundene Schweizerische Rückversicherungs-Gesellschaft erfolgreich zur Swiss Re getrimmt. Auch die Credit Suisse Group will er noch mehr zum Global Player machen: einerseits im Allfinanzgeschäft dank der Übernahme der Winterthur-Versicherung, anderseits im Investment Banking, das in den Emerging Markets seine Stellung offensiv ausbaut und im New-Economy-Boom vor allem mit den kalifornischen Teams um Frank Quattrone einige der lukrativsten Börsengänge und Firmenübernahmen betreut. Beide Strategien scheitern. Die Investmentbanker, die ihr Business weitgehend unkontrolliert betreiben, erleiden 1998 wegen der Krise in Russland einen Verlust von rund 1 Mrd. Franken, verlieren 1999 nach einem Derivate-Skandal in Japan die Banklizenz und verstricken sich ab 2001 nach dem Platzen der Internet-Blase in den USA in mehrere Gerichtsverfahren. Das Allfinanzgeschäft bringt nicht die erhofften Erträge, vor allem weil sich die Gegensätze in den Kulturen von Bankern und Versicherungsagenten nicht überwinden lassen. Als beim Börseneinbruch 2001/2002 alle Versicherungen bedrohliche Einbussen auf ihren Wertschriftenbeständen erleiden, leidet darunter naturgemäss auch die CS-Gruppe. Ab Mitte 2004 führt die Credit Suisse ihre Versicherung deshalb nur noch als Finanzbeteiligung, Mitte 2006 verkauft sie sie an den französischen Versicherungskonzern AXA.

2002 tritt Lukas Mühlemann wegen der Entwicklung des Aktienkurses und wegen strategischer Fehler als Verwaltungsratspräsident zurück, in der Öffentlichkeit angeschlagen auch wegen der erfolglosen und überbezahlten Akquisition der amerikanischen Investmentbank Donaldson, Lufkin & Jenrette (DLJ) und seiner Rolle im Swissair-Debakel. Auf ihn folgt Walter Kielholz von der Swiss Re als Vertreter des Zürcher Establishments. Die Führung des Geschäfts übernimmt der Ostdeutsche Oswald Grübel, der nach einer steilen Karriere im Handels- und Privatkundengeschäft ein halbes Jahr zuvor enttäuscht in Frühpension gegangen ist. Das ungleiche Duo versucht mit einer One-Bank-Strategie die gegensätzlichen Kulturen von Schweizern und Amerikanern zusammenzubringen. Nach der Sanierung der Gruppe übernimmt 2007 erstmals ein amerikanischer Investmentbanker als CEO die Führung. Brady Dougan führt die Credit Suisse im Auftritt durchaus schweizerisch zurückhaltend und beharrlich – und letztlich erfolgreich. Er gerät aber wegen eines selbst für die Finanzbranche ungemein hohen Einkommens ins Kreuzfeuer der öffentlichen Meinung in der Schweiz. Die CS meistert die Finanzkrise von 2007/2009 – unter anderem auch dank des Polsters aus dem Verkauf der

Winterthur – ohne Staatshilfe weit besser als die UBS und überholt diese gemessen an der Börsenkapitalisierung zeitweise deutlich. Allerdings muss sie genauso wie die UBS grosse ausländische Investoren als Kapitalgeber hereinnehmen. Diese finden die beiden Grossbanken hauptsächlich in Asien und im Nahen Osten.

Die UBS bemüht sich nach der Fusion und dem LTCM-Debakel von 1998 zuerst darum, die Kulturen von Bankgesellschaft und Bankverein zusammenzuführen. Als Befreiungsschlag kauft sie Ende 2000 zu einem hohen Preis die amerikanische Vermögensverwalterin Paine Webber und steigt zum bedeutendsten Vermögensverwalter der Welt auf. Geführt von Marcel Ospel, der auch als Verwaltungsratspräsident (ab 2001) mit seinem eingeschworenen Chairman's Office der starke Mann bleibt, baut die Bank aggressiv ihr Geschäft in den USA aus, sowohl in der Vermögensverwaltung als auch beim Investment Banking – mit teilweise verheerenden Folgen. Im Boom, den die amerikanische Notenbank mit ihrem billigen Geld erzeugt, wechseln immer mehr hochgelobte «Talente» von Banken zu Hedge Funds, wo sie Fantasiegewinne und -saläre erzielen können. So ergreift auch der Chef des UBS Investment Banking, der Amerikaner John Costas, 2005 eine «unternehmerische Chance»: Mit Milliarden der UBS und mit einigen ihrer gewieftesten Spezialisten gründet er einen hauseigenen Hedge Fund: Dillon Read Capital Management. Dieser baut vorwiegend Positionen mit Verbriefungen von Subprime-Hypotheken auf – und das bei der UBS verbliebene «B-Team» ahmt die vermeintlich erfolgreiche Strategie mit eigenen Käufen im grossen Stile nach. Dementsprechend gehört die UBS zu den Banken, die am meisten Subprime-Papiere kaufen, selbst als andere diese längst als giftig erkennen. Die 2007 beginnende Finanzkrise trifft die Bank schwer. Nach mehreren Abschreibern und Kapitalerhöhungen, die schliesslich im Frühling 2008 zum Rücktritt von Marcel Ospel führen, rettet die Eidgenossenschaft zusammen mit der Schweizerischen Nationalbank im Herbst des gleichen Jahres die Grossbank mit einem durchdachten Massnahmenpaket: Am 16. Oktober 2008 gründet die Nationalbank die Zweckgesellschaft StabFund, in die bis zu 60 Mrd. US-Dollar illiquider Papiere der UBS ausgelagert werden können, und der Bund beteiligt sich mit einer Pflichtwandelanleihe von 6 Mrd. Franken an der Bank. De facto werden von dieser Garantie 38,7 Mrd. Franken in Anspruch genommen, die bis 2013 vollständig zurückgezahlt werden. Insgesamt wurde das von der Nationalbank eingegangene Risiko mit knapp 3,8 Mrd. Dollar entschädigt – verglichen mit den Rettungskosten anderer Staaten ist damit die Schweiz ausserordentlich günstig davongekommen. Auch muss keine Schweizer Bank Konkurs anmelden. Im Land selbst werden die milliardenschweren

Kapitalabflüsse von der UBS vorwiegend von den Regional- und Kantonalbanken sowie der Raiffeisengruppe und der Postfinance aufgesogen, die via Pfandbriefgeschäft die UBS refinanzieren helfen und so einen wichtigen Beitrag zur Systemstabilität leisten. Die Raiffeisengruppe und die Zürcher Kantonalbank gelten heute übrigens ebenfalls als systemrelevant und müssen deshalb höhere Eigenkapitalvorschriften erfüllen. Auch die Postfinance – sie erhält 2013 die Banklizenz – wird von der Nationalbank hinsichtlich Systemrelevanz geprüft.

Noch folgenschwerer für den Finanzplatz sind aber die Fehlleistungen der UBS in der Vermögensverwaltung mit US-Kunden im Cross-Border-Geschäft. Angesichts der enttäuschenden Onshore-Ergebnisse von Paine Webber baut die UBS das Offshore-Banking aus der Schweiz für vermögende Amerikaner aus. Obwohl sie sich 2002 in einem Abkommen mit den amerikanischen Steuerbehörden verpflichtet, die amerikanischen Gesetze zu achten und nicht um Steuerflüchtlinge zu werben, hält sie sich nicht daran. Die Kundenberater, die aus der Schweiz einfliegen, praktizieren Geheimdienstmethoden; sie nutzen etwa Computerprogramme, die sich auf Befehl selber löschen. Diese Praktiken fliegen wegen eines Whistleblowers auf. Im Juli 2008 ersuchen die USA deshalb um Amtshilfe und verlangen die Herausgabe von 52 000 Kundendossiers der UBS. Im Februar 2009 erzwingen sie, des schleppenden Verfahrens in der Schweiz überdrüssig, die Auslieferung von 255 Dossiers, indem sie der Bank ein vermutlich existenzgefährdendes Gerichtsverfahren androhen. Nur zwei Jahre später kommt weiteres Ungemach für die UBS durch das Fehlverhalten von Mitarbeitenden. 2011 hat ein UBS-Investmentbanker bei ungenehmigten Handelsgeschäften rund 2,3 Mrd. Dollar Verlust verursacht – Oswald Grübel übernimmt die Verantwortung und tritt zurück. Beim 2012 enthüllten Libor-Skandal und auch bei der 2013 bekannt gewordenen Manipulation von Wechselkursen waren nebst diversen anderen internationalen Grossbanken auch UBS-Mitarbeitende involviert – was in Bussgelder von insgesamt über 2 Mrd. Dollar resultiert, obwohl die Bank als Kronzeugin mit den Behörden kooperiert hat. Zum internationalen Renommee der Finanzbranche als Ganzes haben diese Vorfälle aber kaum beigetragen.

Neue und alte Herausforderungen für die Schweizer Banken
Wie steht der Finanzplatz Schweiz nach der Krise da? Gleich mehrere Herausforderungen sind zu meistern: Erstens kämpft das Land stärker als andere mit dem Problem, dass seine beiden Grossbanken «too big to fail» sind, also wegen der verheerenden Folgen für die Volkswirtschaft nicht untergehen dürfen, und zu-

gleich in einer nächsten Krise für den Kleinstaat «too big to rescue» sein könnten. Zweitens verändert sich das regulatorische Umfeld in rasantem Tempo – nicht nur hinsichtlich Steuergesetzgebung. Drittens hat sich im Zug der weltweiten Schuldenkrise die Unsicherheit auf den Finanzmärkten generell erhöht, indem die Eingriffe der Zentralbanken den Wettbewerb zunehmend aushebeln. Dazu kommt viertens schliesslich als langfristiger Trend die Verschiebung der wirtschaftlichen Gewichte hin nach Asien, was auch die globale Vermögensverteilung betrifft und damit das Geschäft der international agierenden Banken verändert. Von den Schweizer Banken sind vor allem die beiden Grossbanken CS und UBS sowie die Privatbanken von diesen drei Entwicklungen betroffen. Und die Herausforderungen, die von ihnen ausgehen, erhalten zusätzliche Relevanz, weil – abgesehen von einigen Kleinststaaten – der Finanzplatz nirgendwo sonst ein auch nur annähernd so grosses Gewicht hat wie in der Schweiz. Kein anderes Land traf denn auch die Finanzkrise so schwer wie die Schweiz, rechnet der deutsche Ökonom Hans-Werner Sinn vor: Vom Ausbruch der Krise im Sommer 2007 bis zum Tiefpunkt im Februar 2009 muss der Finanzplatz Schweiz – inklusive Versicherungen und Rückversicherung – Abschreibungsverluste von 75 Mrd. Dollar hinnehmen. Das entspricht fast 18 Prozent des Bruttoinlandprodukts von 2007, verglichen mit nur 5,4 Prozent in den USA und 2,3 Prozent in Deutschland. Richtig ist allerdings auch: Die CS findet rechtzeitig Investoren, sodass sie ohne Staatsbeteiligung auskommt, und die Rettung der UBS mittels Staatshilfe bringt der Eidgenossenschaft im Nachhinein einen Gewinn von 1,2 Mrd. Franken, und die Nationalbank gewinnt durch Abwicklung des StabFund gar 3,8 Mrd. Franken.

Die Schweiz hat auch mit bemerkenswertem Tempo auf die «too big to fail»-Problematik reagiert. In weniger als einem Jahr hat die vom Bundesrat eingesetzte «Expertenkommission zur Limitierung von volkswirtschaftlichen Risiken durch Grossunternehmen» 2010 ein umfassendes Massnahmenpaket vorgeschlagen. Und bereits 2012 werden erste neue Bestimmungen des Bankengesetzes (BankG) für systemrelevante Banken in Kraft gesetzt. Das Massnahmenpaket umfasst vier Kernpunkte: Stärkung der Eigenmittel mit über Basel III hinausreichenden Anforderungen (dem «Swiss Finish»), strengere Liquiditätsanforderungen, bessere Risikodiversifikation und organisatorische Massnahmen, die auch bei drohender Insolvenz systemwichtige Funktionen für die Volkswirtschaft wie den Zahlungsverkehr gewährleisten. Beide Grossbanken haben in der Folge ihre Konzernstruktur angepasst mit dem Ziel, im Krisenfall betroffene Geschäftszweige abzuspalten – ein wichtiger Beitrag zum Schutz des Finanzsystems vor systemischen Risiken.

Links *Konfliktfeld Bankgeheimnis: Schliessfach einer Schweizer Bank*
Rechts *Finanzkrise: Weltweite Kursstürze an den Finanzmärkten im Oktober 2008*

Das zweite Kernproblem, die Erosion des Bankgeheimnisses, betrifft auch die Grossbanken – doch in weit grösserem Masse die Privatbanken. Erstaunlich ist dabei die Geschwindigkeit der Entwicklung: Noch bis Ende 2008 gilt das Bankgeheimnis als nicht verhandelbar. Im Frühling 2009 nach der Auslieferung von Daten amerikanischer UBS-Kunden steigt aber der Druck auf die Schweiz sowie auf Luxemburg und Österreich, die ein vergleichbares Bankgeheimnis kennen, während die Grossmächte ihre eigenen Steueroasen – wie das amerikanische Delaware oder die britischen Inseln Jersey, Guernsey und Isle of Man – schonen. Im März 2009 verpflichtet sich die Schweiz, aufgrund des Musterabkommens der OECD, nicht nur bei Steuerbetrug, sondern auch bei Verdacht auf Steuerhinterziehung Amtshilfe zu leisten. 2013 treten mit Grossbritannien und Österreich Abgeltungssteuerabkommen in Kraft. Sie ermöglichen eine Besteuerung von in der Schweiz angelegten Vermögen aus diesen Herkunftsländern unter Beibehaltung der Privatsphäre, ein vergleichbares Abkommen mit Deutschland scheitert. Im gleichen Jahr unterzeichnen die Schweiz und die USA eine Vereinbarung, die es den Schweizer Banken ermöglicht, an einem unilateralen Programm des US-Justizministeriums teilzunehmen und so die Vergangenheit bezüglich unversteuerter Vermögen innerhalb eines klar definierten Rahmens zu bereinigen. Das alles zeigt: Der Wind hat in Steuerfragen nun definitiv gedreht. Angesichts weltweit leerer Staatskassen sinkt die Toleranz gegenüber Steuerunehrlichkeit. Die Banken kommen auch intern durch Datendiebstahl von Mitarbeitenden unter Druck; der bekannteste Fall betrifft den Genfer Ableger der britischen Bank HSBC im Jahr 2007, als ein IT-Spezialist riesige Datenmengen dem französischen Fiskus übergibt. Diese Kundendaten werden 2015 von einer grossen Gruppe Journalisten ausgewertet, und daraus basierende Erkenntnisse über dubiose Kundenbeziehungen werden unter dem Stichwort «Swissleaks» veröffentlicht. Auch deutsche Steuerbehörden bedienen sich aus solchen illegal erworbenen Quellen. In rechtlicher Hinsicht Vorreiterin ist die USA, die durch den Foreign Account Tax Compliance Act (FATCA) die Offenlegung sämtlicher Vermögenswerte von US-Steuerpflichtigen im Ausland durch ausländische Finanzinstitute verlangt. 2013 verpflichtet das Parlament die Schweizer Banken zur Umsetzung von FATCA, was teilweise enorme Kosten mit sich bringt, sodass sich Banken zunehmend von US-Kunden trennen. Für die Grossbanken werden Bussen fällig: Die UBS muss dem amerikanischen Fiskus 780 Mio. Dollar zahlen, die CS gar 2,5 Mrd. Die OECD wiederum entwickelt nach dem Vorbild von FATCA den automatischen Informationsaustausch bezüglich Daten von steuerpflichtigen Personen als internationalen Standard, dem sich auch die Schweiz anschliesst. Voraussichtlich 2017 soll dieser Paradigmenwechsel im grenzüberschreitenden Vermögensverwaltungsgeschäft Geltungskraft haben – de facto das Ende des Schweizer Bankgeheimnisses in Steuerangelegenheiten.

Was das für die Schweizer Banken bedeutet, ist noch schwer abschätzbar. Immerhin behauptet die Schweiz bei der grenzüberschreitenden Vermögensverwaltung für Privatkunden mit einem Anteil von 25 Prozent (2014) weltweit die Spitzenstellung. Wie viel davon unversteuert ist, war lange Zeit Gegenstand teilweise waghalsiger Spekulationen. Zahlreiche Banken haben in jüngster Zeit ihre Kunden aber zur Legalisierung allfälliger unversteuerter Vermögen angehalten, was teilweise auch zu Rückgängen von Vermögen geführt hat. 2013 sollen gemäss einer Studie der Beratungsgesellschaft PwC die Geldhäuser des Landes noch rund 200 Mrd. Franken an nicht deklarierten Vermögen von Ausländern verwaltet haben – fünf Jahre zuvor sollen es noch 800 Mrd. Franken gewesen sein. Der starke Mittelzufluss zu den Schweizer Banken als Folge der anhaltenden Eurokrise ist jedenfalls ein Indiz dafür, dass auch andere Faktoren wie die Unabhängigkeit des Landes, die Eigenständigkeit der Währung und deren Stabilität zu den Pluspunkten des Bankenplatzes Schweiz zählen. Noch ist schwer abschätzbar, wie stark die durch Schweizer Banken verwalteten Vermögen schrumpfen werden, wenn die Schweiz den automatischen Informationsaustausch mit dem Ausland einführt und vielleicht sogar die Unterscheidung zwischen Steuerbetrug und Steuerhinterziehung im Inland aufheben sollte. Vermutlich ist aber der Effekt geringer als gemeinhin erwartet wird, zumal der Druck gegen Steuerhinterziehung weltweit geführt wird und damit das Bankgeheimnis generell an Relevanz verliert. Gerade für grosse Vermögen spielen auch ganz andere Gründe eine Rolle, insbesondere die Stärke des Schweizer Frankens, der im Vergleich zu allen anderen Leitwährungen enorm stabil ist – es lohnt sich schlicht, sein Vermögen in Franken zu halten.

Die Veränderungen rund um das Bankgeheimnis sind aber bei Weitem nicht die einzige regulatorische Herausforderung. Die Bank of England hat die zunehmende Komplexität der Regulierung mit folgendem Vergleich plastisch dargestellt: Die internationale Übereinkunft zu Bankeneigenmitteln Basel I umfasst 30 Seiten, die Nachfolgeregelung Basel II zehnmal mehr und das jüngst beschlossene Paket Basel III gar 20-mal mehr Seiten. Der amerikanische Dodd-Frank Act von 2010 ist mit 848 Seiten 20-mal umfangreicher als der Glass-Steagall Act von 1933. Inklusive Ausführungsbestimmungen ist die US-Regulierung 30 000 Seiten dick, in der EU braucht es gar 60 000 Seiten, damit sämtliche sich auf Bankenregulierung beziehende Richtlinien und andere Vorschriften Platz finden. Diese zunehmende Regulierungsdichte verursacht auch grosse Kosten und drückt entsprechend die Margen – nur schon die Umsetzung von FATCA kostet die beiden Grossbanken rund 100 Mio. Franken. Sie reflektiert aber auch einen stärkeren nationalen oder regionalen Protektionismus. So ist es vielfach nicht möglich, Kunden in bestimmten EU-Staaten von der Schweiz aus aktiv zu bedienen. Gleichzeitig erlässt die EU vermehrt sogenannte Drittstaatenregeln, die den Marktzugang von einer gleichwertigen Regulierung und Aufsicht im Heimatstaat eines Finanzdienstleisters aus einem Drittstaat abhängig macht. In Arbeit ist derzeit auch die Bankenunion – das grösste politische und wirtschaftliche Projekt der EU seit Einführung des Euro. Sie besteht aus einem Fundament einheitlicher Regeln für alle Banken im Euroraum auf den drei Pfeilern Bankenaufsicht, Bankenabwicklung und Einlagensicherung. Insgesamt kann man somit auf globaler Ebene einen Trend zur Konvergenz der Bankenregulierung erkennen. Die Differenzierung im weltweiten Standortwettbewerb kann sich also nicht mehr auf rechtliche Sonderlösungen – wie eben das Bankgeheimnis – abstützen.

Der Regulierungsdruck ist aber nicht die einzige staatliche Aktivität, die den Banken weltweit zu schaffen macht. Im Zug der weltweiten Schuldenkrise haben die Zentralbanken massiv in die Finanzmärkte interveniert. Allein die Federal Reserve pumpt von 2008 bis 2014 mehrere Billionen (!) Dollar in die Finanzmärkte, indem sie Hypotheken und Staatsanleihen aufkauft. In der EU wiederum entsteht ein Teufelskreis von sich wechselseitig verstärkenden Banken- und Staatsschuldenkrisen: Steigende Zinsen von Staatsanleihen und damit einhergehend oftmals deren Ausfall in Kombination mit faulen Krediten führen zu Wertverlusten bei Banken, was sich negativ auf deren Bilanzen auswirkt. Die Finanzierungssituation der Banken verschlechtert sich, und einige müssen von ihren Heimatstaaten gerettet werden – längst nicht alle sind systemrelevant gewesen –, wodurch sich wiederum deren Finanzsituation verschlechtert. Diese Negativspirale löst eine Vertrauenskrise aus, welche die Stabilität der gesamten Währungsunion negativ beeinflusst. In diesem Umfeld ist der Franken erneut zur Fluchtwährung geworden, was sich in einem dramatischen Wertzerfall des Euros und Dollars im Sommer 2011 äussert. So muss die Nationalbank zum zweiten Mal nach der UBS-Rettung eingreifen und kündigt an, einen Euro-Wechselkurs von unter 1,20 pro Euro nicht zu akzeptieren, um die Schweizer Exportindustrie zu schützen. Als Folge interveniert die Nationalbank in den folgenden drei Jahren mit Hunderten Mrd. Franken auf den Devisenmärkten. Die anhaltende Wirtschaftskrise in mehreren Euro-Staaten und die Ankündigung der Europäischen Zentralbank vom Januar 2015, Staatsanleihen und Anleihen von privaten Schuldnern im Wert von 1,1 Billionen Euro aufzukaufen, zwingt die Nationalbank dann aber zur Kapitulation: Der Franken-Wechselkurs wird freigegeben, und erneut ziehen Schockwellen durch die internationalen Finanzmärkte.

Diese massiven staatlichen Interventionen lassen weltweit die Zinsen sinken, was seinerseits die Gefahr neuer Blasen verstärkt – möglicherweise auch in der Schweiz, wo das Volumen der Hypothekarkredite stetig steigt und 2014 den Rekordwert von 884 Mrd. Franken erreicht hat, was die Nationalbank veranlasst hat, Massnahmen gegen eine zu leichtfertige Kreditvergabe zu fordern. Doch auch andere Faktoren erhöhen die Instabilität im System. So entstehen international immer mehr Schattenbanken – Finanzhäuser, die bankähnliche Geschäfte betreiben, ohne eine Banklizenz zu besitzen. Auch in der Schweiz spielen diese neuen Player eine zunehmend wichtige Rolle. So ist der aktive Schattenbankenbereich hierzulande – gemessen als Bilanzsumme der Nicht-Bank-Finanzintermediäre – mehr als doppelt so gross wie das Schweizer Bruttoinlandprodukt, und das verwaltete Vermögen dürfte 1,5 Billionen Franken übersteigen. Inwieweit diese weitgehend nicht regulierten Bereiche die Finanzstabilität gefährden, bleibt vorerst ungewiss.

Angesichts dieser Unsicherheiten werden sich die Schweizer Banken durch eine Kombination traditioneller Werte mit innovativen Ansätzen im verschärften Wettbewerb behaupten müssen. Wie das geschehen kann, zeigt exemplarisch das Beispiel von Pictet. Seit den 1960er-Jahren nutzt die Bank die Trends, um das

Vermögensverwaltungsgeschäft auszubauen, so das Aufkommen der institutionellen Anleger wie Versicherungen, Pensionskassen oder Investmentfonds, das Bedürfnis nach der Verwahrung von Wertschriftenbeständen (Global Custody), die Nachfrage nach umfassender Vermögensplanung für sehr reiche Privatkunden (Family Offices) oder die wachsende Bedeutung von unabhängigen Vermögensverwaltern in aller Welt: Mit rund 500 von diesen arbeitet die Bank derzeit zusammen. Pictet nutzt, wie viele andere auch, früh die Informationstechnologie und geht mit Investmentfonds neue Wege: So entdeckt die Bank Ende der 1980er-Jahre die Emerging Markets als attraktive Anlagemöglichkeit, gründet 1994 einen Biotechnologie-Fonds und bietet 2000 den weltweit ersten Wasser-Fonds an. Zwischen Mitte der 1990er-Jahre und heute vervierfachen sich so die betreuten Vermögen auf über 400 Mrd. Franken. Trotz ihres explosiven Wachstums auch beim Personal, von 300 auf 3700 Mitarbeitende innert drei Jahrzehnten, behält die Privatbank ihren calvinistischen Geist und ihre familiäre Haltung bei. Die Kadermitarbeitenden werden vor der Einstellung von einem Partner persönlich interviewt, die Personalfluktuation liegt weit unter den Werten der Branche, und Entlassungen kommen kaum vor. In den exklusiven Kreis der Partner nehmen die Teilhaber von Pictet nur jene Kollegen auf, mit denen sie sich das gemeinsame Verbringen von Familienferien vorstellen können. Auch mit der per 2014 eingeführten neuen Gesellschaftsform – einer Kommanditaktiengesellschaft – ist Pictet aufgrund des persönlichen Engagements der Teilhaber, die zugleich Eigentümer und Geschäftsführer sind, in der Lage, die Unabhängigkeit der Gruppe zu wahren.

Eine solche Haltung und Mentalität wird für das künftige Geschäft der Banken von entscheidender Bedeutung sein, um den Herausforderungen entgegenzutreten, die aus dem Ende des Bankgeheimnisses in Steuerangelegenheiten folgen. Wie kaum eine andere Branche profitieren die Banken nämlich von typisch schweizerischen Qualitäten wie Stabilität, Vertrauen und Diskretion. Dazu kommt das hohe Ausbildungsniveau der Bankmitarbeitenden, was nicht zuletzt auch helfen wird, den rasanten technischen Wandel im Bankengeschäft zu bewältigen. So ist absehbar, dass die Digitalisierung von Finanzdienstleistungen die Wertschöpfungskette des Bankensektors zunehmend neu definiert. Dabei geht es nicht nur um die Entwicklung von benutzerfreundlichen, personalisierbaren und mobilen Digitalangeboten für Privatkunden, sondern auch um neue, internetgestützte Varianten des klassischen Bankgeschäfts wie beispielsweise die sogenannte «Peer-to-peer»-Kreditvergabe. Dieses hat sich insbesondere in den USA und Grossbritannien etabliert. Ausserdem stehen zunehmend enorme digitalisierte Datenmengen zu Verfügung

– Stichwort Big Data –, die nicht nur ein besseres Verständnis der Kunden erlauben, sondern beispielsweise Investitionsentscheidungen leiten können. Die damit verbundenen technischen und rechtlichen Herausforderungen sind enorm – und gerade der generell hohe Ausbildungsstandard in der Schweiz und die hoch entwickelte Informationstechnologie-Infrastruktur sind ein wichtiger Vorteil, um sich diesen neuen Herausforderungen stellen können.

Schliesslich wird das langfristige Überleben der Schweizer Banken nicht zuletzt davon abhängen, inwieweit es ihnen gelingt, die Besitzer der wachsenden Vermögen im asiatischen Raum als Kunden zu gewinnen. So ist absehbar, dass sich die weltweite Vermögensbildung zunehmend in Richtung der Asien-Pazifik-Region (APAC) verschieben wird. Studien rechnen damit, dass APAC (ohne Japan) bald Nordamerika als die weltweit vermögendste Region übertreffen wird. Bis 2018 wird sich der Anteil der aufstrebenden Volkswirtschaften am weltweiten Vermögen gegenüber den 12 Prozent von 2000 nahezu verdoppeln. Deshalb bemüht sich die Schweiz, ein Hub für den Handel der chinesischen Währung Renminbi zu werden. Mit einem 2014 unterzeichneten bilateralen Währungsabkommen zwischen der schweizerischen Nationalbank und der People's Bank of China ist hierfür ein wichtiger Zwischenschritt gemacht worden.

So hat der Finanzplatz Schweiz also weiterhin etwas zu bieten, und es ist nicht verwunderlich, dass er seine Stellung im Ranking der Global Financial Centers (2014), das die internationale Wettbewerbsfähigkeit mit weltweiten Befragungen und statistischen Untersuchungen ermittelt, bemerkenswert gut behauptet: Zürich steht auf Platz 7, Genf auf Platz 13 vor allen anderen kontinentaleuropäischen Plätzen. Dazu trägt auch bei, dass sich neue, wendige Finanzunternehmen entwickelt haben, die sich stark auf die heutigen informationstechnischen Möglichkeiten abstützen. Und schliesslich sind in diesem Umfeld zahlreiche wissensintensive Finanzdienstleister entstanden, die unterschiedlichste Beratungen anbieten. Diese Ressource Wissen gewinnt auch auf den Finanzmärkten gegenüber der Ressource Kapital mehr und mehr an Bedeutung. Der Finanzplatz Schweiz wandelt sich dementsprechend mehr und mehr zum Finanzwissensplatz Schweiz – eine wichtige Strategie, um in einer härter werdenden Finanzwelt bestehen zu können.

Wichtige Schweizer Banken in Zahlen

UBS (1998)					
	1950	1970	1990	2000	2014
Bilanzsumme	5058	58 318	424 568	1 087 123	1 062 478
Beschäftigte	6330	17 900	43 180	71 080	60 155
davon im Inland	2820*	9710*	37 000	30 100	21 564

Credit Suisse (1856)					
	1950	1970	1990	2000	2014
Bilanzsumme	2265	28 032	125 767	987 433	921 462
Beschäftigte	2390	6540	16 100	80 540	45 800
davon im Inland	2290	6410	14 700	28 240	17 100

Genannt werden Bilanzsumme und Zahl der Beschäftigten (insgesamt und in der Schweiz) der beiden Schweizer Grossbanken. In Klammern ist das Gründungsjahr des Unternehmens bzw. bei der UBS das Jahr der Fusion angegeben, die Bilanzsumme ist in Mio. Franken aufgeführt, die Zahlen zu Umsatz und Beschäftigten sind gerundet. In den Jahren 1950, 1970 und 1990 sind bei der UBS jeweils die Summen der Schweizerischen Bankgesellschaft und des Schweizerischen Bankvereins aufgeführt, bei den Beschäftigten im Inland liegen für 1950 und 1970 nur die Zahlen der Bankgesellschaft vor. Die Beschäftigtenzahlen der Credit Suisse im Jahr 2000 umfassen auch die Beschäftigten der Winterthur Versicherung.

Kontrollierte Risiken

vor 1800	1782	Erste private freiwillige Feuerassekuranz in der Stadt Zürich.
1800–1899	1826	Gründung der «Schweizerischen Gesellschaft zur gegenseitigen Versicherung des Mobiliars gegen Brandschaden» (Mobiliar) als Genossenschaft.
	1857	Alfred Escher und Conrad Widmer lancieren die Schweizerische Lebensversicherungs- und Rentenanstalt.
	1861	Verheerender Stadtbrand von Glarus – das Fanal für den öffentlichen Sinneswandel in der Schweiz in Versicherungsfragen.
	1863	Gründung der Basler Versicherungs-Gesellschaft gegen Feuerschaden und der Schweizerischen Rückversicherungs-Gesellschaft.
	1869	Gründung der «Schweiz» Transport-Versicherungs-Gesellschaft Zürich.
	1872	Gründung des Versicherungs-Vereins, der sich 1875 in «Zürich Versicherung» umbenennt.
	1875	Gründung der «Winterthur».
	1877	Annahme des Eidg. Fabrikgesetzes durch das Volk (Voraussetzung für die ersten Formen einer allgemeinen Sozialversicherungspflicht).
	1885	Früher als andere Länder regelt die Schweiz das Versicherungswesen durch ein strenges Bundesgesetz.
1900–1999	1900	Gründung des Schweizerischen Versicherungsverbandes als Lobby gegen die geplante staatliche Monopol-Unfallversicherung.
	1912	Das Volk lehnt das Referendum der Privatversicherungen gegen die staatliche Monopolversicherung ab.
	1917	Die SUVA wird eröffnet.
	1957	Gründung des Schweizer Nuklearpools als erste Erscheinungsform der komplexen industriellen Grossrisikoversicherung.
	ab 1975	Vorstoss in die internationale Industrieversicherung, u. a. durch die «Zürich» (Beteiligung an Gerling).
	1988	Kritik der Kartellkommission an der Sachversicherungsbranche leitet das Ende des Versicherungskartells ein.
	1996	Mit der Deregulierung der Motorfahrzeugversicherung wird die Aufhebung der Versicherungskartelle zu einem grossen Teil abgeschlossen.
ab 2000	2006	Die Credit Suisse verkauft die 1997 übernommene Winterthur Versicherung an die französische AXA-Gruppe – AXA Winterthur entsteht.
	2014	Helvetia übernimmt die Versicherung Nationale Suisse und rückt damit in der Schweiz auf die dritte Position vor.

Versicherungen
als global tätige Wissensindustrie

Weit ist der Weg, den das Versicherungswesen in der Schweiz zurückgelegt hat: von den religiös fundierten Werken der Mildtätigkeit über den Solidaritätsverbund im Zuge der Staatswerdung im 19. Jahrhundert bis zur hochkomplexen, wissensbasierten Branche mit weltweiter Ausstrahlung und enger Verflechtung mit der Finanzwirtschaft. Bereits in den Anfängen hat sich das Versicherungswesen nach den drei immer noch geltenden Kategorien Personen-, Güter- und Vermögenssicherung gegliedert. Die Grundidee jeder Versicherung, die Risiken für existenzgefährdende Schäden für Einzelne auf ein Kollektiv zu verteilen, indem jeder einen gewissen Beitrag in einen gemeinsamen Topf einzahlt, aus dem im Schadensfall die Betroffenen entschädigt werden, vereint ein moralisches Motiv – die Idee der Solidarität – mit dem Anspruch, Risiken möglichst gut kennen und statistisch erfassen zu können. Die Industrialisierung und der Aufbau eines weltweiten Handelsnetzes stellen bald einmal spezifische Versicherungsfragen. Kombiniert mit einem geschärften Risikobewusstsein nach Grosskatastrophen wie dem Brand von Glarus entstehen deshalb in der zweiten Hälfte des 19. Jahrhunderts in der Schweiz zahlreiche Versicherungen – unter anderem 1872 die «Zürich», einer der heute weltgrössten Versicherungskonzerne. Über viele Jahrzehnte schützt eine kartellartige Struktur die Schweizer Versicherer im Inland weitgehend vor Marktkräften, während Schweizer Versicherer im Ausland massgebenden Einfluss auf den Aufbau des Rückversicherungswesens nehmen. Heute ist die Swiss Re einer der weltgrössten Player in diesem komplexen Geschäft mit globalen Risiken. Der Aufbruch des Kartells sowie die zunehmende Bedeutung von Finanzmarktgeschäften haben seit den 1990er-Jahren die Schweizer Versicherungslandschaft grundlegend umgepflügt. Schwächer ist die Versicherungsbranche dadurch aber nicht geworden. Sie trägt heute etwa 5 Prozent zur Bruttowertschöpfung des Landes bei und gehört damit zu den wichtigsten Branchen der Schweiz.

Christliche Mildtätigkeit als Basis

Die «Nacht des Jammers und des Schreckens, des Elends und der Hülflosigkeit» ist ein Fanal für das Schweizer Versicherungswesen. Vom Freitag 10. auf Samstag 11. Mai 1861 breitet der Föhn in Glarus – damals ein Epizentrum der industrialisierten Schweiz – einen in einem schindelgedeckten Stallgebäude ausgebrochenen Brand innert kurzer Zeit auf die ganze Stadt aus. Über 600 Gebäude stehen im Vollbrand, ein Feuermeer, dessen Wogen sich mit fürchterlichem Geprassel hoch aufbäumen. Der Talkessel ist taghell erleuchtet, die Berge scheinen, blutrot, ebenfalls zu brennen, der Widerschein wird gar im fernen Basel wahrgenommen. Von überall eilen Feuerwehren herbei, und am Morgen kämpfen mehr als 2000 Mann gegen die Feuersbrunst. Es gelingt ihnen, die Fabriken sowie die südlichen und westlichen Wohnquartiere zu halten, doch zwei Drittel der Stadt werden eingeäschert. Wie durch ein Wunder sterben durch den Brand und seine Folgen nur 8 Menschen, doch die Hälfte der Stadtbevölkerung, fast 3000 Menschen, verliert das Obdach. Der Schaden erreicht die damals immense Summe von über 10 Mio. Franken und übersteigt alle vorhandenen Versicherungssysteme. Mit einem Schlag begreift die damals entstehende moderne Schweiz: Die Absicherung gegen solche Grossrisiken braucht neue Ansätze. Der Brand von Glarus leitet eine für das Schweizer Versicherungswesen wichtige Mentalitätswende ein.

Die Stadt Glarus nach dem Brand von 1861

Das Prinzip des Versicherungsgedankens – also die Verteilung von Risiken auf ein Kollektiv – ist schon relativ alt. Schon im alten Rom gibt es beispielsweise organisierte Zusammenschlüsse, um die Mitglieder gegen die Risiken Krankheit und Tod (hier vorab die Begräbniskosten) zu sichern. Im Mittelalter und in der frühen Neuzeit ist der Versicherungsgedanke vor allem im christlichen Gebot der Nächstenliebe begründet und nimmt nur vereinzelt professionelle, geschweige denn kommerzielle Formen an. Die nachbarliche und berufsständische Solidarität spielt eine wichtige Rolle. Frühformen versicherungsähnlicher Systeme sind entlang den geografischen Gegebenheiten (Pfarreien, Städte, Dörfer) oder der beruflichen Einordnung (Zünfte) organisiert. Stifte, Klöster, Orden und Städte gründen Spitäler und Spendhäuser, die de facto als Versicherer auftreten. Sie übernehmen die Investitionen für Bau und Einrichtung, während die Dorf- oder Kirchgemeinde für die Betriebskosten verantwortlich ist. Im «Versicherungsfall» (Krankheit, Unfall, Invalidität / Pflegebedürftigkeit, Altersarmut) ist zunächst der Familienverband gefordert. Alleinstehende Gesellen schliessen sich daher früh zu Bruderschaften zusammen, die Beiträge erheben, kranke Mitglieder unterstützen und sich um das schickliche Begräbnis Verstorbener kümmern. Für Zürich ist dies am frühesten um 1336 für die Wollenschlager- und Wollenwebergesellen bezeugt.

In die Spitäler und Spendhäuser kann man sich einkaufen (verpfründen). Für Zürich ist erstmals 1314 eine Verpfründung durch alljährliche Beiträge an das Spital im Niederdorf am Predigerplatz belegt. Pfrundhäuser dienen zunächst als Hospize für kranke Pilger und andere Durchreisende. Mit der Zeit mutieren manche von ihnen zu Alters- und Pflegeheimen sowie zu Waisenhäusern. Ein weiterer früher Vorläufer der Personenversicherung und der Altersvorsorge sind Leibrentenverträge. Sie enthalten – wie die Verpfründungsverträge – ein spekulatives Element, da die Zeitspanne zwischen Vertragsabschluss und Zahlung sowie dem Ableben unbekannt ist. Die Einmaleinzahlung ist nicht rückzahlbar, die Jahresrente für den Nutzniesser und seine Angehörigen beträgt 8 bis 12 Prozent. Hauptsächlich die Städte nehmen auf diese Weise Rentenkapital entgegen, das sie zur Finanzierung öffentlicher Aufgaben einsetzen. Leibrenten, auch ausländische, werden zu einem beliebten Anlageinstrument vermögender Kreise. Für das einfache Volk wiederum werden Begräbniskassen errichtet, meist auf Grundlage der lokalen Zunftorganisation. Anfänglich garantieren sie die Kosten der im Todesfall vorgeschriebenen Rituale: Begräbnis, Totengeleit, Jahrzeitmessen und Prozessionen. An manchen Orten entwickeln sich im Laufe des 16. und 17. Jahrhunderts die Begräbnis- oder Sterbekassen aber zu lokalen Sozialversicherungen, die gegen wöchentliche Beiträge die wirtschaftlichen Folgen von Krankheit und Unfall decken. Vereinzelt sind auch die Frauen und Kinder der versicherten Handwerker rentenberechtigt.

Im 18. Jahrhundert erscheinen dann erste Formen der Sachversicherung in der Gestalt von Wetterkassen bei Ernteausfall. Diese Kassen verlangen jedoch keine regelmässigen Vorauszahlungen (Prämien), sondern es wird lediglich im Schadensfall bei den nicht betroffenen Bauern Geld für die Geschädigten gesammelt. Ähnliche Solidaritätsaktionen sind auch bei Tierseuchen und Hagelschäden gebräuchlich. Die Absicherung gegen Brandschäden wiederum geschieht vereinzelt auf der Basis von Brandsteuern, vorwiegend aber durch den sogenannten Brandbettel nach Schadenereignissen, der aber bald als Landplage empfunden wird.

Parallel zur Beseitigung der aristokratischen Regierungsform, zum Fall der Zunftverfassungen und zur allmählichen Liberalisierung des Wirtschaftslebens im Übergang vom 18. zum 19. Jahrhundert zerfallen diese alten Solidaritätswerke allmählich. Die Zeit für neue Formen der Absicherung bricht an. 1782 wird in der Stadt Zürich die schweizweit erste private freiwillige Feuerassekuranz errichtet. Es folgen die kantonalen Brandversicherungsanstalten. Die erste wird 1805 im Aargau gegründet, weil die Bewohner des Fricktals bei ihrem Beitritt zum Kanton Aargau (1803) diese Bedingung stellen, denn als zuvor österreichische Untertanen haben sie die dort geltende Versicherungspflicht schätzen gelernt. Es folgen viele weitere Kantone. Diese kantonalen Anstalten beschränken sich jedoch auf die Feuerversicherung, für die sie auch das Monopol beanspruchen; die Versicherung von Fahrhabe und Mobiliar sowie der Schutz gegen Elementarschäden bleibt der privaten Initiative überlassen.

Der moderne Bundesstaat als Initialzündung für Neuerungen

Die Schweiz vor 1848 ist kein guter Boden für das Versicherungswesen. Das Land ohne direkten Zugang zum Meer hat keine Handelsflotte, die eine Transportversicherung grösseren Stils erfordern würde – in anderen Ländern eine wesentliche Triebkraft für den Aufbau des Versicherungswesens. Zudem verhindert die Enge der in Stände und Talschaften aufgeteilten Wirtschaftsräume den für jede Versicherung existenznotwendigen breiten Risikoausgleich. Nur einzelne Branchen – Textil, Uhren – sind aussenwirtschaftlich von Bedeutung und strahlen in die Welt aus. Und erst mit der Verfassung von 1848 werden zudem Masse, Gewichte und das Münzwesen vereinheitlicht – ein weiterer Faktor, der Versicherungen begünstigt.

Aus diesen Gründen kommen die ersten Impulse für eine Ausweitung des Versicherungswesens in der Schweiz aus dem Ausland. Ab 1820 nehmen erste ausländische (vor allem deutsche) Mobiliarversicherungen ihre Tätigkeit in der Schweiz auf. Ab 1830 folgen im Lebenbereich viele französische Gesellschaften. So gesehen stellt die 1826 gegründete «Schweizerische Gesellschaft zur gegenseitigen Versicherung des Mobiliars gegen Brandschaden» (heute Mobiliar) einen Sonderfall dar. Sie ist die erste private und einigermassen professionelle Sachversicherungsgesellschaft in der Schweiz. Mit ihrer Rechtsform der Genossenschaft betont sie ihre sozial- und wirtschaftspolitische Selbstverpflichtung. Diese frühe Gründung ist vor allem der Tatkraft des Karl Anton von Lerber von Arnex (1784–1837) zu verdanken. Der Bernburger lässt sich in Paris und Rom zum Bankier ausbilden. Mit 32 Jahren wird er in den Grossen Rat gewählt; von 1824 bis 1831 gehört er dem Kleinen Rat an und engagiert sich auch im Verfassungsrat. Von 1831 bis zu seinem frühen Tod mit 53 Jahren gehört er dem Regierungsrat an. Karl Anton von Lerber wandelt sich dabei vom ultrakonservativen Aristokraten zum sozial aufgeschlossenen Wirtschaftspolitiker und wird auch zu einem der Gründer der Berner Kantonalbank. Die Gründung der Schweizer Mobiliar ist nicht in erster Linie kommerziell motiviert, sondern sozial und volkswirtschaftlich – typisch für die damalige Zeit. Eine Parallele findet sich drei Jahrzehnte später bei der Gründung der Rentenanstalt (1857), wo allerdings die kommerzielle Motivation ausgeprägter ist.

Das Misstrauen der Bevölkerung gegenüber den neuen Versicherungen ist aber gross. Dies drückt sich in mehreren erfolglos bleibenden Gründungsversuchen aus. So wird die 1840 ins Leben gerufene erste Lebensversicherungsgesellschaft der Schweiz, die Allgemeine Schweizerische Erb-, Witwen- und Alters-Casse des Kaufmännischen Directoriums St. Gallen, 1862 wieder liquidiert. 1841 wird die Schweizerische National-Vorsichts-Kasse in Bern als erster Versicherer in Form einer Aktiengesellschaft gegründet – sie überlebt nur bis 1855.

Die Versicherungsidee ist also noch nicht tief genug im Bewusstsein des Volkes verankert – bis Alfred Escher auf die Bühne tritt, der den Zeitgeist, die politischen und wirtschaftlichen Randbedingungen nicht nur gedanklich richtig verknüpft, sondern auch in ein robustes Geschäftsmodell giesst. Escher ist als Politiker und Gründer der Kreditanstalt ein «Mastermind» der modernen Wirtschaftsschweiz, er ist aber auch ein brillanter Psychologe, der das Vertrauensproblem erkennt, ernst nimmt und mit einer guten Idee löst. Er bringt das Prestige der erfolgreich gestarteten Kreditanstalt sowie seinen eigenen guten Namen als Vertrauenskapital in das noch unvertraute Versicherungsgeschäft ein. Escher weiss: Nur erstklassige Namen und Garantien können das Kernproblem der Versicherung lösen: dass eine unbekannte Firma bares Geld fordert allein für das papierene Versprechen, für

Links *Conrad Widmer (1818–1903), Gründer der Rentenanstalt*
Rechts *Schadensabteilung der Winterthur Versicherung in Paris 1930*

die materiellen Folgen von Schadensfällen und Schicksalsschlägen aufzukommen.
Mit der Kreditanstalt als «Rückversicherer» gibt er der neuen, noch unbekannten
Schweizerischen Lebensversicherungs- und Rentenanstalt (heute Swiss Life) den
nötigen Rückhalt. Ihre Gründung fällt ins Jahr 1857, ihr Promotor ist der liberale
Gerichtsschreiber, Advokat und Redaktor Conrad Widmer (1818–1903). Ein weiteres
Problem ist: Eine solche Versicherung kann nur funktionieren, wenn sich schnell
genügend Prämienzahler einstellen. Deshalb ist die Glaubwürdigkeit der Garantie
so wichtig. Mit zwei Massnahmen will Escher das erreichen. Zum einen leistet die
Kreditanstalt mit ihrem gesamten Aktienkapital von 15 Mio. Franken Gewähr für
die von der Rentenanstalt eingegangenen Versicherungsverträge. Dank diesem
kühnen Schritt erreicht die Neugründung innert kurzer Zeit die erforderliche
kritische Grösse. Als Gegenleistung darf die Kreditanstalt die Geschäftsleitung und
die Hälfte des Aufsichtsrates stellen, erhält anfänglich 40 Prozent des Gewinns und
bekommt alle Gelder der Versicherung zur Verwaltung. Die zweite «Versicherung
der Versicherung» ist das direkte persönliche Engagement der Regierung. Drei
Aufsichtsratssitze der Rentenanstalt sind für die Regierung des Kantons Zürich
reserviert. Damit wird behördliche Kontrolle versprochen – eine weitere vertrauens-
bildende Massnahme in einer Zeit, in der die «Verfilzung» von Behörden und
privater Kapitalmacht noch als Produktivkraft gesehen und akzeptiert wird. Erst
1885, als die Rentenanstalt Eigenmittel von 20 Mio. Franken erreicht hat und
etabliert ist, endet die Garantiebeziehung mit der Kreditanstalt. Bis dahin wird sie
im Tagesgeschäft wie eine Abteilung der Kreditanstalt geführt.

Alfred Escher und Conrad Widmer teilen die Überzeugung, dass der junge Bundesstaat nur gedeihen kann, wenn es gelingt, den breiten Mittelstand sozial zu stabilisieren. Beide sehen die Lebensversicherung auf Gegenseitigkeit als marktwirtschaftliches Instrument zur sozialen Sicherung von Bauern- und Handwerkerfamilien. Diese Idee trägt Früchte. Nach dem Beispiel der Rentenanstalt entstehen zwischen 1858 und 1878 sechs weitere Lebensversicherungsgesellschaften, darunter La Suisse, Société d'Assurances sur la Vie (1858), die Basler Lebens-Versicherungs-Gesellschaft (1864) und La Genevoise (1872). Ungeachtet einzelner kapitalmässiger und personeller Verflechtungen werden dabei die Sachversicherungsbranchen und die Personenversicherungen (Leben, Unfall) streng getrennt geführt.

Mentalitätswende nach dem Brand von Glarus

Das Glanzstück von Escher und Widmer ist gewiss ein Meilenstein im Schweizer Versicherungswesen. Doch für die Festigung des Versicherungsgedankens im modernen Bundesstaat ist ein anderes Ereignis ausschlaggebend: der Glarner Stadtbrand vom Mai 1861 mit seinen Schäden von 10 Mio. Franken. Die bestehende kantonale Brandversicherung verfügt aber nur über Reserven von 544 000 Franken, nur ein geringer Teil ist also durch Versicherungen gedeckt. Jetzt beginnen die Massen zu verstehen, wie wichtig die Sachversicherung ist. In der Folge kommt es rasch zu Versicherungsgründungen in allen Landesteilen. So legt sich 1861 die drei Jahre früher als Transportversicherung gegründete Helvetia in St. Gallen eine Feuerversicherung als Schwestergesellschaft zu. 1863 erfolgt die Gründung der Basler Versicherungs-Gesellschaft gegen Feuerschaden und der Schweizerischen Rückversicherungs-Gesellschaft – Letztere als Gemeinschaftswerk der Helvetia, der Kreditanstalt und der Basler Handelsbank. Zuvor scheitert eine Initiative, eine gemeinsame Rückversicherung der bestehenden kantonalen Brandversicherungsanstalten zu gründen, am föderalistischen Eigensinn. Was die öffentliche Hand innert nützlicher Frist nicht zustande bringt, schafft so also – wiederum unter der diskreten und wirksamen Regie von Alfred Escher – die private Initiative.

Am Beispiel der Helvetia und der Basler lassen sich die rasche Auslandorientierung der Schweizer Versicherungen und deren Folgen beispielhaft zeigen. Zwar ist die Helvetia wie alle Schweizer Versicherungsgründungen im 19. Jahrhundert ein regionales Projekt Ostschweizer Geschäftsleute. Da diese aber vorwiegend in der exportorientierten Textilindustrie tätig sind und aus Gründen der Risikoverteilung wendet sich die Helvetia sofort dem Auslandgeschäft zu; die Transportversicherung war ja sowieso auf Niederlassungen in den wichtigen Hafenstädten angewiesen. Hauptmarktgebiete sind die Schweiz, Deutschland und Frankreich, aber schon 1869 wird in Istanbul eine «Filialdirektion für den Orient» eingerichtet. 1876 folgt eine Niederlassung der Helvetia Feuer in Kalifornien, 1896 wird das USA-Geschäft auf New York und die Ostküste ausgedehnt. Einen schweren Rückschlag erleidet es durch den «Prämienkrieg» der Versicherer an der Ostküste und das Erdbeben von San Francisco (1906). Amerikanische Gerichte entscheiden, dass die Schadenfeuer im Gefolge des Erdbebens trotz ausdrücklichen Vorbehalts in den Versicherungsverträgen zu vergüten sind, was die Helvetia über 3 Mio. Franken kostet. 1910 zieht sie sich deshalb aus den USA zurück. Ähnlich rasch engagiert sich die Basler, bei der die ebenfalls exportorientierte Seidenbandweberei Pate gestanden hat, im Ausland – und auch hier bringt die Auslandexpansion einen Dämpfer in Form von empfindlichen Grossschäden. So erfolgt bei beiden Unternehmen eine Rückbesinnung auf den Heimatmarkt, in dem ab Ende des 19. Jahrhunderts ein stetiger Ausbau der Angebotspalette erfolgt, unter anderem durch Integration von Unfall-, Haftpflicht- und Motorfahrzeugversicherungen. 1971 entsteht dann die heutige Struktur der Baloise Group, während Helvetia in den 1990er-Jahren mit der Patria, die 1878 aus einer von der «Basler Gesellschaft für das Gute und Gemeinnützige» patronierten Stiftung hervorgegangen ist, zusammengeht. 2014 übernimmt Helvetia die Nationale Suisse, deren Wurzeln in der 1883 in Winterthur gegründeten Neue Schweizerische Lloyd liegen. Damit überholt Helvetia mit Bruttoprämieneinnahmen von rund 9 Mrd. Franken die Baloise, die beide zu den Grossen der Schweiz gehören.

Sie erreichen aber nicht die Dimensionen zweier wichtiger Gründungen nach dem Brand von Glarus: 1869 wird die «‹Schweiz› Transport-Versicherungs-Gesellschaft Zürich» aus der Taufe gehoben. Aus ihr geht 1872 der Versicherungs-Verein hervor (operativ ab 1873), der drei Jahre später in «Transport & Unfall-Versicherungs-Actien-Gesellschaft ‹Zürich›» umbenannt wird. Er dient zunächst als Rückversicherer der «Schweiz», kann aber von der Rückversicherung allein nicht leben. Es liegt somit nahe, dass er auch direkt Transportversicherungen zeichnet. Aber auch dies bringt offenbar nicht den erhofften Aufschwung. Jedenfalls beschäftigt man sich bereits 1874 mit der möglichen Aufnahme des Unfallversicherungsgeschäfts. Als dieses Projekt im Frühling 1875 umgesetzt wird, ist die Geburtsstunde der «Zürich» Versicherung gekommen. Im gleichen Jahr wird auch die Gründung der «Schweizerischen Unfallversicherungs-Actiengesellschaft in Winterthur» beurkundet. Damit reagieren die vorausschauenden Wirtschaftseliten von Zürich und Winterthur, Leute wie der Zürcher Textil-Kaufmann Carl Abegg-Arter (1836–1912)

Links *Firmenschild der 1826 gegründeten Schweizerischen Mobiliar-Versicherungs-Gesellschaft*
Rechts *Firmenschild der Helvetia-Feuer, St. Gallen*

und der Winterthurer Industrielle Heinrich Rieter-Ziegler (1814–1889), auf das vom deutschen Kanzler Otto von Bismarck 1871 durchgesetzte Reichshaftpflichtgesetz, mit dem Besitzern von Eisenbahnlinien, Fabriken und anderen Betrieben eine strenge Haftpflicht gegenüber ihren Angestellten, Besuchern, Kunden usw. auferlegt wird. Zugleich nehmen die Zürcher und Winterthurer Gründer die absehbaren sozialpolitischen Entwicklungen in der Schweiz vorweg; das neue Eidgenössische Fabrikgesetz ist zwar noch nicht vom Volk genehmigt, aber bereits im Parlament verabschiedet worden. Neben solchen Überlegungen mögen sie auch die enormen neuen Geschäftsmöglichkeiten, die sich durch die bevorstehenden Regulierungen auftun, zusätzlich motivieren. Im Vordergrund stehen die kollektiven Unfallversicherungen für ganze Belegschaften.

Die «Zürich» und die «Winterthur» entwickeln sich später zu den zwei bedeutendsten Versicherungskonzernen der Schweiz. Die Motivation zu ihrer Gründung kommt aber aus entgegengesetzten Richtungen. Die «Winterthur» ist durch die Personenversicherung motiviert und wendet sich erst später den Sachversicherungsbranchen zu, während die «Zürich» den umgekehrten Weg geht. Letztere versteht sich zudem von Anfang an als internationaler Player. Schon 1875 eröffnet die «Zürich» in Österreich, Preussen und den meisten deutschen Staaten sowie in

Firmenschild der Basler Lebensversicherungs-Gesellschaft

Dänemark, Schweden und Norwegen Filialen – dies aus Gründen der Risikoverteilung und um schnell eine kritische Grösse zu erreichen. Bereits 1880 kommen nur noch 21 Prozent der Prämieneinnahmen aus der Schweiz. Neben der durch die Brandkatastrophe von Glarus zugespitzten sozialpolitischen Motivation spielt bei der Gründung von Versicherungsgesellschaften also ganz klar auch kommerzielles Denken eine Rolle.

Schon die Gründer der Helvetia (St. Gallen, 1858) sind Textil- und Stickereiindustrielle und -händler, die die Versicherung als Geschäft begreifen. Die Textilindustriellen sind, je kräftiger die Bankenwelt die Expansion der Industrie finanziert und je höher der Fremdkapitalanteil steigt, desto mehr gezwungen, immer weiter entfernte Absatzmärkte zu erschliessen. Damit steigen die Risiken, vor allem bei den Schifftransporten, die die einzige Möglichkeit für den Export in entfernte Erdteile bieten. Ab etwa 1850 bieten deutsche, französische und englische Versicherer die Versicherung von Baumwolle «von der Pflanze bis zur Spindel» an. Sie fassen in der Schweiz Fuss und ziehen schon in den frühen 1850er-Jahren rund 2 Mio. Franken Prämien pro Jahr ab. Die Zürcher, Glarner und Ostschweizer Textilfabrikanten und -händler wollen daher auf die Dauer nicht Prämien an Fremde zahlen, sondern das Versicherungsgeschäft selber betreiben. Das Problem ist nur, dass sie von der technischen Seite des Geschäfts wenig verstehen. Das zeigt geradezu exem-

plarisch die Gründungsgeschichte der «Zürich». Alle zehn Mitglieder des Grün-
derverwaltungsrats, darunter Grössen wie Carl Abegg-Arter, John Syz-Landis,
Adolf Guyer-Zeller und Robert Schwarzenbach, sind geschäftlich an der Schnittstelle zwischen Textilwirtschaft und Finanzwesen angesiedelt. Für die technische
Seite wird daher in Deutschland ein Direktor eingekauft. Die Verwaltungsrats-
protokolle zeigen, dass selten vom technischen Versicherungsgeschäft die Rede ist;
im Vordergrund stehen Anlageentscheide und die Kontrolle des Aktionärskreises
bei Eintragungsgesuchen – nicht jeder, der Aktien kaufen will, wird ohne Weiteres
aufgenommen. Wegen der weitgehenden Nachschusspflicht will die Gesellschaft
sicher sein, nur solvente und risikofähige Aktionäre aufzunehmen. Erstaunlich für
einen solchen «Start-up» im ausgehenden 19. Jahrhundert ist die ganz selbstver-
ständliche Renditeerwartung vom ersten Tag an. Die Gesellschaft ist schon nach
dem ersten Geschäftsjahr in der Lage, eine Dividende von 12,5 Prozent auf den
Nennwert zuzüglich 5 Prozent Kapitalverzinsung auszuzahlen. Letztere wird auch
in Verlustjahren aufrechterhalten. Dennoch sind nach heutigen Anschauungen die
Versicherungsgründungen im 19. Jahrhundert allesamt abenteuerlich zu nennen.
Das Versicherungsgeschäft war ein Blindflug ohne Instrumente.

Staat und Versicherungswirtschaft – permanenter Kampf und Ausgleich

Von der Gründungszeit an weist die Versicherungsbranche eine grosse Nähe zu
wesentlichen staats- und sozialpolitischen Konzeptfragen auf und ist in ausgepräg-
tem Masse von staatlichen Regulierungen abhängig. 1877 wird das Eidgenössische
Fabrikgesetz in der Volksabstimmung angenommen. Es bringt den Elf-Stunden-
Tag, das Verbot der Kinderarbeit und der Nacht- und Sonntagsarbeit für Frauen
sowie minimale Haftpflichtvorschriften für Arbeitgeber. Friedrich Engels bezeichnet
es in einer Fussnote zur 4. Auflage des «Kapitals» von Karl Marx neben dem englischen Gesetz «als immer noch weitaus das beste Gesetz über den Gegenstand».
Dieses Gesetz erschliesst zugleich der jungen, bis dahin auf professionelle Kundschaft (Exporthandel, Industrie) konzentrierten Versicherungswirtschaft neue
Kundensegmente, und es zwingt sie zu einem aktiven Zielgruppen- und Massen-
marketing.

1885 wird das Versicherungswesen in der Schweiz erstmals im «Bundesgesetz
betreffend Beaufsichtigung von Privatunternehmen im Gebiete des Versicherungswesens» staatlich reguliert und das Eidgenössische Versicherungsamt als Aufsichtsbehörde gegründet. Oberstes Ziel der staatlichen Aufsicht ist der Schutz der
Versicherten und die Verhinderung von Risikokumulationen. Das Versicherungs-

geschäft wird konzessionspflichtig. Scharf achtet das Versicherungsamt darauf, dass die Banken und die Versicherungen getrennt bleiben und dass Personen- und Sachversicherungen nicht von der gleichen Gesellschaft betrieben werden. Darauf antworten die historisch gewachsenen Versicherer mit der Bildung von Gruppen und Konzernen. 1886 werden 52 ausländische und 22 schweizerische Gesellschaften konzessioniert; beworben haben sich insgesamt 97, und vor 1885 waren sogar 157 in- und ausländische Versicherer in der Schweiz tätig gewesen. Regulierung und Praxis im Versicherungsbereich sind, gemessen am eher liberalen Umgang des schweizerischen Staates mit anderen Branchen, ungewöhnlich streng. Die auf Sicherung der versprochenen Leistungen gerichtete Politik der Aufsichtsbehörde führt zu hohen Prämien und fördert die Bildung von Kartellen, die bis in die 1980er-Jahre ein Kennzeichen der schweizerischen Versicherungswirtschaft bleiben. Mit der frühen und strengen Regulierung ist die Schweiz den meisten anderen europäischen Staaten voraus. Erst 1901 bzw. 1905 führen auch das Deutsche Reich und Frankreich die staatliche Überwachung des Versicherungswesens ein und nehmen dafür die Schweiz als Vorbild.

Die Gründung der Eidgenössischen Militärversicherung im Jahr 1895 – eine Erweiterung einer von der «Zürich» 1887 initiierten und von ihr auf privater Basis betriebenen Versicherung – ist dann ein frühes Signal für das grosse Thema, das während Jahrzehnten die wirtschafts- und sozialpolitische Debatte belebt – nicht nur in der Schweiz, sondern in allen Ländern, in denen schweizerische Versicherer aktiv sind: die Grenzziehung zwischen Staats- und Privatwirtschaft, das Wechselspiel zwischen (geschäftsförderndem) Versicherungsobligatorium und wachsendem Druck der Politik auf die Prämien, verbunden mit der Tendenz zu staatlichen Versicherungen. Auch die Gründung des «Verbandes konzessionierter schweizerischer Versicherungsgesellschaften», später Schweizerischer Versicherungsverband (SVV), um die Jahrhundertwende hat damit zu tun. Er versteht sich zunächst als Lobby gegen die Bestrebungen des Staates, die obligatorische Unfallversicherung in einer staatlichen Monopolanstalt zu konzentrieren, wie dies in Österreich und im Deutschen Reich geschehen ist. 1900 wird eine erste Vorlage für eine staatliche Unfallversicherung abgelehnt. Den Gewerkschaften geht das Gesetz zu wenig weit, den Bauern ist es zu streng, weil sie befürchten, das Versicherungsobligatorium werde auch auf die Landwirtschaft ausgedehnt. Doch nach einem der leidenschaftlichsten und aufwendigsten Abstimmungskämpfe in der Geschichte des Bundesstaates wird 1912 in einer erneuten Volksabstimmung die Errichtung einer staatlichen Monopolversicherungsanstalt (SUVA) knapp gutgeheissen. Zwar wird die

SUVA wegen des Ersten Weltkriegs erst 1918 eröffnet, doch manche Privatversicherer verlieren durch den Volksentscheid etwa 10 Prozent ihrer jährlichen Prämieneinnahmen. Einzelne reagieren allerdings unternehmerisch. So beschliesst die «Zürich» im Jahr der Abstimmung den grössten Expansionsschritt ihrer bisherigen Geschichte und startet in New York ihr Amerika-Geschäft. Es ist der richtige Entscheid im richtigen Augenblick. Während Europa im Ersten Weltkrieg versinkt, kommt in den USA die Massenmotorisierung in Gang. Millionen von Ford-T beleben die Strassen und die industrielle Produktion boomt. Die «Zürich» betätigt sich in der «workmen's compensation» genannten Arbeiterunfall-, der allgemeinen Haftpflicht- und auch der Autohaftpflichtversicherung so erfolgreich, dass 1920 schon über 50 Prozent der Prämieneinnahmen des ganzen Konzerns aus den USA stammen. Eine Stellung, die der US-amerikanische Markt für die Zürich bis auf ein paar wenige Jahre nie mehr verloren hat.

Was Herkunft, Ausbildung und Karriere der Versicherungsfachleute betrifft, hat sich in der Aufbauzeit zu Beginn des 20. Jahrhunderts ein ganz bestimmter Typ von Leistungsträgern durchgesetzt, den man an der Spitze vieler Gesellschaften findet: ehrgeizige Pragmatiker ohne akademisches Gepäck, dafür kaufmännisch ausgebildet und früh in der ausländischen Handelspraxis gehärtet; oft stammen sie ursprünglich aus der Textilindustrie, gelegentlich werden sie durch Schicksalsschläge zu Karrierebrüchen gezwungen. August Leonhard Tobler (1871–1948) ist ein solches Beispiel: Er stösst 1900 zur «Zürich», nachdem er früh ausgewandert und das geworden ist, was in der Zürcher Textilszene als «Überseer» bezeichnet wird: ein Handelskaufmann, der sich in fremden Märkten und Kulturen auskennt, schon weil er selber aus einem internationalen Familienmilieu stammt. Tobler ist der Sohn eines Baumwollfabrikanten und wächst in Bergamo auf; mit 20 Jahren kommt er nach Manila (Philippinen) und spricht fliessend Spanisch und Englisch. Eine Tropenkrankheit zwingt ihn aber zur Rückkehr in die Schweiz. Dort vermarktet er seine Sprachkenntnisse und tritt bei der «Zürich» ein, wo er die Betreuung der spanischen Niederlassungen übernimmt. Der frühe und entschlossene Schritt der «Zürich» nach Amerika wird nur gewagt, weil der sprachgewandte Tobler mit an Bord ist. 1918 wird er zum Generaldirektor ernannt. Das USA-Geschäft füllt bei der «Zürich» die vom Ersten Weltkrieg gerissenen Lücken in Europa und wird zu einer Stütze des Konzerns, obwohl es während Jahren technisch defizitär ist: Das Anlagegeschäft kompensiert die Verluste.

Überhaupt spielt die weltpolitische Lage für die Schweizer Versicherungswirtschaft in den ersten Jahrzehnten des 20. Jahrhunderts eine grosse Rolle. Als Folge

Links *Plakat der Zürich Versicherung um 1900. Die furchtlose Göttin schart die Hilfesuchenden zu ihren Füssen und bieten ihnen, mit der Police in der Hand, fast körperlich Schutz und Deckung*

Rechts *Bild aus einem Prospekt der Winterthur Unfallversicherung 1960*

des Ersten Weltkriegs und der Inflation scheiden die deutschen Lebensversicherer aus dem Schweizer Markt aus. Sie können die im Kautionsgesetz vorgeschriebenen Anlagenwerte nicht mehr nachweisen. 62 000 Schweizer Versicherte mit rund 420 Mio. Franken Versicherungssumme erleiden de facto einen Totalverlust. Die Schweizer Lebensversicherer werden zwar zu einer Stützungsaktion gezwungen, können aber vom Ausfall der deutschen Konkurrenz profitieren und ihre Marktanteile erhöhen, was in zahlreichen Neugründungen seinen Niederschlag findet. Auch in der Rückversicherung kommt es zu mehreren Neugründungen. Trotz welt- und währungspolitischer Turbulenzen und der Weltwirtschaftskrise arbeitet die Geschichte per Saldo für die Schweizer Versicherungen: Am Vorabend des Zweiten Weltkriegs entfallen auf ausländische Versicherer in der Schweiz nur gerade noch 1,4 Prozent des direkten Geschäftsvolumens.

In der Zwischenkriegszeit erleben zahlreiche noch junge Versicherungssparten den definitiven Durchbruch, so die Motorfahrzeug-Haftpflichtversicherung im Gefolge der beginnenden Motorisierung. Auch Spezialgebiete werden erschlossen; so bietet La Défense Automobile et Sportive (D.A.S.) ab 1926 erste Rechtsschutzversicherungen für Autofahrer an. Bei den zuvor sauber nach Branchen geschiedenen Versicherern verstärkt sich der Trend zur Allbranchengesellschaft. Und mit innovativen Methoden wird versucht, auch einkommensschwache Schichten zu erreichen, die zuvor von der Versicherungsindustrie wegen der zu hohen Verwaltungskosten weniger intensiv bearbeitet worden sind. So führt die zur «Zürich» gehörende Vita 1925 als erster kontinentaleuropäischer Lebensversicherer periodische ärztliche Untersuchungen ein und entwickelt mit der Volksversicherung ein Produkt für den Massenmarkt.

Mit den Kunden und den neuen Risiken wachsen

In der Nachkriegszeit wachsen die Schweizer Versicherungen mit ihren industriellen und gewerblichen Kunden und etablieren sich auf den Weltmärkten als ansehnliche Exportindustrie und als erstklassiger Know-how-Träger. Zugleich drängen mächtige ausländische Mitbewerber auf den schweizerischen Markt. Die wachsende Komplexität des Versicherungsgeschäfts namentlich im industriellen Bereich zeigt sich ab Mitte der 1950er-Jahre am Beispiel der friedlichen Nutzung der Kernenergie. Das Schadenpotenzial eines Atomunfalls und damit das Risiko des Versicherers ist beinahe unendlich gross. Die Schweizer Erst- und Rückversicherer antworten im Einvernehmen mit den Betreibern (bzw. den projektierenden Gruppen) und der Aufsichtsbehörde mit der Gründung des Schweizer Nuklearpools (1957), der eine weltweite Streuung des Risikos ermöglicht. Auch andere hochkomplexe Bereiche der modernen Zivilisation werden nach dem Pool-System versichert, indem die Risiken nach den Beteiligungsquoten am Pool auf die beteiligten Versicherungsunternehmen aufgeteilt werden. Die Vorteile sind offenkundig: gute Mischung der Risiken bei jedem der beteiligten Partner; Vereinfachung und Verbilligung der Administration; umfassende Kontrolle der (meist sehr komplexen) Risiken. Ausserdem können von der Politik gewünschte Solidarleistungen der Versicherungswirtschaft auf diesem Weg einigermassen gerecht auf die einzelnen Gesellschaften verteilt werden (Elementarschaden-Pool). Grössere Bekanntheit erreichen auch die Pools für Luftfahrtversicherungen sowie für die Versicherung von Talsperren-Haftpflichtrisiken.

Tschernobyl (1986), Seveso (1976), Bhopal (1984), Schweizerhalle (1986) oder Exxon Valdez (1989) stehen als Ikonen für die Grossrisiken der modernen Industriegesellschaft, die in den 1970er- und 1980er-Jahren zur grossen Herausforderung der globalen Versicherungswirtschaft und somit auch der Schweizer Versicherer werden, denn diese bewegen sich in einer fast endlosen Kette von Übernahmen und Neugründungen auf praktisch allen grossen Versicherungsmärkten der Welt. Unter dem Eindruck drohender Grossschäden entwickeln die Schweizer Versicherer komplexe Verfahren der Risikoanalyse und -beurteilung. Risikoanalyse rückt in den gleichen Rang auf wie strategische Planung, Finanzierung oder Marketing, und der Risikoanalyst des Versicherers ist schon bei der Planung einer Anlage dabei. Vital für das Funktionieren dieses Prinzips ist der weltweite Informationsaustausch. Dies stellt in den 1970er- und 1980er-Jahren die Organisationsform der Schweizer Versicherungskonzerne grundlegend infrage. An Stelle des Gruppenaufbaus mit einer mächtigen Zentrale und nationalen Auslegern tritt eine wissensbasierte und eng vernetzte Konzern-Matrix.

Namentlich die «Zürich» als inzwischen grösste Schweizer Versicherungsgruppe etabliert sich unter der Führung des Berners Fritz Gerber (*1929) in der globalen Industrieversicherung und beginnt, länder- und kontinentübergreifende Konzernlösungen anzubieten. Damit wird das Ende der während Jahrzehnten herrschenden strengen Kartellorganisation im Schweizer Versicherungswesen eingeleitet. Gerber verpasst der «Zürich» eine moderne Struktur. Er etabliert ein damals noch ungewohntes, kunden- und wachstumsfreundliches System der internationalen Industrieversicherung, indem er – gegen namhafte interne Widerstände – Versicherungslösungen auf Konzernebene anbieten lässt, mit denen die «Zürich» Dutzende renommierter Grosskunden gewinnt. Diese Strategie wird verstärkt, als die «Zürich» 1975 die Krise der Kölner Herstatt-Bank ausnützt und 25,1 Prozent sowie eine Option auf die Mehrheit von deren Muttergesellschaft, dem deutschen Industrieversicherer Gerling, übernimmt. Zwar wird das Paket 1978 wieder verkauft, doch gelingt der «Zürich» damit der Eintritt in einen der wichtigsten Industrieversicherungsmärkte der Welt. 1978 wird der erfolgreiche Konzernleiter dann auch noch an die Spitze des Pharma-Multis Hoffmann-La Roche berufen. In einem beispiellosen Kraftakt führt Gerber fast 20 Jahre lang beide Weltkonzerne mit grossem Erfolg.

Ein zentrales Instrument für den Umgang mit den Grossrisiken der modernen Welt ist das Rückversicherungswesen, in dem die Schweiz ebenfalls eine weltweit führende Rolle einnimmt. Mit dem Mittel der Rückversicherung können Erstversicherer ihre Risiken im Raum und in der Zeit verteilen; sie können die Risiken auch «atomisieren», das heisst durch wiederholte Risikoteilung mittels Rückversicherung riesige Risiko-Klumpen in Einzelstücke aufteilen, die für den einzelnen Marktteilnehmer noch verkraftbar sind. Zentral für das Rückversicherungsgeschäft ist der Know-how-Transfer. Es sammelt sich bei den Rückversicherern ein riesiges Wissen in Sachen Beurteilung von Risiken, Schadenverhütung und Schadendienstberatung an, sodass sie häufig auch als Underwriting-Berater der Erstversicherer

Oben *Grossrisiko Terroris-*
mus: New York unmittelbar
nach den Anschlägen
vom 11. September 2001

Unten *Grossrisiko Natur-*
katastrophe: New Orleans
nach dem Hurrikan Katrina
am 8. September 2005

eingesetzt werden. Die Rückversicherer sind also Risikoträger, Financier und Servicestelle zugleich. Deshalb sind Rückversicherer in der Regel sehr gross, in allen Branchen weltweit tätig – und überall in der Welt auffallend weniger reguliert als Erstversicherer. Die Begründung dafür lautet, dass es eben um ein Geschäft unter Profis geht. Ungeschriebene Regeln und Gentlemen's Agreements bestimmen daher das Tagesgeschäft bis in die heutige Zeit. Persönliche Beziehungen und gegenseitiges Vertrauen spielen eine grosse Rolle. Zudem ist die Branche sehr intellektuell geprägt. Angesichts der Komplexität moderner grosstechnischer Systeme (Luft- und Raumfahrt, Nukleartechnik, Gentechnologie) und ungeahnter Bedrohungen (Klimaerwärmung, Terrorismus) sind Rückversicherungstechnik und -politik stark verwissenschaftlicht worden.

Die Geschichte der Swiss Re ist ein Beispiel dafür. Mit über 11 000 Mitarbeiten-den (2013) in mehr als 25 Ländern und Prämieneinnahmen von 26,3 Mrd. Franken ist sie neben der Münchener Rück der bedeutendste Rückversicherer der Welt. Swiss Re wird, wie erwähnt, 1863 von Helvetia, Schweizerischer Kreditanstalt und Basler Handelsbank unter dem Namen «Schweizerische Rückversicherungs-Gesellschaft» im Nachgang zum Brand von Glarus gegründet. Seit ihren Anfängen mit einer schwierigen Zeit in den 1860er-Jahren ist sie, wie jede wettbewerbsfähige Rückversicherung, ein lernendes Unternehmen, das aus jedem Geschäftsvorfall Folgerungen für die Preisgestaltung sowie für Innovationen in der Produktgestal-tung und bei den Verfahrensabläufen zieht. Seit den 1980er-Jahren entwickelt die Swiss Re alternative Rückversicherungsprodukte und betritt mit der Verbriefung von Risiken und Risikoarten (ILS, Insurance-Linked Securities) Neuland. Die ver-sicherten Risiken sind umfangreich; allerdings können die Rückversicherer, weil sie ihre Prämien im Voraus erhalten, langfristig disponieren und ihre Anlagen bis zur Fälligkeit halten. Sie sind deshalb kurzfristigen Marktschwankungen weniger aus-gesetzt als andere Unternehmen. Heute ist die Swiss Re in drei Geschäftseinheiten gegliedert: Den klar grössten Bereich bildet das traditionelle Rückversicherungs-geschäft. Dazu kommen Direktversicherungen für Unternehmen. Der Bereich «Admin Re®» schliesslich übernimmt bereits abgeschlossene Lebens- und Kranken-versicherungsbestände anderer Versicherungen. Swiss Re bietet aber auch Dienst-leistungen im Bereich Risikomanagement für Regierungen. Das Asset Manage-ment bildet einen internen Bereich, der – im Unterschied zu den Banken – eigenes Kapital investiert, das heisst Investitionen nicht als Kundendienstleistung erbringt, sondern die Verwaltung der eigenen Vermögenswerte mit dem Ziel der kongru-enten Deckung der vertraglichen Verbindlichkeiten zum Ziel hat. Die grossen Verluste im Zuge der Finanzkrise und die Rückstufung ihres langjährigen Ratings haben bei der Swiss Re zu einer konsequenten Rückbesinnung auf das Kerngeschäft geführt.

Das Ende des Kartells als Zeitenwende für die Versicherungsbranche

Vor und nach dem Umbruch in Osteuropa durchlebt die schweizerische Versiche-rungsbranche die wohl grösste Umwälzung ihrer Geschichte. Deregulierung, Konsolidierung und Entkartellisierung sind angesagt. Mächtigster Treiber der Entwicklung ist die Europäische Union, der die Mehrheit der Schweizerinnen und Schweizer aus staatspolitischen Gründen ablehnend gegenübersteht. Auch in der auf die wirtschaftlichen Aspekte reduzierten Form des EWR (Europäischer Wirtschaftsraum) findet die europäische Integration in der Schweiz 1992 keine Mehrheit. Die Schweizer Versicherer werben erfolglos für die Vorlage, weil sie ihnen in den Ländern der EU den gleichberechtigten Marktzutritt garantieren würde. Nach dem Nein des Volkes werden zahlreiche Niederlassungen in EU-Ländern in selbstständige Tochtergesellschaften umgewandelt. Zugleich fallen die letzten Kartelle, und es beginnt ein bisher ungewohnter Produkte-, Tarif- und Konditionenwettbewerb. Bereits 1988 untersucht die Schweizerische Kartellkommission den Sachversicherungsmarkt und verlangt zahlreiche Änderungen, gegen die sich die Branche zunächst wehrt. Schliesslich hebt das Bundesgericht in mehreren Schritten bis 1996 alle Bestimmungen in den Verbandsstatuten auf, die die Mitglieder zur Einhaltung von Preis- und Konditionsabsprachen verpflichten. Das Ende des Schweizer Sachversicherungskartells führt auch in anderen Versicherungsbranchen zur Deregulierung.

Das bleibt nicht ohne Folgen. Der verschärfte Konkurrenzkampf führt innert kürzester Zeit zu einer grossen Zahl von Konzentrationsbewegungen und Übernahmen – beispielsweise 1988 die Übernahme der La Suisse durch die Rentenanstalt/ Swiss Life und der Neuchâteloise durch die Winterthur, 1990 der Kauf der Elvia durch die Schweizer Rück und 1991 die Übernahme der Genfer durch die Zürich. Mehr als die Hälfte der 1982 noch existierenden schweizerischen Lebensversicherungsgesellschaften ist heute nicht mehr auf dem Markt, jedenfalls nicht mehr unter dem damaligen Namen. Dazu gehören prominente Marken traditioneller, jahrzehntelang erfolgreicher Gesellschaften wie Vita, Berner, Neuenburger Leben, Familia und Fortuna, Coop und Secura Leben. Ähnlich verläuft die Entwicklung im Nichtlebengeschäft, wenn sich hier auch einige kleine Anbieter halten können, sofern sie eine sehr homogene Kundengruppe bedienen. Eine Metzger-Unfall, eine Emmentalische Mobiliar und eine Epona gibt es möglicherweise noch in 20 Jahren. Dennoch: Bekannte Markennamen, die zum Teil auf das 19. Jahrhundert zurückgehen, wie Helvetia Feuer und Helvetia Unfall, Neuenburger Allgemeine, Union Suisse oder Elvia, verschwinden. Aber auch unter den grundlegend veränderten Voraussetzungen der Deregulierung kann sich die schweizerische Versicherungsbranche national und international behaupten. Dies spiegelt sich in der weitgehend stabil gebliebenen Zahl der Arbeitnehmer. 1988 beschäftigten die Schweizer Versicherer in der Schweiz 44 000 und im Ausland 61 500 Personen, 2014 sind es in der Schweiz gegen 48 000 und im Ausland über 69 000 Personen.

Zur Entkartellisierung und Deregulierung im In- und im Ausland kommt die zunehmende Bedeutung des Finanz- und Anlagegeschäfts gegenüber dem technischen Versicherungsgeschäft, was neue Risiken für die Versicherungen bedeutet. Zunächst bescheren die 1990er-Jahre den Schweizer Versicherern eine Folge von Spitzenergebnissen. Hohe Finanzerträge und Dividendenausschüttungen versperren indessen den Blick auf teilweise extrem schlechte versicherungstechnische Ergebnisse. Warnende Stimmen werden angesichts eines Swiss Performance Index, der sich zwischen 1990 und 1996 verdreifacht und bis 2000 nochmals um 120 Prozent nach oben klettert, nicht gehört oder belächelt. Doch nicht nur besteht die Möglichkeit, durch Aktienverkäufe satte Gewinne zu realisieren, auch die hohen Obligationenbestände generieren ansehnliche Renditen. Nicht wenige Gesellschaften messen deshalb dem Finanzgeschäft zulasten des eigentlichen Versicherungsgeschäfts zu viel Gewicht bei. Zusätzlich angeheizt wird das Schielen auf die Aktienkurse sowie die Neigung zu Experimenten und Produktinnovationen durch die aufgrund des verschärften Wettbewerbs sinkenden Margen. Beispielhaft dafür ist die Entwicklung bei der Zürich Versicherung, wo ab 1995 Rolf Hüppi das Zepter von Gerber übernimmt und beseelt von der Vision, die etwas biedere Versicherung in den grössten globalen Finanzdienstleister zu verwandeln, ein horrendes Tempo an Akquisitionen einschlägt. Gestiegene Komplexität des Unternehmens, fehlende Selbstkritik und schliesslich das Platzen der Dotcom-Blase bringen die «Zürich» dann aber in grosse Schwierigkeiten und führen schliesslich 2002 zum Abgang von Hüppi.

Aber auch anderswo steht die «Allfinanz»-Idee im Blickpunkt: Versicherung, Anlageberatung und Altersvorsorge aus einer Hand. So kommt es 1996 zur «strategischen Allianz» zwischen der Winterthur, dem zweitgrössten Schweizer Versicherungskonzern, und der Credit Suisse Group und im folgenden Jahr zur Übernahme der Versicherung durch die Grossbank. Damit nimmt die Allfinanz-Idee sozusagen konzernmässige Gestalt an. Die Credit Suisse Group definiert sich fortan als Allfinanz-Konzern mit dem unverhüllten Anspruch, an die Weltspitze der Finanzindustrie vorzustossen. In der Börsenkrise 2001 / 02 wendet sich das Blatt allerdings, und die Credit Suisse Group muss froh sein, 2006 die Winterthur zu einem passablen Preis an die französische AXA verkaufen zu können. Auch ohne diese Verwerfungen hat die Allfinanz-Idee allerdings vor allem im Schweizer Markt zu kämpfen: Viele Kunden wollen nicht ihre ganzen Geldangelegenheiten bei einer einzigen Adresse aufgehoben wissen. Und im Inneren der Organisationen herrscht statt Aufbruchstimmung Frustration über die ständigen Reorganisationen, was die Markt- und Verkaufsleistung beeinträchtigt und den Abgang vieler Nachwuchskräfte nach sich zieht.

Doch die Allfinanz-Idee ist nur die Spitze eines tiefer greifenden Wandlungs-prozesses. Bei langfristig sinkenden Zinsen wächst im Lauf der 1990er-Jahre die Risikoneigung der Anlagespezialisten in den Versicherungen, zumal der Aktien-anteil in den riesigen Anlage-Portfolios der Versicherer seit den 1980er-Jahren an Gewicht gewonnen hat und auch der Renditedruck von den eigenen Aktionären her deutlich gestiegen ist. In Verbindung mit liberaleren Rechnungslegungs-Stan-dards und neuen variablen Vergütungs- und Bonussystemen führt dies in der Versicherungswirtschaft zu einem risikofreudigeren, stärker ertragsorientierten Anlageverhalten. Die konservativen Bewertungsgrundsätze von Vermögenswerten und Verbindlichkeiten werden zugunsten «dynamischer», finanzmarktorientierter Verfahren zurückgedrängt. Das Geschäft mit modernen Finanzinstrumenten und deren Hebelwirkung übt auf Aktionäre wie auf von Incentive- und Bonusplänen profitierende Manager seine Reize aus und führt zu einer zum Teil hektischen Übernahmeaktivität.

Im Jahr 2000 schlägt eine Expertenkommission des Bundesrates vor, die Auf-sicht über Banken und Versicherungen in der Schweiz grundsätzlich zu reformieren. Anstelle der Versicherungsaufsicht durch das entsprechende Bundesamt soll eine integrierte Finanzmarktaufsicht treten, die sämtliche Akteure auf dem Markt erfasst. Der Versicherungsverband meldet zwar grundsätzliche Bedenken an – «Was hundert Jahre lang gut funktioniert hat, soll nicht ohne Not geändert wer-den». Doch kaum ist die Erklärung veröffentlicht, beginnt die grosse Börsenkrise, die in den Erfolgsrechnungen und Bilanzen der Versicherer ihre Spuren hinterlässt. Die Versicherer haben rund 300 Mrd. Franken in Aktien angelegt – wobei in dieser Summe die Anlagen der Auslandniederlassungen schweizerischer Versicherungs-gesellschaften nicht berücksichtigt sind. Die Anlageerträge schrumpfen drama-tisch, auch weil die Zinsen sinken und festverzinsliche Papiere empfindlich weniger einbringen. In diesem Umfeld wird zum ersten Mal die Senkung des seit 1985 bestehenden Umwandlungssatzes bei der beruflichen Alters-, Hinterlassenen- und Invalidenvorsorge (BVG) von 7,2 auf 6,8 Prozent diskutiert und 2005 vorgenom-men – eine weitergehende Senkung wurde allerdings 2010 in einer Volksabstim-mung abgelehnt. Die berufliche Vorsorge bildet ein beachtliches Klumpenrisiko: Von den gut 53 Mrd. Franken Prämien, die den Privatversicherern 2002 im Direkt-geschäft Schweiz zuflossen, entfallen schätzungsweise 24 Mrd. Franken auf das Kollektivlebengeschäft. Auch die technischen Resultate der meisten Versicherungs-sparten werden von Jahr zu Jahr schlechter, vor allem wegen der steigenden Schaden-kosten und des anhaltenden Prämienwettbewerbs. Die unternehmerische Antwort ist die Fokussierung auf die Kerngeschäfte. Tochtergesellschaften in Märkten ohne ausreichendes Wachstumspotenzial werden abgestossen, die Allfinanz-Strategie wird auf den Prüfstand gestellt, klassische Geschäftssparten (z. B. die Einzelkrankenversicherung) werden aufgegeben oder zum Auslaufen verurteilt.

Ende 2004 wird das Versicherungsaufsichtsgesetz im Parlament angenommen. Seit der gewaltigen Kapitalvernichtung durch die Börsenkrise hat einerseits der Schutz der Versicherten vor den Insolvenzrisiken der Versicherungen neue Bedeutung erhalten, andererseits wird die Aufsichtsproblematik in der Branche entspannter gesehen als vier Jahre zuvor. Kernstück des neuen, in der Gründung der Finanzmarktaufsicht (Finma) gipfelnden Aufsichtsregimes für die Versicherungsbranche ist der Schweizer Solvenztest (Swiss Solvency Test, SST). Er soll die zentrale Frage beantworten: Wie viel Kapital braucht ein Versicherer, damit er in absehbarer Zukunft mit ausreichender Wahrscheinlichkeit solvent bleibt und seinen Verpflichtungen den Kunden gegenüber jederzeit nachkommen kann? Mit diesem Instrument realisiert die Schweiz eine weltweit vorbildliche Lösung im Sinne des modernen Konsumentenschutzes.

Marketing-Innovationen und Veränderungen im Vertrieb

Der Vertrieb von Versicherungsverträgen hat sich in den Jahren seit der Entkartellisierung unter hohem Wettbewerbsdruck stark gewandelt. Vor allem sind die Anforderungen an die Beratungsqualität in allen Bereichen gestiegen. Makler und Broker haben sich als Berater und Marktteilnehmer zusätzliche Marktanteile gesichert – nicht nur in der Geschäfts- und Industrieversicherung, sondern zunehmend auch im privaten Bereich. Am anderen Ende der Vertriebskette, bei den Routinegeschäften (z. B. Motorfahrzeug-Haftpflicht), hat das Internet eine tragende Rolle übernommen. Kundenbindung wird längst nicht mehr mit dem Slogan «En Schade – en Check», das heisst mit der prompten Auszahlung von Ansprüchen, erreicht; der Trend geht vielmehr in Richtung der Rundum-Betreuung. Bemerkenswert ist, dass nach einer langen Phase der Zentralisierung das System der Generalagenturen wieder stärker auf die unternehmerische Seite gesteuert wird. Grosse Versicherer lassen ihren Generalagenten die Wahl zwischen dem Status des leitenden Angestellten und dem des selbstständigen Unternehmers.

Der Versicherungsmarkt in der Schweiz ist traditionell stark. Gemäss einer Erhebung der Swiss Re aus dem Jahr 2014 steht die Schweiz bei den Pro-Kopf-Ausgaben für Versicherungsprämien in Europa vor den Niederlanden und Dänemark auf Platz eins. Der Kleinstaat Schweiz ist sogar in absoluten Zahlen der immerhin siebtgrösste Versicherungsmarkt des Kontinents. Nach der Erholung von der Börsenkrise 2000/01 hat die Schweizer Versicherungswirtschaft ihre Präsenz auf wichtigen ausländischen Märkten kontinuierlich ausgebaut und leistet so einen wichtigen Beitrag an die schweizerische Ertragsbilanz; knapp 70 Prozent ihres Prämienvolumens von 179 Mrd. Franken (2013) erwirtschaftet sie im Ausland. Als Stütze der schweizerischen Volkswirtschaft erbringen die Versicherungen knapp 5 Prozent der Bruttowertschöpfung des Landes. Damit gehört sie zu den sechs grössten Wirtschaftszweigen der Schweiz. Die direkten und indirekten Steuererträge aus dem Finanzsektor – Banken und Versicherungen – machen rund 14 Prozent des gesamten Steueraufkommens in der Schweiz aus. Allein die Unternehmenssteuern der Privatversicherer liegen bei rund 4 Mrd. Franken.

Die Schweizer Versicherer behaupten sich im internationalen Wettbewerbsumfeld bemerkenswert erfolgreich. In erster Linie imponiert die Kapitalstärke der grossen Schweizer Versicherer, die sich auch in ihren hohen Reserven ausdrückt. In der engen Verbindung mit dem Finanzplatz Schweiz ergeben sich zusätzliche Startvorteile. Branchenkenner vertreten sodann die Auffassung, die relativ übersichtliche Grösse der Schweizer Versicherer habe deren Beweglichkeit und Arbeitstempo gefördert. Die früh begonnene Internationalisierung hat ausserdem die Anpassung an fremde Mentalitäten und neue Kundenwünsche gefördert. Schliesslich gelten die Schweizer Versicherer im technischen Bereich als ausgesprochen fähig und versiert. Und um den ständig steigenden Kosten für Personal und Informationstechnologie zu begegnen, führen einzelne Schweizer Versicherer zunehmend wichtige Betriebsteile im Ausland, zum Beispiel Callcenter für die Kundenbetreuung in Irland oder IT-Abteilungen in Indien. Diese Gründe haben dazu geführt, dass unter den 20 grössten Versicherungsgruppen in Europa sich gleich drei Erstversicherer aus der Schweiz finden, wenn auch der eine davon (AXA Winterthur) inzwischen in ausländischem Eigentum ist. Zudem ist der zweitgrösste Rückversicherer der Welt – Swiss Re – ebenfalls ein Schweizer Unternehmen. Schweizer Versicherer sind auch die grössten Schweizer Kapitalanleger im Ausland. So bilden die Versicherungen, neben den Banken, ein zweites Standbein des Finanzplatzes Schweiz.

Wichtige Schweizer Versicherungen in Zahlen

Zurich (1872)

	1950	1970	1990	2000	2014
Bruttoprämieneinnahmen	298	1860	12 417	57 288	72 569
Beschäftigte	n. v.	n. v.	33 980	~65 000	55 000
davon im Inland	n. v.	n. v.	n. v.	~8000	6600

Swiss Re (1863)

	1950	1970	1990	2000	2014
Bruttoprämieneinnahmen	568	2151	4777	26 057	29 817
Beschäftigte	410	820	n. v.	9590	12 224
davon im Inland	n. v.	n. v.	1320	2840	3321

Swiss Life (1857)

	1950	1970	1990	2000	2014
Bruttoprämieneinnahmen	157	851	5996	19 318	19 102
Beschäftigte	n. v.	2200	4780	12 480	7492
davon im Inland	n. v.	700	2450	6490	2645

AXA Winterthur (1875)

	1950	1970	1990	2000	2013
Bruttoprämieneinnahmen	216	1668	12 478	31 960	12 000
Beschäftigte	1350	7150	18 900	28 700	6650
davon im Inland	1200	4250	7000	7500	6650

Baloise (1863)

	1950	1970	1990	2000	2014
Bruttoprämieneinnahmen	163	720	5142	6701	7176
Beschäftigte	n. v.	n. v.	9940	8430	7617
davon im Inland	n. v.	n. v.	4270	3840	3701

Genannt werden Bruttoprämieneinnahmen und Zahl der Beschäftigten (insgesamt und in der Schweiz) grosser Schweizer Versicherungen der letzten 60 Jahre, soweit diese verfügbar sind (ansonsten findet sich der Vermerk n.v.). In Klammern ist das Gründungsjahr des Unternehmens (bzw. dessen Vorläufers) angegeben, die Bruttoprämieneinnahmen sind in Mio. Franken aufgeführt, die Zahlen zu Bruttoprämieneinnahmen und Beschäftigten sind gerundet und können im Einzelfall um ein Jahr abweichen. Zuweilen sind Umsätze, die in US-Dollar angegeben worden sind (Zahlen von Zurich und Swiss Re von 2014), zum jeweils durchschnittlichen Jahreskurs in Franken umgerechnet worden. Bei der AXA Winterthur sind die Zahlen von 1950 und 1970 geschätzt. Bis 2000 beruhen die Zahlen auf dem globalen Geschäft der damaligen Winterthur, für 2013 beziehen sich die Zahlen nur auf das Schweizer Geschäft. Bei der Zurich betreffen die Zahlen (ausser 2014) nur das Nichtlebengeschäft, die Bruttoprämieneinnahmen der Jahre 2000 und 2014 umfassen auch jene des US-Unternehmensteils Farmer. Bei Swiss Life enthalten die Beschäftigtenzahlen von 1970 (Inland) die Aussendienstmitarbeitenden nicht und die Zahlen von 2009 betreffen nicht die Mitarbeitenden, sondern die Anzahl Vollzeitstellen. Bei der Baloise sind Prämien mit Anlagecharakter nicht enthalten.

Frühe Bahnbrecher

vor 1800	1565	Die Zürcher Obrigkeit erlaubt Evangelista Zanino den Anbau von Maulbeerbäumen und den Betrieb einer Seidenmühle, die alsbald von den Zürcher Gebrüdern Werdmüller übernommen wird.
	1721	Peter Bion lässt in St. Gallen erstmals die Baumwollfaser gewerblich verspinnen.
	um 1770	In der Schweiz arbeiten mehr als 100 000 Menschen in der Baumwollherstellung. Sie steht damit in Europa an der Spitze.
1800–1899	1802	In Winterthur geht die erste Fabrik der Schweiz in Betrieb, die Spinnerei Hard.
	1830	Pierre Antoine Dufour beginnt im Auftrag des Seidenfabrikanten Heinrich Bodmer in Thal mit der Herstellung von Seidenbeuteltuch, Ursprung der Sefar Gruppe.
	1831	Der Brand von Uster: Heimarbeiter aus dem Zürcher Oberland zünden eine Spinnerei an.
	1847	Caspar Honegger gründet in Rüti ZH eine Webmaschinenfabrik.
	1859	«Spinnerkönig» Heinrich Kunz stirbt – Prototyp eines «Fabrikanten».
	1862	Kaspar Tanner gründet eine Seilerei in Dintikon, Keimzelle von Mammut.
	1866	Unter Beteiligung von Rudolph Schoeller entsteht in Schaffhausen die Kammgarn-Spinnerei.
	1874	Führende Baumwollspinnereien einigen sich auf einheitliche Konditionen für den Rohmaterialeinkauf: das erste Kartell der Schweiz.
	1886	Gründung der Möbelstoffweberei Langenthal, Keimzelle von Lantal Textiles.
1900–1999	1922	Gründung von Akris in St. Gallen.
	1923	Léon Fogal eröffnet am Limmatquai in Zürich sein erstes Geschäft für Strumpfwaren.
	1941	Die Marke «Calida» entsteht.
	1984	Die Marke «Strellson» entsteht.
ab 2000	2009	Philippe Gaydoul übernimmt die Strumpfmoden-Kette Fogal.

Das Überleben der Textilindustrie in kleinen Nischen

Wie in anderen Ländern ist die Textilindustrie auch in der Schweiz Wegbereiterin der Industrialisierung. Die Schweiz schlägt sich hier ausnehmend gut und steigt Ende des 18. Jahrhunderts durch die Produktion von Seiden- und Baumwollstoffen innert weniger Jahrzehnte zum am stärksten industrialisierten Land auf dem Kontinent auf. Die industrielle Herstellung der Stoffe liefert den Nährboden für die Maschinenindustrie und die Farbenchemie – heute weit bedeutendere Branchen als die Textilindustrie, die in den Anfängen die Produktion von Fasern und Stoffen aus Baumwolle, Hanf, Leinen, Kunstfasern, Seide und Wolle umfasst, sowie Bekleidung und Textilveredelung als «Sonderfall». Heute unterscheidet die Statistik zwischen der Textilindustrie im engeren Sinn und der Bekleidungsindustrie, wobei erstere oft nach Fabrikationsstufen (Spinnereien, Webereien), Märkten (Heimtextilien, technische Stoffe) oder Art der Materialien (Wolle, Kunstfaser) untergliedert wird. Diese Sparten entwickeln sich sehr unterschiedlich. So spielt die historisch wichtige Seidenindustrie heute nur noch eine unbedeutende Rolle. Ihre Produktion beläuft sich im Jahresschnitt weltweit auf 80 000 Tonnen – ein Pappenstiel verglichen mit der Baumwollindustrie (23 Mio. Tonnen) oder der Herstellung von synthetischen Fasern (90 Mio. Tonnen). Verglichen zur früheren Dominanz hat die Schweizer Textilindustrie heute nur noch in Nischen internationale Bedeutung; ihre Stärken liegen bei technischen Stoffen und der Bekleidungsindustrie, insbesondere der Haute Couture – und damit wie in anderen Branchen auch in den wertschöpfungsstarken Bereichen.

Kleider – Wegbereiter einer Wirtschaftsmacht

Ein amerikanisches Konsulat in Horgen? Tatsächlich ist die Vorortgemeinde Zürichs Ende des 19. Jahrhunderts ein so wichtiger Brennpunkt der Schweizer Wirtschaftskraft, dass sich die USA damals genötigt fühlen, in dem «Klein Lyon» genannten Ort 20 Jahre lang ein Konsulat zu unterhalten. Heute ist dort – wie in anderen einstigen Hot Spots der Industrialisierung, etwa im Kanton Glarus – kaum mehr etwas von diesem vibrierenden Wachstumstaumel zu spüren. Doch kann man das Wirtschaftswunder Schweiz nicht ohne die Geschichte der Textilindustrie verstehen. Ihre Anfänge reichen weit ins Mittelalter zurück. In zahlreichen Städten wirken damals wie überall in Europa Woll- und Leinenweber. Die Herstellung von Kleidern ist technisch kaum aufwendig, braucht nur wenig ausgebildete Arbeitskräfte und kann sich auf eine einheimische Nachfrage verlassen. Die im 15. Jahrhundert aus Italien und Süddeutschland eingeführte Baumwollfaser hat es schwer, sich gegen die traditionellen Materialien Wolle und Leinen durchzusetzen. Den Durchbruch schafft die Baumwolle Anfang des 17. Jahrhunderts, als französische Glaubensflüchtlinge die Feinspinnerei und die Mousseline-Weberei nach Zürich bringen, von wo sich das neue Gewerbe rasch in Richtung Aargau, Glarus und später in die Ostschweiz verbreitet. Peter Bion, ein von Hugenotten abstammender Einwanderer, lässt 1721 als erster die Baumwollfaser in St. Gallen verspinnen und verweben und legt damit den Grundstein für die industrielle Fertigung von Textilien in dieser Region.

Zürich – dessen Tradition der Seidentuchproduktion und des Seidenhandels bereits im 13. Jahrhundert bedeutsam ist – profiliert sich nicht nur durch die Aufnahme der Hugenotten. Bereits zuvor bietet die protestantische Stadt Familien aus dem Tessin und aus Oberitalien Zuflucht, die in ihrer Heimat als Anhänger der Reformation verfolgt werden. So kommt die Rohseidenproduktion im 16. Jahrhundert in die Deutschschweiz. Zwar bleibt den Einwanderern das Betreiben eines Handwerks vorerst verwehrt. Erst 1565 schlägt die Obrigkeit eine Bresche in den Protektionismus der Zünfte und erlaubt einem gewissen Evangelista Zanino den Anbau von Maulbeerbäumen und den Betrieb der ersten «Seidenmühle» an der Limmat. Zanino ist offenbar nicht wirklich erfolgreich. Jedenfalls geht sein Unternehmen bald an die Gebrüder David und Heinrich Werdmüller über, deren Familie mit dem Seiden-Business bereits vertraut ist. Hans Jacob Werdmüller (1480–1559) hat als Landvogt von Locarno das Gewerbe kennengelernt und wird später zum ersten Zürcher Verleger in dieser Branche – das heisst, er importiert Rohseide aus Oberitalien, lässt sie von Heimweberinnen und -webern verarbeiten und ver-

Die Gründer der Zürcher Seidenindustrie: Heinrich (1554–1627, links)
und David Werdmüller (1548–1612, rechts), porträtiert von Dietrich Meyer

kauft sie auf den Märkten von Strassburg und Frankfurt. Die Dynastie der Werdmüller betreibt das Seidengewerbe über Generationen und kommt so zu Reichtum
und Ansehen. Eindrückliches Zeugnis dieses Erfolgs ist das prächtige «Haus zum
Rechberg» in Zürich, das Hans Caspar Werdmüller um 1750 in barockem Stil als
«Palais zur Krone» oberhalb der Altstadt erbaut. Am westlichen Rand der mittel-
alterlichen Stadt errichten andere Familien, die ebenfalls im Seidengeschäft gross
geworden sind, ihre repräsentativen Sitze, die später fast alle neueren Bauten
weichen. Lediglich das in der Nähe der Bahnhofstrasse gelegene Hotel Seidenhof
erinnert mit seinem Namen noch an dieses ruhmreiche Kapitel der Zürcher Wirtschaftsgeschichte. Noch bis ins 20. Jahrhundert spielen Zürcher Firmen eine bedeutende Rolle im Seidengeschäft, so die Abraham AG, die der charismatische Gustav
Zumsteg (1915–2005) seit den 1940er-Jahren zur Weltspitze führte. Das Archiv
der 2004 untergegangenen Firma gilt als eines der bedeutendsten Textilarchive des
20. Jahrhunderts.

Die Zürcher Seidenherstellung ist aber klar ein vorindustrielles Unterfangen.
Das Seidengewerbe ist, wie das gesamte Wirtschaftsleben, im Ancien Régime stark
reglementiert. So gilt in Zürich ab 1717 die Vorschrift, dass Seide nur im Auftrag der
hier ansässigen Verleger gewoben werden darf. Die Stadt wacht eifersüchtig über

Der «Alte Seidenhof» in Zürich. Lithografie von Eduard Fehlbaum nach
Emil Schulthess

ihre Vormachtstellung und sorgt beispielsweise dafür, dass Winterthur seine Seiden-
betriebe stilllegen muss. Neben Zürich, dessen Seidenproduktion europäische
Bedeutung erlangt, kann sich in der Schweiz lediglich Basel als zweites Zentrum
der Seidenherstellung behaupten. Auch hier sind Unternehmergeist, Finanzkraft,
Weltoffenheit und die gute Verkehrslage entscheidende Faktoren für den Erfolg. Bis
zum Ende des 18. Jahrhunderts funktionieren sowohl das Seiden- als auch das
Baumwollgewerbe nach dem Verlagssystem. Verleger in den Städten – namentlich
in Zürich und Basel, später auch in St. Gallen – beschäftigen eine Vielzahl von
Heimarbeitern. Die Zürcher Seidenherren haben in ihren besten Zeiten mehr als
1500 Stühle in der Stadt und deren Umland unter Vertrag. Auch die Baumwollher-
stellung bringt einer breiten Bevölkerung Arbeit und Verdienst. Um 1770 zählt die
Branche über 100 000 Arbeitskräfte, schwergewichtig in den Regionen Aargau,
Zürich und Ostschweiz. Die Schweiz steht gemäss historischen Quellen damals an
der Spitze aller baumwollverarbeitenden Länder Europas, einschliesslich Englands.
 Die Spitzenposition steht allerdings auf wackligen Füssen. Die vom Erfolg ver-
wöhnten Verleger versäumen es, die technische Entwicklung im Auge zu behalten.
Als in England die ersten mechanischen Webstühle in Betrieb gehen, ist in der
Schweiz die Überraschung gross. Über Nacht sieht sich die Schweiz einer Konkur-

renz gegenüber, der sie nichts entgegenzusetzen hat. Britisches Gewebe ist unschlagbar viel billiger, sodass die Schweizer Verleger im Kampf um Marktanteile auf verlorenem Posten stehen. Zeitgleich mit dem wirtschaftlichen Rückschlag bricht zudem politische Unbill über das Land herein. Der französische Einmarsch bringt 1798 die seit Jahrhunderten bestehenden Herrschaftsstrukturen zum Einsturz. Das Ancien Régime muss abdanken, die Zünfte verlieren ihre Macht. Mit der liberalen Revolution beginnt dann später, 1830, definitiv eine neue Zeit, und schliesslich findet die Handels- und Gewerbefreiheit 1848 als Grundrecht Eingang in die erste Schweizer Bundesverfassung.

Pioniere nutzen den Umbruch

Die Krisenzeit des frühen 19. Jahrhunderts mündet also in eine wirtschaftliche Öffnung – und sie eröffnet auch bislang nicht geahnte Möglichkeiten. Unternehmerisch denkende Persönlichkeiten erkennen, dass das Verlagssystem am Ende und die Mechanisierung nicht mehr aufzuhalten ist. 1801 gründet das Kaufmännische Directorium in St. Gallen die erste Spinnereigesellschaft der Schweiz und installiert in der vormals stolzen, nunmehr säkularisierten Benediktinerabtei 26 Spinnmaschinen. Praktisch zeitgleich tun sich in Winterthur Vertreter der Familien Sulzer, Ziegler und Haggenmacher zusammen und errichten in der Hard die erste maschinelle Spinnerei der Schweiz (1802) und damit die erste Fabrik im Land überhaupt. Mit ihren 44 von Wasserkraft über ein komplexes Transmissions-System angetriebenen Spinnmaschinen gilt die Anlage als technisches Wunderwerk. Für die Handspinnerei in der Region sind die Folgen jedoch verheerend. 8000 Heimarbeiterinnen und Heimarbeiter verlieren ihre Beschäftigung, Angst und Not sind allgegenwärtig. Doch mit der Spinnerei Hard setzen die Winterthurer einen Markstein in der Schweizer Wirtschaftsgeschichte: Die Industrialisierung beginnt. In der Ostschweiz, im Glarnerland und im Raum Zürich/Aargau schiessen Fabriken wie Pilze aus dem Boden. Die Bedingungen sind günstig: Arbeitskraft kostet wenig, Flüsse und Bäche liefern Energie in Hülle und Fülle, und als Folge von Napoleons Kontinentalsperre ist die Konkurrenz aus England stark geschwächt. Bereits 1830 sind rund 400 000 Baumwollspindeln installiert und mehr als 1000 Webstühle – zum Teil über krumme Wege aus England importiert, zum Teil als Nachbildungen gefertigt – in Betrieb. Die «wichtigste und wegweisende Industriekonzentration» (so der Kunsthistoriker Hans Martin Gubler) entsteht dabei im Zürcher Oberland. Um 1815 setzt zwischen Wetzikon und Uster ein eigentlicher Boom ein. Zehn Jahre später zählt man allein am knapp 10 Kilometer langen Aabach zehn Spinnereien und Webereien.

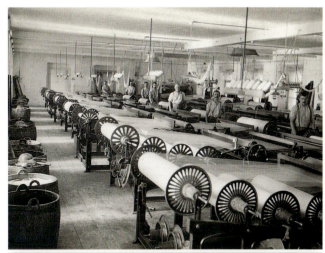

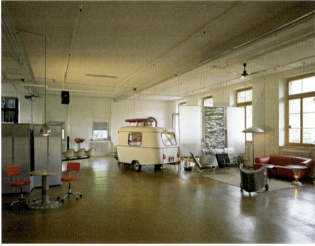

Oben *Die Weberei Hueb in Wald, 1913*

Unten *Loft in der ehemaligen Spinnerei Lindenhof in Wald*

Beispielhaft für Fluch und Segen der Industrialisierung ist der Kanton Glarus. Bereits um 1740 hat dort die sogenannte Zeugdruckerei Einzug gehalten, die von Anfang an nicht in Heimarbeit verrichtet wird, sondern in kleinen Betrieben, die allerdings noch keine Fabriken im industriellen Sinn sind. Natürlich besorgen sich die Stoffdrucker ihr Rohmaterial lieber in der Gegend als auf fernen Märkten – das Startsignal für die Baumwollweberei. So beliefern bald Heimarbeiter lokale Verleger, und diese vermitteln die Ware an die Drucker oder verkaufen sie an Dritte weiter. Glarner Handelshäuser errichten Niederlassungen in verschiedenen Städten Europas und mischen im internationalen Geschäft mindestens so erfolgreich mit wie Firmen aus Genf, Basel oder Zürich. So ist Glarus geradezu prädestiniert für die

Industrialisierung: Nicht nur verfügt der Kanton über unternehmerisch denkende Persönlichkeiten, eine fleissige Arbeiterschaft und ein gutes Netzwerk, das die halbe Welt umspannt, sondern er hat mit der schäumenden Linth auch die Energieversorgung vor der Haustüre. In der ersten Hälfte des 19. Jahrhunderts entstehen entlang des Flusses 26 Industrieanlagen – und die Heimarbeiter verlieren reihenweise ihren Job. Die wachsende Not lässt viele das Land verlassen – fast jeder zwölfte Einwohner kehrt in dieser Zeit der Heimat den Rücken. Doch keine zwei Jahrzehnte später folgt der Auswanderungswelle das «Glarner Wirtschaftswunder». Die Produkte der Textilindustrie und vor allem des Zeugdrucks erlangen dank hoher Qualität und cleverer Absatzförderung einen hervorragenden Ruf. Die Glarner verfügen über ein weitverzweigtes Netz an Handelsniederlassungen in Europa und Übersee. Um 1865 beschäftigen die zahlreichen Spinnereien und Webereien und die 22 Stoffdruckereien gegen 10 000 Menschen. Die Bevölkerungszahl nimmt rapid zu und übersteigt um 1870 die Schwelle von 35 000. Doch der Boom endet so abrupt, wie er gekommen ist. Der Deutsch-Französische Krieg (1870/71) löst eine Handelskrise aus, die die Glarner Wirtschaft im Mark trifft. Der Absatz stockt, die Produktion schrumpft, der Kanton erlebt seine zweite Auswanderungswelle. Von diesem Schlag kann sich die Glarner Textilindustrie nie mehr erholen. Heute dienen von den 60 Industrieanlagen, die im 19. Jahrhundert für die Textilproduktion erbaut werden, nur noch sieben ihrem ursprünglichen Zweck, 53 sind ganz oder teilweise umgenutzt – ein Schicksal, das viele andere Textilfabriken teilen. Die Umnutzungen im zürcherischen Wald beispielsweise gelten als Paradebeispiel, wie aus ehemaligen Spinnereien und Webereien moderne Wohn- und Gewerbeanlagen entstehen können.

Auch im Zürcher Oberland, wo die Heimarbeit weitverbreitet ist, treibt die Industrialisierung viele Familien in den Ruin. In zahlreichen Gemeinden regt sich Widerstand, und Bürger versuchen, den Vormarsch der Maschinen auf politischem Weg zu stoppen. Sie dringen aber mit ihrem Begehren am historischen Ustertag von 1830, an dem die Landbevölkerung für ihre Mitsprache bei der neuen Zürcher Kantonsverfassung demonstriert, nicht durch. Die Wut im Volk wächst, in den Dörfern braut sich etwas zusammen: Wenn die Politik nichts gegen die Maschinen unternehme, müsse man es selber tun, heisst es. Am 22. November 1831 setzen die Heimarbeiter ihren Plan um. In Oberuster soll ein Exempel statuiert und eine Fabrik zerstört werden. Morgens um neun Uhr rottet sich eine gegen 300 Köpfe zählende Menge vor der Spinnerei Korrodi & Pfister zusammen. Steine fliegen, Fenster gehen in Brüche. Die Arbeiterschaft flieht, Stroh und Reisig werden ins

Gebäude getragen und angezündet. Die Fabrik geht in Flammen auf. Die Behörden sind total überrascht, und die Ordnungskräfte rücken erst spät an. Es gelingt ihnen zwar, eine stattliche Zahl von Gefangenen zu nehmen, doch werden diese bald wieder auf freien Fuss gesetzt und kommen mit milden Strafen davon. Und der «Brand von Uster» bleibt ohne Einfluss auf den Gang der Dinge. Weder können die in Bedrängnis geratenen Heimweber ihr Los verbessern, noch lassen sich die «Fabrikanten», wie das Volk die neuen Arbeitgeber nennt, vom Aufstand beeindrucken. Die Expansion geht weiter. 1866 verfügt die schweizerische Baumwollindustrie über mehr als 1,6 Mio. Spindeln und rund 15 000 Webstühle. Die Schweiz gehört zu den grössten Produzenten in Europa und ist ein wichtiger Spieler auf den internationalen Beschaffungs- und Absatzmärkten.

Auch im Seidengewerbe, dem damals zweitwichtigsten Zweig der Textilbranche, laufen die Geschäfte gut. Zwischen 1824 und 1842 steigt die Zahl der Hersteller allein im Kanton Zürich von 17 auf 68. Anders als früher sind die Unternehmen nicht mehr auf die Stadt konzentriert. Die neue Gewerbefreiheit erlaubt die Ansiedlung von Betrieben auf dem Land. In Thalwil (Johann Schwarzenbach), Horgen (Johannes Stünzi) und Wädenswil (August Gessner) entstehen Betriebe, die das Wirtschaftsleben der Dörfer am Zürichsee über Jahrzehnte prägen. Im Knonauer Amt legen Rudolf Stehli und Jakob Zürrer den Grundstein zu erfolgreichen Firmen. Und auch in Basel florieren Seidengewerbe und Seidenbandproduktion. 1847 erwirtschaftet die Branche rund 20 Prozent des Einkommens in der Stadt und in Baselland. In ihren besten Zeiten im 19. Jahrhundert ist die schweizerische Seidenproduktion die grösste der Welt, grösser als beispielsweise jene Frankreichs oder Italiens. Mit der Industrialisierung tun sich die Seidenhersteller freilich schwerer als ihre Kollegen von der Baumwolle. Der Seidenfaden ist zu fein für das grobe Geschirr und die ruckartigen Bewegungen der Maschinen. Zwar wird in Basel 1824 die Gründung der ersten mechanischen Schappe-Spinnerei Europas bezeugt, doch bis die Industrialisierung flächendeckend in Gang kommt, dauert es noch eine Weile. Erst um 1860 gelingt es dem Zürcher Tüftler Emil Zürrer, vier aus England importierte Webmaschinen für die Verarbeitung von Seide umzubauen und erfolgreich zu betreiben. Aber selbst nach diesem Durchbruch kommt die Mechanisierung nur zögernd voran. 1881 wird im Zürcher Seidengewerbe erst gut ein Zehntel aller Webstühle industriell betrieben. Im Vergleich zu den stattlichen Anlagen der Baumwollwebereien nehmen sich die Seidenfabriken bescheiden aus. Das Verlagssystem hält sich in diesem Bereich fast bis zur Jahrhundertwende.

Ein kleinerer, aber ebenfalls traditionsreicher Bereich profitiert dagegen früh und stark von der Industrialisierung: die Stickerei. Ihre Geschichte ist eng verknüpft mit der Entwicklung der Stickmaschinen, auch wenn die Stickerei schon vor 1800 in St. Gallen bezeugt ist. Um 1830 werden in St. Gallen erste sogenannte Handstickmaschinen, eine Erfindung des Deutschen Josua Heilmann, hergestellt – mit mässigem Erfolg. Den Durchbruch schafft die Maschine dank der Firma Saurer in Arbon. Sie verbessert das ursprüngliche Modell und steigt in die Produktion von Handstick- und Schiffli-Stickmaschinen ein. Von da an geht es bergauf – mit den Stickmaschinen und mit der St. Galler Stickerei. Der technische Fortschritt ist allerdings nicht die einzige Triebkraft der Branche. Auch der aufkommende Freihandel und die Mode spielen eine Rolle. In herrschaftlichen und höfischen Kreisen gelten Stickereien als chic. Die Nachfrage nach «St. Galler Spitzen» steigt rasant, und dementsprechend expandiert die Produktion. Zwischen 1872 und 1890 nimmt die Zahl der im Raum St. Gallen von Heimstickern und in Fabriken betriebenen Stickereimaschinen von 6400 auf über 19 000 zu. Der Export wird immer bedeutender. Allein der Wert der Exporte in die USA steigt zwischen 1867 und 1880 von 3,1 auf 21 Mio. Franken. Die Stickerei bleibt aber in der Schweiz eine Ostschweizer Spezialität. Bis heute prägen Jugendstil- und Neurenaissancebauten aus der Blütezeit um 1900, teils mit so klangvollen Namen wie «Washington» oder «Britannia», das Bild der Stadt St. Gallen. Und bis heute kann sich St. Galler Stickerei trotz aller Launen der Mode und der Konjunktur vorab in den Bereichen Lingerie und Haute Couture auf dem Weltmarkt behaupten, obgleich der Preisdruck zunimmt.

Risikofreude, Expansion, Organisation –
die Textilindustrie erkundet neue Räume

Obwohl die Industrialisierung der Seidenherstellung nur gemächlich vorankommt, wirtschaftet die Branche doch ausgesprochen erfolgreich. Die Unternehmer erkennen früh, dass der einheimische Absatzmarkt zu klein ist und richten ihren Blick ins Ausland. Legendär ist die Geschichte des Zürcher Seidenhändlers Emil Stehli-Hirt (1842–1925), der als 20-Jähriger nach Lyon, Paris, London und New York reist, dort Beziehungen zu grossen Seidenhandelshäusern knüpft und so den Grundstein für eine beispiellose internationale Expansion legt. Eine Generation später etabliert Robert Stehli-Zweifel (1865–1951) in New York eine eigene Verkaufsorganisation. Später werden Teile der Fabrikation in die Neue Welt verlegt. 1920 betreibt Stehli & Co. in Nordamerika zwei Seidenwebereien mit 1800 Webstühlen und drei Zwirnereien. Auch im grenznahen Ausland entstehen Ableger, in

Germignaga (Italien) eine Seidenspinnerei, in Erzingen (Deutschland) eine Seiden-weberei. Neben den Stehlis wagen auch andere Seidenfabrikanten – etwa Schwarzen-bach, Stünzi, Sieber & Wehrli – den Schritt über die Grenze. Und gleichzeitig wächst der Wirtschaftszweig im Inland. Gegen Ende des 19. Jahrhunderts zählt man allein in Horgen – euphemistisch «Klein-Lyon» genannt – zehn Betriebe, die zusammen mehr als 1000 Mitarbeitende beschäftigen.

In der Stadt Zürich denken die Seidenindustriellen mittlerweile über die Bün-delung ihrer Interessen nach. Anlass dazu ist die Gründung des schweizerischen Bundesstaates im Jahr 1848, die auch im Wirtschaftsleben tief greifende Umwäl-zungen zur Folge hat. Anstelle der Städte oder Kantone hat nun der Bund in vielen Belangen das Sagen. Die Währung wird vereinheitlicht, der Warenverkehr liberali-siert. Was wenige Jahre zuvor noch undenkbar schien, ist Realität: der Wirtschafts-raum Schweiz. Diesen neuen Wirtschaftsraum mitzugestalten und die Anliegen der Branche kraftvoll zu vertreten, ist das Ziel einer Gruppe von Unternehmern, die sich 1854 zur «Seidenindustrie-Gesellschaft des Canton Zürich» zusammenschliesst. Kein anderer Wirtschaftszweig der Schweiz organisiert seine Interessen derart früh und bringt sich in die Politik ein. Die illustre Gesellschaft nimmt aber von Anfang an auch nach innen wichtige Funktionen wahr. So richtet sie ein Schiedsgericht ein, das Schadenersatzansprüche gegenüber Geschäftspartnern beurteilt, die brüchiges Seidengarn oder nicht richtig gefärbte Strangen und Stoffe abliefern, und sie enga-giert sich in der Aus- und Weiterbildung – was damals ein absolutes Novum ist. Dazu gründet sie 1881 die Zürcher Seidenwebschule.

Praktisch zeitgleich mit den Seidenherren erkennen auch die Baumwollspinner, dass sie nicht nur Konkurrenten sind, sondern auch gemeinsame Interessen haben. Anlass für den Zusammenschluss ist hier die Unzufriedenheit der Fabrikanten mit Lieferanten, die das Gewicht der Baumwollballen mit «unorthodoxen» Methoden – etwa durch Beimischen von Sand – erhöhen oder innen schlechtere Qualität verpacken, als aussen deklariert ist. 1874 haben die Abnehmer genug von solchen Praktiken. Sie vereinbaren daher einheitliche Konditionen für den Rohmaterial-einkauf, nehmen die Lieferanten rigoros in Pflicht und bilden so de facto das erste Kartell der Schweiz – und erst noch ein erfolgreiches. Es ist so erfolgreich, dass die an der Absprache Beteiligten einen Schritt weiter gehen und sich zum Verband Schweizerischer Baumwollspinner zusammenschliessen, der 1879 seinerseits zu den Gründungsmitgliedern des Schweizerischen Handels- und Industrie-Vereins (SHIV), des «Vororts», gehört und seinerseits 2003 im Wirtschaftsverbund Econo-miesuisse aufgeht.

Der ungewöhnliche Boom der Textilindustrie darf nicht darüber hinweg-
täuschen, dass sowohl die Zünfte in den Städten als auch das Volk auf dem Land
dem Neuen skeptisch gegenüberstehen. Nur eine relativ kleine Schicht erkennt
die Chancen, die in der Industrialisierung liegen. Dazu gehören primär Kaufleute,
die durch ihre Handelsaktivitäten über den lokalen Gartenzaun hinaus vernetzt
sind, sowie Verleger, die den Puls der Wirtschaft stärker spüren als Heimarbeiter
und Gewerbetreibende. Aus diesem Milieu stammen viele der Firmengründer
im frühen und mittleren 19. Jahrhundert. Doch egal woher sie kommen, auf ihre
neue Aufgabe als «Fabrikant» sind sie nicht wirklich vorbereitet. Sie lernen «on
the Job». Ein Beispiel ist der in Uster geborene Jean Braschler (1829–1892), der als
einziger von drei Brüdern die Sekundarschule besuchen darf. Weil er gute Noten
vorweist und ein aufgeweckter Junge ist, nimmt ihn der Ustermer Tuchhändler
Heinrich Boller in die Lehre. Braschler wird Kaufmann, etabliert sich als Textil-
verleger, erwirbt später zusammen mit seinen Brüdern in Wetzikon eine kleine
Fabrik und baut diese zu einer bedeutenden Spinnerei aus. Er stirbt 1892 als be-
güterter Mann.

Was Typen wie Braschler von den Händlern und Gewerbetreibenden früherer
Zeiten unterscheidet, ist weniger das Gespür für interessante Geschäfte als vielmehr
eine neue Risikobereitschaft. Bau und Unterhalt von Fabriken und die dazugehöri-
gen Anlagen verschlingen ungleich viel mehr Geld als der Betrieb eines Gewerbe-
oder Handelsunternehmens. Industrielle riskieren für ihre Projekte bisweilen Kopf
und Kragen. Von Fritz Streiff-Mettler (1863–1931), dem Gründer der gleichnamigen
Spinnerei in Aathal (Zürich), ist bekannt, dass er nur 30 000 Franken in der Kasse
hat, als er sich in den Kopf setzt, Fabrikant zu werden. Er will sich die Gelegenheit
nicht entgehen lassen, eine zum Verkauf stehende Fabrik samt Nebengebäuden
und Land zu erwerben – obwohl die ganze Liegenschaft mit 1,3 Mio. Franken zu
Buche steht. Streiff pumpt seine Mutter an, beschafft Geld aus der Familie seiner
Frau, und bringt auf diese Weise sowie mittels Bürgschaften und Verpfändungen
ein Aktienkapital von 250 000 Franken zusammen. Er holt einen Geschäftspartner
ins Boot und nimmt Hypotheken auf. 1901 ist die Handänderung vollzogen, die
Familie Streiff zieht ins ehemalige Direktorenwohnhaus im Unteraathal ein.

Vielen Unternehmern bringt ihr Wagemut Glück, vor allem in der Zeit des
grossen Booms im frühen und mittleren 19. Jahrhundert, etwa dem «Spinnerkönig»
Heinrich Kunz (1793–1859). Sein Vater, ein Mann des Mittelstands, hat seinem
Sohn eine ordentliche Schulzeit ermöglicht und ihn hernach zur beruflichen Ausbildung in eine Baumwollspinnerei im Elsass geschickt. Von dort bringt der Junge

Links *Er galt als der grösste Spinnereiunternehmer seiner Zeit in Europa.*
Der «Spinnerkönig» Heinrich Kunz (1793–1859)

Rechts *Die Spinnerei Kunz in Unterwindisch, eine der von Heinrich Kunz gegründeten Spinnereien,*
um 1900: damals mit rund 900 Beschäftigten der grösste Arbeitgeber im Kanton Aargau

eine Menge Ideen nach Hause, richtet in einer gemieteten Fabrik in Wetzikon eine
kleine Spinnerei ein und zieht 1816 in ein eigenes Gebäude in Uster um, das er für
20 000 Gulden errichtet. Das Unternehmen, das er mit seinem Vater zusammen
betreibt, startet wie eine Rakete. Als Vater Kunz 1825 stirbt, hinterlässt er 250 000
Gulden, die sein Sohn für eine Expansion von bisher unbekanntem Ausmass nutzt.
Schlag auf Schlag gründet oder übernimmt er neue Betriebe. Um 1850 reicht sein
Imperium von Linthal im Glarnerland bis ins aargauische Windisch und umfasst
insgesamt acht Produktionsstätten mit rund 150 000 Spindeln. Kunz gilt gemäss
zeitgenössischen Berichten als «grösster Spinnerei-Inhaber des Kontinents». Bei
seinem Tod – Kunz stirbt kinderlos – hat sein Konzern einen Wert von für die
damalige Zeit sagenhaften 18 Mio. Franken. Seinen Erfolg verdankt der «Spinnerkönig» nicht bloss seiner guten Ausbildung und der komfortablen finanziellen
Ausstattung beim Start, sondern auch seinem Riecher fürs Geschäft und der un-
ermüdlichen Tatkraft. Und es gibt auch eine Kehrseite: Der Fabrikherr regiert mit
harter Hand. In seinen Spinnereien gilt die Devise: Arbeiten bis zum Umfallen!
Das gilt auch für die Kinder – mit gravierenden Folgen, wie der Bericht eines Schul-
aufsehers aus dem Jahr 1836 belegt. Er habe im Unterricht «die sechs- bis neun-
jährigen Kinder schlafend angetroffen», hält der Inspektor fest, «weil sie nachts von
zwölf bis morgens sechs Uhr in der Fabrik arbeiten mussten.»

Die Not der Arbeiter lässt den Gesetzgeber aktiv werden

«Personalführung» im Stil von Heinrich Kunz ist indessen in den Anfängen der Industrialisierung kein Einzelfall, nicht nur in der Schweiz, sondern in zahlreichen Ländern. Der Produktionsfaktor Arbeit ist wenig wert. Die Fabrikanten halten sich ihre Belegschaft wie früher die Fürsten ihre Untertanen. Dementsprechend misslich sind die Lebensbedingungen der Leute. «Die Arbeit hat unsere Lebenszeit konfisziert», bemerkt Karl Marx in seinem Hauptwerk «Das Kapital». In England und besonders in Deutschland entladen sich die sozialen Spannungen in erbitterten Kämpfen. In der Schweiz verläuft die Entwicklung dagegen, wie so oft, weniger spektakulär. Gewiss regt sich auch hier Opposition – mit Ausnahme des Brandes von Uster nicht gewaltsam, aber nicht minder resolut. Ärzte und Pfarrer sind die Wegbereiter des Protests, und allmählich dämmert es auch der Obrigkeit, dass etwas schiefläuft. Mit der 1837 erlassenen Verordnung zum Schutz der schulpflichtigen Kinder leistet die Zürcher Regierung Pionierarbeit. Vorerst freilich mit begrenztem Erfolg, denn Leute wie Kunz foutieren sich um den Erlass. Dass der Staat schliesslich dem Spinnerkönig und weiteren Fabrikanten eine Busse aufbrummt, auch wenn diese mit 8 Franken ausgesprochen bescheiden ausfällt – markiert eine epochale Wende. Erstmals gibt der Staat den Unternehmern zu verstehen: Ihr habt eine soziale Verantwortung.

Auch in anderen Gegenden der Schweiz wird das Verhalten der Textilbarone, wie das Volk die Herren bezeichnet, zunehmend kritisch beobachtet. Im früh industrialisierten Glarnerland prangern der Arzt Fridolin Schuler und weitere Persönlichkeiten die Missstände in aller Öffentlichkeit an und erreichen, dass die Landsgemeinde 1856 die Fabrikarbeit für Kinder unter zwölf Jahren verbietet. 1864 gibt sich Glarus als erster Kanton der Eidgenossenschaft ein Fabrikgesetz, das die Kinderarbeit abschafft, die tägliche Arbeitszeit für Erwachsene auf zwölf Stunden beschränkt und Sicherheitsmassnahmen am Arbeitsplatz vorschreibt. Nur vier Jahre später tritt auch in Baselland ein Fabrikgesetz in Kraft. Ähnliche Bestrebungen gibt es in der Ostschweiz sowie im Aargau, und immer lauter ertönt der Ruf nach einer einheitlichen Regelung für die ganze Schweiz. 1877 verabschiedet die Bundesversammlung dann das erste Eidgenössische Fabrikgesetz, das die Arbeitszeit in der Industrie auf elf Stunden pro Tag beschränkt und die Beschäftigung von Jugendlichen unter 14 Jahren verbietet.

Mit den staatlichen Vorschriften wird den Auswüchsen in der Textilindustrie und in weiteren Branchen zwar ein Riegel geschoben, aber die Lage der Arbeiterschaft bleibt prekär. In der Regel deckt das Einkommen eines Familienvaters nur

50 bis 70 Prozent des Haushaltbedarfs. In Baselland verdient beispielsweise ein Seidenbandweber um 1875 rund 900 Franken im Jahr. Die Mitarbeit der Frau und der Kinder (über 14 Jahre) ist daher unabdingbar. Zudem stellen die «Vergünstigungen», die im letzten Viertel des 19. Jahrhunderts mehr und mehr Teil des Lohnsystems werden, eine willkommene Aufbesserung dar. Die Fabrikanten bieten verbilligten Wohnraum, Pflanzland und Lebensmittel an und richten teils «Krankenstuben» für die Belegschaft ein. In vielen früh industrialisierten Gegenden der Schweiz zeugen noch heute «Kosthäuser» – Vorgänger der späteren Mietskasernen – von dieser Epoche. Die Fürsorge der Patrons entspringt im Wesentlichen der Absicht, die Beschäftigten möglichst eng an den Betrieb zu binden, denn im letzten Viertel des 19. Jahrhunderts beginnen neu aufkommende und kräftig expandierende Industriezweige – besonders Uhren, Metall und Maschinen – mit der Textilindustrie um Arbeitsplätze zu konkurrieren. Vorbei sind die Zeiten, in denen die Textilfabrikanten praktisch über ein Beschäftigungsmonopol verfügten. Die Rekrutierung wird zusehends mühsamer. Allmählich kommen Leute aus anderen, industriell weniger entwickelten Gebieten der Schweiz in die Fabriken, später sind es Ausländer. Ihnen bieten die Unternehmer nicht nur Arbeit, sondern eben auch gleich die neue Heimat dazu.

Gegen Ende des 19. Jahrhunderts arbeiten gut 80 000 Leute in der Textilindustrie (ohne Bekleidungsindustrie). 1901 sind es über 90 000, zehn Jahre später mehr als 100 000. Damit ist der Höhepunkt erreicht. Im ersten Viertel des 20. Jahrhunderts verschwinden dann rund 35 000 Arbeitsplätze, danach pendelt der Bestand bis 1950 zwischen 60 000 und 70 000. 1999, als der Textilverband Schweiz sein 125-Jahre-Jubiläum feiert, sind weniger als 20 000 Personen in der Textilindustrie beschäftigt, weitere zehn Jahre später nur noch gut 10 000. Die Bekleidungsindustrie, in der die Industrialisierung später erfolgt als bei den Spinnereien und Webereien, besitzt für die Schweizer Wirtschaft nie eine mit der Textilindustrie vergleichbare Bedeutung. Um die Jahrhundertwende beschäftigt sie lediglich knapp 7000 Personen. Danach steigt die Zahl, bis zu Beginn der 1950er-Jahre mit über 43 000 Beschäftigten der Höhepunkt erreicht wird. Mit dem Niedergang der Textilindustrie sinkt dann auch die Zahl der Beschäftigten im Bekleidungssektor, allerdings weniger stark, sodass dieser gegenüber dem Textilsektor etwas an Gewicht gewinnt.

Beginn eines unabwendbaren Abstiegs

Der Niedergang setzt, so zeigt sich im Rückblick, früh ein. Schon in den 1870er-Jahren führt eine weltweite Wirtschaftskrise zu einer Preisgabe der bis dahin verfolgten Freihandelspolitik und damit zu einer starken Schrumpfung des Welthandels. Die Weltkonjunktur erholt sich zwar rascher als erwartet – doch für die zuvor europaweit führenden Schweizer Textilunternehmen laufen die Geschäfte nicht mehr wie früher. Ausländische Unternehmen machen den Schweizern die Führungsrolle streitig. Zwischen 1888 und 1911 sinken die Garn- und Gewebe-Exporte um 30 Prozent. Dass es der Branche hierzulande dennoch gut geht und die Beschäftigtenzahl zunimmt, ist der steigenden Binnennachfrage und den Schutzzöllen auf ausländischen Textilien zu verdanken – punkto Protektionismus steht die Schweiz den anderen Industrienationen also in nichts nach. Allenthalben werden die Märkte abgeschottet. Allein in den letzten fünf Jahren vor dem Ersten Weltkrieg büsst der Welthandel mit Baumwollwaren mengenmässig rund 50 Prozent seines Volumens ein. Im selben Zeitraum steigt die Weltproduktion von Baumwollerzeugnissen um fast ein Drittel.

In der von Kriegen und Krisen geprägten ersten Hälfte des 20. Jahrhunderts gilt der Schutz vor fremden Produkten als *das* wirtschaftspolitische Rezept fürs Überleben. Die Grenzen werden immer dichter. Kann die Schweiz Anfang der 1920er-Jahre nahezu 50 Prozent der Gewebeproduktion im Ausland absetzen, liegt die Exportquote um 1950 noch bei 20 Prozent. Kaufkraftbereinigt liegen die Ausfuhren weit hinter denjenigen vor dem Ersten Weltkrieg zurück. Die Branche hat ihre dominierende Rolle im Aussenhandel definitiv eingebüsst und verliert auch im Inland rapid an Gewicht. Finden 1888 noch 18 Prozent aller «Fabrikarbeiter» ihr Auskommen in diesem Sektor, sind es 1929 noch 7 und 1952 gar nur noch 4 Prozent. Die «Kinder» der Textilindustrie, die Maschinenindustrie und die aus der Färbechemie entstandene Chemie- und Pharma-Branche, haben das Zepter übernommen. Allerdings handelt es sich nicht um eine reine «Ablösung». So erweist sich besonders die im 19. Jahrhundert begründete Beziehung zwischen Textilindustrie und Textilmaschinenbau als überaus dauerhaft und fruchtbar – bis ins letzte Viertel des 20. Jahrhunderts hinein. In einer Studie über «Probleme und Perspektiven der schweizerischen Textilindustrie» (1990) bezeichnet die Konjunkturforschungsstelle an der ETH Zürich die Existenz einer leistungsfähigen Textilmaschinenindustrie noch immer als «spezifischen Standortvorteil» der hiesigen Spinnereien und Webereien.

Dank ihrer Nähe zu den Maschinenbauern fährt die schweizerische Textilindustrie bei der technischen Entwicklung sozusagen als Trittbrettfahrerin mit. Bereits im 19. Jahrhundert werden allein bei den Spinnereimaschinen rund 40 bedeutende Neuerungen und Hunderte von Patenten verzeichnet. Zwar bleiben die Maschinen in ihren Grundfunktionen gleich, doch laufende Verbesserungen ermöglichen langfristig eine eindrückliche Leistungssteigerung und die fortwährende Rationalisierung des Produktionsprozesses. Einen solchen Schub bringt der um 1900 beginnende Ersatz der weitverbreiteten Selfactor-Spindeln durch Ringspindeln. Die Ringspinnmaschinen arbeiten viel wirtschaftlicher, sind aber auch leichter zu bedienen. Das erlaubt es den Fabrikanten, die teureren männlichen durch schlechter bezahlte weibliche Arbeitskräfte zu ersetzen oder sie ganz einzusparen. Gleichzeitig wird die Produktion kapitalintensiver und verschlingt mehr Energie. Innert 60 Jahren (1890–1950) steigt die Zahl der pro Betrieb installierten PS von 200 auf das Vierfache. Gleichzeitig sinkt der Personalbestand in den Spinnereien (inklusive Zwirnereien) um 30 Prozent auf rund 13 500 Beschäftigte.

Die Finanzierung der immer leistungsfähigeren und teureren Maschinen führt zu einer natürlichen Selektion. Viele kleinere Spinnereien stossen wirtschaftlich an Grenzen, werden übernommen oder müssen aufgeben. Grössere Unternehmen bewältigen den Wandel leichter, investieren in neue Anlagen und weiten ihre Produktion aus. Von 1920 bis 1950 steigt der Garnabsatz von 22 auf 27 Mio. Tonnen. Und das ist erst der Anfang, denn das Tempo des technischen Fortschritts und der Rationalisierung in den Spinnereien ist enorm. Entscheidend ist die Erfindung der Rotorspinnmaschine, die mit einer Drehzahl von gegen 100 000 Touren pro Minute die Leistung der herkömmlichen Ringspinnmaschine um das Sechsfache übertrifft. Gleichzeitig werden die Produktionsabläufe durch Integration verschiedener Verarbeitungsstufen gestrafft und beschleunigt. Allein von 1970 (Basis 100) bis 1979 steigt der Index der Arbeitsproduktivität in den Spinnereien auf 155, jener der Webereien auf 132.

Bis in die 1950er-Jahre spielen sich die technischen Veränderungen weitgehend innerhalb der Fabriken ab. Für die neue Generation von Maschinen taugen die mittlerweile ziemlich bejahrten Gebäude aber nicht mehr. Die Räume müssen grösser, die Böden belastbarer und die Verbindungswege kürzer sein. An zahlreichen Textilstandorten entstehen neue Industriebauten. Die Branche spürt einen zweiten Frühling. Viele Unternehmer bringen ihre Betriebe auf Vordermann. In Wald im Zürcher Oberland glaubt die Feinweberei Elmer AG noch zu Beginn der 1990er-Jahre an die Überlebensfähigkeit der Schweizer Textilindustrie. Das Unternehmen zieht einen 10-Millionen-Franken-Bau hoch und beschafft für weitere 5 Mio. Franken neue Maschinen – ein Fehlentscheid. Die Verkäufe harzen, die Lager wachsen, Elmer gerät in Schwierigkeiten. Am 26. September 2005 meldet das

Schweizerische Handelsamtsblatt in zwei dürren Sätzen: «Die Liquidation ist beendet. Die Gesellschaft wird gelöscht.»

Der «Fall Elmer» ist typisch. Jene Firmen, die Ende des 20. Jahrhunderts noch im Geschäft sind, setzen fast alle auf dasselbe Rezept: technische Aufrüstung, Steigerung der Produktion, Senkung der Stückkosten. Doch die Rechnung geht meistens nicht auf. Die ausländische Konkurrenz wächst unaufhaltsam und produziert wesentlich günstiger, namentlich in den Schwellenländern, deren junge Industrie sich – Ironie des Schicksals – in der Schweiz und im übrigen Europa mit billigen, aber immer noch leistungsfähigen Occasionsmaschinen eindeckt und deshalb relativ wenig Kapital braucht und damit Kosten spart. Selbstverständlich sind auch die Löhne tiefer. Sie liegen im Extremfall (Pakistan) bei einem Fünfzigstel der Schweizer Löhne. Zudem verzerren unterschiedliche Maschinenlaufzeiten den Wettbewerb. In Taiwan zum Beispiel sind die Anlagen während 8500 Stunden pro Jahr in Betrieb, in der Schweiz, wo strengere Arbeitszeit- und Betriebsvorschriften gelten, liegt die Vergleichszahl bis zu 40 Prozent tiefer.

Zu später Weckruf – und neue Pioniere

Die Branche stellt sich nur schlecht auf das neue Umfeld ein. Vieles bleibt liegen, wird falsch angegangen oder schlicht verpasst. Die Weckrufe etwa von Wissenschaftern oder von den Banken kommen für die grosse Mehrheit der Schweizer Spinnereien und Webereien zu spät. Von 1980 bis 1990 hält sich der Produktionsrückgang mit 6,8 Prozent bei den Spinnereien und 30 Prozent bei den Webereien noch einigermassen in Grenzen, doch dann setzt eine brutale Talfahrt ein. Im Jahr 2000 stellen die Spinnereien und Webereien mengenmässig drei Viertel weniger Garn (16 000 Tonnen) und Gewebe (28 Mio. Laufmeter) her als zehn Jahre zuvor. Auch in anderen Textilsparten – Stickerei, Chemiefasern, Heimtextilien – ist die Entwicklung in dieser Dekade nicht wirklich erfreulich. Heute beträgt der Anteil der Branche an der Industriebeschäftigung weniger als 1,2 Prozent, und die Wertschöpfung liegt bei 958 Mio. Franken, wobei die stärkste Wertschöpfung bei den technischen Stoffen erreicht wird. Über ein Drittel (4400) der 12 600 Beschäftigten arbeiten in der Bekleidungsindustrie (2014). Die Exporte in der Bekleidungsindustrie liegen bei 1,324 Mrd. Franken (2014); die Textilindustrie konnte im Vergleich zum Vorjahr gar ihre Exporte auf 1,49 Mrd. erhöhen. Die meisten der neuen Pioniere, die sich aus dem traditionsreichen Erbe der Schweizer Textilindustrie nähren und in Nischen führende Positionen erreichen, stammen vermehrt aus dem Bereich Bekleidung.

Links *Kaspar Tanner legte 1862 mit der Gründung seiner Seilerei in Dintikon den Grundstein für die heutige Mammut Sports Group AG*

Rechts *Die Marke Mammut steht heute für innovative Alpin-, Outdoor- und Snowsportprodukte*

Prominente Beispiele für Pioniere im Bereich Bekleidung sind St. Galler Textil-unternehmen, die sich erfolgreich im Modegeschäft etablieren. Nährboden für diese Entwicklung bildet die St. Galler Stickerei, die seit je der Mode sehr nahe steht. St. Galler Spitzen sind Ausgangsmaterial für teure Kreationen der Pariser Haute Couture und der Römer Alta Moda. Armani, Dior, Prada, Ungaro, Givenchy und weitere prominente Häuser zählen zum Kundenkreis von St. Galler Firmen. Schon früh gehen diese auch selbst unter die Modeschöpfer: Bischoff Textil, Forster Rohner, Schläpfer, Union und Filtex sind Beispiele für diese Entwicklung. Man mag es fast als symbolhaft ansehen, dass beispielsweise Michelle Obama anlässlich der Inaugurationsfeier ihres Mannes im Januar 2009 ein Kleid aus Stoff von Forster Rohner trägt. Am renommiertesten ist aber wohl Akris. Die 1922 von Alice Kriemler-Schoch gegründete, heute von ihren Enkeln Albert und Peter Kriemler geleitete Firma geniesst einen exquisiten Ruf, ist Mitglied der «Fédération française de la couture, du prêt-à-porter des couturiers et des créateurs de mode» und kleidet Prominente aus aller Welt ein – etwa die ehemalige US-Aussenministerin Condoleezza Rice oder Charlene Wittstock bei ihrer Verlobung mit Prinz Albert von Monaco.

Im Bereich Lingerie begründen Max Kellenberger und Hans Joachim Palmers – Letzterer ein Abkömmling der österreichischen Textilindustriellen-Familie Palmers – 1941 die Marke CALIDA, die 1946 an die Strickwarenfabrik Sursee AG übertragen wird, die sich dann ihrerseits in Calida umbenennt. Das Unternehmen beginnt mit der Produktion von Damenwäsche, baut aber die Angebotspalette kontinuierlich aus. Calida erlebt zwar harte Zeiten, um die Jahrtausendwende sind es vier Jahre mit grossen Verlusten, schafft aber 2003 den Turnaround und erwirbt 2005 die französische Lingeriemarke Aubade. Mit den beiden Marken CALIDA und Aubade zählt das Unternehmen heute zu den international führenden Anbietern von hochwertiger Tag- und Nachtwäsche und luxuriöser Lingerie. 2013 übernimmt die Calida-Gruppe die Mehrheit an der französischen Lafuma-Gruppe, einem Anbieter von Outdoor-Ausrüstung und -Bekleidung für Bergsportler, Alpinisten, Wanderer und Tourengänger. Mit diesen Marken positioniert sich die Gruppe mit weltweit über 3000 Mitarbeitenden und einem kombinierten Umsatz von 414 Mio. Franken (2013, der Umsatz von Calida ohne Lafuma beträgt 206,4 Mio. Franken) im oberen Segment im Wäschemarkt und im Bereich Outdoor. Die Schweiz ist aber auch «Heimathafen» eines weit grösseren Lingerieherstellers, der 1886 in Baden-Württemberg gegründeten Korsettmanufaktur, die seit 1902 unter der Marke «Triumph» auftritt. Hauptsitz des Konzerns Triumph International (Umsatz 2014: 1,8 Mrd. Franken) ist Bad Zurzach.

Einer konsequenten Markenstrategie verdankt auch Mammut seinen Erfolg. Als der aus einfachen Verhältnissen stammende Kaspar Tanner 1862 in Dintikon bei Lenzburg eine kleine Seilmacherei eröffnet, lässt er sich wohl nicht träumen, dass sein Betrieb 150 Jahre später als «Mammut» zu den Vorzeigeunternehmen der Schweizer Textilindustrie gehört. Die inzwischen im aargauischen Seon ansässige und vom Zürcher Conzzeta-Konzern kontrollierte Firma ist einer der weltweit führenden Komplettanbieter von hochwertiger Outdoor-Ausrüstung. Mit einem Umsatz von knapp 247 Mio. Franken und 566 Mitarbeitenden rangiert das Unternehmen 2014 nach The North Face, Patagonia und Jack Wolfskin weltweit auf dem vierten Platz. Die Marke ist ausgezeichnet positioniert. «Mammut» richtet sich an eine anspruchsvolle und zahlungskräftige Kundschaft. Bei «Strellson of Switzerland» liegen die Dinge ähnlich. Nichts erinnert noch an das ertragsschwache, hoffnungslos altmodische Vorgängerunternehmen Friedrich Straehl & Co., das in Kreuzlingen Mäntel herstellte und von Jahr zu Jahr näher an den Abgrund rutschte – bis es 1984 von den Gebrüdern Jochen und Uwe Holy übernommen wird. Der Geschäftsführer, Hans C. Eggenberger, ein zupackender und visionärer Typ, verpasst dem biederen Laden eine umfassende Frischzellenkur und kreiert zusammen mit den Eigentümern, die die Firma heute über ihre Holy Fashion Group kontrollieren, den Namen «Strellson». Ab 1995 wächst dann unter CEO Reiner Pichler

Links *In der internationalen Modebranche nicht mehr wegzudenken: Fogal Strumpfhosen*
Rechts *Interieur und Stoffe der Langenthal AG für die Fluggesellschaft KLM 1957*

ein kreatives Team heran, das das Schweizer Label zu einem führenden Anbieter
für urbane Männermode entwickelt. 2009 sind 1100 Mitarbeitende im Unternehmen beschäftigt, 350 davon in Kreuzlingen, die anderen in Produktionsstätten im
Ausland. «Strellson» wird heute in 42 Ländern verkauft. Fogal schliesslich, das aus
einem 1923 in Zürich von Léon Fogal gegründeten Strumpfgeschäft entstanden ist,
ist im Laufe der Jahrzehnte zu einer international beachteten Marke herangewachsen. Im Oktober 2009 kommt das Unternehmen unter die Fittiche von Philippe
Gaydoul, dem Enkel des legendären Denner-Besitzers Karl Schweri, der das Filialnetz im In- und Ausland erweitern will.

«Akris», «Calida», «Mammut», «Strellson» und «Fogal» sind mehr als trendige
Namen in der Bekleidungsindustrie. Hinter den Produkten steckt hohe Kompetenz.
Das unterscheidet sie von Massenerzeugnissen und macht sie unverwechselbar. In
der Textilindustrie ist ein besonders herausragendes Beispiel einer solchen Strategie
der Unverwechselbarkeit die Möbelstoffweberei Langenthal. Ihre Firmenleitung
realisiert schon um 1950, dass heimelige Möbelbezüge keine Grundlage für eine
langfristig erfolgreiche Entwicklung sein können. Der aus der Gründerfamilie des
1886 errichteten Unternehmens stammende Willy Baumann beschliesst, in die
Herstellung von hochwertigen, flammfesten Textilien für Transportunternehmen
(vor allem in der Luftfahrt) einzusteigen. 1954 gewinnt das Unternehmen mit der
niederländischen Fluggesellschaft KLM ihren ersten internationalen Kunden – es
ist der Anfang einer fast unglaublichen Erfolgsstory. Namentlich in den USA

Links *Anna Joséphine Dufour-Onofrio (1817–1901), erfolgreiche und wohltätige Unternehmerin von Dufour & Co.*

Rechts *Oft übersehene Spitzenprodukte der modernen Schweizer Textilindustrie: Filtrationsgewebe von Sefar*

kommen die Langenthaler gross ins Geschäft. 1975 rufen sie dort eine eigene Verkaufsorganisation ins Leben, und 1979 wird ein Teil der Produktion in die Neue Welt verlagert. Im gleichen Jahr nimmt in Langenthal ein internes Labor zur Durchführung von Tests nach den Vorschriften der internationalen Luftfahrtbehörden seine Arbeit auf. Die Strategie der Baumanns ist aufgegangen. Zwar ist Lantal Textiles, wie die Firma heute heisst, mit knapp 380 Mitarbeitenden und einem Umsatz von rund 102 Mio. Franken alles andere als gross, aber sie zählt weltweit über 300 Fluggesellschaften und führende Flugzeug- und Sitzhersteller zu ihren Kunden und ist bei technischen Textilien ganz vorne dabei. Der Dernier Cri sind die 2008 erfolgreich lancierten pneumatischen Sitzkissen, deren Einbau in Grossraumflugzeuge signifikant Gewicht einspart und zugleich den Komfort der Passagiere markant erhöht. Lantal Textiles versteht sich nicht einfach als Zulieferer, sondern will die Leader-Position im Beraten, Entwickeln, Herstellen und Vermarkten von textilen, ökologisch durchdachten und systemhaften Gesamtlösungen einnehmen.

Diese Fokussierung auf hoch spezialisierte Gewebe ist eine Überlebensstrategie, der sich auch andere Textilunternehmen erfolgreich bedienen. Ein Beispiel dafür ist die Sefar-Gruppe, deren Wurzeln bis zu einer der ältesten Zürcher Seidenfabrikantenfamilien reichen, den aus dem Piemont stammenden und im 16. Jahrhundert in die Stadt Zürich eingewanderten Bodmers. Zahlreiche erfolgreiche Seidenunternehmer entstammen dieser Familie, unter anderem Heinrich Bodmer (1786–1873), der durch die Seidegaze-Fabrikation zum damals reichsten Zürcher wird. Er gibt seinem Mitarbeiter, dem Franzosen Pierre Antoine Dufour, 1830 den Auftrag, im sankt-gallischen Thal die Herstellung von Seidenbeuteltuch aufzubauen. Drei Jahre später trennt sich Dufour von Bodmer und gründet seine eigene Firma. Sie wird nach seinem frühen Tod 1842 von seiner Witwe Anna Joséphine zu einem erfolgreichen Exportunternehmen ausgebaut. 1907 und 1912 fusionieren Dufour & Cie. und sechs weitere Zürcher und Ostschweizer Hersteller von Seidengaze und treten fortan unter Schweiz. Seidengazefabrik AG Thal und Zürich sowie Züricher Beuteltuchfabrik AG parallel am Markt auf. Der Name der Holding-Gesellschaft Sefar (der für SEiden-FAbrikanten-Réunion steht) wird erst ab 1995 für den Marktauftritt benutzt. Das Unternehmen befindet sich immer noch im Besitz der Nachkommen der sieben ursprünglichen Aktionärsfamilien. Heute produziert Sefar hoch spezialisierte Gewebe für Anwendungen im Siebdruck und in der Filtration. Sie werden verwendet in Akustik, Elektronik, Lebensmittelherstellung, Medizin, Pharma und weiteren Bereichen. Sefar setzt mit 2200 Mitarbeitenden rund 300 Mio. Franken um (2013).

Ebenfalls hoch spezialisierte Gewebe für besondere Anwendungen in Sport, Arbeitskleidung und anderen Bereichen produziert die heute in Sevelen angesiedelte Schoeller Textil AG. Schoeller geht auf die 1866/67 in Schaffhausen errichtete Kammgarnspinnerei zurück, an deren Gründung der aus Breslau stammende und in die Schweiz eingewanderte Rudolph Schoeller massgeblich beteiligt ist. «Schoeller und Söhne» expandiert Ende des 19. Jahrhunderts kräftig, errichtet in Zürich-Hardturm eine Färbereianlage und gründet im österreichischen Hard eine erste Auslandniederlassung. 1954 erwirbt die Firma die Tuchfabrik Sevelen, heute der Sitz des Unternehmens, das mit seinen gut 270 Beschäftigten praktisch ausschliesslich für den ausländischen Markt produziert. 2012 übernimmt Schoeller von der Eschler-Gruppe aus dem appenzellischen Bühler, einem führenden Hersteller von funktionellen Maschen-Textilien, die Bereiche Sport, Workwear und technische Textilien. Eigentümer ist die in Zürich domizilierte Albers-Gruppe, die sich seit 150 Jahren in Familienbesitz befindet.

Die Beispiele «Lantal Textiles», «Sefar» und «Schoeller» zeigen: Mag auch die einst mächtige Schweizer Textilindustrie, die Mutter der Schweizer Industrialisierung, längst von der Bildfläche verschwunden sein – in hoch spezialisierten Nischen sind Schweizer Textilien weiterhin auf dem Weltmarkt präsent. Somit zeigt sich in der Textilindustrie in zugespitzter Weise die Überlebensstrategie vieler Schweizer Branchen: entweder Ausweichen auf wertschöpfungskräftigere Bereiche, wie in diesem Fall auf Bekleidung und Mode, oder aber Fokussierung auf hoch spezialisierte Produkte, die sich vom Massenmarkt abheben.

Wichtige Schweizer Textil-Unternehmen in Zahlen

Sefar-Gruppe (1830)					
	1950	1970	1990	2000	2014
Umsatz	n. v.	n. v.	177	295	295
Beschäftigte	n. v.	n. v.	1150	1500	2200
davon im Inland	n. v.	n. v.	900	800	803

Calida-Gruppe (1941)					
	1950	1970	1990	2000	2014
Umsatz	n. v.	n. v.	n. v.	200	412
Beschäftigte	n. v.	n. v.	n. v.	1330	3007
davon im Inland	n. v.	n. v.	n. v.	520	480

Lantal Textiles (1886)					
	1950	1970	1990	2000	2014
Umsatz	2	7	20	121	102
Beschäftigte	40	115	200	450	377
davon im Inland	40	115	180	320	332

Genannt werden Umsatz und Zahl der Beschäftigten (insgesamt und in der Schweiz) grosser Schweizer Textil-und Bekleidungsunternehmen der letzten 60 Jahre, soweit diese verfügbar sind (ansonsten findet sich der Vermerk n.v.). In Klammern ist das Gründungsjahr des Unternehmens (bzw. dessen Vorläufer) angegeben, der Umsatz ist in Mio. Franken aufgeführt, die Zahlen zu Umsatz und Beschäftigten sind gerundet und können im Einzelfall um ein Jahr abweichen. Mehrere bedeutende Firmen wie beispielsweise Akris, Fischbacher oder Mammut geben keine Zahlen bekannt. Der Umsatz von Calida von 2013 enthält jenen der Lafuma-Gruppe noch nicht, bei den Zahlen zur Beschäftigung sind aber jene bereits addiert worden.

Mächtige Maschinen

vor 1800	1795	Johann Jacob Rieter gründet ein Handelsgeschäft für Baumwolle und Kolonialwaren, die Keimzelle des Maschinenbauers Rieter.
1800–1899	1805	Hans Caspar Escher und Salomon von Wyss gründen Escher, Wyss & Cie.
	1807	Heinrich Bucher-Weiss übernimmt eine Schmiede im Weiler Murzeln in Niederweningen, Keimzelle von Bucher Industries.
	1810	Ludwig von Roll baut einen Hochofen in der Klus.
	1834	Johann Jakob und Salomon Sulzer gründen eine Giesserei in Winterthur.
	1842	Caspar Honegger baut den Honegger-Webstuhl.
	1853	Franz Saurer gründet eine Giesserei in St. Georgen.
	1853	In Schaffhausen entsteht die Schweizerische Waggon-Fabrik, Keimzelle der Schweizerischen Industrie-Gesellschaft SIG.
	1855	Gründung des Polytechnikum in Zürich (die spätere ETH Zürich).
	1871	Gründung der Schweizerischen Lokomotiv- und Maschinenfabrik (SLM) in Winterthur.
	1874	Gründung von Schindler in Luzern.
	1890	Joseph Bobst eröffnet in Lausanne ein Geschäft für Druckereizubehör, die Keimzelle der Bobst Group.
	1891	Charles E. L. Brown und Walter Boveri gründen Brown, Boveri & Cie. (BBC).
	1896	Richard Theiler und Adelrich Gyr-Wickart gründen das Electrotechnische Institut Theiler & Co., Vorläufer von Landis & Gyr.
1900–1999	1918	Generalstreik in der Schweiz.
	1937	Das «Friedensabkommen» in der Maschinenindustrie.
	1937	Emil Bührle übernimmt die Werkzeugmaschinenfabrik Oerlikon, Beginn von Oerlikon-Bührle.
	1957	Walter Reist gründet den Druckmaschinenbauer Ferag.
	1961	Sulzer übernimmt die SLM, Beginn einer Konsolidierungswelle in der Schweizer Maschinenindustrie.
	1988	Zusammenschluss der BBC mit der schwedischen Asea zu ABB.
ab 2000	2009	Die Alpiq-Gruppe entsteht aus dem Zusammenschluss von Atel und EOS.
	2011	Der japanische Technologiekonzern Toshiba übernimmt Landis & Gyr.

Der Wandel der Schweizer Maschinenindustrie von der Mitläuferin zur Innovatorin

Die Alte Eidgenossenschaft gehört im 18. Jahrhundert zu den am stärksten industrialisierten Gebieten der Welt. Doch warum soll sich ausgerechnet das Land der Kleinbauern und Kleinbürger ohne Rohstoffe und Meeresanstoss als eine der Wiegen der industriellen Revolution erweisen? Die Antwort auf die Frage lautet: Gerade weil in der Eidgenossenschaft Hunderttausende von Bauern auf ihren kümmerlichen Gütern um das Überleben kämpfen, entwickelt sie sich zur am schnellsten und am stärksten wachsenden Industrieregion in Kontinentaleuropa. Gemeint ist damit im 18. Jahrhundert noch die sogenannte Protoindustrialisierung, als Bauern vom Zürcher Oberland bis an den Bodensee Heimarbeit leisten und für die Textilherren in Zürich oder St. Gallen spinnen, weben und sticken. Aber aus der Textilindustrie wachsen in einem halben Jahrhundert auch der Maschinenbau und die Farbenherstellung, also die chemische Industrie. Zwar steht am Anfang der Maschinenindustrie in der Schweiz die Kopie und nicht die Innovation. Bald aber legen Pioniere wie Honegger, Rieter und Saurer mit ihren Textilmaschinen die Basis für eine beispiellose industrielle Entwicklung, aus der Weltkonzerne wie Sulzer, Brown Boveri und später die ABB wachsen. Der hohe Exportanteil – nahezu 80 Prozent der produzierten Güter gehen ins Ausland – macht die Branche aber anfällig für Krisen, und besonders der Textilmaschinenbau ist heute nur noch ein Schatten seiner selbst. Die Frankenstärke der letzten Jahre und die schockartige Aufwertung des Schweizer Frankens Anfang 2015 verschärfen die Lage vieler Unternehmen. Dennoch: Die Maschinen-, Elektro- und Metallindustrie nimmt in der Schweiz eine Schlüsselstellung ein. Sie ist mit gegen 334 000 Beschäftigten die grösste industrielle Arbeitgeberin und bestreitet mit Exporten von über 66 Mrd. Franken (2014) rund ein Drittel der Güterausfuhren.

Die Schweiz – ein Pionierland der Industrialisierung

Acht seiner zwölf Arbeiter müsste der Maschinenbau-Pionier Hans Caspar Escher entlassen, da die neuen Maschinen seiner Spinnerei weniger Unterhalt benötigen. Doch er meint: «Mit grosser Mühe bildete ich sie zu geschickten Arbeitern, die unter guter Leitung als ein köstliches Capital zu betrachten sind, dessen Ertrag billig dem, der es erworben und nicht entfernten Unternehmern zu gut kommen sollte.» Und so beschliesst er, selber Maschinen zu bauen. Wie Escher entscheiden sich viele Unternehmer in der Schweiz, selbst jene Maschinen zu konstruieren, die sie so dringend benötigen. Das führt dazu, dass die Schweiz rasch Anschluss an eine ab der Mitte des 18. Jahrhunderts in England begonnene Entwicklung findet, die das Gesicht der Welt grundlegend verändert: die Industrialisierung. Die «Maschine» ist die Ikone dieses neuen Zeitalters – ein Instrument, das im Vergleich mit den bis dahin genutzten Werkzeugen die Produktionsleistung gewaltig erhöht. Natürlich tragen viele andere Aspekte in einem komplexen Ursache-Wirkungs-Gefüge zum Prozess der Industrialisierung bei: Menschen ziehen vermehrt in die Städte, Energie wird in Form von Wasser- und Dampfkraft in grossem Umfang verfügbar, neue Verkehrswege (Eisenbahn, künstliche Kanäle) werden erschlossen, Kapital wird akkumuliert und steht für Investitionen zur Verfügung. In der Maschine aber kumuliert diese neue Zeit, deren Feinde sich nicht selten «Maschinenstürmer» nennen.

Doch Maschinen müssen hergestellt werden, und da mischt die Schweiz früh mit – wenngleich die Schweizer nicht unbedingt die innovativsten sind. «Wir können uns keiner andern Erfindung rühmen als der geschickten Nachahmung zu wohlfeileren Preisen», stellt der Zürcher Ratsherr Johann Caspar Hirzel bereits 1760 fest. Tatsächlich kommen zu Beginn der industriellen Revolution im 18. Jahrhundert alle Innovationen in der Textilindustrie aus England: 1738 die erste Spinnmaschine von Lewis Paul in Birmingham, nach 1760 die Spinning Jenny von James Hargreaves, 1769 das verbesserte Modell von Richard Arkwright. Aber in der Eidgenossenschaft finden sich bereits damals nicht nur Denker wie der Mathematiker Leonhard Euler, dessen Turbinentheorie bis ins 20. Jahrhundert zum Berechnen von hydraulischen Maschinen dient, sondern auch Tüftler, die als «Mechanikus» oder «Künstler» in ihren Werkstätten schmieden, schlossern, Gussstücke fertigen oder Mühlen bauen. Wie die Japaner und die Chinesen im 20. Jahrhundert lernen sie – ohne sich um Patente zu kümmern – die Maschinen nachzubauen: Innerhalb weniger Jahrzehnte kämpfen sie sich damit an die Spitze der technologischen Entwicklung.

Ein solcher Tausendsassa ist der Handwebersohn Christian Schenk aus dem Emmental: Als Büchsenmachergehilfe im Berner Zeughaus nach dem Einmarsch der Franzosen 1798 entlassen, zieht er als Tuchhändler nach Glarus und schaut unterwegs Mühlen, Treträder und Feuerspritzen an, baut als Pfarrknecht für seinen Herrn eine Zwirnmühle und einen Bandwebstuhl und lernt den Maschinenbau, als er 1804 in Rapperswil eine Viertelstunde lang eine Spinnerei besichtigen kann. Oder der Seidenkaufmannssohn Hans Caspar Escher (1775–1859), der 1805 in Zürich zusammen mit dem Bankier Salomon von Wyss die Baumwollspinnerei Escher, Wyss & Cie. gründet: Er besucht als Offizier der helvetischen Armee die St. Galler Aktienspinnerei, wo seit 1800 die ersten, von englischen Mechanikern gebauten Spinnmaschinen laufen. Danach konstruiert er mit einem Techniker aus Sachsen die erste eigene Maschine und importiert das Wissen in der Metallverarbeitung nach mehreren Informationsreisen aus Frankreich. Dieses Wissen behält er in der eigenen Fabrik, aber schon 1810 läuft die Spinnerei mit 5232 Spindeln auf vollen Touren. Für den Unterhalt hätte sie nur noch ein Drittel der zwölf Arbeiter in der Werkstätte gebraucht. In dieser Lage zeigt Escher bemerkenswerten Sinn für das Humankapital, und so beschliesst die Aktionärsversammlung 1810, die «Fabrikation von Spinnmaschinen für auswärtige Liebhaber» aufzunehmen, vorläufig für ein Jahr. Ein Sohn des Gründers, Albert Escher, schafft dann im folgenden Jahr eine Maschinenfabrik, die mit ihren führenden Modellen auch Grossspinnereien im Ausland beliefert.

Auch andere Spinner werden von Textilunternehmern zu Maschinenindustriellen, vor allem die Familie Rieter in Winterthur. Johann Jacob Rieter (1762–1826) gründet 1795 ein Handelshaus für Kolonialwaren und Rohbaumwolle, der Grundstein des Rieter-Konzerns. Die Firma beteiligt sich ab 1810 an mehreren Spinnereien. Sein Sohn Heinrich Rieter (1788–1851) richtet dafür in Niedertöss eine mechanische Werkstätte ein, die bald zur Maschinenfabrik heranwächst. 1826 beginnt er mit dem Bau von eigenen Spinnstühlen und entwickelt diese mittels Industriespionage in England und eigener Verbesserungen weiter. Dazu schafft er 1829, wie der Konkurrent Escher Wyss, mit einer eigenen Giesserei die Voraussetzung für den Maschinenbau. Bald wittern Rieters Nachkommen mehr Wachstumschancen im Maschinenbau als in der Textilherstellung und beginnen 1835 mit einer Diversifikation, die alles in den Schatten stellt, was man in der Industrie bisher gesehen hat. Webstühle, Stickmaschinen, Transmissionen, später auch Bahnen, Generatoren, Motoren, Turbinen und Werkzeugmaschinen tragen den Namen des Unternehmens in die ganze Schweiz und bald auch ins Ausland.

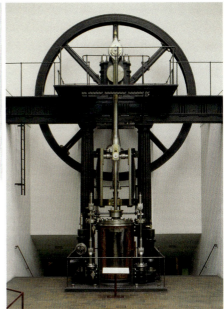

Links *Der von Caspar Honegger entwickelte Honegger-Webstuhl*

Rechts *Die im Deutschen Museum in München aufgestellte Sulzer-Dampfmaschine von 1865*

Nicht unwesentlich für die Industrialisierung der Schweiz ist, dass das rohstoffarme Land über abbauwürdige Vorkommen von Eisenerz verfügt, die schon im
18. Jahrhundert genutzt werden, so im schaffhausischen Klettgau, im solothurnischen Dünnerntal, im Berner Jura und am Gonzen im Rheintal. Um das Metall für
den Maschinenbau zu liefern, baut der Solothurner Patrizier Ludwig von Roll
(1771–1839) 1810 in der Klus einen Hochofen und 1812 in Gerlafingen eine Hammer-
schmiede. Der 1809 vor dem Kriegsdienst geflüchtete Württemberger Johann Georg
Neher (1788–1858) macht dasselbe in Schaffhausen, wo Johann Conrad Fischer
(1773–1854) zur gleichen Zeit versucht, in seiner Kupferschmiede-Werkstatt Guss-
stahl herzustellen – als Erster ausserhalb von England. Er pflegt den Kontakt mit
dem Physiker Michael Faraday und reist acht Mal für längere Zeit nach England.
1845 erfindet er den Stahlformguss. Der Winterthurer Giesser- und Drehermeister
Johann Jakob Sulzer-Neuffert (1782–1853) schliesslich schickt seine Söhne Johann
Jakob und Salomon auf Wanderschaft nach Frankreich und Deutschland, um sie
die Technik des Eisengiessens lernen zu lassen. Das Unternehmen, das sie 1834
gründen, fertigt zuerst Feuerspritzen, bald aber Schiffe oder Dampfmaschinen.

Die bemerkenswerteste Figur in der eindrücklichen Ahnengalerie der Schweizer Maschinenindustrie ist aber Caspar Honegger (1804–1883). Er wächst als
schwächliches fünftes Kind in einer Kleinbauernfamilie auf und arbeitet schon als

Bub hart in der kleinen Spinnerei, die der Vater aufgebaut hat. Mit 15 steigt er zum Aufseher, mit 17 zum technischen Leiter auf. In der Dorfschule schläft er oft ein, weshalb er sich sein Wissen selber beibringen muss. Dieses nutzt er, als ihm 1834 die Gemeinde Siebnen SZ anbietet, eine Baumwollweberei mit mechanischer Werkstätte aufzubauen, um die Arbeitslosigkeit zu bekämpfen. Die wahrscheinlich aus England eintreffenden Webstühle sind die ersten, die Honegger zu Gesicht bekommt. Auf den ersten Blick erkennt er ihre technischen Mängel und konstruiert einen verbesserten Webstuhl. Der Unternehmer, der keine technische Schulung besitzt, tüftelt an Verbesserungen, aus denen 1842 der damals führende Honegger-Webstuhl resultiert. Im Sonderbundskrieg von 1847 muss die später Maschinenfabrik Rüti genannte Firma, in der vorwiegend Protestanten aus dem Zürcher Oberland arbeiteten, vom katholischen Siebnen nach Rüti ins Zürcher Oberland umziehen. Honegger setzt durch, dass sein Werkgelände beim Bau der Eisenbahn günstig erschlossen und die Bahnlinie entsprechend angelegt wird. Die zahlreichen Waggons, die täglich über die steile Rampe in den Bahnhof geschoben werden, gehen nach ganz Europa, nicht zuletzt auch in die grossen Häfen, von wo die Ware nach Übersee spediert wird. Das führt zu einer einzigartigen Erfolgsgeschichte: Zwischen 1848 und 1867 stellt die Firma 30 000 Honegger-Stühle her, die bereits in den 1850er-Jahren die unterlegenen englischen Modelle weitgehend verdrängt haben. Die Kopierer haben sich innerhalb von drei, vier Jahrzehnten zu Innovatoren entwickelt, die weltweit die besten Maschinen bauen.

Die Industrialisierung gewinnt Fahrt und erhält mit der ETH eine Denkfabrik
Die Basisinnovation, die das Leben ein halbes Jahrhundert nach der Einführung der mechanisierten Spinnerei zum zweiten Mal revolutioniert, ist die Dampfmaschine. Zwar fehlt der Schweiz der Rohstoff Kohle, doch hat sie eine Alternative: Die Fabrikherren können praktisch überall die Wasserkraft nutzen, vom Aabach im Zürcher Oberland bis zum Rheinfall bei Neuhausen. Schon die ersten Maschinenbauer arbeiten denn auch an immer wirkungsvolleren Wasserrädern, und 1834 entwickelt Escher Wyss ein Wasserrad mit Triebwerken: der Anfang des Hydroturbomaschinenbaus, der bis in die Gegenwart eine Spezialität des Unternehmens bleiben soll. Danach folgen Fortschritte bei den Turbinen, bis hin zum weltbekannten Zuppinger-Rad, das der Ingenieur Walter Zuppinger von Escher Wyss 1844 erfindet.

Weil die Wasserräder für die immer grösser werdenden Fabriken nicht genügen, beginnt Escher Wyss 1839 mit dem Entwickeln von Dampfmaschinen, anfangs mithilfe von englischen Ingenieuren. Diesen Antrieb setzt das Unternehmen auch in den eisernen Schiffen ein, die es gleichzeitig zu bauen anfängt und dem Kunden fixfertig abliefert, von der Antriebsmaschine bis zu den Kajütenvorhängen. Aus diesen Anfängen mit Schiffen für den Walen- und den Vierwaldstättersee wächst bald eine weltberühmte Spezialabteilung heran. Heute zeugt nur noch die Kulturstätte «Schiffbau» in Zürich davon. Auch Johann Jakob Sulzer (1821–1897) erkennt die Bedeutung der Dampfmaschine, als er 1849 erstmals nach England fährt. Und er gewinnt für sein Unternehmen einen überragenden Kopf: Charles Brown (1827–1905). Der Sohn eines sektiererischen Zahnarztes ist in Woolwich im Osten von London aufgewachsen, inmitten von Docklands und Maschinenindustrie, und hat sich während sechs Jahren im Bau von Dampfmaschinen ausgebildet. Als er 1851 mit 24 Jahren nach Winterthur kommt, lässt er gleich die Werkstätten von Sulzer erweitern sowie die Giesserei und die Kesselschmiede zur Maschinenfabrik ausbauen. 1854 fertigt das Unternehmen die erste Dampfmaschine mit 3 PS, und 1867 zeigt es an der Pariser Weltausstellung eine bahnbrechende Erfindung von Brown, die Ventildampfmaschine: Diese Sensation, die den ersten Preis gewinnt, begründet den Weltruf der Gebrüder Sulzer. In den 20 Jahren, in denen Brown bei Sulzer wirkt, wächst das Unternehmen von 50 auf 1000 Beschäftigte an. 1871 zieht Charles Brown aber weiter, um eine Firma zu führen, die ein Konsortium um die Bank in Winterthur (die spätere SBG) für die Eisenbahnpläne der Winterthurer gegründet hat, die ein Schienennetz um Zürich herumführen wollen: die Schweizerische Lokomotiv- und Maschinenfabrik (SLM).

Bis dahin ist der Lokomotivbau in der Schweiz nicht recht auf Touren gekommen, weil die Konstrukteure mit ihren Einzelanfertigungen preislich nicht mit der ausländischen Konkurrenz mithalten können. Durchsetzen kann sich einzig die Schweizerische Waggon-Fabrik, die drei Schaffhauser Unternehmer um den Giesser Johann Conrad Neher (1818–1877) seit 1853 am Rheinfall aufbauen. Da das Schienennetz nur langsam wächst, muss die Firma allerdings ihre Waggons auf pferdebespannten Lastwagen 45 Kilometer weit zum nächsten Gleisanschluss bringen. Wegen des schwierigen Geschäftsgangs verkrachen sich die drei Gründer 1861. Schliesslich geht die Firma 1863 in einem Unternehmen auf, das bis ins 21. Jahrhundert besteht: in der Schweizerischen Industrie-Gesellschaft SIG. Aber eben: Insgesamt fehlt es an Schweizern, die eine Lokomotive entwickeln, eine Brücke bauen oder ein Bahntrassee legen können. Dem soll das 1855 gegründete Polytechnikum abhelfen, das sich ab 1911 Eidgenössische Technische Hochschule (ETH) Zürich nennt. Diesen Anspruch erfüllt es nicht nur, sondern es verbreitet weltweit den Ruf der Schweiz wie kaum eine andere Institution – dabei ist es ursprünglich nur eine Verlegenheitslösung, denn Alfred Escher strebt eigentlich eine eidgenössische Universität in Zürich an. Er begnügt sich aber mit einer technischen Hochschule, da er im zerstrittenen Parlament keine Mehrheit findet: 1855 beginnt die polytechnische Schule mit dem Lehrbetrieb. Schon seit 1853 bildet daneben die Ecole spéciale de Lausanne als Privatschule Ingenieure aus. Sie wird 1869 der öffentlichen Académie de Lausanne und 1890 als Ecole d'ingénieurs der Université de Lausanne angegliedert. Erst 1969 übernimmt der Bund die welsche Hochschule als Schwesterinstitut zur ETH Zürich.

Das «Poly» erweist sich als Glücksfall. Die Hochschule richtet sich von Anfang an auf die Bedürfnisse der Industrie aus, pflegt den Sinn für das Praktische und das Pragmatische bei höchster Qualität, was sich weltweit zum Schweizer Markenzeichen entwickeln wird. Und sie zieht seit der Gründung nicht nur einheimische Aufsteiger aus dem Handwerk und der Arbeiterschaft an, sondern auch renommierte ausländische Forscher: Schon in den 1860er-Jahren dozieren und studieren mehr Ausländer als Schweizer an der ETH. Diese «sehr angefeindete Benutzung der technischen Hochschule durch Ausländer» (Bruno Lincke) bringt der Schweiz grosse Vorteile. Die jungen Ingenieure, die während ihrer Studienzeit Gelegenheit haben, sich vom hohen Stand des schweizerischen Maschinenbaues zu überzeugen, tragen viel zur Verbreitung des guten Rufes der Industrie bei. Und eine Mehrheit der bisher 21 Nobelpreisträger der eidgenössischen Vorzeigeschule stammt aus dem Ausland, von Wilhelm Conrad Röntgen über Albert Einstein und Wolfgang Pauli bis hin zu Vladimir Prelog und Johannes G. Bednorz. Sie alle mehren mit ihren wissenschaftlichen Durchbrüchen auch den Ruhm der Schweiz.

Nebst diesem Import von Geistesgrössen profitiert die Industrialisierung in der Schweiz aber auch von einer gewissen Widerspenstigkeit im Charakter der Einheimischen. Viele Kenner der Schweiz rühmen, dass das Gefühl der eigenen Verantwortung, des selbstständigen Entscheidens, nicht nur bei den Ingenieuren und Unternehmern ausgeprägt vorhanden ist, sondern selbst beim einfachsten Arbeiter. So schaffen es bodenständige Pioniere immer wieder, Firmen zu gründen, die zu bedeutenden Unternehmen heranwachsen. 1859 entstehen in Niederuzwil gleich zwei Unternehmen, die bis heute eine dominierende Position behaupten: jenes des Giessers Adolf Bühler (1822–1896), der ebenfalls die Stickereiindustrie beliefert, aber bald auch Müllereimaschinen erfindet (der heutige Technologiekonzern Bühler), und jenes von Heinrich (1827–1895) und Jakob (1832–1868) Benninger, die Jacquard-Webstühle bauen (der heutige Textilmaschinenbauer Benninger).

Links *Franz Saurer (1806–1882)*
Rechts *Saurer-Motor-Lastwagen Typ AM III für 5 Tonnen Last (1903/04)*

Die damals erstaunlichste Wachstumsgeschichte ist aber jene von Saurer. Franz
Saurer (1806–1882), ein Bauernsohn aus dem Fürstentum Hohenzollern-Sigma-
ringen, eröffnet nach Lehrjahren in Neuhausen und Winterthur 1853 im sankt-
gallischen St. Georgen seine eigene Giesserei, mit der er Gartenmöbel und Bett-
gestelle herstellt. Doch 1861 heiratet er die Witwe eines Arboner Unternehmers, der
Webstühle gebaut und Klüpperli, also Klammern für Stickmaschinen, gefertigt hat.
So gesehen ist auch bei Saurer die Textilindustrie Geburtshelferin. Denn St. Galler
Stickereiunternehmer versuchen schon seit Längerem erfolglos, die Handarbeit
durch industrielle Fertigung zu ersetzen. Die Maschinenstickerei scheint aber tech-
nisch ein Ding der Unmöglichkeit – bis Adolph Saurer (1841–1920), der Sohn von
Franz Saurer, 1866 für drei Monate nach Manchester geschickt wird, wo er bei
Wren & Hopkinson die Fabrikation von Handstickmaschinen beobachten kann.
Nach seiner Rückkehr in die väterliche Giesserei setzt er die dabei gewonnenen
Anregungen zielstrebig um. Drei Jahre später verlässt die erste Maschine mit einer
Sticklänge von 4,2 Metern die Werkstatt in Arbon. Bereits 1870 liefert der Betrieb,
den Saurer senior nun zusammen mit seinen Söhnen Adolph und Anton führt,
99 Handstickmaschinen aus. Die Produkte kommen gut an; der Absatz steigt steil.
Zwischen Juli 1871 und Februar 1873 werden insgesamt 277 Maschinen verkauft.
30 Prozent des Umsatzes macht die Firma im Ausland. Nach Franz Saurers Tod
übernimmt Adolph 1882 die Führungsverantwortung, baut den Betrieb kräftig aus,
fördert neue technische Entwicklungen und verschafft dem Haus europaweit einen

hervorragenden Ruf. 1889 erringt das Unternehmen an der Pariser Weltausstellung eine Goldmedaille und an der nächsten Weltausstellung in Paris im Jahr 1900 einen «Grand Prix» für seine Doppel-Dampfstickmaschine. Als Adolph 1920 stirbt, beschäftigt die Firma in Arbon fast 3000 Leute und erzielt einen Umsatz von 32,2 Mio. Franken. Die danach von seinem einzigen Sohn Hippolyt (1878–1936) gegründete Aktiengesellschaft Adolph Saurer AG bildet das Fundament des im Textilmaschinen- und Lastwagenbau jahrzehntelang führenden Saurer-Konzerns.

Elektrifizierung – die Schweiz wird zur Vorreiterin

Basisinnovationen führen gemäss dem russischen Ökonomen Nikolai Kondratieff zu langen Konjunkturzyklen. Eine solche ist die Dampfmaschine; hier rücken Schweizer Maschinenbauer bald zur Weltspitze auf. In der nächsten Basisinnovation dagegen – der Elektrifizierung – setzen sich die Schweizer sogar von Beginn weg an die Weltspitze. Dafür brauchen sie allerdings nochmals das Genie von Charles Brown. Dieser wechselt 1884 von der SLM Winterthur zur Werkzeug- und Maschinenfabrik Oerlikon, die seit ihrer Gründung 1863 zuerst Alteisen verarbeitet und darauf Holzverarbeitungsmaschinen baut. Zwar gibt der Deutsche Werner von Siemens 1867 mit der Erfindung des Elektromagneten den Anstoss zur Entwicklung der Elektrotechnik, er kann aber das Problem, wie sich Starkstrom über Distanzen transportieren lässt, nicht lösen. In Oerlikon baut Brown eine elektrotechnische Abteilung auf, um dieses Problem anzugehen. Er selbst setzt sich nach nur wenigen Monaten ab und meldet aus Newcastle, er habe eine neue Stelle gefunden. Doch er bringt einen nicht minder begabten Ersatz in die Firma: seinen Sohn Charles Eugene Lancelot Brown (1863–1924). Mit 19 Jahren am Technikum Winterthur im Maschinenbau ausgebildet und mit 21 Jahren in Oerlikon zum Abteilungsleiter befördert, schafft es Brown junior schon im zweiten Jahr, das Problem von Siemens zu lösen. 1886 legt er eine Stromleitung von einem kleinen Flusskraftwerk in Kriegstetten ins 8 Kilometer entfernte Solothurn. Die Vorgabe lautet, dort mit einem Nutzeffekt von 65 Prozent Drehbänke zu betreiben. «Geht die Sache gut, bin ich ein gemachter Mann», schreibt Brown einem Geschäftsfreund, denn eine solche Leistung wurde bis jetzt von niemandem auch nur annähernd erreicht. Der Pionier erzielt – von der Fachwelt bestaunt – einen Nutzeffekt von 75 Prozent. Er erreicht dieses Resultat mit Gleichstrom, der nur mit Schwierigkeiten zu transportieren ist. Um den Transportverlust zu vermindern, stellt Brown bald auf Wechselstrom um, der aber deutlich gefährlicher ist. Dazu transformiert der Erfinder in Oerlikon den durch einen selbst konstruierten Generator erzeugten Wechselstrom von 50 auf 15 000 Volt hinauf und am Ende der Leitung wieder auf 50 Volt hinunter. Das führt er 1891 an der ersten Frankfurter Elektrizitätsausstellung vor. Vom Wasserkraftwerk in Lauffen am Neckar lässt er über 175 Kilometer eine Hochspannungsleitung nach Frankfurt ziehen: Vor einem grossen Publikum leuchten dort dann gleichzeitig 1000 Lampen auf, und es rauscht ein künstlicher Wasserfall, der an die Herkunft des Stroms erinnert – Charles E. L. Brown erringt damit auf einen Schlag Weltruhm.

Das Genie kümmert sich kaum um die kommerzielle Umsetzung seiner Erfindungen; dafür sorgt sein Assistent Walter Boveri (1865–1924), der, aus einer wohlhabenden fränkischen Ärztefamilie stammend, 1885 als Maschinenbau-Praktikant nach Oerlikon kommt. Nach einer Geschäftsreise in Russland reift sein Entschluss endgültig, ein eigenes Geschäft aufzubauen. In der Freizeit planen Brown und Boveri deshalb zusammen die eigene Firma – allein, die 24- bzw. 26-jährigen Jungunternehmer bekommen von niemandem die 500 000 Franken (rund 10 Mio. nach heutigem Wert), die sie dafür brauchen. Eine Lösung findet sich erst, als Boveri 1890 den Zürcher Seidenindustriellen Conrad Baumann kennenlernt und dessen Tochter Victoire heiratet. Mit dem Startkapital des Schwiegervaters entsteht 1891 die Firma Brown, Boveri & Cie. in der kleinen Bäderstadt Baden: Die Stadt hat schwer unter der Pleite der Nationalbahn gelitten, die von Winterthur um Zürich herum nach Genf führen sollte; die beiden Kaufmannsbrüder Karl und Theodor Pfister wollen deshalb mit dem Ansiedeln eines Elektro-Unternehmens Wirtschaftsförderung betreiben. Mit ungeahntem Erfolg: Bereits fünf Jahre nach der Gründung zählt das Unternehmen 1000 Beschäftigte.

Im Unternehmen herrscht weiterhin die Arbeitsteilung zwischen Erfindergeist und Geschäftssinn. Brown tüftelt weiter an seinen Kreationen, verstört die Badener aber auch, wenn er auf dem Schulhausplatz mit dem Hochrad Kunststücke vorführt oder an der Fasnacht als verschleierte Tempeltänzerin auftritt. 1911, mit 48 Jahren, überwirft er sich wegen der Kostenkontrolle mit seinem Partner und tritt als Verwaltungsratspräsident der BBC zurück. Nach einer Weltreise lebt er bis zu seinem Tod 1924 als glücklicher Privatier im Tessin. Boveri dagegen baut die Firma zum Konzern aus, der die Welt unter Strom setzt – auch dank der Finanzierungsgesellschaft Motor AG, die ab 1895 Wasserkraftwerke erstellt und sich 1923 mit der schweizerisch-argentinischen Columbus AG zusammenschliesst. Dieser Konzern wird später in der Energieversorgung eine wichtige Rolle spielen. Allerdings leidet Boveri vor allem im Ersten Weltkrieg immer noch an der «Erregung über die prekären Resultate unserer Geschäfte», die zum Zerwürfnis mit seinem genialen Partner geführt hat. Er stirbt 1924, ein halbes Jahr nach Brown, als schwermütiger Mann.

Die Geschichte von Brown und Boveri ist das letzte Heldenepos, das sich aus den Anfängen der schweizerischen Maschinenindustrie erzählen lässt, obwohl auch im ausgehenden 19. Jahrhundert noch Firmen gegründet werden, die zu Weltmarken werden. So entsteht 1852 in Bern die Eidgenössische Telegrafenwerkstätte, 1865 verwandelt sie sich in die private Hasler AG, die sich zum bedeutendsten Schweizer Unternehmen für Kommunikationstechnik (heute Ascom) entwickelt. 1896 gründet Richard Theiler (1841–1923) zusammen mit Adelrich Gyr-Wickart (1843–1928) in Zug das Electrotechnische Institut Theiler & Co., um Stromzähler herzustellen; sein Nachfolger Heinrich Landis (1879–1922) und der Chemiker Karl Heinrich Gyr machen zusammen das in Landis & Gyr umbenannte Unternehmen ab 1905 mit dieser Spezialität zum Weltmarktführer. Die Firma entwickelt heute intelligente Stromzähler und Systeme für die Steuerung von Stromnetzen – zentrale Komponenten für den weltweiten Umbau der Energieversorgung. Aus der 1807 erfolgten Übernahme einer Schmiede im Weiler Murzeln in Niederweningen durch Heinrich Bucher-Weiss (1784–1850) entsteht über die Jahre ein heute in vier Divisionen gegliederter Weltkonzern im Maschinen- und Fahrzeugbau; Bucher Industries erzielt heute (2013) mit beinahe 11 000 Mitarbeitenden einen Umsatz von 2,7 Mrd. Franken. 1890 eröffnet Joseph Bobst (1862–1935) in Lausanne ein Geschäft für Druckereizubehör. Daraus entsteht in Form der Bobst Group ein weltweit tätiger Anbieter für Ausrüstung und Dienstleistung im Bereich der Faltschachtel- und Wellpappenindustrie sowie für die Verarbeitung flexibler Materialien mit derzeit rund 4900 Beschäftigten und einem Umsatz von über 1,3 Mrd. Franken. Schliesslich reichen auch die Wurzeln der Ammann Group ins 19. Jahrhundert zurück. Das 1869 von Jakob Ammann (1842–1923) gegründete Familienunternehmen baut und vertreibt in der sechsten Generation Maschinen, Systeme und Dienstleistungen mit Fokus auf die Verarbeitung von Asphalt für den Strassenbau und kommt mit seinen rund 3400 Mitarbeitenden auf einen Umsatz von gut 900 Mio. Franken.

Export wird zur Notwendigkeit –
und macht die Maschinenindustrie krisenanfällig
Angesichts der Konkurrenz auf dem Weltmarkt braucht es ab der zweiten Hälfte des 19. Jahrhunderts immer weniger Pioniere, und dafür zunehmend kostenbewusste Techniker und markterfahrene Manager. In vielen Teilbereichen der Maschinenindustrie lassen sich angesichts des wachsenden Kapitalbedarfs auch

Links *Schiffbauhalle Sulzer Escher Wyss, 1892 erbaut*

Rechts *Eine der 30 000 PS-Kaplanturbinen von Escher Wyss für das Kraftwerk Birsfelden.
Einbaugewicht der Turbine ist 320 Tonnen*

kaum mehr kleine Betriebe führen. Viele Firmen werden von Familienunternehmen zu Aktiengesellschaften, in denen oft Manager die Führung von den Nachfahren der Pioniere, die mit den Herausforderungen nicht Schritt halten können, übernehmen. So schlingert etwa Georg Fischer 1901 aufgrund von Überkapazitäten in eine Krise; im Jahr darauf drängen die Banken Georg Fischer III aus dem Unternehmen und setzen Ernst Homberger ein, der das Unternehmen während 50 Jahren prägt.

Bereits 1840 äussert sich der erfolgreiche Spinnmaschinenbauer Albert Escher in einem Brief aus Wien an seinen Vater besorgt über die drohende Marktsättigung für Maschinen in der Schweiz. Auch wenn sie nicht so schnell eintritt, fangen die Unternehmen doch an, Niederlassungen in aller Welt zu errichten, Kapital für die immer komplexeren Unternehmen zu beschaffen, Erfindungen zu schützen, Zollschranken zu überwinden und periodische Konjunktureinbrüche nach den Boomphasen durchzustehen. Escher Wyss beginnt mit dem Erobern der Märkte in den Nachbarländern schon 1840. Für seine Spinnmaschinen gründet das Zürcher

Unternehmen eine Tochterfirma in Leesdorf bei Wien und später auch im deutschen Ravensburg. Georg Fischer führt seit 1827 und 1833 zwei Stahlwerke in Österreich und baut 1895, um die deutschen Zölle zu umgehen, ein Zweigwerk im benachbarten Singen, das im 20. Jahrhundert grosse Bedeutung bekommt. Sulzer eröffnet für seine weltführenden Dampfmaschinen 1881 in Ludwigshafen eine Filiale, dazu kommen Verkaufsbüros von Mailand über Moskau und Kairo bis ins japanische Kobe. 1898 entsteht in Zusammenarbeit mit dem Deutschen Rudolf Diesel ein erster Sulzer-Dieselmotor, der bald darauf vorab im Schiffbau zu einem weiteren Exportschlager wird – einige Jahrzehnte später wird beinahe jedes zweite Schiff weltweit mit einem Sulzer-Dieselmotor unterwegs sein. Und Walter Boveri konzipiert BBC von Anfang an als Weltkonzern: 1900 beginnt BBC Mannheim mit 400 Beschäftigten und überholt das Stammwerk in Baden bald, noch vor dem Ersten Weltkrieg kommen Töchter in Paris, Mailand, Oslo und Wien dazu.

Die Schweizer wagen sich nicht nur in die Welt, um näher bei den Märkten zu sein, sondern vor allem auch, weil die Politik der Nationalstaaten, die in der zweiten Hälfte des 19. Jahrhunderts entstehen, sie dazu zwingt. Nach der Niederlage im Krieg gegen das Deutsche Reich führt beispielsweise Frankreich hohe Schutzzölle ein. In der Krise nach den Gründerjahren und dem Börsenkrach von 1873 folgen andere Länder, und angesichts der immer schärferen Konkurrenz steigen die Zölle stetig an. Die Idee des Freihandels gerät unter Druck. Geschützt werden aber nicht nur Märkte, sondern auch Ideen und Erfindungen. Lange will in der Schweiz das Volk vom Patentschutz – und vom Respekt für das geistige Eigentum von Ausländern – nichts wissen. Dies rächt sich, nachdem die Schweizer von Kopierern zu Innovatoren aufgestiegen sind: Jetzt sind sie die Erfinder, deren Errungenschaften andere nachahmen. Deshalb lassen Schweizer Innovatoren vermehrt ihre Patente zuerst im Ausland schützen und bringen die Neuerungen erst dann ins Heimatland zurück. 1887 stimmt das Volk nach früherem Widerstand einem Patentgesetz zu. Da die Schweizer mit der Massenproduktion der amerikanischen Unternehmen je länger je weniger mithalten können, müssen sie auf Innovation und Qualität setzen. Bis in die Gegenwart halten sich viele Schweizer Unternehmen an die Devise, nicht die Preise der Konkurrenz zu unterbieten, sondern zu versuchen, diese durch Qualität und technische Vervollkommnung auszustechen. Dabei spielt der Patentschutz eine grosse Rolle.

Der Druck auf den internationalen Märkten führt auch dazu, dass sich selbst in der Schweiz mit ihrer patronalen Kultur die Fronten verhärten. 1883 gründen die Arbeitgeber den Verein schweizerischer Maschinenindustrieller VSM, der sich zunächst um Zoll- und Handelsfragen kümmert, fünf Jahre später schliessen sich die Arbeitnehmer im Schweizerischen Metallarbeiterverband zusammen und treten dem seit 1880 bestehenden Allgemeinen Schweizerischen Gewerkschaftsbund bei. 1905 entsteht der Arbeitgeberverband schweizerischer Maschinen- und Metallindustrieller ASM, um das Verhältnis zwischen Kapital und Arbeit zu regeln, denn in der Arbeiterschaft rumort es. 1899 kommt es bei BBC zu einem ersten Streik. Ab 1905 mehren sich in andern Unternehmen die Arbeitsniederlegungen, und der Erste Weltkrieg mit der Not, die er auch in die verschonte Schweiz bringt, zerrüttet das Verhältnis zwischen den Klassen weiter, bis zum Generalstreik von 1918.

Mit dem Generalstreik erkämpfen sich die Arbeiter den Achtstundentag, also die 48-Stunden-Woche. Wegen der Not in der Krise nach dem Ersten Weltkrieg und der Spaltung zwischen Sozialdemokraten und Kommunisten erleidet die Arbeiterbewegung danach aber eine Schwächung. Der SMUV, der Verband der Metallarbeiter, zu dem inzwischen auch die Uhrenarbeiter gehören, verliert bis 1920 die Hälfte seiner Mitglieder. Die Gewerkschaften gewinnen zwar noch die Volksabstimmung von 1924 über die Lex Schulthess, die angesichts der anziehenden Konjunktur wieder Sonderbewilligungen für bis zu 54 Wochenstunden erlauben will. Aber SMUV-Sekretär Konrad Ilg spricht sich nachher dagegen aus, dass die Gewerkschaften Gesuche um eine Verlängerung der Arbeitszeit auf 52 Stunden mit Streiks bekämpfen, denn die Behauptung der Arbeitgeber lasse sich kaum bestreiten, dass in vielen Fällen die ausländische Konkurrenz um 40 Prozent billigere Offerten machen könne.

Trotzdem brechen in den Betrieben immer wieder Arbeitskämpfe aus, etwa bei Saurer in Arbon. Das Grossunternehmen baut inzwischen nicht nur – wie seit der Gründung – Stickereimaschinen, sondern seit 1903 auch Lastwagen, die im Ersten Weltkrieg dann an jeder Front fahren. Hippolyt Saurer, der Enkel des Gründers, erfindet einen Druckluftanlasser sowie einen Geschwindigkeitsregulator und entwickelt den Dieselmotor entscheidend weiter. Nach dem Krieg gerät sein weltführendes Unternehmen in die Krise, weil der Lastwagenexport schrumpft und der Stickereimaschinenmarkt zusammenbricht. Der Patron, der 40 Kilometer entfernt auf Eugensberg residiert, dem Schloss von Napoleons Stiefsohn Eugène de Beauharnais, muss deshalb Massenentlassungen, Lohnkürzungen und Kapitalschnitte durchziehen. Als das Unternehmen Anfang der 1930er-Jahre immer noch rote Zahlen schreibt, führt Saurer als eines der ersten Schweizer Unternehmen das «Bedaux-System» ein. Wie Frederick Winslow Taylor mit seiner «wissenschaftlichen

Nat.=Rat Jlg, Bern

„Sind aber Sie ein erregbarer Mann"
Sprach der Herr Richter Herrn Jlg treffend an.

Links *Porträt Ernst Dübi (1884–1947), einer der Protagonisten des «Friedensabkommens»*

Rechts *Konrad Ilg (1877–1954) als Angeklagter im Generalstreikprozess (1919), nach einer Karikatur des Solothurners Rolf Roth*

Arbeitsorganisation» will auch Charles Eugène Bedaux, ein französischer Emigrant in den USA, alle Bewegungen der Arbeiter vermessen und bewerten; dazu erfindet er ein ausgeklügeltes Leistungssystem mit harten Sanktionen. Gegen dieses System wehren sich die Arbeiter mit Kampfmassnahmen.

Der Aufstieg des Dritten Reiches führt dann aber dazu, dass in der Schweiz die Klassenfeinde zusammenfinden. Die beginnende Sozialpartnerschaft zeigt sich an mehreren Beispielen: 1931 muss sich Escher Wyss als zahlungsunfähig erklären. Zunächst gründen die Banken eine Auffanggesellschaft, Mitte der 1930er-Jahre geben sie die Firma aber auf. Nun rettet die «rote» Zürcher Stadtregierung unter dem Sozialdemokraten Emil Klöti das Unternehmen, indem sie die Liegenschaften kauft und zusammen mit dem Kanton einen Teil der Betriebsverluste deckt, um die Arbeitsplätze zu erhalten. Und 1937 schlichtet die Gewerkschaft eine Auseinandersetzung bei Sulzer, wo mit einem Streik der Stundenlohn von teils nur 85 Rappen um 5 Rappen erhöht werden soll. Begründet wird die mangelnde Kampfbereitschaft unter anderem damit, dass es bei Sulzer starke persönliche Bindungen wie

Darlehen, Fabrikwohnungen und ähnliches gebe. Diese Entwicklungen führen zu einem der grössten Wettbewerbsvorteile des Landes, dem Arbeitsfrieden, der seit 1937 dank dem «Friedensabkommen» in der Maschinenindustrie gilt: Am 19. Juli 1937 unterzeichnen SMUV-Sekretär Konrad Ilg, ASM-Präsident Ernst Dübi und die Vertreter dreier weiterer Arbeiterverbände das Abkommen, «im Bestreben, den im Interesse aller an der Erhaltung und Fortentwicklung der schweizerischen Maschinen- und Metallindustrie Beteiligten liegenden Arbeitsfrieden zu wahren». Vereinbart wird, wichtige Meinungsverschiedenheiten und allfällige Streitigkeiten nach Treu und Glauben gegenseitig abzuklären. Streiks der Arbeitnehmer oder Aussperrungen durch die Arbeitgeber werden verboten. Als Kaution hinterlegen beide Parteien je 250 000 Franken bei der Nationalbank, die heute noch unangetastet dort liegen. Das «Stanser Verkommnis», wie es Bundesrat Giuseppe Motta nennt, hat für die ganze Schweizer Wirtschaft noch eine weitere tiefe Bedeutung, indem es dem Vertragsgedanken zum Durchbruch verhilft und damit entscheidend dazu beiträgt, dass heute viele Fragen partnerschaftlich und privatrechtlich, ohne staatliche Einflussnahme, geregelt werden.

Kurz nach dem «Friedensabkommen» bricht der Zweite Weltkrieg aus. «Die Schweizer arbeiten an sechs Wochentagen für die Nazis und beten am Sonntag für den Sieg der Alliierten», spottet das Ausland über die Rolle der Schweizer Maschinenindustrie zu jener Zeit. Der Spruch trifft die Rolle vieler Schweizer Unternehmen nicht schlecht, und einige laden auch Schuld auf sich. In umgebauten Wagen von Saurer sterben in Polen Tausende von Juden im Kohlenmonoxid. Und im Singener Werk von Georg Fischer schuften Kriegsgefangene aus Russland und der Ukraine.

Kein Unternehmen belastet aber den Ruf der neutralen, humanitären Schweiz derart wie Oerlikon-Bührle. Anfang 1924 kommt der im deutschen Pforzheim geborene Beamtensohn und Doktorand in Kunstgeschichte Emil Bührle (1890–1956) erstmals in die darniederliegende Werkzeugmaschinenfabrik Oerlikon, als Abgesandter der Maschinenfabrik Magdeburg. Der kunstinteressierte Industrielle bringt deren neue Schweizer Tochter wieder in Schwung und kauft dazu die liquidierte Maschinenfabrik Seebach, die für die Reichswehr Infanteriekanonen entwickelt hat. 1929 erwirbt er mithilfe des Schwiegervaters, eines Bankiers, die Aktienmehrheit von Oerlikon, 1937 übernimmt er die Gesellschaft ganz. Und er macht mit seiner Waffenschmiede glänzende Geschäfte, indem er aus der neutralen Schweiz allen Kriegführenden Kanonen verkauft. Ab 1940 kann er aber (auch auf Anordnung des Bundesrats) vier Jahre lang praktisch nur die Wehrmacht beliefern – die

Royal Air Force bombardiert denn auch Oerlikon zweimal «aus Versehen». Zudem produzieren die Briten 35 000 und die Amerikaner 146 000 Oerlikon-Kanonen, ohne dafür Lizenzen zu bezahlen. Nach dem Krieg geht der Umsatz auf ein Zehntel zurück, doch bald beliefert das Unternehmen die Gegner im Kalten Krieg und auch die im Zuge der Entkolonialisierung neu entstehenden Staaten in Asien und Afrika. Wegen des Vorwurfs illegaler Waffenlieferungen nach Südafrika und Nigeria steht Sohn Dieter Bührle 1970 gar vor dem Bundesgericht.

Für die Massengüter, die das Wirtschaftswunder treiben, etwa Autos, entstehen in der Schweiz mit ihrem winzigen Heimmarkt nach dem Krieg keine Unternehmen mehr; immerhin erobern sich Schweizer Unternehmen eine immer grössere Bedeutung als Zulieferer der Autoindustrie: Rund 24 000 Beschäftigte in 315 Unternehmen erzielen heute mit in der Schweiz entwickelten oder hergestellten Automotive-Produkten einen Umsatz von 9 Mrd. Franken. Dafür tragen aber Schweizer Traditionsfirmen wie BBC, Sulzer oder Escher Wyss in der Nachkriegszeit mit ihrer bewährten Technik mit zum Wiederaufbau des kriegsversehrten Europas bei. So wachsen denn auch die Exporte der Branche rasant, in den 1960er-Jahren beispielsweise um jährlich 16 Prozent. Mit einem Drittel der Exporte bildet sie den wichtigsten Eckpfeiler der Volkswirtschaft, mit einem wertmässig grösseren Umsatz als die Chemie und die Uhrenindustrie zusammen. Und mit einer halben Million Beschäftigten, also jedem sechsten Schweizer Erwerbstätigen, ist sie zu dieser Zeit auch der grösste Arbeitgeber im Land.

Die schleichende Deindustrialisierung

Unter dem Konkurrenzdruck des Auslandes sieht sich die Maschinenindustrie zu vielen Konsolidierungen genötigt. So übernimmt Sulzer 1961 die SLM Winterthur, ab 1996 in einem drei Jahre dauernden Prozess Escher Wyss und 1969 die Basler Maschinenfabrik Burckhardt; BBC erwirbt 1967 die einst von Vater und Sohn Brown geführte Maschinenfabrik Oerlikon und 1969 die Genfer Sécheron. Damit kann sich die Branche lange gut behaupten. Doch ab etwa 1971 setzt ein schleichender Abwärtstrend ein. Dazu tragen unter anderem die Stärkung des Finanzplatzes und die Aufwertung des Frankens bei, in erster Linie aber der Verlust der Technologieführerschaft an die Japaner und später an die Amerikaner, die auf die computerisierte Fertigung setzen.

Die Spannungen zwischen Finanzplatz und Werkplatz verschärfen sich nach 1973, als das Währungssystem von Bretton Woods mit festen Wechselkursen zusammenbricht und der Aussenwert des Frankens hochschnellt. Fortan prallen

Links *Ein sogenannter Schindler-Liftjunge von 1920*
Rechts *Moderne Schindler Rolltreppen und Fahrstühle in Mexico City*

in der Geldpolitik immer wieder die Interessen der Exportindustrie und jene des Finanzplatzes aufeinander. Der Gegensatz lebt etwa auch wieder auf, als der 1999 beim Zusammenschluss von ASM und VSM entstandene Branchenverband Swissmem 2006 gar den Austritt aus dem Dachverband Economiesuisse (früher Vorort) erwägt, in dem die Maschinenindustrie ein Jahrhundert lang den Ton angegeben hat.

Die Krise von 1975 bis 1976 trifft kein anderes OECD-Land so schwer wie die Schweiz: Sie verliert 300 000 Arbeitsplätze, also rund 10 Prozent der Beschäftigung, vorwiegend in der Bauwirtschaft, aber auch in der Maschinenindustrie. Jetzt rächen sich die Versäumnisse in der Hochkonjunktur: Bis Ende der 1960er-Jahre holt die Schweizer Industrie billige Arbeitskräfte aus dem Ausland und erweitert alte Produktionsanlagen, statt sie zu erneuern; deshalb steigt die Produktivität deutlich langsamer als in andern Ländern. Die Maschinenindustrie nutzt nun den starken Franken für Produktionsverlagerungen: Sie verzichtet auf Arbeitskräfte aus dem Ausland und verschiebt stattdessen Arbeitsplätze aus der Schweiz ins Ausland, sei es mit der Übernahme von Konkurrenten oder mit dem Ausbau eigener Firmen.

Damit ist allerdings noch nicht das Problem behoben, dass die Schweizer Maschinenindustrie technologisch einiges verpasst hat, vor allem die Informatisie-

Links *Dampfturbine von BBC aus dem Jahr 1977 mit einem Durchmesser von 7 Meter*

Rechts *Vertragsunterzeichnung der Fusion von Asea und BBC zur ABB (Fritz Leutwiler, Curt Nicolin u. a.)*

rung der 1970er-Jahre. Besonders im Bereich Textilmaschinen führen diese Entwicklungen und der Krebsgang der einheimischen Textilindustrie zu einem eigentlichen Umbruch. Noch Ende der 1970er-Jahre belegt die Schweiz in diesem Segment nach der Bundesrepublik Deutschland weltweit den zweiten Platz, bei den Webmaschinen steht sie sogar an erster Stelle. Doch dann kommt Marktführer Rüti 1982 unter die Fittiche des Winterthurer Sulzer-Konzerns – und bringt den neuen Besitzern kein Glück. Obwohl das traditionsreiche Haus im Zürcher Oberland und sein Zweigbetrieb im solothurnischen Zuchwil nach wie vor zur technischen Avantgarde der Webmaschinenkonstrukteure gehört, geraten die Verkäufe ins Stocken. In den 1990er-Jahren verordnet Sulzer seinem Bereich Textil mehrmals Abspeckkuren, doch verschlechtert sich die Ertragslage weiter. 2001 haben die Winterthurer die Nase voll und verkaufen das einst stolze Flaggschiff des schweizerischen Textilmaschinenbaus nach Italien.

Die Schweizer Unternehmen der Maschinenindustrie aus dem 19. Jahrhundert wählen höchst unterschiedliche Strategien, um sich auf die neue Wettbewerbssituation auf dem Weltmarkt einzustellen. Die meisten suchen ihr Heil in der Diversifikation. Georg Fischer kauft 1983 Charmilles, die Genfer Spezialistin für Funkenerosions-Werkzeugmaschinen, und positioniert sich später in den drei Bereichen Rohrleitungssysteme, Automobilzulieferung und Fertigungstechnologie. Rieter übernimmt 1984 UniKeller, die Autos mit Lärm- und Hitzedämmung ausstattet, baut also neben dem extrem zyklischen Spinnmaschinengeschäft ein zweites Standbein auf, das eine stetigere Entwicklung verspricht. 2011 erfolgt dann aber eine Refokussierung auf den Bereich Textile Systems, und das Autozuliefergeschäft wird als Autoneum Holding AG in die Selbstständigkeit entlassen. Sulzer setzt 1988 mit dem Kauf der texanischen Intermedics auf den Ausbau der Medizinaltechniksparte mit ihren Hüftgelenken – mit mässigem Erfolg. Und Alusuisse, das bereits 1888 unter dem Namen Aluminium Industrie Aktiengesellschaft in Zürich gegründete Unternehmen, das das erste Aluminiumwerk Europas baut, übernimmt 1973 die Walliser Chemiefirma Lonza sowie nach krisenhaften Jahren 1994 das kanadische Verpackungsunternehmen Lawson Mardon. Daraus soll ein Konzern mit drei gleich wichtigen Standbeinen entstehen – umgehend beginnen allerdings auch Überlegungen, die Alusuisse-Lonza oder Algroup, wie sie sich danach nennt, wieder zu zerschlagen.

Eine radikale Lösung, die weltweit für Aufsehen sorgt, finden die Grossaktionäre um Stephan Schmidheiny unter Führung des früheren Nationalbankpräsidenten Fritz Leutwiler (1924–1997) für Brown Boveri, das in zunehmende Schwierigkeiten geraten ist, weil viele interne Erfindungen nicht kommerzialisiert werden konnten (z. B. Flüssigkristalle). 1988 schliesst sich BBC mit der schwedischen Asea zu ABB zusammen, um im globalen Geschäft mit General Electric und Siemens mithalten zu können. Der Schwede Percy Barnevik baut als gefeierter CEO mit regen Zukäufen den ersten wirklich globalisierten Konzern auf und steuert dessen Teile mit nur wenigen Kennzahlen von Oerlikon aus – ein Modell, das in der Managementlehre Furore macht. Sein Nachfolger ab 1997, Göran Lindahl, trennt sich von den weniger rentablen traditionellen Sparten, vor allem vom Turbinenbau, den er der französischen Alstom verkauft, richtet den Konzern auf die beiden Standbeine Stromübertragung und -verteilung sowie Automatisierung aus und erklärt ABB im New-Economy-Hype der Jahrtausendwende gar zum IT-Unternehmen. ABB Schweiz, mit weltführenden Betrieben für Schaltanlagen in Oerlikon oder für Leistungshalbleiter in Lenzburg, schreibt immer ausgezeichnete Zahlen; aus den andern europäischen Gesellschaften verschiebt der Konzern aber Tausende von Jobs nach Osteuropa und Asien. Und in den Konjunktureinbrüchen der 1990er-Jahre zeigt sich die Verletzlichkeit des Vorzeigekonzerns. 2001 gerät er, nicht zuletzt wegen mangelnder Kapitalausstattung, in eine die Existenz bedrohende Krise. Doch ABB überlebt und erholt sich unter der Führung des Deutschen Jürgen Dormann. Es setzt zunehmend einen Schwerpunkt in den Bereichen Energieeffizienz, intelli-

Vertragsunterzeichnung des ersten Joint Venture von Schindler 1978 in China (Alfred Schindler, Uli Sigg u. a.)

gente Stromnetze und erneuerbare Energien. Grosse Investitionen erfolgen unter anderem im Bereich Leistungselektronik – eine Schlüsseltechnologie, um Wechselstrom in Gleichstrom (und umgekehrt) zu verwandeln.

Im Strukturwandel des ausgehenden 20. Jahrhunderts kommt es zu vielen Versuchen, durch Übernahmen und Fusionen neue Grossunternehmen zu schaffen. Saurer etwa muss 1982 den Lastwagenbau endgültig aufgeben, nachdem das Unternehmen jahrelang nur noch von Armeeaufträgen gelebt hat. 1988 kauft der Financier Tito Tettamanti, der zuvor in Winterthur bei Rieter und Sulzer abgewiesen wird, Saurer wegen des weiterhin bedeutenden Textilmaschinengeschäfts auf und führt das Unternehmen mit der deutschen Schlafhorst zusammen. Mehrere Nachfolger versuchen wie er erfolglos, einen europäischen Textilmaschinenkonzern aufzubauen; seit 2007 gehört Saurer, mit einem grossen Teil des Geschäfts in China, zur OC Oerlikon, die der russische Oligarch Viktor Vekselberg beherrscht. Auch andere Schweizer Traditionsunternehmen geraten unter den Druck von Financiers, Grossinvestoren und Hedge Funds, die versuchen, die Karten neu zu mischen und die oft behäbigen Firmen zwingen, einzelne Sparten abzustossen oder sich mit Konkurrenten zusammenzuschliessen. Sulzer kämpft gegen den Financier Werner K. Rey, trennt sich von den Weltruf geniessenden Bereichen Turbinen, Webmaschinen und Schiffsmotoren und gehört heute ebenfalls zum Reich von Vekselberg.

Wechselvoll ist die Geschichte von Landis & Gyr. Die Firma geht zunächst an Stephan Schmidheiny und dann 1995 an die Elektrowatt. 1998 macht Siemens daraus den Bereich Siemens Building Technologies, trennt sich aber 2002 vom Messgeschäft, das erneut unter dem Namen Landis & Gyr operiert. Nach weiteren Wechseln endet die Reise 2011 beim japanischen Technologiekonzern Toshiba, der die Firma für 2,3 Mrd. Dollar übernimmt; innerhalb des Konzerns geniesst sie aber weiterhin hohe Eigenständigkeit. Alusuisse schliesst sich 2000 der kanadischen Alcan an, die 2007 mit Rio Tinto zusammengeht. Der Verpackungstechnologiebereich der SIG gehört seit 2007 zur neuseeländischen Rank Group, die anderen Bereiche (Schienenfahrzeugsparte, Waffen) werden verkauft. Und von Roll legt 1996 ihr Stahlwerk in Gerlafingen mit jenem der von Moos in Emmenbrücke zusammen; die so entstehende Swiss Steel wird 2003 von der deutschen Schmolz + Bickenbach gekauft.

Der Niedergang so mancher Giganten in der Schweiz des späten 20. Jahrhunderts kontrastiert mit mehreren Erfolgsgeschichten. Der Techniker Walter Reist (*1927) erfindet gar seinen eigenen Markt. Er entwickelt ab 1955 eigene Fördersysteme für die Druckereien der «Neuen Zürcher Zeitung» und des Zürcher «Tages-Anzeiger» und erobert mit seiner 1957 gegründeten Ferag von Hinwil ZH aus die Welt. Schon in den ersten Jahren kommen Interessenten aus Amsterdam oder Detroit und sogar von der «Prawda» in Moskau; später kaufen die Medien-Tycoons Rupert Murdoch und Robert Maxwell Anlagen für je 100 Mio. Franken. Bis heute werden die meisten Zeitungen und Zeitschriften der Welt mithilfe von Anlagen von Ferag produziert. Und Reist denkt angesichts der Krise der Printmedien immer noch täglich darüber nach, wie sich seine Fördertechnik in andern Branchen einsetzen lässt.

Willi Pieper und sein Sohn Michael Pieper wiederum entwickeln den 1911 gegründeten Spenglerbetrieb Franke, der ab 1946 in Aarburg Küchen baut, zum Weltkonzern. Dieser rüstet rund um den Globus die Filialen von McDonald's aus und generiert mit 11 400 Mitarbeitenden einen Umsatz von über 2 Mrd. Franken (2013). Peter Spuhler übernimmt 1989 ohne Kapital den kleinen Bahnbetrieb Stadler im Thurgau und erzielt inzwischen mit leichten Schienenfahrzeugen einen Milliardenumsatz. Eine erstaunliche, kaum bekannte Geschichte schreiben auch zwei Kaffeemaschinenbauer: Thermoplan im Kanton Luzern liefert die Anlagen für Starbucks, und Eugster / Frismag in Romanshorn baut Maschinen, die unter anderem Jura weltweit vermarktet. Vor allem dank erfolgreichen KMU – einige von ihnen Weltmarktführer in ihren Nischen – wächst die Beschäftigtenzahl in der

Maschinenindustrie, die 2002 erstmals unter 300 000 fällt, bis zum Ausbruch der Krise 2008 wieder auf 340 000 an.

Wie sich die Globalisierung nutzen lässt, demonstriert kaum ein Unternehmen so beispielhaft wie Schindler. Das Unternehmen wird im Jahr 1874 von Robert Schindler gegründet und ist heute von der vierten Generation geführt: Alfred N. Schindler und Luc Bonnard. Seit Beginn ist die geografische Expansion Schlüssel zum Erfolg. Bereits 1906 wird in Berlin die erste Tochtergesellschaft gegründet, 1913 folgt in St. Petersburg der Aufbau erster Produktionsstätten im Ausland und ab 1937 ist man bereits in Brasilien aktiv. Ein grosser Coup gelingt dem Unternehmen 1980: Der Luzerner Liftbauer gründet als erstes westliches Industrieunternehmen überhaupt ein Joint Venture in der Volksrepublik China. Die globale Expansion nimmt ihren Fortgang mit über 60 Akquisitionen seit 1982.

Bei Schindler lässt sich beispielhaft das Wechselspiel von Expansion und Fokussierung zeigen, dem sich ein Unternehmen im globalen Wettbewerb unterziehen muss: Über lange Zeit expandiert das Unternehmen in verschiedene Bereiche, nimmt dann aber in den 1980er-Jahren eine Fokussierung vor und trennt sich von 15 profitablen, aber unpassenden Bereichen – eine riskante Strategie, die sich auszahlt. In den 1990er-Jahren werden durch zahlreiche Akquisitionen und Zusammenschlüsse in Asien, Europa und Amerika drei starke Eckpfeiler geschaffen, die das Unternehmen auch näher an die Kunden bringen. Um die Jahrtausendwende besteht Schindler aus einer Vielzahl von Firmen, was es dem Unternehmen erlaubt, Synergien auszuloten, um die Komplexität der Unternehmensstruktur zu reduzieren. Leitstern dieser Entwicklung ist dabei auch immer die Sicherung der technischen Innovation, um gegenüber den Wettbewerbern bestehen zu können. So entwickelt Schindler beispielsweise den ersten Lift ohne Maschinenraum oder, neueren Datums, die PORT-Technologie: eine Verbindung aus branchenführender Zielrufsteuerungs-Technologie und personalisiertem Sicherheitszugang. In jüngster Zeit investiert das Unternehmen unter anderem in neue Forschungs- und Trainingszentren in China, Indien, den USA oder auch der Slowakei – allein in Schanghai, Standort einer neuen regionalen Zentrale, werden auf einem rund 300 000 Quadratmeter grossen Areal Produktions-, Forschungs- und Trainingszentren aufgebaut. Trotz der zunehmenden Bedeutung der Region Asien ist Schindler auch heute noch fest in Ebikon (LU) verankert. Heute beschäftigt Schindler mehr als 55 000 Mitarbeitende in über 100 Ländern. Schindler ist heute nebst dem amerikanischen Marktführer Otis einer der weltweit führenden, globalen Mobilitätsanbieter und transportiert mit seinen Aufzügen und Fahrtreppen pro Tag eine

Links *Fritz Bösch mit seiner Frau Irmgard anlässlich seines 80. Geburtstags*
Rechts *Feinschneidwerkzeug von Feintool*

Milliarde Menschen. Ein gerne erzählter Witz in der Branche besagt denn auch, Otis sei die Abkürzung für «Our Trouble is Schindler».

Nebst der ABB, heute führend in den Bereichen Energie- und Automations-technik, sind zudem heute Schweizer Firmen in der Elektrotechnik aktiv, die weniger bekannt sind, aber in ihren Nischen weltweit Erfolge feiern. Eine ist die Wicor-Gruppe. Das Unternehmen, dessen Wurzeln ins Jahr 1877 zurückreichen, ist Weltmarktführer in der elektrischen Isolierung für Transformatoren-Hersteller und Anwender. Es macht – zusammen mit dem noch kleinen Geschäftsbereich für technologisch anspruchsvolle Kunststoffkomponenten für die Medizintechnik – mit rund 3000 Mitarbeitenden einen Nettoumsatz von 360 Mio. Franken (2014). Ein anderes Beispiel ist Feintool, aufgebaut vom Unternehmer und damals erfolg-reichen Radrennfahrer Fritz Bösch (*1934). In einer Zürcher Kneipe fällt dieser 1958 den Entschluss, sich zusammen mit seinem Partner Wilfried Hügi selbststän-dig zu machen und eine Maschine zu entwickeln, mit der sich ein Werkstück in einem Arbeitsgang aus einem Metallband herausschneiden lässt. Daraus entsteht im Laufe der Zeit ein grosser Autozulieferer, der 2014 mit gegen 2000 Mitarbeiten-den einen Umsatz von über 500 Mio. Franken erwirtschaftet hat. Die bereits er-wähnte, 1895 entstandene Motor-Columbus AG, ursprünglich als Ingenieur- und

Finanzierungsgesellschaft im Bereich des Kraftwerkbaus gegründet, wandelt sich zur Holdinggesellschaft der Aare-Tessin AG für Elektrizität (Atel) und ist schliesslich im Rahmen einer Bereinigung der Konzernstrukturen in der eigenen Tochtergesellschaft aufgegangen. Diese Verbindung ist deshalb interessant, weil die Atel – deren Wurzeln auf das 1894 gegründete Elektrizitätswerk Olten-Aarburg zurückgeht – Keimzelle des europäischen Stromhandels geworden ist. Seit 1940 bestreitet sie den Stromtransport von der Nord- bis zur Südgrenze der Schweiz. Wegen der zentralen Lage innerhalb Europas und der Produktion aus den Schweizer Wasserkraftwerken, mit der europaweit Verbrauchsspitzen aufgefangen werden können, werden 1967 in Laufenburg die Stromnetze von Deutschland, Frankreich und der Schweiz auf der Höchstspannungsebene von 380 Kilovolt zusammengeschaltet («Stern» von Laufenburg). Dieser Schritt legt die Basis für den internationalen Stromaustausch und Energiehandel, wie wir ihn heute kennen. 2009 schliesst sich die Atel mit dem Westschweizer Unternehmen EOS (Energie Ouest Suisse) zur Alpiq-Gruppe zusammen, die mit gut 7800 Beschäftigten und einem Jahresumsatz von knapp 9,4 Mrd. Franken (2013) derzeit mit den Verwerfungen auf dem europäischen Energiemarkt kämpft, die sich als Folge massiver staatlicher Subventionen von erneuerbaren Energien insbesondere in Deutschland ergeben haben.

Das rasante Wachstum der Maschinenindustrie in Schwellenländern wie China und Indien bedeutet denn auch nicht, dass alle Arbeit abwandert. Der Optimismus gründet auf dem einzigartigen Schweizer Berufsbildungssystem im Verbund mit den Fachhochschulen und der ETH Zürich und Lausanne. Die Berufslehre führt, gerade in den anspruchsvollen Ausbildungen der Maschinen-, Elektronik- und Metallindustrie, zu einer hohen Arbeitsmarktintegration: Die Schweiz hat bei einer tiefen Maturitätsquote von 34 Prozent (gymnasiale Matura 20 Prozent, Berufsmaturität 14 Prozent) eine sehr tiefe Jugendarbeitslosigkeit von 3,4 Prozent – in Finnland mit 86 Prozent Maturanden liegt sie sechsmal so hoch (2013).

Die Stärkung der beruflichen Exzellenz wird denn auch nötig sein, um der aktuell grössten Herausforderung für die Schweizer Maschinenindustrie begegnen zu können: der markanten Stärkung des Frankens. Anfang 2009 liegt der Wechselkurs des Frankens zum Euro bei über 1,50 und schwächt sich dann innerhalb von zwei Jahren auf 1,20 ab. Die Einführung des Mindestkurses durch die Nationalbank stabilisiert zwar die Situation für drei Jahre und eröffnet den Unternehmen die Chance, sich auf dieses Kursniveau auszurichten. Doch die Aufhebung des Mindestkurses Anfang 2015 hat den Kurs schlagartig bis zur Parität abgesenkt. Kumuliert hat der Euro gegenüber dem Franken so innerhalb weniger Jahre einen

Drittel an Wert verloren und die Produkte der Exporteure haben sich für ausländische Kunden um den gleichen Wert verteuert. Dies wird es wohl nötig machen, dass die Schweizer Maschinenindustrie wie bei den früheren grossen Krisen zusammen mit den Sozialpartnern und der Politik eine Lösung finden muss, um die Stärke des Schweizer Industriestandortes erhalten zu können.

Wichtige Schweizer Maschinenbauunternehmen in Zahlen

ABB (1891)

	1950	1970	1990	2000	2014
Umsatz	n. v.	n. v.	26 688	39 044	39 830
Beschäftigte	n. v.	n. v.	215 150	160 820	140 000
davon im Inland	n. v.	n. v.	~4300	n. v.	6640

Schindler (1906)

	1950	1970	1990	2000	2014
Umsatz	n. v.	778	3680	8530	9246
Beschäftigte	n. v.	20 900	31 990	43 330	54 200
davon im Inland	n. v.	~6600	6270	5400	4600

Sulzer (1834)

	1950	1970	1990	2000	2014
Umsatz	25	930	6228	5736	3212
Beschäftigte	n. v.	35 040	33 520	22 100	15 494
davon im Inland	~7000	20 160	15 830	6210	1063

Georg Fischer (1802)

	1950	1970	1990	2000	2013
Umsatz	21	1040	2538	3903	3766
Beschäftigte	~7500	~20 000	15 230	14 660	14 066
davon im Inland	3770	10 200	5380	3200	2539

Rieter (1795)

	1950	1970	1990	2000	2013
Umsatz	n. v.	221	1780	2929	1035
Beschäftigte	n. v.	~3000	10 470	12 230	4793
davon im Inland	n. v.	~3000	3520	2050	~1200

Genannt werden Umsatz und Zahl der Beschäftigten (insgesamt und in der Schweiz) grosser Schweizer Maschinenbauunternehmen der letzten 60 Jahre, soweit diese verfügbar sind (ansonsten findet sich der Vermerk n. v.). In Klammern ist das Gründungsjahr des Unternehmens (bzw. dessen Vorläufers) angegeben, der Umsatz ist in Mio. Franken aufgeführt, die Zahlen zu Umsatz und Beschäftigten sind gerundet, z. T.

geschätzt und können im Einzelfall um ein Jahr abweichen. Bei ABB ist der Umsatz in US-Dollar zum jeweils durchschnittlichen Jahreskurs in Franken umgerechnet worden (ausser 2014: Angabe in US-Dollar).

Bei Sulzer betreffen die Zahlen Inland 1950 nur die Beschäftigten der Gebrüder Sulzer AG, bei Rieter betreffen die Zahlen 1970 nur den Umsatz der Rieter AG ohne Töchter und die Zahlen 2013 nur den Umsatz des Geschäftsbereichs Textile Systems(2011 wurde der Geschäftsteil Automotive Systems abgespalten).

Gesunde Geschäfte

vor 1800	1758	Johann Rudolf Geigy eröffnet in Basel ein «Drogenhandelsgeschäft».
	1778	Gründung der ersten chemischen Fabrik in der Schweiz: Clais & Ziegler Winterthur.
1800–1899	1859	Alexander Clavel nimmt in Basel die Herstellung von Teerfarben auf, die Keimzelle der chemischen Industrie Basel, Ciba.
	1886	Gründung von Kern & Sandoz, Vorläufer der Sandoz.
	1895	Léon Givaudan gründet in Vernier eine Parfumfirma, die Keimzelle von Givaudan. Im selben Jahr gründet Philippe Chuit in Genf Firmenich.
	1896	Gründung der F. Hoffmann-La Roche & Co. Basel.
1900–1999	1918	Zusammenschluss von Ciba, Geigy und Sandoz zur «Basler IG».
	1933	Sandoz, Ciba, Roche und Wander bilden den Branchenverband Interpharma.
	1936	Gründung der Holzverzuckerungs AG und Errichtung einer Alkoholproduktion aus einheimischen Holzabfällen in Domat/Ems (Keimzelle von Ems Chemie).
	1960	Librium und Valium (1963) bewirken bei Roche einen enormen Wachstumsschub.
	1967	Sandoz übernimmt die Wander AG Bern.
	1970	Ciba und Geigy fusionieren zur Ciba Geigy.
	1976	Dioxin-Unfall von Seveso in einer zu Roche gehörenden Fabrik.
	1977	Ares-Serono verlegt den Geschäftssitz nach Genf und entwickelt sich bis zum Verkauf an Merck im Jahr 2007 zur Nummer drei der Schweizer Pharmabranche.
	1986	Grossbrand im Sandoz-Werk Schweizerhalle.
	1990	Roche übernimmt 60 Prozent der Genentech Inc. San Francisco, 2009 wird das Unternehmen vollständig übernommen.
	1995	Sandoz lagert die grosstechnische Produktion von Industriechemikalien in die neue Clariant aus und bringt diese Gesellschaft an die Börse.
	1996	Durch die Fusion von Ciba-Geigy und Sandoz entsteht Novartis.
	1997	Das Ehepaar Martine und Jean-Paul Clozel gründet zusammen mit Walter Fischli und Thomas Widmann die Biotech-Firma Actelion.
ab 2000	2000	Aus der Fusion der Agrarsparten von Novartis und AstraZeneca entsteht Syngenta.
	2002	Novartis gibt ihr Campus-Projekt bekannt.
	2007	Der deutsche Chemie- und Pharmakonzern Merck KGaA übernimmt Serono; fünf Jahre später wird der Genfer Produktionsstandort aufgegeben, der in der Folge zu einem Biotech-Campus wird.
	2014	Roche gibt den Bau eines Forschungs- und Entwicklungszentrums in Basel bekannt.

Der Weg von der Farben-Chemie zur wertschöpfungskräftigen Pharma-Branche

Die pharmazeutische Industrie ist die wachstumsfreudigste Branche der Schweiz mit der klar höchsten Produktivität (Wertschöpfung pro Mitarbeiter). Die Branche beschäftigt 41 900 Beschäftigte (2014), und ihre direkte und indirekte Wertschöpfung kombiniert trägt 6,8 Prozent zum Bruttoinlandprodukt bei – mehr als die Schweizer Banken. Die chemische Industrie – sie wird seit 2008 nicht mehr zusammen mit der Pharmabranche statistisch erfasst – ist mit einer Bruttowertschöpfung von rund 6,2 Mrd. Franken und rund 31 000 Beschäftigten zwar weniger produktiv, doch Chemie und Pharma zusammen stellen rund 30 000 Produkte her, fast ausschliesslich Spezialitäten; insgesamt tragen Pharma, Chemie und Biotechnologie über 40 Prozent zur Schweizer Exportleistung bei. Insbesondere die Pharmabranche treibt auch die Schweizer Forschung an. Die 20 grössten Unternehmen geben in der Schweiz rund doppelt so viel Geld für Forschung aus, wie sie hier mit ihren Produktverkäufen umsetzen. Dies zeigt eindrücklich die Bedeutung, die die schweizerische Heimbasis für die Welt von Chemie und Pharma hat. Ironischerweise liegt einer der Ursprünge dieser wichtigen Schweizer Branche in der lediglich nationalen Gültigkeit des heute vehement verteidigten Patentrechts. Das innovationsfeindliche Patentgesetz Frankreichs vertreibt nämlich im 19. Jahrhundert französische Chemiker, die Farben für die Textilindustrie – den Treiber der Industrialisierung weltweit – herstellen wollen, nach Basel. Dort gründen sie unbeirrt von französischen Gesetzen Firmen, die unter anderem zum Fundament des heutigen Pharma-Riesen Novartis gehören. Das andere Basler Schwergewicht, Roche, agiert hingegen von Beginn weg im Arzneimittelbereich. Auch in anderen Teilen der Schweiz – sogar in schlecht erschlossenen Alpentälern – entstehen Chemieunternehmen, die noch heute auf dem Weltmarkt eine Rolle spielen. Das Gewicht der Schweizer Unternehmen ist allerdings in der Pharma und in der Chemie unterschiedlich. Die Bedeutung der Biotechnologie wird zwar zu Beginn nur zögernd erkannt, doch durch geschickte Akquisition und Fokussierung auf den Pharmabereich spielen Schweizer Unternehmen hier heute eine weltweit führende Rolle. In der Chemie aber, die die Grundstoffe der modernen Welt herstellt, sind Schweizer Unternehmen weniger bedeutend als früher.

Von einer Hilfs- zur Leitindustrie – das Beispiel Basel

Wo lag die erste chemische Fabrik der Schweiz? Falsch! In Basel gibt es in der zweiten Hälfte des 18. Jahrhunderts zwar Farbenhändler wie Johann Rudolf Geigy (1733–1793), aber der erste Chemie-Industrielle ist der aus dem Schwabenland stammende Uhrmacher, Erfinder, Hofrat, Salinenoberkommissar und Bergwerkdirektor Johann Sebastian Clais (1742–1809). In Winterthur betreibt er zusammen mit Johann Heinrich Ziegler ab 1778 ein Laboratorium, das Destilliergeräte herstellt. In der ersten Hälfte des 19. Jahrhunderts wächst das Unternehmen zur grössten Schweizer Chemiefirma seiner Zeit, bis es 1854 schliessen muss. Hergestellt werden Schwefelsäure, Salzsäure, Soda, Chlorkalk, Salpetersäure und Kupfersulfat. Massgebend für den Standort ist die Nähe der Rohstoffe – im nahen Elgg wurde damals Kohle abgebaut – und der Kunden, namentlich der Textilindustrie. Der Transport dieser Chemikalien in Glasflaschen ist nämlich im Voreisenbahn-Zeitalter zu teuer und zu riskant. Das Aufkommen der Eisenbahn in der Mitte des 19. Jahrhunderts führt daher zum Tod vieler solcher Betriebe, weil nun plötzlich der Import preisgünstiger Konkurrenzprodukte aus dem Ausland möglich ist.

Nützlich macht sich die Chemie zunächst als Hilfsindustrie der Textilwirtschaft, damals so etwas wie die Leitbranche schlechthin und die mit Abstand wichtigste Exportindustrie der Schweiz. Man muss nämlich zuerst Grundchemikalien wie Schwefelsäure, Soda, Salzsäure und Natronlauge herstellen können, ehe an Metallbearbeitung oder Textilveredelung im grossen Stil zu denken ist. Die Färber sind hier zunächst nur Randfiguren. Erst 1856 bricht ihre grosse Zeit an, als der Engländer William Henry Perkin den ersten künstlichen Anilinfarbstoff entdeckt, das violette Mauvein. Mit dem Fuchsin (Anilin-Rot) folgen kurz darauf die Franzosen. Es sind Produkte aus der sogenannten Teerchemie (auf der Basis von Steinkohle), der Vorläuferin der Petrochemie, die Erdöl als Ausgangsstoff nimmt. Der industrielle Durchbruch der Chemie erfolgt nach der Mitte des 19. Jahrhunderts. Er beginnt vorab in Frankreich und England bei den Lebensmitteln (Kondensierung von Milch, USA 1856) und bei den Textilien bzw. deren Färbung. Doch trotz bahnbrechender Erfindungen verpassen es Frankreich und England aus geopolitischen und wirtschaftsrechtlichen Gründen, aus den Erfindungen marktfähige Produkte zu machen. Da ist einerseits das französische Patentgesetz von 1844, das eine eigentliche «Ausbürgerung» findiger Köpfe bewirkt, weil es nicht das Herstellungsverfahren schützt, sondern das Produkt, sodass kein Chemiker hoffen kann, jemals mit einem besseren Verfahren einen Gewinn erzielen zu können. England wiederum bezieht aus seinen Kolonien billig natürliche Pflanzenfarbstoffe und ist deshalb

Links *Forschungslabor der Ciba in Basel 1914*
Rechts *Gebäude an der Fabrikstrasse 15 auf dem Novartis-Campus in Basel*

wenig motiviert, die synthetische Farbstoffherstellung voranzubringen. In diese
Lücke stossen die Deutschen. Die badische Anilin- und Sodafabrik und die Farb-
werke Hoechst investieren kräftig in Produktionsverfahren für synthetische Farben,
während Perkin und andere englische Erfinder nicht genügend Kapital für die
Forschung und für den Aufbau industrieller Kapazitäten auftreiben können.

Die Schweiz profitiert vor allem von der Lage in Frankreich. Die meisten französischen Chemiker weichen in das nahe Basel aus, wo es genügend Bedarf für
Farben gibt, etwa in der seit dem 16. Jahrhundert in Basel angesiedelten Seidenbandweberei und -färberei, die nach 1850 als Folge der Mechanisierung stark wächst.
Von den 38 000 Einwohnern Basels im Jahr 1860 sind rund 10 000 in der Bandfabrika-
tion und der Florettspinnerei beschäftigt – auswärtige Heimarbeiter und Arbeits-
pendler nicht mitgezählt. Neben dem Heimmarkt haben die in Basel angesiedelten
Färber und Farbenlieferanten einen noch grösseren Markt in unmittelbarer Nähe:
das elsässische Mülhausen als Zentrum der oberrheinischen Stoffdruckerei. Der
Eisenbahnbau erweitert dann die Exportmöglichkeiten gewaltig. Basel wird 1844
an das französische und 1857 an das schweizerische Eisenbahnnetz angeschlossen.
1862 folgt die Verbindung ins Badische und Richtung Rheinland. 1859 kommt es in
Basel zu zwei symbolischen Ereignissen, zum Abbruch der Stadtmauern, womit
zugleich die alten zünftischen Handelsregeln und Vorrechte fallen, und zur Aufnahme der Fabrikation von Teerfarben durch Alexander Clavel (1805–1873) und
Johann Jakob Müller (1825–1899), Prokurist der Firma Geigy & Heusler. Ersterer

verkauft sein Unternehmen 1873 an Bindschedler & Busch, die es 1884 in die Gesellschaft für chemische Industrie Basel (Ciba) einbringen – die Ciba selbst ist im gleichen Jahr unter der Führung des Basler Bankvereins als börsenkotierte Gesellschaft gegründet worden. In kurzen Abständen folgen J. G. Dollfuss (1862, ab 1872 Durand & Huguenin), Gerber & Uhlmann (1864, 1898 zu Ciba), Kern & Sandoz (1886, später Sandoz) mit der Farbenproduktion. Es handelt sich zwar um Kleinbetriebe, doch legen sie von Anfang an eine bemerkenswerte Internationalität an den Tag.

Die Stadt Basel ist ein aussergewöhnlicher Nährboden für diese noch junge Industrie, in der die Wissenschaft eine immer stärkere Rolle spielen wird. Die Stadt beherbergt nicht nur die älteste Universität der Schweiz, sondern hat mit ihrem liberalen Geist immer wieder Grössen wie Erasmus von Rotterdam (er starb 1536 in Basel) oder Paracelsus (er begann um 1510 sein Medizinstudium in Basel) angezogen. Auch der frühe Beginn des Buchdrucks – 1488 hat Johannes Petri (1441–1511) das Basler Bürger- und Zunftrecht erworben und mit dem Schwabe Verlag das heute älteste Druck- und Verlagshaus der Welt gründet –, die Bedeutung des Verlagswesens – mit Johann Froben (~1460–1527) wirkt einer der bedeutendsten Verleger der frühen Neuzeit in der Stadt – und die starke Affinität zur Kunst geben Basel ein Fundament, auf das eine künftige Wissensindustrie bauen kann. Neben der guten lokalen Nachfrage, dem hoch entwickelten Kapitalmarkt, der günstigen geografischen Lage und der reichlichen Versorgung mit Arbeitskräften weist Basel zwei besondere Standortvorteile auf. Es gibt in der Schweiz im Gegensatz zu Frankreich bis 1888 kein Patentgesetz – und nach dessen Einführung bleibt die chemische Industrie auf deren ausdrücklichen Wunsch bis 1907 davon ausgenommen. Das französische Patentrecht fördert die Monopole der Erfinder, was sich in hohen Preisen niederschlägt und die Chancen für Patentpiraten erhöht. Die Schweiz, die heute an vorderster Front das geistige Eigentum der forschenden Unternehmen verteidigt, verdankt ihre führende Stellung in der chemischen und pharmazeutischen Industrie also nicht zuletzt dem fehlenden Patentrecht – die Anfänge dieser Wirtschaftszweige in der Schweiz weisen damit Ähnlichkeiten mit der wirtschaftlichen Entwicklung der USA im 19. Jahrhundert oder jener Indiens und Chinas heute auf. Die zweite «Freiheit», die die junge Farbenindustrie in Basel geniesst, ist die unkomplizierte Entsorgung giftiger Rückstände im stark strömenden Rhein. Zwar verursachen die arsenikhaltigen Abfälle wiederholt Trinkwasservergiftungen, doch geben sich die Behörden industriefreundlich, selbst als es 1864 zu Todesfällen kommt. Immerhin: Johann Jakob Müller wird 1865 wegen Vergiftungserscheinungen bei einer Familie in der Nähe der Fabrik zu Busse, Entschädigung und Rentenzahlung verurteilt, und die Behörden erlassen Auflagen für die Fabrikation von Farben. So löst in Basel zwischen 1880 und 1920 die stark auf Farbherstellung konzentrierte Chemie nach und nach die traditionelle Seidenbandweberei als Leitindustrie ab, und aus einer Ansammlung von Boutique-Betrieben mit knapp 200 Beschäftigten wird eine ansehnliche Branche mit über 5000 Arbeitsplätzen.

Andere Schwerpunkte entstehen

Basel wird sich zwar mit der Zeit als Leitstern der Branche erweisen, doch ist die Stadt am Rheinknie nicht der einzige Ort, an dem bedeutende Unternehmen entstehen. So gründen 1810 die Geschwister Schnorf in Aarau eine Säurefabrik, zu der sich 1818 die Chemische Fabrik Uetikon am Zürichsee gesellt, ebenfalls für die kundennahe Produktion von Schwefelsäure und Sulfatsalzen. Die zwei Firmen bilden zusammen mit der 1881 gegründeten Papierfabrik Perlen bei Luzern das Fundament der 1971 formierten CPH Chemie und Papier Holding AG, einer Industriegruppe mit knapp 860 Beschäftigten und einem Nettoumsatz von über 480 Mio. Franken (2013). Andere Gründer nähern sich dem Markt von der entgegengesetzten Seite. 1873 gründet der Apotheker Samuel Benoni Siegfried (1848–1905) in Zofingen eine Firma mit 12 Mitarbeitenden «zur Belieferung von Apotheken». Darauf geht die bis heute bestehende Doppelstruktur des mittelständischen, global aktiven Unternehmens Siegfried zurück. Es entwickelt und produziert einerseits pharmazeutische Aktivsubstanzen und Zwischenstufen sowie nicht patentgeschützte Standardprodukte, anderseits Produkte für die Generika-Industrie. Das Unternehmen investiert in Produktionsstandorte in China und erwirbt 2014 die 500 Mitarbeitende umfassende und in Hannover ansässige Firma Hameln Pharma, ebenfalls ein Pharmazulieferer. Siegfried erwirtschaftet mit gut 920 Mitarbeitenden einen Umsatz von rund 375 Mio. Franken (2013).

1888 ermöglicht der Deutsche Werner von Siemens mit seinem Dynamoprinzip die preisgünstige Herstellung von Elektrizität und schafft so die Grundlage für die technische Elektrochemie. Darauf beginnt die in Zürich gegründete Aluminium Industrie Aktiengesellschaft (kurz AIAG, später Alusuisse) in Neuhausen am Rheinfall mit der Aluminiumgewinnung durch die Elektrolyse von Tonerde. 1905 macht sie sich daran, ihre Produktionsstätten ins Wallis zu verlegen, wo besonders günstig Strom produziert werden kann. Aus demselben Grund werden schon einige Jahre früher, 1897, im Walliser Dorf Gampel die Lonza Elektrizitätswerke gegründet. Mit der Elektrizität werden zunächst die chemischen Grundstoffe Calciumcarbid und

Links *Léon Givaudan (1875–1936) gründete 1895 mit seinem Bruder Xavier die Firma Givaudan*
Rechts *20 000-Liter-Bioreaktor der Lonza Biologics in Portsmouth (USA)*

Acetylen hergestellt. 1909 folgt der Umzug nach Visp und die Aufnahme der Produktion von Kunstdünger. Weitere chemische Basisstoffe ergänzen nach und nach das Sortiment. 1974 wird Lonza von Alusuisse übernommen und bildet in den folgenden Jahren die Chemie-Division des Alusuisse-Konzerns. Ab 1999 operiert die «Lonza Group AG» dann wieder eigenständig. In den letzten Jahren hat sich das Unternehmen, von der Öffentlichkeit quasi unbemerkt, zu einer Biotechnologie-Firma gewandelt und ist wichtige Kooperationen mit dem israelischen Generika-Hersteller Teva sowie Roche eingegangen. Heute erzielt es mit der Produktion von Grundstoffen für die Biotech-Industrie mit weltweit über 9900 Mitarbeitenden einen Jahresumsatz von knapp 3,6 Mrd. Franken (2013).

Ein industriegeschichtliches Kuriosum ist die Gründung der Holzverzucke-rungs-AG (Hovag) mit Sitz in Zürich im Jahr 1936 durch Werner Oswald (1904–1979). Im Vorfeld des Zweiten Weltkriegs und im Umfeld der von den marktwirtschaft-lichen Regeln abgekoppelten Kriegswirtschaft soll das Unternehmen Äthylalkohol als Ersatztreibstoff für Motorfahrzeuge herstellen. In einer Mischung aus patriotischer Anwandlung, sozialer Mission für die Berggebiete und Gewinnstreben wird 1942 in Domat/Ems die Alkoholproduktion aus einheimischen Holzabfällen aufgenommen. Diese Produktion deckt bis Kriegsende fast 30 Prozent des schweizerischen Treibstoffbedarfs. Doch 1956 beendet das Verdikt der Stimmbürger die Subventions-Ära und damit die Verlängerung des Abnahmevertrags für das (nach Kriegsende nicht mehr konkurrenzfähige) «Emser Wasser». In mehreren zum Teil dramatischen Schritten stellen die Emser Werke zuerst auf Kunstfaserproduktion und später auf Spezialkunststoffe um. Nach der Übernahme der Stimmenmehrheit der Aktionäre durch Christoph Blocher (*1940) im Jahr 1983 erlebt Ems als kundenorientierter Entwickler und Lieferant hochwertiger Spezialkunststoffe trotz des «unmöglichen» Industriestandorts in den Schweizer Voralpen einen lang anhaltenden Höhenflug. Das Unternehmen setzt verstärkt auf Asien, wo es bereits 30 Prozent des Umsatzes generiert. 2013 erwirtschaftet Ems Chemie mit gut 2300 Mitarbeitenden knapp 1,9 Mrd. Franken.

Eine kaum minder skurrile Geschichte steht am Anfang eines Unternehmens, das zur Nummer drei der Schweizer Pharma-Branche wird, bevor es 2006 für rund 16 Mrd. Franken an den deutschen Merck-Konzern verkauft wird: Serono. Ende des 19. Jahrhunderts gründet der Arzt und Universitätsprofessor Cesare Serono (1871–1952) in Turin das Istituto Farmacologico Serono (IFS). 1906 verlegt er den Sitz nach Rom und vertreibt von dort aus Heil- und Kräftigungsmittel, die aus natürlichen Rohstoffen gewonnen werden. In dieser Phase tritt Pietro Bertarelli in die Firma ein und arbeitet sich zum Generaldirektor hoch. Unter ihm startet Serono in den 1950er-Jahren die Gewinnung von Fruchtbarkeitshormonen auf der Basis menschlichen Gonadotropins, das aus dem Urin von Frauen gewonnen wird. Die Hormone werden ab 1962 zur Stimulation der weiblichen Eizellreifung für natürliche, später auch für künstliche Befruchtungen verwendet. Den höchsten Hormongehalt hat Urin von Frauen nach der Menopause, weil gealterte Eierstöcke die Hormonbildung stoppen und der Körper auf diese Veränderung mit einem Überangebot an Fruchtbarkeitshormonen antwortet. Sie werden mit dem Urin ausgeschieden, aber in so niedrigen Konzentrationen, dass ein logistisches Kunststück nötig ist, um Millionen Liter Urin pro Jahr von älteren Frauen einzusammeln. Klöster sind dafür ein geeigneter Ort – und so werden Nonnen zur Hauptbezugsquelle des Rohstoffs. Pietros Sohn Fabio Bertarelli bringt den römischen Betrieb in den 1970er-Jahren in Familienbesitz, nachdem der Vatikan seine Beteiligung am Unternehmen abgestossen hat. Er verlegt 1977 den Geschäftssitz der Firma nach Genf und findet in den 1980er-Jahren eine Alternative zum Nonnen-Urin: die Herstellung von Fruchtbarkeitshormonen mittels Gentechnologie. 1996 wird Sohn Ernesto Bertarelli (*1965) zum CEO des Unternehmens, und er bringt das Unternehmen weiter auf Wachstumskurs, bis Serono dann 2007 an Merck übergeht – ein Geschäft, das Ernesto Bertarelli zu einem der reichsten Männer der Welt macht. Das Hauptquartier der Pharma-Division der neu unter dem Namen Merck-Serono auftretenden Gruppe wird vorerst in Genf belassen. 2012 aber gibt die Gruppe den

Genfer Standort auf; 500 Stellen werden gestrichen, 750 weitere werden zum neuen Hauptsitz in Darmstadt, nach Boston und Peking verlagert – ein herber Schlag für das Bestreben, in der Region von Genf bis Visp ein Health Valley zu etablieren. Doch bald kommt neues Leben in die verlassenen Gebäude und Labors. Die Wyss Foundation – die Stiftung des philanthropischen Milliardärs Hanspeter Wyss – und die Familie Bertarelli kaufen die von Merck aufgegebene Serono-Liegenschaft, und zusammen mit der Universität Genf und der ETH Lausanne entsteht der Campus Biotech. Mit dabei ist das Wyss-Zentrum für Bio- und Neuro-Engineering, das von der Wyss Foundation mit einem Startkapital von 100 Mio. Franken ausgestattet wird. Der prominenteste Zuzug aber ist das Hauptquartier des «Human Brain Project» – ein europaweites Grossprojekt in Hirnforschung und Computertechnologie unter der Führung der ETH Lausanne. Der Campus bietet schliesslich auch Raum für Start-up-Unternehmen, die dereinst das Erbe von Serono weitertragen sollen.

Weil, wie man aus dem Schul-Chemielabor weiss, Chemie «stinkt», werden zwei andere Weltmarktgrössen in der Genferseeregion vom Gefühl her nicht spontan und sofort der Chemiebranche zugeordnet. Eine ist die Duftstoff- und Aromenfirma Givaudan, die der junge Chemiker Léon Givaudan (1875–1936) 1895 in Zürich gründet, deren Hauptsitz er aber schon bald nach Vernier verlegt. Das Unternehmen wird 1963 von Roche übernommen, im Jahr 2000 an die Börse gebracht und damit wieder in die Selbstständigkeit entlassen. Givaudan ist heute das weltweit führende Unternehmen für Düfte und Aromen, kommt 2014 mit über 9700 Mitarbeitenden an 88 Standorten auf einen Umsatz von rund 4,4 Mrd. Franken und erreicht im Kerngeschäft – Duftstoffe für Pflegeprodukte und Aromen für Lebensmittel und Getränke – einen Weltmarktanteil von 25 Prozent. Im gleichen Sektor, ebenfalls aus Genf heraus und ebenfalls seit 1895, setzt ein zweites weltumspannendes Unternehmen seine «Duftmarken», die vom Chemiker Philippe Chuit (1866–1939) mit dem Unternehmer Martin Naef gegründete Firmenich-Gruppe, die Duftstoffe und Aromen für Getränke, Süsswaren, Snacks, Suppen, Saucen sowie Grundstoffe für Parfums, Pflegekosmetik und Körperpflegemittel liefert. Mit rund 6000 Mitarbeitenden in 64 Ländern erreicht Firmenich 2013 einen Umsatz von rund 2,9 Mrd. Franken und ist damit die weltweite Nummer zwei.

Von der Chemie zur Pharma

Doch zurück zur Basler Chemie: Je mehr Farben gebraucht werden, desto härter wird der Markt, denn vor allem die mächtig erstarkende deutsche Industrie spielt gegen Ende des 19. Jahrhunderts die Vorteile der Grösse aus und macht gewaltig

Links *Werbung von Roche für das Fieber- und Schmerzmittel Saridon, das 1933 auf den Markt kam*

Rechts *Robert Swanson (1947–1999), Gründer und ehemaliger CEO von Genentech, deren Aktienmehrheit 1990 von Roche übernommen wird*

Druck auf die Preise. Aus Kosten-, zollrechtlichen und politischen Gründen weichen die Basler Farbenfabrikanten ins Ausland aus. Deutschland und Frankreich, die 1870/71 gegeneinander Krieg führen, mögen sich nicht und vermeiden es, wenn möglich, miteinander Handel zu treiben. Die sprach- und weltgewandten Schweizer nehmen gerne die Vermittlerposition ein. Einmal mehr zieht die Schweiz aus ihrer «Arbitrage-Funktion» zwischen den Machtblöcken konkreten Nutzen. Die erste Schweizer Farbenfabrik im Ausland errichten Durand & Huguenin ungeachtet der noch immer bestehenden patentrechtlichen Differenzen in St-Fons bei Lyon; die Fabrik geht 1899 an Ciba. 1886 übernehmen Durand & Huguenin auch die Grote'sche Fabrik im (damals deutschen, heute französischen) Hüningen. Um den Einfuhrzöllen auszuweichen, die Risiken breiter zu verteilen und die Märkte besser zu erschliessen, gründen auch die anderen Basler Firmen ab den 1880er-Jahren

Produktionsstätten im Ausland, vor allem in Frankreich, Deutschland, Russland und den USA. Dennoch reicht dieser Ausbau nicht aus, um mit den grossen ausländischen Farbchemie-Konzernen mithalten zu können. Nach Ablauf der ersten Gründerphase wenden sich die erfolgreicheren der vielen kleinen Basler Farbenhersteller zumindest teilweise von der Massenproduktion ab. Sie widmen sich vermehrt Produkten mit höherer Wertschöpfung, vorab höherwertigen Farbenspezialitäten mit hohem Know-how-Anteil, bei denen die schwankenden Rohstoffpreise eine untergeordnete Rolle spielen und wo vergleichsweise geringe Mengen und entsprechend niedrigere Transportkosten anfallen.

Die heutige Schweizer Pharmaindustrie ist eine Fortentwicklung der traditionellen Chemie. Zwei Kräfte treiben diese Entwicklung: Zum einen wird klar, dass Farbstoffe auch Ausgangsstoffe für die Herstellung von Arzneimitteln sein können und dass es chemische Zusammenhänge zwischen den beiden gibt. Zum anderen besteht der industrielle Zwang, Produktionsanlagen und Belegschaften bestmöglich auszulasten. Ersteres erkennt besonders das von Anfang an rein pharmazeutisch ausgerichtete Basler Unternehmen, die 1896 gegründete F. Hoffmann-La Roche & Co. Basel. Letzteres, die opportunistische Arbeitsbeschaffung, dürfte der Grund dafür sein, dass Ciba 1887 mit der Herstellung des Fiebermittels Antipyrin (Patent Hoechst) beginnt. Etwa zur gleichen Zeit entwickelt Durand & Huguenin mit dem Entzündungshemmer Salol das erste analgetische Arzneimittel einer Basler Firma. In den 1890er-Jahren steigt auch Sandoz in die Herstellung pharmazeutischer Grundsubstanzen ein: durch die Lohnfertigung des in Influenza-Epidemien weltweit hoch begehrten Antipyrin, aber zum Teil auch durch die Nachahmung nicht patentgeschützter Produkte. Um die erhöhten industriellen Risiken zu decken und die Finanzierung sicherzustellen, die mit dieser Weiterentwicklung verbunden sind, werden die Familienfirmen nach und nach in Aktiengesellschaften umgewandelt. 1884 wird aus Bindschedler & Busch die Ciba; 1895 wird Sandoz eine Aktiengesellschaft, 1901 Geigy.

Der Vorstoss in die Pharmaindustrie erweist sich für die Schweizer Chemie als höchst erfolgreich. Pharma trägt im 20. Jahrhundert in beeindruckender Weise zur Eindämmung von gefährlichen Krankheiten, zur Verlängerung der durchschnittlichen Lebenserwartung und zur Verbesserung der Lebensqualität der Leidenden bei. Dafür lässt sie sich aber auch fürstlich entschädigen. Ihre Erfindungen gewähren ihr, einmal patentiert, in der Regel 10 bis 15 Jahre ein faktisches Monopol – und dies bei einer Kundschaft, die, weil es um die Gesundheit geht, nicht besonders preisempfindlich ist. Die reinen Produktionskosten sind oft gering, in einigen extremen

Fällen machen sie nicht mehr als 2 Prozent des Verkaufspreises aus; die Herstellung neuer Medikamente ist allerdings deutlich teurer. Die Margen sind hoch und erlauben trotz staatlicher Preisregulierung und dem bremsenden Einfluss der Sozialversicherer die Bildung einiger der grössten Privatvermögen in einem der reichsten Länder der Erde. Namen wie Oeri, Hoffmann oder Bertarelli stehen dafür.

Zwischen Kriegsgewinnen und Protektionismus

Im 20. Jahrhundert profitieren die Basler Unternehmen (mit Ausnahme von Roche) zunächst vom Ausbruch des Ersten Weltkriegs. Als die Alliierten Deutschland blockieren, kann die Schweiz auf zahlreichen Märkten in die Lücke springen. Ausserdem steigen im Pharma- wie im Farbensektor die Preise stark. Schliesslich steigt wegen des Kriegs die Nachfrage nach Desinfektions-, Betäubungs-, Beruhigungs- und Fiebermitteln. Alles in allem versiebenfachen sich zwischen 1913 und 1920 die Schweizer Chemieexporte. 1918 kommt es zu einem seltsamen, aus dem Zeitgeist erklärbaren Zusammenschluss von Ciba, Geigy und Sandoz zur «Basler IG», einem marktbeherrschenden Kartell. Die drei Firmen bleiben zwar juristisch selbstständig, vereinbaren aber eine eng koordinierte Investitions- und Expansionsplanung nebst gemeinsamem Einkauf, Preisabsprachen und sogar einer Gewinnverteilung nach einem vorgegebenen, starren Schlüssel. Auf diese Weise versuchen sie, sich dem Preiskampf zu entziehen und sich gegen die mengenstarke deutsche Konkurrenz zu wehren. Als sich die europäische Farbenindustrie durch die Amerikaner bedrängt sieht, kommt es zwischen 1929 und 1939 sogar zu einem Dreierkartell zwischen Deutschland, Frankreich und der Schweiz mit analogen Zielsetzungen.

Werden bis etwa 1920 auf den Exportmärkten vor allem Vertriebs- und Verkaufsgesellschaften gegründet, führt der Protektionismus danach zunehmend zum Aufbau von Produktionsstätten im Ausland. Bei Ciba steigt der Anteil des Auslands an der Gesamtproduktion von Farbstoffen von 16 Prozent (1914) auf 70 Prozent (1932). 1925 berichtet die Basler Handelskammer, die Basler chemische Industrie beschäftige erstmals mehr als die Hälfte ihrer Belegschaft im Ausland. Zugleich nimmt der Anteil der Pharma am Gesamtgeschäft bei allen Firmen zu, ausser bei Geigy, die erst 1940 in den Pharmabereich eintritt, sich dafür aber an der Sonderkonjunktur des Insektenvertilgungsmittels DDT schadlos hält. Das Farbstoff- und das Pharmageschäft laufen allmählich immer deutlicher auseinander, wobei im Letzteren die Internationalisierung stärker ist. 1939 ist von den 16 500 im Pharmabereich Beschäftigten nur noch ein Drittel in der Schweiz tätig. Am konsequentesten setzt F. Hoffmann-La Roche die Internationalisierung um, indem es zwei unabhängige Konzernstrukturen bildet: die F. Hoffmann-La Roche & Co. AG für Kontinentaleuropa und SAPAC für die anderen Staaten. 1940 zieht der mit einer jüdischen Frau verheiratete Konzernleiter Emil C. Barell samt Familie in die USA, was in Basel in der schwierigsten Phase der Bedrohung der Schweiz durch die Naziarmee als defätistisches Fluchtsignal empfunden und entsprechend negativ aufgefasst wird.

Im Vorfeld des Zweiten Weltkriegs wird 1933 von Sandoz, Ciba, F. Hoffmann-La Roche und Wander Interpharma gegründet, der Branchenverband der forschenden pharmazeutischen Unternehmen der Schweiz. Die Internationalisierung der Branche und die unter dem Druck der Sozialversicherer zunehmenden Regulierungstendenzen führen in der Wirtschafts- und Sozialpolitik sowie in komplexen rechtlichen Dossiers wie Patentwesen oder Markenschutz zu vielen Aufgaben, die man leichter firmenübergreifend löst. Unter dem Dach der Interpharma hat die Pharmaindustrie 1939 an der Schweizerischen Landesausstellung ihren ersten grossen öffentlichen Auftritt. Der 25 Meter hohe Turm, der den Pharma-Pavillon überragt, wird zu einem Wahrzeichen der nationalen Leistungsschau am Vorabend des Zweiten Weltkriegs.

Die Geschichte von Vitamin C – und andere Zufälligkeiten

In den Vorkriegs- und erst recht in den Nachkriegsjahren arbeiten die finanziell gestärkten Schweizer Chemiekonzerne intensiv daran, ihre Abhängigkeit von einzelnen hoch profitablen Sparten abzubauen. Sie investieren in die pharmazeutische Forschung, wobei diese manchmal wenig anwendungsorientiert ist und sehr in die Breite geht. Besonders Roche fördert die Grundlagenforschung mit einer legendären Grosszügigkeit. Dank der Erfindung und Entwicklung einzelner erfolgreicher Produktfamilien kommt es in allen grossen Schweizer Chemie- und Pharmakonzernen immer wieder zu ausgesprochenen Sonderkonjunkturen. Eine der spektakulärsten Geschichten ist die Hinwendung der F. Hoffmann-La Roche zur Vitaminproduktion, die auf eine Erfindung von Tadeus Reichstein (1897–1996) zurückgeht. Reichstein kommt als Kind mit seiner Familie aus dem damals russischen Teil Polens 1905 nach Zürich und studiert dann an der ETH Chemie. Im Militärdienst lernt er Gottlieb Lüscher kennen, ab 1923 Direktor der Nahrungsmittelfabrik Haco in der Berner Gemeinde Gümligen (sie wird später als Lieferantin der in ihren Anfängen verfemten Migros in der Schweizer Lebensmittelindustrie eine Aussenseiterrolle einnehmen). In einem Kellerlabor der ETH Zürich gelingt Reichstein als Unter-

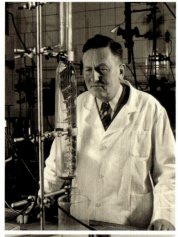

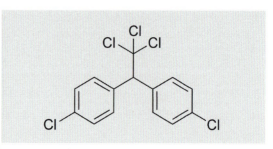

Links *Paul Hermann Müller (1899–1965) erhielt 1948 für die Entdeckung der starken Wirkung von DDT als Kontaktgift bei Gliederfüssern den Nobelpreis für Medizin*

Rechts *Strukturformel von DDT (Dichlordiphenyltrichlorethan)*

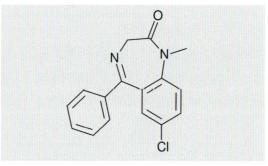

Links *Der Erfinder von Valium Leo Sternbach (1908–2005)*
Rechts *Strukturformel von Diazepam (Valium)*

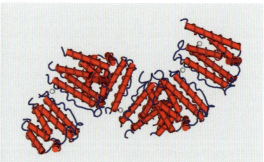

Links *Der Molekularbiologe Charles Weissmann (*1931), Mitbegründer der Firma Biogen*

Rechts *Schematische Darstellung von Alpha-Interferon (Protein aus 166 Aminosäuren)*

richtsassistent zusammen mit Studenten mit einfachsten Mitteln die Synthese von Vitamin C, und er kann das Verfahren 1933 zum Patent anmelden. Finanziert wird Reichstein von der Haco; der Forscher soll mit 50 Prozent an den Erträgen beteiligt werden, denn die ETH lässt ihren Lehrkräften freie Hand bei der kommerziellen Auswertung ihrer Entwicklungen. Noch im gleichen Jahr bieten Reichstein und Lüscher das Patent für die Vitamin-C-Synthese Hoffmann-La Roche zum Kauf an. Forschungschef Markus Guggenheim reagiert jedoch zunächst äusserst zurückhaltend. Allmählich sieht Roche in dem neuen Stoff dann aber doch eine medizinisch relevante Erfindung, und zwar noch bevor therapeutische Anwendungen und soziale Visionen mit ihm verknüpft werden. Vitamin C wird in der Pharmaindustrie zu einem Modellfall für die Technik des Marketing und des «market making».

Nachdem Roche von Haco und Reichstein die Rechte an der Erfindung erworben hat, tut sich das Unternehmen mit Nestlé zusammen und bringt eine vitaminisierte Schokolade sowie eine Milchemulsion auf den Markt: Nestrovit – eine Kombination von Nestlé, Roche und Vitamin – wird erfolgreich als Genussmittel mit gesundheitsfördernder Wirkung vermarktet und findet besonders bei Kindern (und deren Müttern) Anklang. In der Folge gelingt es Roche, mit Vitamin C einen neuen Markt in der Gesundheitsvorsorge aufzubauen. Unzählige Anwendungen für Vitamin C, das zeitweise gar als Wunderdroge gegen Krebs gepriesen wird, werden propagiert. Heute werden weltweit pro Jahr rund 110 000 Tonnen Ascorbinsäure, also synthetisches Vitamin C, industriell hergestellt. Roche profitiert auch sonst von der Bedeutung, die die Ernährungslehre den Vitaminen beimisst (in manchen Ländern wird sogar Weissbrot vitaminisiert), und erreicht auf dem Gebiet der synthetischen Vitamine A, B1, B2, E und K1 eine weltweite Spitzenposition. Bei Vitamin C, jahrzehntelang eine Ertragsstütze des Konzerns, erfolgt allerdings Ende der 1990er-Jahre ein Absturz. Illegale Preisabsprachen in den USA und in Europa führen zu Bussen von rund 3,2 Mrd. Franken für Roche. Zugleich erobern Billiganbieter aus China immer höhere Anteile am Vitaminmarkt. 2002 wird die Vitamin- und die Feinchemikaliensparte an den niederländischen Life-Science-Konzern DSM verkauft.

Spektakulär, aber weit weniger ertragreich ist die Entdeckung des LSD (D-Lysergsäurediethylamid), die für die Komplexität und lebensverändernde Tragweite der pharmazeutischen Forschung schlechthin steht. Der Chemiker Albert Hofmann (1906–2008) arbeitet bei Sandoz an teilsynthetischen Umwandlungsprodukten der Alkaloide des Mutterkorn-Pilzes. Eigentlich ist er auf der Suche nach einem die Atmung und den Blutkreislauf anregenden Mittel. (Mit Alkaloiden hat

Sandoz bereits früher Erfolg, als aus Ergotamin ein blutungsstillendes Mittel für die Geburtshilfe entwickelt wird, das zugleich gegen Migräne wirksam ist.) 1938 synthetisiert Hofmann den Wirkstoff erstmals und testet seine Wirkung als Kreislaufstimulans – ohne Erfolg. 1943 wiederholt er seine Versuche mit LSD, weil er vermutet, etwas übersehen zu haben. Dabei erlebt er am eigenen Leib einen Halluzinationszustand, dem er mit einem Selbstversuch auf den Grund geht. So wird er zum Entdecker von LSD. Die psychoaktive Substanz, von der bereits 20 Mikrogramm psychische Wirkungen hervorrufen, beflügelt ab den 1950er-Jahren nicht nur die Hippiebewegung, sondern auch die Forschung über Neurotransmitter im Gehirn. Sie gilt als eine der Grundlagen für die Entwicklung der Psychopharmaka.

Ein Wirkstoff, der ebenfalls Geschichte schreibt, ist Dichlordiphenyltrichlorethan (DDT). Paul Hermann Müller (1899–1965), Mitglied einer Forschungsgruppe der J. R Geigy AG, entdeckt 1939 ebenfalls die insektizide Wirkung von DDT und erhält dafür 1948 den Nobelpreis. Unter den Marken Gesarol und Neocid kommt DDT ab 1942 auf den Markt. Es wird zum Schutz der Kartoffelernten und zur Läusebekämpfung im Militär eingesetzt. Die Exporte – sowohl in die USA wie nach Nazideutschland – erreichen im Zweiten Weltkrieg gewaltige Tonnagen. In der Nachkriegszeit wird DDT zu einem grossen finanziellen Erfolg. Zwischen 1950 und 1970 kann Geigy auch dank DDT den Umsatz verzwanzigfachen – Ciba gelingt im gleichen Zeitraum nur eine Versiebenfachung, Sandoz eine Verzehnfachung. Grund dafür ist nicht nur der Einsatz von DDT in der Schädlingsbekämpfung. Die UNO erkennt DDT als Instrument der Entwicklungspolitik und nutzt den Wirkstoff in einer weltweiten, erfolgreichen Kampagne zur Ausrottung der Malaria. Doch 1962 erfolgt ein entscheidender Imagewechsel. Im Bestseller «Der stumme Frühling» prangert Rachel Carson DDT als Zerstörer der Tierwelt an, unter anderem, weil es die Eierschalen vieler Vogelarten schwächer mache und deren Bestände gefährde. So wird DDT in wenigen Jahren zum Symbol der lebens- und umweltfeindlichen Seite der Agrarchemie. 1972 wird DDT in den USA, später in vielen anderen Ländern verboten.

Ebenfalls weitreichende soziale Veränderungen bewirkt die Entdeckung des legendären Leo Sternbach (1908–2005). Er stösst in den 1950er-Jahren bei Roche auf Verbindungen aus der Klasse der Benzodiazepine, die beruhigen, ohne schläfrig zu machen. Sternbach gehört zu den Spezialisten, die 1941 Roche-Chef Emil Barell in die USA folgen und dort die Roche-Forschung aufbauen. Auf der Suche nach einem neuen Tranquilizer konzentriert sich Sternbach auf sogenannte Heptodiaxine, doch geraten die Ergebnisse und Zwischenprodukte in Vergessenheit. Erst beim

Aufräumen der Laborplätze wird eine kristallisierte Base wiederentdeckt und routinemässig erneut einer pharmakologischen Prüfung unterzogen. Später hilft noch einmal der Zufall, als der Wirkstoff von Librium entdeckt wird: Die Forscher spritzen Labormäusen verschiedene Wirkstoffvarianten. Bei dem sogenannten «Rotating stick»-Test haben sich die Mäuse dann nicht auf einer rotierenden Walze halten können – und daraus schliesst man auf eine Wirkung auf das zentrale Nervensystem. Aus diesen Entdeckungen entstehen die beruhigenden und angstlösenden Medikamente der Marken Librium (1960) und Valium (1963), die den Markt der Psychopharmaka revolutionieren, sodass ihm die Rolling Stones einen eigenen Song widmen: «Mother's Little Helper». Von 1969 bis 1982 ist Valium in den USA das meistverschriebene Medikament überhaupt und der Inbegriff einer pharmazeutischen Geldmaschine. Leo Sternbach wird für Roche zu einem überaus bedeutsamen Forscher. Als er 1973 in Pension geht, lauten 230 Patente (ein Fünftel aller Roche-Patente) auf seinen Namen.

Konsolidierung in einem kritischer werdenden Umfeld

Anfang der 1970er-Jahre nimmt die chemisch-pharmazeutische Industrie in der Schweiz mit Produkten wie Vitamin C, DDT und Valium eine hervorragende Stellung ein. Doch die Einstellung der Gesellschaft gegenüber dem technischen Fortschritt und gegenüber Leittechnologien wie Kernenergie und Chemie beginnt sich zu wandeln, weil die negativen Auswirkungen des menschlichen Handelns auf die Umwelt sichtbarer werden. Zu einem Fanal dieses Wandels wird der Unfall in der Fabrik Icmesa in Seveso bei Mailand. Im Betrieb der damaligen Roche-Tochter Givaudan platzt am 10. Juli 1976 die Berstscheibe eines Sicherheitsventils, und 1 bis 3 Kilogramm der hochgiftigen Substanz Dioxin entweichen in die Umgebung. Kleintiere verenden, Kinder bekommen Hautausschläge, die Behörden verbieten den Konsum von Früchten und Gemüse aus den Hausgärten. Etwa 200 Personen erkranken an Chlor-Akne; mehrere 1000 werden vorübergehend evakuiert. Roche reagiert langsam und unangemessen. Die öffentliche Kritik ist heftig. Seveso wird zur Chiffre für die Bedrohung von Zivilisation und Umwelt durch unkontrollierte grosstechnische Risiken. Zehn Jahre später reiht sich der Unfall von Schweizerhalle in die Liste der Chemiekatastrophen ein. In einer Lagerhalle für Agrochemikalien im Sandoz-Werk Schweizerhalle nahe Basel bricht ein Grossbrand aus. Die weithin sichtbaren Flammen und der Gestank der Rauchgaswolke versetzen die ganze Region in Angst. 15 000 Kubikmeter Löschwasser schwemmen 10 Tonnen hochgiftige Pestizide und 150 Kilogramm tödliches Quecksilber in den Rhein und verursachen

Links *Die «Brautväter» bei der «Basler Heirat»: Robert Käppeli*
(1900–2000) (Ciba, links) und Louis von Planta (1917–2003)
(Geigy, rechts) zur Zeit der Fusion (um 1970)

Rechts *Die «Basler Heirat» von Ciba und Geigy in der sinnen-*
frohen Bildsprache der Basler Fasnachtslaterne der Olympia-Clique;
deutlich erkennbar sind die Gesichtszüge der Konzernleiter Robert
Käppeli (links) und Louis von Planta

ein Fischsterben. Die Trinkwasserentnahme muss bis nach Holland für 18 Tage eingestellt werden.

Am Vorabend solcher Ereignisse, die das Ansehen der Branche auf Jahre massiv
belasten, vollziehen – zur grossen Überraschung der Öffentlichkeit – Ciba und
Geigy 1970 ihre Fusion. Grund dafür ist nicht nur die offenkundige Synergie. Die
Unternehmen erkennen auch, dass die Forschung in den neuen Disziplinen Bio-
chemie, Molekularbiologie und Immunologie vor gewaltigen Herausforderungen
steht. Die «Basler Heirat» erweist sich relativ rasch als richtig, denn die erste grosse
Rezession der Nachkriegszeit im Gefolge des Ölschocks (1974/75) trifft die chemisch-
pharmazeutische Industrie der Schweiz weniger hart als andere Branchen, da die
geografisch und sektoriell breite Diversifikation die Folgen der Krise abfedert. Während Farbstoffe/Chemikalien und Kunststoffe/Additive infolge des Geschäftsrück-
gangs bei den Abnehmerindustrien stark leiden, können die pharmazeutischen und
agrochemischen Sektoren die Verluste weitgehend ausgleichen. Diese Erfahrung
ermutigt Ciba-Geigy zu weiteren Diversifikationsschritten. Der Konzern erschliesst
in den 1970er-Jahren durch zahlreiche Übernahmen und Joint-Ventures viele neue
Geschäfte in den Bereichen Luft- und Raumfahrt, Automobil, Konsumgüter, Saatgut

und Tiergesundheit. In der zweiten Hälfte der 1980er-Jahre folgen Schritte in Richtung elektronische Systeme und Waagen durch die Übernahme von Toledo in den USA und deren Eingliederung in die seit 1980 zu Ciba-Geigy gehörende schweizerische Mettler. Viele dieser Expeditionen werden aber bald wieder abgebrochen und die entsprechenden Firmen und Beteiligungen verkauft, so schon 1988 die Ilford-Gruppe und das ganze Fotochemikaliengeschäft. Ab 1990 erfolgt unter der Führung des seit 1987 auch als Verwaltungsratspräsident amtenden Alex Krauer endgültig wieder die Konzentration auf strategisch klar definierte Sektoren.

In ähnlicher Weise versucht die von Beginn weg auf die Pharmaindustrie konzentrierte Roche bereits seit den 1960er-Jahren, ihre Risiken durch Diversifikation breiter zu verteilen. Unter Führung des expansiv denkenden Finanzmanns Adolf Jann beginnt das Unternehmen, die enormen Gewinne aus dem Welterfolg von Librium und Valium in neue Geschäftsfelder zu investieren. So baut Roche in den 1970er-Jahren zusammen mit dem finnischen Konzern Suomen Sokeri die Herstellung des künstlichen Süssstoffs Xylit auf, doch erfüllen sich die Umsatzhoffnungen – etwa mit der Kaugummi-Industrie – nicht. Mit dem belgischen Partner Citrique Belge wird im grossen Stil Zitronensäure hergestellt. Jann begründet schliesslich auch die Diagnostik-Division von Roche und bringt das Unternehmen mit der Errichtung des «Roche Institute for Molecular Biology» in Richtung biomedizinische Forschung. Givaudan (von Roche 1963 übernommen) und Roure (1964 übernommen) betätigen sich im Bereich der Aromastoffe. Zudem steigt Roche 1968 ins Geschäft mit Analysegeräten und Diagnostika ein und baut den Bereich kontinuierlich aus. Heute ist die Diagnostikdivision von Roche mit 20 Prozent Marktanteil weltweit führend im Bereich der In-vitro Diagnostika.

Sandoz geht beim Diversifizieren am weitesten. Das Unternehmen expandiert etwa ins Lebensmittelgeschäft und kauft Wander (1967), Roland Knäckebrot (1978) und Läkerol (1978). 1977 wird die Fitnessclub-Kette John Valentine übernommen, und ab 1985 tritt das Unternehmen im grossen Stil in den Markt der Bauchemie ein, unter anderem durch die Übernahme von Master Builders in den USA und Japan sowie der Meynadier-Gruppe in der Schweiz. 1988 wird diese Entwicklung in Richtung Umwelttechnik verstärkt. Hintergrund dieser Strategie ist die damals von vielen geteilte Überzeugung, die Zeit der grossen, grundlegenden Erfindungen auf dem Gebiet der Pharmazeutika sei vorbei – was sich definitiv als falsch herausstellt, und auch nicht der Ironie entbehrt, denn ausgerechnet Sandoz revolutioniert 1982 mit der Markteinführung von Sandimmun die Transplantationsmedizin und gewinnt damit weltweit grosse Anerkennung auf dem Gebiet der Immunologie. Zehn

Jahre später sprengt das Produkt als erstes Medikament von Sandoz die Umsatz-
grenze von 1 Mrd. Franken.

In dieser Zeitspanne wirkt eine der prägendsten Persönlichkeiten der Schweizer Pharmaindustrie bei Sandoz: Marc Moret (1923–2006), der 1968 in die Firma
eintritt. Als Vorsitzender der Geschäftsleitung führt er ab 1981 rigorose Kostensen-
kungsprogramme durch, baut 900 Stellen ab und wechselt fast die ganze Konzernleitung aus. Ein Weggefährte und Augenzeuge beschreibt sein Wirken wie folgt:
«Moret brach das Tabu und zeigte, dass es möglich war, Kosten zu reduzieren und
die Effizienz zu steigern. Die Pharmaindustrie war damals träge geworden. Business
Lunches von 12 bis 15.30 Uhr mit reichlich Wein und Zigarren waren damals durchaus üblich. Moret griff rücksichtslos durch und nahm in Kauf, unpopulär zu sein
und von der feinen Basler Gesellschaft ausgeschlossen zu bleiben.» Das damals
aufsehenerregende radikale Kostenmanagement von Marc Moret bereitet aber den
Boden für die spätere Prosperität des Unternehmens.

Insgesamt zeichnen sich zwei Strategien ab. Ciba-Geigy und Sandoz werden zu
breit diversifizierten Industriekonzernen, die sich mit chemiebasierten Konsum-
und Markenartikeln immer stärker auf den Endverbraucher ausrichten. Im Pharmabereich beobachtet man bei Ciba-Geigy eine intensive Bearbeitung der praktizie-
renden Ärzte, was einen teuren Verkaufsapparat und entsprechende Umsatzmengen
verlangt. Roche dagegen – schon historisch auf die Pharma-Branche fokussiert –
konzentriert sich früh auf Hochtechnologiegebiete, vor allem die von der Forschung
angetriebene Biotechnologie. Und von hier kommen nun die entscheidenden neuen
Impulse besonders für die Pharma-Branche, aber auch für die Chemie.

Die Biotechnologie führt auf neue Wege

Der erste historische Durchbruch der Biotechnologie ist die Penicillin-Gewinnung
(ab 1943); seit den 1950er-Jahren werden auch Vitamine, Aminosäuren und Enzy-
me biotechnologisch hergestellt. Die Entschlüsselung der Struktur des Erbgut-
Moleküls DNS im Jahr 1953 durch den US-Amerikaner James Watson und den
Briten Francis Crick ist dann ein Markstein auf dem Weg zu einer neuen Biologie.
Dazu leistet auch, was kaum jemand weiss, der Berner Rudolf Signer (1903–1990)
einen entscheidenden Beitrag. Der talentierte Chemiker vermisst und beschreibt
bereits 1938, 15 Jahre vor der Entschlüsselung der Doppelhelix, die DNS, und er
entwickelt ein Verfahren, um DNS in hochreiner Form zu gewinnen. Dieses wird
in Fachkreisen als «Manna von Bern» bekannt. Auf einer Reise nach London 1950
schenkt Signer 15 Gramm seines «Mannas» Maurice Wilkins, der dann 1962 zu-

sammen mit Watson und Crick den Nobelpreis für die Entschlüsselung der DNS-Struktur erhält. Dank dem hochreinen DNS von Signer kann Wilkins zusammen mit Rosalind Franklin jene Röntgenaufnahmen herstellen, die Voraussetzung für die Modell-Spekulationen von Watson und Crick sind. Die Entschlüsselung der DNS-Struktur legt die Basis für die Entzifferung des genetischen Codes in den 1960er- und für die Entstehung der Gentechnologie in den 1970er-Jahren.

Diese fundamentalen Entwicklungen in der modernen Biologie führen zu einer enormen Aufbruchstimmung an den Universitäten, in denen eine neue Forscherkultur entsteht. Die Molekularbiologen drängen in verschiedene medizinische Fachgebiete, etwa die Immunologie. Die Pharmaindustrie verschläft zunächst das wirtschaftliche Potenzial dieser neuen Möglichkeiten – nicht aber die daran geknüpften Visionen. Mit Geld von Roche wird 1968 unter der Leitung des Nobelpreisträgers Niels Kaj Jerne das Institut für Immgunologie Basel eröffnet, das insgesamt drei Nobelpreisträger beschäftigen wird. Unter anderem ist dies Georges Köhler, der Mitte der 1970er-Jahre entdeckt hat, wie man monoklonale Antikörper herstellen kann. Auf Wunsch des Instituts für Immunologie wird auf eine Patentierung dieser Technologie verzichtet, was dieses für die Therapie und Diagnostik so wichtige Anwendungsgebiet frei erforschbar belässt. Viele Entdeckungen des im Jahr 2000 geschlossenen Instituts für Immunologie Basel haben nicht zu kommerziellen Innovationen geführt, weil das Institut explizit auf freie Forschung ausgerichtet war. Dazu kommt: Die aus der «alten» Chemie stammenden Industrieforscher sprechen kaum mit den «neuen» Biologen aus dem akademischen Milieu. Die Basler Pharmaindustrie muss zuerst einen Mentalitätswandel durchmachen, bis das wirtschaftliche Potenzial der Biotechnologie ausgeschöpft werden kann.

Eine zentrale Figur dieses Wandels ist der Schweizer Mediziner und Chemiker Charles Weissmann (*1931), der 1967 die Leitung des Instituts für Molekularbiologie an der Universität Zürich übernimmt. Er entwickelt später das Verfahren der reversen Genetik, bei dem Gene von Organismen gezielt verändert werden, um daraus Rückschlüsse auf die Funktion des Gens ziehen zu können. 1979 gelingt es ihm und seinen Mitarbeitenden als Erste, Kolibakterien durch gezielten Eingriff in ihr Erbgut so zu programmieren, dass sie Interferon erzeugen – einen Wirkstoff, dem eine Schlüsselfunktion bei der Abwehr von Virusinfekten zugeschrieben wird und der sonst nur in Säugetierzellen produziert wird. Damit macht Weissmann es möglich, die Herstellung dieses zuvor beinahe unerschwinglichen Wirkstoffs dramatisch zu verbilligen. Er gehört 1978 zu den Mitbegründern der Genfer Firma Biogen (heute Biogen Idec) und ist mit seiner Entdeckung auch wirtschaftlich erfolgreich. Wissenschafter wie Weissmann sind typisch für eine neue Generation von Bio-Forschern, die ab den 1970er-Jahren versuchen, ihre Erkenntnisse in Firmen-Neugründungen einzubringen.

Die Pharmaindustrie forscht ebenfalls zunehmend in der Biotechnologie und kauft zudem das nötige Wissen einfach ein. Der dramatischste Coup gelingt Roche 1990, als sie 60 Prozent der Genentech Inc. San Francisco übernimmt, eine rein forschungsorientierte Firma, die seit 1976 zwar wissenschaftliche Durchbrüche am laufenden Band erzielt, aber zunächst wenig wirtschaftlichen Erfolg hat. Bereits 1980 geht das von unkonventionellen Wissenschaftern geführte, als «Turnschuh-Firma» bezeichnete Unternehmen an die Börse. Die zu 35 Dollar ausgegebenen Aktien schiessen in weniger als einer Stunde auf 88 Dollar, fallen aber in den folgenden Jahren wieder deutlich, und der Börsensturz von 1987 schmälert trotz guter Erfolge mit marktfähigen Medikamenten den Marktwert der Firma weiter. Bereits spricht man voreilig vom Ende des Biotech-Booms – doch Roche ergreift diese Chance und übernimmt zur Verblüffung der Fachwelt die Mehrheit von Genentech. Roche-Präsident Fritz Gerber wagt den Schritt, weil er seinem eigenen, im Konventionellen festgefahrenen Forschungsapparat in Europa und den USA einen Stromstoss versetzen und ihm eine interne Konkurrenz entgegenstellen will. Zudem spielt bei Roche die Überlegung mit, dass man einen Teil der Konzernforschung in die USA auslagern könnte, falls forschungsfeindliche Tendenzen in der europäischen Politik – symbolisiert etwa durch die 1985 in Hessen gebildete erste rot-grüne Landesregierung Deutschlands – zunehmen sollten. Genentech wird von Basel aus bewusst an der langen Leine geführt. Die Investition zahlt sich langfristig in ungeahnter Weise aus. Zahlreiche weltweit erfolgreiche Roche-Medikamente haben ihren Ursprung in den Labors von Genentech.

Die Ängste der Unternehmen vor Einschränkungen ihrer Tätigkeit haben durchaus ihre Berechtigung. Seveso, Schweizerhalle, Tschernobyl und Bophal verstärken ab den 1980er-Jahren die Kritik an der technologischen Zivilisation. Die Gentechnologie wird zum neuen Feindbild. Das wirkt sich in der Schweiz in der Lancierung mehrerer Volksinitiativen aus, die sich gegen die Forschungsaktivitäten der Chemie- und Pharma-Branche richten. Doch eine solide Mehrheit der Stimmenden entscheidet sich immer wieder für forschungsfreundliche, gemässigte Lösungen und erteilt radikalen Forderungen, etwa nach Verboten von gentechnischen Experimenten oder von Tierversuchen, deutliche Absagen. So wird 1985 mit einem Anteil von 70,5 Prozent Nein-Stimmen eine Volksinitiative für die Abschaffung der Vivisektion abgelehnt. Diesem Verdikt folgen weitere Volksentscheide

Oben *Nach der Brandnacht: Feuerwehrleute in Spezialanzügen bei Reinigungs- und Aufräumarbeiten in einer Lagerhalle der Sandoz in Schweizerhalle am 1. November 1986*

Unten *Pflanzenversuch beim Saatgut- und Planzenschutzunternehmen Syngenta*

für kontrollierten Fortschritt in der Forschungspolitik und gegen massive staatliche Eingriffe ins Gesundheitswesen, darunter 1998 die Ablehnung der Genschutz-Initiative, die ein weitgehendes Verbot gentechnischer Eingriffe fordert. Auch in der Gesundheitspolitik, etwa bei Medikamentenpreisen, geben die Schweizer Stimmenden wiederholt den von der Pharmaindustrie befürworteten liberalen Lösungen den Vorzug.

Während Roche mit der Übernahme von Genentech die Fokussierung auf den Pharmabereich unter Nutzung neuester Technologien fortführt, überraschen die beiden anderen Basler Konzerne, die sich für die Diversifikation entschieden haben, mit einem Paukenschlag. 1996 fusionieren Ciba-Geigy und Sandoz zur Novartis. Es ist die bis dahin grösste Fusion in der Schweizer Wirtschaftsgeschichte. Der neue Konzern konzentriert sich auf Life Sciences, Landwirtschaft und Ernährung. Der Bereich Industriechemikalien wird 1997 in die Ciba Spezialitäten-chemie ausgegliedert, die 2009 vom deutschen Giganten BASF übernommen wird. 2000 stösst Novartis auch die Agrochemie ab und vereinigt sie mit der parallelen Sparte von Astra-Zeneca zu Syngenta. Diese entwickelt sich zu einem weltweit führenden Unternehmen im Bereich Pflanzenschutzmittel und Saatgut. Mit rund 28 000 Mitarbeitenden in über 90 Ländern setzt das Unternehmen 2013 14,7 Mrd. Dollar um. Noch vor der Grossfusion lagert Sandoz zudem 1995 ihre grosstechnische Produktion von Industriechemikalien aus und bringt das Unternehmen an die 2011 übernimmt Clariant für 2,5 Mrd. Franken das deutsche Spezialchemieunter-nehmen Süd-Chemie, später werden dann diverse Geschäftseinheiten veräussert. Clariant, so der Name, beschäftigt heute über 17 000 Personen und erreicht einen Umsatz von über 6,1 Mrd. Franken (2014).

Hintergrund all dieser Schritte rund um die Entstehung von Novartis, die in Basel als Erdbeben empfunden wird, sind die Globalisierung des Wettbewerbs im Pharmabereich und die starke Erhöhung der Forschungsrisiken. Die Entwicklung eines neuen Medikaments kann zwischen 10 und 15 Jahre in Anspruch nehmen und ohne Weiteres eine Milliarde Franken oder mehr kosten – ohne Gewähr für eine Refinanzierung, denn von zehn Medikamenten, die alle Hürden bis zur Zulassung überwinden, sind nur etwa zwei wirklich profitabel. Die Kapitalmärkte sehen das. Als am Morgen des 7. März 1996 die Nachricht von der Fusion verbreitet wird, steigen daher die Börsenkurse beider Titel im Lauf des Vormittags um 25 Prozent. Die mit der Fusion angestrebte Rationalisierung und Kosteneinsparung bedeutet zugleich einen massiven Abbau von Arbeitsplätzen. In den Jahren nach der Fusion verlieren 10 000 der weltweit 130 000 Beschäftigten beider Konzerne ihre Stelle, 3500 davon in der Region Basel.

Allerdings hat die «Chemische» schon vor der Fusion, in der ersten Hälfte der 1990er-Jahre, in der Region Basel rund 10 000 Arbeitsplätze abgebaut – wegen der verschlechterten Wirtschaftslage und wegen der Verlagerung wichtiger Betriebs-teile in die USA. Der Abbau wird allerdings durch eine breite, in der Öffentlichkeit zunächst kaum wahrgenommene, aber sehr wohl wirksame Entwicklung kompen-siert: Aus den Fusionen, Spin-offs und Stilllegungen entstehen neue, kleinere Be-triebe – vom mit Hoffnungen genährten Start-up bis hin zum in der Öffentlichkeit unbekannten, in entsprechenden Fachkreisen aber prominenten Unternehmen, das in wissenschaftlichen Nischen zu Hause ist oder hoch qualifizierte Hilfsfunktionen anbietet. Ein Beispiel ist die 1997 gegründete Genedata AG, die mit etwa 175 hoch

qualifizierten Mitarbeitenden an fünf Standorten in Europa, den USA und Japan
Pionierarbeit in der Bioinformatik leistet und heute Marktführer für das Management und die Analyse komplexer und extrem umfangreicher biologischer For-
schungsdatensätze ist. Die weltweit Top-25-Pharmafirmen und viele Biotechfirmen
setzen Genedata-Software in ihren Forschungs- und Entwicklungsabteilungen ein.

Von all diesen Neugründungen sticht aber eine hervor – die des Ärztepaars
Martine und Jean-Paul Clozel, die zwölf Jahre lang in der Roche-Forschung arbeiten, bevor sie zusammen mit Walter Fischli und Thomas Widmann, ebenfalls ehemalige Roche-Mitarbeiter, 1997 Actelion gründen. Nach einer Durststrecke erreicht
das Unternehmen 2001 den Durchbruch, als Tracleer, ein orales Therapeutikum
gegen Lungenhochdruck, in den USA und ein Jahr darauf auch in der EU zugelas-
sen wird. Inzwischen erzielt Actelion mit 2470 Mitarbeitenden in 25 Ländern einen
Umsatz von knapp 2 Mrd. Franken (2014) und ist weltweit eine der grossen Erfolgsgeschichten in der stark wachsenden biotechnischen Industrie.

Heute zählt die Biotech-Industrie schweizweit rund 150 Firmen, und 95 Prozent der Umsätze werden mit Biotechnik-Anwendungen im Gesundheitssektor
erwirtschaftet. Ein Beispiel dieser aufstrebenden und forschungsintensiven Branche
ist das Zürcher Unternehmen Molecular Partners, das von Wissenschaftlern der
Universität Zürich gegründet worden ist. Schwerpunkt des Unternehmens ist die
Erforschung und Entwicklung von Proteinen zur Bekämpfung von Augenkrank-
heiten und Krebs. Es weist – wie viele andere der Branche – derzeit weder Ver-
kaufserlöse noch zugelassene Produkte auf, dafür eine vielversprechende Produk-
tepipeline und zahlreiche Partnerschaften mit anderen Unternehmen wie Allergan
und Roche.

Die Pharma- und Chemiebranche heute

Aus den ehemaligen Textilfärbern, einer «Hilfsindustrie», ist in gut 200 Jahren
eine Industrie geworden, die weltweit Massstäbe setzt. Das gilt nicht nur für Roche
und Novartis. Auch im Agrargeschäft, bei Aromen und Riechstoffen, in einzelnen
Nischen der Fein- und Spezialitätenchemie sowie in der Bauchemie spielen Schweizer Unternehmen ganz vorne mit. Die Top Ten der Firmen aus den Branchen
Chemie und Pharma mit Hauptsitz in der Schweiz beschäftigen 2013 weltweit
über 310 000 Menschen und erreichen einen Umsatz von knapp 176 Mrd. Franken.
Diese Stärke zeigt sich auch im internationalen Vergleich. Die Schweiz ist weltweit
das Land mit dem grössten Exportüberschuss pharmazeutischer Produkte. Mit
Novartis und Roche stammen zwei der globalen Top-5-Firmen im Bereich Pharma

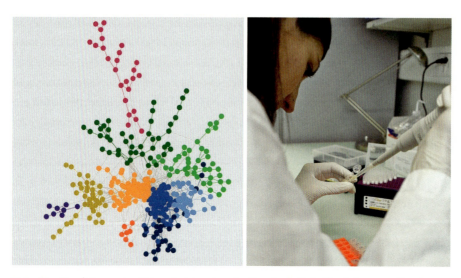

Links *Eine Visualisierung eines Netzwerks interagierender Gene durch die Profiler-Software von Genedata,*
gleiche Farben bezeichnen Gene mit vergleichbaren Funktionen

Rechts *Arbeit in forschungsintensiven Start-ups – das Beispiel Molecular Partners*

aus der Schweiz – die anderen drei sind Pfizer aus den USA, Sanofi aus Frankreich
und Merck & Co ebenfalls aus den USA. Aus den Basler Labors stammen wegweisende Medikamente wie das bereits erwähnte, für die Transplantationsmedizin
unentbehrliche Sandimmun, das Brustkrebsmedikament Herceptin (Marktzulassung 1998) oder das Blutkrebs-Medikament Glivec (Marktzulassung 2001).
Novartis hat derzeit elf und Roche acht Blockbuster – also Medikamente, die mehr
als eine Mrd. Dollar Umsatz pro Jahr erreichen.

Dafür, dass die Branche, zumal der Pharmabereich, auch weiterhin gedeiht,
spricht einiges. Das Nebeneinander von Start-up-Firmen, grossen multinationalen
Unternehmen und führenden Hochschulen sowie ein Cluster der biomedizinischen
Forschung schaffen in der Schweiz einen fruchtbaren Boden mit viel Potenzial für
zusätzliche Neugründungen. Dabei werden vermutlich Gentechnik-, Genomik- und
Proteomikforschung immer stärker zum Tragen kommen. Der Einsatz neuer Medikamente wird besser auf die Bedürfnisse der Patienten abgestimmt werden, dank
neuartiger Arzneimittelformen wird man den Wirkstoff gezielt am Ort des erkrankten Organs oder des erkrankten Gewebes einsetzen, und Stammzellenforschung,
Systembiologie, synthetische Biologie und Nanobiotechnologie werden voraussichtlich die heutigen Möglichkeiten der Biotechnologie in der Forschung und in der
Produktion von Medikamenten und Impfstoffen bis 2020 wesentlich erweitern.

Eine Schlüsselrolle werden dabei die beiden Branchenriesen spielen. Novartis – übrigens mit knapp einem Drittel des stimmberechtigten Kapitals an Roche beteiligt – mit über 133 000 Mitarbeitenden in mehr als 140 Ländern und einem Umsatz von 53 Mrd. Franken (2014) operiert seit Beginn des 21. Jahrhunderts konsequent an der Schnittstelle zwischen hocheffizienter Wissenschaft und den dringendsten medizinischen Bedürfnissen in den verschiedenen Teilen der Welt. Früher als andere hat das Unternehmen auf Generika gesetzt. Dank der Übernahme von Hexal und Eon Labs im Jahr 2005 ist Sandoz – der einstige Firmenname bezeichnet heute die Generika-Division von Novartis – heute im Generika-Markt weltweit nach dem israelischen Konzern Teva die Nummer zwei. Und mit der 2010 angekündigten vollständigen Akquisition von Alcon, dem grössten Augenheilkunde-Unternehmen der Welt, baut Novartis ihre Strategie der fokussierten Diversifizierung weiter aus. Allein 2013 werden 9,1 Mrd. Franken in die Forschung und Entwicklung investiert, die in einem globalen Netzwerk organisiert sind. Ein Juwel in diesem Netz ist der Novartis-Campus in Basel, der seit 2001 auf dem Werkgelände St. Johann in Basel unter der Leitung des Architekten Vittorio Magnago Lampugnani entsteht. Allerdings herrscht innerhalb des Konzerns ein eigentlicher Innovationswettbewerb: 2002 verlegt Novartis seinen Forschungshauptsitz nach Cambridge / Massachusetts, und seit 2009 baut der Konzern in Schanghai das grösste pharmazeutische Forschungs- und Entwicklungszentrum in ganz China. Auf die vielen Appelle an die Verantwortung der reichen Industrienationen gegenüber der Dritten Welt antwortet Novartis unter anderem mit der Gründung des Novartis Institute for Tropical Deseases (NITD) in Singapur. Die biomedizinischen Forschungsaktivitäten dieses Instituts konzentrieren sich auf das Dengue-Fieber und die arzneimittelresistente Tuberkulose.

Das zweite Schwergewicht, Roche mit seinen 85 000 Mitarbeitenden und 46,8 Mrd. Franken Umsatz, erlebt vor allem im Pharmabereich ein überdurchschnittlich starkes Wachstum, hauptsächlich getrieben durch neue Krebsmedikamente wie Avastin, MabThera und Herceptin. 2009 geht Genentech vollständig in den Besitz des Konzerns über – mit einem Volumen von rund 50 Mrd. Dollar (nebst der Alcon-Übernahme von Novartis) die grösste Transaktion der Schweizer Wirtschaftsgeschichte. Neben der Onkologie fokussiert Roche auf die Bereiche Immunologie, Infektionserkrankungen, Augenheilkunde und Neurowissenschaften. Über 20 Prozent der Verkäufe werden in die Erforschung und Entwicklung neuer Wirkstoffe investiert. 24 der von Roche entwickelten Medikamente sind bislang von der WHO in ihre Liste der unentbehrlichen Arzneimittel aufgenommen worden.

Um den Zugang zu Arzneimitteln auch in Schwellen- und Entwicklungsländern zu verbessern, setzt Roche auf Angebote, die auf die lokalen Bedürfnisse zugeschnitten sind. Beispiele sind die Ausarbeitung eines Versicherungsschutzes für Krebstherapien in China, die Schulung von Ärzten und Pathologen für die Brustkrebsdiagnose in Indien und die Erweiterung des Therapiezugangs für Hepatitis-C-Patienten in Ägypten. Darüber hinaus verkauft Roche HIV-Medikamente in den ärmsten Ländern ausschliesslich zu No-Profit-Preisen und meldet grundsätzlich keine Patente in Ländern mit niedrigem Einkommen an.

Solche Aktionen sind nötig, denn mit wachsendem Druck konfrontieren Regierungen, Nichtregierungsorganisationen und Medien die Pharmakonzerne mit schwelenden gesellschaftlichen Problemen wie der Not in der Dritten Welt, der krassen Ungleichheit der Mittel und Lebensoptionen in den verschiedenen Teilen der Welt, dem Monopolcharakter des Patentrechts, den zum Teil hohen Medikamentenpreisen und der Zuteilung von extrem teuren Medikamenten in Zeiten finanziell bedrängter Sozialversicherungssysteme. Wenn ein Krebsmedikament jährlich 100 000 Dollar und mehr kostet, wird nicht nur dessen Wirksamkeit kritisch hinterfragt, sondern auch die Preisgestaltung. Die Unternehmen wiederum kämpfen mit dem steigenden Entwicklungsaufwand für ein neues Medikament, vor allem verursacht durch die hohen gesetzlichen Anforderungen an die Sicherheit. Statt an Hunderten, müssen Medikamente heute in klinischen Studien an Tausenden Patienten getestet werden. Bis zur Markteinführung eines neuen Medikaments dauert es durchschnittlich 8 bis 12 Jahre. Eine 2012 publizierte Schätzung des Londoner Office of Health Economics geht für das Jahr 2000 von Forschungs- und Entwicklungskosten von rund 1,5 Mrd. Dollar für ein erfolgreich auf den Markt gebrachtes Medikament mit neuem Wirkstoff aus.

Für die Schweizer Pharma-Branche steht aber auch eine neue Herausforderung vor der Tür, und es wird sich erst noch zeigen, ob sie für diese gewappnet ist. Die Bereitschaft der Patienten, für Krankheit immer mehr Geld auszugeben, scheint abzunehmen. Ungebrochen ist der Wille, für Gesundheit Geld auszugeben. Wellness, Anti-Aging und Gesundheitsprodukte ausserhalb des Gesundheitssystems gewinnen an Bedeutung, und die Pharmaindustrie wird wohl in diese Richtung diversifizieren müssen. Dazu gehört bald einmal auch das sogenannte Enhancement – Wirkstoffe, die die kognitiven (und anderen) Fähigkeiten von Menschen verbessern. Es wird sich zeigen, ob die Pharma-Branche oder aber andere Branchen wie die Nahrungsmittelindustrie in diesem neuen Geschäftszweig erfolgreich sein werden.

Wichtige Schweizer Pharma- und Chemieunternehmen in Zahlen

Novartis (1996)

	1950	1970	1990	2000	2014
Umsatz	13 628	9701	32 070	35 805	53 013
Beschäftigte	n. v.	98 850	146 780	67 650	130 000
davon im Inland	15 010	26 580	28 880	8100	15 151

Roche (1896)

	1950	1970	1990	2000	2014
Umsatz	281	3833	9670	28 672	47 500
Beschäftigte	4450	30 250	52 690	64 760	88 509
davon im Inland	1380	5650	10 880	8660	13 800

Syngenta (2000)

	1950	1970	1990	2000	2013
Umsatz (Mio. US-Dollar)	–	–	–	6846	14 700
Beschäftigte	–	–	–	~23 000	~28 000
davon im Inland	–	–	–	2630	3390

Clariant (1995)

	1950	1970	1990	2000	2014
Umsatz	–	–	–	10 583	6116
Beschäftigte	–	–	–	31 550	17 003
davon im Inland	–	–	–	1460	783

Givaudan (1895)

	1950	1970	1990	2000	2014
Umsatz	n. v.	–	–	2356	4404
Beschäftigte	n. v.	–	–	5075	9704
davon im Inland	n. v.	–	–	1085	1477

Lonza (1897)

	1950	1970	1990	2000	2013
Umsatz	16	252	1212	1703	3584
Beschäftigte	n. v.	3160	4370	5990	9935
davon im Inland	n. v.	n. v.	n. v.	n. v.	2752

Genannt werden Umsatz und Zahl der Beschäftigten (insgesamt und in der Schweiz) grosser Schweizer Chemie- und Pharmaunternehmen der letzten 60 Jahre, soweit diese verfügbar sind (ansonsten findet sich der Vermerk n.v.). In Klammern ist das Gründungsjahr des Unternehmens (bzw. dessen Vorläufer oder das Jahr der Fusion) angegeben, der Umsatz ist in Mio. Franken aufgeführt (bei Syngenta in Mio. US-Dollar, die Zahlen des Gründungsjahrs 2000 sind Pro-forma-Zahlen), die Zahlen zu Umsatz und Beschäftigten sind gerundet und können im Einzelfall um ein Jahr abweichen. Im Fall von Novartis sind für die Jahre 1950, 1970 und 1990 die Zahlen von Ciba, Geigy (bzw. Ciba-Geigy) und Sandoz addiert worden. Da Givaudan von 1963 bis 2000 in Besitz von Roche war, werden die entsprechenden Zahlen nicht aufgeführt.

Heimlicher Riese

vor 1800	1780	Jean-André Venel gründet in Orbe die weltweit erste Orthopädieklinik.
1800–1899	1820	Joseph-Frédéric-Benoît Charrière wandert nach Paris aus und gründet dort die Maison Charrière.
	1872	Theodor Kocher wird Direktor der chirurgischen Klinik am Berner Inselspital.
1900–1999	1902	Hämometer von Hermann Sahli, der weltweit zum Standard wird.
	1946	Robert Mathys gründet die Einzelfirma RoMa, Vorläuferin der Mathys AG.
	1947	Gründung der AG für Elektroakustik in Zürich, Vorläuferin der Sonova.
	1954	Reinhard Straumann gründet das gleichnamige Forschungsinstitut, Keimzelle der Straumann-Gruppe.
	1958	Maurice E. Müller und andere gründen die Arbeitsgemeinschaft für Osteosynthesefragen, eine Keimzelle der Hüftprothetik (Mathys AG, Synthes Inc., Sulzer Medizinaltechnik).
	1970	Medizintechnik wird bei Sulzer eine eigenständige Abteilung, Keimzelle von Sulzer Medica (1989).
	1975	Verselbstständigung des Nordamerikageschäfts von Straumann unter dem Namen Synthes USA durch Hansjörg Wyss.
	1980	Gründung von Tecan.
	1981	Gründung von Nobelpharma, der späteren Nobel Biocare.
	1984	Gründung der Disetronic in Burgdorf.
	1990	Aus der Straumann-Gruppe entstehen Stratec Medical und das Implantatunternehmen Straumann.
	1998	Roche Diagnostics entsteht nach dem Kauf von Boehringer Mannheim GmbH als eigenständige Division des Roche Konzerns.
ab 2000	2003	Gründung der Ypsomed als Abspaltung der Disetronic.
	2011	Der amerikanische Konzern Johnson & Johnson übernimmt Synthes.
	2014	Die Danaher Corporation unterbreitet ein Übernahmeangebot für Nobel Biocare.

Der diskrete Marsch
der Schweizer Medizintechnik an die Weltspitze

Nicht alle wirtschaftlichen Erfolgsgeschichten der Schweiz liegen offen auf dem Tisch. Manche haben sich unbemerkt entwickelt und sind bis heute kaum ins öffentliche Bewusstsein vorgedrungen. Wie viele wissen schon, dass ein einziges Produkt immerhin über ein halbes Prozent des gesamten Schweizer Aussenhandels ausmacht: die Herzschrittmacher des amerikanischen Medizintechnik-Giganten Medtronic? Der Konzern stellt diese kleinen technischen «Wunder» zu einem grossen Teil in der Schweiz her. Genauso wenig bekannt sein dürfte, dass kein anderes Land der Welt anteilmässig derart viele Menschen in dieser Branche beschäftigt: Mit 52 000 Vollzeitstellen arbeiten 1,1 Prozent aller Erwerbstätigen hierzulande in der Medizintechnik, die mit einem geschätzten Umsatz von rund 14 Mrd. Franken 2,3 Prozent zum Schweizer Bruttoinlandprodukt beigetragen hat (2013). Unternehmen wie Sonova, Straumann und Synthes haben sich von Kleinfirmen zu Weltmarktführern entwickelt. Was also in der Computerindustrie in der Schweiz eher selten gelungen ist, hat in der Medizintechnik funktioniert: Ein günstiges wirtschaftskulturelles Fundament ermöglichte eine erstaunliche Wachstumsgeschichte. Die Medizintechnik nutzt Qualitäten, die in der Uhrenfertigung nötig waren, sie entspricht aber vor allem dem Talent der Schweizer, Praxis und akademisches Wissen geschickt zu kombinieren. So ist denn die Geschichte dieser Branche auch eine Antwort auf die Frage, ob die Grundlagen des Wirtschaftswunders Schweiz auch noch in jüngerer Zeit ihre Wirkungskraft entfalten.

Die Ursprünge der Schweizer Medizintechnik

«Stolz und Ehrgeiz» sind bei Ernst Rihs geweckt worden, als er Anfang der 1960er-Jahre den Auftrag erhält, die AG für Elektroakustik zu liquidieren, die über Jahre erfolglos versucht hat, in Zürich Hörgeräte herzustellen und zu verkaufen. Er will der Welt zeigen, dass es dennoch möglich ist, eine «Hörbrille» zu bauen und zu vermarkten. Und zur rechten Zeit stösst zum Manager der damaligen AG für Elektroakustik ein Tüftler und Ingenieur, Beda Diethelm. Zusammen initiieren die beiden einen Neustart des Unternehmens, das sich zum heute weltgrössten Hörgerätehersteller entwickeln soll.

Solche Geschichten sind typisch für die Medizintechnikbranche, in der das mutige Unternehmertum, das im 19. Jahrhundert das Fundament des Wohlstands dieses Landes gelegt hat, in der Schweiz einen neuen Aufschwung erlebt. So ist eine Branche entstanden, über deren Existenz nur wenige wirklich etwas wissen, denn die meisten Menschen denken, wenn von Industrie und Medizin die Rede ist, an die Pharma-Branche. Das geschieht gewiss nicht zu Unrecht. Dabei wird aber verkannt, dass in der Medizin beileibe nicht nur mit Heilmitteln Geld verdient werden kann. Das medizinische Handeln ist auf diverse Geräte und Materialien angewiesen – in der modernen Zeit noch mehr als früher. Während in der Heilmittelbranche seit vielen Jahrhunderten – anfangs mit oft recht obskuren Mittelchen – Geschäfte gemacht worden sind, hat sich die Medizintechnik als wirtschaftliches Betätigungsfeld deutlich später entwickelt. Gewiss reichen auch die Wurzeln der Medizintechnik weit zurück, in jene Zeit, da die Kirche nach dem Konzil von 1163 mit dem Satz «Ecclesia abhorret a sanguine» (frei übersetzt: die Kirche vergiesst kein Blut) den Klerikern jegliche chirurgische Tätigkeit verboten hat. Da die meisten Ärzte einen klerikalen Hintergrund hatten, ist so die Chirurgie zu einem Handwerk geworden. Entsprechend ist die Herstellung von Instrumenten, die Chirurgen für ihre Tätigkeit brauchten, Handwerkssache. Dieses Muster hat sich in einem gewissen Sinn bewahrt: Handwerkliche Tüftler bilden den Beginn der modernen Medizintechnik. Und entsprechend ist der Schweizer Medizintechnik der wirtschaftskulturelle Rahmen der Uhrenindustrie mit Eigenschaften wie Präzision, Pingeligkeit und Sauberkeit Pate gestanden und nicht so sehr, wie man meinen könnte, die Chemie- und Pharmatradition in Basel.

Die Anfänge der Schweizer Medizintechnik gehen auf Chirurgen zurück, die vor rund 400 Jahren in Zusammenarbeit mit Messerschmieden chirurgische Instrumente anfertigen lassen. Einer von ihnen ist der im Waadtland und in Bern tätige Wilhelm Fabry (1560–1634), der sich 1595 für die Operation eines Augentumors

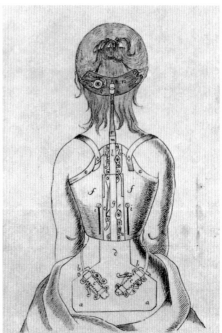

Links *Porträt von Jean-André Venel (1740–1791) um 1762*
Rechts *Korsett von Jean-André Venel*

bei einem Patienten ein Instrument ausdenkt, es in Blei formt und am Schädel anpasst, um es dann vom Messerschmied herstellen zu lassen. Solche Innovationen machen Fabry zum Begründer der wissenschaftlichen Chirurgie, was im Lauf der Zeit ein erneutes Zusammenrücken mit einer Medizin ermöglichte, in der das wissenschaftliche Denken im Zuge der Aufklärung ab dem 18. Jahrhundert zunehmend an Bedeutung gewinnt.

Zu den Pionieren gehört auch der Waadtländer Jean-André Venel (1740–1791), der in Montpellier Chirurgie und Medizin studiert, sein Wissen und Können in Paris perfektioniert und, nach weiteren Stationen im In- und Ausland, 1780 im waadtländischen Orbe die weltweit erste Orthopädieklinik eröffnet. Venels Patienten sind Kinder mit Rückgratverkrümmungen und Klumpfüssen, für deren Behandlung er Korsette und Beinschienen anfertigen lässt. Für deren Herstellung kann Venel von der französischen Handwerkskunst profitieren. Doch der Know-how-Transfer funktioniert auch in umgekehrter Richtung, wie das Beispiel eines andern Schweizers zeigt: Um 1820 wandert Joseph-Frédéric-Benoît Charrière (1803–1876) aus dem freiburgischen Cerniat nach einer Lehre als Messerschmied nach Frankreich aus und gründet dort eine Firma für chirurgische Instrumente und Apparate. Charrières Talent, bestehende Instrumente zu verbessern und neue zu erfinden, die sich durch ihren raffinierten Mechanismus und ihre Materialqualität auszeichnen, ist einzigartig. Das Resultat: Zwei Jahrzehnte später ist die «Maison Charrière» in Fachkreisen ein Begriff, bei Charrières Tod ist sie weltberühmt. Noch heute erinnert die Masseinheit für den Durchmesser urologischer Sonden (1 Charr. = ⅓ mm) an den Freiburger.

Doch nicht nur in Frankreich, sondern auch in Charrières Heimatland Schweiz macht die Medizintechnik grosse Fortschritte. Ort der Szene ist vor allem Bern, wo der Chirurgieprofessor und spätere Nobelpreisträger Theodor Kocher (1841–1917) wirkt, der 1872 Direktor der chirurgischen Klinik am Berner Inselspital wird. Neben vielen andern Instrumenten erfindet Kocher die bis heute nach ihm benannte Arterienklemme, eine arretierbare Zange mit quergerieftem Maul und Mauszähnen am Ende. Für die Produktion seiner Instrumente geht Kocher Kooperationen mit begabten Handwerkern ein. Ab 1882 wird Kochers Klemme vom Berner Chirurgie-Instrumentenmacher Georg Gottlob Klöpfer hergestellt. Neben Klöpfer vertreibt ab 1895 die Firma Maurice Schaerer eine Vielzahl von Instrumenten «nach Kocher»: Narkosemasken, Magen- und Darmzangen, Kropfsonden usw. Als 1907 die 5. Auflage von Kochers Operationslehre erscheint, präsentiert die M. Schaerer AG, nun auch mit Filialen in Lausanne und Brüssel, in ihren «technischen Mitteilungen» das gesamte Instrumentarium Kochers. Und die Firma bleibt am Ball: Sie unterstützt Kochers Assistenten und späteren Nachfolger Fritz de Quervain bei der Entwicklung eines verbesserten Operationstisches und präsentiert die Neuheit 1905 am ersten internationalen Chirurgenkongress in Brüssel. De Quervain bringt die M. Schaerer AG auch dazu, Sterilisationsanlagen für Spitäler zu bauen, womit sich für die Firma ein zweiter wichtiger Geschäftszweig ergibt, der ihr nachhaltigen internationalen Erfolg sichert. Das Unternehmen existiert noch heute: Es heisst Schaerer Medical AG, ist in Münsingen domiziliert und vertreibt Operationstische und andere medizinische Spezialgeräte in über 75 Länder. Apropos Sterilisatoren: Eines Tages kommen die Entwickler bei Schaerer auf die Idee, man könne mit der gleichen Technologie auch Kaffeemaschinen bauen. Und siehe da: Das Nebenprodukt lässt sich ebenso erfolgreich vermarkten – die nun unabhängige Firma M. Schaerer in Zuchwil vertreibt heute weltweit ihre Kaffeeautomaten für die Gastronomie und erzielt damit einen Jahresumsatz von über 120 Mio. Franken.

Dank der Initialzündung durch Kocher entwickelt sich Bern um die Wende vom 19. zum 20. Jahrhundert zu einer Brutstätte der Medizintechnik. Zu den ge-

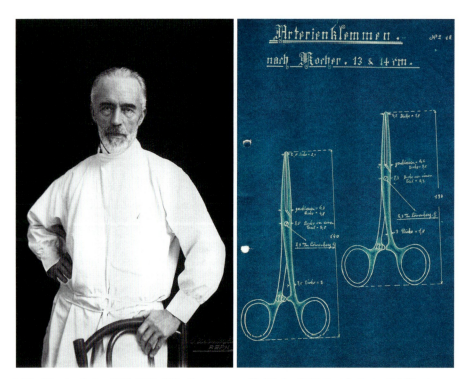

Links *Theodor Kocher (1841–1917), 1912 aufgenommen anlässlich des 40-jährigen Professorenjubiläums*

Rechts *Arterienklemme nach Kocher, Blaupause, undatiert, aus dem Nachlass von Kochers Instrumentenmacher Georg Gottlob Klöpfer*

nannten Namen gesellen sich weitere: Hermann Sahli, Professor für Innere Medizin und von 1888 bis 1929 Direktor der Medizinischen Klinik am Inselspital, entwickelt Geräte zur Analyse des Pulses und zur Messung des Blutdrucks. Er verbessert das seit 1886 von der Berner Firma C. Hotz gebaute Hämometer zur Bestimmung des Blutfarbstoffs und stellt es 1902 am Internistenkongress in Wiesbaden vor. Alleinvertreiber des Geräts ist während Jahrzehnten das Optikergeschäft Büchi in Bern. Um 1930 sind weltweit rund 40 000 Sahli-Hämometer in Gebrauch, und bis 1960 gibt es kaum eine ärztliche Allgemeinpraxis, die darauf verzichten kann.

Auch in der Augenmedizin steht Bern an vorderster Front. Professor Ernst Pflüger, von 1876 bis 1903 Direktor der Augenklinik am Inselspital, nutzt die Beziehung zu seinem Schwager, der Mitinhaber der mechanischen Werkstätte Hermann & Pfister ist, um von dieser Geräte zur Untersuchung des Gesichtssinns fabrizieren zu lassen. 1889 tritt ein ehemaliger Lehrling des erwähnten Optikergeschäfts Büchi in die Firma ein: Alfred Streit. Dieser geniale Tüftler erregt 1906 mit einem verbesserten, elektrisch beleuchteten Ophthalmometer zur Bestimmung der Hornhautkrümmung und Brechkraft internationales Aufsehen, mit dem Resultat, dass Hermann & Pfister bis 1913 davon rund 1000 Stück verkaufen kann – damals eine hohe Zahl für ein derart komplexes Instrument. Und damit ist die Erfolgsgeschichte der Firma noch nicht zu Ende. Nach dem Ersten Weltkrieg bringt sie weitere Innovationen auf den Markt – vor allem, nachdem das Unternehmen 1924 von Streits Schwiegersohn Wilhelm Haag übernommen und in Haag-Streit umfirmiert worden ist. Haag verdankt die Medizin unter anderem das Spaltlampen-Mikroskop, ein Perimeter zur Vermessung des Gesichtsfelds sowie ein Tonometer zur Bestimmung des Augeninnendrucks.

Die Beispiele zeigen, dass sich mit der Entwicklung der modernen Medizin ein enormes Feld an medizintechnischen Möglichkeiten auftut, das gegen Ende des 19. Jahrhunderts zunehmend beackert wird. Entscheidend dafür ist einerseits der offene Geist einiger medizinischer Koryphäen – wie etwa Nobelpreisträger Kocher –, die keinerlei Berührungsängste gegenüber den technischen Fragen kennen, die die Entwicklung der modernen Medizin (und ganz besonders der Chirurgie) aufwerfen. Anderseits ist die Hartnäckigkeit und der unternehmerische Geist handwerklich begabter Tüftler, die diese Ideen in Produkte ummünzen, ein wesentliches Erfolgselement. Gleichwohl entstehen aus all den Aktivitäten keine eigentlichen Grossunternehmen: zu fragmentiert ist der Markt, zu speziell sind die Produkte. Sowohl der technische Entwicklungsstand als auch die Marktgrösse müssen zuerst einen Schwellenwert überwinden, damit grössere Konzerne entstehen können. Erst nach dem Zweiten Weltkrieg sind die Voraussetzungen erfüllt: Der steigende Wohlstand führt dazu, dass ein immer grösserer Teil des Bruttosozialprodukts für Gesundheit ausgegeben wird (5 Prozent im Jahr 1960, gegen 11 Prozent 2012), und die Technik macht in Sachen Material und Miniaturisierung markante Fortschritte. Eine kleine Zürcher Firma nutzt diese Chancen.

Hightech im Ohr – wie Hartnäckigkeit zum Erfolg führt

Alles beginnt im Jahr 1947. Der Besitzer eines belgischen Sanitätshauses namens Brasseur gründet in Zürich die AG für Elektroakustik. Brasseur ist treibende Kraft und Geldgeber, der gelernte Kaufmann Ernst Rihs amtiert als Manager. Als Techniker und Mastermind holen die beiden den Franzosen J. E. Fournier, Chef der Compagnie Française d'Audiologie. Die ersten, von der neuen Firma produzierten Hörgeräte verweisen mit dem Namen Turicum auf den Produktionsort. Die Geräte sind zwar technisch gut, aber das Geschäft will nicht so recht in Schwung kommen.

Ein Grund dafür ist, dass die AG für Elektroakustik bei Weitem nicht der einzige Hörgerätehersteller ist: Allein in der Schweiz gibt es Ende der 1950er-Jahre ein halbes Dutzend Marken, in Deutschland und Dänemark doppelt so viele und in England über 20. In technischer Hinsicht ist das Hauptproblem der unförmige, batteriebetriebene Röhrenverstärker, den sich der Träger umhängen muss. So zerbricht man sich bei der AG für Elektroakustik den Kopf darüber, wie sich der Verstärker näher ans Ohr bringen lässt. Anfang der 1950er-Jahre verspricht eine neue Technologie den entscheidenden Durchbruch: Transistoren anstelle von Röhren sind so klein und leicht, dass man sie samt der Stromversorgung in eine Hörbrille einbauen kann. Die nächste Idee: Statt einen Lautsprecher in die Brille einzubauen, könnte man diese mit Vibratoren ausstatten, die den verstärkten Schall via Knochen ins Ohr übertragen. Das Entwicklungsteam macht sich ans Werk – und bleibt auf halbem Weg stecken: Die Hinter-dem-Ohr-Geräte sehen aus wie riesige Bananen, und die modularen Systeme scheitern Mal für Mal in der Massenfertigung, die die Sache erst rentabel machen würde.

Ein weiteres Dauerproblem sind die Plastikteile, die immer wieder brechen. Anfang der 1960er-Jahre entschliessen sich die Verantwortlichen, die Fabrikation stillzulegen und den Lieferanten zu verklagen. Nach aussen existiert das Unternehmen nur noch mit einem Verkaufsladen am Zürcher Rennweg. Ernst Rihs erhält den Aktienmantel – und den Auftrag, den Prozess durchzuziehen und anschliessend die Firma zu liquidieren. Rihs ist aber von diesem Entscheid in seinem Stolz getroffen. Er will der Welt zeigen, dass nicht nur die Idee mit der Hörbrille gut ist, sondern dass die AG für Elektroakustik diese tatsächlich herstellen kann. Sein Glück ist, dass ein gewisser Beda Diethelm (*1941) bei ihm anklopft…

Diethelm, gelernter Radioelektriker, ist der ideale Mann: Von 1961 bis 1963 beim Konkurrenten Bommer in leitender Stellung tätig, aber unglücklich mit dem Firmenchef, macht er sich als Hörgerätebauer selbstständig und entwickelt während zweier Jahre verschiedene neue Hörgeräte. Leider fehlt ihm das Geld, um die Geräte dann auch zu produzieren. Er meldet sich deshalb bei Rihs, nachdem er gehört hat, dass dessen Unternehmen die verbleibenden Bauteile liquidieren will. Man einigt sich schnell: Ernst Rihs überzeugt Beda Diethelm, statt eine eigene Produktion aufzubauen, mit den vorrätigen Bauteilen eine neue Hörbrille zu bauen. Diethelm arbeitet wie ein Besessener und zieht den aus Paris zurückgekehrten Sohn von Ernst Rihs, Andy Rihs (*1942), der alles andere im Kopf hat als das Unternehmen, immer mehr ins Geschäft hinein. Die völlig neu konstruierte Hörbrille heisst Visaton; produziert wird sie in einer Wohnung oberhalb des Zürcher

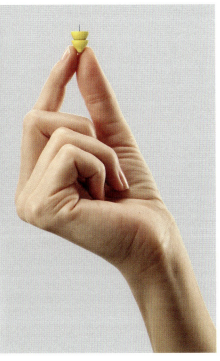

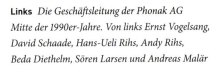
Links *Die Geschäftsleitung der Phonak AG Mitte der 1990er-Jahre. Von links Ernst Vogelsang, David Schaade, Hans-Ueli Rihs, Andy Rihs, Beda Diethelm, Sören Larsen und Andreas Malär*

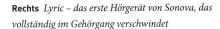
Rechts *Lyric – das erste Hörgerät von Sonova, das vollständig im Gehörgang verschwindet*

Kinos Piccadilly. Sie liefert den Beweis, dass es möglich ist, mit den richtigen Plastikteilen eine einwandfrei funktionierende Hörbrille herzustellen. Der 1965 angestrebte Prozess gegen den ursprünglichen Plastikteil-Lieferanten wird deshalb Jahre später auch gewonnen.

Ende der 1960er-Jahre folgt ein Hinterohrgerät namens Phonet mit integrierter Schaltung. Die (analoge) Elektronik kann die Verstärkung je nach Eingangssignal regeln – eine absolute Novität. Diethelm will weiter vorwärts machen, verlangt neue Maschinen, braucht mehr Platz zum Produzieren – doch das Geld ist knapp. Schliesslich findet man an der Forchstrasse ein abbruchreifes Haus, das man in Fronarbeit zur Fabrik umfunktionieren kann.

Allmählich stellen sich erste Erfolge ein. Das Unternehmen beginnt zu exportieren: nach Deutschland, Frankreich, in die USA und sogar nach Japan. Den Durchbruch in die Liga der Grossen (Siemens, Philips usw.) schafft die AG für Elektroakustik Anfang der 1970er-Jahre mit Superfront, einer Lösung für hochgradig hörgeschädigte Kinder. Damit sie am normalen Schulunterricht teilnehmen können, werden ihnen die Worte des Lehrers über Funk auf einen kleinen FM-Empfänger übermittelt, der den Ton über ein Kabel an ihr Hörgerät weiterleitet.

Superfront wird zum Bestseller – vor allem, nachdem sich 1976 eine amerikanische Firma verpflichtet, jährlich über 10 000 Stück zu kaufen. Neben den Hörgeräten mit Audioeingang werden auch die «normalen» Hörgeräte der AG für Elektroakustik zum Renner. Ihr Vorteil gegenüber Konkurrenzprodukten ist, dass der Benutzer per Drehknopf zwischen programmierten Voreinstellungen wählen und so die Hörhilfe der aktuellen Situation anpassen kann. Zu diesen technisch höchst modernen Produkten will der etwas verstaubte Name nicht so recht passen. 1977 wird daher der Markenname «Phonak» neu auch zum Firmennamen.

Im gleichen Jahr steht noch ein anderer Wechsel an: In Zürich wird es für das expandierende Unternehmen zu eng, und so zieht die Phonak nach Feldmeilen in das Industriegebäude von Hoval. Das Geld dafür kommt von der Eidgenössischen Bank, die für 1 Mio. Franken 47 Prozent der Phonak-Aktien kauft und dem Unternehmen eine Kreditlimite von 2,5 Mio. Franken der Schweizerischen Bankgesellschaft zur Verfügung stellt. Im Gegenzug muss Phonak ab sofort Dividenden zahlen. Um die Expansion zu finanzieren, ist das Unternehmen zu weiterem Wachstum verdammt: Der weltweite Platz 18 (unter etwa 50 Firmen) reicht dazu nicht mehr.

Im Hoval-Haus herrscht Campus-Atmosphäre wie an einer amerikanischen Universität: Die Mitarbeitenden tragen Jeans und haben lange Haare, man sitzt in Grossraumbüros, die Hierarchien sind flach und für Aussenstehende nicht erkennbar. Um neue Kunden (sprich Hörgeräte-Akustiker) zu gewinnen, veranstaltet Phonak regelmässig Fachseminare – ein Novum in der Branche, in der das Feld der Marktteilnehmer immer kleiner wird. Mitte der 1980er-Jahre gibt es fast nur noch deutsche, dänische und amerikanische Hörgeräte-Hersteller neben der Phonak, die weiter wächst und 1987 in Stäfa einen grossen Eigenbau bezieht.

Inzwischen ist im Hörgerätebau das digitale Zeitalter angebrochen, wobei die Phonak zwar nicht Vorreiterin ist, bald aber mit schlauen Produkten auftrumpfen kann: Mit PICS, einem programmierbaren digitalen Hörgerät, erreicht Phonak in der Schweiz einen Marktanteil von über 60 Prozent. Auch technisch geht es weiter: Hörgeräte werden mit einem drahtlosen Funkempfänger ausgerüstet (von der eigens dafür gegründeten Phonak Communications in Murten) – erst extern, später lässt sich der Receiver dank Miniaturisierung direkt ins Gehäuse integrieren. Bald darauf können die Geräte ihre Einstellungen automatisch der jeweiligen Hörsituation anpassen. Eine weitere Neuentwicklung gilt der Idee, das Hören mit Implantaten zu verbessern – was Phonak später (2006) zur Gründung der Firma Phonak Acoustic Implants bewegt.

Den Weg ins digitale Zeitalter finanziert 1990 die Indelec Holding, eine Tochtergesellschaft des damaligen Schweizerischen Bankvereins. Damit gehören die finanziellen Sorgen der Phonak endgültig der Vergangenheit an, und ein rasantes Wachstum beginnt. Während 1990 der Umsatz noch 51 Mio. Franken beträgt und ein Verlust von einer Million hingenommen werden muss, erreicht der Umsatz 1994 bereits mehr als das Doppelte, und ein Reingewinn von fast 11 Mio. Franken resultiert – die Voraussetzung, dass der Gang an die Börse angetreten werden kann, um das weitere Wachstum zu finanzieren und um die Nachfolge gut zu regeln. Das ist insofern nicht einfach, als bei Phonak drei Familien involviert sind, jene von Andy Rihs, jene seines Bruders Hans-Ueli und jene von Beda Diethelm. Der Börsengang im Jahr 1994 ist ein umwerfender Erfolg. Durchzogener präsentiert sich dagegen seither die Firmengeschichte: Der erste externe CEO, Peter Pfluger, passt nicht zur offenen Unternehmenskultur, die die Phonak seit Jahren prägt. Das Resultat: Der Firma geht es zwar nicht schlecht, aber mit den Produkten läuft es nicht wie gewünscht, und zahlreiche gute Leute verlassen das Unternehmen. Im Frühjahr 2002 übernimmt Andy Rihs, der zwei Jahre zuvor aus dem operativen Geschäft ausgestiegen ist, wieder das Tagesgeschäft. Vor allem aber sucht er einen neuen CEO – und findet ihn im Herbst 2002 in der Person von Valentin Chapero, der früher bei Siemens Leiter des Hörgeräte-Sparte gewesen ist. Unter Chapero blüht das Unternehmen wieder auf, bringt eine Reihe wegweisender Produkte auf den Markt und eröffnet Produktionsstätten in China und Vietnam. Ab 2011 baut der neue CEO Lukas Braunschweiler die Marktposition von Sonova weiter aus.

Heute ist das Unternehmen, dessen Holding-Gesellschaft 2007 in Sonova umfirmiert wurde, der weltweit führende Hersteller von innovativen Lösungen rund um das Thema Hören. Sonova bietet seinen Kunden ein umfassendes Produktportfolio – von Hörgeräten zu Cochlea-Implantaten bis hin zu drahtlosen Kommunikationslösungen für audiologische Anwendungen. Da wegen demografischer Gründe und moderner, «lärmiger» Lebensgewohnheiten Schwerhörigkeit zunehmen dürfte, bilden Aufklärungsarbeit zum Thema Hörverlust, die technische Perfektionierung der Geräte sowie die Ausrichtung auf individuelle Kundenbedürfnisse die Innovationsstrategie von Sonova.

Höhen und Tiefen der Schweizer Medizintechnik

Szenenwechsel in einen andern Bereich, in die Orthopädie, die sich mit der Entstehung, Verhütung, Erkennung und Behandlung angeborener oder erworbener Form- oder Funktionsfehler des Stütz- und Bewegungsapparates beschäftigt. Hier schrieben gleich mehrere Schweizer Firmen Wirtschaftsgeschichte – und tun es zum Teil immer noch. So ist der Name Synthes heute weltweit praktisch in jedem Operationssaal ein fester Begriff; er steht für Instrumente, Implantate und Biomaterialien zur chirurgischen Behandlung von Knochenfrakturen und zur Korrektur und Rekonstruktion des menschlichen Skeletts. Allerdings vermochten nicht alle Unternehmen zu reüssieren. Die auf fast schon abenteuerlichen Wegen entstandene Sulzer Medica etwa ist schliesslich nach einer langen Expansionsphase doch gescheitert.

Die Erfolgsgeschichte der Schweizer Orthopädiemedizintechnik beginnt Ende der 1950er-Jahre, als eine Gruppe von Schweizer Chirurgen und Orthopäden (Maurice E. Müller, Martin Allgöwer, Hans Willenegger u. a.) zur Überzeugung gelangt, dass Frakturen statt mit Gips und Streckbehandlung besser operativ mit Implantaten versorgt werden. Um ihre Ideen zu verwirklichen, gründen sie 1958 die Arbeitsgemeinschaft für Osteosynthesefragen (AO). Maurice E. Müller (1918–2009) sucht einen Betrieb, der fähig und willens ist, das nötige Instrumentarium (Schrauben und Platten, aber auch Bohrer, Gewindeschneider, Spanner usw.) herzustellen und stösst dabei mehr oder weniger per Zufall auf die Maschinenfabrik RoMa im solothurnischen Bettlach. Der 37-jährige Firmeninhaber Robert Mathys realisiert sehr rasch, dass er sein Know-how nutzen kann, um aus rostfreiem Stahl Implantate und Instrumente für die Knochenchirurgie herzustellen – ein Glücksfall für die AO wie auch für Müller.

Mathys bleibt aber nicht der einzige Lieferant der Knochenchirurgen: Um 1960 gelangt die AO mit Werkstofffragen an das Forschungsinstitut Dr. Ing. Reinhard Straumann in Waldenburg (BL), das 1954 vom Ingenieur und Uhrentechniker Reinhard Straumann (1892–1967) gegründet worden ist – ein Hinweis darauf, wie wichtig der wirtschaftskulturelle Nährboden der Uhrenbranche für die Entwicklung der Medizintechnik ist. Das Unternehmen ist spezialisiert auf nichtkorrodierende Legierungen und wird neben Mathys zum zweiten Lieferanten von Orthopädieprodukten.

Der Revolutionär der Hüftprothetik ist allerdings nicht Maurice E. Müller, der 1960 zum Chefarzt in St. Gallen aufsteigt, sondern der Brite John Charnley. Er benutzt als Prothesenmaterial rostfreien Stahl, ersetzt das früher verwendete, gesundheitlich bedenkliche Pfannenmaterial Teflon durch Polyethylen und verwendet für die Fixierung der Prothese 1959 erstmals Knochenzement – ein Meilenstein in der Entwicklung der Hüftprothetik, für die er von der englischen Königin später zum «Sir» geadelt wird. 1962 machen der St. Galler Oberarzt Bernhard

Links *Maurice Edmond Müller
(1918–2009), Pionier der
Orthopädie-Medizintechnik*

Rechts *Müller Bogenschaft
(1966), der erste Prothesen-
schaft von Maurice E. Müller,
der in Grossproduktion ging*

(«Hardy») G. Weber und sein Chef Maurice E. Müller nacheinander einen Stage
bei Charnley, um sich in dessen Operationstechnik einführen zu lassen. Anschliessend beginnen die beiden, das Gelernte umzusetzen und mit einem systematisier-
ten Instrumentarium weiterzuentwickeln. Die Mathys AG ist als Hersteller gesetzt,
aber relativ klein. Auf der Suche nach einem weiteren Partner klopfen Weber und
Müller bei Sulzer Winterthur an. Das Unternehmen ist bekannt für seine Expertise
in der Metallverarbeitung und sein hervorragendes Engineering. Die beiden finden
Gehör bei Otto Frei, der bei Sulzer zuständig ist für neue Technologien und das
Potenzial der Medizintechnik sofort erkennt. So kommt es zur Zusammenarbeit:
Die Prothese heisst im Volksmund «Sulzer-Hüftgelenk».

Doch Maurice E. Müller ist nicht nur ein exzellenter Chirurg, sondern – an-
ders als Hardy Weber – auch ein guter Geschäftsmann. 1965 gründet er die Protek
Foundation, um die Entwicklung der Hüftgelenkprothese weiter zu treiben. Zwei
Jahre später gründet er die Protek AG, um die Implantate von Sulzer und Mathys
möglichst effizient zu vermarkten. Hardy Weber geht eigene Wege und gründet
1968 in Winterthur die Firma AlloPro – mit Erfolg. Gut zehn Jahre später baut der
Wiener Professor Karl Zweymüller in Zusammenarbeit mit Hardy Webers Allo-
Pro die erste zementfreie Hüft-Endoprothese. Ihr Schaft besteht aus einer Titan-
legierung. Damit wird eine Verankerung ohne Knochenzement möglich – da
dieser ein gewisses Gesundheitsrisiko wegen allergischer Reaktionen birgt, ein
grosser Fortschritt.

Dieser «Gründerboom» ist Ausdruck eines allgemeinen grossen Aufschwungs der Orthopädie in diesen Jahren. 1970 wird bei Sulzer die Medizintechnik zu einer selbstständigen Abteilung, und Müllers Protek AG floriert so sehr, dass deren Gewinne ab 1974 in die Fondation Maurice E. Müller fliessen, die die Ausbildung, Forschung und Dokumentation der Orthopädischen Chirurgie der Universität Bern unterstützt. Auch Mathys und Straumann, die sich Anfang der 1960er-Jahre auf eine geografische Aufteilung des Marktes einigen, operieren ausgesprochen erfolgreich. Sie expandieren ins Ausland und positionieren sich als international führende Lieferanten von Osteosyntheseimplantaten.

Ein wichtiges Beispiel dieser internationalen Expansion ist die Verselbstständigung des Nordamerikageschäfts von Straumann, zunächst 1974 unter dem Namen Synthes-Protek, ein Jahr später dann unter Synthes USA. Zunächst übernehmen Müller, Allgöwer und fünf weitere Ärzte die damals kleine Vertriebsfirma. Das Geschäft läuft allerdings nicht nach Wunsch: Es macht wenig Umsatz und schreibt rote Zahlen. Zwei Jahre später übernimmt Hansjörg Wyss (*1935) die Leitung der Firma. Der Sohn eines Berner Rechenmaschinen-Verkäufers hat ein Bauingenieur-Studium an der ETH und ein MBA-Studium absolviert. Nach verschiedenen Jobs lernt er 1975 dank seinem Hobby, der Fliegerei, Allgöwer kennen, der ihm von seinen Sorgen mit Synthes USA erzählt. Er und Müller sind bereit, Wyss einen Anteil von 15 Prozent an Synthes USA zu verkaufen – für 300 000 Franken. Wyss beschafft sich von Straumann eine Produktionslizenz und bringt das Unternehmen in Fahrt: Von 1977 bis 1984 steigt der Umsatz von 3,5 Mio. auf 28 Mio. Dollar. Der Erfolg spornt Wyss an, Synthes USA ganz zu übernehmen. Dafür muss er sich mit rund 50 Mio. Dollar verschulden. Seine Aktionäre zahlt er von 1984 bis 1987 mit 54 Mio. Dollar aus – und er schraubt den Umsatz weiter hoch: von 28 Mio. 1984 auf über 500 Mio. Dollar 1999.

In Europa folgt gegen Ende der 1980er-Jahre eine Konsolidierung der Branche, angetrieben vor allem durch Sulzer, die aber schliesslich im Misserfolg endet. 1988 übernimmt der Konzern Hardy Webers AlloPro AG. Bereits im Folgejahr schlägt er wieder zu und kauft Müllers Protek AG sowie die amerikanische Intermedics-Gruppe. Letztere leistet Pionierarbeit bei neuen Werkstoffen wie auch beim Engineering und Design. Nach der Übernahme baut Sulzer am texanischen Firmensitz von Intermedics einen zweiten Produktionsstandort für Prothesen auf.

Doch vorerst lässt sich Sulzer nicht beirren: 1989 entsteht aus den Firmen Protek, AlloPro und Intermedics die Geschäftseinheit Sulzer Medica. Trotz der Zusammenführung läuft die Sache intern aber nicht rund. Die Sulzer-Töchter

Protek und AlloPro konkurrenzieren sich heftig, bis sie 1995 mit der Sulzer Medizinaltechnik zur Sulzer Orthopedics fusioniert werden. Sulzer Medica bleibt auf Akquisitionskurs und übernimmt 1998 die amerikanische Spine-Tech, die auf Wirbelsäulenorthopädie spezialisiert ist. Nach der Jahrtausendwende brauen sich aber dunkle Wolken am Horizont zusammen. Im texanischen Werk von Sulzer Medica haben im Jahr 2001 Schmiermittelreste aus der Produktion die poröse Oberfläche der Implantate verunreinigt. Die verunreinigten Hüftgelenkimplantate behindern bei zahlreichen Patienten das Einwachsen der Knochen. Das Resultat: Die gute Reputation der seit 1997 börsenkotierten Sulzer Medica ist auf einen Schlag dahin, und das Unternehmen wird in den USA mit milliardenschweren Sammelklagen eingedeckt. Um den finanziellen Schaden zu begrenzen, einigt sich Sulzer Medica 2002 mit den Klägern auf einen Vergleich und zahlt diesen 780 Mio. Dollar, damals rund 1,25 Mrd. Franken. Um vom schlechten Image schneller wegzukommen, firmiert Sulzer Medica neu als Centerpulse. Doch schon ein Jahr später ist die Zeit abgelaufen: Die ums Überleben kämpfende Firma wird 2003 von der amerikanischen Zimmer Ltd. übernommen. Damit geht ein Stück Schweizer Medizintechnikgeschichte zu Ende.

Das Scheitern von Sulzer ist aber doch nicht mehr als ein Wermutstropfen in der insgesamt höchst erfolgreichen Geschichte der Schweizer Medizintechnik im Bereich Orthopädie, denn die andern Unternehmen setzen ihre Erfolgsgeschichte fort. So kommt es bei Straumann 1990, nach dem Tod von Fritz Straumann, dem Sohn des Gründers, im Zuge der Nachfolgeregelung zu einem Management-Buy-out für die Abteilung Osteosynthese: Die Stratec Medical wird gegründet. Thomas Straumann, Enkel von Firmengründer Reinhard Straumann, konzentriert sich mit den verbleibenden 25 Mitarbeitenden auf die Dentalimplantologie, die von der Firma seit 1974 betrieben wird. Der Schritt gilt als Stunde null des seit 1998 börsenkotierten Unternehmens Straumann in seiner heutigen Form, also spezialisiert auf den implantatgestützten und restaurativen Zahnersatz sowie die orale Geweberegeneration. Mit seinen gegen 2400 Beschäftigten erwirtschaftet das Unternehmen derzeit (2014) einen Umsatz von 710 Mio. Franken.

Die Mathys AG wiederum mutiert 1996 zur Mathys Medizinaltechnik AG und beginnt, ihre Orthopädieprodukte unter dem Namen Mathys Orthopedics zu vermarkten. 2002 übernimmt sie die deutsche Firma Keramed und wird zu einem der wenigen Orthopädiehersteller, die eigene Keramik entwickeln. Schon bald darauf gerät sie jedoch unter die Fittiche von Hansjörg Wyss. Dieser fusioniert zunächst 1999 seine Synthes USA mit der seit 1996 börsenkotierten Stratec Medical zur amerikanisch-schweizerischen Synthes-Stratec Inc. Für den ehemaligen Mitbesitzer Maurice E. Müller ist damit eine Grenze überschritten: Er wirft Wyss «Verkommerzialisierung des medizinischen Gedankenguts» vor und wendet sich von ihm ab. Ohne Kooperation mit den Ärzten der AO, behauptet Müller, wäre der phänomenale geschäftliche Erfolg von Synthes USA gar nicht möglich gewesen. Doch Wyss lässt sich nicht beirren – im Gegenteil: 2003 kauft er die auf künstliche Bandscheiben spezialisierte Spine Solutions, und bereits im Jahr darauf übernimmt er mit seiner Synthes-Stratec für 1,5 Mrd. Franken die Osteosyntheseabteilung der Mathys Medizinaltechnik AG. Damit holt er sich die noch fehlende andere Hälfte des Weltmarktes. Aus dem Hüft- und Kniegelenksbereich der verbleibenden Mathys Medizinaltechnik AG wird die Mathys AG Bettlach. Das von Wyss gezimmerte neue Unternehmen heisst schlicht Synthes Inc. und erreicht gleich im ersten Jahr nach der Fusion mit rund 7600 Mitarbeitenden einen Gesamtumsatz von 2 Mrd. Dollar. Im Frühjahr 2006 erwirbt Wyss dann auch für knapp 1 Mrd. Franken die Namens- und Patentrechte der Arbeitsgemeinschaft für Osteosynthese – zur Enttäuschung von Maurice E. Müller. 2011 kommt Synthes dann aber unter das Dach des amerikanischen Mischkonzerns Johnson & Johnson. Die Amerikaner bezahlen für Synthes mehr als 21 Mrd. Dollar. Für Synthes-Gründer Wyss bedeutet der Verkauf an die Amerikaner eine logische Nachfolgeregelung, ist doch das Unternehmen bereits stark auf die USA ausgerichtet. Wyss selbst wird zu einem der grossen Schweizer Philanthropen mit der erklärten Absicht, sein Vermögen zu einem grossen Teil gemeinnützigen Zwecken zukommen zu lassen. So hat er unter anderem sowohl in Genf als auch in Zürich ein Startkapital von jeweils gut 100 Mio. Franken für interdisziplinäre Forschungszentren gespendet.

Doch auch für Neugründungen bleibt in dieser Zeit weiter Platz: 1991 gründen der ehemalige Sulzer-Mitarbeiter Wolfgang Schweizer die Firma Plus Endoprothetik und der Medizintechnikunternehmer Robert Riedweg die Firma Intraplant. Die beiden Unternehmen werden später mit der Firma Precision Implants in der Medical Holding zusammengefasst und bilden eine starke direkte Konkurrenz zu Sulzer Medica. 2005 werden die drei Medical-Holding-Firmen unter dem Namen Plus Orthopedics fusioniert und zum grössten rein europäischen Hersteller für Gelenkersatz. Doch zwei Jahre später geht diese Geschichte zu Ende: 2007 wird die Plus Orthopedics vom britischen Medizintechnikunternehmen Smith & Nephew übernommen.

Eine Erfolgsgeschichte ebenfalls nicht ohne Brüche ist die 1980 von den Schweizer Ingenieuren Heinz Abplanalp, Heini Maurer, Heini Möckli und Gallus Blatter

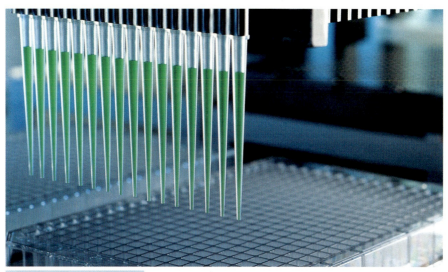

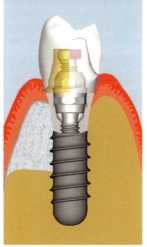

Oben *Automatisierte Pipettieraufgaben auf einer Liquid-Handling-Plattform der Tecan Group AG*

Unten *Schematische Darstellung eines Zahnimplantats von Straumann*

gegründete Tecan. Sie baut Mess- und Analysegeräte sowie Laborautomaten für die Bereiche Biopharma, Forensik und klinische Diagnostik. Das erste Büro befindet sich in der Wohnung von Abplanalp in Hombrechtikon im Zürcher Oberland; produziert wird in renovierten Scheunen und Lagerhäusern, die in ganz Hombrechtikon verteilt sind. Das seit 1987 börsenkotierte Unternehmen geht Ende der 1980er-Jahre durch eine schwere Krise. Eine Kapitalerhöhung 1990 sowie die ab Mitte der 1990er-Jahre erfolgte Neuausrichtung bringen das Unternehmen aber wieder auf Kurs und verhelfen ihm im Bereich der Laborinstrumente zu einer weltweiten Führungsposition. 2013 erwirtschaftet Tecan mit weltweit knapp 1800 Mitarbeitenden einen Jahresumsatz von 388 Mio. Franken. Die auf Selbstinjektions-systeme spezialisierte Ypsomed ist ein «Spaltprodukt» der Disetronic AG, die 1984 von Willy Michel und seinem Bruder mit staatlicher Unterstützung gegründet wird. Im Geschäftsjahr 2014 erzielt Ypsomed mit weltweit 1100 Mitarbeitenden einen Umsatz von 307 Mio. Franken. Bei der Aufspaltung der seit 1996 börsenkotierten Disetronic im Jahr 2003 geht der andere Bereich (Infusionssysteme) an die Roche Holding, deren Division Diagnostics auch dank der engen Kopplung an den Pharmakonzern Weltmarktführer im Bereich der sogenannten In-vitro-Diagnostics ist. Wäre Roche Diagnostics ein eigenes Unternehmen, würde es alle andern Schweizer Medizintechnikunternehmen deutlich in den Schatten stellen: 2009 ist umsatzmässig die 10-Milliarden-Grenze geknackt worden. Das Unternehmen ist mit 20 Prozent Marktanteil weltweit führend im Bereich der In-vitro-Diagnostik. Allein in der Schweiz beschäftigt diese Division über 2100 Mitarbeitende.

Der Schweizer Medizintechnikstandort im Zeitalter der Globalisierung

Die Schweizer Medizintechnikbranche ist den Kräften der Globalisierung auf vielfältige Weise ausgesetzt. Schweizerische Firmen expandieren mittels Exporten und Firmenkäufen ins Ausland, während umgekehrt ausländische Unternehmen ihre Produkte in der Schweiz verkaufen oder schweizerische Firmen aufkaufen. Sie nutzen aber gelegentlich auch die Schweiz als Produktionsstandort. Ein Beispiel dafür ist der amerikanische Konzern Medtronic. Er zählt mit weltweit 49 000 Beschäftigten und 17 Mrd. Dollar Umsatz (2014) zu den Grössten der Branche. 2015 übernimmt das Unternehmen die in Irland beheimatete Covidien, was die weltweite Zahl an Mitarbeitenden auf 85 000 Personen schnellen und Medtronic formell zu einem irischen Unternehmen werden lässt – Ausdruck einer weltweiten Konsolidierungswelle in der Medizintechnik-Branche. Bereits seit 1978 ist das Unternehmen in der Schweiz vertreten, zuerst in Dübendorf, heute im bernischen Münchenbuchsee sowie in Tolochenaz (VD). Dort hat die Firma nicht nur ihren Hauptsitz für Europa, den Mittleren Osten und Afrika, sondern auch das europäische Schulungszentrum, das jährlich von Hunderten Kunden und Ärzten besucht wird. Erstaunlicher ist, dass Medtronic am Genfersee auch eine wichtige Produktionsstätte betreibt: Seit 1997 steht dort die weltweit modernste Fabrik für implantierbare Herz- und Hirnschrittmacher, wo nun auch alle Prozesse für die Herstellung der kommenden Gerätegenerationen definiert werden. Ihr Output ist enorm: Gemäss den Zahlen der Oberzolldirektion tragen die Herzschrittmacher aus Tolochenaz 0,55 Prozent (2014) zum schweizerischen Aussenhandel bei.

Was bringt ein Unternehmen aus den USA dazu, ausgerechnet auf dem teuren Schweizer Pflaster zu produzieren? Ausschlaggebend sind offenbar das grosse Reservoir an Leuten mit der passenden Qualifikation sowie deren Bereitschaft, flexibel auf die branchenüblich häufigen Änderungen der Produktionsbedingungen zu reagieren. Dazu kommt die Nähe zu Universitätsspitälern und Forschungszentren von Weltruf: So wurde der erste Herzschrittmacher, mit dem sich Patienten gefahrlos Magnetresonanzuntersuchungen unterziehen können («MRI-safe»), in Zusammenarbeit mit dem Zürcher Universitätsspital entwickelt. Der auch für ausländische Mitarbeitende attraktive Standort am Genfersee und seine gute Verkehrsanbindung werden ebenfalls ins Treffen geführt.

2008 nimmt Medtronic sogar eine zweite Fabrik in der Schweiz in Betrieb. Anlass dazu ist die im Jahr zuvor getätigte Übernahme der 1994 gegründeten Firma Kyphon, die auf die Wiederherstellung und Erhaltung der Wirbelsäulenfunktion spezialisiert ist. Die europäische Produktionsstätte von Medtronic-Kyphon befindet sich in Neuenburg. Damit hat Medtronic in der Schweiz vier Standorte und beschäftigt gegen 1200 Personen. Medtronic ist aber kein Einzelfall: Vier der zehn grössten in der Schweiz produzierenden Medizintechnikfirmen sind amerikanischer Herkunft: Johnson & Johnson, Zimmer, Medtronic und Dentsply.

Ein etwas anders gelagertes Beispiel für die Bedeutung der Globalisierung für die Medizintechnikbranche dreht sich um den Ballonkatheter. Auch hier steht am Anfang ein Tüftler, der deutsche Arzt Andreas Roland Grüntzig, der zusammen mit einem Mitarbeiter der damaligen Kleinstfirma Schneider den Ballonkatheter entwickelt und 1974 präsentiert. Drei Jahre später führt der Kardiologe in Zürich erstmals eine erfolgreiche Ballondilatation zur Ausdehnung verengter Herzkranzgefässe durch und erspart so dem Patienten eine Bypass-Operation unter Vollnarkose. Angespornt durch Grüntzigs Erfolg beginnt der Tüftler und Firmeninhaber Hugo Schneider im gleichen Jahr in einer Garage in Zürich-Witikon in Handarbeit Ballonkatheter herzustellen. Schneider gibt später die Leitung seiner neu gegründeten medizintechnischen Firma an die gebürtige Vorarlbergerin Heliane Canepa (*1948) ab, die seit 1980, als die Firma erst fünf Mitarbeitende beschäftigte, bei Schneider-Medintag tätig ist. Ein neuer weltweiter Markt entsteht, und das Unternehmen floriert so sehr, dass es auf den Radarschirmen von international tätigen Übernahme-Scouts auftaucht. 1984 kauft der amerikanische Pfizer-Konzern Hugo Schneider die Kardiologie-Firma für 40 Mio. Franken ab. Die Katheter sind so gefragt, dass Canepa die Produktion nach Bülach in ein eigenes Büro- und Fabrikgebäude verlegt. Nach weiteren erfolgreichen Jahren als CEO übernimmt Canepa

1988 auch die operative Leitung der amerikanischen Schwesterfirma. Das Unternehmen generiert einen Umsatz von mehreren 100 Mio. Franken und regelmässig Gewinne im dreistelligen Millionenbereich. Zehn Jahre geht alles gut, dann kommt der Hammerschlag: 1998 will sich Pfizer vermehrt auf das Pharmageschäft konzentrieren und deshalb unter anderem die Schneider-Gruppe mit ihren 2400 Mitarbeitenden abstossen. Das Angebot Canepas zu einem Management-Buyout lehnt Pfizer ab, obwohl ein britisch-schweizerisches Bankenkonsortium das Geld zur Verfügung stellen würde. Der Konzern verkauft das erfolgreiche Unternehmen für 3 Mrd. Franken an den Konzern Boston Scientific, der bereits 1999 die Schneider AG samt allen Geräten und Patenten nach Irland verlegt und die Fabrik in Bülach mit 550 Arbeitsplätzen schliesst.

Heliane Canepa setzt sich dafür ein, dass die betroffenen Mitarbeitenden eine neue Stelle finden, und klopft unter anderem bei der Berliner Medizintechnikfirma Biotronik an – mit Erfolg: Das 1963 vom Forscher Max Schaldach und dem Elektroingenieur Otto Franke gegründete, auf Herzschrittmacher spezialisierte Unternehmen akzeptiert im August 1999 die Bedingung Canepas, neben dem Fabrikgebäude auch sämtliche Mitarbeitenden übernehmen zu müssen. Sie selbst lehnt ein Angebot von Biotronik ab. Stattdessen wird sie 2001 CEO von Nobel Biocare, einem schwedisch-schweizerischen Zahntechnikunternehmen, das 1981 als Nobelpharma gegründet worden ist. Canepa initiiert 2002 die Gründung der neuen Muttergesellschaft Nobel Biocare Holding AG mit Sitz in Zürich, bringt das Unternehmen an die Schweizer Börse SWX und macht bis zu ihrem Ausscheiden im Herbst 2007 aus dem reinen Dentalimplantatehersteller einen Anbieter von umfassenden Dentallösungen. Nobel Biocare ist mit einem Umsatz von 696 Mio. Franken (2013) nach Straumann der zweitgrösste Hersteller von Zahnimplantaten. 2014 übernimmt der amerikanische Konzern Danaher das Unternehmen und wird damit zum globalen Marktführer im Dentalbereich. Nobel Biocare wird aber innerhalb des Konzerns eine grosse Eigenständigkeit gewährt; auch der Hauptsitz bleibt in Kloten.

Schweizer Medizintechnik heute

Laut dem Bericht von Swiss Medical Technology Industry von 2014 umfasst die Schweizer Medizintechnik-Branche rund 1450 Firmen, darunter über 340 Hersteller und 500 Zulieferer, gegen 270 Händler sowie Distributoren und über 330 spezialisierte Dienstleister. Die medizintechnischen Arbeitsplätze verteilen sich über die gesamte Schweiz; Schwerpunkte sind in den Regionen Zürich-Zug-Luzern, Lausanne-Genf, Bern-Biel und Basel, wo Medtech-Firmen im Laufe der Zeit Cluster gebildet haben. Die meisten von ihnen sind klein, besetzen Nischenmärkte oder sind reine Zulieferer, was allerdings nicht heisst, dass sie unbedeutend sind oder bleiben: Beispiele wie Sonova, Tecan oder Schneider zeigen, wie aus Garagenfirmen sehr ernst zu nehmende Marktteilnehmer heranwachsen können. So ist denn in nur wenigen Jahrzehnten eine beeindruckend starke Branche entstanden – allein 2006 und 2007 betrug das Wachstum jeweils über 25 Prozent, und selbst im Krisenjahr 2008 verzeichnen praktisch alle Medtech-Unternehmen Wachstumsraten von 7 bis 14 Prozent. Mit einem Anteil von 1,1 Prozent aller Erwerbstätigen, von 2,3 Prozent am Bruttoinlandprodukt, 5,2 Prozent am Gesamtexport und von über 24 Prozent am Handelsbilanzüberschuss ist die Medizintechnik für die Schweizer Volkswirtschaft wie auch international von erheblicher Bedeutung.

Von zentraler Bedeutung für dieses Wachstum ist das hohe Bildungs- und Forschungsniveau in der Schweiz. Viele Schweizer Medtech-Firmen unterhalten eigene Forschungs- und Entwicklungsabteilungen – und internationale Konzerne wie Medtronic und Zimmer haben die Schweiz als ihren bevorzugten Standort für Forschung und Entwicklung gewählt. Insgesamt investierten Unternehmen der Medizintechnik in der Schweiz 2012 rund 1,4 Mrd. Franken in die Forschung und verwenden dazu heute bis zu 17 Prozent ihres Umsatzes. Oft geschieht das mit externen Partnern (z. B. Hochschulen oder Fachärzten in Spitälern). So ist denn die Branche ein gutes Beispiel für die enge Zusammenarbeit zwischen Privatwirtschaft und staatlichen Forschungsinstitutionen, die auch in anderen Bereichen zu den Stärken der Schweiz zählt. Vor allem aber zeichnet sich die Medizintechnik durch eine ausgeprägte Auslandorientierung und Internationalität aus, durch Exporte mit einem Volumen von 12,8 Mrd. Franken, durch Zukäufe von Firmen im Ausland, auch durch den Verkauf schweizerischer Firmen an das Ausland. Still und heimlich hat so die Branche in nur wenigen Jahrzehnten eine wirtschaftliche Stärke erreicht, die sie mit der Pharma- oder Nahrungsmittelindustrie vergleichbar macht – zweifellos eine der beeindruckendsten Wachstums-Storys der jüngeren Schweizer Wirtschaftsgeschichte.

Doch die Rahmenbedingungen verändern sich. Bedingt durch den wachsenden Preis- und Regulierungsdruck bläst den Medtech-Unternehmen in den letzten Jahren ein immer rauerer Wind entgegen. Was die Pharmaindustrie schon kennt, dürfte immer mehr auch den Medizintechnikfirmen blühen: ohne eine Nutzerbewertung keine Kostenerstattung durch die Krankenversicherer. In naher Zukunft dürfte das mehr Aufwand und eine längere Frist bis zur Markteinführung eines Produkts bedeuten. Vor diesem Hintergrund weisen die jüngsten Ankündigungen von Grossfusionen (Medtronic/Covidien, Zimmer/Biomet) auf eine Konsolidierung der Branche hin, die in der Zukunft mit steigenden Hürden bei der Produktzulassung und gleichzeitigem Kostendruck seitens der Abnehmer rechnen muss.

Wichtige Schweizer Medizintechnikunternehmen in Zahlen

Synthes Inc. (1975, ab 2011 Teil von Johnson & Johnson)					
	1950	1970	1990	2000	2013
Umsatz	–	–	n. v.	790	25 160
Beschäftigte	–	–	n. v.	3000	~126 500
davon im Inland	–	–	n. v.	1000	4500

Sonova (1947)					
	1950	1970	1990	2000	2014
Umsatz	< 1	~1	51	460	2035
Beschäftigte	20	30	320	2930	10 184
davon im Inland	20	30	250	730	1238

Nobel Biocare (1981)					
	1950	1970	1990	2000	2013
Umsatz	–	–	~120	375	696
Beschäftigte	–	–	n. v.	1170	2487
davon im Inland	–	–	n. v.	~10	~200

Straumann (1954)					
	1950	1970	1990	2000	2014
Umsatz	–	n. v.	n. v.	190	710
Beschäftigte	–	n. v.	n. v.	540	2387
davon im Inland	–	n. v.	n. v.	290	785

Tecan (1980)					
	1950	1970	1990	2000	2013
Umsatz	–	–	65	274	388
Beschäftigte	–	–	360	690	1184
davon im Inland	–	–	n. v.	n. v.	n. v.

Ypsomed (1984)					
	1950	1970	1990	2000	2014
Umsatz	–	–	20	303	307
Beschäftigte	–	–	n. v.	1270	1100
davon im Inland	–	–	n. v.	n. v.	740

Genannt werden Umsatz und Zahl der Beschäftigten (insgesamt und in der Schweiz) grosser Schweizer Medizintechnikunternehmen, soweit diese verfügbar sind (ansonsten findet sich der Vermerk n. v.). In Klammern ist das Gründungsjahr des Unternehmens bzw. dessen Vorläufer angegeben, der Umsatz ist in Mio. Franken aufgeführt, die Zahlen zu Umsatz und Beschäftigten sind gerundet. Sonova wurde unter dem Namen AG für Elektroakustik gegründet, Straumann unter dem Namen Forschungsinstitut Dr. Ing. R. Straumann, und Ypsomed entstammt der 1984 gegründeten Disetronic. Synthes ist ab 2011 Teil von Johnson & Johnson; es wird der Umsatz des gesamten Unternehmens angegeben. Die Zahl der von Johnson & Johnson in 2013 Beschäftigten ist ein Schätzwert.

Wege zur Welt

vor 1800	1788	Kaspar Geilinger und Christoph Blum gründen in Winterthur Geilinger & Blum, Vorläufer der Paul Reinhart AG.
1800–1899	1815	Gründung der Evangelischen Missionsgesellschaft Basel, Keimzelle der Basler Handelsgesellschaft (BHG) und der Union Trade Company (UTC).
	1828	Basler Missionare landen an der Goldküste, dem heutigen Ghana.
	1851	Salomon und Johann Georg Volkart gründen Gebrüder Volkart, Winterthur und Bombay.
	1864	Handelsvertrag Japan-Schweiz, Caspar Brennwald bereist das Land.
	1865	Caspar Brennwald und Hermann Siber gründen Siber & Brennwald.
	1878	Gründung der Société de Surveillance SA in Paris, das Unternehmen zieht später nach Genf.
	1887	Eduard Anton Keller begründet die E. A. Keller & Co. in Manila.
	1887	Wilhelm Heinrich Diethelm gründet die «W. H. Diethelm & Co.».
1900–1999	1912	Gebrüder Volkart geht in den Besitz der Familie Reinhart über.
	1917	Gründung der Basler Handelsgesellschaft (BHG).
	1921	B. Wilhelm Preiswerk gründet die Union Trading Company International (UTC).
	1926	Gründung der Südelektra AG.
	1974	Marc Rich gründet in Zug die Marc Rich + Co AG.
	1994	Glencore entsteht. Das Unternehmen geht 2011 an die Börse.
	1999	Südelektra ändert den Namen in Xstrata AG.
ab 2000	2002	Die DKSH entsteht. Zehn Jahre später geht das Unternehmen an die Börse.
	2013	Glencore übernimmt Xstrata.

Handelshäuser als Verkörperung von Schweizer Internationalität

Das Klischee eines knorrigen Bergvolkes, das sich trotzig auf seiner Insel der Seligen von der Welt abschottet, hält sich hartnäckig. Es wird aber den wirtschaftlichen Pionieren der Schweiz, die sich schon früh in die Ferne wagten, keineswegs gerecht. Oft waren es bittere Not und der Lockruf des (Blut-)Geldes, der vorab junge Männer in die Fremde lockte, wo sie als Söldner unter ausländischen Kriegsherren dienten. Der in vielen Kriegen erworbene Ruf als erbarmungslose Kämpfer machte junge Eidgenossen zu einer begehrten «Ware». In der Schweiz entwickelten sich Militärunternehmer mit guten Kontakten zu Fürsten und Königen, die nicht selten auch eine Basis für weitergehende Handelsbeziehungen wurden. Da zudem Hungersnöte sowie die Verlockungen neu entdeckter Länder und Kontinente immer wieder zu Migrationswellen von Schweizern in aller Herren Länder führten, bildete sich bald ein Netz von Kontakten, das für die Organisation früher globaler Handelsströme unabdingbar war. Dazu kam die Neutralität des Heimatlandes. Sie ermöglichte es Schweizern oft, zwischen den Fronten europäischer Mächte zu operieren, wenn diese ihre Konflikte auch in der zunehmend von Europa kolonialisierten Welt austrugen. Schweizer Missionare und Händler mischten mit im Handel mit Afrika, Südamerika und dem Fernen Osten und schufen so die Basis von Weltkonzernen. In jüngster Zeit fand eine Entwicklung in umgekehrter Richtung statt: Vom Ausland her kommend richtete sich ein ganz neuer Handelszweig in der Schweiz ein und machte sie zur internationalen Drehscheibe des Rohstoffhandels. Die sehr diskret agierenden Konzerne nutzen dabei durchaus eben jenen wirtschaftskulturellen Nährboden, der einst die frühen Schweizer Handelspioniere hervorgebracht hat.

Söldner und Migranten – Schweizer in der Fremde

Ungewöhnlich rasch handelt der Bundesrat, als sich das abgeschottete Japan Mitte des 19. Jahrhunderts für die Händler des Westens öffnet. Als einer der ersten Staaten sendet die Schweiz eine Delegation ins ferne Japan, die 1863 in der Hafenstadt Yokohama ankommt. Sie muss dort zwar neun Monate warten, bis der Kaiser die Schweizer vorlädt – doch der 27-jährige Caspar Brennwald, Sekretär der Delegation, nutzt die Zeit: Er bereist das Land, lässt sich faszinieren und kehrt mit der verrückten Idee in die Schweiz zurück, mit dem Kaiserreich Handel betreiben zu wollen.

Wie Brennwald brechen in dieser Zeit viele junge Schweizer in die Fremde auf und bauen im Laufe der Zeit weitgespannte Handelsnetze auf. Dieses angesichts der Binnenlage der Schweiz und des Fehlens jeglicher kolonialer Erfahrung vielleicht erstaunliche Gespür für die Organisation weitreichender Güterströme hat sich in der Schweiz früh entwickelt. Und es beschränkt sich keineswegs auf die Kontrolle und Entwicklung wichtiger Transitachsen durch die Alpen, obwohl die Pässe natürlich für die Schweiz eine wichtige Rolle spielen. Schon zur Zeit des Römischen Reiches kennt Helvetien eine rege Handelstätigkeit. Sie hört aber mit der Niederlassung der Burgunder und der Alemannen sowie mit dem Zerfall der städtischen Strukturen und der Verbindungswege im Zuge der Völkerwanderung fast völlig auf. Nur wenige Güter wie Salz, Metalle, Wein, Seidenstoffe und Gewürze werden noch gehandelt. Der Güterfernverkehr über den Grossen St. Bernhard und die Bündner Pässe liegt in den Händen ausländischer Kaufleute. Im Zuge der «kommerziellen Revolution» im Hochmittelalter zieht ab dem 11. Jahrhundert als Folge des Bevölkerungswachstums und der Neugründung zahlreicher Städte die Handelstätigkeit in Europa wieder an. Davon profitieren auch die Regionen der heutigen Schweiz – allerdings eher passiv. Vor dem 13. Jahrhundert sind Schweizer kaum als Händler aktiv. Sie füllen hauptsächlich als Wiederverkäufer im Kleinhandel ihre Bestände bei den durchziehenden fremden Kaufleuten auf. Nur wenige Städte, so Basel, Genf und Zürich, unterhalten ein Handelsnetz, das über den lokalen Rahmen hinausgeht.

Zürich spielt hierbei mit seinem Seidenhandel eine besonders bedeutende Rolle. Die Stadt ist 1218 – vor der Entstehung der Eidgenossenschaft – reichsfrei geworden. Diese Freiheit nutzt die Stadt. Sie baut eine für die damalige Zeit beträchtliche Produktionskapazität für Seidenstoffe auf und liefert die Ware weit über die unmittelbare Nachbarschaft hinaus. Um 1250 werden Zürcher Seidentücher nach Schwaben und Lothringen, Südfrankreich und England, Wien und Prag, Ungarn und Polen exportiert. Der Anschluss der Stadt an die Eidgenossenschaft 1351 hat dann für den

Links *Baron Kaspar Jodok von Stockalper (1609–1691), König des Simplon*

Rechts *General Johann August Sutter (1803–1880), Gründer von Neu-Helvetien,*
porträtiert von Frank Buchser 1866

Seidenhandel verheerende Konsequenzen: Die Stadt verliert ihre Absatzmärkte
in den Aristokratien der umliegenden Fürstenstaaten, die dem eidgenössischen
Experiment gegenüber skeptisch eingestellt sind. Nach dem Alten Zürichkrieg
(1439–1450) kommt der Export völlig zum Erliegen. Erst nach der Reformation
durch Huldrych Zwingli (1484–1531) ändert sich die Lage. Die Stadt wird zum
Anziehungspunkt für Glaubensflüchtlinge, die der Seidenindustrie neuen Schwung
verleihen und mit zum Aufbau einer Textilindustrie beitragen.

Nebst solchen Frühformen des Handels während der Zeit der Entstehung
der Eidgenossenschaft ist das Söldnerwesen ein wichtiger wirtschaftlicher Faktor.
Zwischen dem 14. und der Mitte des 19. Jahrhunderts leisten fast 2 Mio. Schweizer
Kriegsdienste in andern europäischen Staaten, zuweilen gar in den Kolonialtrup-
pen der Grossmächte Frankreich, England und Holland. Hierfür ist nicht nur die
Armut eine Triebfeder. Auch die strengen Vorschriften der Zünfte in den Städten
verhindern Aufstiegs- und Entfaltungsmöglichkeiten und treiben viele junge
Männer in die Fremde. Den Höhepunkt erreicht der «Fremde Dienst» im 18. Jahr-
hundert, als sich gegen 350 000 Schweizer Söldner im Ausland aufhalten – bei einer
Wohnbevölkerung, die um 1700 nur etwa 1,2 Mio. Einwohner erreicht. Gemessen
an dieser militärischen Abwanderung ist die zivile Migration eher klein. Zudem

wird sie – im Gegensatz zum «Export von Söldnerblut» – von den Behörden kaum unterstützt, da man die Abwanderung von Arbeitskräften fürchtet. Der Kriegsdienst dagegen ist eben auch politisch bedeutsam: Bis Mitte des 17. Jahrhunderts dominiert die «Reisläuferei» – wie man das Schweizer Söldnerwesen damals nannte – als privatwirtschaftliches Geschäft von «selbstständigen Söldnern» oder Militärunternehmern, die ganze Kompanien verkaufen. Manch einer nutzt die dabei geknüpften Kontakte zum Aufbau kleiner Wirtschaftsimperien. Kaspar Jodok von Stockalper (1609–1691) beispielsweise hat von Brig aus nicht nur als Soldunternehmer einheimische Soldaten in französische Kriegsdienste vermittelt. Als Teilhaber oder Besitzer eines halben Dutzends Bergwerke, als Metallhändler, Kreditgeber und Inhaber des lokalen Salz- und des Transitmonopols am Simplonpass erwirtschaftet er ein enormes Vermögen. Am Beispiel von Stockalper zeigt sich auch, wie das Söldnerwesen immer mehr von den jeweiligen Oberschichten der Kantone organisiert wird, die so auch Bündnispolitik betreiben. Wirtschaftliche Überlegungen sind meist sekundär, sonst hätte etwa der Kanton Zürich nicht 1752 ein ganzes Regiment nach Frankreich geschickt, obwohl die Soldaten dringend in den Manufakturen als Arbeitskräfte gebraucht worden wären.

Das Söldnerwesen und die wirtschaftliche Entwicklung des Landes geraten so mehr und mehr in Konflikt miteinander. Nicht zuletzt sinkende Monatssolde im Kriegsdienst und steigende Löhne in der aufstrebenden Textilindustrie, aber auch die sinkende Nachfrage wegen der allgemeinen Wehrpflicht in vielen europäischen Staaten trocknen den Söldnermarkt mehr und mehr aus. 1859 wird schliesslich ein Gesetz gegen die Anwerbung von Söldnern erlassen, was diesen Wirtschaftszweig endgültig zum Absterben bringt.

Das dichte Kontaktnetz so mancher Schweizer Händler, das später dem Schweizer Welthandel zugutekommt, wurzelt aber nicht nur im Söldnerwesen. Parallel dazu erlebt der Handel einen Aufschwung. Die treibenden Kräfte sind neben reichen Kaufleuten auch Leute bescheidener Herkunft, welche die Welt bereisen. Tessiner und Südbündner dringen über Jahrhunderte hinweg als Bildhauer, Stuckateure, Architekten und Zuckerbäcker in viele Teile Europas bis nach Russland vor. Andere Händler vermitteln Waren zwischen Staaten, die miteinander Krieg führen. So verkaufen beispielsweise während des Spanischen Erbfolgekriegs St. Galler Kaufleute Leinen aus Schlesien und Süddeutschland nach Frankreich und Genfer Händler französische Waren nach Deutschland. Nach 1815 entwickelt sich die – vorab überseeische – Auswanderung zu einem eigentlichen Massenphänomen. Die starke Bevölkerungszunahme ab etwa 1770 kann selbst von der beginnenden

Industrialisierung nicht absorbiert werden. Dazu kommen periodische Hungersnöte: So verlässt etwa 1816/17 fast ein halbes Prozent der Gesamtbevölkerung das Land. Eine wichtige Destination sind die USA: Mehr als ein Drittel der in der zweiten Hälfte des 19. Jahrhunderts ausgewanderten Schweizer findet dort ein neues Zuhause. Ganze «Kleinstädte» wie New Bern und New Glarus in den USA werden gegründet – die bedeutendste Gründung dürfte Nueva Helvetica (Neu-Helvetien) von Johann August Sutter (1803–1880) sein, die der als «General Sutter» bekannt gewordene Baselbieter Auswanderer 1839/40 in Kalifornien gegründet hat. Das Gebilde überlebt allerdings den Ausbruch des Goldrausches in Kalifornien im Jahr 1848 nicht. Solche «Schweizer Kolonien» entstehen auch in vielen andern Ländern und bilden dort Ankerplätze für Wagemutige, die für die Schweizer Handelsgeschichte prägend werden.

Die Basler Mission entdeckt Afrika

Zu den ersten Organisationen schweizerischen Ursprungs, die Handel über die Kontinente hinweg betreiben, gehört die Basler Mission. Die Evangelische Missionsgesellschaft Basel wird 1815 gegründet und vom pietistisch-protestantischen Basler Bürgertum getragen. Ihr Ziel ist Bekehrung der Heiden, aber auch «Ausbreitung der wohltätigen Zivilisation». Ein Kernmotiv ist durchaus humanistischer Natur. Es geht der Basler Mission auch darum, zur Abschaffung der Sklaverei in Afrika beizutragen – einem damals in der westlichen Welt immer kontroverser diskutierten Problem. Durch ihre «Industriemission» wollen die Basler den Völkern Westafrikas, von denen einige direkt in den Sklavennachschub eingebunden sind, eine neue ökonomische Basis verschaffen, die sie von der Sklavenwirtschaft befreien soll. So werden Zimmerleute, Schmiede, Wagenmacher und Landwirte nach Westafrika geschickt, die dort als Missionare Lehrlinge ausbilden sollen.

Die ersten Missionare landen 1828 an der Goldküste, dem heutigen Ghana – und haben auch den Gedanken im Hinterkopf, mit Handelswaren wie Gewürzen, Elfenbein und Holz ein Geschäft aufziehen zu können. Einige Jahre später hat der Seidenbandfabrikant Daniel Burckhardt-Forcart die Idee, an der Goldküste eine Handelsstation zu eröffnen. Die Idee wird umgesetzt. Ab 1855 betreibt die Mission ihren ersten Laden, importiert Waren aus Deutschland und England und führt kleinere Mengen Kaffee aus. Im Lauf der Jahre wird das Geschäft kontinuierlich ausgebaut – nicht nur in Afrika, sondern auch in Südindien, wo 1834 Aktivitäten aufgenommen werden. 1893 wird von der Basler Mission der erste Sack ghanaischen Kakaos nach Europa verschifft. Und die «Industriemission» hat Erfolg: Das heutige

Oben *75. Geburtstag der Weberei*
der Basler Mission in Mangalore, Indien,
am 24. März 1919

Unten *Der Schoner Palme, das erste*
Segelschiff der Handelsgesellschaft
der Basler Mission um 1864

Ghana wird im frühen 20. Jahrhundert zum weltgrössten Kakaoproduzenten. Afrikanische Plantagenbesitzer, Geschäftsleute und Dorfvorsteher bringen es zu Wohlstand, und nicht zuletzt wegen der Schulen der Basler Mission bildet sich eine «Mittelschicht» von Einheimischen im Land. Die Handelstätigkeit in Ghana ist zudem für die Schweizer Schokoladeindustrie, die zu dieser Zeit ihre volle Blüte erreicht, von grosser Bedeutung. Über viele Jahre ist Ghana die einzige schweizerisch kontrollierte Quelle für diesen lebensnotwendigen Rohstoff der Schokoladefabriken.

1917 wird die Handelstätigkeit, die weltweit rund 6500 Menschen beschäftigt, von der Mission getrennt und neu organisiert. Etwa zur gleichen Zeit enteignet Grossbritannien nach und nach den als feindlich eingestuften Besitz der Basler Mission in Afrika und Indien. Die Rückgabe erfolgt erst 1928 (Goldküste) bzw. 1952

(Indien). Doch bereits 1921 gründet B. Wilhelm Preiswerk (1858–1938) die Union Trading Company International (UTC) als Betriebsgesellschaft für die Handelsaktivitäten an der Goldküste, und 1928 wird als neues formales Gerüst eine Aktiengesellschaft mit dem Namen Basler Handelsgesellschaft (BHG) gegründet. Handel und Produktion werden aber weiterhin durch die UTC als Tochtergesellschaft ausgeübt. Die Aktionäre sind vorwiegend Personen aus dem Basler Bürgertum. Das Unternehmen bleibt den Idealen der Mission treu: Es hat zwar die Aufgabe, Gewinne zu erwirtschaften, doch ein Teil davon wird der Basler Mission abgetreten, und das Unternehmen verpflichtet sich, weder mit Schiesspulver noch mit Alkohol zu handeln.

So entwickelt sich aus der Basler Mission eine der bedeutendsten Schweizer Handelsgesellschaften des 19. und 20. Jahrhunderts. Sie betreibt den klassischen Kolonialhandel, liefert also in die Länder Fertigwaren aus Europa, vor allem Gebrauchsgegenstände und Nahrungsmittel, und bezieht aus den ehemaligen Kolonien landwirtschaftliche Rohstoffe wie Palmöl, Baumwolle und Kakao. Die BHG (bzw. UTC) expandiert nicht nur in Westafrika, sondern auch in Europa und in Lateinamerika. In den 1960er-Jahren erzielt sie mit gegen 6000 Mitarbeitenden einen Jahresumsatz von rund 1 Mrd. Franken. Sie errichtet in den jungen westafrikanischen Staaten grosse Kaufhäuser und bleibt bis in die 1970er-Jahre vor allem in Nigeria und Ghana (Farmen, Ausbildungszentren, Warenhäuser, Verkauf von Autos und Landwirtschaftsmaschinen, Ausfuhr von Kakao) tätig. Doch bereits Ende der 1960er-Jahre gerät die BHG in finanzielle Schwierigkeiten, unter anderem wegen der beginnenden Entkolonialisierung und der Abwertung afrikanischer Währungen. Anfang der 1970er-Jahre findet der Kakaohandel der UTC ein Ende. Diversifikation in der Schweiz lautet fortan die Strategie. Von 1977 bis 1996 ist die UTC Mehrheitsaktionärin der Warenhauskette Jelmoli. Die Gruppe zählt 1990 rund 8000 Beschäftigte und setzt 2,8 Mrd. Franken um. 1997 vereinen sich UTC und BHG, und im Jahr 2000 wird das fusionierte Unternehmen von der Welinvest AG übernommen, einem im Immobilien- und Wertschriftengeschäft tätigen Unternehmen, das auf die 1883 gegründete Actienbrauerei Basel zurückgeht. Heute ist die BHG eine reine Managementgesellschaft, die Dienstleistungen für die andern Teile der Welinvest erbringt und unter anderem die Immobilien betreut.

Winterthurer zieht es nach Indien – und in die Welt
Einige Jahre nach dem Aufbruch der Basler zu ihrer «Industriemission» nach Afrika entwickeln einige vom Fernweh gepackte junge Leute aus Winterthur und Zürich ebenfalls die Idee, Handelsbeziehungen mit fernen Ländern zu knüpfen. Das geo-

politische Umfeld dafür ist günstig: Während Jahrhunderten haben die grossen Seefahrer- und Entdeckernationen der Neuzeit – Portugal, Spanien, Frankreich und England – die Handelsströme weitgehend auf eigenen Schiffen abgewickelt. 1849 aber hebt England, die weltweit wichtigste Seehandelsmacht, Oliver Cromwells «navigation act» von 1651 auf, die (unter anderem) die Einfuhr aussereuropäischer Güter nach England ausschliesslich englischen Schiffen vorbehält. Grossbritannien bekennt sich neu zum Freihandel, was besonders auch für Händler aus Nichtsee-fahrernationen ganz neue Möglichkeiten eröffnet. Von dieser durch Grossbritan-nien, aber auch von den USA forcierten Erschliessung und Öffnung vieler Märkte können Schweizer Händler entscheidend profitieren.

Zwei Winterthurer nutzen die neuen Gelegenheiten: Salomon (1816–1893) und Johann Georg Volkart (1825–1861). Der jüngere, Johann Georg, ist bereits als 20-Jähriger in Indien als kaufmännischer Angestellter tätig und leitet dort bis zu seinem Tod die 1851 gegründete Gebrüder Volkart, Winterthur und Bombay. Salo-mon bleibt dagegen in der Schweiz. Nach und nach werden im gesamten indischen Subkontinent Filialen gegründet, in Colombo (Sri Lanka), Cochin (an der Malabar-küste) und Karachi (Pakistan). Die Firma führt anfänglich Rohbaumwolle ein, den für die Ostschweizer Textilindustrie zentralen Rohstoff. Später kommen Tropen-produkte wie Öle, Farbhölzer, Kautschuk, Tee, Kaffee, Kakao und Gewürze hinzu. Umgekehrt setzt das Unternehmen in Bombay zuerst Papier, Seife und Streichhölzer,

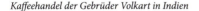

Kaffeehandel der Gebrüder Volkart in Indien

später Uhren, Textilien oder Maschinen aus der Schweiz ab. Das Geschäft läuft gut. Niederlassungen in London, Schanghai, Osaka, Bremen, New York, Singapur oder Brasilien kommen hinzu. 1861 stirbt Johann Georg Volkart. Gut zehn Jahre später, 1875, zieht sich auch Salomon aus dem Geschäft zurück (er stirbt 1893). Im gleichen Jahr tritt Theodor Reinhart in die Firma ein, der bald neben Salomons Sohn Geo G. Volkart zum führenden Kopf des Unternehmens wird. Zwischen den beiden entwickeln sich aber Spannungen, bis sich Geo G. Volkart 1908 aus der Firma zurückzieht. 1912, gut 60 Jahre nach der Gründung, geht das Unternehmen in den Besitz der Familie Reinhart über. Den Ersten Weltkrieg übersteht die Firma relativ gut, trotz erschwerter Verbindungen zwischen der Schweiz und Indien. Die Nachkriegsjahre werden dann zu einer der erfolgreichsten Perioden des Unternehmens überhaupt. Der Wiederaufbau in den vom Krieg betroffenen Ländern steigert die Nachfrage nach Rohstoffen und Gütern gewaltig. Während des Zweiten Weltkriegs konzentriert sich das Unternehmen auf Beiträge zur Versorgung der Schweiz mit ausländischen Lebensmitteln und wichtigen Konsumgütern. Zudem intensiviert es den Handel mit neutralen Staaten in Europa. In den 1940er-Jahren werden weitere Niederlassungen in Nord- und Südamerika gegründet. Danach folgt ein stetiger Ausbau des Baumwoll-, Kaffee- und Kakaohandels. Im 100. Jahr seines Bestehens, 1951, beschäftigt das Unternehmen weltweit gut 6000 Mitarbeitende. Die Familien Volkart und Reinhart prägen auch stark das Kulturleben von Winterthur. Die seit 1951 bestehende Volkart-Stiftung betätigt sich als Mäzenin, etwa zugunsten des Fotomuseums Winterthur, bedeutende Kunstsammlungen sind im Museum Oskar Reinhart am Stadtgarten und in der Sammlung Oskar Reinhart «Am Römerholz» öffentlich zugänglich. 1950 geht das Unternehmen gar mit dem Suhrkamp-Verlag eine Verbindung ein, an dem es 1999 eine Minderheitsbeteiligung erwirbt. 2006 löst jedoch Andreas Reinhart, Vertreter der fünften Generation, die Beziehung wieder auf, weil er mit dem Buchprogramm nicht zufrieden ist. Mit der Übernahme der Unternehmensleitung und dem Auskauf der übrigen Familienmitglieder durch Andreas Reinhart beginnt 1985 eine gezielte Diversifikationspolitik in den Finanzsektor (BZ Bank AG, Zürich). 1989 wird das Kaffeegeschäft an die Erb-Gruppe verkauft, wo es unter dem Namen Volcafe firmiert. 2004 geht Volcafe an die britische E D & F Man über, eine der weltgrössten Rohstoff-Handelsfirmen.

Frühe «Entdeckung» des Fernen Ostens

Ein anderes Beispiel dafür, wie rasch und geschickt Schweizer Händler von den neuen Möglichkeiten des Freihandels Gebrauch machen, ist die Entstehung der DKSH, einer der heute weltweit grössten Dienstleister für Marktexpansion mit

Fokus Asien. Die Abkürzung steht für Diethelm, Keller, Siber, Hegner und weist darauf hin, dass mehrere Pioniere, genau gesagt fünf, am Anfang dieses Weltkonzerns stehen. Zwei dieser Pioniere profitieren von einem neben der Aufhebung der «navigation act» weiteren Eckstein des beginnenden globalen Freihandels, der 1854 von den Amerikanern erzwungenen Öffnung des japanischen Kaiserreiches. Dieses hatte sich zuvor während Jahrhunderten von der Welt abgeschottet. 1862 schickt der Bundesrat eine Delegation nach Japan, die im Folgejahr in Yokohama ankommt und nach neun Monaten am 6. Februar 1864 einen Vertrag über die Aufnahme diplomatischer Beziehungen und die Handelsfreiheit zwischen den Staaten erreicht. Sekretär der Delegation ist der junge Caspar Brennwald (1838–1899), der Land und Wirtschaft erkundet und mit einer verrückten Idee heimkehrt. Er begeistert den 23-jährigen Seidenfabrikanten Hermann Siber (1842–1918) für den Plan, in Yokohama eine Handelsfirma zu gründen. So entsteht 1865 Siber & Brennwald. Das Unternehmen verkauft Schweizer Industrieprodukte nach Japan und verschifft grosse Mengen an Rohseide an die Schweizer Textilindustrie sowie – als erste Firma überhaupt – in die USA, nach Frankreich, Italien und Deutschland. 1890 halten Siber & Brennwald einen Weltmarktanteil von über 40 Prozent am Rohseidenexport aus Japan. Auch die Schweiz interessiert sich primär für dieses Produkt: Bis ins 20. Jahrhundert dominiert das Rohseidengeschäft mit einem Anteil von 95 Prozent die japanischen Exporte in die Schweiz. Im Jahr 1900 holt Siber seinen Neffen Robert Hegner von Juvalta in das Unternehmen. Diese dritte Figur im Spiel hat zuvor in Seidenspinnereien in Bergamo und Lyon gearbeitet. Ab 1902 weitet Siber & Brennwald die Aktivitäten auf China aus, 1910 wird die Firma umbenannt in Siber Hegner & Co.

Die vierte Gründerfigur beginnt ihre Karriere auf den Philippinen. Gerade erst 20 Jahre alt geworden, reist Eduard Anton Keller (1848–1908) in den südostasiatischen Inselstaat und heuert 1868 beim Handelshaus C. Lutz & Co. in Manila an. Die Firma importiert Konsumgüter aus zahlreichen europäischen Ländern: Textilien aus der Schweiz, Zigarettenpapier und Bier aus Österreich, Glas aus Deutschland, Möbel aus Spanien und Briefpapier aus Belgien. Keller macht seine Arbeit gut und wird Partner des Unternehmens. 1887 übernimmt er die Firma von Carl Lutz und benennt sie in E. A. Keller & Co. um. Der fünfte im Bunde beginnt seine Karriere in Singapur. Im Alter von 23 Jahren wandert Wilhelm Heinrich Diethelm (1848–1932) 1871 in die damalige englische Kronkolonie aus und findet im niederländischen Handelshaus Hooglandt & Co. eine Anstellung. Dort arbeitet sich der gebürtige Thurgauer nach oben. Sechs Jahre später wird er mit geborgten 50 000 Franken

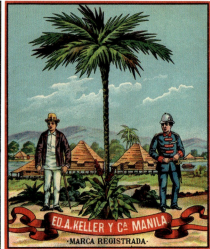

zum Partner und übernimmt 35 Prozent der Aktien. Sein Ziel aber besteht in der Übernahme der Firma. Nach zähen Verhandlungen einigen sich die Partner: Diethelm darf den wertvollen Namen Hooglandt noch zehn Jahre lang benutzen. Gleichzeitig gründet er in Zürich seine eigene Firma, W. H. Diethelm & Co., die als Generalagentin der Hooglandt & Co. Singapur fungiert. Unter den Geschäftspartnern befinden sich illustre Namen wie der Schweizer Fabrikant Jacques Schiesser (1848–1913), der im deutschen Radolfzell seit 1875 ein Textilunternehmen betreibt, die Maschinenfabrik Rieter in Winterthur und das Basler Chemieunternehmen J. R. Geigy. Wie den andern jungen Schweizer Geschäftsleuten in Asien verleiht der 1869 eröffnete Suezkanal auch Diethelm enormen Auftrieb. 1906 eröffnet er eine Niederlassung in Bangkok. Akquisitionen in Hongkong und China folgen.

Um die Jahrhundertwende verfügt Zürich also über drei bedeutende, interkontinental tätige Handelshäuser: Siber Hegner & Co., W. H. Diethelm & Co. und E. A. Keller & Co. Zwischen ihnen herrscht das ungeschriebene Gesetz, wonach niemand in den Markt des jeweils anderen eintreten darf. Diese klare Aufteilung der Märkte erleichtert den 100 Jahre später stattfindenden Zusammenschluss der Häuser entscheidend. Zwei von ihnen, Keller und Diethelm, sind bereits seit Anfang des 20. Jahrhunderts über Kreuzbeteiligungen finanziell miteinander verbunden. Zudem hat Eduard Keller Wilhelm Diethelm um einen Freundschaftsdienst gebeten: Er soll die Interessen und die Vormundschaft seiner minderjährigen Kinder wahrnehmen. Trotz dieser Verflechtung bleibt jedes der beiden Unternehmen als Familienunternehmen strukturiert und geht in den folgenden Jahrzehnten

Linke und rechte Seite
Historische Markenembleme
von Siber Hegner & Co.,
E. A. Keller & Co. und
Diethelm & Co. Ltd.

sehr diskret und unabhängig den eigenen Geschäften nach. Das Gleiche gilt für Siber Hegner. Erst eines der grösseren wirtschaftlichen Erdbeben der jüngsten Vergangenheit ändert die Sachlage schlagartig.

Im Frühjahr 1997 platzt in Thailand, später dann auch in andern asiatischen Staaten eine von einem enormen Anstieg des Kreditvolumens sowie einer rasanten Steigerung der Immobilienpreise und Firmenbewertungen getriebene Finanzblase. Zahlreiche der zuvor hochgelobten «Tigerstaaten» Südostasiens geraten in eine tiefe Rezession. Diese Asienkrise lässt auch die Verkäufe und Gewinne der Handelsfirmen schrumpfen. Zuerst trifft es Siber Hegner. 1998 erzielt das Unternehmen noch knapp 1 Mrd. Franken Umsatz und muss einen Verlust von 4 Mio. Franken verkraften. 1999 beträgt der Verlust 14 Mio. Franken; die Firma ist existenziell bedroht. Differenzen zwischen den zwei Besitzerfamilien, die je 45 Prozent des Kapitals halten, verstärken sich. Im gleichen Jahr beteiligt sich der Unternehmer und Financier Ernst Müller-Möhl über eine Kapitalerhöhung mit 30 Prozent an Siber Hegner. Die existenzgefährdende Pattsituation an der Spitze der Firma bricht auf. Jörg Wolle, der spätere CEO der DKSH, wird zum Chef der Siber Hegner berufen und erarbeitet für das Unternehmen eine neue Strategie: Es soll zu einem professionellen «Solution Provider» für Unternehmen werden, die in Asien Geschäfte machen wollen. Kurz darauf kommt Müller-Möhl bei einem Flugzeugabsturz ums Leben. Die Witwe, Carolina Müller-Möhl, hält am Engagement fest. Im gleichen Jahr, in dem Siber Hegner die Neuausrichtung in Angriff nimmt, fusionieren Diethelm und Keller zur Diethelm Keller Holding, nachdem ein bedeutender

Modernes Logistiklager der DKSH in Bangkok

Aktionär aus der Diethelm-Familie den Ausstieg suchte. Die Zusammenführung der beiden unterschiedlichen Firmenkulturen erweist sich aber als schwierig. Die Diethelm Keller Holding, auf der Suche nach einem neuen Konzernchef, tritt in Kontakt mit Jörg Wolle, der den erfolgreichen Turnaround und die Neupositionierung bei Siber Hegner geschafft hat. Aus diesen Gesprächen entsteht die Idee zum grossen Wurf, dem Zusammenschluss der Asienaktivitäten von Diethelm Keller und Siber Hegner. Ende 2001 wird skizziert, wie der Zusammenschluss zum weltweit grössten, flächendeckenden Handelsunternehmen in Fernost aussehen könnte. Die Aktionäre aller beteiligten Unternehmen stimmen schliesslich Mitte 2002 der Fusion zu – die DKSH entsteht.

Einige Jahre später findet ein weiteres, traditionsreiches Handelsunternehmen nach manchen Irrungen unter das Dach der DKSH: die auf den Fernosthandel mit Konsumgütern spezialisierte Cosa Liebermann. Deren Ursprünge liegen in Japan, wo Johann Wälchli und Ernst Liebermann 1912 die Liebermann-Wälchli & Co. AG gründen. Nach Jahrzehnten erfolgreicher Tätigkeit fusioniert die Firma 1988 mit der Übersee-Handel AG (UHAG), die 1927 von Julius Müller gegründet worden ist, zur Cosa Liebermann. Noch im gleichen Jahr übernimmt das Unternehmen den deutschen Sportartikelhersteller Puma, nur zwei Jahre später wird das Unternehmen seinerseits an die Anova von Stephan Schmidheiny verkauft. Diese verkauft Cosa Liebermann 1994 zur Hälfte, Ende 1999 dann ganz dem holländischen Handelsunternehmen Hagemeyer, das im Jahr 1900 in Thailand und Japan gegründet worden war. Die Odyssee des Unternehmens ist damit aber noch nicht zu Ende. 2008 wird Hagemeyer-Cosa-Liebermann vom französischen Elektrohandelskonzern Rexel gekauft, der das Unternehmen 2010 an die DKSH-Gruppe verkauft. Zusammen mit den bereits 2008 erworbenen Asienaktivitäten von Desco gehen damit die letzten, bedeutenden ehemaligen Schweizer Handelshäuser in den Besitz der DKSH über, und DKSH verstärkt damit seine Stellung als führender Dienstleister für Marktexpansion in Asien weiter. 2012 geht das Unternehmen an die Börse, was den DKSH-Besitzern 821 Mio. Franken einbringt – einer der grössten Schweizer Börsengänge der letzten Jahre.

Eine Drehscheibe des internationalen Rohwarenhandels

Ebenso beeindruckend wie die weit ins 19. Jahrhundert zurückreichenden Erfolgsgeschichten traditionsreicher schweizerischer Handelshäuser ist das, was sich – abgesehen von wenigen Ausnahmen – hauptsächlich in den letzten Jahrzehnten im internationalen Rohwarenhandel abspielt. Weil dieser Handel angesichts zunehmend knapperer Rohstoffe von geradezu strategischer Bedeutung ist, agieren die Firmen ausgesprochen diskret – möglicherweise ein Grund für die Wahl des Standortes Schweiz für dieses Geschäft. Rohwaren sind die Grundstoffe der industriellen Produktion. Dazu zählen Energieträger wie Erdöl, Kohle oder Uran, Erze und Metalle, in grossen Mengen angebaute landwirtschaftliche Produkte wie Baumwolle, Getreide, Ölsaaten, Zucker oder Kaffee und schliesslich Baustoffe wie Tone, Naturstein oder Kies. Obwohl die Schweiz nur von Letzterem nennenswerte Ressourcen besitzt, spielt sie beim Handel mit fast allen andern Rohwaren eine Schlüsselrolle in der Welt. Diese Bedeutung der Schweiz für den Rohwarenhandel ist wenig bekannt, doch die Zahlen sagen vieles: Gut ein Drittel des Welthandels mit Erdöl läuft gemäss Schätzungen über in Genf beheimatete Firmen wie Vitol, Mercurian und Gunvor, ein weiterer beträchtlicher Anteil über Glencore in Zug. Über Genf werden auch rund 35 Prozent des Handels mit Getreide und Ölsaaten und die Hälfte des weltweiten An- und Verkaufs von Zucker abgewickelt, und Zug bildet mit Glencore ein Zentrum des Handels mit Bergbauprodukten. Winterthur schliesslich ist zusammen mit Genf und Zug Standort von Firmen wie der Volcafe-Gruppe und Bernard Rothfos Intercafé, die insgesamt mehr als 70 Prozent des globalen Handels mit Rohkaffee abwickeln.

Wie kommt es, dass ein derart kleines Land eine so wichtige Stellung im Rohwarenhandel einnehmen kann? Gewiss haben auch die Pioniere des 19. Jahrhunderts mit Rohwaren Handel getrieben, doch abgesehen von zwei Ausnahmen hat sich keines dieser Unternehmen im modernen Rohwarenhandel etablieren können. Das 1877 gegründete Lausanner Handelshaus André Cie., eine der sogenannten «fünf Schwestern» im internationalen Getreidehandel, ging 2001 sogar in Konkurs, nachdem unter anderem eine schlechte Nachfolgeplanung im Familienunternehmen eine Anpassung der Geschäftsstrategie an die Herausforderungen des Internet-Zeitalters verunmöglicht hatte. Die eine Ausnahme hat heute unternehmerisch kaum noch einen Bezug zur Schweiz: Das Kaffeegeschäft der Volkart-Gruppe, als Volcafe Holding Ldt. in Zug angesiedelt, ist über den Umweg der Winterthurer Erb-Gruppe schliesslich 2004 bei der englischen ED & F Man gelandet. Immerhin: Volcafe dominiert zusammen mit Ecom Agroindustrial aus dem waadtländischen Pully – die Firma mit spanischen Wurzeln operiert seit 1999 aus der Schweiz –, der deutschen Neumann-Kaffee-Gruppe und dem französischen Rohstoffunternehmen Louis Dreyfus den weltweiten Handel mit grünen Kaffeebohnen. Die zweite Ausnahme hat Wurzeln, die bis ins 18. Jahrhundert zurückreichen: 1788 gründen Kaspar Geilinger und Christoph Blum in Winterthur das Baumwollhandelsunternehmen Geilinger & Blum. Die Schweiz ist zu dieser Zeit der grösste Baumwollimporteur Kontinentaleuropas – dies aufgrund der starken Stellung der Textilindustrie. 1823 wird Johann Caspar Reinhart (1798–1871), der Schwiegersohn eines der Gründer, Partner in der Firma. Nach finanziellen Problemen in der Türkei konzentriert sich das Unternehmen im Jahr 1848 auf das Agentengeschäft in den USA und in Ägypten. 1856 entsteht eine Niederlassung in Le Havre. 1889 ändert die Firma ihren Namen in Paul Reinhart & Cie. 1907 wird eine eigentliche Tochtergesellschaft in Ägypten gegründet, 1936 entsteht eine Niederlassung in Bremen. Heute hat die Paul Reinhart AG einen Anteil am Baumwollweltmarkt von rund 6 Prozent und gehört damit zu den sechs bedeutendsten Händlern im internationalen Baumwollhandel (der mit etwa 7 bis 9 Mio. Tonnen jährlich allerdings nur etwa ein Drittel der Weltproduktion von Baumwolle ausmacht; der grössere Teil der Ernte wird jeweils direkt im Produktionsland weiterverarbeitet). Das Unternehmen beschäftigt am Hauptsitz in Winterthur und in den ausländischen Niederlassungen etwa 145 Personen, dazu kommen die Beschäftigten in den Agenturen und Minderheitsbeteiligungen an Entkörnungsfabriken in Burkina Faso, der Elfenbeinküste, Tansania, Sambia und Simbabwe. Es bezieht die Baumwolle heute vorwiegend aus Westafrika, Zentralasien, Brasilien, Indien, Australien und den USA und liefert sie zum grössten Teil nach Asien und in die Türkei. Die Schweiz ist als Abnehmer bedeutungslos geworden. Einzig die letzte übrig gebliebene

Oben *Ernest Henry Mine in Australien*

Unten *Der Architekt des modernen Rohstoffhandels Marc Rich (1934–2013)*

Spinnerei, Bühler in Sennhof bei Winterthur, bezieht noch Baumwolle von der Paul Reinhart AG.

Doch die heute wirklich grossen Player im Rohwarenhandel sind erst seit wenigen Jahrzehnten in der Schweiz – und um das zu verstehen, muss man die Geschichte eines der schillerndsten Wirtschaftsführer erzählen, den die Schweiz gesehen hat, die Geschichte von Marc Rich (1934–2013), dem vielleicht bedeutendsten Rohstoffhändler des 20. Jahrhunderts. Er gilt als Architekt des modernen Rohstoffhandels, und er legt das Fundament dafür, dass die rohstoffarme Schweiz zu einem weltweit führenden Handelszentrum für Erdöl, Metalle und Mineralien werden kann. Rich wird 1934 in Belgien geboren. Seine Familie, die ursprünglich Reich heisst, flieht 1940 vor der Verfolgung durch die Nationalsozialisten in die

USA. 1945 erhalten die Reichs die amerikanische Staatsbürgerschaft und nennen sich Rich. Der Vater handelt im New Yorker Stadtteil Queens mit Schmuck, Autoersatzteilen, Tabak und Jutesäcken. Marc Rich startet seine Karriere 1954 als Lehrling bei der Metallhandelsfirma Philipp Brothers. Nach 20 Jahren verlässt er die Firma im Streit mit dem Chef und gründet 1974 mit einigen Weggefährten, darunter Pincus Green, ein Rohstoffunternehmen in Zug: die Marc Rich + Co AG. Grund für die Wahl ist neben der zentralen Lage und den niedrigen Steuern auch die Neutralität der Schweiz, die für internationale Geschäfte im heiklen Bereich der Rohwaren ein Vorteil ist. Rich hat eine gute Nase und ein Gespür für neue Trends. Viele Regierungen wollen im Rohstoffabbau und -handel mehr Unabhängigkeit von den grossen Erdöl- und Bergbaukonzernen. Rich erkennt dieses Bedürfnis und wirkt mit seiner Firma als Vermittler zwischen den Besitzern und den Nachfragern der Rohstoffe. Darunter sind auch Partner, die offiziell nichts miteinander zu tun haben dürfen, etwa weil zwischen ihnen politische Spannungen herrschen. Zu seinen Geschäftspartnern gehören der Schah von Persien, die Sowjets, China, Südafrika und – nach dem Sturz des Schahs 1979 – auch der iranische Revolutionsführer Chomeini. Rich bringt es beispielsweise fertig, dass Iran in den 1970er-Jahren dem verhassten Israel über eine geheime Pipeline Öl liefert.

Es verwundert nicht, dass ein Mann, der derart zwischen den Fronten agiert, bald selbst zur Zielscheibe wird. Zu Beginn der 1980er-Jahre beginnt ein umtriebiger Staatsanwalt, der spätere New Yorker Bürgermeister Rudolph Giuliani, eine Kampagne gegen Rich. Vorgeworfen werden ihm Steuervergehen, Vergehen gegen Preisregulierungen sowie Handel mit dem Feind Chomeini, der nach dem Sturz des Schahs die amerikanische Botschaft stürmen und US-Bürger als Geiseln nehmen lässt. Rich drohen gemäss Anklageschrift 300 Jahre Gefängnis. Während Monaten muss er eine Busse von täglich 50 000 Dollar bezahlen, weil er die Herausgabe von Dokumenten verweigert. Rich setzt sich 1983 in die Schweiz ab und wird quasi zu einem «Gefangenen» des Landes, weil die US-Strafbehörden ihn weltweit jagen. Doch obwohl Rich jahrelang auf der Liste der «Most Wanted» des FBI figuriert, liefert ihn die Schweiz nie aus. Zu einem Prozess gegen Rich kommt es nie, und 2001 begnadigt ihn US-Präsident Bill Clinton kurz vor Ende seiner Amtszeit.

Rich führt viele Nachwuchskräfte in den Rohstoffhandel ein – man nennt sie später die «Rich Boys». Sie setzen 1993/94 ein Management-Buyout durch. Marc Rich verlässt daraufhin die Firma, die sich neu Glencore nennt. Er veräussert alle seine Anteile an Glencore und gründet 1996 die Rohwarenhandelsgruppe Marc

Rich + Co Investment AG. Es folgen einige Umfirmierungen, bis 2003 auch dieses Unternehmen durch ein Management-Buyout von Rich unabhängig wird. Rich betätigt sich auch in grossem Umfang als Mäzen, was ihm unter anderem die Ehrendoktorwürde der Bar-Ilan-Universität in Tel Aviv als Anerkennung für die Wohlfahrtsaktivitäten seiner Stiftungen in den Bereichen Bildung, Kultur und Gesundheitswesen einbringt. Die in Baar im Kanton Zug beheimatete Glencore ist auf dem von Rich gelegten Fundament aussergewöhnlich erfolgreich. Der Konzern ist in der Produktion von und im Handel mit Erzen, Kohle, Erdöl und Agrarprodukten tätig – über 90 verschiedene Rohstoffe werden von Glencore produziert und vermarktet. Im Vergleich mit anderen Rohwaren-Giganten wie BHP Billiton, Rio Tinto oder Vale ist der Konzern damit stark diversifiziert. Mit über 224 Mrd. Dollar Umsatz (2014) ist er nach Vitol das zweitgrösste Unternehmen der Schweiz. Generell führen die Rohwarenhändler umsatzmässig die Rangliste der grössten Schweizer Unternehmen an – Cargill mit Hauptsitz in Genf ist Nummer drei (123 Mrd. Franken), Trafigura mit Hauptsitz in Luzern (rund 120 Mrd. Franken) ist an vierter und Mercuria mit Hauptsitz in Genf (rund 101 Mrd. Franken, alle Zahlen von 2013) an fünfter Stelle. Allerdings: Es handelt sich hier um Handelsumsätze, die mit Produktionsumsätzen schlecht vergleichbar sind. So schätzt man beispielsweise die Marge beim Ölhandel auf lediglich 0,5 bis 1 Prozent. Aussagekräftiger ist daher, dass bei Glencore insgesamt rund 181 000 Mitarbeitende und Auftragnehmer in über 50 Ländern arbeiten – davon rund 850 in der Schweiz. 2011 geht das Unternehmen in London und Hongkong an die Börse – der drittgrösste Börsengang der europäischen Wirtschaftsgeschichte. Rund 10 Mrd. Dollar nimmt der Konzern ein – und macht damit auch Konzernchef Ivan Glasenberg, der grösste Belegschaftsaktionär von Glencore, und Verwaltungsratspräsident Willy Strothotte zu Multimilliardären. Strothotte verlässt Glencore danach und wird durch Simon Murray ersetzt.

Bereits am Börsengang wird über ein Zusammengehen mit einem zweiten Zuger Rohstoffkonzern gemunkelt, zu dessen Grösse Rich beigetragen hat und an dem Glencore rund 35 Prozent der Aktien hält. Die Rede ist von Xstrata, das 2010 weltweit fünftgrösste diversifizierte Metall- und Bergbauunternehmen der Welt. Seine Wurzeln reichen bis zu der 1926 gegründeten Südelektra AG zurück. Das von Privatbanken gegründete Unternehmen sollte ursprünglich die Finanzierung von Wasserkraftwerken und Stromversorgungsprojekten in Südamerika ermöglichen, besonders in Peru. Durch eine Reihe von Veräusserungen und Akquisitionen wandelt sich Südelektra im Lauf der Zeit in ein diversifiziertes Bergbauunternehmen.

1990 übernimmt die Marc Rich + Co AG die Aktienmehrheit von der Schweizerischen Bankgesellschaft. Rich richtet das Unternehmen neu aus, unter anderem mit Beteiligungen am Erdöl- und Erdgasgeschäft in Argentinien. 1994 verkauft Rich Südelektra an eine Managementgruppe unter der Leitung von Willy Strothotte. Südelektra ändert 1999 den Namen in Xstrata AG. Kurz darauf veräussert die Firma die nicht zum Kerngeschäft zählenden Bereiche Aluminium, Erdöl und Gas und konzentriert sich ganz auf die Bergbauproduktion. 2012 wird dann der Zusammenschluss von Xstrata mit Glencore angekündigt, was ein Jahr später auch realisiert wird. So entsteht ein Rohstoffriese mit weltweit 150 Standorten und 181 000 Mitarbeitenden.

Neben den Giganten Glencore haben eine Reihe weiterer Rohwarenhändler ihre Zelte in Zug aufgeschlagen, so die Stemcore Europe AG, Teil des weltweit grössten, britischen Stahlhandelskonzerns Stemcore, und der der russischen Gazprom nahestehende Erdgashändler Rosukrenergo, der 2014 im Zug der Neuordnung des Gasgeschäfts zwischen Russland und der Ukraine liquidiert wird. In Zürich hat mit Umcor ein ebenfalls sehr verschwiegenes, global tätiges Metallhandelsunternehmen seinen Sitz. Diese generelle Verschwiegenheit der Branche, aber auch Berichte über Umweltschäden durch die Gewinnung von Rohstoffen rücken die Rohstoff-Firmen zunehmend in den Fokus der Kritik von NGOs.

Zweites Zentrum des Rohwarenhandels in der Schweiz neben Zug ist Genf. Von hier aus operiert mit Vitol der weltgrösste Erdölhändler, dessen Umsatz 2013 mit 307 Mrd. Dollar angegeben wird. Die kaum bekannte Firma mit Sitz in Genf verschifft täglich über 5 Mio. Fass Rohöl und Benzinprodukte an den internationalen Märkten und kommt damit auf einen noch etwas höheren Umsatz als Glencore. Das Unternehmen investiert zunehmend auch in Raffinerien und kauft beispielsweise 2012 die Schweizer Raffinerie Cressier vom bankrotten Raffineriebetreiber Petroplus. Nebst Genf befindet sich ein weiterer Firmensitz in Rotterdam, denn das Unternehmen ist 1966 von niederländischen Kaufleuten gegründet worden. Die wichtigsten operativen Standorte befinden sich neben Genf in Houston, Singapur und London. Ebenfalls wenig weiss man über die Nummer sechs der Schweizer Rohstoffhändler, die Gunvor-Gruppe mit Hauptquartier in Genf. Gegründet wird das Unternehmen 1997 vom Schweden Torbjorn Tornqvist und vom Russen Gennady Timchenko. Der Umsatz von Gunvor beträgt rund 91 Mrd. Dollar (2013). Jener der Mercuria Energy Group Ltd., einem weiteren Global Player im Erdölhandel mit Sitz in Genf, liegt mit knapp 101 Mrd. Franken höher. Die Genfer Cargill International schliesslich, Tochter des US-Agrarriesen Cargill mit Sitz in Minneapolis, operiert in Genf als Logistikzentrum für den globalen Handel mit Getreide, Speiseöl und Zucker sowie Rohöl, Kohle und Elektrizität. Sie ist umsatzmässig (knapp 123 Mrd. Franken im Jahr 2013) gar das drittgrösste Unternehmen der Schweiz.

Zumindest indirekt mit dem Rohwarenhandel verknüpft ist ein ebenfalls wenig bekanntes, weltweit agierendes Unternehmen: die SGS Société Générale de Surveillance SA. Das Unternehmen ist die weltweit grösste unabhängige Inspektions- und Zertifizierungsgesellschaft, vor dem lange auf Frankreich und die französischsprachigen Länder konzentrierten Bureau Veritas und der britischen Intertek Testing Services (IST). Gegründet wird das Unternehmen unter dem Namen Goldstück-Hainzé & Cie bereits am 12. Dezember 1878 in Rouen vom aus Lettland stammenden jüdischen Immigranten Henri Goldstück und Johann Hainzé aus Böhmen. Es bietet damals europäischen Getreidehändlern seine Dienste als Getreideinspektor an. Bald umspannt dieses Geschäft die ganze Welt. Da das Unternehmen im Ersten Weltkrieg Geschäfte mit beiden Kriegsparteien tätigt, wird es von den Franzosen auf eine schwarze Liste gesetzt, sodass es 1915 seinen Sitz in die neutrale Schweiz nach Genf verlegt – dasselbe Muster wie bei Marc Rich. Am 23. September 1919 schliesst Jacques Salmanowitz, Goldstücks Schwiegersohn, in Genf die Filialen zur Société Générale de Surveillance zusammen, die er bis 1966 leitet. Mitte des 20. Jahrhunderts beginnt die Diversifikation in Branchen wie Industrie, Erdöl und -gas sowie Chemie. 1981 geht die SGS an die Börse. Heute prüft das Unternehmen als neutraler Inspektor Rohstoffe, Investitions- und Konsumgüter sowie landwirtschaftliche Erzeugnisse auf Qualität und Menge, um die Übereinstimmung mit Industrienormen, behördlichen Auflagen oder Handelsverträgen zu bestätigen. Zertifiziert werden zudem Betriebsabläufe und Sicherheitsvorkehrungen. Auch die Prüfung im Bereich Umwelttechnologie ist ein wachsendes Geschäftsfeld. So baut die SGS in China die weltgrösste Prüfanlage für Rotorblätter von Windkraftanlagen. Im ertragsmässig wichtigsten Bereich Konsumgütertests, der von immer strenger werdenden Produkte- und Konsumentenvorschriften profitiert, prüft die SGS vorwiegend Produktneuheiten. Die Schweizer Wurzeln sind dabei ausserordentlich wichtig. Zentrale Werte, die mit der Schweizer Herkunft assoziiert werden, wie Glaubwürdigkeit und Qualität, zählen im Zertifizierungsgeschäft besonders. Die SGS verfügt über 1650 Lokalitäten und Labors in über 140 Ländern, beschäftigt gegen 80 000 Mitarbeitende und erreicht einen Umsatz von 5,8 Mrd. Franken (2013).

Vom Händler zum umfassenden Dienstleister

Die Entwicklung der schweizerischen Welthandelsfirmen zeigt geradezu exemplarisch, dass «Handel» nie einfach nur das Verschieben von Gütern meint. Handel beruht auf einem tiefen Verständnis der beteiligten Partner und einem breiten Netz an Kontakten. Vor allem die DKSH zeigt deutlich, wie man, basierend auf diesem tieferen Verständnis von Handel, auf die neuen Herausforderungen reagieren und das Geschäftsmodell neu erfinden kann. DKSH ist zu einem umfassenden, professionellen Dienstleister für alle Fragen der Marktöffnung und Marktentwicklung in Asien geworden und bietet seinen Kunden fachliche Expertise und eine gut eingespielte Infrastruktur vor Ort, die auf ein umfassendes Distributionsnetzwerk in der Region zurückgreifen kann. Das Unternehmen vertritt mehr als 5500 Hersteller wie Lindt & Sprüngli oder Roche aus der Schweiz, das Kosmetikunternehmen Beiersdorf oder den Werkzeugmaschinenhersteller Trumpf aus Deutschland und den Chemie- und Pharma-Riesen Hayashibara aus Japan. Die mehr als 550 000 Kunden befinden sich vorwiegend im asiatischen Raum.

Ein anderes, bemerkenswertes Beispiel der für Handelsunternehmen wichtigen Anpassungsfähigkeit an wandelnde Umstände ist die hierzulande nahezu unbekannte Zuellig Group. Die Zentrale dieser Gruppe mit über 15 000 Angestellten in 19 Ländern liegt heute zwar in Hongkong, doch das diskret operierende Familienunternehmen ist nun schon über mehrere Generationen mit der Schweiz verbunden. Dessen Wurzeln reichen zurück ins Jahr 1912, als Frederick Eduard Zuellig (1883–1943) – er war gut zehn Jahre zuvor aus der Schweiz in die Philippinen ausgewandert – in die Schweizer Handelsfirma Lutz & Co mit Standort Manila eintritt. Vier Jahre später wird er Partner der Firma, die er 1922 vollständig kauft und in F. E. Zuellig Inc. umbenennt. Zunächst ist das Unternehmen hauptsächlich im Textilbereich und in Agenturen aller Art tätig, ebenso wie die zahlreichen konkurrierenden Handelshäuser. Die Expansion im südostasiatischen Raum erfährt aber durch die japanische militärische Expansion im Zuge des Zweiten Weltkriegs einen herben, für das Unternehmen fast tödlichen Rückschlag. Zuellig stirbt vor Ende des Krieges in New York, während die Söhne auf den besetzten Philippinen ausharren und deren Mutter in der Schweiz lebt. Doch Frederick Eduard Zuellig war in den Philippinen ein respektierter und hoch geachteter Mann, was es seinen Kindern Stephen und Gilbert Zuellig nach dem Krieg erleichterte, die Firma wieder aufzubauen. Investiert wird dann ab den 1950er-Jahren vermehrt in den Pharma- und Ernährungsbereich, ersterer noch heute ein Schwerpunkt der Gruppe. Durch geschicktes Agieren baut die Zuellig-Gruppe über Jahrzehnte in Bereichen wie

Links *Familienoberhaupt*
Stephen Zuellig (*1917) als Student an
der Universität Zürich (1940)

Rechts *Das Zuellig Building in Manila,*
heute die Zentrale der Gruppe in
den Philippinen

Gesundheitswesen, landwirtschaftlichen Gerätschaften oder Versicherungswesen in allen südostasiatischen Staaten und Australien eine dominierende Stellung auf, durch ein Immobilien-Portfolio ergänzt, und erzielt heute einen Umsatz von 15 Mrd. Dollar, mehr als irgendein Konkurrent aus den USA oder Europa. Das Family Office dieses Handelsunternehmens, das exemplarisch für schweizerischen Kosmopolitismus steht, befindet sich weiterhin in Rapperswil-Jona.

Im Rohstoffhandel kommen einige Spezifika dazu, so der als Folge des wachsenden Rohstoffhungers markant steigende Investitionsbedarf zur Finanzierung von Rohstofftransaktionen, aber auch der politische Druck in diesem strategisch wichtigen Bereich. Das dürfte die Tendenz Richtung Grösse und Zusammenschluss verstärken. Gerade für kleinere und mittlere Rohwarenhändler wird das Geschäft immer schwieriger, denn die Märkte werden durch neue Technologien und Marktteilnehmer transparenter und liquider, was die Rolle des Vermittlers erschwert. Dazu kommt, dass die Finanzinstitute aufgrund von Eigenkapitalvorschriften und Regulierungen ihre Tätigkeit im Rohwarenbereich reduzieren. Nach Einschätzung von Experten dürften die grossen Rohwarenhändler vermehrt bankähnliche

Produkte wie Risikomanagement anbieten, um die Volatilität des reinen Rohwarenhandels auszugleichen – was eine gewisse Grösse bedingt und damit den
Konzentrationsprozess ebenfalls verstärkt.

Der Welthandel – vorab mit dem heutigen Schwerpunkt Rohstoffe – ist ein
wenig sichtbarer und im Auftritt bewusst diskreter Teil der Schweizer Wirtschaft,
sodass seine Bedeutung oft unterschätzt wird. Im 2013 veröffentlichten «Grund-
lagenbericht Rohstoffe» wird aber die volkswirtschaftliche Rolle der Branche er-
sichtlich. Die Schweiz ist für einzelne Rohstoffe – wie beispielsweise Rohöl – der
weltweit grösste Handelsplatz. Gemäss Schätzungen sind gegen 500 Unternehmen
und rund 10 000 Mitarbeitende im Rohstoffhandelsgeschäft tätig, das neben dem
Handel auch das Frachtgeschäft, die Handelsfinanzierung und die Inspektion und
Warenprüfung umfasst. Mit Nettoeinnahmen aus dem Transithandel von knapp
20 Mrd. Franken machte die Rohstoffbranche 2011 rund 3,5 Prozent des Schweizer
Bruttoinlandprodukts aus. So ist der Handel, der wie kaum eine andere Branche
Schweizer Weltläufigkeit ausmacht, von einer nicht zu unterschätzenden wirt-
schaftlichen Bedeutung für das Land.

Wichtige Schweizer Handelsunternehmen in Zahlen

Glencore (1974, Marc Rich & Co.) und ehemals Xstrata (1926, Südelektra)					
	1950	1970	1990	2007	2014
Umsatz	< 1	6	16	28 542	224 000
Beschäftigte	n. v.	n. v.	n. v.	~56 000	181 000
davon im Inland	n. v.	n. v.	n. v.	n. v.	850

DKSH (2002)					
	1950	1970	1990	2000	2013
Umsatz	–	–	–	4700	9560
Beschäftigte	–	–	–	13 300	26 700
davon im Inland	–	–	–	100	310

*Genannt werden Umsatz und Zahl der Beschäftigten (insgesamt und in der Schweiz) grosser Schweizer
Handelsunternehmen, soweit diese verfügbar sind (ansonsten findet sich der Vermerk n. v.). In Klammern
ist das Gründungsjahr des Unternehmens angegeben, der Umsatz ist in Mio. Franken aufgeführt,
die Zahlen zu Umsatz und Beschäftigten sind gerundet. Die Vorläufer-Firmen des heutigen Dienstleisters
DKSH gehen bis auf die Mitte des 19. Jahrhunderts zurück. Bei Glencore sind bis 2000 nur die Zahlen
von Xstrata angegeben, 2014 umfassen die Zahlen jene von Glencore und der 2012 übernommenen Xstrata,
die Mitarbeiterzahlen umfassen auch jene der Auftragnehmer, der Umsatz ist in US-Dollar angegeben.
Viele andere in der Schweiz domizilierte Rohstoffhandelsunternehmen veröffentlichen kaum Zahlen zu
Umsatz und Zahl der Mitarbeitenden.*

Transit als Trumpf

vor 1800	1230	Die hölzerne «Teufelsbrücke» führt über die Schöllenenschlucht und macht den Gotthardpass zu einer wichtigen Transitroute.
1800–1899	1834	Gründung der Basler Auswanderungsagentur Zwilchenbart, der am weitesten zurückliegenden Wurzel von Panalpina.
	1838	Der «Service Général de Navigation» beginnt den Güterverkehr zwischen Strassburg und Basel.
	1847	Eröffnung der ersten ganz in der Schweiz liegenden Bahnstrecke von Zürich nach Baden.
	1852	Bundesrat beschliesst liberales Eisenbahngesetz.
	1870/71	Der Deutsch-Französische Krieg bringt den Sitz der Danzas, Lévêques & Minet nach Basel.
	1882	Eröffnung der Gotthardbahn.
	1890	August Kühne und Friedrich Nagel legen in Bremen den Grundstein von Kühne + Nagel.
1900–1999	1902	Entstehung der Schweizerischen Bundesbahn.
	1904	Gründung des «Vereins für die Schifffahrt auf dem Oberrhein» in Basel, Keimzelle der Panalpina.
	1919	In Zürich entsteht die «Mittelholzer & Co. Luftbildverlagsanstalt und Passagierflüge», das erste Flugunternehmen der Schweiz, das 1920 mit der Konkurrentin Ad Astra Aero vereinigt wird.
	1925	In Basel entsteht die Balair.
	1931	Aus der Balair und der Ad Astra Aero entsteht die Swissair.
	1975	Alfred Kühne gründet im Kanton Schwyz die Kühne + Nagel International AG.
	1999	Die Deutsche Post übernimmt Danzas.
ab 2000	2001	Grounding der Swissair.
	2002	Aus den Trümmern der Swissair entsteht die Swiss Air Lines, die 2005 an die deutsche Lufthansa verkauft wird.
	2006	Die Marke «Danzas» verschwindet.
	2010	Durchstich des neuen Gotthard-Basistunnels.

Von den Säumern zu den Transport- und Logistikunternehmen von heute

Der Alpen- und Voralpenraum als Kerngebiet der Schweiz liegt verkehrsmässig lange Zeit an der Peripherie Europas – mit einer gewichtigen Ausnahme: Zwischen den grossen Wirtschaftsräumen im Norden und Süden Europas herrscht über die Jahrhunderte ein je nach den Umständen mehr oder weniger reger Warenaustausch, der sich durch die engen Alpentäler und -pässe hindurchzwängen muss. So entwickelt sich die Säumerei als gewerbsmässiger Transport von Kaufmannsware über die Pässe sowohl im regionalen als auch im transalpinen Handel; sie ist seit Beginn des 14. Jahrhunderts belegt. Auf diese Weise kommen selbst abgelegene Gebirgstäler, sofern sie denn an den Passstrassen liegen, in Kontakt mit Reisenden und Gütern aus fernen Ländern – und zu wichtigen Einnahmen, die zur Unabhängigkeit der Schweizer Urkantone beitragen. Die Positionierung der Schweiz an der Transitachse zwischen wichtigen europäischen Wirtschaftsräumen erweist sich für die Wirtschaft des ganzen Landes als wichtiger Faktor. Doch zwischen den Säumern von einst und den Transport- und Logistikkonzernen von heute bestehen kaum historische Verbindungen, wenngleich in einem Namen wie «Panalpina» die Tradition der Schweiz als Transitland nachklingt. Mit Blick auf den Ausbau der Verkehrswege im 19. Jahrhundert ist die Schweiz zunächst Nachzüglerin, bis dann ein stürmischer Eisenbahnausbau einsetzt, der im 1882 eröffneten Gotthardtunnel seinen Höhepunkt erreicht. Parallel dazu muss die stark industrialisierte Schweiz den physischen Anschluss an die globalen Handelswege verbessern, wobei die Rheinschifffahrt ab der ersten Hälfte des 19. Jahrhunderts eine zunehmend wichtige Rolle einnimmt. In diese Zeit fällt die Gründung von Danzas, einem bald europaweit agierenden Spediteur, der 1999 von der Deutschen Post übernommen wird. Umgekehrt agiert Kühne + Nagel, einer der weltweit grössten Logistikkonzerne mit deutschen Wurzeln, seit 1975 aus der Schweiz. In der Luftfahrt ist schliesslich ein internationales Paradeunternehmen entstanden, dessen Untergang den Stolz des Landes tief getroffen hat: die Swissair. Dieses Unternehmen, das die Beförderung von Menschen durch die Luft mit Stil und Eleganz umsetzt, verkörpert lange Zeit viele Tugenden des Schweizer Unternehmertums – und wird dann Opfer von Untugenden, die man gerne verdrängt, aber gegen die auch Schweizer Unternehmen nicht gefeit sind.

Von den Säumern zum Gotthardtunnel

Der Weg über den Gotthardpass sei ein «schentlichen bosen wegk, als ich en alle myn leptage (nicht) gewandelt byn», schreibt der deutsche Bischof Dietrich von Cuba 1473 über seine Reise auf der Nord-Süd-Transitachse. Er meinte wohl die Schöllenenschlucht, über die seit 1230 eine hölzerne Brücke führt, die Teufelsbrücke. Durch diese Brücke gewinnt der Gotthardpass stark an Bedeutung, und bereits im 13. Jahrhundert wandern gemäss Schätzungen jährlich gegen 12 000 Menschen über den gekiesten oder mit Granitplatten gepflasterten Saumweg gen Süden oder Norden. Durch Zollstationen erhalten die Gründerkantone der Schweiz eine wichtige Einnahmequelle – eine Basis für die Sicherung der Unabhängigkeit des 1291 geschlossenen Bundes. Und der Transitverkehr bindet die vergleichsweise kleinen, aber dynamischen Schweizer Städte an internationale Handelsnetze an – mit dem entscheidenden Vorteil, dass Pässe, im Gegensatz zu Seehäfen, nicht ohne Weiteres austauschbar sind. Die Warenflüsse zwischen Nord- und Südeuropa sind jahrhundertelang auf Alpenpässe angewiesen, von denen die Mehrzahl im «Besitz» der Schweizer Kantone sind. Auf diese Weise hält das Land zwischen dem 13. Jahrhundert und der beginnenden Industrialisierung eine wichtige Trumpfkarte in der Hand. Der Gotthardpass symbolisiert also nicht nur geradezu mythisch das Transitland Schweiz, er ist tatsächlich eine der wenigen natürlichen Ressourcen des Landes. Für den Warentransport werden Pferde, Maultiere, Esel und sogar Kühe eingesetzt. Als gewerbsmässiger Transport ist die Säumerei seit dem 14. Jahrhundert belegt; die regionalen Gebietskörperschaften, etwa die Gemeinden, sind für den Unterhalt der Wege zuständig. Der Transport wird meist abschnittweise durch Landwirte im Nebenerwerb übernommen, wobei das Säumerwesen sehr unterschiedlich reguliert wird. So ist im Kanton Uri das Saumrecht den örtlichen Allmendgenossenschaften vorbehalten, während im Bergell die Transportrechte handelbar sind. Die Säumerei bleibt bis ins 19. Jahrhundert wirtschaftlich bedeutungsvoll, gerät dann aber von zwei Seiten unter Druck. Zum einen verdrängt die liberale Rechtsentwicklung des 19. Jahrhunderts, zumal die Handelsfreiheit, die obrigkeitlich geschützten Transportmonopole; so überträgt die Verfassung von 1848 dem Bund die Oberaufsicht über Strassen und Brücken von nationaler Bedeutung und schafft alle Strassen- und Brückenzölle ab. Zum anderen gibt der Bau der Alpenbahnen der Rolle der Schweiz als Transitland einen grundlegend anderen Charakter.

Wegen der Topografie des Landes und weil die kleinteilige Struktur mit selbstständigen Kantonen die Planung räumlich weit ausgreifender Grossprojekte erschwert, ist die Schweiz beim Bau wichtiger Infrastrukturen gegenüber dem

Links *Der Erbauer des Gotthardtunnels Louis Favre (1826–1879), porträtiert vom Berner Künstler Martin Fivian*

Rechts *Eines der waghalsigsten Abenteuer der Gründerzeit war der Bau des Gotthardtunnels; hier posieren die Mineure und Arbeiter von Airolo für ein Erinnerungsbild*

europäischen Ausland eine Nachzüglerin. Dafür verläuft die Entwicklung dann umso stürmischer. England treibt schon Mitte des 18. Jahrhunderts, in der Frühphase der industriellen Revolution, den Ausbau von Wasser- und Landstrassen gezielt voran, und in den Nachbarländern Deutschland, Frankreich und Österreich bestehen bereits in den 1830er-Jahren ausgedehnte Eisenbahnnetze. In der Schweiz dauert es dagegen bis in die zweite Hälfte des 19. Jahrhunderts, bis grössere Projekte in Angriff genommen werden. Die Eisenbahn erreicht die Schweiz im Jahr 1844 vom nahen Ausland her. Ein zwei Kilometer langes Teilstück der Elsässer Bahn führt von der Grenze in die Stadt Basel. Der Bahnhof liegt noch innerhalb der Stadtmauern; ein eigens für Züge geschaffenes Stadttor öffnet nur tagsüber seine Pforten. Neben Basel fordert vor allem Zürich den raschen Aufbau eines Bahnnetzes. Eine zentrale Rolle kommt hier dem Politiker und Unternehmerpionier Alfred Escher zu. 1847 kann endlich die erste ganz in der Schweiz liegende Bahnstrecke von Zürich nach Baden eröffnet werden. Zu einem Durchbruch führt die knapp 20 Kilometer lange Linie aber nicht, die Skepsis gegenüber dem neumodischen Transportmittel überwiegt. Sieben Jahre bleibt die «Spanisch-Brötli-Bahn» ein isoliertes Stück Eisenbahn ohne weitere Anschlüsse, bis ab 1855 ein heftiger Bauboom ganz nach dem Muster und Gusto der Gründerzeit losbricht. Grundlage dafür ist ein sehr liberales Eisenbahngesetz, das der junge Bundesstaat 1852 beschliesst. Darin überlässt er den Bau und Betrieb der Bahnen den Privaten und die Konzessionserteilung den Kantonen. Die privaten Unternehmer lassen sich nicht lange bitten: Zu einem grossen Teil finanziert von ausländischem Kapital, bauen sie in atemberaubendem Tempo Strecke um Strecke. Das 30 Kilometer lange Stück von Winterthur nach Schaffhausen wird zwischen 1857 und 1858 in nur anderthalb Jahren erstellt. Bis 1880 werden in der Schweiz rund 2500 Kilometer Schienen verlegt – die Hälfte des heutigen Bahnnetzes. Die Schweiz holt in 30 Jahren nicht nur den Rückstand auf die europäischen Nachbarn auf, sie überholt sie sogar und verfügt um 1890 über das dichteste Bahnnetz Europas.

Das mit Abstand imposanteste, im Ausland viel bewunderte Teilstück des Netzes ist die Gotthardbahn, die nach jahrzehntelangen politischen Auseinandersetzungen 1869 vom Bundesrat beschlossen wird. Ausschlaggebend für die Wahl des Gotthards sind vor allem die politischen Entwicklungen im benachbarten Ausland: Italiens Einigung zum Königreich und die Schaffung des Norddeutschen Bundes. Beide Staaten befürworten die kürzeste Verbindung zwischen den Industriegebieten im Rheinland und in Oberitalien und tragen zur Finanzierung des Grossprojektes bei. Obwohl für die Zufahrtsrampen im Norden und Süden immense Schwierigkeiten überwunden werden müssen, die die Ingenieure zu technischen Höchstleistungen (Kehrtunnels) ansporen, steht im Zentrum des Interesses der rund 15 Kilometer lange Tunnel zwischen Göschenen und Airolo. Der Genfer Unternehmer Louis Favre (1826–1879) verpflichtet sich in der Ausschreibung von 1872, den Tunnel in nur acht Jahren fertigzustellen. Favre überschätzt sich und seine 2500 Bergleute, der ambitiöse Terminplan ist nicht einzuhalten; er selbst stirbt noch vor dem Durchschlag 1879 auf der Baustelle im Nordabschnitt. 1882, mit zwei Jahren Verspätung, wird die Gotthardbahn eröffnet. Die Schweiz hat ihre im Staatsvertrag mit Italien und dem Deutschen Reich eingegangene Verpflichtung erfüllt. Das Projekt wird im In- und Ausland als «Jahrhundertwerk» gepriesen und zum Teil gar mit dem 1869 eröffneten Suezkanal verglichen. Gut 100 Jahre später wird mit der neuen Eisenbahn-Alpentransversale (NEAT) ein vergleichbares Grossprojekt realisiert, das mit dem Durchstich des 57 Kilometer langen Gotthard-Basistunnels im Oktober 2010 seinen vorläufigen Höhepunkt erlebt.

Die stürmische Entwicklung des Eisenbahnwesens hat aber auch ihre Schattenseiten. Bereits 1861 befinden sich vier Fünftel aller Schweizer Eisenbahnunternehmen in einer wirtschaftlich schwierigen Lage. Koordinations- und Abstimmungsprobleme bei Bau und Betrieb der Bahnen werden dann im Deutsch-Französischen Krieg von

1870/71 offensichtlich, als die Schweizer Armee zum Grenzschutz umfangreiche Truppenverschiebungen unternimmt. In der Folge tritt 1872 ein neues Eisenbahn-gesetz in Kraft, das die Konzessionshoheit für Eisenbahnen dem Bund überträgt und ihn ermächtigt, Grundsätze über Bau, Betrieb, Fahrpläne und Tarife aufzu-stellen. 1898 bewilligt das Volk den Rückkauf der fünf grössten Bahnen. Die im Jahr 1902 daraus entstandenen Schweizerischen Bundesbahnen SBB machen den Bund zum wichtigsten Akteur im Eisenbahnwesen – bis heute. 1999 werden die SBB zwar von einem Regiebetrieb des Bundes in eine Aktiengesellschaft umgewandelt, doch befindet sich diese immer noch zu 100 Prozent im Besitz des Bundes. 2013 erreicht das Unternehmen mit knapp 31 000 Beschäftigten einen kombinierten Personen- und Güterverkehrsertrag von knapp 4 Mrd. Franken.

Die Rheinschifffahrt als Tor zur Welt – und Kristallisationskeim für Panalpina

Das rasant aufgebaute Bahnnetz und die Transitachsen erlauben es der Schweizer Industrie, ihre Produkte rasch auf den Weltmarkt zu bringen. Doch die Bahn ist als Verkehrsträger nicht ausreichend. Für den Güterverkehr spielt daneben die Rhein-schifffahrt eine zentrale Rolle. Sie wird zudem zur Keimzelle eines heute global agierenden Logistikkonzerns. Zunächst ist die Bedeutung der Rheinschifffahrt für Basel zwar gering. Der verzweigte, wilde Oberrhein erlaubt nur flussabwärts einen Warentransport. Dank der 1817 in Angriff genommenen Korrektion des Oberrheins zwischen Basel und Worms ändert sich die Sachlage aber. Zwar dauert es gegen 60 Jahre, bis das Grossprojekt zum Abschluss kommt, doch bereits 1838 nimmt der mit Basler Beteiligung gegründete «Service Général de Navigation» den Güterver-kehr zwischen Strassburg und Basel auf. 1840 gründet der Industriepionier Philippe Suchard die Schifffahrtsgesellschaft «Adler des Oberrheins». Allerdings nimmt die 1844 in Betrieb gehende Elsässer Bahn den langsamen Rheinschiffen die grossen Tonnagen weg. Erst die beschleunigte Industrialisierung um die Jahrhundertwende bringt die Bahn in Kapazitätsprobleme. 1904 wird daher in Basel der «Verein für die Schifffahrt auf dem Oberrhein» gegründet, aus dem sich 1919 die Schweizerische Schleppschifffahrts-Genossenschaft (SSG) formiert, ein halbstaatliches Unter-nehmen, hinter dem die sich überwiegend in öffentlichem Besitz befindenden Gas- und Elektrizitätswerke stehen, die Kohle benötigen. Eine Pionierrolle spielt dabei der Basler Rudolf Gelpke (1873–1940), der am 2. Juni 1904 den Schleppdampfer «Knipscheer IX» mit dem Schleppkahn «Christina» nach Basel führt, um die Effi-zienz der Oberrhein-Schifffahrt zu belegen. Er wird zu einer treibenden Kraft beim

Oben *Bei interkontinentalen Luftfrachttransporten spielt Panalpina weltweit eine führende Rolle*

Unten *Der Rheinschifffahrts-Pionier Rudolf Gelpke*

Bau der Rheinhäfen St. Johann (1906–1911) und Kleinhüningen (bis 1922). Ab 1937 werden Tanklager für flüssige Brennstoffe gebaut. Auch für chemische Basisprodukte, Getreide, Kies, Sand und Baumstämme ist die Rheinschifffahrt nun wettbewerbsfähig.

Dennoch ist zwischen den Weltkriegen die Konkurrenz mit den Bahnen, die mit Kampftarifen antreten, äusserst intensiv. Um die Wertschöpfungskette zu verlängern, übernimmt die SSG 1938 die traditionsreiche Basler Spedition Hans im Obersteg & Cie. Zugleich wandelt sie sich in die Schweizerische Reederei AG (SR) um und investiert über ihre Tochtergesellschaft Alpina Reederei AG in fünf selbst fahrende Gütermotorschiffe, die dank Dieselmotoren viel beweglicher sind als die Schleppzüge. Die Rheinschifffahrt kommt nun ins Geschäft mit eiligem Stückgut. Im Zweiten Weltkrieg wird die SR in den Dienst der Landesversorgung gestellt, expandiert nach London und New York und betreibt auch Hochseeschifffahrt. Nach dem Ende des Zweiten Weltkriegs dehnt die SR bzw. die Hans im Obersteg &

Cie. ihre Tätigkeit auf die Luftfracht aus. Zudem werden überall in Europa Transportaufträge für die daniederliegende Rheinschifffahrt gesucht. Dazu baut die SR unter anderem in Wien eine grosse, auf Osteuropa gerichtete Niederlassung auf. Das Kerngeschäft, die Rheinschifffahrt, bleibt aber träge. Die internationale Spedition hingegen wächst. Daher fasst der Verwaltungsrat der SR 1954 alle Speditionsbeteiligungen in einer selbstständigen Unternehmensgruppe unter der Dachmarke «Alpina» zusammen und tauft, weil es zu viele Firmen dieses Namens gibt, das Gebilde später, 1960, in «Panalpina» um.

Panalpina ist anfänglich ein blosses Konglomerat selbstständig operierender Firmen, die kaum mehr gemeinsam haben als den Eigentümer. Das Wachstum der Gruppe basiert zunächst stark auf Zufall und Gelegenheit. So wird 1954 in Nigeria eine Niederlassung eröffnet, die sich zum bedeutendsten Speditionsunternehmen des bevölkerungsmässig grössten afrikanischen Landes entwickelt und einen grossen Vorsprung besitzt, als nach dem Bürgerkrieg, zu Beginn der 1970er-Jahre, der Ölboom einsetzt. Panalpina wird früh zum führenden Versorger der Ölbohrstellen und -plattformen und macht in Nigeria glänzende Geschäfte. Mühsamer ist der Aufbau in Westeuropa. Erfolg oder Misserfolg hängen vor allem von den Beziehungen und der Fähigkeit der einzelnen Niederlassungsleiter ab. Darunter sind tüchtige, unternehmerische Persönlichkeiten, die sich aber mehrheitlich nicht zu einer organisierten Zusammenarbeit mit den Kollegen bereitfinden. Einer, der besonders erfolgreich ist und in seinem Marktgebiet selbstbewusst eine eigene Agenda verfolgt, ist Walter Schneider in Österreich. 1967 will er die österreichische Panalpina-Tochter mit ihrer schärfsten Konkurrentin, der Südland-Gruppe, fusionieren, um an die Spitze des österreichischen Speditionswesens zu gelangen. Als sich der Verwaltungsrat der Panalpina gegen dieses Klumpenrisiko ausspricht, organisiert Schneider eigenmächtig die Finanzierung durch eine österreichische Bank und durch den Schweizer Generalunternehmer Ernst Göhner (1900–1971), der seit 1960 ins internationale Speditionsgeschäft investiert. Nach kurzer Zeit wandelt dieser seine 40-Prozent-Beteiligung an Panalpina Österreich in eine gleich hohe Beteiligung an der Panalpina Welttransport AG Basel um. Damit beginnt die Entflechtung von Schweizerischer Reederei und Panalpina.

Der mit Gottlieb Duttweiler befreundete Göhner gehört zu einer prägenden Gruppe von Schweizer Wirtschaftspionieren des 20. Jahrhunderts. Der Unternehmer macht sich besonders als Produzent vorfabrizierter Häuser kurz nach dem Zweiten Weltkrieg einen Namen. Mit der Element-Bauweise gibt er der Schweizer Bauwirtschaft wichtige Impulse zur Rationalisierung; seine Grossüberbauungen unter anderem in Volketswil («Göhnerswil») sind typische Beispiele des «Bauwirtschaftsfunktionalismus» der 1950er- und 1960er-Jahre. Er unterstützt Duttweilers Idee des «sozialen Kapitals» und treibt unter anderem während der 1930er- und 1940er-Jahre den Wohnungsbau gesamtschweizerisch voran – nicht zuletzt mit dem Ziel, Arbeitsplätze zu erhalten und neue zu schaffen. In dieser Zeit beträgt der Anteil der durch die Ernst Göhner AG erstellten Liegenschaften ungefähr einen Sechstel der gesamten schweizerischen Bautätigkeit. Mit der Beteiligung an Panalpina und anderen Unternehmen wird aus dem auf den Bau konzentrierten Stammhaus die international agierende Göhner-Gruppe, die er 1971 grösstenteils an die Elektrowatt AG verkauft. Der Erlös von 170 Mio. Franken bildet die Basis der Ernst-Göhner-Stiftung für gemeinnützige Zwecke, die zu Beginn der 1970er-Jahre zum Alleinaktionär von Panalpina wird. Für den Zusammenhalt und die in diesem Geschäft besonders wichtige politische Absicherung sorgt der freisinnige Basler Politiker Alfred Schaller (Nationalrat 1947–1978) als Präsident des Verwaltungsrates. Er tritt in dieser Funktion 1968 die Nachfolge des legendären Nicolas Jaquet an (Nationalrat 1943–1957), der während 46 Jahren die Geschicke der SR und der Panalpina leitet und unter anderem die SR-Flotte vergrössert, eigene Umschlaganlagen und Silos errichten lässt und während des Zweiten Weltkriegs die Hochsee-Schifffahrt unter Schweizer Flagge ins Leben ruft.

Bis Mitte der 1970er-Jahre liegt das Schwergewicht der Panalpina auf dem traditionellen Europa- und USA-Verkehr. Die auf die Ölkrise folgende Rezession zwingt zum Aufbau neuer Märkte in den OPEC-Staaten und in den Ländern der Dritten Welt. Einen wesentlichen Wachstumsschub bringt der Containerverkehr. Als 1979 das Nigeria-Geschäft schwächelt, weicht Panalpina sofort auf USA, Zentral- und Südamerika aus. Der zunehmenden Verlagerung der Industrie in den Fernen Osten und nach China folgend, etabliert Panalpina bzw. deren Tochter Air Sea Broker einen kombinierten Frachtverkehr Schiff/Flugzeug aus Fernost für Importe nach Europa, Afrika, Indien und Ozeanien. Der nächste Entwicklungsschritt beginnt mit der Übernahme des texanischen Spezialspediteurs J. P. Harle, der exzellente Verbindungen zur Öl- und Gasindustrie besitzt. Panalpina beginnt sich auf besonders transport- und dienstleistungsintensive und zugleich wachstumsstarke Branchen zu konzentrieren und in diesen ihr Fachwissen zu vertiefen. «Integrated Forwarding», auch Kontraktlogistik genannt, wird zur Erfolgsformel der 1990er-Jahre. So gibt es Elektronikkonzerne, die ihre Laptops in vier Montagewerken mit Bestandteilen aus 15 und mehr Ländern zusammenbauen und die fertigen Produkte anschliessend an 600 Grosshändler in der ganzen Welt liefern.

Panalpina entwickelt Programme für alle Logistikdienstleistungen für solche Produktions- und Verkaufsprozesse, und das unter den zeitkritischen Bedingungen der Just-in-time-Produktion, die dem Fabrikanten die kapitalbindende Lagerhaltung erspart. Das Schwergewicht liegt hierbei bei den Branchen Auto, Pharma, Hightech, Telecom, Öl/Gas, Detailhandel/Mode sowie bei Spezialtransporten. Zahlreiche Konzerne gehen dazu über, der Panalpina wichtige logistische Teilaufgaben zur selbstständigen Erledigung zu übertragen. So lagern Autokonzerne die Versorgung der Fertigungsstätten und des Händlernetzes mit Ersatzteilen an Panalpina aus. Beispielsweise hat VW den Aufbau des Transport- und Logistiksystems zwischen Mexiko und Europa für den Bau des New Beetle den Basler Spezialisten überlassen.

Das seit 2005 an der Schweizer Börse gelistete Unternehmen erzielt mit solchen Geschäften hohe Gewinne – nicht zuletzt dank der Tatsache, dass es Investitionen in eigene Transportmittel vermeidet und die Infrastruktur schlank hält; das Schwergewicht der Investitionen liegt bei der Entwicklung der Mitarbeitenden und Märkte sowie bei der Informationstechnologie. 2007 erleidet Panalpina allerdings einen empfindlichen Rückschlag, als ihr die US-Justizbehörden Verstösse gegen die Antikorruptionsgesetze im Zusammenhang mit dem grossen Nigeria-Geschäft vorwerfen. Panalpina gesteht ein, bei Einfuhr und Verzollung von Bohrplattformen und dergleichen «Beschleunigungszahlungen» geleistet zu haben, zieht sich 2008 vollständig aus Nigeria zurück und verzichtet fortan auf die früher sehr lukrativen Dienstleistungen im Bereich der temporären Zolleinfuhr. In der Folge baut Panalpina eine starke und tragfähige Compliance-Kultur auf und gilt in der Branche diesbezüglich als Vorbild.

Danzas – Ursprünge einer (verschwundenen) Weltmarke

Basel bringt noch ein weiteres weltweit tätiges Logistikunternehmen hervor, das allerdings heute als Markenname verschwunden ist: Danzas. Indirekt ist Napoleon an der Gründung des Basler Speditionsunternehmens «schuld». Als er 1815 die Schlacht von Waterloo verliert, kehrt der demobilisierte französische Leutnant Marie Mathias Nicolas Louis Danzas (1788–1862) in seine Heimat zurück, um sich eine bürgerliche Existenz aufzubauen. In St-Louis, an der Grenze zu Basel, tritt er in das Transportgeschäft des Michel l'Evêque ein. Der bestellt den 27-jährigen Danzas alsbald zum Teilhaber. Nach dem Tod seines «associé» übernimmt Louis Danzas 1840 die Firma und tut sich mit seinem Schwager Edouard l'Evêque zusammen. 1847 expandieren die beiden erstmals und eröffnen im elsässischen Mülhausen eine Filiale. 1854 schliessen sie sich mit zwei Speditionen in St-Louis zusammen, deren eine eine Basler Filiale mitbringt. Die Geschäfte werden aber – ab 1859 unter dem Namen Danzas, Lévêque & Minet – weiterhin vom Hauptsitz in St-Louis aus geführt. Als Louis Danzas, der unangefochtene Seniorchef, 1862 stirbt, tritt sein 26-jähriger Sohn Emile Jules Danzas (1836–1917) in seine Fussstapfen. Er verlegt, nachdem das Elsass im Deutsch-Französischen Krieg von 1870/71 deutsch wird, das rechtliche Domizil nach Belfort. Dann aber kauft er am Holbeinplatz in Basel eine Liegenschaft, die er als Geschäfts- und Familiensitz nutzt. Und von nun an treibt er von Basel aus seine Geschäfte mit grosser Energie voran und baut, beginnend mit der Eröffnung der Niederlassung in Zürich 1872, ein schweizerisches Filialnetz auf.

1878 wandelt er die Firma in eine Kommanditgesellschaft um, zeichnet als alleiniger Gesellschafter und bestellt Laurent Werzinger zum Generalprokuristen. Auf Reisen nach Italien (wo er vom Papst empfangen wird), Griechenland, Ungarn, Nordafrika und in die Türkei knüpft er viele internationale Beziehungen. 1886 übergibt er Werzinger das Geschäft und zieht sich nach Paris zurück. Werzinger behält den Firmennamen Danzas bei, weil dieser national wie international hohe Reputation geniesst. Schon 1884 erhält Danzas den Auftrag, für die Schweizerischen Post-, Telefon- und Telegrafenbetriebe (PTT) den internationalen Postverkehr zu betreiben. Im Vordergrund stehen dabei die «Messageries Anglo-Suisses», die Lieferfristen von 24 Stunden nach London garantieren. Werzinger wandelt die Firma 1903 in eine Aktiengesellschaft mit Sitz in Basel um und gründet neue Filialen unter anderem in Italien und in Paris. Nach seinem Tod 1911 avanciert sein 46-jähriger Sohn Albert zum Verwaltungsratspräsidenten. «Herr Albert» geniesst hohes Ansehen. Als sich die «neutrale» Danzas nach dem Ersten Weltkrieg schweren Repressionen durch die Siegermacht Frankreich ausgesetzt sieht, erreicht er dank seiner französischen Herkunft und seines Verhandlungsgeschicks, dass Danzas 1919 wieder die normale Geschäftstätigkeit aufnehmen kann. Im gleichen Jahr wird mit Blick auf den Seeverkehr über die norddeutschen Häfen die deutsche Danzas GmbH gegründet. 1920 folgt die Niederlassung in Chiasso als Tor zu Italien. Der Aufschwung der Zwischenkriegszeit wird durch den New Yorker Börsenkrach jäh unterbrochen. Danzas erleidet grosse Ertragseinbussen, kann sich aber wieder erholen. Doch der Zweite Weltkrieg bringt die nächste Bewährungsprobe. Die Niederlassungen in Frankreich, Deutschland und Italien werden weitgehend lahmgelegt, die Versorgung über das neutrale Portugal gewinnt an Bedeutung. Der junge Hans Hatt, später Verwaltungsratspräsident von Danzas, sorgt während des Kriegs in Lissabon für die Aufrechterhaltung wichtiger Handelsströme über

Oben *Das Stammhaus von Danzas in Saint-Louis*
Unten *Marie Mathias Nicolas Louis Danzas (1788–1862)*

Portugal. Danzas erleidet grosse personelle und finanzielle Verluste, doch kann in der kriegsverschonten Schweiz der Wiederaufbau des Unternehmens rasch an die Hand genommen werden.

1948 stirbt Werzinger 83-jährig; der ehemalige Lehrling Fritz Hatt nimmt seine Stelle ein, baut das europäische Filialnetz in den 1950er-Jahren besonders in der Schweiz, Frankreich, Deutschland und Italien kräftig aus und benennt die Firma 1960 in Danzas AG um. 1963 übernimmt sein Sohn, der erwähnte Hans Hatt, die Firmenleitung. Es entstehen Büros in Lateinamerika und New York, der Fokus liegt aber weiterhin in Europa. Ab 1979 setzt David Linder die Internationalisierung fort und übernimmt 1980 die British Gentransco Group. Aus dem Büro in Australien wird 1984 eine vollwertige Tochtergesellschaft mit Sitz in Melbourne. Dazu kom-

men die Gründung von Tochterfirmen sowie Akquisitionen in Belgien, den Niederlanden, Österreich, Japan, Taiwan und Ungarn. 1989 unterhält Danzas Vertretungen
in 36 Ländern und 41 US-Gliedstaaten.

Zu Beginn der 1990er-Jahre muss Danzas die vielen Akquisitionen zuerst
einmal verdauen. Restrukturierungen werden eingeleitet, und statt Europa werden
die Schwerpunkte Nordamerika und Fernost gestärkt. 1991 fasst Danzas mit der
Eröffnung eines Delegationsbüros in Guangzhou mit einer eigenen Geschäftseinheit in China Fuss. Es folgen weitere Büros in ganz Asien – aber auch in Dubai.
Im gleichen Jahrzehnt verwandelt die durch die EU eingeleitete Deregulierung das
europäische Transportsystem grundlegend. Ab 1990 dürfen Lastwagen ungehindert
in der ganzen EU Waren transportieren. Die Wiedervereinigung Deutschlands und
die Öffnung der osteuropäischen Grenzen und Märkte geben dem Strassentrans-
port einen weiteren, gewaltigen Schub. Dennoch sagt das «Wall Street Journal»
1990 voraus, nur maximal 10 der 15 grössten europäischen Logistikfirmen würden
die Deregulierung im europäischen Güterverkehr überleben – Danzas gehöre dazu.
Doch die fragmentierte Organisation mit über 100 kleinen Gesellschaften ohne
zentrale Führung macht das Unternehmen anfällig. Der Fall der Zollschranken
innerhalb der EU führt 1993 zu einem Umsatzeinbruch von 35 Prozent. Reorganisationen entschärfen zwar die Situation etwas, doch das Wachstum bleibt mager,
während gleichzeitig ein Bündnis mit den grossen Rivalen Kühne + Nagel oder
Panalpina kategorisch verworfen wird.

In dieser Situation unterbreitet im Dezember 1998 die Deutsche Post den Aktionären von Danzas ein Übernahmeangebot von knapp 1,5 Mrd. Franken. Danzas
beschäftigt damals 16 000 Mitarbeitende und erzielt einen Umsatz von 7 Mrd. Franken. Die Deutsche Post, die mit 250 000 Mitarbeitenden auf einen Umsatz von
rund 23 Mrd. Franken kommt, strebt mit der Übernahme die Internationalisierung und Erweiterung ihrer Produktpalette an. Danzas soll der Logistikpfeiler werden. 1999 erfolgt die Übernahme, nur ein Jahr später akquiriert das Unternehmen
in Schweden, in den Niederlanden und in den USA drei grosse Brocken im Logis-
tikgeschäft. Weitere kleine Käufe kommen dazu. Danzas wird durch die Übernahmen zum Grosskonzern mit 12 Mrd. Franken Umsatz (2000) und zum führenden
Luftfrachtunternehmen der Welt. Doch die Marke «Danzas» verschwindet 2006,
als im Zug einer Repositionierung die drei Marken der Deutschen Post – DHL,
Deutsche Post EuroExpress und Danzas – zur weltweit auftretenden Marke «DHL»
zusammengefasst werden – dem mit 55 Mrd. Euro grössten Logistikkonzern der
Welt (2013).

Schweiz als Standort eines weiteren Logistikriesen

Danzas geht in einem deutschen Konzern auf, während ein Unternehmen mit deutschen Wurzeln erfolgreich von der Schweiz aus agiert: Kühne + Nagel. Der Konzern erreicht selbst im Krisenjahr 2009 mit 55 000 Mitarbeitenden in mehr als 1000 Ländern über 17 Mrd. Franken Umsatz – jetzt sind es über 64 000 Mitarbeitende und mehr als 21 Mrd. Franken Umsatz (2014). Gegründet wurde der Logistikgigant in Bremen. Dort legen am 1. Juli 1890 August Kühne (1855–1932) und Friedrich Nagel (1864–1907) den Grundstein für ein Unternehmen, das in den ersten Jahrzehnten praktisch ausschliesslich in den deutschen Seehäfen verankert ist. 1902 wird die erste Niederlassung in Hamburg gegründet. Nach dem Tod von Friedrich Nagel 1907 geht die Firma in den Alleinbesitz der Familie Kühne über. Weitere Niederlassungen und Vertretungen in Deutschland werden eröffnet; doch mit dem Ersten Weltkrieg verschwindet die deutsche Seeschifffahrt von den Weltmeeren – ein herber Rückschlag für das Unternehmen. 1932 stirbt August Kühne, und seine Söhne Alfred und Werner übernehmen die Firmenleitung. Im Zweiten Weltkrieg kommt der Seehandel komplett zum Erliegen, und dem Unternehmen wird erneut die Basis entzogen. Der Sammelladungsverkehr wird unter kriegsbedingten Einschränkungen weiterbetrieben. Ende der 1940er-Jahre, nach der Wiederaufnahme des Seeverkehrs, steigt Kühne + Nagel auch in die Luftfrachtspedition ein.

Wenige Jahre später expandiert Kühne + Nagel nach Kanada, in den Nahen Osten und in die Benelux-Staaten. 1959 wird eine Tochtergesellschaft in der Schweiz gegründet. Hier fühlt sich heute der 1937 in Hamburg geborene Klaus-Michael Kühne zu Hause. Der Sohn Alfred Kühnes wird 1963 als Juniorpartner in die Unternehmensleitung und 1966 in die Konzernleitung berufen. Er treibt die Internationalisierung der Geschäfte voran; 1975 wird in diesem Zusammenhang die Kühne + Nagel International AG im Kanton Schwyz gegründet. Dass er dort auch seinen Wohnsitz wählt, zeigt seine Verbundenheit mit der Schweiz. Der Umzug, erklärt er einem Nachrichtenmagazin, habe persönliche und familiäre sowie auch steuerliche Gründe. Die deutschen Wurzeln hingegen könne und wolle er nicht leugnen. Zudem falle in Deutschland ein Viertel des Geschäftsvolumens an. Gleichwohl wird aus einem traditionsreichen deutschen Logistikdienstleister ein Schweizer Unternehmen, das sich sehr dynamisch weiterentwickelt und immer wieder Massstäbe setzt, etwa 1965, als es als erstes deutsches Speditionsunternehmen über ein EDV-System verfügt, oder 1995, als es mit der Entwicklung eines integrierten Softwaresystems für die weltweite Sendungsverfolgung von sich reden macht; nur drei Jahre später können Kunden bereits den Weg einzelner Sendungen über das

Internet mitverfolgen. Der Abstecher der Familie Kühne ins riskante Reederei-
geschäft Anfang der 1970er-Jahre zwingt Klaus-Michael Kühne 1981, 50 Prozent
der Anteile der Gruppe mit damals rund 8500 Beschäftigten an den britischen
Mischkonzern Lonrho zu verkaufen. Doch Klaus-Michael Kühne bleibt zusammen
mit Roland «Tiny» Rowland – zu jener Zeit eine der schillerndsten und umstrit-
tensten Figuren der britischen Wirtschaft – geschäftsführender Verwaltungsrat
und macht Kühne + Nagel fit für den EG-Binnenmarkt, was ihm unter anderem
1988 den Titel «Mr. Europe» beschert. Und er arbeitet so erfolgreich, dass er 1992
alle von Lonrho gehaltenen Anteile zurückkaufen kann.

Im Zuge einer konsequenten Erweiterungsstrategie expandiert der Konzern
weltweit, auch in der Schweiz. Eine echte Pionierrolle nimmt Kühne + Nagel aber
in Asien ein: 2004 erhält das Unternehmen vom chinesischen Handelsministerium
die Lizenz der Klasse A für Geschäftsaktivitäten in China. Dies macht Kühne +
Nagel zu einem der ersten global operierenden Logistikdienstleister, der in Schanghai eine 100-prozentige Tochter betreiben darf; schon ein Jahr später gilt die Lizenz
für ganz China. Heute zählt Kühne + Nagel in den meisten Geschäftsbereichen zu
den Grossen: im Luftfrachtgeschäft und in der Kontraktlogistik als Nummer zwei
oder in der Seefracht, wo das Unternehmen gar die Nummer eins ist. Mit dem
grössten Zukauf seiner Firmengeschichte, der Übernahme der französischen ACR
Logistics für fast 500 Mio. Euro, schafft der Schweizer Logistikkonzern auch in der
Kontraktlogistik den Aufstieg unter die Top drei. Die Zahl der Mitarbeitenden
wächst um 15 000. Durch den Erwerb einiger mittelständischer Unternehmen, die
auf Stückgutverkehre spezialisiert sind, wird das europäische Landverkehrsnetz
kontinuierlich ausgebaut. Im Rahmen seiner Nachfolgeregelung bestellt Klaus-
Michael Kühne 2008 Karl Gernandt zu seinem Nachfolger in wichtigen Funktionen
seines Interessenbereichs. Und Ende 2009 wird nach 15-monatiger Bauzeit der
Erweiterungsbau der Konzernzentrale in Schindellegi fertiggestellt, wo auch die
Kühne Holding und die Kühne-Stiftung angesiedelt sind. 2011, nach fast zwei
Dekaden an der Spitze des Verwaltungsrats der Kühne + Nagel International AG,
empfiehlt Klaus-Michael Kühne dem Gremium, einen Wechsel zu vollziehen und
Karl Gernandt zum Präsidenten zu wählen. Er selbst wird zum Honoray Chairman
ernannt. Im Jahr 2015 feiert die Firma Kühne + Nagel ihr 125-Jahr-Jubiläum mit
zahlreichen Veranstaltungen rund um den Globus.

Die besondere Geschichte der Swissair

Panalpina, Danzas und Kühne + Nagel zeigen, dass ein kleines Land Standort weltweit operierender Transport- und Logistikunternehmen werden kann. Diese Firmen verstehen sich aber ob ihrer zahlreichen internationalen Zweigstellen nie als «schweizerisch» im engeren Sinn. Bei der nationalen Fluggesellschaft ist die «Swissness» dagegen geradezu Programm – und entsprechend tief ist die Verletzung des Selbstverständnisses der Schweiz, als die Swissair 2001 untergeht. Was Logistik und Luftfahrt miteinander verbindet, ist, dass die Kleinheit des Landes schon früh dazu zwingt, sich stark nach aussen zu orientieren. Flugzeuge eignen sich ja zur Überbrückung grosser Distanzen – und grosse Distanzen gibt es in der Schweiz nicht. Als sich zudem die Luftfahrt immer mehr zum Massengeschäft entwickelt, zwingt die Kleinheit des Heimmarktes die Swissair früh dazu, sich als Exportunternehmen mit Sitz in der Schweiz zu verstehen.

Nach dem Ersten Weltkrieg, in dem erstmals im grösseren Stil die technischen Möglichkeiten von Motorflugzeugen erkennbar werden, kommt es zu mehreren Gründungen von Luftverkehrsgesellschaften. Bereits 1919 gründet der Flugpionier und Militärpilot Walter Mittelholzer (1894–1937) in Zürich die «Mittelholzer & Co. Luftbildverlagsanstalt und Passagierflüge», die 1920 mit der Konkurrentin Ad Astra Aero fusioniert. Kurz danach entsteht 1925 in Basel die Balair mit dem Instruktionsoffizier der Fliegertruppen Balthasar (Balz) Zimmermann (1895–1937) als Direktor. Beide Unternehmen bedienen internationale Strecken in Europa und werden vom Staat bzw. dem 1920 ins Leben gerufenen Eidgenössischen Luftamt unter Leitung von Oberst Arnold Isler subventioniert. Im Zuge des Einbruchs der Weltwirtschaft, zwingt Isler, der erkennt, dass die Schweiz langfristig für zwei international ausgerichtete Fluggesellschaften zu klein ist, Mittelholzer und Zimmermann 1929 zur engeren Zusammenarbeit, um die Rentabilität zu erhöhen. Am 26. März 1931 fusionieren Ad Astra Aero und Balair zur Swissair; das Unternehmen weist ein Aktienkapital von 800 000 Franken auf, besitzt 13 Flugzeuge mit 86 Sitzplätzen, die ein Streckennetz von insgesamt 4200 Kilometern bedienen und beschäftigt 64 Mitarbeitende, davon 10 Piloten.

Fliegen ist nach wie vor ein Abenteuer, und die technischen Innovationen schreiten schnell voran. Der Swissair gelingt unter Führung Mittelholzers als operationellem Leiter und Zimmermanns als kaufmännischem Direktor ein fulminanter Start. Noch im Jahr der Gründung kauft sie in den USA zwei «amerikanische Schnellflugzeuge» vom Typ Lockheed Orion, die mit einer durchschnittlichen Reisegeschwindigkeit von 250 bis 270 Stundenkilometern alle anderen Flugzeuge

Links *Swissair-Plakat aus dem Jahr 1947*

Rechts *Swissair-Stewardessen während eines Ausbildungskurses*

bei Weitem übertrumpfen. Der mutige Entscheid katapultiert die Swissair in technischer Hinsicht europaweit an die Spitze. Eine weitere Neuerung aus den USA führt die Swissair als Erste in Europa ein: Die Stewardess Nelly Diener (1912–1934) verwöhnt als «Gastgeberin der Lüfte» die Fluggäste und trägt massgeblich zum guten Ruf der Schweizer Fluggesellschaft bei: Das Produkt «Fliegen» wird um die Komponente «Service» erweitert. In diesen ersten Jahren rastlosen Wachstums hängt bei der Swissair fast alles von Mittelholzer und Zimmermann ab. Deshalb ist der fast gleichzeitige Tod der beiden Pioniere ein schwerer Schlag für das Unternehmen. Mittelholzer stirbt im Mai 1937 auf einer Bergtour, Zimmermann erliegt im Oktober des gleichen Jahres einer Infektionskrankheit. Zwei Jahre später bricht der Zweite Weltkrieg aus, der Flugverkehr in Europa kommt fast völlig zum Erliegen. Die Swissair verliert einen Grossteil ihres Personals durch den Aktivdienst und verlegt den Betrieb von Dübendorf auf den Flughafen Locarno-Magadino.

Der Zweite Weltkrieg bringt besonders in der Luftfahrt einen gewaltigen Innovationsschub. Schon früh zeichnet sich ab, dass die neuartigen Langstreckenbomber nach dem Krieg den kommerziellen Betrieb verändern werden. Bei der Swissair entsteht darüber eine heftige Kontroverse. Auch die Politik mischt sich ein, da das Unternehmen nach wie vor vom Staat unterstützt wird. Bundesrat Enrico Celio (1889–1980) beruft 1942 eine «Nationale Luftverkehrskonferenz» ein, auf der das Thema der Langstreckenflüge angesprochen wird. Die Führung der Swissair hingegen zögert und verschläft nach dem Krieg den Neustart. Celio und der Delegierte für Luftfahrt beim Bund, Eduard Amstutz (1903–1985), verfolgen ihre Strategie jedoch unbeirrt weiter. 1947 setzen sie die Aufstockung des Aktienkapitals von einer auf 20 Mio. Franken durch, das Unternehmen wird als «Nationale Fluggesellschaft» zu einem gemischtwirtschaftlichen Betrieb ausgebaut, an dem sich der Bund mit 30 Prozent beteiligt. Gleichzeitig treibt die Regierung den Ausbau der Infrastruktur voran: Der Flughafen Genf-Cointrin nimmt noch vor Kriegsende seinen Betrieb auf, 1948 folgt der neue Flughafen Zürich-Kloten, die neue Heimbasis der Swissair. Erst die Pfundkrise vom September 1949, als das Britische Pfund um ein Drittel abgewertet wird, was die Swissair in eine existenzielle Krise stürzt, führt zum radikalen Umdenken im Management. An einer ausserordentlichen Generalversammlung fünf Tage nach der Abwertung des Pfundes wird die neue Devise ausgegeben: «Die Zukunft der Luftverkehrs liegt beim Langstreckenverkehr.» Inmitten ihrer bis dahin schwersten Krise entscheidet sich die Swissair also für ein völlig neues Geschäftsmodell. Dazu braucht es allerdings die finanzielle Unterstützung des Bundes sowie einen Generationenwechsel in der Führung des Unternehmens. Der Bund bezahlt 15 Mio. Franken für den Kauf von zwei Langstreckenflugzeugen des Typs DC-6B und vermietet diese an die Swissair, im Gegenzug reduziert das Unternehmen den Nominalwert der Aktien um 30 Prozent. Gleichzeitig wird die Führungsspitze neu bestellt. Zwei Männer prägen von da an die Fluggesellschaft massgeblich: der ehemalige NZZ-Wirtschaftsredaktor und SBB-Kreisdirektor Walter Berchtold (1906–1986), Direktionspräsident von 1950 bis 1972, und der Textilindustrielle Rudolf Heberlein (1901–1958), Verwaltungsratspräsident von 1951 bis 1958. Sie bilden zusammen ein tatkräftiges Team, das die Unsicherheit der Nachkriegsjahre kraftvoll hinter sich lässt und ein zwei Jahrzehnte andauerndes stürmisches Wachstum einleitet.

Unter Berchtold und Heberlein tritt die Swissair in eine Phase, in der die Technik den Ton angibt. Die Organisationsstruktur wird komplett umgebaut, das Unternehmen wird modernisiert. Die Swissair entwickelt sich zu einer der führenden europäischen Fluggesellschaften und zählt oft zu den ersten Bestellern eines neuen Flugzeugtyps. Deutlich wird dies bei den Düsenflugzeugen, die Mitte der 1950er-Jahre aufkommen. Die Swissair sattelt früh um. 1960 trifft in Zürich-Kloten mit der DC-8 das erste Strahlflugzeug ein, bis 1968 ist die gesamte Flotte umgerüstet. Den hohen Investitionsbedarf deckt das Unternehmen nicht mit Schulden, sondern durch eine rigorose Abschreibungspolitik. Flugzeuge werden in zehn Jahren auf einen Restwert abgeschrieben, ihre Substanz ist allerdings dank guter Wartung und ständiger Erneuerung immer noch hoch. Unter Umständen erreichen solche Flugzeuge beim Weiterverkauf höhere Preise als bei der Anschaffung. Mit diesen stillen Reserven gelingt es der Swissair, den enormen Kapitalbedarf für ihr Geschäft unter Kontrolle zu behalten. Sie wird deshalb in jener Zeit oft als «fliegende Bank» bezeichnet. Die hohe Servicequalität, für die die Swissair schon vor dem Zweiten Weltkrieg bekannt ist, wird in der Boomphase weiter ausgebaut. Sie macht den Unterschied aus beim Produkt Flugreise, das sich sonst immer mehr angleicht. Die Swissair setzt wie die Uhren- und Maschinenindustrie auf Seriosität, Präzision, Verlässlichkeit, Sauberkeit und wird in den 1960er- und 1970er-Jahren zu einer der besten und beliebtesten Fluggesellschaften der Welt. Jahr für Jahr werden neue Strecken eröffnet, steigen Umsatz (zwischen 1957 und 1967 auf das Vierfache) sowie Personalbestand (von über 7000 in 1960 auf gut 15 000 in 1980).

Obwohl auch die Swissair der extremen Volatilität des Geschäftes ausgesetzt ist, kann selbst die erste Ölkrise 1973 ihren Steigflug nur vorübergehend beeinträchtigen. Diese fällt bereits in die Ära von Armin Baltensweiler (1920–2009), der ein Jahr zuvor Berchtold an der operativen Spitze des Unternehmens abgelöst hat. Baltensweiler arbeitet seit 1948 bei der Swissair, rückt schon 1956 in die Geschäftsleitung auf, bleibt bis 1982 Direktionspräsident und danach noch weitere 10 Jahre Präsident des Verwaltungsrates. In dieser ganzen Zeit geraten die Margen der Fluggesellschaften weltweit wegen Überkapazitäten, wirtschaftlicher Krisen und der Liberalisierung des US-Inlandverkehrs zunehmend unter Druck. Gleichzeitig werden für das Schweizer Unternehmen mit seinem hohen Serviceanspruch die Lohnkosten langsam zum Problem. Obwohl eine Sparrunde nach der anderen absolviert wird, lässt die finanzielle Anpassung nicht nach, auch wenn die nach aussen kommunizierten Zahlen kaum Anlass zur Besorgnis geben.

Ende der 1980er-Jahre beschliesst die Europäische Gemeinschaft (EG) die Liberalisierung des Luftverkehrs für ihre Mitgliedstaaten. Die Schweiz und die Swissair bleiben nach dem knappen Nein des Volkes zum Beitritt zum Europäischen Wirtschaftsraum im Dezember 1992 von diesem liberalisierten Markt ausgeschlossen. Bald wird klar, dass die Swissair Allianzen suchen muss. 1989 wird ein Kooperationsvertrag mit der amerikanischen Fluggesellschaft Delta unterzeichnet, im September des gleichen Jahres folgt die Zusammenarbeit mit der Scandinavian

Airlines Systems (SAS). 1993 soll diese Kooperation mit dem Projekt «Alcazar» zur Viererallianz mit der niederländischen KLM und der österreichischen AUA ausgebaut werden. Die Verhandlungen scheitern jedoch wegen zu anmassender, von einem «wirtschaftspatriotischen» Teil der veröffentlichten Meinung befeuerten Forderungen der Swissair. Diese muss sich wiederum neu orientieren. An der Konzernspitze kommt es zu bedeutenden Wechseln: 1996 wird der Controller Philippe Bruggisser Nachfolger von Otto Loepfe (1936–1998) als Konzernleiter, nachdem schon 1992 der Chemiker Hannes Goetz Armin Baltensweiler als Präsident des Verwaltungsrates abgelöst hat. Zudem wird das Unternehmen zur Holding umgebaut und 1997 in SAirGroup umbenannt. Der Luftverkehr ist nur noch ein Teil des Konzerns, und nicht einmal der grösste.

Unmittelbar danach beschliesst der Verwaltungsrat die Hunter-Strategie: Nachdem alle Allianz-Pläne gescheitert sind, soll die Swissair durch Zukäufe anderer Fluggesellschaften wachsen. Unter Bruggisser, dem der Verwaltungsrat bei seinen Entscheidungen weitgehend freie Hand lässt, beteiligt sich die Swissair an einer Reihe europäischer Airlines. Die Zeiten, in denen die Swissair jeden Franken zweimal umdrehte, bevor sie ihn ausgab, sind vorbei. Jetzt geht es bei jeder Akquisition um Dutzende, ja sogar Hunderte von Millionen. Allein die 49,9-Prozent-Beteiligung an der deutschen Chartergesellschaft LTU kostet 2 Mrd. D-Mark. Da die Zukäufe allesamt nicht zu den ersten Adressen zählen und die Swissair sich darüber hinaus in einigen Fällen dazu verpflichtet, allfällige Verluste voll zu tragen, führt die Hunter-Strategie zum Ausbluten des Konzerns. Hinzu kommen das tragische Unglück von 1998, als eine MD-11 der Swissair auf dem Flug von New York nach Genf bei Halifax (Nova Scotia) in den Atlantik stürzt und 229 Passagiere und Besatzungsmitglieder in den Tod reisst, sowie die Terroranschläge vom 11. September 2001 in New York und Washington. Letztere sind nicht die Ursache für das Grounding, sondern lediglich der Tropfen, der das Fass zum Überlaufen bringt und das Schicksal der Swissair besiegelt. Diese ist nach dem Zusammenbruch des internationalen Luftverkehrs nach dem 11. September nicht mehr in der Lage, ihren finanziellen Verpflichtungen nachzukommen und muss am 2. Oktober 2001 den Betrieb einstellen. Alle Flugzeuge bleiben auf dem Boden, das Unternehmen ist nach etwas mehr als 70 Jahren am Ende. In ihrem letzten Geschäftsjahr erzielt die Swissair zwar bei einem Umsatz von 16,3 Mrd. Franken ein Betriebsergebnis von 603 Mio. Franken, doch reissen die Verpflichtungen der Beteiligungen ein Loch von 2,8 Mrd. Franken in die Rechnung.

Im Oktober 2001 eilt der Staat der Swissair zum zweiten Mal in ihrer Geschichte zu Hilfe. Insgesamt besteht ein Kapitalbedarf von 4 Mrd. Franken, der zwischen Bund, Kantonen, den Städten Zürich und Basel, Banken und weiteren Privaten aufgeteilt wird. Die Konzernbestandteile werden verkauft, das Fluggeschäft deutlich reduziert und mit demjenigen der ehemaligen Konkurrentin und späteren Tochterfirma Crossair zusammengeführt. Am 1. April 2002 beginnt die neue Airline Swiss mit einem Aktienkapital von 2,7 Mrd. Franken ihren Betrieb. Das Unternehmen schreibt aber trotz harter Umstrukturierungsmassnahmen dunkelrote Zahlen und wird nach nur drei Jahren für insgesamt 339 Mio. Franken an die Lufthansa verkauft. Diese integriert wohl die neue Tochter zügig in das grössere Unternehmen, lässt aber der Swiss ihre eigenständige Marke, ihr eigenes Management und ihren eigenen Sitz in der Schweiz. Bereits 2006 wirft sie wieder Gewinne ab – und wird für die Lufthansa zur Ertragsperle. 2008 trägt die Swiss rund 40 Prozent zum Gewinn des Passagiergeschäfts des gesamten Lufthansa-Konzerns bei, 2013 stammt gar fast die Hälfte des Gewinns von 495 Mio. Euro aus dem Schweizer Ableger.

Transport und Logistik heute

Das einstige Nord-Süd-Transitland Schweiz ist zwar immer noch ein solches – aber es ist fast noch mehr ein von einem dichten Verkehrsnetz durchwobenes Land. Die Länge des Schienennetzes beträgt über 5250 Kilometer, womit die Schweiz mit einer Netzdichte von 127 Kilometern pro 1000 Quadratkilometer europaweit (vor Tschechien) an der Spitze steht. In Deutschland beträgt die Netzdichte 93 km/1000 km², in Frankreich sogar nur 44 km/1000 km². Das Strassennetz wiederum misst rund 72 000 Kilometer, wovon auf Autobahnen 1812 Kilometer entfallen. Auch in der Nutzung dieses Netzes für den öffentlichen Personenverkehr erreicht die Schweiz Spitzenwerte. Das Liniennetz auf Schiene, Strasse, Seen und Flüssen weist insgesamt eine Länge von über 27 000 Kilometern auf. Auf dem Schienennetz sind 74 Bahngesellschaften tätig, von denen allein die Schweizerischen Bundesbahnen (SBB) knapp 366 Mio. Personen (2013) jährlich befördern. Eine wichtige Rolle spielt PostAuto Schweiz mit seinen rund 850 Linien. Der «gelbe Riese» transportiert 2013 rund 139 Mio. Passagiere über ein Streckennetz von mehr als 11 500 Kilometern in die «hintersten Ecken» des Landes – nicht selten die touristisch besonders attraktiven. Erst recht dient die Schifffahrt auf 24 Schweizer Seen und Flüssen hauptsächlich touristischen Zwecken: Rund 147 Schiffe transportieren Jahr für Jahr rund 11 Mio. Passagiere (2013) auf einem Netz von knapp 560 Kilometern. In den Randregionen nehmen schliesslich die Seilbahnen eine zentrale

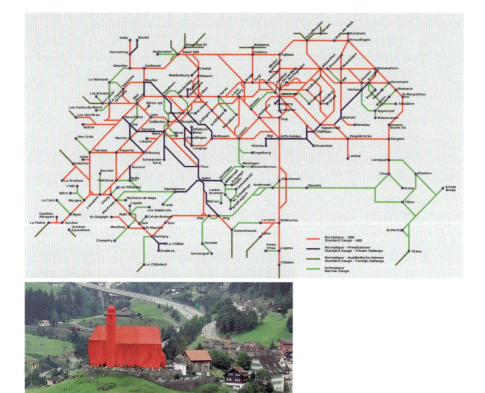

Oben *Das Schweizer Eisenbahnnetz schematisch dargestellt*

Unten *Die von der SBB verhüllte Kirche in Wassen anlässlich des 125-Jahr-Jubiläums der Gotthardbahn 2007*

Stellung ein. Knapp 230 Unternehmen unterhalten Luft- und Standseilbahnen von einer Gesamtlänge von über 980 Kilometern und sind vor allem in den touristischen Destinationen ein treibender Faktor und generieren indirekt in anderen Branchen eine beträchtliche Wertschöpfung.

Die Schweiz hat also trotz der herausfordernden Topografie und trotz der Verspätung, mit der sie gestartet ist, ein beeindruckend dichtes Netz an Transportwegen entwickelt. Das kommt nicht nur ihrer Rolle als europäisches Transitland zugute, sondern auch dem Wirtschaftsstandort Schweiz als Ganzes. Die absehbare Zunahme der Nachfrage nach Verkehrsleistungen wird allerdings bald einmal die Kapazitätsgrenzen erreichten – und die schwierige Frage nach sich ziehen, wie angesichts finanzieller Engpässe und der Herausforderung der EU-Verkehrspolitik vorab im dicht bebauten Mittelland die Verkehrsströme künftig bewältigt werden sollen. Fast unabhängig vom Ausbau der Infrastruktur und der Funktion als Transitland ist die Schweiz ferner zu einer Heimstätte gleich mehrerer global agierender Transport- und Logistikkonzerne geworden. Dies geschah, obwohl die internationale Einbindung in diesem Bereich für die Unternehmen noch zentraler ist als in vielen anderen Bereichen und obwohl die Schweiz als Markt nur eine marginale Rolle spielt. Nicht einmal die Tatsache, dass staatsnahe Betriebe wie die Post und die SBB, die aufgrund politischer Überlegungen für bestimmte Logistikdienstleistungen Monopole halten oder auf steten staatlichen Mittelzufluss zurückgreifen können, die Wettbewerbsbedingungen verzerren, vermochte den Aufstieg der Global Players zu behindern. Helvetische Tugenden wie Zuverlässigkeit, Präzision und Weltläufigkeit sind im globalen Wettbewerb wohl weiterhin wichtig und hilfreich. Gleichzeitig werden aber auch Grösse und Vernetzung immer relevanter – die Swissair ist letztlich an dieser Anforderung gescheitert. Insgesamt waren jedoch gerade in der Logistikbranche weder die Marktgrösse noch natürliche Stärken wie der Zugang zu den Weltmeeren erfolgsentscheidend, sondern vor allem mentale Faktoren, ferner die Rahmenbedingungen der Schweiz und nicht zuletzt die merkwürdige Kombination aus zentraler Lage und doch peripherer Stellung der Schweiz – eine Qualität, die auch heute noch besteht.

Wichtige Schweizer Transport- und Logistikunternehmen in Zahlen

Kühne + Nagel (1890)					
	1950	1970	1990	2000	2014
Umsatz	n. v.	n. v.	n. v.	8247	21 291
Beschäftigte	n. v.	n. v.	n. v.	13 770	63 448
davon im Inland	n. v.	n. v.	n. v.	280	~500

Panalpina (1834, Zwilchenbart)					
	1950	1970	1990	2000	2014
Umsatz	n. v.	n. v.	~3000	5373	6707
Beschäftigte	n. v.	n. v.	9060	11 590	15 639
davon im Inland	n. v.	n. v.	n. v.	n. v.	682

Genannt werden Bruttoprämieneinnahmen und Zahl der Beschäftigten (insgesamt und in der Schweiz) grosser Schweizer Transport- und Logistikunternehmen der letzten 60 Jahre, soweit diese verfügbar sind (ansonsten findet sich der Vermerk n. v.). In Klammern ist das Gründungsjahr des Unternehmens (bzw. dessen Vorläufers) angegeben, der Umsatz ist in Mio. Franken aufgeführt, die Zahlen zu Umsatz und Beschäftigten sind gerundet (im Fall von Panalpina 1990 ist der Umsatz geschätzt) und können im Einzelfall um ein bis zwei Jahre abweichen.

Kühne Brückenschläge

1800–1899	1807	Beginn der Linthkorrektion zwischen Walen- und Zürichsee.
	1822	Beginn der Landesvermessung für die Dufourkarte.
	1874	Caspar Melchior Albert Gebert eröffnet in Rapperswil einen Spenglereibetrieb, Keimzelle von Geberit.
	1884	Gottfried Plüss gründet eine Kittfabrik in Oftringen, Keimzelle der Omya AG.
	1895	Gründung der Bank für Elektrische Unternehmungen, Vorläuferin der Elektrowatt (Umbenennung 1946).
1900–1999	1904	Brückenbauingenieur Othmar Hermann Ammann beginnt in den USA seine Karriere.
	1910	Kaspar Winkler gründet in Zürich die Kaspar Winkler & Co., Keimzelle von Sika.
	1913	Die Aargauische Portlandcementfabrik in Holderbank wird in Betrieb genommen, Keimzelle von Holcim.
	1930	Einweihung der Salginatobelbrücke von Robert Maillart, ein Pionierwerk des Brückenbaus.
	1928	Gründung der Firma Continentale Linoleum, Vorläuferin der Forbo.
	1957	Max Frisch verewigt den rastlosen Ingenieur in «Homo faber».
	1957	Christian Menn gründet sein Ingenieurbüro in Chur.
	1960	Beginn des Nationalstrassenbaus in der Schweiz.
	1965	Ausgliederung der Elektrowatt Ingenieurunternehmung AG aus der Elektrowatt.
	1967	Inbetriebnahme der Grande Dixence, damals die höchste Staumauer der Welt.
ab 2000	2006	Implenia entsteht aus der Fusion von Batigroup und Zschokke.
	2014	Holcim und der französische Zementkonzern Lafarge kündigen eine Fusion an, die 2015 umgesetzt wird.

Die Topografie als Triebfeder für Innovationen in Bau und Engineering

Eine gut ausgebaute und funktionierende Infrastruktur ist mehr denn je ein entscheidender Wettbewerbsvorteil. Der möglichst reibungslose Transport von Menschen, Waren, Energie und Daten bildet die unabdingbare Grundlage für eine effiziente, mit der globalen Ökonomie vernetzte Wirtschaft. Dass sich die Schweiz auf eine hervorragende und sich pausenlos weiterentwickelnde Infrastruktur stützen kann, ist keineswegs selbstverständlich. Die besondere Topografie des Landes – die Alpen als monumentales Hindernis zwischen Nord- und Südeuropa – stellt über Jahrhunderte einen erheblichen Nachteil dar. Obwohl im Herzen Europas gelegen, befindet sich die Schweiz bis ins 19. Jahrhundert im Grunde genommen an der Peripherie der angrenzenden Länder. Doch wie in so vielen andern Fällen wird auch hier der offenkundige Mangel zur Triebfeder der Innovation. Die Bezwingung der widrigen Natur verlangt kreative Lösungen, die kontinuierliche Überprüfung und Verbesserung der Methoden und die permanente Kontrolle der Kosten. Es verwundert daher nicht, dass sich die Schweiz im Zuge der Industrialisierung von einem Land der Bauern zu einem Land der Ingenieure wandelt – wenn auch zunächst unter Beihilfe ausländischer Fachleute. Ingenieure bauen (unter anderem) Brücken und Tunnels; Brücken wiederum sind ein Bestandteil des Lebensraums und der Baukultur. So entsteht nur schon mit Blick auf die Verkehrswege eine beeindruckende Infrastruktur. Die Schweizer Eisenbahnschienen verlaufen über mehr als 8200 Brücken und durch rund 550 Tunnels mit einer Gesamtlänge von 800 Kilometern. Das Strassennetz umfasst über 400 Tunnelkilometer in mehr als 350 Tunnels. Die intensive Bautätigkeit ist schliesslich auch Nährboden zweier Grosskonzerne, die in der Baustoffindustrie weltweit Spitzenstellungen einnehmen: Holcim und Sika – Ersterer fusioniert 2015 mit Lafarge zur klaren Weltnummer eins mit Hauptsitz in der Schweiz. Die Bauhauptbranche konzentriert dagegen ihre Tätigkeit weitgehend auf die Schweiz und erreicht kaum internationale Resonanz.

Die Nachzüglerin Schweiz beeindruckt Europa

Othmar Hermann Ammann ist der erste Bauingenieur überhaupt, der 1964 aus den Händen des damaligen US-Präsidenten Lyndon B. Johnson die «National Medal of Science» erhält. Bei der Verleihung sagt Ammann: «Der Weg zum Erfolg ist allen offen, welche Anstrengungen, Mut und Ausdauer nicht scheuen». Anstrengung, Mut und Ausdauer beweist der Schweizer in der Tat, der in der Nähe von Schaffhausen auf die Welt kommt und 1902 am Polytechnikum Zürich, der späteren ETH, seinen Abschluss als Bauingenieur macht. 1904 geht er, so der Plan, für zwei Jahre in die USA – und bleibt für immer. Seine Brücken prägen unter anderem das Stadtbild von New York und tragen zum ausgezeichneten Ruf bei, den Schweizer Ingenieure heute weltweit geniessen.

Dieser Ruf gründet im Aufbau eines modernen Ingenieurwesens, der sich in der Schweiz erst verhältnismässig spät vollzieht. Natürlich haben sich im weltgeschichtlichen Rückblick schon früh Aufgaben gestellt, die man heute Ingenieuren zuweist: Verkehrswege und Versorgungssysteme, insbesondere für Wasser, müssen gebaut werden, die Herrscher geben monumentale Gebäude und Paläste in Auftrag, und die Kriege verlangen ihren Tribut in Form von Festungsbauten aller Art. Das moderne Ingenieurwesen aber ist ein Kind der industriellen Revolution und bereitet dieser zugleich mit dem Bau von Schienen und Strassen, Kraftwerken und Schaltzentralen der Telekommunikation den Boden: Der Ingenieur wird zur Leitfigur des 19. Jahrhunderts, zum Träger und Verbreiter einer Technologie, die diese Welt beherrschen soll.

Obwohl die Industrialisierung der Schweiz früh erfolgt, werden der Bau wichtiger Infrastrukturen wie Eisenbahn, Wasserstrassen und Nationalstrassen, aber auch grosse Landschaftseingriffe wie Meliorationen oder Hochwasserschutz, im Vergleich mit dem europäischen Ausland spät an die Hand genommen. Einzig die Linthkorrektion zwischen Walen- und Zürichsee, erbaut grösstenteils zwischen 1807 und 1816, bildet eine Ausnahme. In der Geschichtsschreibung der Schweiz nehmen das Linthwerk und dessen Schöpfer Hans Konrad Escher (1767–1823) denn auch eine besondere Rolle ein: Rund 50 Jahre vor der Staatsgründung gelingt es, durch Spenden im ganzen Land ein Wasserbauprojekt zu finanzieren, das nur einer einzelnen Region zugutekommt. Das Linthwerk wird schon während der Bauzeit als Lehrstück für Gemeinsinn und patriotischen Geist instrumentalisiert. Es geht auf erste Pläne des Berner Ingenieurs Andreas Lanz (1740–1803) aus dem Jahre 1783 zurück. Konkret geht es um die Umleitung der Glarner Linth in den Walensee und die Kanalisierung des Flusslaufs bis zum Zürichsee. Dadurch kann

General Guillaume-Henri Dufour (1787–1875) in einer Lithografie von Karl Friedrich Irminger

die Gefahr von Überschwemmungen in der Linthebene dramatisch reduziert und hektarweise neues Kulturland gewonnen werden. Bis heute gilt das Linthwerk als epochaler Sieg der Technik über die Natur: Der Mensch ist den Naturgewalten nicht einfach ausgeliefert, er kann manipulierend zu seinen Gunsten eingreifen.

Um die Mitte des 19. Jahrhunderts beginnt dann aber ein aussergewöhnlicher Schub, vorab im Eisenbahnbau, der seinen Höhepunkt in der 1882 eröffneten Gotthardbahn erreicht – einem im In- und Ausland als «Jahrhundertwerk» gepriesenen Bauwerk. Voraussetzung für diesen Schub ist aber eine andere, aussergewöhnliche und viel beachtete Leistung: die präzise Vermessung des Landes. In Frankreich mit seinem zentralistischen Staatsaufbau führen der Astronom Jacques Cassini (1677–1756) und seine Nachkommen schon im frühen 18. Jahrhundert die weltweit erste trigonometrische Vermessung eines ganzen Landes durch. Weitere topografische Aufnahmen folgen in der zweiten Hälfte des 18. Jahrhunderts in Dänemark, Sachsen, England und Preussen. Die französische Kartografie gilt als Mass aller Dinge, bis mit dem Kartenwerk des Genfer Ingenieurs und späteren Generals Guillaume-Henri Dufour (1787–1875) ein neuer Standard gesetzt wird. Das epochale Projekt der Landesvermessung beginnt 1822, als die Tagsatzung die eidgenössischen Militärbehörden mit der Vermessung beauftragt – das einzige gesamteidgenössische wissenschaftliche Vorhaben bis zur Staatsgründung 1848. Generalquartiermeister Dufour übernimmt ab 1832 das Projekt und treibt es vehement voran, auch wenn die von der Tagsatzung bewilligten Mittel stets knapp sind.

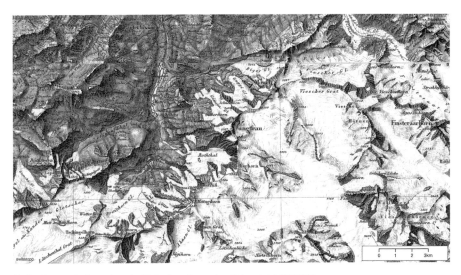

Dufourkarte mit einem Ausschnitt der Jungfrauregion (Massstab 1:100000)

Die Topografen unter seinem Kommando durchkämmen jedes Tal, erklimmen unzählige Alpengipfel und werden bei ihrer Arbeit vom Misstrauen der lokalen Bevölkerung begleitet. 1845 erscheint mit dem Blatt XVI (Region Genf) das erste von 25 Kartenblättern im Massstab 1:100000 und sorgt gleich für Aufsehen. Es sind nicht die Präzision und die Detailgenauigkeit, die überraschen, sondern es ist die Art der Zeichnung: Dufour entscheidet sich für ein bisher nicht gekanntes Verfahren zur Darstellung der extremen Schweizer Topografie. Spezielle Schraffuren und eine virtuelle Lichtquelle von Nordosten lassen das Gelände plastisch hervortreten und erleichtern die Lesbarkeit der Karte. Für Dufour ist die Karte nie nur wissenschaftlich-mathematisches Projekt, sondern immer auch Kunstwerk. Die über das ganze Land gleichförmige Behandlung des Terrains ebnet gewissermassen die konfessionellen, politischen und wirtschaftlichen Differenzen ein und trägt wesentlich zur Identitätsbildung des jungen Staates bei. Bis 1864 erscheinen nach und nach die restlichen Blätter der Karte, die an den Weltausstellungen mit Auszeichnungen überhäuft wird: 1855 in Paris, 1873 in Wien, 1876 in Philadelphia und 1878 nochmals in Paris. Wie bedeutend sie für das nationale Selbstverständnis ist, zeigt ihre prominente Präsentation an der Schweizer Landesausstellung 1883 in Zürich. Die Karte ist von Anfang an ein bürgerlich-demokratisches Projekt, das jedem Einwohner zugänglich und nicht, wie damals weitverbreitet, eine militärische Geheimsache des Staates sein soll. Sie stellt das Vertrauensverhältnis zwischen Bürger und Staat demonstrativ zur Schau. Seit dem Umbau des Bundeshauses in Bern (2006–2008) hängt in der Eingangshalle des Besucherbereiches ein Druck der Dufourkarte ab den originalen Kupferplatten.

Bis zur Gründung der ETH im Jahr 1855 müssen angehende Ingenieure sich entweder im Ausland bilden oder die Kenntnisse autodidaktisch aneignen. Für den in den 1850er-Jahren forciert vorangetriebenen Bau des Eisenbahnnetzes werden deshalb hauptsächlich ausländische Experten beigezogen, darunter die beiden englischen Ingenieure Henry Swinburne und Robert Stephenson, die 1850 im Auftrag des Bundesrates die Grundzüge des Schweizer Eisenbahnnetzes festlegen. Erster Professor für Ingenieurwissenschaften an der ETH ist wiederum ein Ausländer: Der Deutsche Carl Culmann (1821–1881) erfindet am Eidgenössischen Polytechnikum eine an der Praxis orientierte Methode zur effizienten Berechnung von Tragwerken, die «grafische Statik». Neben die rein mathematische Berechnung tritt mit der grafischen Statik die Zeichnung als neues, einfach verständliches Kommunikationsmedium des Ingenieurs. Der Baselbieter Karl Wilhelm Ritter (1847–1906) vermittelt ab 1870 zuerst als Culmanns Assistent und nach dessen Tod als ordentlicher Professor über 20 Jahre lang die grafische Statik an Generationen junger Ingenieure. Sie erlaubt nicht nur kühnere Eisenkonstruktionen, sondern bildet auch die Grundlage für das «kreative» Entwerfen oder die «art of structural design», wie es der amerikanische Ingenieurhistoriker David P. Billington formuliert: Dass nämlich Schweizer Ingenieure so der traditionell analytisch-naturwissenschaftlichen Denkweise ein künstlerisch-ästhetisches Gefühl für die Eleganz von Brückenbauwerken hinzufügen.

Mit Stahl und Beton zu neuen Ufern

Unter Ritters Schülern stechen der erwähnte Othmar Hermann Ammann (1879–1965) aus Schaffhausen und der Berner Robert Maillart (1872–1940) besonders hervor – jeder auf seine Weise. Während Ammann 1904 in die USA auswandert und sich dort den Eisenkonstruktionen widmet, experimentiert Maillart in der Schweiz mit dem neuen Baumaterial Stahlbeton. Ammann entscheidet sich für Amerika, weil dort zu Beginn des 20. Jahrhunderts gewaltige Infrastrukturprojekte in Angriff genommen werden. Ursprünglich will er nur Erfahrungen beim Bau von Brücken mit grossen Spannweiten sammeln, kann jedoch beim Ingenieur Gustav Lindenthal (1850–1935) schon bald an wichtigen Projekten mitarbeiten und wird schnell befördert. Beim Bau der 310 Meter langen Hell Gate Bridge über den East River (eröffnet 1917) agiert er als stellvertretender Chefingenieur für Lindenthal. Das Problem der Überbrückung des Hudson River – die Verbindung nach New Jersey –

Oben *Präsident Lyndon B. Johnson verleiht Othmar H. Ammann (1879–1965) am 13. November 1964 die National Medal of Science*

Unten *Die George-Washington-Brücke in New York von Othmar H. Ammann, eröffnet am 24. Oktober 1931*

beschäftigt die New Yorker Ingenieure und mit ihnen Othmar Hermann Ammann in den Jahren nach dem Ersten Weltkrieg. Ammann stellt sich in Opposition zu seinem Arbeitgeber und Förderer Lindenthal, der auf der Höhe der 57. Strasse eine monumentale, zweistöckige Hängebrücke mit 20 Fahrbahnen und 12 Eisenbahnlinien vorschlägt. Stattdessen präsentiert er ein Projekt weiter nördlich auf der Höhe der 179. Strasse, wo die beiden Flussufer weniger weit auseinanderliegen. Trotzdem übertrifft die Mittelspannweite von über 1060 Metern jede bisher erbaute Hängebrücke um mehr als das Doppelte (zum Vergleich: die 1883 eröffnete

Brooklyn Bridge weist eine Mittelspannweite von 486 Metern auf). In der heftigen Auseinandersetzung setzt sich schliesslich Ammann durch, da sein Vorschlag realistischer und vor allem finanzierbar ist. Ammann trennt sich im Streit von Lindenthal, doch 1925 beruft ihn die Port Authority of New York and New Jersey zum Brückeningenieur, und zwei Jahre später findet bereits die Grundsteinlegung für die Hudson-Brücke statt, die 1931, nach ihrer Eröffnung, in George Washington Bridge umbenannt wird. Die Brücke markiert den Durchbruch für den damals 52-jährigen Ingenieur und begründet seinen Ruf als bedeutendster Brückenbauer des 20. Jahrhunderts. Er wirkt als beratender Ingenieur bei der Golden Gate Bridge mit und baut für die Port Authority of New York and New Jersey alle wichtigen Brücken, die New York mit dem Umland verbinden. Nach seiner offiziellen Pensionierung 1939 arbeitet Ammann unbeirrt weiter und krönt sein Lebenswerk im hohen Alter mit der Verrazano Narrows Bridge zwischen den New Yorker Stadtteilen Brooklyn und Staten Island. Mit einer Mittelspannweite von 1300 Metern ist die Verrazano Narrows Bridge bei ihrer Eröffnung 1964 die längste Hängebrücke der Welt.

Im Gegensatz zu Ammann bleibt Robert Maillart in der Schweiz und verwirklicht hier sein weltweit beachtetes Werk. Als Maillart 1894 sein Studium an der ETH bei Wilhelm Ritter abschliesst, liegt die Patentierung des armierten Betons erst zwei Jahre zurück. Der französische Bauingenieur François Hennebique (1842–1921) entwickelt das revolutionäre Verbundsystem von Stahl (für die Zugkräfte) und Beton (für die Druckkräfte) und realisiert 1894 im luzernischen Escholzmatt die weltweit erste Stahlbetonbrücke. Für den jungen Maillart ist das neue, praktisch in beliebige Formen giessbare Material Eisenbeton eine Offenbarung. Er tritt zu jenem Zeitpunkt auf den Plan, als das Material bereits marktreif ist, aber bevor irgendein anderer Ingenieur dessen Eigenschaften ausgereizt hat. Maillart entwickelt ein untrügliches Gefühl für den Beton und macht die Konstruktion von Brücken zur Kunstform, indem er sich ein Leben lang dem möglichst dünnen Bogen annähert. Seine Brücken erreichen keine überwältigenden Spannweiten, zeigen aber eine bisher ungekannte Eleganz, gekoppelt mit einem effizienten und ökonomischen Einsatz der Mittel. Sein erstes Werk, die Stauffacherbrücke über die Sihl in Zürich, wird 1899 noch hinter einer Verblendung aus Mauerwerk versteckt. Bereits die nächste Brücke in Zuoz zeigt den Beton, wie er ist, erreicht aber noch nicht die Virtuosität späterer Werke. Mit seinem eigenen, auf Beton spezialisierten Bauunternehmen feiert Maillart auch wirtschaftliche Erfolge und dehnt seine Tätigkeit nach Deutschland, Spanien und Russland aus. Dort werden er und seine Familie 1914 vom Ausbruch des Ersten Weltkriegs überrascht. 1916 stirbt Maillarts Frau, seine Firma in der Schweiz bricht zusammen und die Projekte in Russland werden von der Revolution weggefegt.

Als Maillart 1919 in die Schweiz zurückkehrt und sich in Genf niederlässt, muss er nochmals von vorn beginnen. Er führt von nun an ein zurückgezogenes, asketisches Leben und widmet sich ganz der Ingenieurbaukunst und der kontinuierlichen Verfeinerung seiner Betonbrücken. Mit der 1930 eingeweihten Salginatobelbrücke bei Schiers im bündnerischen Prättigau erreicht Maillart mit einer äusserst filigranen Konstruktion eine Spannweite von 90 Metern und demonstriert eindrücklich die ästhetische Qualität des Betons. Die jahrhundertealte Tradition des Brückenbaus mit schweren Steinen und das neuere Handwerk des Stahlbaus lässt er mit dieser Brücke weit hinter sich. Die Brücke wird von Fachleuten auf der ganzen Welt enthusiastisch aufgenommen, 1991 wird sie als erste Betonbrücke überhaupt von der American Society of Civil Engineers als International Historic Civil Engineering Landmark ausgezeichnet. Die letzten zehn Jahre seines Lebens baut Maillart weitere Brücken und nähert sich der Perfektion. Er verbindet hohe ästhetische Qualität mit tiefen Baukosten und baut gewissermassen schweizerisch: sparsam, unpathetisch, gelöst und im Einklang mit der Landschaft.

Zement – Baustoff der Zukunft

Beton ist nicht nur das bevorzugte Material des genialen Ingenieurs Robert Maillart, er ist ebenso die ökonomische Basis für den Schweizer Konzern Holcim, den Weltmarktführer in einem wichtigen Bereich der Baustoffindustrie. Holcim baut in der sonst rohstoffarmen Schweiz eine im Überfluss vorkommende natürliche Ressource ab, den Kalkstein. Aus Kalkstein besteht ein Grossteil der Juraketten, die die Nordschweiz in einem Bogen von Genf bis Zürich durchqueren. Der Kalk wird zusammen mit Ton und Sand in grossen Öfen bei rund 1450 Grad Celsius zu Klinker gebrannt und anschliessend zu Zement vermahlen. Im kleinen aargauischen Dorf Holderbank sind die natürlichen Voraussetzungen für eine Zementfabrik günstig: Das Dorf liegt direkt am Südfuss des Juras, vor allem aber führt ab 1858 die Eisenbahnlinie Aarau – Baden an Holderbank vorbei. In der Schweiz existieren am Ende des 19. Jahrhunderts zwar schon einige Zementwerke, so in Luterbach bei Solothurn (1871), Saint-Sulpice bei Neuenburg (1879), Laufen (1886) und Wildegg (um 1890), doch erst das 1913 in Betrieb genommene Werk der «Aargauischen Portlandcementfabrik» in Holderbank erlangt später weltweite Berühmtheit. Gegründet in einer für die Zementindustrie schweren Zeit des Preiskampfs und der

König Fuad I. (Mitte) und (links) Ernst Schmidheiny (1871–1935) beim Besuch der Zementfabrik von Tourah-Le Caire im April 1933

aggressiv auf den Schweizer Markt drängenden ausländischen Konkurrenz wächst die für die damalige Zeit hochmoderne Zementfabrik «Holderbank» nach dem Ersten Weltkrieg sukzessive durch Zukäufe und Fusionen. Entscheidend für die Zukunft des Unternehmens wird bereits der erste Zusammenschluss 1914, ein Jahr nach der Inbetriebnahme: Mit der Übernahme der Rheintalischen Zementfabrik Rüthi AG tritt deren Mitinhaber und Präsident Ernst Schmidheiny (1871–1935) in den Verwaltungsrat der neuen Firma ein. Schmidheiny entstammt einer Industri-ellenfamilie aus dem St. Galler Rheintal; sein Vater Jacob Schmidheiny (1838–1905) stellt um 1870 mit der Übernahme einer kleinen Ziegelei in Heerbrugg die Weichen für die kommenden Generationen seiner Familie.

Das Baustoffgewerbe bildet fortan das Fundament für den Aufstieg der Familie in die höchsten Sphären der Schweizer Industrie. Ernst Schmidheiny erkennt früh, dass das neue Baumaterial Beton auf der Basis von Zement und Kies die Ziegel-produktion in Bedrängnis bringt. Sein Bruder Jacob II (1875–1955) bleibt indessen beim Ziegeleigewerbe und baut die Zürcher Ziegeleien zum grössten Produzenten der Schweiz aus. Daraus wird sich später die Conzzeta AG entwickeln, eine inter-national tätige Schweizer Holding mit einem breiten Aktivitätsspektrum in den Bereichen Maschinen- und Anlagenbau, Schaumstoffe, grafische Beschichtungen, Immobilien und – als Eigentümerin von Mammut – sogar Sportartikel.

Für Ernst Schmidheiny aber bedeutet der Einstieg bei «Holderbank» die Ab-kehr vom traditionellen Geschäft des Vaters und einen Schritt in eine zunächst ungewisse, dann aber sehr erfolgreiche Richtung. Der Markt für Zement wächst zwar stetig, ist aber gleichzeitig, wie das ganze Baugewerbe, anfällig für Krisen. Der

Eines der neuesten Holcim-Zementwerke, eröffnet 2009 in Ste. Genevieve, USA

Bau eines Zementwerkes erfordert hohe Anfangsinvestitionen, ausserdem sollten die teuren Brennöfen möglichst ausgelastet sein. Wachstum ist fast nur durch Kooperationen, Beteiligungen und Übernahmen möglich – die Zementindustrie ist eine klassische Konzentrationsindustrie. Da in der ersten Hälfte des 20. Jahrhunderts Zementwerke in der Regel als Familienunternehmen geführt werden, spielt der persönliche Kontakt eine bedeutende Rolle. Keiner nutzt diese Ausgangslage so konsequent wie Ernst Schmidheiny. Auf ausgedehnten Auslandsreisen knüpft er erste Kontakte zu potenziellen Partnern, ab 1921 ist er Präsident des Verwaltungsrates bei «Holderbank» und betreibt sogleich eine aktive Beteiligungs- und Akquisitionspolitik in Belgien, Deutschland, Frankreich, Holland und Österreich, nachdem die Verflechtungen in der Schweiz schon weit fortgeschritten sind und der Markt im 1910 gegründeten Kartell E. G. Portland abgesteckt ist.

Um 1920 beteiligt sich Ernst Schmidheiny an der 1903 in Niederurnen gegründeten Schweizerischen Eternit-Werke AG. Eternit ist ein Verbundwerkstoff aus Zement und Asbestfasern; die Fasern wirken als Armierung und verbessern die Zugfestigkeit. Zugleich ist Eternit sehr wetterbeständig und daher langlebig. Der österreichische Industrielle Ludwig Hatschek (1856–1914) erfindet das praktische Baumaterial und lässt es 1900 patentieren. Dass sich Schmidheiny für Eternit interessiert, liegt auf der Hand, erst recht, als sich abzeichnet, dass die Fabrik in Niederurnen ein eigenes Zementwerk erstellen will. Nach seinem Einstieg macht er sich sofort daran, das Geschäft mit Eternit auszudehnen und zu internationalisieren. Da die Produktion in den europäischen Ländern auf Fabriken mit einer offiziellen Lizenz von Hatschek beschränkt ist, kann Schmidheiny durch Aufkäufe und Betei-

ligungen schnell eine marktdominierende Stellung erreichen. Ende der 1920er-
Jahre investiert «Holderbank» erstmals ausserhalb Europas: 1929 wird ein moder-
nes Zementwerk südlich von Kairo gebaut, im selben Jahr folgt eine Übernahme
im Libanon. 1930 ist die Expansion so weit fortgeschritten, dass eine Trennung von
Fabrikation und Beteiligungsgesellschaft nötig wird: Die «Holderbank» Financière
Glarus AG übernimmt die Holdingfunktionen und die Koordination der weiteren
Ausdehnung, die von der Weltwirtschaftskrise ab 1929 empfindlich beeinträchtigt
wird.

Vom Maurer zum Konzerngründer

In einem völlig andern Markt der Baustoffe versucht sich ab 1910 der Vorarlberger
Unternehmer Kaspar Winkler (1872–1951). Im Alter von 17 Jahren zieht Winkler
nach Zürich, wo er in der zu jener Zeit explosionsartig wachsenden Stadt eine
Anstellung als Maurer findet. Erste Versuche der Selbstständigkeit mit einem Granit-
geschäft, das das in Tessiner Steinbrüchen gewonnene Material für die Zürcher
Baufirmen aufbereitet, scheitern nach wenigen Jahren. Winkler sucht sich ein neues
Geschäftsfeld und tüftelt an bauchemischen Zusatzstoffen herum, also an Produk-
ten, die Zement oder Beton beigemischt werden und deren Eigenschaften gezielt
verändern. 1910 gründet er zusammen mit einem Chemiker in Zürich die Firma
Kaspar Winkler & Co. Sein im gleichen Jahr entwickeltes Produkt «Sika-1» – eine
Silikat- und Calciumchloridlösung als Zuschlagsstoff für Mörtel zur Abdichtung
von feuchtem Mauerwerk – erzielt aber in den ersten Jahren nur mässige bis
schlechte Verkaufszahlen. Erst die ab 1918 erfolgte Elektrifizierung der Gotthard-
Eisenbahnstrecke von Luzern nach Chiasso und die damit verbundene nachträgli-
che Abdichtung aller mehr als 30 Jahre zuvor erbauten Tunnels führt zum Durchbruch. In den 67 Tunnels mit einer gesamten Gewölbeoberfläche von rund 59 000
Quadratmetern kann die Kaspar Winkler & Co. gut 350 Tonnen «Sika-3» und
«Sika-4» verbauen und erzielt damit einen Umsatz von 450 000 Franken (teue-
rungsbereinigt 2008 etwa 4 Mio. Franken) – für das kleine Unternehmen eine stattliche Summe.

Mit diesem Erfolg im Rücken macht sich Winkler gleich an die Expansion ins
Ausland, was zu Beginn allerdings nicht recht funktioniert. Der Verkauf von Lizenzen scheitert, auch eine erste, 1921 im süddeutschen Durmersheim gegründete
Tochterfirma liefert im krisengeschüttelten Deutschland nach dem Ersten Weltkrieg nur bescheidene Resultate. Erst mit der Anstellung eines kaufmännisch ver-
sierten Bauingenieurs gelingt ab 1925 der Sprung ins Ausland mit Gründungen und

Links *Sika-Gründer Kaspar Winkler (1872–1951) bei Versuchen mit neuen Mischungen um 1930*
Rechts *Arbeiten mit Sika-Produkten bei der Abdichtung des Gotthardtunnels*

Beteiligungen in London, Mailand und Paris. Später, nach dem Eintritt seines Schwiegersohnes Fritz Schenker in die Firma, wird der Ausbau des Auslandgeschäfts forciert mit Niederlassungen in Spanien, Polen, der Tschechoslowakei, Japan und Brasilien. Die Tochterfirma in London wiederum gründet weitere Unterfirmen in den britischen Kolonien Kanada, Australien, Indien und auf dem afrikanischen Kontinent. Im gleichen Jahr wie «Holderbank», 1930, bündeln Winkler und sein Teilhaber Schenker die weitverzweigten Beteiligungen in der Holdinggesellschaft Sika Holding AG mit Sitz in Glarus. Der Produktname steigt zum Firmennamen auf, obwohl inzwischen eine ganze Palette weiterer Bauchemikalien zur Abdichtung und als Zuschlagstoffe für Beton entwickelt wird.

Homo faber – der rastlose Ingenieur

Die 1920er- und 1930er-Jahre sind die «heroische Phase» des Ingenieurbaus. Die Bauingenieure, besonders in der Schweiz, wo es viele Brücken zu bauen gilt, bilden einen «technischen Stil» aus, der von den Avantgarde-Architekten der Zeit enthusiastisch gefeiert wird. Gelobt wird vor allem die Synthese von Form, Funktion und Konstruktion unter Einbezug von schöpferischem Gestalten; es werden sogar Vergleiche mit der Gotik angestellt. Bei einem Besuch in New York preist der aus der Schweiz stammende Architekt Le Corbusier (1887–1965) Ammanns George Washington Bridge in den höchsten Tönen, und in seinem 1923 erschienenen Manifest «Vers une architecture» schreibt er: «Der Ingenieur, beraten durch das Gesetz der Sparsamkeit und geleitet durch Berechnungen, versetzt uns in Einklang mit den

Gesetzen des Universums. Er erreicht die Harmonie.» Auch die grossen Staumauern, die nach der schmerzhaften Erfahrung der Kohleknappheit im Ersten Weltkrieg zur autarken Stromproduktion in entlegenen Alpentälern hochgezogen werden, finden viele Bewunderer. Die Talsperre und das daraus gewonnene «weisse Gold» werden zu Ikonen einer modernen, aufgeschlossenen Schweiz. Das Grimselwerk (1928–1932) und die erste Staumauer im Walliser Val de Dix (1929–1935) sind Grossbaustellen, die höchste Ansprüche an Planung, Logistik und Ausführung stellen. Nach dem Zweiten Weltkrieg, in den 1950er- und 1960er-Jahren, kommt der Kraftwerkbau zur vollen Blüte – es ist die grosse Zeit der Talsperren. In den Jahren von 1950 bis 1970 entstehen rund zwei Dutzend Staumauern von über 100 Metern Höhe – darunter die 1965 fertiggestellte Grande Dixence, damals die höchste Talsperre der Welt, die in breiten Schichten der Bevölkerung als grosse Errungenschaft aufgenommen wird.

Die Energiepolitik der Schweiz ist nun stark auf die Loslösung von ausländischen Abhängigkeiten ausgerichtet; Ziel ist es, den Strombedarf im Land aus eigener Produktion decken zu können und vor allem mit Speicherseen in den Alpen das Problem des Winterstroms zu lösen. Die Schweizer Ingenieurbüros nehmen die Herausforderung an und sammeln Erfahrungen, die sie später beim Kraftwerkbau im Ausland nutzen können. Elektrowirtschaft, Maschinenbauer und planende Ingenieure schwärmen in die Welt aus; in der literarischen Figur des «Homo faber» (1957) des Zürcher Schriftstellers und Architekten Max Frisch (1911–1991) wird der rastlose Ingenieur verewigt – als durch und durch technikgläubiger Mann, der von der bedingungslosen Formbarkeit der Welt überzeugt ist. Beim Ausbau der Energiekapazitäten in der Schweiz mit dabei ist das Industriekonglomerat Elektrowatt, ein 1895 von der Berliner Allgemeinen Electricitäts-Gesellschaft (AEG) und der Schweizerischen Kreditanstalt unter dem Namen Elektrobank gegründetes Venture-Capital-Unternehmen. Mit der tatkräftigen Unterstützung der Kreditanstalt steigt die Elektrobank noch vor dem Ersten Weltkrieg zur grössten Finanzierungsgesellschaft in der Schweiz und zu einer der bedeutendsten in Europa auf. Eine vergleichbare Bedeutung erreicht auch die Motor-Columbus AG, die Ende des 19. Jahrhunderts ebenfalls als Finanzierungsgesellschaft entstanden ist. Kriege, Wirtschaftskrisen und Devisenregulierungen zwingen das Unternehmen aber, sich laufend neu zu erfinden. So wird die 1920 eher nebenbei geschaffene Technische Abteilung (Baubureau) 1941 zu einem internen Ingenieurbüro ausgebaut, das noch im Krieg die Planung von grossen Speicherkraftwerken in Angriff nimmt, darunter Mauvoisin, Mattmark, Albula-Landwasser und Göscheneralp. 1964 beschäftigt

Oben *Die Ganterbrücke von Christian Menn*
südlich von Brig mit einer Länge von 678 Metern

Unten *Brückenbauer Christian Menn (*1927)*

Elektrowatt 432 Personen, 355 davon im technischen Bereich. Als das Baubureau
1965 als 100-prozentige Tochtergesellschaft unter dem Namen Elektrowatt Ingenieurunternehmung AG ausgegliedert wird, ist es zum grössten Ingenieurbüro der
Schweiz herangewachsen. Es plant und baut Kraftwerke in der Schweiz und im
Ausland, darunter in der Türkei den berühmten Atatürk-Staudamm (Inbetriebnahme 1992) und die Talsperre Karakaya (1987). Im gleichen Zeitraum, 1969, werden
die technischen Abteilungen der Motor-Columbus AG als «Motor-Columbus Ingenieurunternehmung» verselbstständigt und wandeln sich so ebenfalls zu einem der
bedeutendsten Schweizer Ingenieurbüros, das auf seinem Höhepunkt zu Beginn
der 1980er-Jahre rund 800 Mitarbeitende beschäftigt. Doch da Ende der 1950er-
Jahre die Planung der Kraftwerksanlagen bereits ihren Zenit überschritten hat, werden die beiden Unternehmen – nicht zum ersten Mal in ihrer Geschichte – zu einer

Neuorientierung gezwungen. Bei Elektrowatt werden die Erfahrungen beim Bau von Druckstollen für die Speicherwerke nun für den Tunnelbau verwendet. 1965, zum Zeitpunkt der Ausgliederung, beträgt der Anteil des Kraftwerkbaus an den erbrachten Dienstleistungen noch 46 Prozent gegenüber 76 Prozent nur vier Jahre zuvor. Motor-Columbus engagiert sich unter anderem in der Planung von Kernkraftwerken – auch am Standort Kaiseraugst, ein Projekt, das 1988 nach langwierigen politischen Auseinandersetzungen aufgegeben werden muss. Das Unternehmen geht schliesslich nach mehreren Zwischenschritten in der Alpiq-Gruppe auf.

Reichlich Arbeit für die Schweizer Ingenieure bringt das 1960 von den Eidgenössischen Räten beschlossene, 1840 Kilometer lange Nationalstrassennetz. Es entwickelt sich zum grössten Projekt der Schweiz nach dem Zweiten Weltkrieg. Dass das Werk selbst über 50 Jahre nach seiner Inangriffnahme nicht vollendet sein würde, kann sich in den 1960er-Jahren niemand vorstellen. Wie schon beim Eisenbahnbau weist die Schweiz auch hier im internationalen Vergleich erhebliche Verspätung auf. In den USA, Italien und Deutschland sind Autobahnen zum Teil schon seit Jahrzehnten in Betrieb. Die kleinkammerige politische Landschaft mit weitreichenden Kompetenzen der Kantone und Gemeinden erschwert den Prozess wie einst beim Eisenbahnbau. Umso gründlicher gehen die Bundesbehörden bei der Planung vor. Das Nationalstrassennetz ist eidgenössisch ausgewogen und berücksichtigt alle Regionen. Die Autobahn wird aber in erster Linie als technisches Problem betrachtet, das die hervorragend ausgebildeten Schweizer Ingenieure lösen können. Raumplanerische oder gar gestalterische Fragen rücken – von wenigen Ausnahmen abgesehen – in den Hintergrund.

Eine der wenigen Ausnahmen von dieser technokratischen Planungskultur ist der Bündner Bauingenieur Christian Menn (*1927), der einige der markantesten Brücken des Schweizerischen Autobahnnetzes konstruiert. Er gründet 1957 sein Büro in Chur und beruft sich ausdrücklich auf das Wirken Robert Maillarts, den sein Vater Simon Menn – ebenfalls ein Bauingenieur – persönlich gekannt hatte. Seine ersten Brückenbauten stehen ganz in der Tradition Maillarts und gleichen dessen Werken auch äusserlich. Die nach dem Zweiten Weltkrieg immer weiter verbreitete Technologie des vorgespannten Betons erlaubt ihm grössere Spannweiten als zuvor. In den 1960er-Jahren erachtet Menn das Problem der relativ weit gespannten Bogenbrücken als gelöst und macht sich daran, mit Hilfe der Vorspannung den Bogen ganz zu eliminieren. Ab 1971 bis zu seiner Emeritierung 1992 ist Menn Professor für Baustatik an der ETH Zürich und darf nur noch als beratender Ingenieur Brückenprojekte begleiten. Dafür muss er aber auch nicht mehr mit kleinen, aber notwendigen Aufträgen sein Ingenieurbüro aufrechterhalten. Menn nutzt die Freiheiten und konzentriert sich auf die gestalterischen Aspekte, das Brückendesign. Zu den herausragenden Werken dieser Schaffensperiode zählen die Felsenaubrücke der Autobahn-Nordumfahrung in Bern (1974), die Ganterbrücke an der Nordrampe der Simplonpassstrasse (1980), der Biaschina-Viadukt der Autobahn A2 im Tessin (1983) und die Sunnibergbrücke bei Klosters (1999). Sie gilt seit ihrer Eröffnung mit ihren expressiv geformten Pylonen als neues Wahrzeichen des Prättigaus und wird in der Fachwelt in einem Atemzug mit der unweit gelegenen Salginatobelbrücke Maillarts genannt. Menns Ruf als exzellenter Gestalter, seine viel beachteten Brückenbauwerke und seine Vorlesungen an amerikanischen Universitäten führen zum Auftrag für den Bau einer Schrägseilbrücke über den Charles River in Boston: Die 2003 fertiggestellte Leonard P. Zakim Bunker Hill Bridge ist für Menn das komplexeste und anforderungsreichste Projekt, an dem er je gearbeitet hat.

Baustoffindustrie: Expansion auf alle Kontinente

Es versteht sich von selbst, dass die immensen Mengen an Beton, die in den Talsperren der Alpen und im Autobahnnetz verbaut werden (allein in der 285 Meter hohen Gewichtsstaumauer Grande Dixence stecken 6 Mio. Kubikmeter Beton), und der nach dem Zweiten Weltkrieg bis in die 1970er-Jahre dauernde und neuerdings wieder virulente Bauboom der Schweizer Baustoffindustrie mit ihren Leitsternen «Holderbank» und Sika Auftrieb verleihen. Das Marktvolumen in der Schweiz spielt für «Holderbank» nach 1950 jedoch eine immer geringere Rolle. Die Söhne Ernst Schmidheinys müssen nach dem Tod ihres Vaters bei einem Flugzeugabsturz in der Wüste Sinai 1935 zwar einen Betrieb übernehmen, der durch die Weltwirtschaftskrise und den Zerfall der Währungen am Rand des Konkurses steht. Ernst Schmidheiny II (1902–1985) und sein Bruder Max (1908–1991) machen sich aber noch in den 1930er-Jahren an die Konsolidierung der Firma und die Fortsetzung der von Anbeginn an auf Expansion ausgerichteten Strategie, wobei sie sich das weitverzweigte Firmenkonglomerat untereinander aufteilen. Im Bereich der Baustoffe hat die Familie Schmidheiny nun eine dominierende Position: Ernst und Max kontrollieren gemeinsam «Holderbank» und Eternit, wobei Ernst eher dem Zement zugetan ist und Max sich mehr für Asbestzement interessiert. Ihr Cousin Peter (1908–2001), Sohn von Jacob II, betreibt weiterhin das Geschäft mit den Ziegeln.

Eine Eigenart der Schmidheiny-Dynastie ist neben dem unternehmerischen Engagement der Einsatz für die Gemeinschaft. Reichtum bedeutet für die Schmidheinys kein Privileg, sondern Verantwortung. So verhandelt Ernst I während des Ersten Weltkriegs als Leiter des eidgenössischen Kompensationsbüros für ein Taggeld in der Höhe von 30 Franken mit den Grossmächten, um die Versorgung der Schweiz mit lebenswichtigen Rohstoffen sicherzustellen. Jacob II engagiert sich 1936 beim Zürcher Maschinenkonzern Escher Wyss und führt dieses für die Schweizer Industrie bedeutende Unternehmen aus einer existenziellen Krise. Max wiederum zieht es in die Politik: Zunächst ist er Mitglied des Gemeinderates von Balgach, dann sitzt er im St. Galler Kantonsrat und schliesslich 1959–1963 im Nationalrat, wo er sich allerdings nach eigenen Angaben sehr langweilt.

Dem Wesen der Zementindustrie entsprechend, sucht sich «Holderbank» die neuen Standorte nach den Kriterien Rohstoffvorkommen, Energieversorgung und Transportkapazitäten aus. Nach Südafrika 1937 kommt ab 1950 der Schritt auf die amerikanischen Kontinente mit der Erstellung eines riesigen Zementwerks in der Nähe von Quebec, nicht minder grossen Anlagen in den USA und dem grossflächigen Aufbau eines Fabriknetzes in Brasilien, Kolumbien, Venezuela und den Staaten Mittelamerikas. Mitte der 1970er-Jahre folgt die sukzessive und von Max orchestrierte Stabsübergabe an die vierte Generation. Der Familientradition entsprechend lernen seine Söhne Thomas (*1945) und Stephan (*1947) das Geschäft mit dem Zement von der Pike auf. Thomas arbeitet als Schichtführer für «Holderbank» in Peru und später als Werksleiter in Mexiko, Stephan schuftet in brasilianischen Eternit-Werken und schleppt dort Asbestsäcke. 1975 wird Thomas Delegierter des Verwaltungsrates der Holding und übernimmt sukzessive die Kontrolle über den Konzern. Im gleichen Jahr steigt Stephan in die Führung von Eternit auf, wird ebenfalls Delegierter und 1976 Chef der Eternit-Gruppe. Damit ist die zuvor von Ernst II und Max nur auf informeller Ebene praktizierte Trennung der Geschäftsbereiche Zement und Eternit praktisch vollzogen. 1984, als Max Schmidheiny sein Erbe regelt, wird die Aufteilung definitiv besiegelt. Unter der Leitung von Thomas Schmidheiny stösst «Holderbank» nach dem Fall des Eisernen Vorhangs sofort nach Osteuropa vor und verstärkt insbesondere mit Fabriken in Vietnam (ab 1994) ein bereits 1974 auf den Philippinen begonnenes Engagement in Asien. Nach der Finanzkrise der späten 1990er-Jahre wird die Expansion rasch und vehement vorangetrieben. Besonders das Indiengeschäft, das in einem grossen Ausbauschritt ab 2005 aufgebaut wird, entwickelt sich zu einem wichtigen Standbein für den Konzern; Holcim (so nennt sich das Unternehmen seit 2001) wird dort zur Nummer eins im Markt. Bei aller geografischen Diversifizierung, die nötig ist, um lokale Konjunkturschwankungen auszugleichen, bleibt aber «Holderbank» über die Jahrzehnte der Expansion seinem Kerngeschäft treu. Die Produktpalette umfasst nach wie vor Zement und Zuschlagsstoffe, wobei in den sogenannt reifen Märkten die Zuschlagsstoffe und Beton im Zentrum stehen, während in den aufstrebenden Märkten hauptsächlich auf Zement gesetzt wird. In den 1990er-Jahren steigt «Holderbank» dank dieser Politik der ruhigen Hand zum weltweit grössten Zementhersteller auf, mit Niederlassungen und Beteiligungen auf allen fünf Kontinenten.

2014 erfolgt dann ein Paukenschlag, der die Geografie des weltweiten Zementgeschäfts verändert: Holcim und der französische Lafarge-Konzern – weltweit die Nummer zwei – verkünden die Absicht zu fusionieren. Der Name wechselt zu LafargeHolcim, der Hauptsitz bleibt in der Schweiz. Der fusionierte Konzern ist in 90 Ländern präsent, wobei aus Sicht von Holcim insbesondere die Präsenz in Afrika und dem Mittleren Osten verstärkt wird. An anderen Orten bestehen aber Überlappungen, die auch aufgrund von Bedenken der Wettbewerbsbehörden abgebaut werden müssen. Ende 2014 genehmigt die EU-Wettbewerbsbehörde die Fusion, die 2015 vollzogen wird. Aus Sicht der Unternehmensleitung und der Aktionäre wird der Zusammenschluss geradezu enthusiastisch begrüsst, doch es gibt auch kritische Stimmen. So sind etwa die Unternehmenskulturen – föderalistisch im Fall von Holcim, zentralistisch bei Lafarge – recht unterschiedlich.

Stephan Schmidheiny hingegen übernimmt mit der Eternit ein schweres Erbe, wie sich bald nach seiner Installation als Chef der Industriegruppe herausstellt. Die einstige «Wunderfaser» Asbest ist in Verruf geraten, sie löst die gefährliche und in den meisten Fällen tödlich verlaufende Lungenkrankheit Asbestose aus. Bereits in den frühen 1970er-Jahren laufen erste grosse Prozesse gegen die Asbestindustrie in den USA; Schmidheiny hofft zunächst noch, durch den richtigen Umgang mit Asbest um einen Verzicht auf das Material herumzukommen. Schnell wird ihm aber klar, dass nur ein kompletter Ausstieg aus dem Asbest die Frage endgültig löst. Stephan Schmidheiny lässt intensiv an Ersatzprodukten forschen, doch die Umstellung ist nicht einfach: Während die Asbestfaser universell eingesetzt werden kann, braucht es bei den Substituten für jedes Eternitprodukt eine gesonderte Lösung. Das ist aufwendig und teuer. Vor allem aber produzieren die Konkurrenten weiterhin kostengünstig mit Asbest. Daher entscheidet sich Schmidheiny Anfang der 1980er-Jahre, ganz aus Eternit auszusteigen. Er verkauft sukzessive alle Eternitfabriken und -beteiligungen, 1989 übernimmt Bruder Thomas das Stammwerk in Niederurnen. Ein Jahr später wird in der Schweiz Asbest verboten. Stephan Schmidheiny wird gar 2012 in Italien nach einem regelrechten Schauprozess zu einer Gefängnisstrafe verurteilt, das oberste italienische Gericht kassierte das Urteil dann aber.

Für die Sika-Gruppe erweist sich der Zweite Weltkrieg als Auftragsgenerator. Vor allem beim Bunkerbau für die Festungsanlagen in den Schweizer Alpen kommen Sika-Produkte wie Abdichtungsmaterialien und Betonverflüssiger im grossen Stil zum Einsatz, während die Tochterfirmen im Ausland für die jeweiligen Länder produzieren, sei es für die Achsenmächte oder die Alliierten. Nach dem Ende der Kriegshandlungen profitiert Sika wie viele andere Unternehmen der Baubranche vom Wirtschaftsboom in Europa und gründet in Übersee laufend neue Firmen, bleibt jedoch bei seinen bewährten Produkten und investiert zunächst wenig in Forschung und Entwicklung. Eine geografische Verteilung des Risikos allein genügt für ein Unternehmen der Spezialitätenchemie aber nicht, es muss auch die Produktpalette laufend weiterentwickeln. Ende der 1950er-Jahre intensiviert deshalb Sika seine Forschungstätigkeit und steigt schon 1962 in die Produktion von Kunstharzen ein. Die Firma wandelt sich nun zum echten Chemiebetrieb, der nicht mehr wie zuvor eingekaufte Produkte zusammenmischt.

Trotz der stürmischen Expansion ins Ausland bleibt Sika ein mittelgrosser Konzern: 1960, beim 50-Jahr-Jubiläum, beträgt der Umsatz der ganzen Gruppe 50 Mio. Franken. In jenem Jahr übernimmt Romuald Burkard (1925–2004), Schwiegersohn von Fritz Schenker, die operative Leitung der Sika-Gruppe. Er forciert die Diversifikation der Produktelinien und setzt unter anderem auf Kunststoff-Dichtungsbahnen und auf Sikaflex, eine neuartige, 1968 in den eigenen Labors entwickelte Einkomponenten-Dichtmasse, die im Verlauf der 1970er-Jahre den Weltmarkt im Sturm erobert. Von einer schweren, fast existenzbedrohenden Krise zwischen 1970 und 1975, die zeitlich ungünstig mit der Ölkrise zusammenfällt, erholt sich Sika nur langsam; der universell einsetzbare Klebstoff Sikaflex ebnet ihr jedoch über die Akquisition der Stuttgarter Lechler Chemie 1982 den Weg in die Autoindustrie. Die Abhängigkeit von der konjunkturempfindlichen Bauwirtschaft kann so reduziert werden.

Sika ist nun endgültig ein Weltkonzern (1989 überschreitet der Umsatz die Milliardengrenze) und passt seine Managementstrukturen an: 54 Prozent der Aktien bleiben zwar im Besitz der Familie Burkard-Schenker, die Unternehmensführung gibt die Familie aber 1990 nach dem Rücktritt Romuald Burkards ab. Ab Mitte der 1990er-Jahre wächst Sika kontinuierlich, hat sich auf allen Kontinenten festgesetzt, partizipiert am Aufstieg Chinas und sichert sich die weltweite Marktführerschaft im Bereich der Bauchemie. Zunächst kann Sika seine umsichtige Akquisitionspolitik ungestört umsetzen, kommt dann aber 2014 völlig unerwartet in die Schlagzeilen, als die Besitzerfamilie Burkard nach Geheimverhandlungen den Verkauf ihrer Anteile an den französischen Baustoff-Konzern Saint-Gobain bekannt gibt. Insbesondere die Konstruktion, wonach die Familie als Ankeraktionär mit gut 16 Prozent des Kapitals mehr als 52 Prozent der Stimmrechte kontrolliert, gibt zu reden. Ursprünglich gedacht als Schutzmechanismus gegen feindliche Übernahmen, wendet sich dieser nun gegen die Unternehmensführung, die von allem nichts wusste. Die Aktien des Unternehmens brechen ein und bringen die anderen Aktionäre ebenfalls in Bedrängnis, denn nur der Ankeraktionär erhält von Saint-Gobain den vereinbarten Übernahmepreis von 2,75 Mrd. Franken für das Aktienpaket. Verwaltungsrat und Unternehmensführung wehren sich gegen die Übernahme, die derzeit noch in der Schwebe ist.

Es gibt in der Baustoffbranche noch andere Perlen, die in ihren jeweiligen Nischen durchaus internationale Bedeutung besitzen. Zu ihnen zählt die Omya AG mit Hauptsitz in Oftringen. Das Unternehmen ist ein führender Hersteller von Industriemineralien auf der Basis von Calciumcarbonat und Dolomit sowie weltweit in der Distribution von Spezialchemikalien tätig. Gegründet 1884 in der Schweiz, ist Omya heute mit 8000 Mitarbeitenden an mehr als 180 Standorten in über 50 Ländern vertreten. Im Sanitärbereich hat sich Geberit als internationales Unternehmen etabliert. Sein Anfang liegt weit zurück im 19. Jahrhundert, als 1874 Caspar Melchior Albert Gebert (1850–1909) in Rapperswil einen Spenglereibetrieb eröffnet. Heute ist das Unternehmen in 41 Ländern aktiv und setzt mit über 6200 Beschäftigten rund 2,4 Mrd. Franken (2014) um. 2015 übernimmt das Unternehmen den etwa gleich grossen finnischen Konzern Sanitec und verdoppelt damit die Zahl der Mitarbeitenden auf einen Schlag. Ein drittes Beispiel ist die Forbo-Gruppe mit Sitz in Baar ZG, ein Hersteller von Bodenbelägen, Bauklebstoffen sowie Antriebs- und Leichtfördertechnik. Das Unternehmen wird 1928 von drei Linoleumherstellern aus Deutschland, Schweden und der Schweiz unter der Firma Continentale Linoleum Union gegründet. Später werden weitere Bereiche aufgebaut oder durch Akquisitionen in das Unternehmen, das sich seit 1974 Forbo nennt, integriert. 2014 erwirtschafteten die gut 5000 Beschäftigten in rund 40 Ländern einen Umsatz von über 1,2 Mrd. Franken.

Vernetztes Denken

Während das Schweizer Bauwesen im 20. Jahrhundert vorab dank begnadeten Ingenieuren und den beiden Baustoffkonzernen Holcim und Sika ungeahnte Höhen

Bohrjumbos am Ceneri-Basistunnel (Teil der NEAT) vor der Sprengung

und internationale Bedeutung erreicht, schaffen es die Unternehmen des Bauhauptgewerbes nicht in diese Liga. Auch hier reichen die Wurzeln oft weit zurück, jene des grössten Baukonzerns der Schweiz, Implenia, bis in das Jahr 1866, als die Vorgängerfirmen der Batigroup entstehen, die dann 2006 mit der 1872 gegründeten Conrad Zschokke zur Implenia fusionieren. Trotz der Fusion ist das Unternehmen im Vergleich mit grossen internationalen Baukonzernen klein. Es fokussiert aber in jüngster Zeit das Auslandgeschäft, um die Unwägbarkeiten im Schweizer Heimmarkt, wo Implenia immer noch rund 90 Prozent der Geschäfte tätigt, auszugleichen. 2013 wird mit über 3 Mrd. Franken Umsatz ein Rekordwert erreicht – auch aufgrund der Expansion in Norwegen. Auch in seiner Gesamtheit ist das Baugewerbe für die schweizerische Volkswirtschaft von grosser Bedeutung. Es beschäftigt 2013 über 80 000 Personen und trägt gut 5 Prozent zur gesamtwirtschaftlichen Wertschöpfung bei. Ausserdem beschäftigen die über 10 700 Ingenieurbüros zusammen über 61 000 Personen (2012). Gemäss einer Schätzung des Hauseigentümerverbandes von 2014 beträgt die Bruttowertschöpfung der Architekten und Ingenieure rund 5 Mrd. Franken, was knapp ein Sechstel von jener des Bauhauptgewerbes entspricht. Zu den grossen Schweizer Ingenieurunternehmen, die international aktiv sind, gehören unter anderem die Gruner Gruppe (über 1000 Mitarbeitende), die Amstein + Walthert Holding AG (750 Mitarbeitende), die Emch + Berger Gruppe (560 Mitarbeitende), CSD Ingenieure (540 Mitarbeitende), die Basler & Hofmann Gruppe (500 Mitarbeitende) und Ernst Basler + Partner (500 Mitarbeitende).

Doch volkswirtschaftliche Bedeutung und atemberaubende Ingenieurleistungen hin oder her – die Bauwirtschaft und zumal die Ingenieure, diese einstigen Ikonen der technologischen Zivilisation, werden heute nicht mehr einfach nur als Träger des Fortschritts gesehen. Der technische Zugriff auf Natur und Landschaften weckt Opposition. Der Ingenieur wird verantwortlich gemacht für die «Zubetonierung der Landschaft» und für die zum Teil unsensibel gestalteten, rein auf Funktionalität ausgerichteten Verkehrsbauwerke. Anstelle der Euphorie über den «technischen Stil» und die Lösbarkeit aller Probleme treten grundsätzliche Zweifel am Wachstum und dessen «Kollateralschäden». Technik und die Beherrschung der Naturkräfte gelten nicht mehr als vordringliches Ziel der westlichen Zivilisationen. Gleichzeitig steigt der Komplexitätsgrad der Infrastrukturprojekte, da nicht mehr das Bauwerk isoliert betrachtet wird, sondern dessen direkte und indirekte Auswirkungen auf die nähere und weitere Umgebung. Gefragt sind deshalb vermehrt Qualitäten im Projektmanagement, in der Koordination und Moderation von langfristigen Prozessen und im vernetzten Denken. Neue Infrastrukturen müssen sich in den dicht besiedelten Gebieten Westeuropas in bestehende Netzwerke integrieren, deren Betrieb muss permanent aufrechterhalten bleiben, und es dürfen möglichst keine Emissionen verursacht werden. Das Berufsbild ist auf gewisse Weise «weicher» geworden.

Das Jahrhundertprojekt der Neuen Eisenbahn-Alpentransversale (NEAT) ist ein Beispiel dafür, wie ein grosses Bauvorhaben dazu genutzt wird, gezielt neues Know-how bei den Schweizer Ingenieuren aufzubauen. Erste Überlegungen für eine Gotthard-Basislinie werden bereits Mitte der 1940er-Jahre angestellt, die sich abzeichnenden Kapazitätsengpässe auf der Bergstrecke führen zu weiteren Planungen in den 1960er-Jahren: 1962 erarbeitet die Elektrowatt Ingenieurunternehmung AG im Auftrag der SBB ein generelles Projekt für einen Tunnel Amsteg–Giornico und 1975 gar ein Bauprojekt. Die geologischen Problemzonen werden benannt, ebenso die Bauausführung mit mehreren Zwischenangriffen. Der Bundesrat zieht jedoch vorerst den Strassentunnel Göschenen–Airolo dem Eisenbahntunnel vor. In den 1980er-Jahren taucht die NEAT wieder in der Agenda auf. 1989 wird das Projekt neu in Angriff genommen, allerdings unter völlig andern Vorzeichen. Die Abhängigkeit der Planungsbehörden von den grossen Ingenieurfirmen wie Elektrowatt und Motor-Columbus, die den Markt bis dahin dominieren, wird durch ein in der Schweizer Ingenieurlandschaft breit abgestütztes Verfahren ersetzt. Unter Leitung und Koordination des 1981 gegründeten Ingenieurbüros Ernst Basler & Partner wird eine Projektorganisation aufgebaut, die bei einem Zeithorizont von über 20 Jahren die konsistente Planung zweier Basistunnels am Gotthard und am Lötschberg aufrechterhalten und gleichzeitig neue technische Erkenntnisse einfliessen lassen kann. Mitten in der Planungsphase der NEAT endet übrigens die Ära der Elektrowatt: 1995 beschliesst die Mehrheitsaktionärin Credit Suisse die Zerschlagung des Industrie- und Beteiligungskonglomerats. Das frühere Baubureau macht sich komplett selbstständig und wird 1999 vom finnischen Ingenieurbüro Pöyry übernommen.

1993 beginnen die Arbeiten mit dem ersten Sondierstollen am Gotthard, ein Jahr später findet der Spatenstich am Lötschberg statt. Beide Tunnels werden von fünf Punkten her gleichzeitig gebaut, um die Bauzeit zu verkürzen. Besonders spektakulär ist der Zwischenangriff Sedrun, der über einen 800 Meter tiefen Schacht erfolgt. Die grosse Leistung des NEAT-Projekts ist jedoch nicht notwendigerweise der Bau des 57 Kilometer langen Gotthard-Basistunnels (Eröffnung geplant für 2016) und des 34 Kilometer langen Lötschberg-Basistunnels (Eröffnung 2007) unter erschwerten geologischen Bedingungen. Dies sind nach klassischer Ingenieur-Optik «bewältigbare Probleme». Vielleicht noch grossartiger sind das flexible Prozessmanagement in einem Staatswesen mit komplexen föderalistischen und direktdemokratischen Entscheidungswegen über eine sehr lange Zeitdauer und die gezielte Herausbildung und Förderung neuer Kompetenzen bei den beteiligten Ingenieuren. In dieser Hinsicht leistet die Schweiz erneut Pionierarbeit, auch wenn diese Arbeit nicht mehr «sichtbar» ist und sich nicht mehr in kühnen Brückenschlägen zeigt.

Wichtige Schweizer Baustoffunternehmen in Zahlen

Holcim (1912)					
	1950	1970	1990	2000	2014
Umsatz	n. v.	1203	5247	14 012	19 110
Beschäftigte	n. v.	9700	29 560	44 320	67 584
davon im Inland	n. v.	1390	2380	2780	1866

Sika (1910)					
	1950	1970	1990	2000	2014
Umsatz	n. v.	213	1100	1998	5571
Beschäftigte	n. v.	2480	6240	7870	16 895
davon im Inland	n. v.	n. v.	1080	1060	~2000

Genannt werden Umsatz und Zahl der Beschäftigten (insgesamt und in der Schweiz) grosser Schweizer Baustoffunternehmen, soweit diese verfügbar sind (ansonsten findet sich der Vermerk n. v.). In Klammern ist das Gründungsjahr des Unternehmens angegeben, der Umsatz ist in Mio. Franken aufgeführt, die Zahlen zu Umsatz und Beschäftigten sind gerundet, in Einzelfällen finden sich leichte Abweichungen in Jahrzahlen. Holcim wurde unter dem Namen Aargauische Portlandcementfabrik gegründet, Sika unter dem Namen Kaspar Winkler & Co. Das 2006 entstandene, grösste Schweizer Bauunternehmen Implenia ist ein Fusions-produkt mehrerer Firmen, sodass eine historische Auflistung von Umsatz und Gewinn nicht erstellt werden kann. Da selbst die grössten Schweizer Engineering-Firmen deutlich kleiner sind als Holcim und Sika, werden diese hier nicht aufgeführt.

Beherrscher der Zeichen

vor 1800	1703	Domenico Trezzini wird Stadtplaner von St. Petersburg.
1800–1899	1826	Eröffnung des ersten Schweizer Kunstmuseums, das Musée Rath in Genf.
	1837	Gründung der Gesellschaft schweizerischer Ingenieure und Architekten (sia).
	1855	Gottfried Semper kommt nach Zürich an das neu gegründete Polytechnikum.
	1859	Gründung von Natural Le Coultre, heute Weltmarktführer im Kunsttransport.
	1883	Erste Schweizer Landesausstellung in Zürich.
1900–1999	1907	Theodor Fischer gründet in Luzern das erste Schweizer Auktionshaus für Kunst.
	1915	Karl Moser wird an die ETH Zürich als Professor für Baukunst berufen.
	1916	Charles-Edouard Jeanneret-Gris (Le Corbusier) verlässt die Schweiz in Richtung Paris.
	1928	Gründung des Congrès International d'Architecture Moderne.
	1934	Emil Georg Bührle beginnt mit dem systematischen Aufbau seiner Kunstsammlung.
	1945	Ernst Beyeler eröffnet in Basel seine Galerie.
	1967	Die Stadt Basel kauft zwei Gemälde von Pablo Picasso per Volksabstimmung.
	1970	Gründung des Architekturbüros von Mario Botta.
	1970	Erste Kunstmesse Art in Basel.
	1978	Gründung des Architekturbüros Herzog & de Meuron in Basel.
	1979	Peter Zumthor gründet sein Architekturbüro in Haldenstein bei Chur.
ab 2000	2001	Jacques Herzog und Pierre de Meuron werden mit dem Pritzker-Preis ausgezeichnet, dem «Nobelpreis» der Architektur.
	2009	Peter Zumthor erhält den Pritzker-Preis.

Schweizer Impulse
in Architektur und Kunsthandel

Architektur und Kunsthandel – gibt es Gemeinsamkeiten? Beiden kommt eine gewisse Brücken-
funktion zu. Der Architekt schlägt die Brücke zwischen dem Baugewerbe und der Kunst, pendelt
ständig zwischen Wissenschaft, Praxis und Kunstschaffen. Der Kunsthandel wiederum wirkt
als Vermittler zwischen den Kunstschaffenden und deren Abnehmern, seien dies nun Sammler,
Museen oder Stiftungen. Ohne Sammler, Galerien und Kunsthändler würde die Bildende Kunst
kaum wahrgenommen. Auf beiden Gebieten, Architektur wie Kunsthandel, besitzt die Schweiz
eine bemerkenswerte internationale Ausstrahlung und ein beachtliches Renommee. So ist
eine der weltweit wichtigsten Kunstmessen, die Art, ausgerechnet in Basel beheimatet, ein
«Städtchen» im Vergleich zu den grossen globalen Metropolen. Und Schweizer Architekten wie
Le Corbusier, Mario Botta, Peter Zumthor oder das Architekturbüro Herzog & de Meuron
setzen unübersehbare Akzente in der Moderne. Die Schweiz nimmt also auch in der weltweiten
«Kulturindustrie» einen respektablen Platz ein. Diese Spitzenposition beruht einerseits auf
starken Persönlichkeiten, die die internationale Vernetzung suchen, anderseits auf den Qualitäten des Standortes wie politische Stabilität, rechtliche und steuerliche Vorteile oder hohes
Ausbildungsniveau. Sie hat aber auch mit den ungewöhnlichen unternehmerischen Erfolgen
und dem insgesamt hohen Wohlstand des Landes zu tun, läuft also parallel mit den andern
in diesem Buch dargestellten Entwicklungen. In den bürgerlichen Kreisen bildete sich so ein
Faible für die Kunst heraus, für Architektur, Malerei und Bildhauerei, das dem Kulturschaffen
in diesem Land zuträglich war.

Tessiner Wanderarchitekten als frühe Boten

Die Tuschzeichnungen fehlen – aus diesem formalen Grund wird unter anderem 1927 der Entwurf für den neuen Völkerbundpalast des aus der Schweiz stammenden Architekten Le Corbusier und seines Vetters Pierre Jeanneret abgelehnt, obwohl der Entwurf die meisten Jurystimmen auf sich vereinigt und als einziger den Kostenrahmen einhält. Als dann der Gewinner wesentliche Teile von Le Corbusiers Konzept einfach übernimmt, tritt dieser nicht nur eine beispiellose Polemik los, sondern setzt gleich auch mit andern Architekten mit der Gründung des «Congrès International d'Architecture Moderne» einen Eckstein der Moderne. Diese Geschichte verdeutlicht nicht nur, dass Schweizer Architekten vorab im 20. Jahrhundert wesentlich zur Baukultur der Welt beitragen, sondern weist auch auf zwei Markenzeichen der Schweizer Architektur hin: Qualität und Kostenbewusstsein. Und in Le Corbusier, der sich nie gerne als Schweizer bezeichnet hat, kommt auch das zwiespältige Verhältnis nicht weniger Schweizer Kulturträger zum eigenen Land zum Ausdruck, das oft als etwas beengend wahrgenommen wird.

Dieser Zwiespalt hat gewiss auch kulturgeschichtliche Wurzeln, denn Kunst und kunstvolle Architektur haben in der vorindustriellen Schweiz zunächst einen schweren Stand. Im Unterschied zu den europäischen Nachbarn gibt es keine Fürstenhöfe, die als frühe Mäzene Kunst und Kultur gezielt fördern und so ihre Macht und ihr Ansehen mehren. Derartige «Frivolitäten» sind der Schweizer Mentalität fremd. Geld wird – so vorhanden – für «sinnvolle» Dinge ausgegeben. Der Wirkungskreis des Baugewerbes und des Handwerks beschränkt sich deshalb auf das unmittelbar lokale, höchstens regionale Umfeld. Zwar entwickelt sich in der politisch wie topografisch kleinkammerigen Struktur eine hoch ausdifferenzierte Bauern- und Bürgerhaustradition. Sie wird aber nicht von Architekten, sondern von Baumeistern in Familienbetrieben geprägt, die ihr Wissen von Generation zu Generation weitergeben. Die wenigen ambitionierten Architekten müssen sich im benachbarten Ausland nach Arbeit umsehen.

Zwischen dem 16. und 18. Jahrhundert kommen die bedeutendsten Schweizer im internationalen Architekturschaffen aus dem südlichen Tessin, das kulturell zum lombardischen Raum gehört. Eine Reihe von Baumeister-Emigranten in jener Zeit stammt aus dieser damaligen Gemeinen Herrschaft der Eidgenossenschaft. Einer ist Domenico Fontana (1543–1607) aus Melide, der als 20-Jähriger nach Rom zieht, damals die Weltmetropole der Architektur. Mit Grossprojekten bauen die Päpste die halbe Stadt um. Besonders das Jahrhundertbauwerk des Petersdoms zieht Baufachleute aus ganz Europa an. Fontana fasst in der Klientelwirtschaft des

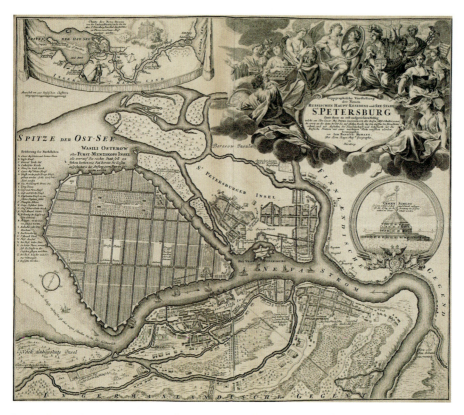

Masterplan der Stadt St. Petersburg aus dem Jahr 1720, gestaltet von Domenico Trezzini (um 1670 bis 1734)

päpstlichen Hofs Fuss und wird schnell zu einer der zentralen Figuren bei der urbanistischen Umgestaltung der Ewigen Stadt. Er wird Chefarchitekt des 1509 begonnenen Petersdoms und damit einer der Nachfolger Michelangelos (1475–1564), des Erbauers der monumentalen Kuppel von St. Peter. Fontana ist auch für die Errichtung des Obelisken auf dem Petersplatz verantwortlich. Mit seinem Erfolg ebnet er den Weg für weitere Baumeister aus der Region Lugano, so für seinen Neffen Carlo Maderno (1556–1629) aus Capolago, der in den Fussstapfen Fontanas den Petersdom vollendet. Vor allem die prächtige Frontfassade und das Langhaus werden von ihm erstellt. In den letzten Jahren vor der Einweihung des Petersdoms 1629 arbeitet in der Dombauhütte schliesslich Francesco Castelli (1599–1667) aus Bissone, ein Verwandter Madernos, der sich in Rom den Nachnamen Borromini zulegt. Borromini wird zum Wegbereiter des römischen Barocks, und sein Hauptwerk, die Kirche San Carlo alle Quattro Fontane auf dem Quirinalshügel, gilt als stilbildendes Bauwerk jener Epoche.

Eine Generation später setzt ein weiterer Auswanderer, Domenico Trezzini (um 1670–1734) aus Astano im Hinterland von Lugano, vor allem in Russland architektonische Akzente. Nach der standesgemässen Ausbildung in Rom stellt sich Trezzini in den Dienst verschiedener Fürstenhäuser Europas, zuerst in Sachsen-Gotha, später am Hof Friedrichs IV. in Kopenhagen, wo er unter anderem für die Verstärkung der Verteidigungsanlagen zuständig ist. 1703 erfolgt der Ruf aus Russland: Zar Peter der Grosse beruft Trezzini als Stadtplaner für die neue Hauptstadt St. Petersburg, die im Marschland an der Mündung der Newa in die Ostsee von Grund auf neu gebaut werden soll. 30 Jahre lang bis zu seinem Tod wirkt Trezzini in St. Petersburg, konzipiert die Anlage der Stadt und errichtet einige der wichtigsten Gebäude, darunter die Peter-und-Paul-Kathedrale und den Sommer- und den Winterpalast für den Zaren. Ausserdem führt er in Russland eine Architekturausbildung mit Meisterprüfung ein, was es dort bis anhin in dieser Form nicht gab. In der Schweiz soll es übrigens noch 150 Jahre dauern, bis eine vergleichbare Institution für die Architekturausbildung geschaffen wird.

Um 1800 erfährt der Beruf des Architekten eine grundlegende Wende. Erste Fortschritte der Technik, ausgelöst durch die Industrialisierung, sowie der Aufstieg des Bürgertums führen zu neuen Bauaufgaben. Die merkantilistischen und später industriellen Produktionsmethoden bringen das Effizienzdenken auf die Baustelle. Bauherren möchten nicht mehr Jahrzehnte auf die Fertigstellung ihrer Projekte warten, und sie möchten in absehbarer Zeit einen Profit aus ihrem Kapital sehen. Die Planung und Ausführung repräsentativer Bauten erfordert nun akademisch ausgebildete Architekten, die die komplexe Logistik beherrschen und in den gerade gefragten Baustilen sattelfest sind. Aus der Schweiz kommen in der ersten Hälfte des 19. Jahrhunderts kaum Impulse. Die Architekten bilden sich im Ausland aus, an der Ecole des Beaux Arts in Paris, der Berliner Bauakademie, dem Polytechnikum in Karlsruhe oder der Kunstakademie in München, und importieren die gängigen Stile in die Schweiz, bis 1850 vor allem strengen Klassizismus. Er entspricht dem Geschmack der bürgerlichen Elite, die Sachlichkeit dem Pomp vorzieht. Industrielle lassen sich klassizistische Villen bauen, und die Kantone geben ihren Gerichts- und Regierungsgebäuden, Zeughäusern und Kantonsschulen mit formal reduzierten Fassaden ein sachliches Erscheinungsbild. Ab Beginn des 19. Jahrhunderts veranstalten Städte wie Zürich, Bern und Luzern erste Architekturwettbewerbe für Regierungsgebäude und andere Bauaufgaben der Öffentlichkeit, womit das Fundament für eine demokratisch transparente Qualitätskontrolle gelegt wird. Mit dem wachsenden Auftragsvolumen steigt die gesellschaftliche Bedeutung des Architekten. Zwar gibt es nach wie vor nur wenige, die das Metier wirklich beherrschen, doch schliessen sich 1837 40 Baufachleute zur Gesellschaft schweizerischer Ingenieure und Architekten zusammen, dem späteren Schweizerischen Ingenieur- und Architektenverein (sia). Die Gesellschaft setzt sich zunächst für die Vermittlung von fachlichen Kenntnissen, ab den 1870er-Jahren dann auch für einheitliche Baunormen und -masse ein – angesichts der vielen Masssysteme auf Schweizer Gebiet ein verständliches Anliegen.

Lernen durch die Lehre – die Schlüsselrolle der ETH Zürich

Mit der Gründung des Eidgenössischen Polytechnikums, der späteren ETH, beginnt 1855 für die Schweizer Architektur eine seither nicht mehr abreissende Erfolgsgeschichte. Dem jungen Bundesstaat gelingt es, mit dem Deutschen Gottfried Semper (1803–1879) den in jener Zeit gefragtesten Architekten im deutschsprachigen Raum an die Schule zu holen. Semper erhält nicht nur den Auftrag für den Bau des Schulgebäudes auf einer Geländeterrasse oberhalb des Centrals in Zürich, er wird ausserdem mit dem fürstlichen Jahresgehalt von 5000 Franken ausgestattet und ist damit der höchst dotierte Professor an der neuen Hochschule. Doch die Investition wird sich lohnen. Mit der Berufung Sempers setzt die Eidgenossenschaft auch ein politisches Zeichen, wird Semper doch wegen seiner Beteiligung an der 1849er-Revolution in Dresden steckbrieflich gesucht. Er hat aber nach Paris und London flüchten können, wo ihn die durch Vermittlung seines Freundes Richard Wagner zustande gekommene Anfrage aus der Schweiz erreicht. 1855 reist er nach Zürich und lässt sich dort nieder. Semper war schon in Dresden Leiter der Bauschule an der Akademie und gleichzeitig bauender Architekt gewesen. Er vertritt die Ansicht, dass die Lehre eine wichtige Rolle im Leben eines Architekten spielen soll – sowohl für den Studenten wie auch für den Professor, der über das Lehren seine Architektur weiterentwickeln kann. Diese Haltung wird zum Vorbild für alle ihm folgenden Architekturprofessoren an der ETH. Trotz Sempers Ausstrahlung schreiben sich in den ersten Jahren nur wenige Studenten an der neuen Schule ein. Bis zum Ende seiner Tätigkeit 1871 steigt die Zahl der Erstsemestrigen auf gegen 20, pro Jahrgang schliessen aber höchstens acht Architekten ihr Studium in Zürich ab. Noch ist der Ruf der Schule nicht gefestigt, und das Studium in den Grossstädten Europas verspricht mehr Prestige. Doch dies soll sich bald ändern.

Mit Semper gelingt der Schweiz der Anschluss an die europäischen Hauptlinien des Architekturdiskurses. Im Zeitalter des Nationalismus in der zweiten Hälfte des 19. Jahrhunderts drehen sich die Diskussionen in den europäischen Ländern hauptsächlich um die Herausbildung eines «nationalen Stils». Auch in der Schweiz kommt es zu einer Rückbesinnung auf die traditionelle ländliche Holzarchitektur. Gleichzeitig wachsen aber die Städte explosionsartig und neue Aufgaben kommen auf die Architektur zu: Bahnhöfe, Theater, Hotels, Bankgebäude und Hauptpostämter. Vorbilder für diese Bauten bleiben zwar die europäischen Hauptstädte, allen voran Paris, München und Wien, doch beginnen die Schweizer Architekten langsam, eigene Interpretationen einzubringen. Sie berufen sich dabei auf den typisch schweizerischen Pragmatismus, auf den Sinn für das Mach- und Bezahlbare. 1908 gründen in Olten 25 Architekten den Bund Schweizer Architekten (BSA), dessen erklärtes Ziel die Förderung der Baukultur ist. Der BSA will nur Architekten aufnehmen, die «ihren Beruf als Künstler» ausüben.

Zum Katalysator der Identitätsstiftung des Staates Schweiz und damit verbunden auch der Architektur werden ab 1883 die Schweizerischen Landesausstellungen. Sie werden durch den offiziellen Anstrich zu einer Gesamtdarstellung der Schweiz in der jeweiligen Zeit. Die Architektur repräsentiert dabei stets die gerade herrschende Stimmung und nimmt im Idealfall sogar eine Entwicklung vorweg. So präsentiert sich der BSA an der Ausstellung 1914 in Bern (nach Zürich 1883 und Genf 1896) erstmals mit einem eigenen Pavillon. Das kleine Gebäude zeigt dabei erste Ansätze einer modernen, von herkömmlichen Stilen befreiten Architektur.

Dieser beginnende Aufbruch zeigt sich auch an der ETH. Mit der Berufung des Badener Architekten Karl Moser (1860–1936) an die ETH wird 1915 die Architekturausbildung neu belebt. Moser führt nach seinem Studium an der ETH und Aufenthalten in Paris und Italien ab 1888 in Karlsruhe zusammen mit Robert Curjel ein erfolgreiches Architekturbüro mit internationaler Reputation. Auf seine Entwürfe gehen unter anderem der Badische Bahnhof in Basel (1913), die Universität Zürich (1918) und das Kunsthaus Zürich (1910) zurück. Er ist ein Vertreter einer neuen Art von Architekturauffassung, der um 1900 entstandenen Reformarchitektur. Diese hat deutliche Bezüge zur Bewegung der Moderne, die in der Kunst beginnt und schon bald die Architektur und weitere Bereiche der Kulturproduktion erfasst. Nach Auffassung der modernen Architekten sollen Funktion, Form und Konstruktion in eine unzertrennliche Einheit überführt werden, soll sich die Form nach dem Gebrauchswert und der industriellen Logik von Rationalisierung und Vereinheitlichung richten. Moser hat die nötigen Verbindungen in die internationale Szene und vermittelt die Neuigkeiten den jungen Studenten. Er selbst wandelt sich von einem Architekten des 19. Jahrhunderts in einen gemässigten Vertreter der Moderne. Das Gemässigte wird fortan zum Markenzeichen der ETH und der

Schweizer Architektur. Debatten werden in der Schweiz in der Regel weniger hitzig geführt, radikale Visionen haben es schwer. Stattdessen zeichnen Realismus und die im täglichen Zusammenleben in einem kleinen Land geübte Toleranz die Schweizer Modernen aus. Zugleich ist man offen für die Tendenzen aus dem Ausland, die dann – abgemildert – breite Anerkennung finden. Unter Moser wird Abschied genommen von der Semper'schen «Akademiearchitektur». Stattdessen werden der Bezug zur Praxis, das Konstruieren von Bauten und die handwerkliche Qualität gefördert. Bis heute sind Schweizer Architekten weltweit bekannt für ihre praxisnahe Ausbildung und ihre hohe Ausführungsqualität.

Kunst – ein neuer Markt entsteht

Während bei der Architektur wenigstens der Nutzwert durchaus auch dem schweizerischen Wesen einleuchtet, hat die Kunst in der vorindustriellen Schweiz einen extrem schweren Stand. Das Bilderverbot der Reformation hemmt eine kulturelle Entwicklung, namentlich in den wichtigen Städten des Mittellandes. Das Land Zwinglis und Calvins hat über Jahrhunderte ein verkrampftes Verhältnis zur Bildenden Kunst. Einzige Ausnahme bildet die über den florierenden Fernhandel seit dem Mittelalter stark mit dem Ausland verbundene Grenzstadt Basel. Das Konzil von 1431 bis 1448, die Gründung der ersten Schweizer Universität überhaupt (1460), die Aufnahme von Glaubensflüchtlingen seit der Zeit der Reformation und eine relativ liberale Wirtschafts- und Zunftordnung bilden die Grundlage einer für Kunst und Wissenschaften aufgeschlossenen bürgerlichen Oligarchie aus Händlern, Seidenbandwebern und Berufsbeamten. Basel wird nicht zufällig zum Ausgangspunkt der Schweizer Kunstsammlungen: Der Humanist Erasmus von Rotterdam (1469–1536) gibt mit seiner Sammlung an Münzen, Gemälden und Zeichnungen einen ersten Impuls. Er vermacht diese dem Basler Bonifacius Amerbach (1495–1562), der sie mit seiner eigenen verschmilzt. Dessen Sohn Basilius (1533–1591) baut die Sammlung weiter aus. 1661 kauft die Stadt für 9000 Gulden die Sammlung auf – als erstes Gemeinwesen der Schweiz gelangt Basel so in den Besitz von Kunst.

Dieses Engagement der Stadt Basel ist indessen eine Ausnahme. Die Initiative für Kunstsammlungen geht in der Regel von Privaten aus. Der Sammler handelt wie der Unternehmer aus Eigennutz und auf eigenes Risiko. Entscheidend ist, dass er dabei nicht von einem engen Korsett an Regulierungen behindert wird. Die Schweiz ist von daher ein idealer Wirkungskreis für Sammler, auch wenn bis zum Ende des 19. Jahrhunderts nur vergleichsweise wenige Personen grössere Samm-

Links *Porträt Hedy Hahnloser (1873–1952) von Félix Vallotton aus dem Jahr 1908*
Rechts *Porträt Arthur Hahnloser (1870–1936) von Félix Vallotton aus dem Jahr 1909*

lungen aufbauen. Diese frühen Sammlungen setzen gleichwohl wichtige Impulse. Bis 1907, als im Schweizerischen Zivilgesetzbuch das Stiftungsrecht verankert wird, stehen nach dem Tod eines Sammlers nämlich nur zwei Alternativen zur Verfügung: Verkauf oder Schenkung. Und da es einen professionellen Kunsthandel, der den Verkauf abwickeln könnte, in der Schweiz bis ins 20. Jahrhundert nicht gibt, bleibt oft nur die Schenkung übrig. Dies ermöglicht den Aufbau öffentlicher Museen. So geht das erste reine Kunstmuseum der Schweiz, das 1826 in Genf eröffnete Musée Rath, auf das Erbe des Generalleutnants Simon Rath (1779–1829) zurück. 20 Jahre später folgt Basel mit dem Museum an der Augustinergasse, in dem neben historischen auch künstlerische Sammlungen gezeigt werden. Die dichte Museumslandschaft der Schweiz – auf die Bevölkerung umgerechnet gibt es ein Kunsthaus auf etwa 65 000 Einwohner – verdankt sich also massgeblich der Leidenschaft einiger Sammler.

Als gegen Ende des 19. und Anfang des 20. Jahrhunderts die private Sammlungstätigkeit weitere Kreise zieht, wird die Grundlage für einen Kunstmarkt in der Schweiz geschaffen. Der Erfolg der Industriellen setzt Kapital frei, das nicht nur in das Unternehmen gesteckt werden muss und das aufgeklärte Kreise auch nicht einfach «verjubeln» wollen. Durch das Sammeln von Kunst zeigt das vermögende

Bürgertum Kunstsinn, verschafft sich auf dem internationalen Parkett Prestige und beweist, sofern es seine Sammlungen in Ausstellungen der Öffentlichkeit präsentiert und damit zu deren Kunstverständnis beiträgt, auch Verantwortung gegenüber dem Gemeinwesen. Geradezu ein Zentrum der Kunstsammlungen im frühen 20. Jahrhundert wird die Industriestadt Winterthur. Davon zeugen heute gleich mehrere Museen. Die Sammler rekrutieren sich aus dem Kreis der durch Handel und Textilindustrie reich gewordenen Familien Volkart, Reinhart und Bühler. Drei Sammlungen, jene von Arthur (1870–1936) und Hedy Hahnloser (1873–1952), von Richard Bühler (1879–1967) sowie von Georg und Oskar Reinhart, stechen besonders hervor. In Baden baut Sidney Brown, der Sohn des BBC-Gründers Charles Brown, eine bedeutende Kunstsammlung auf. Auch später werden immer wieder von Privaten Museen initiiert und gebaut, etwa in den 1990er-Jahren das Museum Jean Tinguely und die Fondation Beyeler in Basel oder, im letzten Jahrzehnt, das Schaulager am Dreispitz in Basel und das Zentrum Paul Klee in Bern. Und Schenkungen oder Leihgaben wie jene der «Sammlung Stiftung Emil Georg Bührle» können, wenn entsprechende Räume zur Verfügung stehen, den bedachten Institutionen (wie hier dem Kunsthaus Zürich) auf einen Schlag neuen Auftrieb geben.

Wie an der Wende vom 19. zum 20. Jahrhundert üblich, orientiert sich das Bürgertum am Lebensstil der europäischen Grossstädte, besonders Paris und München. Als wichtige und entscheidende Vermittler wirken Schweizer Künstler in Paris, darunter Cuno Amiet (1868–1961), Félix Vallotton (1865–1925) und der Winterthurer Carl Montag (1880–1956), die den Kontakt zur Heimat nie abreissen lassen. Das Ehepaar Hahnloser und Richard Bühler bringen dank der Vermittlung von Vallotton und Montag die impressionistische Kunst in die Deutschschweiz, pflegen aber genauso persönliche Kontakte zu den Schweizer Malern Giovanni Giacometti (1868–1933) und Ferdinand Hodler (1853–1918), die sie mit regelmässigen Ankäufen fördern.

Die Schweizer Kunstsammlungen sind zunächst vollständig auf den französischen und deutschen Kunsthandel angewiesen. 1907 ist das Terrain jedoch so weit vorbereitet, dass in Luzern Theodor Fischer das erste Schweizer Auktionshaus gründet. Erste Versteigerungen finden allerdings erst 1921 im Zunfthaus «Zur Meisen» in Zürich statt. Von einem Schweizer Kunstmarkt kann man ab 1911 sprechen, als es in Zürich durch Johann Erwin Wolfensberger sowie bald darauf Gottfried Tanner und die Brüder Gustave und Léon Bollag zu einer Reihe von Neugründungen sogenannter Kunstsalons kommt, den Vorgängern von Galerien. Die Stadt, in der zwar bereits 1787 eine grossbürgerliche «Künstlergesellschaft» gegründet wird, die aber wegen ihrer zwinglianischen Herkunft eher merkantil denn künstlerisch aufgeschlossen ist, eignet sich offenbar hervorragend als Standort für das kapitalintensive Geschäft mit der Kunst. Erstmals wird hier die fruchtbare Verbindung von Geldwirtschaft und Kunstmarkt deutlich: Die Verfügbarkeit grosser Kapitalien, wie sie für einen Sekundärmarkt wie denjenigen der Kunst zunehmend wichtig wird, und aufgeschlossene, an Neuem interessierte Sammler bilden die Basis für den Aufstieg Zürichs zu einem Zentrum des Kunsthandels.

Einmal mehr hilft aber auch das weltpolitische Geschehen. Im Ersten Weltkrieg kommt der zuvor florierende Kunsthandel zwischen Deutschland und Frankreich zum Erliegen. Nutzniesserin ist die Schweiz, die sich als sicherer Hafen anbietet. Die institutionellen und rechtlichen Rahmenbedingungen sind optimal: Die Garantie des Eigentums schützt private Kunstbesitzer vor willkürlicher Beschlagnahmung der Behörden, und die Kunstwerke werden bei der Einfuhr in die Schweiz lediglich nach ihrem Gewicht verzollt. Ihr Wert wird nicht erfasst. Deutsche Kunsthändler, die nicht mehr nach Frankreich einreisen können, kommen vermehrt in die Schweiz, und Künstler, die den Wehrdienst verweigern, finden hier Unterschlupf.

Einer der Immigranten ist der Stuttgarter Kunsthändler August Gutekunst, der 1919 zusammen mit dem Kunsthistoriker August Klipstein in Bern die Kunsthandlung Gutekunst & Klipstein gründet. Aus der Kunsthandlung wächst nach dem Zweiten Weltkrieg das erfolgreiche Auktionshaus von Eberhard W. Kornfeld (*1923) heraus. In Basel, Lausanne, Genf und Luzern kommt es zu weiteren Gründungen, darunter 1920 die Galerie Thannhauser in Luzern unter der Leitung von Justin Thannhauser und Siegfried Rosengart. Der Schweizer Kunstmarkt ist immer noch im Aufbau begriffen, als in den 1930er-Jahren die Nationalsozialisten in Deutschland die Macht ergreifen. Kunsthändler jüdischer Herkunft flüchten vor den Repressalien in die Schweiz, darunter 1936 der Münchner Kunsthändler Fritz Nathan (1895–1972), der seit 1928 Oskar Reinhart beim Aufbau seiner Sammlung berät. Nathan nimmt im Handel zwischen der Schweiz, Deutschland und Frankreich bald eine Schlüsselposition ein, da er über ausserordentliches Fachwissen und ein funktionierendes Beziehungsnetz verfügt. Er wird zum wichtigsten Berater des Industriellen Emil Georg Bührle, dem deutschen Immigranten, der 1929 die Mehrheit der Werkzeugmaschinenfabrik Oerlikon übernimmt und 1937 das Schweizer Bürgerrecht erhält. Bührle hat Philosophie, Literatur, Geschichte und Kunstgeschichte studiert und ist kein gewöhnlicher Industrieller, auch wenn er seine Zürcher Fabrik zielgerichtet in einen Waffenkonzern umbaut und durch den Zweiten Weltkrieg ein Vermögen macht. Ab 1934 beginnt er mit dem Sammeln von Kunst, vornehmlich

Alte Meister und Impressionisten. Den grössten Teil der Sammlung erwirbt er nach 1947, darunter zahlreiche Cézannes, van Goghs, Gauguins und Monets. In den 1950er-Jahren finanziert er den Erweiterungsbau des Kunsthauses Zürich, den sogenannten Bührle-Saal. Die Bilder aus der mehrere 100 Werke umfassenden Kollektion können ab 1960 in einer kleinen Villa am Stadtrand besichtigt werden. Um sie einer breiteren Öffentlichkeit zugänglich zu machen, plant das Kunsthaus Zürich einen Erweiterungsbau mit dem britischen Architekten David Chipperfield.

Le Corbusiers Polemiken als Stosstrupp der Moderne

Doch zurück zur Architektur, wo die Auswirkungen der Moderne nach der Jahrhundertwende voll sichtbar werden. Karl Mosers weltoffener Realismus beeinflusst Generationen von Architekten, die sich noch Jahrzehnte später auf ihn berufen. Er ebnet in der Schweiz den Weg für die grossen Umwälzungen, die in den 1920er- und 1930er-Jahren die Architektur erfassen. Einer der bekanntesten Protagonisten dieser Moderne ist Charles-Edouard Jeanneret-Gris (1887–1965), der sich später Le Corbusier nennt und von seiner Geburtsstadt La Chaux-de-Fonds aus aufbricht, um in Paris zu Weltruhm zu gelangen. Jeanneret-Gris besucht in La Chaux-de-Fonds die Kunstgewerbeschule und wird als Graveur und Ziseleur ausgebildet, wendet sich aber bald der Architektur zu. Die Kenntnisse darüber eignet er sich weitgehend autodidaktisch sowie in Praktika bei bekannten Architekten in Paris und Berlin an. Im Ersten Weltkrieg zieht er endgültig nach Paris und gründet zusammen mit seinem Cousin Pierre Jeanneret (1896–1967) ein Architekturbüro. In Paris lernt er 1918 den Basler Bankier Raoul La Roche kennen, der im Begriff ist, eine bedeutende Sammlung mit Gemälden des Kubismus aufzubauen. Zwischen den beiden Männern entwickelt sich eine Freundschaft, die 1923 im Bau der Villa La Roche gipfelt. Für den jungen Architekten ist La Roches Auftrag eine der ersten Gelegenheiten, seine revolutionären Vorstellungen von Architektur umzusetzen. Das Haus im XVI. Arrondissement wird eine Ikone der Moderne und ist bis heute eine Pilgerstätte für Architekten.

Le Corbusiers brillantes rhetorisches Talent und seine radikale, von allem Dekor befreite Architektur befördern ihn schnell an die Spitze der Avantgardebewegung in Paris und Europa. Mit Manifesten wie «Vers une architecture» (1923), «Leitsätze des Städtebaus» (1925) und «Fünf Punkte zu einer neuen Architektur» (1927) liefert er das argumentative Fundament für das «Neue Bauen». Le Corbusier verhält sich mit seinen provokativen Texten und Bauten dabei ganz unschweizerisch: Er polarisiert und spaltet die Architektenschaft in flammende Befürworter und vehemente Geg-

Oben *Wallfahrtskirche Notre-Dame-du-Haut*
de Ronchamp (1951–1955), eines der bekanntesten
Gebäude von Le Corbusier

Unten *Le Corbusier, eigentlich Charles-Edouard*
Jeanneret-Gris (1887–1965), porträtiert von Ida Kar 1954

ner – auch in der Schweiz. Seine Architektur hatte auch einen totalitären Charakter. Gemäss dem Architekturhistoriker Pierre Frey der EPFL ist Le Corbusier gar ein «radikaler Theoretiker einer Art räumlichen Eugenik und ein rabiater Antisemit».

Exemplarisch für den streitbaren Charakter von Le Corbusier ist der Wettbewerb für den Neubau des Völkerbundpalastes in Genf 1927. Nach einer längeren Auseinandersetzung wählt ein von der Versammlung des Völkerbundes eingesetzter Ausschuss von Politikern, wie eingangs erwähnt, das Projekt eines traditionellen Beaux-Arts-Architekten, obwohl in der Fachwelt Le Corbusiers Vorschlag gegenüber allen andern 377 Einreichungen als haushoch überlegen betrachtet wird. Als dann in der Überarbeitung die siegreichen Architekten wesentliche Teile von Le Corbusiers Konzept übernehmen, eskaliert der Streit: Der Unterlegene tritt eine Polemik los, wie es sie in der Architekturdebatte zuvor und danach nicht gegeben hat. Die Avantgarde nutzt den Schwung und die Publizität der Auseinandersetzung und gründet das dezidiert international ausgerichtete Netzwerk «Congrès International d'Architecture Moderne» (CIAM). 24 Architekten unterzeichnen die Erklärung von La Sarraz bei Lausanne, darunter ein Viertel aus der Schweiz: Gründungspräsident Karl Moser, Le Corbusier, Max Ernst Haefeli, Mosers Sohn Werner Max, Hans Schmidt und Hannes Meyer. Sekretär des CIAM wird der in Prag geborene Zürcher Kunsthistoriker Sigfried Giedion (1888–1968), der mit Le Corbusier mit allen Mitteln der Publizistik die Sache der Moderne vorantreibt. Giedions Buch «Space, Time and Architecture: The Growth of a New Tradition» (1941) wird weltweit zum Standardwerk der Moderne. Der CIAM etabliert sich als Sammelbecken Gleichgesinnter und als Sprachrohr der Bewegung. Am dritten Kongress 1933 verabschieden die Teilnehmer die «Charta von Athen», einen programmatischen Leitfaden für die funktionale Entflechtung der Städte auf der Basis rationaler Prinzipien.

Der Genfer Architekt William Lescaze (1896–1969) sucht sein Glück in den USA. Nach dem Diplom bei Karl Moser wandert er 1920 über Paris nach New York aus, wo er ein Architekturbüro gründet. Zusammen mit den österreichischen Emigranten Rudolph Schindler (1887–1953) und Richard Neutra (1892–1970) zählt er zur ersten Generation europäischer Architekten, die den Durchbruch der Moderne in den USA vorbereiten. Sein 1932 fertiggestelltes Hochhaus für die Philadelphia Saving Fund Society ist der erste moderne Wolkenkratzer in den USA und dient bis in die 1960er-Jahre vielen amerikanischen Architekten als Vorbild.

Massgeblichen Einfluss auf die Entwicklung der Moderne hat das 1919 in Weimar gegründete Bauhaus. Aus ganz Europa strömen in den 1920er-Jahren die ambitionierten Künstler dorthin. Von Anfang an dabei ist der Berner Künstler Johannes Itten (1888–1967), der als charismatischer Meister die Schule in den ersten drei Jahren beherrscht. Der im Lehrerseminar Bern ausgebildete Pädagoge baut am Bauhaus den Vorkurs auf, der danach von vielen Kunstgewerbeschulen im deutschsprachigen Raum aufgenommen wird und bis heute im Studienablauf seinen festen Platz hat. 1928 wird der Basler Architekt Hannes Meyer (1889–1954), CIAM-Mitglied der ersten Stunde, Nachfolger von Walter Gropius als Direktor des inzwischen nach Dessau übersiedelten Bauhauses. Meyer gründet eine Architekturabteilung und positioniert das bereits zuvor von Ideologie durchtränkte Bauhaus noch weiter links. Im reaktionären Klima Dessaus Ende der 1920er-Jahre führt dies zu erheblichen Spannungen. Unter hohem Druck muss Meyer seinen Posten 1930 räumen; er zieht weiter nach Moskau und kehrt 1936 in die Schweiz zurück, auf der

Flucht vor den Stalinisten, bei denen er inzwischen in Ungnade gefallen ist. Neben Le Corbusier gehört Meyer zu den radikalsten Exponenten der Avantgarde der 1920er- und 1930er-Jahre, kann aber nur sehr wenig bauen. Mit seinen theoretischen Arbeiten und Wettbewerbsbeiträgen, aber auch mit den ausgeführten Bauten sowie dem Aufbau einer Bildungseinrichtung für Städtebau in Mexiko (1939–1949) hat er wesentliche Beiträge zur Entwicklung der Architektur des 20. Jahrhunderts geleistet. Seine Bekanntheit gründet aber vor allem in seinen wortgewaltigen Pamphleten und seiner offen linken politischen Einstellung.

Von der Polarisierung des politischen Klimas in den 1930er-Jahren bleibt die Schweiz nicht verschont, auch wenn die Auseinandersetzungen weniger heftig ausgetragen werden. Ein weit ins Ausland ausstrahlendes Beispiel für die spezifisch schweizerische Auffassung der Moderne, «Understatement, sachliche Ausrichtung und Abkehr von der Monumentalität» (Werner Oechslin), ist das Kongresshaus in Zürich, 1939 erbaut von Max Ernst Haefeli, Werner Max Moser und Rudolf Steiger (1900–1982). Unter den Architekten der Avantgarde ist der Bau jedoch nicht unumstritten: Einige vermissen die radikale Konsequenz, das Doktrinäre, und stossen sich an der «unmodernen Verweichlichung» und an der Anpassung an den Geschmack des kleinen Mannes. Das Kongresshaus steht zumindest teilweise im Gegensatz zum Geist der Landesausstellung 1939, für die es erbaut wird, denn diese steht ganz im Zeichen der «Geistigen Landesverteidigung» und definiert sich wie keine Ausstellung zuvor über die Architektur: Das pittoreske Landi-Dörfli beschwört eine heile, den Stürmen des Weltgeschehens trotzende Heimat, im modernen Teil wird eine reife, aber auch isolierte Schweiz präsentiert.

Nach dem Zweiten Weltkrieg: Die Kunst wird populär

Während des Zweiten Weltkriegs wird die Schweiz endgültig zur Drehscheibe des internationalen Kunsthandels. Dass dabei nicht nur «weisse» Ware gehandelt wird, zeigt der 2001 publizierte Bericht der Unabhängigen Expertenkommission Schweiz-Zweiter Weltkrieg unter Leitung des Historikers Jean-François Bergier. Zum einen gelangt viel «Fluchtgut» ins Land, also Kunst zumeist deutsch-jüdischer Eigentümer, die in der Schweiz vor dem Zugriff der Nazis in Freilagern und in Depots der Museen zwischengelagert wird und zur Finanzierung eines neuen Lebens im Exil auf den Schweizer Kunstmarkt gelangt. Zum andern wird «Raubgut», also vom nationalsozialistischen Regime in Deutschland und den besetzten Gebieten gewaltsam angeeignete Kunst, auf dem Schweizer Kunstmarkt verwertet. Die offizielle Zollstatistik weist für die Jahre 1933–1945 einen gesamten Gemäldeimport von

Oben *Art Basel 2009, Public Art Project «General Idea».*
Esther Schipper, Berlin; Galerie Mai 36, Zürich; Galerie d'Art
Contemporain Frédéric Giroux, Paris

Unten *Galerist, Kunstsammler, Museumsgründer und*
Mitbegründer der Art Basel Ernst Beyeler (1921–2010), port-
rätiert vom Surrealisten unter den Scharz-Weiss-Fotografen
Andrea Cometta

26,3 Mio. Franken aus, davon über ein Drittel aus Deutschland. Einigermassen seri-
öse Schätzungen des Grau- und Schwarzmarktes gibt es nicht, was zu oft abenteuerlichen Thesen und grotesken Zahlen in den Medien führt. Klar ist: Die Akteure auf
dem Markt – Museen, Sammler, Händler und Auktionshäuser – profitieren auf
breiter Front von der Lage. Eine unrühmliche Rolle spielt die Galerie Fischer in
Luzern, die nicht nur 1939 die weltweit beachtete Auktion «Entartete Kunst» durchführt, sondern in vielen Transaktionen Flucht- und Raubgut an Schweizer Sammler
veräussert, unter anderem an Emil Bührle. Die Aufarbeitung dieses dunklen Kapi-
tels des Schweizer Kunstmarktes ist wohl noch nicht abgeschlossen.

Nach dem Zweiten Weltkrieg präsentiert sich der Schweizer Kunstmarkt völlig
funktionstüchtig, während das europäische Ausland in Trümmern liegt. Der deut-

sche Kunstmarkt – einst unbestrittener Leader – ist auf Jahrzehnte hinaus geschwächt und erholt sich bis in die 1960er-Jahre nicht von diesem Schlag. In der Schweiz jedoch eröffnet 1945 in Basel Ernst Beyeler (1921–2010) seine Galerie. Sorgfältig und immer auf Qualität achtend, erweitert er sukzessive seine Sammlung und knüpft persönliche Kontakte zu den berühmtesten Künstlern der Zeit. 1957 besucht er Pablo Picasso in seiner Villa und kommt mit 26 Werken nach Basel zurück, die ihn der Meister aussuchen lässt. Neben seiner Sammel- und Ausstellungstätigkeit bleibt Beyeler stets Galerist und erfolgreicher Händler und steigt in den 1960er-Jahren zur wichtigsten Figur in der Schweizer Kunstwelt auf. Anfang der 1980er-Jahre überführt er seine inzwischen rund 200 Werke der klassischen Moderne umfassende Sammlung und einen Teil seines Vermögens in eine Stiftung, die 1997 im Basler Vorort Riehen vom italienischen Architekten Renzo Piano ein Museum bauen lässt. Die Fondation Beyeler entwickelt enorme Anziehungskraft und wird zum meistbesuchten Museum der ganzen Schweiz: Jährlich strömen im Schnitt mehr als 320 000 Menschen nach Riehen, im Rekordjahr 2011 gar 427 000.

In Basel lebt und wirkt aber nicht nur Ernst Beyeler, in Basel beweist auch das Stimmvolk 1967 in einer legendären Volksabstimmung beeindruckenden Kunstsinn, als es dem staatlichen Ankauf zweier Bilder von Picasso zustimmt. Die Abstimmung wird ein weltweit einzigartiges Ereignis; Picasso ist darüber so erfreut, dass er der Stadt Basel vier weitere Gemälde schenkt. Im Juni 1970 wird schliesslich in den Hallen der Mustermesse die erste Kunstmesse Art eröffnet – ein Ereignis, dessen Bedeutung für den Kunstmarkt nicht hoch genug eingeschätzt werden kann. Die Art ist die Idee einzelner Basler Galeristen, und Ernst Beyeler sorgt mit seinem Beziehungsnetz dafür, dass sie von der ersten Ausgabe an ein Erfolg wird. Kunstmessen sind damals völlig neu, nur in Köln gibt es einen vergleichbaren Anlass. Während aber in Köln strenge Zulassungskriterien gelten und nur deutsche Galerien ausstellen, pflegt die Art von Anfang an eine liberale Politik. Sie setzt auf Schweizer wie auch auf internationale Beteiligung. Zudem entpuppt sich die Wahl des Termins in der ersten Juniwoche als Glücksgriff: Im Juni kommen viele Galeristen und Sammler aus Übersee, vor allem aus den USA, nach Europa wegen Versteigerungen bei Sotheby's und Christie's in London, wegen der Biennale in Venedig oder der alle fünf Jahre stattfindenden Documenta in Kassel.

Revolutionär ist auch die Form der Präsentation der Kunst. Die Tatsache, dass an der Art die Kunst wie eine Ware in Messehallen ausgestellt wird, stellt einen Tabubruch dar. Für das an Kunst interessierte Laienpublikum bringt dies jedoch einen Abbau der Schwellenangst. Und genau das wollen die Veranstalter erreichen.

Neue Käuferschichten sollen mit der Art erschlossen werden – der Erfolg gibt ihnen recht. Im ersten Jahr kommen über 16 000 Besucher, 2009 wird trotz Finanz- und Wirtschaftskrise ein Rekord von über 60 000 Eintritten registriert, 2014 sind es dann 92 000 Besucherinnen und Besucher. Die Art wird zum Vorbild für alle seither entstandenen Kunstmessen und wird unter der Leitung des Basler Kunsthistorikers Sam Keller ab 2000 zum wichtigsten Treffpunkt der global operierenden Kunst- und Lifestyle-Szene ausgebaut. Keller – er wird 2008 Direktor der Fondation Beyeler – gibt auch den Anstoss zur Gründung einer Tochtermesse in Miami Beach, die sich seit 2002 zu einem Hotspot der wohlhabenden Kunstfreunde aus den USA und aus Lateinamerika entwickelt. 2013 kommt mit der Art Basel in Hong Kong ein weiterer Standort in Südostasien hinzu.

Der Aufbau der Art Basel verläuft parallel zu einer grösseren Umschichtung auf dem Kunstmarkt im Verlauf der 1960er- und 1970er-Jahre. Die amerikanische Pop-Art verkörpert ein neues Kunstbewusstsein, das sich vom Elitären befreit und sich mehr und mehr als Teil der Massenkultur sieht. Und es gibt immer mehr frei verfügbares Geld, zuerst in den USA, ab den 1980er-Jahren in Japan, später auch in China, Indien und auf der arabischen Halbinsel. Dies hat Auswirkungen aufs Geschäft. Der Schweizer Kunstmarkt verzeichnet hohe Wachstumsraten, wohl auch dank dem starken Finanzplatz. Jedenfalls kommt es kaum ganz von ungefähr, dass sich Börsenindizes, Bilanzen der Schweizer Grossbanken und Importe von Kunstgütern in die Schweiz seit Mitte der 1950er-Jahre im Gleichschritt bewegen. Nach wie vor sind auch die institutionellen, rechtlichen und steuerlichen Rahmenbedingungen günstig für die Schweiz: Von der 1941 eingeführten Warenumsatzsteuer ist der Kunsthandel nicht betroffen, Kunst kann also steuerfrei importiert und exportiert werden. Die Schweiz kennt auf eidgenössischer Ebene erst seit Juni 2005 das Kulturgütertransfergesetz, das die Ein- und Ausfuhr von Kunstgegenständen regelt und den Handel mit illegal erworbenen Kunstschätzen eindämmen soll. Daraus abgeleitet werden bilaterale Vereinbarungen mit verschiedenen Ländern geschlossen, doch einzig diejenige mit Italien ist ratifiziert und in Kraft. Seit 1995 wird zwar eine Mehrwertsteuer erhoben, doch ist diese im Vergleich mit dem europäischen Ausland eher niedrig, genauso wie die Erbschaftssteuer, bevor sie in den 2000er-Jahren in vielen Kantonen ganz abgeschafft worden ist. Und es gibt in der Schweiz kein Folgerecht, das, wie in der EU, den Künstler am Wiederverkaufswert seiner Werke beteiligt.

Zürichs kulturelle Öffnung hat nicht zuletzt mit den Zürcher Jugendunruhen Anfang der 1980er-Jahre zu tun, in deren Folge die alternative Kunst- und Kultur-

Der bedeutendste Sammler chinesischer Gegenwartskunst: Uli Sigg mit dem Werk Moon Rabbit
von Shao Fan (Öl auf Leinwand, 2010)

szene aufblüht. Mitte der 1990er-Jahre erreicht sie einen derart hohen Reifegrad, dass sie für die Stadt ökonomisch interessant wird. Der 1996 in der stillgelegten Brauerei Löwenbräu eingerichtete «Kunst-Cluster» steht stellvertretend für das «Kunstwunder Zürich» der 1990er-Jahre. Um das Migros-Museum für Gegenwartskunst und die Kunsthalle gruppiert sich im Löwenbräu-Areal eine ganze Schar junger Galeristen, darunter Iwan Wirth mit Hauser & Wirth, Bob van Orsouw und Eva Presenhuber. Die Aufbruchstimmung der Zürcher «Bewegung» der 1980er-Jahre und der Boom der Gegenwartskunst vermengen sich in der Schweizer Kunstszene zu einer fruchtbaren Mischung. Vorgespurt vom international renommierten Berner Kurator Harald Szeemann (1933–2005) positionieren sich die Performance- und Videokünstlerin Pipilotti Rist, die Konzeptkünstler Peter Fischli und David Weiss, der Installationskünstler Urs Fischer, der Maler und Bildhauer John Armleder und andere erfolgreich im internationalen Markt. Sie stellen in den grossen Institutionen in Paris und New York aus und erzielen mit ihren Werken erstmals seit Ferdinand Hodlers Zeiten wieder hohe Preise an wichtigen Auktionen. Auch Schweizer Kunstsammler setzen weiterhin wichtige internationale Impulse. Beispielhaft dafür ist Uli Sigg (*1946). Der Unternehmer und Diplomat – von 1995 bis

1998 wirkt er als Schweizer Botschafter in Peking – verfolgt seit den 1970er-Jahren die chinesische Gegenwartskunst und baut über die Jahre die weltweit wichtigste Sammlung in diesem Bereich auf. «Niemand interessierte sich damals dafür, eine systematische Sammlung des aktuellen chinesischen Kunstschaffens zu erstellen; ich wollte diese Lücke schliessen», erklärt er sein Engagement. Die Sammlung von Sigg prägt die westliche Sicht auf chinesische Kunst, und Sigg selbst wirkt als Brückenbauer für zahlreiche Schweizer Engagements in China, unter anderem bei der Schaffung des ersten Joint Ventures eines westlichen Unternehmens, Schindler, mit einem chinesischen Staatsunternehmen. 2012 schenkt Sigg rund drei Viertel seiner Sammlung, 1463 Werke, dem Museum M+ in Hongkong, das 2017 eröffnet werden soll, «damit das chinesische Publikum seine Gegenwartskunst zu Gesicht bekommen kann», so Sigg.

Der Aufstieg von Weltstars der Architektur – verbunden mit der Heimat

Im Gegensatz zum Kunstmarkt führt der Zweite Weltkrieg in der Schweizer Architektur zu einer Verarmung. Der ideelle Austausch mit dem Ausland kommt völlig zum Erliegen. In der Isolation verstärken sich die Tendenzen zur Anpassung und zum regionalen Traditionalismus. Lediglich Le Corbusier in Paris bleibt den Idealen der Avantgarde verbunden, und unmittelbar nach dem Zweiten Weltkrieg gelingt ihm der internationale Durchbruch. Das Projekt für den Hauptsitz der neu geschaffenen Vereinten Nationen in New York stammt aus seinem Atelier, auch wenn letztlich ein Kollektiv von Architekten die Ausführung besorgt. 1952 wird er für die Planung der Hauptstadt des indischen Gliedstaates Punjab, Chandigarh, beigezogen und realisiert dort die wichtigsten Gebäude der demokratischen Institutionen. Le Corbusiers Formensprache entwickelt sich weg von den weissen, scharf geschnittenen Kuben hin zu einer bewegten, plastischen Ausbildung des Betons. Mit der Kapelle Notre-Dame-du-Haut in Ronchamp (F) gelingt ihm ein Meisterwerk, das nicht nur für Gläubige zur Pilgerstätte wird.

In der Schweiz aber erwachen die Architekten nur langsam. Die Rückbesinnung auf die Moderne und die Arbeiten Le Corbusiers übernimmt an vorderster Front die Berner Architektengruppe Atelier 5. Mit ihrem ersten grossen Projekt, der Wohnsiedlung Halen bei Bern, wird das Büro 1961 auf einen Schlag international bekannt. In der hoch verdichteten Reihenhaussiedlung in einer Waldlichtung schüttelt Atelier 5 alles Heimelige der Nachkriegszeit ab und leistet erst noch einen wichtigen Beitrag zum Wohnungsbau, der in der Wirtschaftswunderzeit (scheinbar) endlosen Wachstums eines der brennendsten Themen ist.

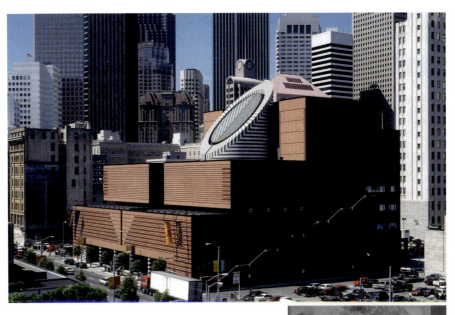

Oben *Das San Francisco Museum of Modern Art,*
entworfen von Mario Botta, öffnete 1995 seine Tore

Unten *Architekt Mario Botta (*1943)*

Anfang der 1970er-Jahre meldet sich mit Mario Botta (*1943) das Tessin wieder in der internationalen Architekturszene zurück. Botta – der bekannteste Vertreter einer Gruppe von Tessiner Architekten, die später «Tendenza» genannt wird – studiert in Venedig. 1965, im Todesjahr Le Corbusiers, arbeitet er noch kurz für den grossen Meister in dessen Atelier. Fünf Jahre später gründet er in Mendrisio sein Architekturbüro. Bereits mit den ersten Villenbauten 1971 und 1973 erregt er internationales Aufsehen. Botta versteht sich als Baukünstler und lehnt den Realismus des Nordens ab. Seine Bauten setzen selbstbewusste Zeichen und gehen spielerisch mit dem geometrischen Formenrepertoire um. Im sich formierenden, von den Medien getriebenen Starsystem nimmt Botta in den 1980er-Jahren eine Spitzenposition ein und realisiert einen Grossteil seiner Entwürfe im Ausland. Das 1995 vollendete Museum of Modern Art in San Francisco und die im gleichen Jahr eingeweihte Kathedrale in Evry (F) markieren Höhepunkte seiner Karriere. Im Unterschied zu seinen Vorgängern muss Botta nicht mehr emigrieren, um international Erfolg zu haben. Von seinem Büro in Mendrisio aus koordiniert er die Baustellen auf der ganzen Welt. Ganz besonders am Herzen liegt ihm die von ihm 1996 mitgegründete Architekturakademie Mendrisio, an der eine andere Architekturauffassung als an der ETH gelehrt wird, und wo er kurz vor seiner Pensionierung 2012 und 2013 als Direktor wirkt.

Genauso mit der Heimatstadt verbunden bleiben Jacques Herzog (*1950) und Pierre de Meuron (*1950), die nach dem Studium an der ETH 1978 in Basel ihr Architekturbüro gründen. Herzog & de Meuron suchen von Beginn ihrer Arbeit an die Nähe zur Kunst. Zusammen mit dem deutschen Künstler Joseph Beuys führen sie 1977 an der Basler Fasnacht eine Aktion durch, als sie eine ganze Clique in Filzanzüge kleiden. In der Praxis arbeiten die Architekten über Jahrzehnte eng mit dem jurassischen Künstler Rémy Zaugg zusammen. Aus der Dynamik des Kunstschaffens schöpfen sie laufend neue Ideen, sowohl für Konzepte als auch für konkrete Bauten. Ihr Anliegen ist die Architektur an sich, nicht eine bestimmte Form von Architektur. Herzog & de Meuron sind zwar hochintellektuelle Architekten, ihre Bauten aber lösen immer Emotionen aus. Mit grosser Leichtigkeit – so scheint es zumindest – bedienen sie sich der Architektur als Medium. Zugleich sind sie unerbittlich radikal, wenn es um die Umsetzung ihrer Ideen geht. Diese Mischung macht den Erfolg des Büros aus. Das ganz mit Kupferbändern ummantelte Stellwerk im Gleisfeld vor dem Basler Bahnhof SBB macht die Architekten einer breiteren Öffentlichkeit bekannt. Der internationale Durchbruch gelingt ihnen 2000 mit dem Umbau des riesigen Kraftwerks am Südufer der Themse in London zur Tate Modern Gallery. Seither reihen sich Grossprojekte in schneller Folge aneinander; vorläufige Krönung ist das Nationalstadion für die XXIX. Olympischen Sommerspiele in Peking 2008, das an der Eröffnungsfeier von einem Milliardenpublikum in der Welt gesehen wird. 2001 werden sie mit dem jährlich verliehenen Pritzker-Preis der Hyatt-Foundation ausgezeichnet, dem «Nobelpreis für Architektur», 2007 folgt der Praemium Imperiale der Japan Art Association, und 2014 der Mies Crown Hall Americas Prize, der das beste Bauwerk auszeichnet, das auf dem amerikanischen Kontinent innerhalb der letzten zwei Jahre entstanden ist. Herzog & de Meuron erhalten diesen für das 2010 eröffnete Park- und Geschäftshaus 1111 Lincoln Road in Miami Beach.

Oben *Das Nationalstadion von Herzog & de Meuron, eröffnet 2008, anlässlich der Olympischen Sommerspiele in Peking*

Unten *Das Architektenpaar Herzog & de Meuron: Jacques Herzog (*1950) und Pierre de Meuron (*1950)*

Einen ganz andern Weg geht Peter Zumthor (*1943), der gelernte Möbelschreiner aus Oberwil bei Basel. Er studiert am Pratt Institute in New York und kehrt danach in die Schweiz zurück, wo er sich in Haldenstein bei Chur niederlässt. 1979 gründet er dort sein Architekturbüro, das schnell zu einem Geheimtipp wird. Zumthor nimmt sich viel Zeit und lässt Projekte in seinem Kopf und auf dem Papier reifen, bis sie gut genug sind, um gebaut zu werden. Er entzieht sich bewusst den Anforderungen profitorientierter Investoren und verzichtet auf etliche lukrative Aufträge. Ausgangspunkt seiner Entwürfe ist seine eigene Vorstellung von Behaglichkeit, Sinnlichkeit und Dauerhaftigkeit. Deshalb wirken seine Bauten immer fest mit dem Boden verwurzelt, die Innenräume sind perfekt proportioniert und

Oben *Innenraum der Therme Vals, entworfen vom Schweizer Architekten Peter Zumthor*

Unten *Architekt Peter Zumthor (*1943)*

die Oberflächen laden zum Berühren ein. In einer Zeit der schnellen Veränderung bedient Zumthor die Sehnsucht nach festen, unverrückbaren Werten, ohne auf die Übersetzung in eine zeitgenössische Architektur zu verzichten. Mit der Therme im Bündner Bergdorf Vals schafft er 1996 eine Ikone dieser «Slow Architecture», die weltweit Beachtung findet. Der Besucherandrang ist derart gross, dass die Betreiber schon bald Kontingente einführen müssen. 2007 folgt das Kunstmuseum Kolumba der Erzdiözese Köln, Zumthors bisher grösster Bau. In den beiden folgenden Jahren wird er trotz seines überschaubaren Werks zuerst mit dem Praemium Imperiale und dann mit dem Pritzker-Preis ausgezeichnet.

Architektur und Kunst heute

Die gewiss selektive Auswahl an Schweizer Beiträgen zur internationalen Architektur und zum Kunsthandel verdeutlicht eines: Gesamtwirtschaftlich mag die Bedeutung von Architektur und Kunst im Vergleich zu andern Branchen gering sein, die internationale Ausstrahlung der beiden Bereiche, die sich vor allem in der zweiten Hälfte des 20. Jahrhunderts mit wachsendem Tempo entwickelt, ist jedoch enorm. Schweizer Architekten bauen auf der ganzen Welt, werden von Regierungen und Privaten für grosse Projekte engagiert und befördern damit die Reputation ihres Heimatlandes. Und im Kunsthandel etabliert sich die Schweiz als wichtiger Umschlagsplatz neben New York, London und Paris. Beide Phänomene können nicht isoliert betrachtet werden; sie sind Teil eines Prozesses, des Bedeutungszuwachses der Kulturindustrie in der globalen Ökonomie. Bis in die 1950er-Jahre ist Kultur ein Luxusgut für die Eliten. Mit der flächendeckenden Popularisierung der Kultur, angefangen mit der Filmindustrie, entsteht ein neues Verständnis für die ökonomische Bedeutung kultureller Leistungen. Marken, Logos und Image – vereinfacht: Zeichen – rücken ins Zentrum des Interesses. Privatbetriebe, Städte, Regionen, sogar Nationen treten in einen Wettbewerb, der mehr und mehr auf der symbolischen Ebene ausgetragen wird. Der Umgang mit Zeichen ist aber traditionell eine Domäne der Kultur, die damit als typische Querschnittsbranche zu einer Schlüsselindustrie aufsteigt. Ein Paradebeispiel dafür ist die Werbung, deren Kompetenzen eng mit der Kultur verknüpft sind und die ihr Know-how in die Verkaufs-, Distributions- und sogar Produktionsprozesse einbringt. Die Kulturindustrie durchdringt längst alle Lebensbereiche und siedelt sich bevorzugt in global vernetzten Städten wie Zürich, Basel und Genf an. Ihr Produktionsmodell unterscheidet sich von vielen andern Branchen: Man arbeitet in Netzwerken, in wechselnden Kooperationen, zu unterdurchschnittlichen Löhnen. Die «Arbeitsmoral» des Künstlers, der Arbeit und Freizeit nahtlos ineinander übergehen lässt, hat sich auf die ganze Kulturindustrie übertragen. Der Mehrwert besteht in einer befriedigenden Arbeit und einer oft grösseren Freiheit, die sich im hohen Anteil an selbstständigen Kleinstunternehmen spiegelt.

Dies zeigt sich in der Architektur deutlich: 2012 zählt das Bundesamt für Statistik über 12 600 Architekturbüros in der Schweiz, die über 46 000 Stellen anbieten. Die Betriebsstruktur ist extrem kleinteilig: Gegen 95 Prozent der Architekturbüros haben weniger als zehn Angestellte. Die Produktivität ist allerdings mässig und lässt sich nur schwer steigern, da jeder Bau ein Einzelstück ist und deshalb Rationalisierungen oft nicht umsetzbar sind, ausser sie gehen zulasten der Qualität. Ein

gerade im internationalen Vergleich zentraler Punkt ist, dass die Schweiz neben
Stararchitekten wie Herzog & de Meuron oder Peter Zumthor auf breiter Basis eine
hoch entwickelte Baukultur zu bieten hat. Gute Qualität findet sich dank der hervorragenden Ausbildung der Architekten in fast jeder Kleinstadt, und das verglichen mit den umliegenden Ländern gut organisierte Wettbewerbswesen sporot
permanent zu Höchstleistungen an und ist zugleich Forschungslabor für unkonventionelle Ideen. Wohl auch aus diesen Gründen haben international renommierte Architekten wie der Spanier Santiago Calatrava, der 1980 sein erstes Büro in
Zürich eröffnet hat, ihre Karriere hierzulande begonnen. Und umgekehrt sucht
eine neue Generation Schweizer Architekten ihr Glück im Ausland. Einer davon ist
Erich Diserens, zusammen mit seiner chinesischen Partnerin Mitbegründer von
EXH Design, einem Architekturbüro in Schanghai. 2006 ist er nach einer 14-jähri-
gen Tätigkeit im Büro von Herzog & de Meuron nach China aufgebrochen, um sich
von den Übervätern der schweizerischen Gegenwartsarchitektur zu lösen. In der
Anfangsphase zählte EXH Design oft Schweizer Auftraggeber zu seinen Kunden,
so etwa Roche oder die Schweizer Botschaft in Peking. Doch heute sind es mehr
chinesische als ausländische Firmen, die das kleine Büro auf Trab halten.

Eine Abschätzung der wirtschaftlichen Bedeutung der Kunstszene ist deutlich
schwieriger. Allein der Wert der umfangreichen Sammlung Ernst Beyelers wird auf
gegen 2 Mrd. Franken geschätzt. Man kann deshalb davon ausgehen, dass sich
nur schon der Wert der privaten Kunstschätze in der Schweiz auf einige Dutzend
Mrd. Franken summiert. Bemerkenswert ist auch, dass sich rund um diese Kunstsammlungen hoch spezialisierte Dienstleister entwickelt haben. Einer davon ist das
1859 von Etienne Natural in Genf gegründete Unternehmen Natural Le Coultre.
Über die Jahrzehnte hat sich das Unternehmen zum Weltmarktführer für den
Transport und die Lagerung von Kunst und anderen Wertgegenständen entwickelt.
Natural Le Coultre ist auch Hauptmieter des Genfer Zollfreilagers, das zuweilen im
Scherz als das grösste Museum der Welt bezeichnet wird. Niemand weiss genau,
welche unermesslichen Schätze in den hässlichen Gebäuden mit rund 150 000 Qua-
dratmetern Lagerfläche lagern, für die höchste Sicherheitsstufe gilt. Selbst die
Direktoren und Mitarbeitenden können den gigantischen Kunsttresor erst nach
einer Iriskontrolle betreten.

Die wirtschaftliche Bedeutung des Kultursektors im weiteren Sinn (Werbung,
Film, Literatur, Musik, Presse, Grafik, Architektur, Kunst, Videospiele) rückt unter
dem Stichwort «Kreativwirtschaft» ebenfalls verstärkt ins Bewusstsein. Gemäss
Zahlen von 2011 sind in diesem Bereich in der Schweiz über 250 000 Personen in

knapp 70 000 Betrieben beschäftigt. Dies entspricht gut 10 Prozent aller Betriebe und 5 Prozent der Beschäftigten. Erwirtschaftet wird eine Bruttowertschöpfung von rund 20 Mrd. Franken, knapp 3,5 Prozent der Gesamtwirtschaft. In der Stadt Zürich liegt der Wert doppelt so hoch, 16 Prozent aller in der Schweiz in der Kreativwirtschaft Beschäftigten und 12 Prozent der Betriebe finden sich in der Limmatstadt. Auch die wirtschaftliche Bedeutung des Schweizer Kunstmarktes ist gross: Nach Umsatz steht die Schweiz nach Angaben der European Fine Art Foundation (TEFAF) in Maastricht an fünfter Stelle nach den USA, China, Grossbritannien und Frankreich, sie kommt dabei aber nur auf einen Marktanteil von 2 Prozent (2013). Hingegen steht die Schweiz mit Importen im Wert von 1,3 Mrd. und Exporten von 1,9 Mrd. Euro im Aussenhandel mit Kunst klar auf Platz drei hinter Grossbritannien und den USA. Rund 8 Prozent aller Importe und 7 Prozent aller Exporte weltweit gehen über die Schweiz – sie ist also nach den globalen Hubs New York und London eine Drehscheibe für Kunst, unter anderem wegen den Zollfreilagern in Basel, Chiasso, Genf und Zürich; und Händler und Auktionshäuser profitieren von dieser einzigartigen Funktion in einem globalisierten Markt.

Verpasste Chancen?

vor 1800	1588	Urs Bürgi entwickelt das weltweit erste Logarithmensystem.
1800–1899	1862	Franz Bauer gründet in Zürich eine Schlosserei und Kassenfabrik, Keimzelle der heutigen Kaba.
	1865	Gustav Adolf Hasler übernimmt die 1852 gegründete Eidgenössische Telegrafenwerkstätte, aus der 1909 die Hasler AG und 1987 die Ascom hervorgeht.
1900–1999	1915	Adolf Dätwyler gründet die Firma Dätwyler Cables.
	1920	Gründung des Staatsunternehmens Schweizerische PTT (Post, Telegraf, Telefon).
	1945	Erhard Mettler gründet in Küsnacht die Mettler Instrumente AG.
	1948	Willi Studer gründet die Revox.
	1950	Eduard Stiefel bringt den Rechner Z4 von Konrad Zuse an die ETH Zürich.
	1951	Stefan Kudelski gründet in Cheseaux-sur-Lausanne die gleichnamige Firma.
	1952	Herbert Baumer gründet in Frauenfeld die Baumer Electric AG.
	1955	Ambros Speiser wird erster Direktor des neuen IBM Forschungslabors in der Schweiz.
	1970	Niklaus Wirth präsentiert seine neue Programmiersprache Pascal.
	1981	Daniel Borel gründet mit Studienkollegen die Firma Logitech.
	1984	Hans Noser gründet die Noser Engineering AG.
	1989	Die Mettler Instrumente AG kauft die Toledo Scale Corporation. Das Unternehmen heisst fortan Mettler Toledo.
	1989	Moise Assaraf gründet in Genf die Firma ERI Bancaire.
	1990	Anton Gunzinger entwickelt den Parallelcomputer MUSIC.
ab 2000	2004	Google eröffnet sein europäisches Forschungszentrum in Zürich.

Der doch nicht so unbedeutende Beitrag der Schweiz zur Informations-Revolution

Die Informatisierung der Wirtschaftswelt ist eine der bedeutendsten ökonomischen Umwälzungen der letzten Jahrzehnte. Insbesondere in den Industriestaaten ist praktisch jeder Arbeitsbereich durch den Einbezug von Computern, Internet und Telekommunikation transformiert worden. Mit Blick auf die bisherigen Ausführungen in andern Branchen erstaunt dabei, dass Schweizer Beiträge zu dieser Entwicklung rar zu sein scheinen. Keine Ikone dieser globalen Umwälzung wie Apple, eBay, Google, Intel, Microsoft oder Facebook hat ihre Wurzeln in der Schweiz – mit Ausnahme vielleicht von Logitech. Warum ist das so? Ein historischer Blick zeigt hier ein differenziertes Bild. Zwar sind international bedeutende Schweizer Beiträge auf dem Gebiet der Computerhardware rar – erst recht, wenn man den kommerziellen Erfolg als Massstab nimmt. Doch ganz anders sieht es im Bereich der Software aus. Hier leisten Schweizer immer wieder Pionierarbeit – nicht nur in der Forschung, sondern auch bei kommerziellen Anwendungen. Zudem hat sich die Schweiz früh als Standort für innovative Forschung bedeutender Unternehmen etabliert, wie das Beispiel von IBM Rüschlikon zeigt. Auch haben zahlreiche Firmen in Hightech-Nischen Spitzenplätze erreicht, so Kaba in der Sicherheitstechnik, Mettler-Toledo in der Wägetechnik und die Baumer-Holding in der Sensorik. Es scheint, dass die Schweiz aus den Versäumnissen in den ersten Jahrzehnten der Informatisierung der Wirtschaft gelernt hat. Inzwischen hat sich eine blühende Startup-Szene gebildet, die nach neuen Anwendungen sucht, die sich durch die Durchdringung aller Lebensbereiche durch Computer, Sensoren und Kommunikationsnetzwerke künftig ergeben werden.

Das Denken automatisieren – Schweizer Beiträge zur Computergeschichte

«Gigabooster» heisst das Wunderding, mit dem Anton Gunzinger die Fachwelt 1995 in Erstaunen versetzt. Der koffergrosse Hochleistungsrechner passt in jedes Büro, schlägt die gesamte Konkurrenz und braucht dafür nur den Strom von zwei PCs. Doch seine Firma ist zu klein, um mit den IBMs dieser Welt mithalten zu können – und die Zürcher Supercomputer-Sternschnuppe verglüht rasch. Der Bauernsohn Gunzinger, der nach einer Lehre und einem Fachhochschulstudium an die ETH kommt und dort mit einer preisgekrönten Dissertation abschliesst, verkörpert exemplarisch Höhen und Tiefen der Schweizer IT-Branche. Das breit abgestützte Schweizer Bildungswesen findet und fördert die besten Talente. Doch danach, wenn die Innovationen da sind, harzt es. Was ist da los im Wirtschaftswunderland Schweiz?

Selbst in einer so modernen Branche darf der Blick zurück in die Geschichte nicht fehlen. Das Rechnen begleitet alle grossen Zivilisationen, und alle sind sie auf der Suche nach Hilfsmitteln und Erleichterungen für die zum Teil höchst schwierigen und aufwendigen Berechnungen, vor allem in der Astronomie. Wir beginnen daher mit dem wohl ersten Schweizer, dem eine Innovation im Rechnen gelingt. Er heisst Urs Bürgi, wird 1558 im Toggenburg geboren und tritt im Alter von 21 als Uhrmacher und Instrumentenbauer in die Dienste des Landgrafen von Hessen. An dessen Sternwarte ist Bürgi für die Wartung und Verbesserung der Beobachtungsinstrumente zuständig. Und um die astronomischen Berechnungen zu erleichtern, ersinnt er 1588 das erste Logarithmensystem der Welt. Er macht es aber leider zunächst nicht bekannt – ein Muster, das sich wiederholen wird. Das Logarithmensystem wird deshalb oft dem Schotten John Napier zugeschrieben, der dieses in seiner Publikation von 1614 beschreibt.

Bis das nächste Schweizer Ausnahmetalent auf dem Gebiet der Rechenhilfsmittel auftaucht, vergehen dann fast 300 Jahre. Otto Steiger (1858–1923) kommt aus St. Gallen und entwickelt eine «Vier-Spezies-Rechenmaschine», die alle vier Grundrechnungsarten beherrscht: Addition, Subtraktion, Multiplikation und Division. Mit seiner Erfindung holt er sich wertvolle Patenturkunden: 1892 vom kaiserlichen Patentamt in Berlin und im Jahr darauf vom Eidgenössischen Amt für geistiges Eigentum. Doch damit nicht genug: Steiger bringt den Industriellen Hans W. Egli dazu, die Rechenmaschine ab 1899 in einer Fabrik in Zürich-Wollishofen in Serie zu produzieren und unter dem Namen «Millionär» zu vermarkten. Ihr Vorteil gegenüber Konkurrenzprodukten, die praktisch alle auf die Rechenmaschine von Blaise Pascal aus dem Jahr 1642 zurückgehen, ist die vergleichsweise einfache Bedienung.

Neun Jahre später erhält die «Millionär» hausinterne Konkurrenz: Eglis Feinmechanikfabrik beginnt 1908, eine kompaktere, vom Schweizer Erwin Jahnz erfundene Vier-Spezies-Maschine herzustellen, die mit «Staffelwalzen» arbeitet, die der deutsche Mathematiker Gottfried Wilhelm von Leibniz (1646–1716) erfunden hat. Die ersten sogenannten Madas-Rechenmaschinen arbeiten rein mechanisch mit Tasten und einer Handkurbel; spätere Modelle werden elektrifiziert und in zahlreichen Weiterentwicklungen noch bis Mitte der 1950er-Jahre produziert. Nach 1908 läuft die Informatik vier Jahrzehnte lang praktisch an der Schweiz vorbei. Gelegenheiten, in der Lochkartentechnik – ursprünglich 1805 vom Franzosen Joseph-Marie Jacquard zur Steuerung von Textilmaschinen entwickelt – den marktbeherrschenden Amerikanern Paroli zu bieten, werden nicht genutzt. Vorwärts geht es erst wieder, als Eduard Stiefel (1909–1978), Mathematik-Professor an der ETH, den programmgesteuerten Rechner Z4 des deutschen Computer-Pioniers Konrad Zuse aufspürt und 1950 als Mietgerät nach Zürich holt.

Der ab 1942 entwickelte, mit elektromechanischen Relais ausgestattete Rechner hat das Kriegsende nur dank Zuses Flucht von Berlin über mehrere Stationen ins süddeutsche Allgäu überlebt und ist dort ramponiert, aber noch funktionsfähig in einem Pferdestall zwischengelagert. Zwar gibt es 1950 bereits elektronische Röhrenrechner, die über 100-mal schneller sind als die Z4, aber es sind Einzelexemplare in den USA und England, ausser Reichweite für die ETH. Die von Stiefel importierte, nach seinen Wünschen ausgebaute Z4 ist der erste Computer an einer Hochschule auf dem europäischen Kontinent. Und der Rechner wird fleissig genutzt: Zwischen 1950 und 1955 kommt er bei 55 Projekten zum Einsatz, die von ETH-Abteilungen, aber auch von Industrieunternehmen an Stiefels Institut für Angewandte Mathematik herangetragen werden. Eines der spektakulärsten Projekte, das durch Z4-Berechnungen unterstützt wird, ist der Bau der 285 Meter hohen Staumauer von Grande Dixence im Wallis zwischen 1951 und 1965. Für die Belastungsrechnungen entwickelt Stiefel ein Näherungsverfahren, dessen numerische Lösung die Z4 während 100 Stunden beschäftigt.

Die Forschungsarbeiten, die Stiefel und sein Assistent Heinz Rutishauser (1918–1970) unter Benutzung der Z4 bewerkstelligen, führen zu grundlegenden Erkenntnissen und neuen Rechenverfahren. Rutishausers wichtigster Beitrag ist die Entwicklung der Anfänge eines sogenannten Compilers. Compiler nehmen noch heute eine Schlüsselstellung in der Informatik ein. Sie dienen dazu, den von Menschen geschriebenen Programm-Code aus einer «höheren Programmiersprache» in Maschinensprache umzusetzen – eine Kette von Nullen und Einsen, die der

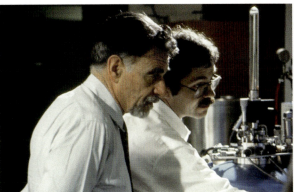

Links *K. Alex Müller (*1927, links) und J. Georg Bednorz (*1950, rechts) vom IBM Forschungslaboratorium Rüschlikon, die 1987 den Nobelpreis für Physik erhalten*

Rechts *Die beiden Nobelpreisträger (1986) Gerd Binnig (*1947, links) und Heinrich Rohrer (*1933, rechts) vom IBM Forschungslaboratorium Rüschlikon mit einem Modell ihres Rastertunnelmikroskops*

Computer verarbeiten kann. Doch bereits bevor Stiefel die Z4 nach Zürich holt, ist ihm klar, dass das Institut für Angewandte Mathematik über kurz oder lang einen eigenen Rechner braucht. Da es um 1950 keinen Markt gibt, auf dem man Computer kaufen kann, bleibt nur der Eigenbau. Weil an der ETH dazu das Fachwissen fehlt, schickt Stiefel seine Assistenten Ambros Speiser (1922–2003) und Heinz Rutishauser in die USA, wo sie sich das nötige Know-how holen sollen. Auch Stiefel besucht amerikanische Forschungsinstitute, in denen Computer betrieben oder gebaut werden. Sein Ziel ist der Eigenbau eines Universalrechners, der nicht nur Wissenschaftern der ETH zur Verfügung stehen soll, sondern auch Schweizer Industriebetrieben.

Für sein ambitiöses Projekt namens Ermeth (Elektronische Rechenmaschine der ETH) findet Stiefel an der ETH allerdings kaum Verständnis, geschweige denn Unterstützung. Trotzdem verfolgt er sein Vorhaben unbeirrt weiter. Der Bau der Ermeth beginnt 1954 und soll im Sommer 1955 abgeschlossen werden – rechtzeitig zum 100-Jahr-Jubiläum der ETH. Doch Unvorhergesehenes führt zu Verspätungen: Erst kämpft Rutishauser gegen gesundheitliche Probleme, dann verliert Stiefel mit Speiser den technischen Leiter des Ermeth-Projekts, weil dieser von der IBM als Gründungsdirektor ihres neuen Forschungslabors in der Schweiz berufen wird –

eine Chance, die sich Speiser nicht entgehen lässt. So wird Ermeth, der erste Computer «Made in Switzerland», erst zwei Jahre später in Betrieb genommen. Der neue Rechner ist 100-mal leistungsfähiger als die elektromechanische Z4, die im Jahr zuvor stillgelegt und an ein französisches Forschungsinstitut verkauft wird. Bis zur endgültigen Fertigstellung vergehen dann weitere zwei Jahre. Anfänglich werden mit dem neuen Computer vor allem physikalische und technische Aufgaben gelöst, zum Beispiel in der Schwingungsforschung oder der Baustatik. Doch bald kommen neue Anwendungsgebiete dazu, bis hin zur Medizin und Biologie. Die Ermeth bleibt bis 1963 in Betrieb; dann wird sie ersetzt durch einen 400-mal schnelleren Computer der amerikanischen Firma Control Data Corporation.

Die grosse Bedeutung der ETH Zürich im beginnenden Computerzeitalter zeigt sich auch im Entscheid von IBM, die europäische Forschung in der Schweiz anzusiedeln. 1956 richtet das amerikanische Unternehmen in gemieteten Räumen in Adliswil ein Labor für Informationstechnologie ein und wirbt Speiser von der ETH ab. 1962 zügelt das Forschungslabor in eigene Gebäude in Rüschlikon. Nach der Aufbauphase in den 1950er-Jahren beschäftigt das Labor rund 60 Mitarbeitende. Ihre Zahl steigt schon bald auf das Doppelte, und in den 1980er-Jahren beschleunigt sich der Aufbau – besonders im Bereich der Informatik. Heute zählt das Labor rund 300 Beschäftigte, darunter stets etwa 30 Gastwissenschafter, viele Hochschulabsolventen vor oder nach dem Doktorat sowie Praktikanten. Die Forschung in Rüschlikon hat Weltklasseniveau: 1986 erhalten Gerd Binnig (*1947) und Heinrich Rohrer (*1933) den Physik-Nobelpreis für die Erfindung des Rastertunnel-Mikroskops, ein Jahr darauf Georg Bednorz (*1950) und Alex Müller (*1927) für ihre Entdeckung der Hochtemperatur-Supraleitung. Die Innovationen ihrer Mitarbeitenden verhelfen IBM zur jahrelangen Patentführerschaft in den USA. Zu den bekannteren Innovationen aus dem Zürcher Labor gehören der sogenannte Token Ring, der zu einem Standard für lokale Netzwerke wird, und die SET-Technologie (Secure Electronic Transaction) für sichere Online-Zahlungen, die von den wichtigsten Kreditkartenunternehmen unterstützt wird.

Ende der 1950er-Jahre lässt sich die Stellung der Schweiz in der Computertechnologie also durchaus sehen: An der ETH Zürich finden sich Spitzenwissenschafter, IBM lässt in der Schweiz forschen, und einer der leistungsfähigsten Rechner auf dem Kontinent steht in Zürich. Ebenso wichtig wie die Hardware ist aber die Software. Sie wird die weitere Entwicklung prägen, während Computer wie Ermeth selbst von Fachleuten praktisch nur als Instrument für technisch-wissenschaftliche Berechnungen angesehen werden. Ihre grosse Bedeutung für die kommerzielle

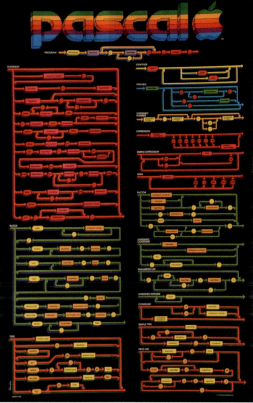

Links *Der junge Niklaus Wirth (*1934)*

Rechts *Apple wirbt mit einem Struktur-
diagramm-Plakat für das auf ihrem
Apple-II-Rechner implementierte Pascal-
Programm*

Datenverarbeitung bleibt in der Schweiz weitgehend unerkannt. So betreffen die
nächsten bedeutenden Entwicklungsschritte in der Schweizer Informatikgeschichte
ausschliesslich die Software: die Programmiersprachen. Dabei zeichnen sich zwei
ETH-Leute besonders aus: der erwähnte Heinz Rutishauser und Niklaus Wirth
(*1934), der nach Abschluss seines Elektroingenieur-Studiums 1959 einige Jahre an
amerikanischen Spitzenuniversitäten verbringt und sich dort ganz der noch jungen
Computerwissenschaft verschreibt.

Rutishauser spielt ab Mitte der 1950er-Jahre eine wichtige Rolle bei der Entwicklung der Programmiersprache Algol (algorithmic language), die bis in die
1960er-Jahre von Wissenschaftern aus aller Welt vorangetrieben wird. Zu diesen
gehört auch Niklaus Wirth. Doch der Informatiker geht entscheidende Schritte
weiter als seine Berufskollegen. Nach seiner Rückkehr in die Schweiz (1967), wo er
rasch zum Professor für Computerwissenschaften an der ETH aufsteigt, beschäftigt
er sich mit Weiterentwicklungen von Algol und stellt 1970 eine neue Programmier-

sprache namens Pascal vor, die dank klarer Struktur und einfachen Regeln wie geschaffen ist für den Programmierunterricht. Pascal wird in den folgenden Jahren weltweit zu einer der populärsten Sprachen im Programmierunterricht – nicht zuletzt deshalb, weil das ETH-Institut für Computersysteme Pascal praktisch kostenlos verbreitet.

Erstaunlicherweise kommt niemand in der Schweiz auf die Idee, die auch für geschäftliche Anwendungen geeignete Programmiersprache als kommerzielles Produkt zu lancieren. Das tut der in Frankreich geborene Amerikaner Philippe Kahn, der nach Studiengängen an der ETH, am Zürcher Konservatorium und in Nizza 1982 in die USA zurückkehrt und dort die Software-Firma Borland gründet, die als eines der ersten Produkte Turbo-Pascal lanciert, eine vollständige, auf damalige Mikrocomputer zugeschnittene Entwicklungsumgebung samt integriertem Pascal. Borlands Erfolg mit dem Produkt ist phänomenal: Gemäss Schätzungen wird in den 1980er-Jahren mehr als die Hälfte der Anwenderprogramme für den 1981 lancierten IBM-PC in Turbo-Pascal geschrieben.

Trotz genialer Ideen – die Schweiz verpasst (zunächst) den Hightech-Zug

Das Unvermögen, aus einer so vielversprechenden Programmiersprache kommerziellen Erfolg zu schöpfen, ist leider bezeichnend für die «abgebrochene Karriere» vieler Schweizer Innovationen in der Informations- und Kommunikationstechnologie. Im Hardware-Bereich läuft die rasante Entwicklung von 1947 (Erfindung des Transistors) bis in die 1970er-Jahre weitgehend ohne Schweizer Beiträge ab. Eine Ausnahme bildet die Silizium-Planartechnologie zur Herstellung von Transistoren, in der sich der schweizstämmige Jean Hoerni Ende der 1950er-Jahre einen Namen macht. Ab den 1960er-Jahren werden immer mehr Transistoren auf einem einzigen Siliziumplättchen untergebracht – man spricht von integrierter Schaltung oder «Chips». 1971 läutet das drei Jahre zuvor gegründete US-Unternehmen Intel mit dem ersten programmierbaren Computer auf einem Chip eine neue Ära integrierter Elektronik ein. Die Entwicklung wird auch in der Schweiz aufgenommen. Oerlikon Contraves baut in den 1970er-Jahren – unter strenger Geheimhaltung – digitale Systeme aus Chips. Sie kommen für die Steuerung von Waffen zum Einsatz. Contraves verpasst es aber, das Potenzial weiter zu nutzen: Die entscheidenden Schritte der Mikrocomputerentwicklung werden in den USA gemacht, von Firmen wie Intel, Motorola und Rockwell.

Schweizer Wissenschafter leisten zwar in zentralen Bereichen der Informationstechnologie-Branche wie der Entwicklung des «Personal Computer» (PC) oder beim Bau von Supercomputern wichtige Beiträge, aber es gelingt ihnen und der Schweizer Industrie nicht, die Ideen kommerziell zu nutzen. So reist beispielsweise Wirth 1976 im Rahmen eines Sabbatical für ein Jahr ans Palo Alto Research Center von Xerox und sieht dort zum ersten Mal Computerarbeitsstationen, die mit grafischer Benutzeroberfläche und Maussteuerung ausgestattet sind. Die 1973 von Xerox-Forschern erfundenen Maschinen ermöglichen ein ganz neues Arbeiten. Wirth kehrt mit einer Computermaus als Abschiedsgeschenk im Koffer und Ideen für eine eigene Workstation im Kopf zurück, die er sogleich umzusetzen beginnt. Der erste Schritt des ambitiösen Projekts mit Namen «Lilith» ist eine gründliche Überarbeitung von Pascal zu einer umfassenderen Programmiersprache namens Modula-2. Als Nächstes nimmt das Team um Wirth die Hardware-Komponenten in Angriff. Dazu gehört zum Beispiel der Prozessor, der aus vier Bausteinen aufgebaut ist und eine ganze Platine belegt. Für die Steuerung der grafischen Benutzeroberfläche ist wie beim Xerox-Alto-Computer eine «Maus» vorgesehen. Da es im Handel keine solchen Zeigegeräte gibt, lässt Wirth die Computermaus von Jean-Daniel Nicoud (*1938) entwickeln, einem Professor am Laboratoire microinformatique der Ecole Polytechnique Fédéral in Lausanne (EPFL). Gebaut wird die Maus dann in der feinmechanischen Werkstatt Dépraz im waadtländischen Le Lieu.

Anfang 1980 – noch vor der Lancierung des IBM-PC von 1981, mit dem der «Personal Computer» Eingang in das Massengeschäft findet – ist die Lilith-Arbeitsstation fertig. In der zweiten Jahreshälfte lässt Wirth vom Modula Research Institute in der Stadt Provo im US-Gliedstaat Utah, das bereits am Bau der Lilith-Prototypen massgeblich beteiligt ist, für die ETH 20 weitere Maschinen fertigen. Die neuen Rechner sind ihrer Zeit um Jahre voraus und erregen in der Fachwelt einiges Aufsehen. Ein besonderer Lilith-Fan ist der ETH-Absolvent Heinz Waldburger, der in seiner Studienzeit das Ermeth-Handbuch verfasst hat und nun Informatikchef bei Nestlé ist. Er kontaktiert Wirth 1982 und schlägt ihm vor, gemeinsam ein Unternehmen zu gründen, das Lilith-Rechner in Serie produzieren und auf den Markt bringen soll. Obschon Wirth sich an einem solchen Unternehmen weder finanziell beteiligen noch mitverantwortlich sein will, kündigt Waldburger bei Nestlé und gründet eine Firma namens Diser SA. Und er findet auch zwei Business Angels, die je 3 Mio. Dollar Risikokapital einschiessen. Einer davon ist Sam Goodner, Mitgründer der amerikanischen Softwarefirma Computer Associates. Darauf wird 1983 im Gliedstaat Delaware die Diser Corporation gegründet als Dachgesellschaft für die schweizerische Diser SA sowie die in Provo neu geschaffene, amerikanische Produktions- und Vertriebsfirma Diser Inc. Für das erste Diser-Produkt, die Arbeits-

Links *Anton Gunzinger (*1956), Entwickler des Supercomputers Gigabooster*

Rechts *Der Gigabooster, ein kleiner kostengünstiger Hochleistungs-Parallelrechner, war das erste Produkt der ETH-Spin-off-Firma Super Computer Systems (SCS) von Anton Gunzinger*

station MCI, wird lediglich das Gehäuse der drei Jahre alten Lilith neu gestylt; technisch ist das Gerät nach wie vor auf dem neusten Stand. 1983 produziert Diser 140 Maschinen und kann davon 120 verkaufen – damit ist man von Waldburgers Businessplan, der mit einer Produktion von zehn Maschinen pro Tag gerechnet hat, weit entfernt. Meinungsverschiedenheiten zwischen den Beteiligten sorgen für zusätzlichen Unmut. Das Resultat: Die Mehrheitsaktionäre beschliessen gegen den Willen von VR-Präsident Waldburger, die Tochtergesellschaften zu liquidieren und die Holding zu schliessen. Damit ist das mit viel Hoffnung gestartete Vorhaben der Lilith-Kommerzialisierung nach einem Jahr bereits zu Ende.

Ähnlich aufschlussreich ist die Geschichte der Supercomputer. Hinter ihr steckt der Solothurner Bauernsohn Anton Gunzinger (*1956), der nach einer Lehre und einem Fachhochschulstudium an die ETH kommt und dort 1990 zum Doktor der technischen Wissenschaften promoviert. Für seine Dissertation über Parallelrechner erhält er den Innovationspreis der ETH und den Seymour Cray Prize, eine von der Supercomputing-Firma Cray Research verliehene Auszeichnung auf dem Gebiet des Hochleistungsrechnens. Im gleichen Jahr entwickelt er mit drei Kollegen den Parallelcomputer MUSIC. Die Maschine mit ihren 170 Prozessoren erreicht eine Leistung von 10 Mrd. Rechenoperationen pro Sekunde (10 GigaFLOPS). Zwar gibt es zu dieser Zeit schon leistungsfähigere Computer, aber es sind alles Maschinen, die grösser und um ein Vielfaches teurer sind. Die unbekannten Schweizer Computerentwickler beteiligen sich mit ihrem Rechner am Gordon-Bell-Wettbewerb der Supercomputing-Konferenz von Minneapolis, wo sich Branchengiganten wie Cray Research, IBM und Intel beteiligen – und landen auf dem sensationellen zweiten Platz. Gunzinger wird auf einen Schlag bekannt, die ETH beruft ihn zum Assistenzprofessor am Institut für Elektrotechnik. Als das Time Magazine 1994 jene 100 Personen nennt, die nach Meinung der Redaktion das 21. Jahrhundert beeinflussen werden, ziert Gunzinger als einziger Schweizer die prestigereiche Liste.

Um sein MUSIC-Konzept zu kommerzialisieren, gründet Gunzinger 1993 die Supercomputing Systems AG (SCS). Das erste Produkt ist ein äusserst preisgünstiger Hochleistungsrechner namens Gigabooster, der 1995 präsentiert wird. Die Maschine leistet 1.7 GigaFLOPS, hat die Grösse eines schlanken Koffers und braucht im Gegensatz zu Konkurrenzgeräten bloss 450 Watt – etwa gleich viel wie zwei normale PCs. Der Gigabooster überzeugt derart, dass die SCS innerhalb Kürze zehn Stück davon verkaufen kann. Doch der Erfolg mit dem Supercomputer «Made in Switzerland» ist nicht nachhaltig: Bald zeigt sich, dass allein der Aufwand, die Betriebssystem-Software auf dem aktuellen Stand zu halten, die Möglichkeiten des Kleinunternehmens übersteigt. Für Grossunternehmen sind Supercomputer – wie der berühmte «Deep Blue» von IBM, der 1996 als erster Computer den damals amtierenden Schachweltmeister Gary Kasparow schlägt – eine Prestigesache. Deshalb werden sie oft von den Unternehmen quersubventioniert und auch vom Staat unterstützt. Diese Möglichkeiten hat SCS nicht. Also richtet Gunzinger das Geschäftsziel neu aus: Statt eigene Supercomputer zu produzieren und zu vermarkten, konzentriert er sich auf die Entwicklung von Hardware- und Software-Systemen für Kunden, etwa eine Kartoffelsortieranlage, die auf einem Förderband in Sekundenbruchteilen alle Kartoffeln vermisst und jene auswählt, die die geeignete Grösse haben. Mit solchen Systemen kann sich das Unternehmen auffangen und wieder wachsen. Heute ist die SCS AG ein erfolgreiches, breit aufgestelltes Dienstleistungsunternehmen, das über 80 Mitarbeitende beschäftigt.

Während die Schweiz in der Informatik durchaus wichtige internationale Beiträge leistet, aber die zum Teil bemerkenswerten Innovationen einfach nicht kommerziell nutzen kann, ist die Schweizer Telekommunikationsindustrie mit Firmen wie Hasler, Autophon, Gfeller, Zellweger Telecommunication und BBC Radiocom lange viel zu sehr auf den Schweizer Heimmarkt für Behörden und Staatsbetriebe fokussiert. Dies ist insofern erstaunlich, als die Schweiz im Verlauf des ganzen

20. Jahrhunderts die weltweit höchste Telefondichte auswies und damit mit besten Voraussetzungen dastand. Auch das Potenzial der Digitalisierung von Kommunikationssystemen ist von jungen Ingenieuren des 1920 gegründeten Staatsunternehmens PTT (Post, Telegraf, Telefon) wie auch von ETH-Forschern früh, nämlich bereits in den 1960er-Jahren, erkannt worden und wird in Teilbereichen, so etwa der Computerisierung des Telex-Verkehrs um 1970, auch weltweit führend umgesetzt. Angesichts dieser «nicht überblickbaren Möglichkeiten» (so ein Zitat aus einem der damaligen Projektprotokolle) beginnt eines der damals aufwendigsten Forschungs- und Entwicklungsprojekte in der Schweiz, das sich 1969 formal unter dem Namen «Integriertes Fernmeldesystem» (IFS) konstituiert. Dieses Grossprojekt krankt aber an einer nicht untypischen Malaise staatlich geförderter Grossforschung: Nicht die für das Projekt am besten geeigneten, sondern die industrie- und beschäftigungspolitisch erwünschten Industriepartner werden zur Teilnahme eingeladen. So bilden nebst der staatlichen PTT die drei «Grossen» der schweizerischen Fernmeldeindustrie – die Hasler AG, die Albis Werke Zürich (später Siemens-Albis) sowie die Standard Telephon und Radio AG – das Konsortium, das zur schweizerischen Version eines integrierten digitalen Kommunikationssystems hätte führen sollen. Doch das Konsortium hinkt mit seiner aus Schweizer Unabhängigkeitsüberlegungen heraus lancierten Eigenentwicklung technisch der Konkurrenz hinterher und setzt schliesslich, als das Projekt 1983 offiziell abgebrochen wird, 220 Mio. Franken in den Sand. 1987 schliessen sich dann die Hasler AG, die Autophon AG und die Zellweger Communications AG zur Ascom Holding AG zusammen. Der Telekommunikationskonzern mit starkem Schweizer Fokus gerät in den 1990er-Jahren aufgrund der Liberalisierung und Globalisierung der Telekommunikation unter starken Druck. Das Unternehmen ist zu breit aufgestellt, kaum profitabel und erreicht 15 Jahre lang keine ansprechende Marge. Aufwärts geht es erst nach einer umfassenden Restrukturierung ab 2004, bei der sich Ascom auf Nischenmärkte fokussiert. Heute konzentriert sich Ascom auf die Bereiche Wireless Solutions (kundenspezifische Kommunikationslösungen sowie Workflow-Optimierung) und Network Testing (Prüfen, Überwachen und Optimieren von Mobilfunknetzen), wo sie international erfolgreich ist. Die Ascom-Gruppe mit Sitz in Baar unterhält Niederlassungen in 19 Ländern und beschäftigt weltweit knapp 1600 Mitarbeitende, die 2014 einen Umsatz von gegen 450 Mio. Franken erwirtschaftet haben.

Ein Grund für diese Innovationshemmung im Bereich Telekommunikation dürfte der in der Schweiz traditionell hohe Regulierungsgrad und Staatseinfluss

Links *Logitech-Mitgründer Daniel Borel (*1950)*

Rechts *Die erste kabellose Maus der Welt stammt von Logitech.*
Als drahtloses Medium dienten Infrarotstrahlen

sein. Während beispielsweise in den USA bereits 1984 der Quasi-Monopolist
AT & T zerschlagen wurde, was Raum für neue Unternehmen schuf, ist dies in der
Schweiz (wie auch im restlichen Europa) erst 1998 geschehen. Per 1. Januar 1998 ist
die PTT in die Schweizerische Post und die Swisscom aufgeteilt worden. Letztere
wird schrittweise teilprivatisiert, doch der Bund hält weiterhin die Aktienmehrheit.
Der durch das jahrzehntelange Monopol geschaffene Vorsprung macht die Swisscom auch heute mit einem Umsatz von knapp 12 Mrd. Franken und über 21 000
Mitarbeitenden (2014) zum deutlich grössten Telekommunikationsunternehmen
der Schweiz. Sie betätigt sich zunehmend auch international und ist mit der italienischen Tochter Fastweb im südlichen Nachbarland mittlerweile die Nummer zwei
nach Telecom Italia.

Mit Mäusen Mäuse machen – die Erfolgsgeschichte von Logitech

Oft werden die Schwächen der Schweiz im Informatik- und Telekommunikations-
sektor mit dem Fehlen eines frischen Geistes erklärt. Dieser frische Geist findet
sich dagegen ohne Zweifel in den 1970er- und frühen 1980er-Jahren an den kalifornischen Universitäten. Brutstätten der Computerentwicklung sind Eliteinstitutio-
nen wie Berkeley und Stanford, das Stanford Research Institute (SRI) und das
Palo Alto Research Center von Xerox (PARC). An der Stanford University lernen
sich zu dieser Zeit der EPFL-Absolvent Daniel Borel (*1950) und der italienische
Ingenieur Pierluigi Zappacosta (*1950) kennen, die ein Postgraduate-Studium

absolvieren. Zurück in Europa gehen sie eine Partnerschaft ein, um Software zu entwickeln. 1981 erhalten sie von der japanischen Firma Ricoh den Auftrag für eine Machbarkeitsstudie: Ziel ist ein Desktop-Publishing-System, das die Benutzer mit einer Computermaus bedienen sollen.

Computermäuse sind zu dieser Zeit auf dem Markt nicht erhältlich; aber als Ex-Studenten von Stanford haben Borel und Zappacosta Zugang zum Internet-Vorläufer Arpanet. Sie finden heraus, wer die Mauspioniere sind: In der Schweiz zum Beispiel Professor Jean-Daniel Nicoud vom Laboratoire Microinformatique der EPFL, der am Lilith-Projekt von Wirth mitgewirkt hat. Borel, Zappacosta und der neu dazugestossene ehemalige Olivetti-Manager Giacomo Marini gründen 1981 mit dem Geld von Ricoh die Firma Logitech SA im waadtländischen Apples und starten das Projekt. Logitech arbeitet eng mit Nicouds Laboratoire Microinforma-tique zusammen. Es gelingt dem Entwicklungsteam, bestehend aus Borel, Nicoud, seinem Techniker André Guignard und seinem Assistenten René Sommer, die von Guignard gebaute, rein elektromechanische Maus entscheidend zu verbessern: Die Mausbewegungen werden neu mit elektro-optischen Sensoren registriert, und für die Steuerung wird erstmals ein Mikroprozessor eingesetzt. Das Resultat ist die P4, Logitechs erstes Hardware-Produkt. Anders als bei den bisherigen Computermäusen steckt das Geheimnis der P4 nicht in der Hardware, sondern in der Software, die sich exakt auf die geplante Anwendung ausrichten lässt. Das kommt Logitech, die sich als Software-Firma versteht, entgegen: Sie macht das Programmieren von Computermäusen zum Kerngeschäft und entwickelt darin solche Meisterschaft, dass ihr die auf die Hardware fokussierte fernöstliche Konkurrenz immer hinter-herhinkt.

1982 beginnt man bei Logitech, mit Computermäusen ein separates Business aufzuziehen. Potenzielle Kunden sind vorwiegend Computerhersteller, die Spezial-anwendungen in Bereichen wie Konstruktion (CAD) oder Grafik anbieten, wo die Maus als Zeigegerät Vorteile bringt. Logitechs Entwicklungsaufwand wird in den ersten Jahren weitgehend über das Ricoh-Projekt finanziert. Doch als dieses 1986 ausläuft, steht Logitech mit ihrem neuen Kerngeschäft dank Grossaufträgen von Apollo Computer (1983) und Hewlett-Packard (1984) längst auf festen Füssen. 1984 kommt mit Apple der erste Hersteller hinzu, der die Maus zu einem zentralen Steuergerät für jegliche Anwendung deklariert. Von der volumenmässig weit wich-tigeren PC-Welt wird dies allerdings jahrelang ignoriert. Zwar lanciert Microsoft 1983 ebenfalls eine Maus (Made in Japan), aber sie lässt sich nur für das Text-programm «Word» nutzen, das Microsoft von Xerox erworben hat. Das bringt

Logitech auf die Idee, ihre Mäuse auch Microsoft mit ihrem riesigen Endkundenmarkt anzubieten. Geschlagene zwei Jahre lang überlegt sich Microsoft, ob sie auf das Angebot einsteigen will, um dann 1985 abzusagen.

Was auf den ersten Blick wie ein Rückschlag aussieht, wird für Logitech zum Glücksfall: Das Unternehmen beschliesst nach dem Nein von Microsoft, den Endkundenmarkt in eigener Regie zu erobern. 1986 ist es so weit: Logitech lanciert ein Retail-Produkt, das 45 Prozent günstiger ist als die Microsoft-Maus, und landet damit Verkaufserfolg um Verkaufserfolg. Zwei Jahre später bringt die Firma einen Scanner auf den Markt. Nun trägt die Detailhandelssparte bereits die Hälfte zum Umsatz von 62 Mio. Franken bei. 1988 fasst Logitech die zwischenzeitlich entstandenen Schwesterfirmen zusammen und bringt das Unternehmen erfolgreich an die Schweizer Börse. 1991 feiert Logitech die Auslieferung ihrer zehnmillionsten Maus und lanciert eine Digitalkamera. Im Jahr darauf bringt Microsoft mit Windows 3 ihre erste grafische Benutzeroberfläche auf den Markt, womit Computermäuse mit einem Schlag auch in der PC-Welt gefragt sind. Das beschert Logitech ein gewaltiges Zusatzgeschäft, aber bald darauf auch harte Zeiten, weil fernöstliche Billigkonkurrenten auf den neu entstandenen Massenmarkt drängen. Der unbarmherzige Preiskampf zwingt das Unternehmen zu harten Massnahmen: Daniel Borel, seit 1992 CEO, beschliesst, die Produktpalette zu straffen, die Produktionsstätten in Irland und den USA aufzugeben und dafür eine neue Fabrik im kostengünstigeren China zu eröffnen. Der Hauptsitz wird von der Schweiz ins Silicon Valley verlegt. In der Schweiz behält Logitech die Europazentrale sowie ihre Entwicklungsabteilungen.

Langsam geht es aber wieder aufwärts. 1996 meldet Logitech 100 Mio. verkaufte Mäuse und erobert mit innovativen Produkten wie Videokameras und Peripheriegeräten für PC-Spiele neue Märkte. 1997 wird das Unternehmen an der amerikanischen Technologiebörse Nasdaq kotiert. Der Schwung hält an und Logitech übersteht sogar die Dotcom-Krise in den ersten Jahren nach 2000 unbeschadet: 2003 wird die 500-millionste Maus ausgeliefert. Inzwischen hat sich der Schwerpunkt des Geschäfts verschoben. PC-Spiele, mobile Lautsprecher und Tablet-Zubehör bilden neu die strategischen Kernprodukte, während die Bedeutung der einst wegweisenden Computermäuse und Tastaturen stetig abnimmt. Auch ein Wechsel der Führungsspitze zeichnet sich ab: Mitbegründer Daniel Borel kündigt 2014 an, den Verwaltungsrat der Firma 2015 zu verlassen. Logitech gilt weiterhin als weltgrösster Hersteller von Computerzubehör und spielt damit in der Liga von Microsoft, Apple und Sony – Logitech ist eine Weltfirma geworden.

Links *Produktion von Hermes Schreibmaschinen bei der Firma Paillard SA in Yverdon 1958*

Rechts *Der Künstler und Musiker Dieter Meier (*1945) an seiner «Hermes Baby», auf der er auch das gleichnamige Buch geschrieben hat*

Dem eindrücklichen Aufstieg von Logitech, einem der heute grössten Westschweizer Unternehmen, kann der ebenso spektakuläre Abstieg einer ebenfalls
aus der französischsprachigen Schweiz stammenden Firma gegenübergestellt werden, die weltweit Massstäbe gesetzt hat und das Zeug gehabt hätte, im Markt der
Peripheriegeräte von Computern mitzumischen: das Feinmechanikunternehmen
Paillard-Bolex. 1814 gegründet vom Uhrmacher, Mechaniker und Erfinder Moïse
Paillard als Uhrenmanufaktur, produziert das stetig wachsende Unternehmen
bald einmal eine ganze Palette technischer Geräte – zwei davon erlangen Weltruhm: zum einen die unter dem Markennamen «Hermes» vertriebenen Schreib-
maschinen, zum anderen die Bolex-Filmkameras, von deren 16-mm-Ausführung
Hunderttausende produziert wurden. Die 1935 erstmals hergestellte Reiseschreib-
maschine «Hermes Baby» avancierte gar zum «Laptop» der damaligen Zeit, da
keine andere Schreibmaschine derart billig, handlich und doch qualitativ gut war.
Die Schweiz wird zum drittgrössten Schreibmaschinenproduzenten der Welt, und
Schriftsteller wie Ernest Hemingway, John Steinbeck, Friederike Mayröcker und
Max Frisch schreiben mit der Hermes Weltliteratur. Mitte der 1960er-Jahre beschäftigt das Unternehmen rund 6000 Personen in Yverdon und Sainte-Croix,
2000 weitere in anderen Ländern. Doch das Aufkommen des digitalen Zeitalters
mit Computer und Videokamera bricht dem Unternehmen das Genick. Zwar wird
der Anschluss gesucht, was unter anderem zu einem Patent für einen Tintenstrahl-

drucker führt – doch der Schritt von der Elektro-Feinmechanik zur Elektronik gelingt nicht. 1974 wird Paillard-Bolex vom österreichischen Filmgerätehersteller Eumig aufgekauft, der seinerseits 1982 in Konkurs geht. Nur noch eine kleine Gruppe von Technikern baut unter dem Namen Bolex International SA nach wie vor die legendäre Bolex-Kamera aus Teilen vorhandener Lagerbestände.

Stark in Nischen – Schweizer Hightech-Unternehmen

Logitech ist allerdings die einzige Schweizer Firma im Informatik- und Telecom-Bereich, die weltweit zu den grossen Playern gehört. In einzelnen Hightech-Nischen haben sich indessen sehr wohl Schweizer Firmen international einen Spitzenplatz erobert – teilweise Unternehmen mit einer langen Geschichte, geprägt von Höhen und Tiefen. Beispielhaft dafür sind Revox und Kudelski. Beide starten um 1950 mit hochstehenden Tonbandgeräten und erzielen damit jahrzehntelang Grosserfolge – auch auf dem internationalen Parkett. Heute sind sie trotz Rückschlägen immer noch präsent, nicht zuletzt dank zum Teil mutigen Neupositionierungen.

Revox wird 1948 von Willi Studer (1912–1996) gegründet. Im Jahr darauf bringt die Firma ihr erstes Tonbandgerät auf den Markt; die Belegschaft zählt sechs Mitarbeitende. Ab 1951 produziert Revox neben den gleichnamigen Amateurgeräten auch professionelle Tonbandgeräte, die unter der Marke «Studer» laufen. Beide Linien werden Verkaufsschlager: 1965 wird das 50 000. Revox-Tonbandgerät ausgeliefert, und Geräte mit dem Studer-Label sind der Standard in den Ton- und Rundfunkstudios der ganzen Welt. Die Hits der Beatles werden zum Beispiel in den Londoner Abbey-Road-Studios mit einer J37-Tonbandmaschine von Studer aufgenommen. 1967 läuft die Fertigung der Revox A77 an, einer Bandmaschine für anspruchsvolle Heimanwender. Gleichzeitig ergänzt Revox seine Angebotspalette mit weiteren HiFi-Geräten wie Tunern, Verstärkern usw. 1983 bringt das Unternehmen eine Weltneuheit auf den Markt: ein «Multiroom-System», mit dem sich alle Räume eines Hauses synchron mit Musik beschallen lassen. Vier Jahrzehnte nach dem Start von Revox beginnt sich Willi Studer aus dem Unternehmen, das fast 1600 Mitarbeitende zählt und über 200 Mio. Franken Umsatz macht, zurückzuziehen. Der Zenit ist überschritten: 1991 wird die Firma von der Motor-Columbus AG übernommen, und bis 1993 werden 1000 Arbeitsplätze abgebaut. 1994 verkauft die Motor-Columbus den Unternehmensteil Studer an die amerikanische Harman International. Der Revox-Teil bleibt mehrheitlich im Besitz von Schweizer Investoren. Er muss restrukturiert werden. Heute ist Revox wieder an drei Standorten in der Schweiz, in Deutschland und in Österreich präsent und baut vorwiegend hoch qualitative, komplette Audio-Systeme für den Heimbereich.

Ebenfalls mit Tonbandgeräten beginnt die Geschichte der Kudelski SA: Die polnische Familie des Firmengründers Stefan Kudelski (*1929) kommt während des Zweiten Weltkriegs über Ungarn und Frankreich in die Schweiz. Während des Studiums an der ETH Lausanne (EPFL) baut Kudelski sein erstes Tonbandgerät. 1951 gründet er seine Firma und entwickelt das Nagra-Tonbandgerät für Radioreporter. Die Testumgebungen des Apparats sind spektakulär: Der Prototyp, noch mit Miniaturröhren und Federspeicherantrieb ausgerüstet, kommt 1952 bei der – gescheiterten – Schweizer Mount-Everest-Expedition zum Einsatz und wird 1953 von Auguste Piccard auf seine Tauchexpeditionen im «Bathyscaph Trieste» mitgenommen. Ab 1953 wird das Tonbandgerät in Serie gebaut und laufend verbessert. Die Geräte eignen sich vor allem für den professionellen Einsatz in Rundfunk, Film und Fernsehen. Daneben produziert Kudelski Spezialausführungen für Geheimdienste, für das Militär und für Schallmessungen.

Im Verlauf der 1980er-Jahre wechselt das Unternehmen, das 1986 an die Schweizer Börse geht, im Zuge des aufkommenden Privatfernsehens aber grundlegend seine Strategie. Kudelski beginnt, Verschlüsselungssysteme für Pay-TV zu entwickeln. Der erste Kunde (1989) ist der französische Sender Canal Plus. 1991, nach der Übergabe der Geschäftsleitung an Stefans Sohn André Kudelski, richtet die Kudelski SA das Geschäft zusehends auf die von ihr entwickelten TV-Zugangssysteme aus. Nach einer zehnjährigen Wachstumsperiode bricht 2002 das Geschäft von Kudelski wegen der Krise in der europäischen TV-Branche stark ein. Doch zwei Jahre später präsentiert das Unternehmen wieder Rekordergebnisse. Heute ist die Kudelski-Gruppe ein weltweit führender Anbieter von Sicherheitssystemen und konvergenten Medienlösungen für die Übermittlung von digitalen und interaktiven Inhalten. So bietet das Unternehmen technische Lösungen für die Zugangskontrolle zu digitalem Fernsehen und interaktiven Anwendungen via Rundfunk, Breitband- und Mobilfunk-Netzwerke und der damit verknüpften Verwaltung von Rechten an digitalen Inhalten. Einen weiteren Schwerpunkt bilden Anwendungen für Informationssicherheit und Dienstleistungen, damit Unternehmen entsprechende Schwachstellen und Risiken erkennen können. Schliesslich zählt die Gruppe weltweit zu den Technologieführern im Bereich der Zugangskontrolle zu Gebäuden und Veranstaltungen.

Von Zugangssystemen lebt auch eine andere Schweizer Firma: Kaba. 1862 gründet der Schlosser Franz Bauer (1839–1908) in Zürich eine Werkstatt für

Kassenschränke: die Bauer AG. Das Unternehmen wird 1915 von Leo Bodmer übernommen. Die eigentliche Erfolgsstory von Kaba beginnt aber erst 1934 mit der Erfindung des Zylinderschlosses mit Wendeschlüssel. Die Bauer AG lässt die Erfindung des Tüftlers Fritz Schori patentieren und nennt das Schloss, weil Franz Bauer im Volksmund als Kassabauer bekannt ist, kurz Kaba. Noch heute ist ein grosser Teil der Gebäude in der Schweiz mit Kaba-Schlössern und -Schlüsseln ausgerüstet. Jede Schliessanlage ist registriert und mittels Patent vor unerlaubter Nachahmung geschützt. Aber die Schliesssysteme erleben eine gewaltige Weiterentwicklung – vor allem durch den Siegeszug der Elektronik. Die Zutrittsmedien der modernen Digitalzylinder – egal, ob der Schlüssel in traditioneller Form oder als Plastickarte daherkommt – enthalten einen Elektronikchip, der mit einer Unikatsnummer versehen ist. Auf diesem sind Zugangsberechtigungen gespeichert, die sich per Computer zentral verwalten lassen. So können verlorene Schlüssel sofort gesperrt werden. Doch nicht nur die Schlüssel von Kaba sind raffiniert, sondern auch ihre Zylinder: Es sind mechanische Meisterwerke, die bis zu 18 Billiarden verschiedene Schliesskombinationen ermöglichen. Die dorma + kaba Group, wie das Unternehmen nach der Zusammenführung mit der deutschen Firma Dorma per 1. September 2015 heisst, beschäftigt heute (2015) rund 16 000 Mitarbeitende in mehr als 60 Ländern und erwirtschaftet einen Jahresumsatz von etwa 2 Mrd. Franken.

Einen vergleichbar erfolgreichen Schritt von der Mechanik zur Elektronik vollzieht die auf Präzisionswaagen spezialisierte Firma Mettler Instrumente AG (heute: Mettler Toledo). Ihre Geschichte geht zurück auf die 1940er-Jahre. In dieser Zeit erfindet und baut der Küsnachter Ingenieur Erhard Mettler (1917–2000) die einschalige Waage, die er ab 1945 in seinem neu gegründeten Unternehmen in Serie produziert. Mettlers einschalige Analysenwaagen verdrängen nach und nach die konventionellen zweischaligen Waagen. Schon in den 1950er-Jahren werden damit Messungen auf ein Zehnmillionstel Gramm genau möglich. Bald wird die «Mettler Waage» praktisch zum Synonym für die Laborwaage. 1973 lanciert Mettler mit ihrer ersten vollelektronischen Präzisionswaage zugleich die weltweit erste elektronische Waage, die für die höchste Genauigkeitsklasse zertifiziert wird. In der zweiten Hälfte der 1970er-Jahre beginnt die Firma, die neu aufgekommenen Mikroprozessoren in ihre Waagen zu integrieren, was zu völlig neuen Anwendungen wie etwa Abfüllautomaten führt. Letztere helfen industriellen Anwendern, beim Abfüllen unter Einhaltung der gesetzlichen Vorschriften so zu sparen, dass die ganze Apparatur oft schon innerhalb weniger Monate amortisiert ist. Auch in ihrem zweiten Geschäftszweig, der Laborautomation, setzt Mettler neue Massstäbe. Gleichzeitig beginnt sie sich mit Waagen für den Detailhandel ein drittes Standbein zu schaffen. Aus den Ladenwaagen von einst werden dank integrierter Mikroprozessortechnik Systeme für die Bewirtschaftung von Frischwaren. 1980 verkauft Erhard Mettler sein glänzend laufendes Unternehmen an Ciba-Geigy. Neun Jahre später akquiriert Mettler die Toledo Scale Corporation, den grössten US-amerikanischen Hersteller von Industriewaagen. Dessen Gründer Henry Theobald hatte 1901 eine innovative Ladenwaage mit automatischer Gewichts- und Preisanzeige auf den Markt gebracht. Aus dem Schulterschluss geht die Mettler Toledo Inc. hervor. Diese wird 1996 von Ciba-Geigy an die New Yorker AEA Investors Inc. verkauft – als Vorbereitung für den Börsengang, der im Jahr darauf an der NYSE erfolgt. 2013 erwirtschaftet das Unternehmen mit rund 12 500 Mitarbeitenden einen Umsatz von knapp 2,4 Mrd. Dollar.

Zu den erfolgreichen, umsatzstarken, international tätigen Schweizer Hardware-Firmen gehören auch Dätwyler Cables, Reichle & De-Massari und Huber + Suhner. Besonders innovativ ist die Baumer Holding AG in Frauenfeld, ein international führendes Unternehmen für Präzisionssensoren. Gegründet wird die Firma 1952 vom 32-jährigen ETH-Ingenieur Herbert Baumer (1920–1965), der in den Räumlichkeiten einer ehemaligen Frauenfelder Schuhfabrik elektromechanische Apparate produziert. 1956 entwickelt Baumer einen Mikroschalter, der mechanische Bewegungen abtastet und in elektrische Impulse umwandelt, und stellt diesen in grossen Stückzahlen her. 1959 baut Baumer Mikroschalter in Programmsteuerungen ein, die elektrisch gesteuerte Fertigungsabläufe überwachen und steuern. Mit dem Patent für einen mechanischen Präzisionstaster schafft das Unternehmen 1967 den Durchbruch. Rasch wird bekannt, dass der bis heute weltweit genaueste Präzisionstaster aus Frauenfeld in der Schweiz kommt. Mit dem kontaktlos arbeitenden Näherungsschalter (1969) beginnt der Einstieg in die Sensorik. Durch Innovationen wie den optischen Lasersensor, die Magnetdrehgebertechnologie oder bildverarbeitende Sensoren gewinnt Baumer einen hervorragenden Ruf. 1981 gründet das Unternehmen in Deutschland seine erste ausländische Tochtergesellschaft. Heute gehört die Baumer Group mit 37 Gesellschaften in 19 Ländern zu den führenden Anbietern von Sensorik für die Fabrik- und Prozessautomation. Die Firma beschäftigt rund 2300 Mitarbeitende und erwirtschaftet 2014 einen Jahresumsatz von rund 400 Mio. Franken.

Ein weiteres Beispiel der Schweizer Mess- und Präzisionsindustrie ist Endress + Hauser, die 1953 vom Schweizer Georg H. Endress (1924–2008) und vom Deutschen Ludwig Hauser (1895–1975) im deutschen Grenzort Lörrach gegründet wird.

Links *Ein Unternehmer-Paar: der Schweizer Georg H. Endress (1924–2008) (rechts)
und der Deutsche Ludwig Hauser (1895–1975)*

Rechts *Ein Füllstands-Messgerät von Endress + Hauser misst den Inhalt eines 15 Meter hohen
Tanks millimetergenau*

Ende der 1960er-Jahre verlegt die expandierende Firmengruppe ihren Sitz ins
baslerische Reinach. Das Gründerpaar will der damals neuen Elektromesstechnik
zum Durchbruch verhelfen, müssen doch Füllstände in verfahrenstechnischen
Anwendungen meist noch mühsam von Hand abgelesen werden. Nach dem Tod
von Hauser geht das Unternehmen in den Alleinbesitz der Familie Endress über
und entwickelt sich vom Spezialisten für Füllstandmessung zum Anbieter von
Komplettlösungen für die industrielle Mess- und Automatisierungstechnik. Heute
(2014) beschäftigt das Unternehmen weltweit über 12 000 Mitarbeitende und
erreicht einen Umsatz von über 2 Mrd. Euro.

Firmen wie Kaba, Baumer und Endress+Hauser stehen stellvertretend für die
hochtechnologische Umsetzung typischer Schweizer Qualitätsmerkmale wie Sicherheit und Präzision. Es gibt aber auch einen höchst sensiblen Bereich, wo beide
Komponenten zusammenspielen und über den nur sehr wenig öffentlich wird: die
Produktion von Banknoten, Ausweisen und Wertschriften. Hier haben zwei Unternehmen eine weltweit führende Rolle inne: die Zürcher Orell Füssli Sicherheits-
druck AG – Teil der Orell Füssli Gruppe, die auf eine 1519 in Zürich vom bayeri-
schen Auswanderer Christoph Froschauer gegründete Druckerei zurückgeht – und
die SICPA – ein 1927 von Maurice Amon in Lausanne gegründetes Familienunternehmen, das hoch spezialisiert ist auf Sicherheitsdruckfarben. Regierungen und
Nationalbanken aus aller Herren Länder gehören zu den Kunden dieser äusserst
diskret operierenden Firmen. In Zug beheimatet ist zudem die heute zur deutschen

Kurz-Gruppe gehörende OVD Kinegram AG, die weltweit führend ist in der Produktion holografischer Kinegramme, mit denen Banknoten, Reisepässe, Visa und Identitätskarten vor Fälschungen geschützt werden. Die patentierte Technologie des Kinegramms ist in den 1980er-Jahren von Landis & Gyr Communication ursprünglich für Telefonkarten entwickelt worden.

Einige Schweizer Firmen können sich schliesslich sogar im «Herz» der Hightech-Industrie festsetzen: in der Produktion von Computerchips. Dabei spielt für einmal auch die Förderung durch den Staat eine nicht unbedeutende Rolle. 1985 wird an der ETH das Institut für Integrierte Systeme gegründet. Es profitiert stark von einem Bundesbeschluss, wonach die Informatik im Hochschulbereich mit zusätzlichen Mitteln ausgestattet werden soll. So wird die ETH Zürich zur ersten Hochschule in Europa und zu einer der ersten weltweit, an der hochintegrierte Halbleiterbausteine Gegenstand von Lehre und Forschung werden. Wolfgang Fichtner, ein Österreicher, der nach seinem Studium in theoretischer Physik Karriere bei den AT&T Bell Laboratories macht, startet ein Programm, das es Studenten erlaubt, eigene Chips zu entwerfen und diese bei einem industriellen Halbleiterhersteller zu realisieren. Von diesen gibt es in der Schweiz drei: Brown, Boveri & Cie. (später ABB), die zur niederländischen Philips-Gruppe gehörende Faselec und die ME Microelectronic, die zum Uhrenkonzern SMH gehört. Dank Fichtners Beziehungen kann sein Institut Entwicklungsaufträge von namhaften Halbleiterfirmen wie ABB, Motorola, Intel, National Semiconductor, Toshiba usw. übernehmen. 1988 wird das Microelectronics Design Center gegründet und ans Institut für Integrierte Systeme angeschlossen. Die industrielle Nachfrage für computergestütztes Chip-Design wird immer grösser, und so gründen Fichtner und vier Doktoranden Ende 1993 die Integrated Systems Engineering AG (ISE). Die Firma ist so erfolgreich, dass sie 1995 ihr ETH-Darlehen zurückzahlen und in den Technopark in Zürich-West umziehen kann. Zehn Jahre nach ihrem Start erzielt die ständig gewachsene ISE AG mit ihren mittlerweile 120 Mitarbeitenden in Europa, den USA und Asien einen Umsatz von 38 Mio. Franken. Und sie erhält von einem ihrer grössten Konkurrenten, der amerikanischen Synopsys Inc., ein attraktives Übernahmeangebot, das sie akzeptiert, zumal sich Synopsys verpflichtet, die ISE-Mitarbeitenden inklusive Fichtner zu übernehmen. Dieser lässt sich bei der ETH beurlauben, wird Senior Vice President des Unternehmens und eröffnet in der Schweiz eine forschungsorientierte Synopsys-Niederlassung, die mit der ETH zusammenarbeitet. Nach drei Jahren kehrt Fichtner auf seinen Professorenposten zurück. Wie erfolgreich die Gründung des Instituts für Integrierte Systeme ist, zeigt sich nicht nur daran,

Navigationsgerät von u-blox
im Einsatz

dass zehn Jahre nach seiner Eröffnung über 500 seiner Studenten ihr Diplom und
100 von ihnen ihr Doktorat in der Tasche haben, sondern auch an der Tatsache,
dass die Zahl der Halbleiterunternehmen in der Schweiz seit 1985 von 3 auf rund
20 gestiegen ist. Zu diesen gehört die Swissbit AG in Bronschhofen (SG), 2001
aus einem Management Buyout der Abteilung Speicherprodukte von Siemens
hervorgegangen. Heute fokussiert das Unternehmen, das innert 15 Jahren seine
Belegschaft von 30 auf 300 verzehnfacht hat, die Segmente Automotive, Security
und Netcom und bedient ausschliesslich Kunden im Industriebereich, so etwa
ABB, Bosch, Fujitsu, General Electric, Juniper, Nokia Rockwell, Siemens und der
VW-Konzern. Mit einem Ausstoss von über 6 Mio. Speichermodulen und Flash-
Karten ist sie der grösste unabhängige Speicherprodukthersteller in Europa.

Die wichtige Rolle der ETH Zürich zeigt sich aber auch an einem der wohl
erfolgreichsten Spin-offs dieser Hochschule, der 1997 gegründeten und in Thalwil
(ZH) ansässigen Firma u-blox. Das Technologieunternehmen ist in einem Markt
aktiv, der zunehmend an Bedeutung gewinnt: drahtlose Kommunikation und Geo-
positionierung (GPS). Sie entwickelt Halbleiterbausteine, Module und Software für
mehr als 5000 Industriekunden, damit Menschen, Fahrzeuge und andere technische Systeme ihre exakte Position lokalisieren und via Stimme, Text oder Video
drahtlos kommunizieren können. Seit seinem Börsengang 2007 und schon zuvor
schreibt das Unternehmen schwarze Zahlen, und es hat auch die Finanzkrise weitgehend unbeschadet überstanden. Und trotz des für dieses Geschäft typischen
Preiszerfalls ist es dem Unternehmen gelungen, seine gute Rentabilität in den letzten Jahren zu verbessern. Ganz bruchlos ist diese Entwicklung aber nicht verlaufen.

Das von den ETH-Doktoranden Daniel Ammann, Andreas Thiel, Jean-Pierre Wyss und Dr. Claus Habiger sowie dem ETH-Professor Dr. Gerhard Tröster ins Leben gerufene Unternehmen sitzt 2002 nach einer soliden Startphase auf 140 000 GPS-Modulen und 9 Mio. Euro Schulden, nachdem der Kunde eines Grossauftrags in Konkurs gegangen ist. Dank der nicht uneigennützigen Hilfe der Venture-Investoren kann das Unternehmen gerettet werden und entwickelt sich danach zur beispiellosen Erfolgsstory. Hilfreich ist dabei sicher, dass die kabellose Kommunikation heute immer mehr Gebiete durchdringt. Nicht nur Smartphones, Navigationsgeräte und Fitnessbänder sind mit solchen Technologien ausgerüstet, sondern ganze Lastwagenflotten, Personenwagen und Industriemaschinen kommunizieren heute miteinander – man spricht vom Internet der Dinge. Für u-blox bedeutet dies einen ständigen Wettlauf mit der Entwicklung der Funktechnik; was sich auch dadurch zeigt, dass gegen 70 Prozent der 625 Mitarbeitenden im Bereich Forschung und Entwicklung arbeiten. u-blox hat dazu ein global aufgestelltes Netzwerk mit 22 Entwicklungs- und Vertriebsstandorten geschaffen, rund drei Viertel der Forschung geschieht im Ausland. Regelmässig verstärken auch Akquisitionen das Unternehmen, das heute (2014) einen Umsatz von rund 270 Mio. Franken generiert.

Spezial-Software trotzt der Dotcom-Blase
Die Beispiele zeigen, dass Schweizer Firmen im Hightech-Bereich zwar Nischen finden und sich dort mit Qualität an der Weltspitze festsetzen. Doch global tonangebende Unternehmen entstehen so nicht. Auch in der vom Internet getriebenen technologischen Revolution spielen Schweizer Unternehmen nur eine begrenzte Rolle. Aus einer Technologie, die das amerikanische Militär in den 1960er-Jahren unter dem Namen Arpanet entwickelt, entsteht in zahlreichen Entwicklungsschritten – darunter das World Wide Web, das der Engländer Tim Berners-Lee am Teilchenforschungszentrum CERN in Genf erfindet – schliesslich das Internet in der heutigen Form, das ab Mitte der 1990er-Jahre rasant Verbreitung findet. Im Zuge dieses Wachstums entstehen unter dem Stichwort «New Economy» zahlreiche Firmen mit hochfliegenden Namen und teils abenteuerlichen Geschäftsmodellen, die die Börsen weltweit beflügeln. Auch in der Schweiz beteiligen sich Firmen wie Miracle, Fantastic oder Think Tools an dieser Entwicklung, bis dann im März 2000 die Dotcom-Blase platzt und viele dieser Firmen wieder von der Bildfläche verschwinden. Eine Ausnahme ist das Basler Software-Haus Day, das nach dem Börsengang auf dem Höhepunkt der New-Economy-Blase (die Firma hiess damals noch Day Interactive) zwar ebenfalls rabenschwarze Zeiten erlebt, sich dann aber

wieder auffängt und 2010 für 240 Mio. Dollar vom US-Softwareriesen Adobe gekauft wird.

Ein bemerkenswerter Erfolg ist das 1993 von George Koukis (*1946) in Genf gegründete Software-Unternehmen Temenos. Koukis ist gebürtiger Grieche und arbeitet damals als Wirtschaftsprüfer in Hongkong. Einziges Produkt der Firma ist eine Bankensoftware namens Globus, die ursprünglich von fünf ehemaligen City-Bankern in England entwickelt worden ist. Diese verkaufen ihre Firma wegen finanzieller Probleme an die Badener COS AG, die aber ebenfalls in Geldnöte kommt und Globus schliesslich an Koukis verscherbelt. In der Folge verlegt Koukis seinen Wohnsitz nach Genf, wo von Beginn weg auch der Hauptsitz von Temenos ist. Das Unternehmen entwickelt die Globus-Software unter dem Namen T24 über die Jahre konsequent weiter, verfünffacht deren Funktionalität und gewinnt weltweit immer mehr Kunden – darunter auch zahlreiche Grossbanken. 2001 folgt der Börsengang an der SWX. Heute zählt Temenos zu den führenden Herstellern integrierter Gesamtbankenlösungen. Diese sind bei rund 1500 Finanzinstituten in 150 Ländern im Einsatz, rund 450 Mio. Kunden nutzen täglich Software des Unternehmens. Daneben haben sich weitere Schweizer Firmen im Bereich Banken-Software etabliert, wie die ERI, die unter dem Namen BZ Informatik gegründete Avaloq und die Finnova.

Neben Bankprogrammen gibt es auch andere bedeutende Schweizer Beiträge zur Software-Industrie – und zwar seit Jahrzehnten. So gründen 1968 Absolventen der EPFL in Lausanne die Firma Electro-Calcul. Ihr erster Auftrag ist die rechnergestützte Steuerung für die Anlagen von Grand Dixence, der heute noch fünftgrössten Staumauer der Welt. 1977 entwickeln die findigen Romands ein neues Produkt zur Prozesssteuerung und setzen dabei auf ein relativ neuartiges Konzept in der Datenverarbeitung: Datenbanken. 1984 beschäftigt das Unternehmen rund 20 Mitarbeitende. 1992 folgt ein erster Expansionsschritt mit der Gründung der Elca Informatik AG in Zürich. 1998 sind bereits 150 Mitarbeitende für Elca tätig, und es gibt Niederlassungen in Genf und Bern. Dann folgt der Sprung ins Ausland, nach Vietnam, wo Elca ein Entwicklungszentrum eröffnet, um das zunehmende Auftragsvolumen bewältigen zu können. Die Dotcom-Krise überlebt Elca unbeschadet: Selbst im IT-Schreckensjahr 2003 schreibt das Unternehmen schwarze Zahlen, und es gewinnt die französischen Staatsbahnen (SNCF) als Kunde für ihre Online-Ticket-Lösung. Heute beschäftigt Elca über 600 Mitarbeitende in Lausanne, Zürich, Genf, Bern, London, Paris, Madrid und Ho-Chi-Minh-Stadt und baut insbesondere den Standort Vietnam aus, um dem

Mangel an Informatikingenieuren und den hohen Löhnen in der Schweiz begegnen zu können.

Nicht ganz so international ist die auf Software, Systemintegration und Beratung spezialisierte Noser-Gruppe. Ihre Geschichte beginnt damit, dass Hans Noser, der 1984 in Winterthur einen Macintosh-Shop betreibt, die grosse Nachfrage nach Software erkennt und die auf Mess- und Regeltechnik spezialisierte Noser Engineering AG gründet. 1988 steigt sein jüngerer Bruder Ruedi Noser ins Geschäft ein. Drei Jahre später teilen die Brüder die Firma unter sich auf: Hans übernimmt die Sparte Hardware, die hauptsächlich aus dem Apple Center besteht, Ruedi führt das Software-Business weiter. 1994 ergibt sich die Gelegenheit, mit der Übernahme einer Abteilung von Ascom ins Telekommunikationsgeschäft einzusteigen: Die Nosers gründen dazu die Nexus Telecom AG in Hombrechtikon. Heute (2013) ist die Noser-Gruppe nach verschiedenen Zukäufen in der Schweiz, in Deutschland und in Kanada tätig und kommt mit gut 500 Mitarbeitenden auf einen Jahresumsatz von 84 Mio. Franken.

Auch im IT-Security-Bereich, wo es um hoch spezialisierte Techniken wie Verschlüsselung und Datensicherheit geht, spielen Schweizer Firmen durchaus eine Rolle. Ein Pionier ist das 1946 als Gretag AG in Regensdorf entstandene Verschlüsselungs-Unternehmen, das weltweit beachtete Chiffriersysteme herstellte, sich allerdings nicht in die heutige Zeit hinüberretten konnte, 2002 von einem US-Unternehmen aufgekauft und 2004 schliesslich liquidiert wurde. Anders verläuft die Geschichte der Crypto AG, 1952 vom schwedischen Kryptologen Boris Haegelin gegründet, dem die neutrale Schweiz der geeignete Ort schien für den Aufbau eines in derart sensiblen Bereichen operierenden Unternehmens. Heute gilt das Unternehmen als führend in einem sehr diskreten Geschäft, das vorab Militärs, Geheimdienste, Regierungsstellen und diplomatische Dienste als Kunden kennt. Doch der «NSA-Schock» von 2013 – die Enthüllungen um gigantische Überwachungsprogramme diverser Geheimdienste, insbesondere der amerikanischen National Security Agency NSA – hat das Interesse an Sicherheitstechnologien stark gesteigert. So liefert neben Crypto die Firma Omnisec aus Dällikon sogenannte Krypto-Handys nicht nur an staatliche Stellen, sondern zunehmend auch an Unternehmen, die ihre Kommunikation verschlüsseln wollen. Im Unterschied zu Software-Lösungen verläuft die Verschlüsselung auf Hardware-Basis, was die Systeme sehr sicher macht. Diverse junge Unternehmen wollen die Region um Zug gar zu einem Crypto Valley machen – auch wegen des hohen rechtlichen Datenschutz-Standards in der Schweiz. Beispielsweise will die junge Firma Monetas basierend

Büro von Google im 2008 eröffneten Forschungs- und Entwicklungszentrum in Zürich

auf der Verschlüsselungs-Technologie der virtuellen Währung Bitcoin eine App entwickeln, mit der man jede Art von Vermögen halten oder transferieren kann. Dabei wird nicht der reale Wert getauscht, sondern das Eigentumsrecht daran, gesichert durch digitale Signaturen.

Beispiel eines typischen und dazu noch erfolgreichen Start-ups ist schliesslich die im Jahr 2000 von ETH-Absolventen gegründete Svox. Die von Svox entwickelten synthetischen Stimmen tönen heute so echt, dass man sie kaum mehr von einer menschlichen Stimme unterscheiden kann. Inzwischen gehören auch die Spracherkennung und -steuerung zum Repertoire von Svox und erweckt damit das Interesse der US-Softwarefirma Nuance, die das Unternehmen 2011 übernimmt. Auch im Internet selbst setzen zunehmend Schweizer Firmen Standards, so der Online-Terminplaner Doodle, der von der 2007 gegründeten gleichnamigen Firma betrieben wird und in Europa und den USA rasch wachsende Nutzerzahlen aufweist. Auch Doodle findet Unterschlupf bei einem grossen Unternehmen: 2014 übernimmt die Schweizer Mediengruppe Tamedia das Unternehmen, dessen Dienste bereits von 20 Mio. Nutzern pro Monat in Anspruch genommen werden.

Die Schweizer IKT-Branche heute

Der Überblick zeigt: Man würde zu kurz greifen, wollte man die Schweizer Beiträge zur weltweiten Informations- und Kommunikationstechnologie (IKT) als Geschichte der verpassten Chancen begreifen. Gewiss sind hier nicht ähnliche Welterfolge zu verzeichnen wie in anderen Branchen. Aber in manchen Bereichen und Nischen haben Schweizer Unternehmen durchaus ihre Spuren hinterlassen und spielen bedeutende Rollen. Ausserdem hat das Land eine ausgesprochen hohe Affinität zu Informatik und Telekommunikation. So gelten über 84 Prozent der Bevölkerung als Internetnutzer (2014), kein anderes Land der Welt hat eine höhere Dichte an fix installierten Breitband-Anschlüssen (40 Prozent der Haushalte) und gemäss dem ICT Development Index der International Telecommunication Union liegt die Schweiz hinsichtlich Zugang zu Kommunikations-Infrastruktur nach Luxemburg weltweit auf Platz zwei. Auch die Informatisierung der Schweizer Wirtschaft ist hoch. Derzeit (2012) zählen über 18 000 Unternehmen zur IKT-Branche, zählt man Content- und Medienunternehmen dazu, sind es mehr als 22 600 – insgesamt über 4 Prozent aller Schweizer Unternehmen. Über 160 000 Beschäftigte zahlt die IKT-Branche, deren Anteil am Schweizer Bruttoinlandprodukt über 4,3 Prozent beträgt. Diese Unternehmen sind hauptsächlich in der Softwareentwicklung und in der Telekommunikation tätig. Dazu kommt, dass in vielen Unternehmen anderer Branchen Informatikabteilungen an hausinternen Lösungen arbeiten. Vor allem Branchen wie Banken, Industrie, Medizin und Pharma, Logistik, Transport, Automation und Beratung beschäftigen zahlreiche IT-Spezialisten.

Es kommt wohl auch nicht von ungefähr, dass führende internationale Unternehmen der Branche in der Schweiz den idealen Standort für zentrale Funktionen finden. Unternehmen wie eBay, Google, Microsoft, IBM, Orange, T-Systems, Siemens, Dell, EDS, Yahoo, Reuters und Hewlett-Packard haben bedeutende Summen investiert, um hierzulande Europa-Hauptsitze, Verkaufs- und Kundendienstzentralen oder Forschungszentren aufzubauen – unter anderem, weil sie hier relativ leicht hoch qualifiziertes Personal finden und anziehen können. Beispielsweise betreibt der Internetkonzern Google in Zürich die grösste Forschungsstätte ausserhalb der USA. Und bereits seit 1959 führt Hewlett-Packard von Genf aus die europäische Marketingorganisation, das damals erste Standbein des Unternehmens ausserhalb der USA. Vielleicht sorgen gerade diese Impulse von aussen – wie so oft in der Schweizer Wirtschaftsgeschichte – dafür, dass dereinst neue Triebe des Wirtschaftswunders Schweiz aus dieser Hightech-Erde spriessen.

Wichtige Schweizer Informations- und Hochtechnologie-Unternehmen in Zahlen

Mettler Toledo (1945, Mettler Instrumente AG)					
	1950	1970	1990	2000	2013
Umsatz (US-Dollar)	n. v.	n. v.	n. v.	1100	2379
Beschäftigte	n. v.	n. v.	n. v.	8000	~12500
davon im Inland	n. v.	n. v.	n. v.	n. v.	n. v.

Logitech (1981)					
	1950	1970	1990	2000	2013
Umsatz (US-Dollar)	–	–	154	616	2099
Beschäftigte	–	–	1300	4300	7700
davon im Inland	–	–	n. v.	n. v.	n. v.

dorma+kaba Group (1862, Bauer AG)					
	1950	1970	1990	2000	2014
Umsatz	2	16	168	715	2342
Beschäftigte	144	n. v.	1250	3820	16000
davon im Inland	144	n. v.	n. v.	980	750

Kudelski Group (1951)					
	1950	1970	1990	2000	2014
Umsatz	–	13	29	360	895
Beschäftigte	–	n. v.	n. v.	425	3034
davon im Inland	–	n. v.	n. v.	n. v.	775

Baumer Holding (1952)					
	1950	1970	1990	2000	2013
Umsatz	–	~1	52	194	400
Beschäftigte	–	~30	500	970	2349
davon im Inland	–	~30	450	555	680

Genannt werden Umsatz und Zahl der Beschäftigten (insgesamt und in der Schweiz) grosser Schweizer Informations- und Hochtechnologie-Unternehmen, soweit diese verfügbar sind (ansonsten findet sich der Vermerk n. v.). In Klammern ist das Gründungsjahr des Unternehmens angegeben, der Umsatz ist in Mio. Franken aufgeführt, die Zahlen zu Umsatz und Beschäftigten sind gerundet. Die Kaba Group wurde 1862 unter dem Namen Bauer AG gegründet. Die Zahlen der Mettler Instrumente AG (vor der Fusion) sind nicht verfügbar. Die Zahlen des ehemaligen Monopolisten Swisscom/PTT, des grössten Schweizer ICT-Unternehmens, werden nicht genannt.

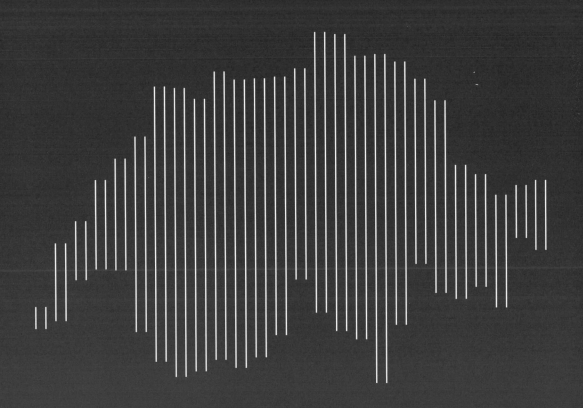

Ursachen und Rahmenbedingungen des Schweizer Wirtschaftswunders

Die Schweiz ist wirtschaftlich eine fast beispiellose Erfolgsgeschichte. Dies gilt jedenfalls, wenn man eine langfristige Perspektive wählt und das Land mit anderen Staaten mit ähnlicher oder besserer Ausgangslage vergleicht. Die hier porträtierten Firmen mit internationaler Ausstrahlung und internationalem Gewicht zeigen zudem die enorme Vielfalt und breite Abstützung des Wirtschaftswunders Schweiz. Entgegen dem Klischee ist das Land nicht durch unsaubere Geschäfte von Banken reich geworden und produziert nebenbei noch etwas Käse und Uhren, sondern Schweizer Firmen und Unternehmer haben in den letzten 200 Jahren in fast allen der im jeweiligen Entwicklungsstadium wegweisenden und innovativen Bereiche vorne mitgemischt und entscheidende Beiträge geleistet. Gewiss gibt es Ausnahmen, und der Erfolg in der Vergangenheit ist keine Garantie für eine blühende Zukunft. Doch der Blick auf makroökonomische Parameter wie Einkommen und Einkommensverteilung, Arbeitslosigkeit und Qualität der Arbeitsplätze, Staatsquote und -verschuldung oder die Fähigkeit des Landes, in Bildung, Gesundheit und soziale Sicherheit zu investieren, zeigt, dass in Summe ein eindrücklicher Wohlstand geschaffen werden konnte. «Schweiz» ist eine Marke geworden, und wenn ein Land oder eine Region als besonders stabil und wohlhabend charakterisiert werden soll, trifft man oft auf die Formel «die Schweiz von …». Vermutlich waren für die Entwicklung dieser Marke die wirtschaftlichen Aspekte mindestens gleich wichtig wie die politischen – auch wenn natürlich beide Komponenten zusammenwirkten. Was sind die Gemeinsamkeiten, die Muster dieses Erfolgs? Welches sind seine Ursachen und Rahmenbedingungen? Wie robust ist das Schweizer Wirtschaftswunder, und welchen Herausforderungen steht es gegenüber? Und können andere vom Erfolgsmodell Schweiz lernen? Solchen Fragen geht dieses abschliessende Kapitel nach, zunächst auf der Ebene der einzelnen Branchen, dann mit Blick auf die kulturellen und politischen Eigenheiten des «Modells Schweiz» und schliesslich, in einem dritten Schritt, hinsichtlich der Wertebasis des Landes und damit des Wirtschaftswunders.

Vom hässlichen Entlein zum strahlenden Schwan

Rekapitulieren wir: Die natürliche Ausstattung der Schweiz ist in der historisch vergleichenden Perspektive mager. Das Land ist rohstoffarm, weite Gebiete sind für eine leistungsfähige Landwirtschaft schlecht oder nicht geeignet. Nur Wasser – als Trinkwasser, als Brauchwasser, als Eis und Schnee sowie als Energiequelle – ist reichlich vorhanden. Gemessen an dem, was das Land hergibt, ist es schon früh dicht besiedelt; heute drängt sich die Bevölkerung wie nur an wenigen Orten der Welt. Obwohl im Herzen Europas gelegen, ist die Schweiz zudem aufgrund der Topografie über die Jahrhunderte hinweg verkehrstechnisch eher benachteiligt. Sie ist ohne direkte Anbindung an die Weltmeere – ein gravierender Nachteil gegenüber jenen Ländern, die sich in der Neuzeit globale Präsenz verschaffen und im Kolonialismus und Imperialismus zu Macht und Reichtum gelangen. Immerhin verschaffen die Transitachsen durch die Alpen dem Land eine gewisse Bedeutung für die grossen Wirtschafträume im Norden und Süden Europas. Sie geben der jungen Schweiz eine nicht zu vernachlässigende wirtschaftliche Trumpfkarte in die Hand – machen sie dadurch aber auch potenziell zu einem Objekt imperialer Interessen.

Dazu kommt, dass das Land sprachlich, politisch, konfessionell und kulturell äusserst heterogen war und ist. Es weist auf engem Raum eine fast verwirrende Vielfalt auf – eine Situation, die sich für andere Kleinstaaten in Europa als sehr konflikträchtig erwiesen hat. Diese Vielfalt wird verstärkt durch die frühe und immer wieder bemerkenswerte, in der öffentlichen Wahrnehmung oft vergessene oder gar verdrängte Offenheit für Einwanderer. Mehr als ein Viertel der jetzigen Bevölkerung ist im Ausland geboren, zusammen mit all jenen, die zwar in der Schweiz geboren wurden, von denen aber mindestens ein Elternteil aus dem Ausland stammt, gibt das einen Bevölkerungsanteil mit Migrationshintergrund, der seinesgleichen sucht. Kein anderes europäisches Land mit Ausnahme Luxemburgs und der Spezialfälle Estland und Lettland (mit jeweils etwa 25 Prozent russischer Bevölkerung) kommt auch nur annähernd an diese Zahl heran – und doch erleben nicht wenige Länder bei bereits deutlich tieferen Einwanderungszahlen soziale Unruhen.

Angesichts dieser Voraussetzungen würde man erwarten, dass die Schweiz arm und unbedeutend ist, voller innerer Konflikte und ein Spielball von Grossmächten. Doch das Gegenteil ist der Fall. Die Schweiz hat eine Form des Zusammenlebens über die Unterschiede hinweg gefunden, um die sie viele Länder beneiden, sie hat es seit rund 200 Jahren geschafft, sich aus den Konflikten dieser Welt herauszuhalten und stets unabhängig zu bleiben, und sie hat sich in vielen Branchen an die wirtschaftliche Weltspitze hochgearbeitet. Sie ist – wie es Lorenz Stucki vor fast schon 50 Jahren treffend beschrieben hat – zu einem «heimlichen Imperium» geworden.

Heimlich im Sinne von «unterschätzt» ist diese Wirtschaftsmacht insofern, als wenigen Menschen bewusst ist, dass die Schweizer Unternehmen – besonders die grossen Konzerne – Hunderttausenden von Menschen ausserhalb der Landesgrenzen Arbeit geben, allein schon Nestlé hat über 325 000 Angestellte ausserhalb der Schweiz. Dazu kommt, dass sie – zusammen mit vielen Klein- und Mittelbetrieben – gleichzeitig einer grossen Zahl ausländischer Arbeitskräfte, zeitweise hier wohnenden Menschen ebenso wie fast 300 000 Grenzgängern, die Möglichkeit geben, in der Schweiz den Lebensunterhalt zu verdienen. Berücksichtigt man diese «internationalen» Dimensionen, ist die Schweiz wirtschaftlich eine mittlere Grossmacht. Der Begriff «Imperium» trifft hingegen den Kern der Sache nur teilweise, denn imperiale Führungsstrukturen, Protzigkeit und hemmungslose Machtausübung sind gerade nicht Kennzeichen der Schweizer Wirtschaft. Vielmehr war und ist ihr Agieren, abgesehen von wenigen Ausnahmen, weitgehend diskret, und ihre Wirkung nach innen ist deutlich egalitärer als viele meinen. Die Schweiz zeichnet sich nicht nur durch einen sehr hohen Wohlstand aus, sondern auch durch dessen relativ gleichmässige Primärverteilung (vorab mit Blick auf die Einkommen, aber, unter Berücksichtigung der Pensionskassenvermögen sowie der Rentenansprüche aus der ersten Säule, also der AHV, und unter korrektem Einbezug der Immobilien, selbst hinsichtlich der Vermögen).

Das auf den ersten Blick vielleicht Erstaunlichste an dieser Entwicklung zur Wirtschaftsmacht ist, dass sie nie geplant war. Es gab keinen «Masterplan Schweiz», kein kulturelles Sendungsbewusstsein, keine Schweizer Ideologie und keine umfassende, führungsstark umgesetzte Strategie der Regierung, die zum Erfolgsmodell Schweiz geführt hat. Das Land hatte keine zentralistische Struktur wie das damalige Königreich Frankreich, und es gab keinen charismatischen Führer wie etwa in Russland, wo Zar Peter der Grosse die Modernisierung seines rückständigen Landes unbarmherzig vorantrieb. Politische Projekte, die in andern Ländern eine wichtige Basis für den wirtschaftlichen Erfolg bildeten, hatten und haben es in diesem Land meist schwer. Ausnahmen wie zuletzt der Gotthard-Basistunnel bestätigen die Regel. Auch die Staatsquote (hier verstanden als Fiskalquote) ist mit etwas über einem Viertel vergleichsweise niedrig. Die mit Blick auf die Belastung und den Freiheitsraum der Bevölkerung aussagekräftigere «erweiterte Fiskalquote», die auch nichtstaatliche Zwangsabgaben wie die Beiträge zur zweiten Säule der

Altersvorsorge und die obligatorischen Krankenkassen-Prämien mit einbezieht, liegt allerdings immerhin auch bei über 42 Prozent (2013). Alles in allem ist in der Schweiz die Skepsis gegenüber grossen Konzepten und Plänen und der mit ihnen meist einhergehenden Hybris, den Lauf der Dinge planen und vorhersagen zu können, ausgesprochen stark.

Wohl nirgends ist solche Skepsis so angebracht und so nutzbringend wie im wirtschaftlichen Bereich. Welche staatliche Planungsstelle hätte ahnen können, dass man die Schweizer Uhrenindustrie mit einer Plastikuhr retten kann? Oder dass in Aluminiumkapseln verpackter Kaffee ein derartiger Welterfolg werden würde? Die Liste von Erfolgen, die nicht auf Planung und eine Gesamtkonzeption im Grossen zurückgehen, sondern auf Neuerungswillen, Experimentierlust, Ideenreichtum, Präzision und Hartnäckigkeit im Kleinen, liesse sich fast beliebig verlängern. Sehr wichtig war jedoch, dass der politische Rahmen in der Regel jene Freiräume schuf – oder zuliess –, in denen diese Eigenschaften gedeihen konnten, in denen unternehmerische Menschen ihren Schaffensdrang ausleben konnten. Es sind denn auch weniger die Namen von Politikern und Eroberern, die in der Schweiz beeindrucken und in der weiten Welt nachhallen. Viel eher sind es die Namen von Unternehmern, die leuchten, ob Alfred Escher oder Daniel Borel, Johann Rudolf Geigy oder Hans-Jörg Wyss, Henri Nestlé oder Nicolas Hayek. Ihnen würden die einem Starkult immer noch vergleichsweise reserviert gegenüberstehenden Schweizerinnen und Schweizer wohl am ehesten die Rolle eines Aushängeschilds zugestehen, eben als Väter des «Wirtschaftswunders Schweiz».

Gemeinsame Erfolgsmerkmale der verschiedenen Branchen

Unternehmerisches Handeln entsteht jedoch nie aus dem Nichts. Es gedeiht immer auf einem wirtschaftskulturellen Nährboden, der sich aus vielen Komponenten zusammensetzt. Keine dieser Komponenten erklärt den Erfolg allein, und die meisten sind nicht der Schweiz allein vorbehalten. Sie haben aber in der Eidgenossenschaft zu einem besonders fruchtbaren Zusammenspiel gefunden, das sich zwar in jeder Branche etwas anders darstellt, aber doch gemeinsame Muster erkennen lässt, die von der Ebene des Individuums über die unternehmerisch-institutionelle Ebene und die staatlich-politische Organisation bis hin zur internationalen Einbettung der Schweiz reichen. Allerdings sollte die Suche nach Gemeinsamkeiten niemals vergessen lassen, wie oft der Erfolg eines Unternehmens auf Zufall beruht – auf der entscheidenden Entdeckung, auf der richtigen Person zur rechten Zeit am richtigen Ort, auf der günstigen Gelegenheit und den Möglichkeiten, diese auch zu ergreifen.

Auf der individuellen Ebene sind vor allem zwei Muster auszumachen. Augenfällig ist, erstens, dass zahlreiche Gründerpersönlichkeiten aus dem Ausland eingewandert sind. Das könnte man oberflächlich und negativ dahingehend interpretieren, dass die Schweiz von den Leistungen anderer profitiert habe. Doch das greift zu kurz. Zum einen kann man in vielen Ländern beobachten, dass Unternehmer überdurchschnittlich oft gerade nicht der ansässigen, herrschenden Schicht entstammen, sondern in irgendeiner Form einer Minderheit angehören. Zum andern ist es der Schweiz offenbar gelungen, ein politisches und kulturelles Klima zu schaffen, in dem Menschen jenen Erfolg finden konnten, den sie anderswo nicht anstreben durften. Dabei wurden die aus dem Ausland eingewanderten Menschen keineswegs kritiklos und mit offenen Armen empfangen, aber man liess sie, eher skeptisch beäugt, gewähren, und man anerkannte die unternehmerischen Erfolge gewissermassen als Integrationsleistung. Dies betrifft nicht nur direkt von aussen zugewanderte Unternehmer wie Henri Nestlé und Nicolas Hayek. Auch Karrieren wie jene des polnischen Juden Leo Sternbach, der das Valium erfand und Roche damit vor dem Bankrott rettete, sind Ausdruck dieser Weltoffenheit. Kaum eine der heute grossen Schweizer Firmen hat nicht entscheidend vom Beitrag von Immigranten – als Unternehmer, Forscher oder Geldgeber – profitiert. Dieses ausländische Element war auch deswegen hilfreich, ja nötig, weil viele Unternehmen rasch einmal eine Grösse erreichten, bei der die Ausrichtung auf die Schweiz nicht mehr genügen konnte. Es galt, ausländische Märkte zu erschliessen. Diese Angewiesenheit auf die Welt ist in der Schweiz viel früher als anderswo auch auf den Führungsetagen der grossen Unternehmen zum Ausdruck gekommen. An der Spitze zahlreicher Grossunternehmen wie ABB, Credit Suisse, LafargeHolcim, Logitech, Nestlé, Novartis, Roche, Sulzer, Swiss Re, UBS oder Zurich Versicherungen stehen zum Teil schon längere Zeit ausländische Führungskräfte, sei es im Verwaltungsrat, sei es auf operativer Ebene (CEO), sei es gar auf beiden Stufen. Zweitens fällt der ausgeprägte Wille vieler Schweizer Unternehmerpersönlichkeiten auf, sich in andern kulturellen Kontexten zu bewähren. Zu den Ursachen zählten lange Zeit die Armut zu Hause, Abenteuerlust und das über Jahrhunderte beengende Korsett des Zunftwesens.

In Summe war und ist die Offenheit der Schweizer wohl deutlich grösser, als es dem Selbstbild entspricht – in Sachen Einwanderung ebenso wie bezüglich der Bereitschaft, die Fremde kennenzulernen und sich dort anzupassen. Heute (2015) leben und arbeiten gegen 750 000 Schweizer (also rund 11 Prozent der Schweizer Staatsbürger) im Ausland. Die in der Schweiz immer wieder lancierten

Diversität der Schweiz

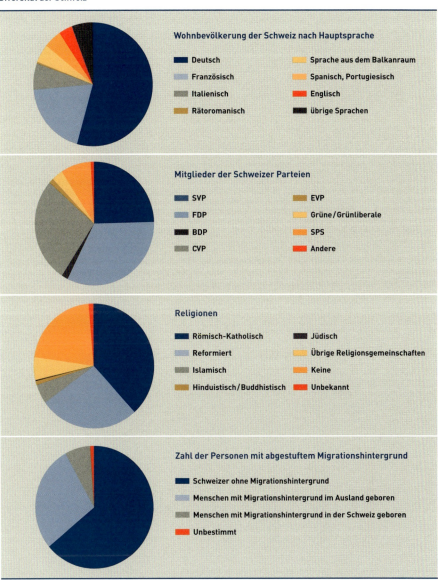

Eine Abschätzung der aktuellen Diversität der Schweizer Wohnbevölkerung entlang der Dimensionen Sprache (Personen mit jeweiliger Muttersprache in Prozent, Angabe mehrerer Muttersprachen möglich, Umrechnung auf 100 Prozent; Quelle: BfS, 2013), Politik (Anzahl Mitglieder der im nationalen Parlament vertretenen Parteien in Prozent; Quelle: Der Bund kurz erklärt, 2015), Religion (vertretene Glaubensrichtungen in Prozent; Quelle: BfS, 2013) und Kultur (Personen mit unterschiedlichem Migrationshintergrund in Prozent; in die Kategorien mit Migrationshintergrund fallen Ausländer, eingebürgerte Schweizer sowie Schweizer, deren Eltern beide im Ausland geboren wurden; Quelle: BfS, 2013).

Volksinitiativen gegen die Zuwanderung sind vor diesem Hintergrund wohl anders zu lesen denn als Ausdruck tumber Fremdenfeindlichkeit. Sie sind eher eine Reaktion auf grosse Offenheit als ein Hinweis auf fehlende Offenheit. So betrug die Nettozuwanderung in die Schweiz zwischen 2007 und 2012 im Durchschnitt jährlich 0,9 Prozent der Wohnbevölkerung oder 75 400 Personen, was einem kumulierten Wert von über 450 000 Menschen entspricht. Keines der Nachbarländer weist

Ausländeranteil (in %)

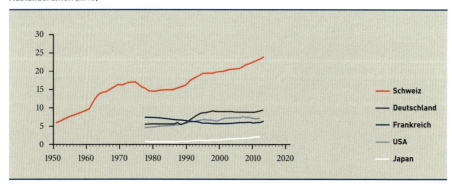

Inländer im Ausland (in % zur Wohnbevölkerung)

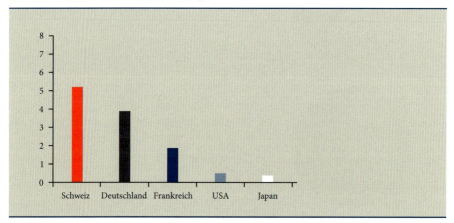

Obere Grafik: Zahl ausländischer Staatsbürgerschaften im Verhältnis zur gesamten Wohnbevölkerung für Deutschland, Frankreich, Japan, Schweiz und die USA. Mit der Schweizer Erhebungsmethode vergleichbare ausländische Zahlen sind erst ab dem Jahr 1977 verfügbar (Quellen: CH: BfS, 2013; D/F: Eurostat, 2013; US: Census.gov, 2012; J: Stat.go.jp, 2012). Dazu im Vergleich in der unteren Grafik die Zahl der Staatsbürger der Schweiz, Deutschlands, Frankreichs, der USA und Japans, die dauernd in einem OECD-Land leben, im Verhältnis zur Wohnbevölkerung (Quelle: OECD, 2012). Der Vergleich zeigt, dass die Schweiz einen vergleichsweise hohen Anteil Ausländer beherbergt, während umgekehrt viele Schweizer dauernd im Ausland leben. Weltweit gibt es um die 750 000 Auslandschweizer (Quelle: EDA, 2014).

auch nur annähernd eine so starke Zuwanderung auf. Hätten sie eine prozentual gleiche Zuwanderung wie die Schweiz erlebt, hätte Deutschland in derselben Periode jährlich 667 000 Zuwanderer mehr aufnehmen müssen (und kumuliert insgesamt 4 Mio. mehr), Frankreich 569 000 (kumuliert 3,4 Mio. mehr), Italien 187 000 (kumuliert 1,1 Mio. mehr) und Österreich 54 000 (kumuliert 324 000 Mio. mehr). Die Volksinitiativen sind, auch dort, wo man mit ihrem Inhalt gar nicht einig geht, in jedem Fall zivilisiertere und besser kanalisierte Unmutsäusserungen als die Übergriffe auf Ausländer und Minderheiten, die in andern Ländern immer wieder vorkommen.

Auslandbeschäftigung (Anteil Auslandbeschäftigung in %)

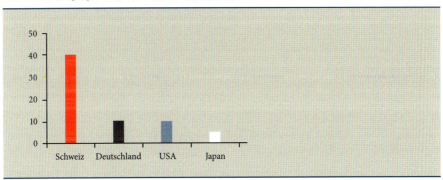

Zahl der jeweils im Ausland beschäftigten Arbeitnehmer im Verhältnis zu allen Arbeitnehmern (In- und Ausland) von Firmen mit Hauptsitz in der Schweiz, in Deutschland, in den USA und in Japan. (Quellen: CH: SNB & OECD, 2013; D: Eurostat & OECD, 2012; US: BEA & OECD, 2013; J: OECD, 2011)

Auslandumsatz (Anzahl der Firmen in %)

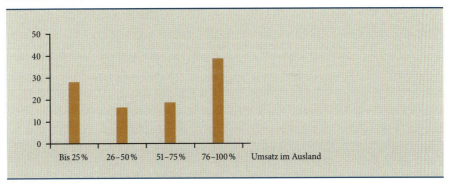

Der im Ausland erzielte Umsatz der gemäss «Handelszeitung» 824 grössten Schweizer Firmen 2013 (soweit die entsprechenden Daten verfügbar sind, d. h. 124 Firmen insgesamt). (Quelle: Handelszeitung, 2014)

Firmen nach Nationalität der Gründer (in %)

Verhältnis der in diesem Buch in den Tabellen vorgestellten Firmen mit ausländischen Gründern gegenüber solchen mit Schweizer Gründern. Knapp ein Drittel aller Firmen geht auf ausländische oder binationale Gründer zurück.

Auf der unternehmerisch-institutionellen Ebene, besonders mit Blick auf das Zusammenwirken der Sozialpartner, sind vier Charakteristika hervorzuheben. Erstens herrscht in der Schweiz ein hohes Arbeitsethos, auf das sich das Unternehmertum stützen kann und das besonders der Zusammenarbeit innerhalb eines Unternehmens förderlich ist. Zwar findet man dieses Ethos des Fleisses und der Genügsamkeit auch in andern Kulturräumen, aber es trägt jedenfalls dazu bei, dass in der Schweiz ein Unternehmertum entstanden ist, das sich als Ausdruck harter Arbeit versteht und nicht auf Schein und Blendung aus ist. Zweitens geniesst in der Schweiz Professionalität einen hohen Stellenwert. Das ist ein ausgezeichneter Nährboden für erfolgreiche Unternehmen. Unter anderem kommt das in einem Bildungssystem zum Ausdruck, das der traditionellen Berufsbildung (Lehre) einen zentralen Platz neben der universitären Bildung beimisst. Der internationale Trend zur Akademisierung, Standardisierung und Evaluation der Ausbildung droht diesen Erfolgsfaktor zwar zu untergraben, doch bleibt eine duale Bildung, die sich modernisiert, ohne zu sehr den Moden zu folgen, ein Trumpf der Schweiz. Sie scheint letztlich eher initiativere und flexiblere Arbeitskräfte zu generieren als es eine zu starke Verschulung tut. Drittens haben Arbeitgeber und Arbeitnehmer in der Schweiz vergleichsweise früh den Weg zu einem «Arbeitsfrieden» gefunden, während sie in vielen Ländern über weite Strecken die Konfrontation suchten. Die Produktivitätsgewinne sowie die Berechenbarkeit und Zuverlässigkeit, die sich daraus ergeben, stützen die Stellung der Schweizer Unternehmen auf den internationalen Märkten und kommen letztlich Arbeitgebern wie Arbeitnehmern zugute. In der kooperativen Reaktion der Arbeitnehmer auf die Herausforderungen durch die «neue» Frankenstärke seit dem 15. Januar 2015 kam diese sozialpartnerschaftliche Kultur erneut zum Tragen. Schliesslich zwang, viertens, die frühe Internationalisierung in vielen Branchen zu einem geschickten Umgang mit ausländischen Arbeitskräften und -kulturen. Schweizer Firmen waren (und sind) oft meist ausnehmend erfolgreich in der Integration zugekaufter ausländischer Unternehmen in die eigene Firmenkultur. Insofern ist die gelegentlich zu hörende Kritik, der Aufkauf von Firmen sei ein Ausdruck mangelnder Innovationskraft eines Unternehmens, nicht ganz richtig. Die Innovation besteht in diesem Fall nämlich darin, die richtigen Partner zu finden und sie so im Unternehmen zu integrieren, dass ein funktionierendes Ganzes entsteht. Dabei hilft ein Führungsstil, der Angestellten und ausländischen Filialen genügend Spielraum lässt.

Bildung und Bildungserfolg (in %)

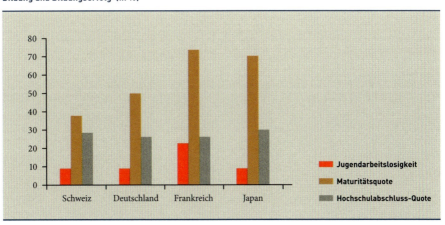

Vergleich der Maturitätsquote (Prozent der Bevölkerung mit Abschlüssen mit Studienberechtigung; Quellen: CH: BfS, 2014; D: Bundesministerium für Bildung und Forschung, 2012; F: Ministère de l'Education, 2013; OECD, 2007), der Hochschulabschlussquote (CH: Anteil der neuen Absolventen [Lizenziat/Diplom UH, Diplom FH, Bachelor UH, FH, PH] an den schweizerischen Hochschulen im Verhältnis zur gleichaltrigen ständigen Wohnbevölkerung; Quelle: BfS, 2014 – Übrige Länder: Prozent der Bevölkerung über 25 Jahre mit mindestens einem Bachelor oder gleichwertigen Abschluss; Quelle: UNESCO, 2013) und der Jugendarbeitslosigkeit (Durchschnitt von 2010–2014 der 15- bis 24-Jährigen; Quelle: OECD, 2014) für Deutschland, Frankreich, Japan und die Schweiz (die USA fehlen wegen Problemen der Vergleichbarkeit). Es zeigt sich, dass das Schweizer Bildungssystem adäquat ausbildet, d. h., ein Grossteil der Personen mit Hochschulreife erreicht auch einen universitären Abschluss. Deshalb – und wegen des guten Berufsbildungssystems – ist die Jugendarbeitslosigkeit in der Schweiz auch tiefer als in den anderen Staaten.

Auf der staatlich-politischen Ebene sind Verallgemeinerungen noch schwieriger, wenngleich die umfassenden Umwälzungen durch die Schaffung des modernen Bundesstaates und der mit ihm auf dem gesamten Staatsgebiet realisierten Freiheitsrechte wie der Handels- und Gewerbefreiheit alle Branchen geprägt haben. In der Folge ist allerdings der staatliche Einfluss auf die Entwicklung der einzelnen Branchen nicht zu allen Zeiten gleich stark gewesen. Ausserdem gibt es Branchen wie das Versicherungswesen, die sehr lange stark reguliert gewesen sind. Auch die Banken weisen über einen beträchtlichen Zeitraum hinweg durch staatliche Regulierungen abgesicherte kartellartige Strukturen auf. Insgesamt beruht das Wirtschaftswunder Schweiz aber doch hauptsächlich auf liberalen Rahmenbedingungen, jedenfalls im Vergleich zum umliegenden Ausland. Das machte den Standort Schweiz für alle drei mobilen Produktionsfaktoren attraktiv, also für Arbeit, Kapital und Wissen.

In der Mitte des 19. Jahrhunderts war diese Liberalität in der Eidgenossenschaft gewissermassen bewusstes politisches Programm, wie es etwa der amerikanische Historiker Gordon A. Craig in seiner Studie «Geld und Geist» über Zürich im Zeitalter des Liberalismus treffend dargestellt hat. Sonst aber war sie zum Teil unbeabsichtigte Folge des politischen Systems. Die in der modernen Schweiz nach und nach ausgebaute direkte Demokratie führt entgegen dem, was man ihr in den in Volksabstimmungen weniger geübten Staaten gerne unterstellt, nicht zu populistischer «Reglementiererei», sondern zu Nüchternheit, Bodenhaftung und staatlicher, vor allem fiskalischer Zurückhaltung. So sind beispielsweise Volksinitiativen, die eine Verlängerung der Ferien, geringere Arbeitszeiten, Mindestlöhne oder tiefere Rentenalter forderten, wuchtig abgelehnt worden. Ausserdem wirkt sich die gerne beklagte Langsamkeit der direkten Demokratie bremsend gegenüber einengendem staatlichen Reglementieren aus. Die daraus resultierende Behäbigkeit bedeutet auch Berechenbarkeit, gemäss dem grossen Ordoliberalen Walter Eucken einer der Grundpfeiler einer liberalen Wirtschaftspolitik. Ferner üben der Föderalismus und die Gemeindeautonomie eine disziplinierende Wirkung auf staatliches Handeln aus und schaffen Freiraum, nicht nur, aber vor allem für wirtschaftliche Tätigkeit. Ein Unternehmer (oder eine wirtschaftliche Aktivität) mochte vielleicht am einen Ort nicht so gerne gesehen sein, doch war er unter Umständen einige Kilometer weiter umso mehr willkommen.

Schliesslich erwies sich die Neutralität der Schweiz als segensreich – nicht nur politisch, sondern auch mit Blick auf die Entwicklungen der Wirtschaft. Sie ist noch heute ein wichtiges Element des schweizerischen Selbstverständnisses, auch wenn sie von innen und von aussen zunehmend kritischer beurteilt wird. Dabei waren Friedfertigkeit und Neutralität der Schweiz keineswegs in die Wiege gelegt. Vielmehr war die Schweiz über viele Jahrhunderte eine bedeutende «Exporteurin» von Söldnern, weil es im Lande selbst an Arbeit fehlte. Die Schweizer «Gewalt-haufen» – der Ausdruck beschreibt ziemlich präzise die Kampfführung dieser Truppen – waren die erste wirkungsvolle Waffe gegen die gepanzerte Reiterei, die im Mittelalter dominierende militärische Kampfformation. Die Burgunderkriege (1474–1477) bescherten den Schweizer Kämpfern ein Renommee, das sie zu begehrten Söldnern machte – und das auch Machtgelüste in der Alten Eidgenossenschaft selbst weckte. An der Wende vom 15. zum 16. Jahrhundert mischte sich diese daher in die Auseinandersetzungen um die Herrschaft über Italien ein – wobei Schweizer Söldner auf Seiten mehrerer Konfliktparteien engagiert waren. 1515 kam es zur berühmten Schlacht von Marignano, an der die eidgenössischen Truppen gegen Frankreich und seine Verbündeten eine Niederlage erlitten, die später als Beginn der schweizerischen Neutralitätspolitik gedeutet wurde.

Die historische Sachlage war zwar komplizierter, doch hat die Schweiz nach dieser Niederlage jedenfalls auf eine selbstständige Rolle in der europäischen Machtpolitik verzichtet. Das hat sich unter anderem während des Dreissigjährigen Krieges (1618–1648) bezahlt gemacht, als das Schweizer Staatsgebiet von den Verheerungen des Krieges verschont blieb und die Schweiz daher bei Kriegsende einen höheren Lebensstandard als ihre Nachbarn aufwies. Ausserdem wurde im Westfälischen Frieden die Neutralität der Schweiz von den andern europäischen Mächten offiziell anerkannt. Für Letztere gab es danach auch keinen Grund, den

Ökonomische Freiheit (Indexpunkte, max. 100)

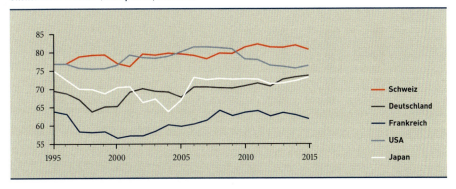

Index der ökonomischen Freiheit, ein Aggregat aus 10 Subindizes, für Deutschland, Frankreich, Japan, die Schweiz und die USA. Der Vergleich zeigt, dass die Schweiz inzwischen den Spitzenplatz einnimmt. (Quelle: The Heritage Foundation & The Wall Street Journal, 2015)

neutralitätspolitischen Status der Schweiz zu verändern, da diese weiterhin als Söldnerlieferantin zur Verfügung stand. Zudem waren viele Kantone faktisch doch eng an Frankreich gebunden, die damals dominierende Macht auf dem Kontinent. Gleichzeitig suchte man aber, bei aller Nähe zu Frankreich, sorgfältig die Distanz

Marginale effektive Steuerrate, inkl. Sozialleistungen (in %)

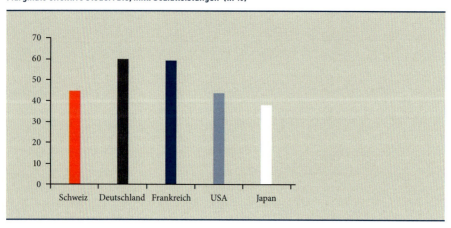

Die marginale effektive Steuerrate, mit der eine Person mit einem Durchschnittseinkommen belastet wird, inklusive Sozialleistungen und für die Schweiz auch inklusive der 2. Säule mit einer durchschnittlichen Belastung von 12,5 Prozent. Der Mittelstand in der Schweiz wird weniger belastet als in anderen Staaten. (Quelle: OECD, 2014)

World Happiness 2015 (Indexpunkte)

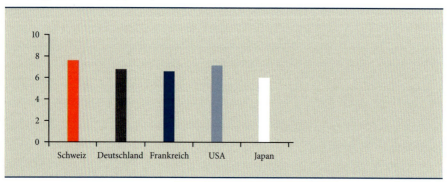

Indexwert der Schweiz, Deutschlands, Frankreichs, der USA und Japans im World Happiness Report von 2015 (Index von 0–10). Der Wert in Klammern zeigt das Ranking, gemäss welchem die Schweiz das glücklichste Land der Welt ist. Der aggregierte Indikator berücksichtigt Faktoren wie BIP pro Kopf, soziales Netz, Lebenserwartung, Entscheidungsfreiheit, Generosität und Wahrnehmung der Korruption. (Quelle: UN Sustainable Development Solutions Network, 2015)

zur Grossmacht zu wahren. Der Kanton Bern beispielsweise nutzte Anleihen, die den Niederlanden, England sowie deutschen Städten und Fürsten, nicht aber Frankreich, gewährt wurden, als politisches Instrument der Einflussnahme. Mit der Neutralitätspolitik war auch eine erstaunliche Befriedung im Innern verbunden. Auf dem Staatsgebiet der Schweiz fanden keine mit den Nachbarstaaten vergleichbaren gewaltsamen Volksaufstände oder Bürgerkriege statt, obgleich soziale (Bauernkrieg von 1653) und religiöse Unrast (Villmerger Kriege 1656 und 1712) durchaus auch in der Eidgenossenschaft für Konflikte sorgte. Den staatspolitisch bedeutendsten Konflikt bildete der bloss 27 Tage dauernde Sonderbundkrieg von 1847 zwischen den katholischen und den reformierten Kantonen, in dem weniger als 100 Tote zu beklagen waren.

Obwohl sie während Jahrzehnten in keine nennenswerten Kampfhandlungen verwickelt war, spielte die Schweizer Milizarmee eine äusserst wichtige Rolle, nämlich als Schmelztiegel der Nation – zumindest so lange, als die Mobilität der Menschen sehr gering war. Ein grosser Teil der männlichen Bevölkerung lernte durch den Militärdienst andere Sprachregionen und andere Bevölkerungsschichten kennen, was dem inneren Zusammenhalt des Landes dienlich war. Der Militärdienst hatte zudem auch eine egalitäre Wirkung, und zwar insofern, als in der Schweiz – im Gegensatz zu manch anderen Ländern – das Offizierskorps nicht von den Soldaten separiert ausgebildet wird. Da der Offiziersrang lange fast ein «Muss» war, wenn man im zivilen Leben eine Führungsposition einnehmen wollte, lag ein wichtiger Effekt der Armee im Schaffen eines Netzwerks. Die Führungsschicht des Landes konnte so ein enges Beziehungsnetz flechten. Man kannte sich, dachte ähnlich, folgte den gleichen Entscheidungs- und Führungsmustern – militärische und zivile Führungserfahrung ergänzten sich. Im Zug der fundamentalen Umwälzung der weltpolitischen Ordnung nach dem Ende des Kalten Krieges und der globalisierungsbedingten höheren Anforderung an die Verfügbarkeit der Führungskräfte in den Unternehmen wurden Funktion und gesellschaftlicher Status der Armee dann erstaunlich rasch quasi «entmystifiziert».

Der Friede im Innern sowie die Neutralität nach aussen hatten wirtschaftlich mindestens in dreierlei Hinsicht positive Effekte und erlaubten das, was man als «opportunistische Arbitrage» bezeichnen kann. Erstens schufen die zahlreichen militärischen Konflikte in Europa für Schweizer Händler und Produzenten gute Gelegenheiten, die sie – und das ist ein wichtiger Punkt – zuverlässig wahrnehmen konnten. Wegen der immer wieder aufbrechenden Konflikte konnte sich die Schweiz zudem als Standort «heikler» Geschäfte etablieren, bei denen Neutralität und

Diskretion unabdingbar waren. Jüngstes Beispiel hierfür ist der Rohstoffhandel, wo es helfen kann, von politisch neutralem Boden aus zu agieren, um zu vermeiden, dass man zwischen den Konfliktparteien zerrieben wird. Ein nicht unbedeutender Nebenaspekt ist, dass die Nichtzugehörigkeit zu irgendwelchen grossen Blöcken oder Mächten Schweizer Unternehmen gelegentlich bei Übernahmepokern einen leichten Vorteil verschafft: Man begibt sich lieber in die Hände eines Unternehmens aus der neutralen Schweiz als unter die Fittiche eines amerikanischen, deutschen oder chinesischen Konzerns. Zweitens erleichterte es die Neutralität der Schweiz, im Ausland verfolgte oder vertriebene Minderheiten wie etwa die Hugenotten aufzunehmen, die dem Land wichtige wirtschaftliche Impulse vermittelten. Schliesslich ist, drittens, die Volkswirtschaft vor gravierenden Kriegsschäden verschont geblieben. Da meist auch hohe Inflation zu den Folgen von Kriegen gehört, wurde die Schweiz so auch zur «Sparbüchse» vermögender Kreise aus vielen Ländern. Beispielsweise erhielt man 1894 für eine italienische Lira noch einen Franken – gut 100 Jahre später war die Lira, die 2002 durch den Euro ersetzt wurde, nicht einmal mehr ein Tausendstel eines Frankens wert.

Der Kern des Wirtschaftswunders Schweiz

Wie kommt es zu diesen Gemeinsamkeiten, diesen ähnlichen Mustern des Erfolgs quer durch die Branchen und die vielen Unternehmen? Unseres Erachtens liegen dem Erfolg des Wirtschaftswunders Schweiz drei Kernelemente zugrunde, sich teilweise überlappende «Cluster» kausaler Kräfte, in denen sich Werte, äussere Gegebenheiten und kulturelle Reaktionen auf diese Gegebenheiten zu einem Ganzen formen:

- Erstens erweisen sich die Armut (an Bodenschätzen), das ungünstige Klima in grossen Teilen des Landes und die Binnenlage als Segen und nicht als Fluch. Sie zwingen zu besonderen Anstrengungen und führen zu einem andern Verständnis von Wohlstand als in von der Natur stärker begünstigten Gebieten.
- Zweitens machen Kleinheit und Vielfalt das Verständnis des Fremden und Andersartigen sowie eine gewisse selektive Offenheit zur Notwendigkeit.
- Drittens schliesslich wächst aus diesen Eigenheiten eine einmalige Balance zwischen individueller Selbstverantwortung und genossenschaftlicher Solidarität.

Vordergründig und in statischer Betrachtung könnte man versucht sein, den Reichtum an Bodenschätzen oder ein fruchtbares Klima für zentrale Grundlagen des

Wohlstands zu halten. Nur schon die Tatsache, dass viele wohlhabende Länder eher in den gemässigten Zonen liegen, belehrt uns aber eines Besseren. Und die Schweiz widerlegt die Vermutung mit ihrer ungünstigen Lage, ihrer vergleichsweise schlechten Eignung für die Landwirtschaft und ihrer Rohstoffarmut erst recht. Warum hat sie also trotzdem reüssiert?

Zum einen waren Teile der Schweiz lange ein «Rückzugsgebiet». Die Lebensumstände boten einen gewissen Schutz. Sie bewirkten, dass man nicht sehr interessant war und in Ruhe gelassen wurde. Die fruchtbaren Gebiete Italiens oder Frankreichs weckten dagegen imperiale Gelüste, und die Agrar- und Siedlungsgebiete in Deutschland waren regelmässig Durchzugsgebiete von Truppen, die verpflegt werden wollten. Wer dagegen im Voralpengebiet oder auf den Jurahöhen lebte, bezahlte seine Freiheit und (relative) Sicherheit mit den Härten eines Lebens in widrigen Verhältnissen. Mitunter lockte die Obrigkeit die Menschen gar mit dem Argument der Freiheit in diese Zonen – der Ausdruck «Freiberge» für ein gut 200 Quadratkilometer grosses Hochplateau in den Schweizer Jurahöhen zeugt davon. Die natürlichen Nachteile wurden also aufgewogen durch die Vorteile der Freiheit, lange bevor man um den Nutzen der Freiheit für den Wohlstand wusste, und durch die teilweise Verschonung vor politischen und militärischen Wirren, lange bevor man daraus ein institutionelles Konzept, die Neutralität, goss. Diese Abgeschiedenheit war zwar nicht total, denn über die Transitachsen war die Schweiz doch mit den grossen europäischen Wirtschaftsräumen verbunden. Aber sie lag nicht im Zentrum des politischen, wirtschaftlichen und kulturellen Geschehens – mit allen Nachteilen, aber eben auch Vorteilen, die das mit sich brachte.

Zum andern führten die Lebensumstände in vielen Teilen der Schweiz zu einer spezifischen Einstellung zur wirtschaftlichen Tätigkeit und zum Wohlstand. Das Leben in diesen Gebieten war hart (wenn auch nicht so entbehrungsreich wie in den Sand- und Eiswüsten, in denen Menschen nur gerade knapp überleben, aber nichts akkumulieren konnten). In der Schweiz war dagegen bescheidener Wohlstand möglich. Er musste aber in Mühsal erworben werden. Das machte das «Sein» wichtiger als den «Schein». Die Natur liess sich nicht übertölpeln. Sie war der Prüfstein für die «richtige» Bewirtschaftung der Felder und den Bau der Häuser. Weil Wohlstand hart erarbeitet werden musste, hatte er einen hohen Wert. Die Reformation – besonders unter Calvin – hat dieser Wertschätzung von Wohlstand gewissermassen einen religiösen Überbau verliehen; und es erstaunt nicht, dass besonders in den wirtschaftlich prosperierenden Städten der Schweiz die

Reformation rasch an Boden gewann. Weil aber die unterschiedliche Verteilung von Erfolg und Wohlstand und als Folge davon der Neid ein gesellschaftliches Gefüge zu vergiften drohen, war zugleich jegliche ostentative Zurschaustellung des Erreichten verpönt. Bis in die jüngsten Zeit das aus den USA importierte Gebaren die jahrhundertealten Traditionen zerstörte, traten daher in der Schweiz viele Wirtschaftsführer im öffentlichen Leben erstaunlich bescheiden auf. Anekdoten wie jene des Bankiers Hans J. Bär, dessen Familie zwei baugleiche Audis fuhr, damit die Nachbarn nicht merken sollten, dass sie zwei Autos besassen, sind dafür exemplarisch. Man kann auch die Tatsache, dass die Schweiz unter den OECD-Ländern seit Jahren eine der höchsten Sparquoten aufweist, als Ausdruck dieser Verbindung von Wertschätzung des Wohlstands einerseits und Understatement anderseits interpretieren.

Das zweite Kernelement des Wirtschaftswunders Schweiz ist das weltweit einzigartige Zusammenleben verschiedener Kulturen, Sprachen und Religionen auf kleinstem, wenn auch vielfältig gegliedertem Raum über viele Jahrhunderte hinweg. Dafür erntet die Schweiz bis heute Bewunderung und Respekt. Das Schweizer Staatsgebiet ist topografisch stark gekammert, was nicht nur zu einer landschaftlichen, sondern auch zu einer kulturellen Vielfalt auf engem Raum geführt hat. Während andere Staaten oft ihre Raison d'être in der gemeinsamen Sprache, Kultur und Religion finden, hat die Schweiz trotz Unterschieden in Sprache, Kultur und Religion zusammengefunden und hält seit Jahrhunderten zusammen. Das ist eine historische Leistung mit Vorbildcharakter. Es ist aber natürlich nicht so, dass Schweizerinnen und Schweizer per se friedfertigere und tolerantere Menschen sind. Die Erklärung für diesen «Sonderfall» dürfte vielmehr darin liegen, dass sich die verschiedenen Faktoren, von denen jeder für sich trennend wirken kann und die sich in vielen Ländern gegenseitig verstärken, in der Schweiz in den einzelnen Kultur-Kleinräumen in unterschiedlichster Weise mischen. Die Zugehörigkeiten der Menschen zu den verschiedenen religiösen, sprachlichen, politischen und ökonomischen Gruppen überlappen sich auf so vielfältige Weise, dass fast alle, die der einen Ausprägung nach einer «Mehrheit» angehören, mit Blick auf eine andere Eigenschaft eine «Minderheit» bilden. Im Gegensatz zu den meisten anderen Ländern ist in der Schweiz die sprachliche Minderheit nicht gleichzeitig auch eine religiöse, die zudem wirtschaftlich wenig erfolgreich oder umgekehrt so besonders erfolgreich ist, dass sie dadurch gleich noch einmal zur Minderheit wird. Vielmehr bedürfen fast alle in der einen oder andern Ausprägung des «Minderheitenschutzes», und dies führt zu einer gewissen Grundtoleranz, also dazu, dass man jeden auf seine Art leben lässt und versucht, möglichst wenig über einen Kamm zu scheren. Man lässt Unterschiede zu, sie gelten nicht als gemeinschaftsschädigend, sondern sind vielmehr akzeptierter Ausdruck der Verschiedenartigkeit und der Vielfalt der Gemeinden und Kantone. Die Gleichheit der Lebensverhältnisse, die beispielsweise in Deutschland als fast unbestrittenes Ziel in der Verfassung verankert ist, zählt nicht zu den Schweizer Werten. Man ist vielleicht etwas neidisch aufeinander, aber man versucht nicht, gross zu harmonisieren oder die Einkommensunterschiede stark auszugleichen, obschon durchaus Umverteilungsmechanismen wie der Finanzausgleich unter den Kantonen oder die starke Progression bei der Bundessteuer existieren.

Die Bedeutung dieses Faktors für das wirtschaftskulturelle Fundament der Schweiz kann man kaum überschätzen. Die Kleinheit des Landes und die Vielfalt führen dazu, dass die Menschen, wenn sie sich bewegen, sich fast sofort aus der eng definierten Heimat hinausbewegen. Weltoffenheit ist die Folge – ein Punkt, der nicht dem Klischee und dem Selbstbild der Schweiz entspricht. Doch die Zahlen untermauern dies. Mehr als ein Drittel der Schweizer Wohnbevölkerung ist im Ausland geboren oder hat wenigstens einen aus dem Ausland stammenden Elternteil. Ferner leben gegen 750 000 Schweizerinnen und Schweizer, also rund 11 Prozent der Schweizer Staatsbürger, im Ausland. Die Mehrsprachigkeit der Schweiz führt zudem dazu, dass viele Schweizerinnen und Schweizer mehr als eine Sprache sprechen, weil sie innerhalb der Schweiz von einem Sprachteil in einen andern umziehen, weil sie zwar innerschweizerisch, aber doch über die Sprachgrenzen hinweg heiraten, weil ein Elternteil eine andere als die lokal gesprochene Sprache spricht oder weil sie die Sprache in der Schule erlernt haben. Die aus der kulturellen Vielfalt gewachsene Mehrsprachigkeit hat mindestens drei positive Effekte:

– Sie ist, erstens, eine Antwort auf eben diese Vielfalt und dient somit dem internen Kitt.

– Sie erleichtert, zweitens, die Integration von fremdsprachigen Ausländern – und zwar nicht nur von solchen, die eine der andern Landessprachen sprechen, etwa von Italienern in der Deutschschweiz. Der in der Landesregierung, in der nationalen Politik und Verwaltung und teils auch in den Unternehmen geübte Umgang mit dem Fremden im eigenen Land hilft auch beim Umgang etwa mit Spanisch oder Englisch sprechenden Menschen.

– Schliesslich erlaubten es die Erfahrungen mit der Mehrsprachigkeit und Kulturvielfalt im eigenen Land, sich auch im Ausland den lokalen Gegebenheiten besser anzupassen. Schweizer Unternehmen im Ausland bringen daher in der Regel die Bereitschaft mit, als Gäste und als Minderheiten aufzutreten, sich auf die örtlichen Gepflogenheiten einzulassen und lokal die besten Talente und Wissenschafter in die Unternehmen zu integrieren. Die Vernetzung fiel dank der Gegebenheiten zu Hause leichter, die Anpassung gelang selbstverständlicher.

Die Schweiz ist insgesamt gesehen ein erstaunlicher «melting pot», dessen Weltoffenheit allerdings nicht gleichbedeutend ist mit einer unbegrenzten Offenheit des Herzens und mit schrankenloser Toleranz. Eine gewisse emotionale Distanz und Diskretion gehört ebenso zur Schweizer Kultur wie eine gewisse selektive Toleranz. Positionen und Weltanschauungen werden selten mit Verve vertreten – man schreit sich im politischen Diskurs nicht an. Vielmehr sucht man nach dem kleinsten gemeinsamen Nenner und toleriert Abweichungen, solange sie einen selbst nicht zu stark bedrängen. Diese Haltung ist mit ein Grund für die Ablehnung grosser sozialer Entwürfe. Gesellschaftstheoretisch sind die Schweizerinnen und Schweizer «Rosinenpicker»: Sie suchen jene Elemente, die funktionieren und stören sich nicht allzu sehr an gewissen Inkonsistenzen im politischen System. Was Wunder, dass sich die Schweiz von den Theorien von Denkern wie Michail Bakunin oder Wladimir Iljitsch Lenin nie sonderlich beeindrucken liess, ihnen aber gleichzeitig ermöglichte, hierzulande zu leben. Und die Offenheit gegenüber Zuwanderung war nie eine schrankenlose. Kleinheit und Eigenheit des Landes – verbunden erst mit Armut, dann mit Wohlstand – zwangen dazu, einerseits nicht jeden, der ins Land kommen wollte, aufzunehmen, und anderseits von den Immigranten eine hohe Integrations- und Anpassungsbereitschaft zu verlangen.

Diese Beobachtung führt zum dritten Pfeiler der Schweizer Wirtschaftskultur: das grosse Gewicht der individuellen Selbstverantwortung und Selbstbestimmung bei gleichzeitiger Berücksichtigung der Solidarität und einer Art genossenschaftlicher Selbstorganisation. In der Schweiz werden Selbstbestimmung und genossenschaftliches Denken als komplementär angesehen, als zwei Seiten einer Medaille. Die Schweiz war zwar nie vollständig egalitär, sondern es gab immer eine Oberschicht und eine Unterschicht, es gab Gebiete, die von andern politisch kontrolliert wurden, und Frauen wurden lange Zeit von den politischen Entscheidungsprozessen gänzlich ausgeschlossen. Trotzdem verstand sich die Schweiz seit ihrer Gründung als «antifeudales Projekt», denn die Loslösung vom damals in der Region dominierenden Haus Habsburg (dessen Ursprünge auf dem Territorium der heutigen Schweiz liegen) und die direkte Unterstellung unter den Kaiser bedeuteten faktisch eine weitgehende politische Selbstbestimmung. Die am Anfang stehende Geringschätzung einer durch adelige Fürsten getragenen und tradierten Führungsstruktur dürfte mit ein Grund dafür sein, dass sich in der Schweiz politische Führungsfiguren immer mit einem Grundmisstrauen konfrontiert sehen. Selbst so starke Figuren wie Alfred Escher oder in der Neuzeit Christoph Blocher, die wirtschaftlich wie politisch gleichermassen prägend für das Land waren bzw. sind, mussten dies erfahren: Sie waren und sind mehr umstritten als akzeptiert.

Doch nicht nur politische Selbstbestimmung, deren klarster Ausdruck die direkte Demokratie ist, ist für das wirtschaftskulturelle Fundament entscheidend. Viele der frühen Schweizer Industrien gingen eine enge Symbiose mit der bäuerlichen Selbstversorgung ein: In den Anfängen der Uhrmacherei wurde den Bauern angeboten, neben ihrer sonstigen Tätigkeit bestimmte Teile für Uhrwerke zu fabrizieren. Das Verlagswesen in der Textilindustrie war von ähnlichem Charakter. Sich weitgehend selbst versorgende, arme Bauern mit freier Zeit vorab in den Wintermonaten wurden so früh in die Industrialisierung eingebunden, gerieten dadurch aber nicht in eine völlige Abhängigkeit. Obwohl sich die Schweiz früh und rasch industrialisiert hat, kam es weniger stark als anderswo zur Entwicklung einer von der Landwirtschaft völlig abgekoppelten proletarischen Arbeiterschaft, die sich in urbanen Zentren sammelte. Arbeiterelend gab es trotzdem, doch wurde es früher als anderswo zum Gegenstand der Politik und in entsprechenden Fabrikgesetzen angepackt. Auch der hohe Stellenwert der Berufsbildung kann als Ausdruck wirtschaftlicher Selbstbestimmung angesehen werden. Ihr liegt nämlich unter anderem die Idee zugrunde, dass junge Menschen eine solide Berufsausbildung erhalten sollten, die ihnen früh wirtschaftliche Eigenständigkeit ermöglicht. Tatsächlich haben über Jahrzehnte hinweg viele junge Menschen um die zwanzig in ihren gelernten Berufen attraktive Löhne bezogen, während gleichaltrige Studierende ihren Eltern immer noch auf der Tasche lagen. Die auffallend tiefe Jugendarbeitslosigkeit in der Schweiz dürfte nicht zuletzt eine Folge dieser dualen Berufsbildung und der daraus resultierenden, frühen wirtschaftlichen Selbstständigkeit eines grossen Teils einer jeweiligen Generation sein.

Der wichtigste Effekt des ausgeprägten Willens zur Selbstständigkeit ist eine Bottom-up-Organisation der Gesellschaft. Was das Land als Ganzes leistet, basiert nicht auf zentralem Willen, auf bewusster Gestaltung und auf Führung, sondern auf Evolution, der gelebten Subsidiaritätsidee und dem aus ihr geborenen Wettbewerb der Systeme. In diesem kommt die zentrale Grundhaltung zum Ausdruck, jede Gemeinde, jeden Kanton die eigenen Angelegenheiten selbst regeln zu lassen, unter Umständen ganz anders als die andern und unter Umständen auch einmal ganz falsch. Dieses schweizerische Zusammenleben der Gemeinden und Kantone ist ein wenig wie gute Nachbarschaft, die etwas völlig anderes ist als Freundschaft. Man hilft sich, wenn nötig, durchaus nach dem Prinzip der Gegenseitigkeit, man löst Dinge, die alle involvierten Parteien unmittelbar angehen, gemeinsam und einstimmig, etwa wenn es um eine gemeinsame Hecke an der Grundstücksgrenze oder um die Nutzung des gemeinsamen Treppenhauses geht, man ist freundlich miteinander – doch man lässt sich auch in Ruhe. Man versucht gewissermassen, den «contrat social» zum geringstmöglichen Preis zu erfüllen.

Eine zu starke Betonung der Selbstständigkeit atomisiert eine Gemeinschaft. Doch glücklicherweise verbindet sich in der Schweiz die Betonung der Selbstständigkeit mit einer bemerkenswerten Achtung des Gemeinwohls. Auch hierfür dürfte die Bewältigung der Widrigkeiten der Natur zentral gewesen sein. Diese machten die Kooperation zur Pflicht. So wurden beispielsweise im Wallis bereits um das Jahr 1000 raffinierte Methoden der Bewässerung entwickelt, die Suonen, die nicht nur gemeinsam erstellt und unterhalten werden mussten, sondern für die auch ein ausgeklügeltes System an Rechten und Pflichten entworfen wurde. Auch die Bann- und Schutzwälder in den Alpentälern sind Ausdruck einer solchen Sicherung des Gemeinwohls. Freilich blieb auch die Schweiz nicht vor Nutzungs-Exzessen verschont. So hatte die im 19. Jahrhundert verstärkte Waldabholzung eine Reihe von Überschwemmungskatastrophen zur Folge, die dann 1876 zur Einführung des Forstpolizeigesetzes führten. Dieses postuliert, dass alle Generationen Anrecht auf die gleichen Ertragsmöglichkeiten haben sollen, dass nur die Zinsen – das nachwachsende Holz – genutzt werden dürften, während das Kapital – der Holzvorrat – unangetastet bleiben müsse. Konkret musste ab diesem Zeitpunkt für jeden abgeholzten Baum ein neuer gepflanzt werden – eine frühe Umsetzung des Gedankens der Nachhaltigkeit.

Natürlich ist die Sicherung des Gemeinwohls keine Schweizer Eigenheit. In Verbindung mit dem ausgeprägten Hang zur Selbstbestimmung ergibt sich aber eine geradezu natürliche Beachtung des Grundsatzes der Subsidiarität: Die Finanzierung gemeinschaftlicher Leistungen blieb jahrhundertelang auf der unterstmöglichen Ebene angesiedelt. Das hielt nicht nur die Kosten für gemeinschaftliche Leistungen tief, es führte auch – und das ist zentral – zu einem spezifisch helvetischen Staatsverständnis, zum Verständnis des Staates als einer von unten gewachsenen, nicht von oben her regierten Organisation. Das «Oben» hat lediglich dafür zu sorgen, dass das Zusammenleben funktioniert. Der Staat wird angesehen als Ausdruck gemeinsamer Anstrengung zur Lösung jener Aufgaben, die die Kräfte des Einzelnen übersteigen, die staatliche Verwaltung ist Dienstleister gegenüber dem Souverän – nicht weniger, aber auch nicht mehr. Direkte Demokratie ist ein Ausdruck dieses Staatsverständnisses, der zivilisierte Umgang der staatlichen Bürokratie, nicht zuletzt der Finanzämter, mit dem Bürger ein anderer. Als Folge dieses spezifisch schweizerischen Staatsverständnisses ist der Staat, jedenfalls der sehr direkt wahrgenommene, lokale Staat, weniger suspekt. Er wird weniger abgelehnt, weniger grundsätzlich kritisiert als in andern Ländern. Und aus genau dem gleichen Grund ist die Skepsis gegenüber dem weitgehend anonymen, weil zu grossen, zu entfernten, nicht überschaubaren, nur schwer kontrollierbaren Zentralstaat eher grösser als anderswo. In wenigen Staaten ist der Bürgersinn – dieses Bewusstsein «der Staat, das sind wir alle» – so ausgeprägt wie in der Schweiz, und zugleich herrscht in wenigen Staaten eine solche ausgeprägte liberale Grundskepsis gegenüber dem Zentralstaat wie in der Schweiz.

Auch das Mitmachen im Staat, das Milizsystem, das dazu führt, dass Menschen sich freiwillig mit ihrer Arbeit, ihrer Zeit und ihrem Know-how in die Politik einbringen, dass sie mithelfen, dass der Staat funktioniert, ist Ausdruck dieses Staatsverständnisses. Nicht die Berufspolitiker, sondern die weiterhin in ihrer beruflichen Herkunft verwurzelten Milizpolitiker sollen die gemeinsamen Aufgaben vorantreiben. Diese erfrischende «Unprofessionalität» ist eine der grossen Qualitäten des politischen Systems der Schweiz – auch wenn dies nicht ohne Kosten abgeht. Die Idee des genossenschaftlichen, gelegentlich unprofessionellen Staates ist aber ein wichtiges Fundament des Wirtschaftswunders Schweiz.

Das Erfolgsmodell Schweiz vor neuen Herausforderungen

Doch so erfolgreich die Schweiz mit ihrer spezifischen politischen, gesellschaftlichen und wirtschaftlichen Kultur lange Zeit war, wird doch verständlicher- und berechtigterweise die Frage gestellt, ob sich dieses Erfolgsmodell in die Zukunft projizieren lasse, ob es so weitergeführt werden könne, ob es, mit andern Worten, genügend robust und zukunftstauglich sei. Passt dieses eher staatsskeptische, der spontanen Ordnung vertrauende, von unten nach oben aufgebaute Modell in eine Welt, in der dem Handeln des Staates wieder vermehrt eine zentrale Rolle zugeschrieben wird, und zwar sowohl für die öffentliche Ordnung als auch für wirtschaftliches Wohlergehen? Erinnert sei an die enormen Staatsinterventionen im Nachgang zur weltweiten Finanz- und Wirtschaftskrise, aber auch daran, dass der vordergründig erfolgreiche staatsdirigistische Kapitalismus aufstrebender Staaten, allen voran Chinas, für die Marktwirtschaft eine ganz andere Herausforderung darstellt als die Zentralverwaltungswirtschaft sowjetischer Prägung, die wirtschaftlich nie wirklich mit dem Westen mithalten konnte. Zudem ist der Hang zu einer globalen Regulierungsmaschinerie unübersehbar, der von der Idee genährt wird, man könne Grossprobleme wie den Klimawandel nur auf supranationaler Ebene durch die Schaffung globaler Regulierungsgremien lösen. All dies ist eine politische Herausforderung für die Schweiz, vor allem aber eine wirtschaftliche, weil der Druck zur Einbindung, Nivellierung und Top-down-Kontrolle wächst. Damit ist nicht nur der relativ grosse wirtschaftliche Freiraum in der Schweiz bedroht, sondern mit der Zeit auch jenes wirtschaftskulturelle Fundament, jene Mentalität, jene Herangehensweise, die Schweizer Unternehmen in der Vergangenheit oft zum Erfolg verholfen haben.

Dazu kommt, dass sich relevante globale Parameter in den letzten Jahrzehnten deutlich gewandelt haben. In der Zeitspanne von 1800 bis 1960, in der sich das Wirtschaftswunder Schweiz entfaltete, ist die Weltbevölkerung von 1 Mrd. auf 3 Mrd. Menschen gewachsen, und die europäisch-nordamerikanische Politik und Kultur war (und ist teilweise immer noch) dominant. In den letzten gut 50 Jahren ist die Zahl der Menschen auf über 7 Mrd. gestiegen, von denen gegen 6 Mrd. ausserhalb Europas und Nordamerikas leben und von denen 44 Prozent unter 25 Jahre alt sind – die grösste Jugendgeneration aller Zeiten. Diese Entwicklung ist mit Blick auf die sogenannte «demografische Dividende» bedeutsam – das Phänomen, dass jeder Staat mit wachsender Bevölkerung eine Phase durchlebt, in der ein grosser Teil dieser Bevölkerung im aktiven Alter steht, also arbeitet und spart, was das nationale Einkommen signifikant steigert. Die Schweiz hat, wie die andern Industriestaaten, diese Phase bereits hinter sich, sie hat ihre demografische Dividende eingezogen und sieht sich inzwischen im Gegenteil mit einer absehbar höheren Belastung des Staatshaushaltes und der Volkswirtschaft durch das Gesundheitswesen und die Sozialwerke konfrontiert. Die Verschiebung der wirtschaftlichen Gewichte dieser Welt hin zu den Schwellenländern hat nicht nur, aber auch mit diesem demografischen Phänomen zu tun.

Die Schweiz wird sich also mit vielfältigen Herausforderungen auseinanderzusetzen haben. Werden die drei tragenden Pfeiler des Wirtschaftswunders – eine alles in allem sowohl leistungswillige als auch nüchterne Einstellung zum Wohlstand, die Bejahung von Diversität und Unterschieden und eine kluge Balance zwischen Selbstverantwortung und Solidarität – dem Druck standhalten? Eine

Antwort auf diese Frage muss notwendigerweise spekulativ und unvollständig ausfallen. Allerdings haben gerade in jüngster Zeit drei Ereignisse Fragen zur Stabilität dieser Pfeiler aufgeworfen. So sollen hier auch anhand der Entwicklungen in den genauer beleuchteten Branchen zumindest Vermutungen über die Robustheit des Wirtschaftswunders Schweiz angestellt werden.

Die Schweiz ist heute nicht mehr das eher periphere und arme Land von einst. Das ist nicht nur deshalb der Fall, weil Rohstoffe in einer Wissensökonomie nicht mehr von so grosser Bedeutung sind oder weil die Luftfahrt das Land mit der ganzen Welt verbindet. Nein, die Schweiz hat es mit Glück und Tüchtigkeit zu bewundernswertem Wohlstand gebracht und ist heute gleich in mehrfacher Hinsicht von den Gefahren des Erfolgs und Reichtums bedroht. Da ist zum einen die schlichte Tatsache, dass Erfolg und Stabilität in einer zunehmend unsicheren Umgebung attraktiv ist – und im Fall der Schweiz betrifft dies insbesondere die Währung. Die beeindruckende Stabilität des Frankens gegenüber allen Leitwährungen hat ihre Schattenseite, was sich insbesondere in den letzten Jahren akzentuiert hat. Der rasante Kurzsturz des Euros – der Währung des wichtigsten Handelspartners der Schweiz – im Jahr 2011 ist von der Nationalbank durch die Schaffung einer Kursuntergrenze nur temporär gestoppt worden. Der Währungsschock von 2015 nach der Kursfreigabe wird für die Exportindustrie zu einem Experiment mit ungewissem Ausgang. Kumuliert haben sich rein aufgrund von Währungseffekten die Produkte der Exporteure für ausländische Kunden innert weniger Jahre um ein Drittel verteuert – das ist selbst für eine innovative Wirtschaft nicht einfach zu verkraften. Zum andern besteht aber auch ein grundsätzliches Problem. Das hohe Wohlstandsniveau und die Tatsache, dass Erbschaften heute eine massgebliche Einkommensquelle für viele darstellen, lassen eine Übersättigung, zunehmendes Besitzstanddenken und Rentnermentalität und somit eine Erschlaffung unternehmerischer Kräfte befürchten. Auch besteht ein Spannungsfeld zwischen dem hohen Lohnniveau im Finanzsektor und der Notwendigkeit, wissenschaftlich-technische Talente in die Industrie zu locken, damit dort weiterhin neue, innovative Technologien entwickelt werden. Die Versäumnisse in der Informationstechnologie sind allerdings kaum Ausdruck eines Mangels an genügend motivierten Wissenschaftern und Technikern in der Schweiz. Die Skepsis etablierter wissenschaftlich-technischer Kreise gegenüber der neu aufkommenden Informatik, fehlendes Risikokapital und die fehlgeleitete staatliche Steuerung im Telekommunikationsbereich dürften alle zusammengewirkt haben. Auch in der Pharmaindustrie herrschte zeitweise durchaus die Versuchung, sich auf dem

Erreichten auszuruhen. So hat man trotz grundsätzlichem Interesse an den neuen Möglichkeiten von Molekularbiologie und Genetik deren wirtschaftliches Potenzial zunächst einmal verschlafen – konnte allerdings etwas später mit Glück das nötige Know-how dann doch noch einkaufen. Zudem ist inzwischen eine beachtliche Gründerszene im Biotech-Bereich entstanden. Das zeigt, ebenso wie der beeindruckende Aufstieg der Medizintechnik in den letzten Jahrzehnten, dass in der Schweiz weiterhin neue Hochtechnologien entstehen können. Dazu kommen beeindruckende Initiativen, etwa die Aktivitäten rund um die ETH Lausanne. Unternehmen und Unternehmerfamilien wie Rolex, Bertarelli und Borel finanzieren hier zum Teil höchst innovative Forschungs- und Technologieprojekte. Und auch im Raum Zürich ist in jüngster Zeit im Umfeld neuer Ansiedlungen von Hightech-Forschungsaktivitäten ausländischer Konzerne wie Google einiges in Bewegung geraten.

Auch Kleinheit und Vielfalt als Basis für eine selektive Offenheit haben heute nicht mehr einen eindeutig positiven Stellenwert. Zum einen ist es eine Binsenwahrheit, dass in der Globalisierung vereinheitlichende Tendenzen in Sachen Sprache, kulturelle Praktiken sowie Verbreitung von Produkten und Technologien bestehen. Nicht nur in der Schweiz geraten so Kleinheit und Vielfalt unter Druck. Dazu kommt die Einbindung in supranationale Strukturen wie – im Fall der Schweiz – den Schengen-Raum und die EU-Freizügigkeit, aber auch in die WTO und den IMF, was den Spielraum für eine kontrollierte und entsprechend selektive Offenheit einengt. Zum andern findet – wohl gerade wegen der genannten Prozesse – auch eine Rückbesinnung auf das Lokale statt. Zugehörigkeiten zu Kulturen oder Religionsgemeinschaften werden unter Umständen wieder zu «harten» Abgrenzungskriterien. Sowohl hierzulande als auch anderswo verschärfen sich die Debatten über die Grenzen von Vielfalt und Offenheit und über die Gefahren von «Parallelgesellschaften». Doch scheint der Weg, den die Schweiz eingeschlagen hat, kein schlechter zu sein. Sie zieht einerseits hoch qualifizierte Arbeitskräfte aus dem Ausland in grosser Zahl an, ist sich aber anderseits sehr wohl ihrer kulturellen Eigenständigkeit und deren Bedeutung auch für den wirtschaftlichen Erfolg des Landes bewusst. Allerdings sieht sie sich mit immer grösseren Herausforderungen konfrontiert, die sich kaum mit den alten Schemata bewältigen lassen. Der Flüchtlingsdruck überfordert langsam aber sicher den ganzen Kontinent und bringt immer mehr Leute ins Land, deren Aufnahme humanitären Gesichtspunkten folgt, die aber meist keinen oder nur einen geringen Beitrag zur Prosperität des Landes beisteuern. Und die Auswirkungen einer andauernden grösseren Zuwanderung hoch Qualifizierter auf die Mieten, die Besiedlung, die Berufslaufbahnen, das Milizsystem oder die Lohnstruktur werden von immer mehr Menschen als per saldo negativ oder zumindest als nicht genügend überzeugend positiv wahrgenommen. Eine Zäsur stellt diesbezüglich die Annahme der «Masseneinwanderungsinitiative» im Februar 2014 dar. Sie ist offensichtlich eine Reaktion auf eine zunehmend als problematisch empfundene Zuwanderung, die ihrerseits Folge des wirtschaftlichen Erfolgs der Schweiz ist. Die von der Initiative geforderte Steuerung der Einwanderung bricht mit dem Prinzip der EU-Personenfreizügigkeit, die ein Eckstein der bilateralen Verträge mit der EU darstellt. Dass dieses Prinzip auch innerhalb einiger EU-Länder auf zunehmende Skepsis stösst, vermag den Druck auf die Schweiz kaum zu vermindern; vielmehr erschwert dies eine Neuverhandlung – die das Vertragswerk an sich durchaus ermöglicht –, da sonst EU-intern eine unangenehme Debatte geführt werden müsste. Unabhängig davon stellt sich die Frage, wie eine Kontingentierung der Einwanderung mit den Bedürfnissen einer zunehmend auf Spezialisten angewiesenen Wirtschaft, welche die Schweiz allein nur schwer her vorbringen kann, in Einklang gebracht werden kann. So stellt sich die politisch nicht einfach zu beantwortende Frage, ob und wie kluge selektive Offenheit weiterhin eine Säule des Wirtschaftswunders Schweiz bleibt oder nicht.

Die austarierte Balance zwischen individueller Selbstverantwortung und genossenschaftlicher Solidarität macht wohl den Kern des historisch gewachsenen Schweizer Selbstverständnisses aus. Deswegen hatte der Klassenkampf wenig Chancen, deswegen wurden die Reichen von den unteren Schichten zumindest akzeptiert, weil eben die Oberschichten umgekehrt – und manchmal durchaus paternalistisch – Verantwortung für jene wahrnahmen, denen es schlechter ging. Auch das persönliche Engagement in Politik, Militär und Kultur im Rahmen des Milizsystems gehört zu diesem Kitt. Der amerikanische Politologe Peter Katzenstein erklärt dies damit, dass generell in kleinen Staaten die Eliten eine Ideologie der Sozialpartnerschaft entwickeln, weil sie sich bewusst sind, welch dramatische Folgen Verteilungskonflikte und innenpolitische Blockaden haben können. Das soziale Gefüge der Schweiz erwies sich von daher als besonders stabil, als dicht gewoben, als weniger spannungsreich als anderswo. Dem steht die zunehmend Verbreitung findende Haltung gegenüber, man sei als Individuum gewissermassen ein Getriebener der Komplexität der Welt, ein «Rädchen in der Maschine», man könne sich nicht wirklich gegen den Strom stemmen, man könne sich nicht so verhalten, wie es einem die eigenen Überzeugungen gebieten würden, man sei für sein Tun nicht wirklich verantwortlich, sondern Opfer des Systems. Diese Einstellung

ist gewiss nicht nur ein Problem der Schweiz, sie ist aber gleichwohl die wohl
subtilste und damit vermutlich auch gefährlichste Bedrohung für das Wirtschaftswunder Schweiz. Es ist nämlich nicht erkennbar, mit welcher Strategie man dieser
fundamentalen Absage an die Selbstverantwortung begegnen könnte. Ein Beispiel
ist die Debatte über die Entlöhnung von Spitzenkräften der Wirtschaft – ein Problem von nicht zu vernachlässigender sozialer Sprengkraft. Alle bisher diskutierten
politischen Antworten sind wenig überzeugend. Eine fixe Obergrenze für Löhne
etwa widerspricht der Grundphilosophie einer freien, von unten nach oben organisierten Gesellschaft – ganz abgesehen davon, dass jegliche Obergrenze willkür-
lich wäre. Transparenzvorschriften wiederum haben den Effekt, dass die Lohnsum-
me der Spitzenkräfte insgesamt steigt; sie akzentuieren, wie die Erfahrung zeigt,
das Problem, statt es zu lösen. Dass solche Debatten durchaus politische Auswirkungen haben, zeigt sich an einem weiteren Ereignis der jüngsten Geschichte, der
Annahme der sogenannten «Abzocker-Initiative». Diese vom praktisch gesamten
wirtschaftlichen Establishment bekämpfte Initiative wurde am 3. März 2013 mit
einem Ja-Stimmen-Anteil von 67,9 Prozent angenommen – die dritthöchste Zu-
stimmungsrate zu einer Volksinitiative in der Schweiz überhaupt. Unter anderem
verbietet die Initiative Abgangsentschädigungen für Manager, verlangt jährliche
Abstimmungen über die Höhe der Vergütung von Verwaltungsräten und Geschäftsleitung, und sie verpflichtet die Pensionskassen, gemäss den Interessen ihrer
Mitglieder abzustimmen. Man kann die Annahme der Initiative als Versuch werten,
mittels staatlicher Regulierungen die moralischen Verpflichtungen zu definieren
und festzuzurren. Inwieweit dies den gewünschten Effekt haben wird, muss sich
allerdings noch weisen. Vorerst zeigt sich jedenfalls, dass die neuen Regeln die
Tendenz in Verwaltungsräten fördern, juristische Formalitäten vor unternehmerisches Denken zu stellen. Stattdessen wäre wohl eine Lösung im Sinne der oben
beschriebenen Balance günstiger gewesen: dass Schweizer Wirtschaftsführer wieder vermehrt jene Charaktereigenschaften entwickelten, die frühere Generationen
ausgezeichnet haben, besonders das Wissen, dass Reichtum verpflichtet – auch
zum Einsatz für das Gemeinwesen.

Die Schweiz – nicht ein Vorbild, sondern eine Alternative

Diese skizzenhaften Ausführungen beantworten die eingangs gestellte Frage nach
der Robustheit des Schweizer Wirtschaftswunders gewiss nicht abschliessend. Sie
liefern nur Hinweise darauf, wo künftig die Herausforderungen liegen werden:
Gibt es in der Schweiz genügend intrinsische Motivation, genügend Leistungswillen,

der sich nicht allein aus monetären Leistungsanreizen nährt? Verliert das Land an Zusammenhalt, wenn ostentative Zurschaustellung des Reichtums an die Stelle der zwinglianischen und calvinistischen Tiefstapelei tritt? Kann die Schweiz Vielfalt und Offenheit angesichts der neuen Zuwanderungsbedingungen bewahren? Lässt sich das soziale Gefüge dank gegenseitigem Respekt und sozialer Verantwortung jenseits des überbordenden Sozialstaates sichern? Wie kann der Gestaltungswille angesichts einer zunehmend komplexeren Welt bewahrt werden?

Die zweifelnde, aber keineswegs verzweifelte Sorge über die Zukunftsfähigkeit des Erfolgsmodells Schweiz erleichtert auch die Beantwortung der häufig gestellten Frage, ob andere Länder dem Erfolgsmodell Schweiz nacheifern sollten. Letztlich ist diese Frage falsch gestellt, weil das Wirtschaftswunder Schweiz nicht ohne Blick zurück in die Geschichte erklärt werden kann. Der Erfolg der Schweiz ist gewachsen und kann kaum mittels der Befolgung simpler Faustregeln anderswo kopiert werden.

Die Frage ist aber auch deshalb falsch gestellt, weil Nacheifern gar nicht das Ziel sein sollte. Der Wert des Wirtschaftswunders Schweiz liegt nicht in seinem Vorbildcharakter. Die Schweiz als Vorbild – das wäre sowohl anmassend als auch angesichts der vielen unterschiedlichen Gegebenheiten wenig realistisch. Aber der Wert des Schweizer Erfolgs liegt darin, dass er aufzeigt, dass Alternativen existieren und dass sie möglich sind, dass es Alternativen zu den anderen historisch gewachsenen Modellen gibt, zu den anderen geschichtlichen Wegen, die die Menschen in anderen Teilen Europas und der Welt eingeschlagen haben. Darin liegt die Verpflichtung: ein gewachsenes Modell, das sich bewährt hat, als Alternative zu andern Modellen weiterhin auf dem Pfad des Erfolgs zu halten. Weder die Andersartigkeit noch der Erfolg sollten Anlass sein für ein schlechtes Gewissen oder gar Scham. Genauso wenig sollten sie aber zu Überheblichkeit und Selbstgerechtigkeit führen. Wer sich der spezifischen Ursachen – und dazu gehören viele Zufälle – des Schweizer Erfolgs bewusst ist, wird nicht nur selbstkritischen Stolz über das Erreichte empfinden, sondern vor allem Dankbarkeit. Das Erfolgsmodell Schweiz ist nicht der «richtige» Weg, sondern nur ein Weg – aber eben eine Alternative zu anderen Wegen und damit immer auch ein Test- und Vergleichsfall für jene, die ihren eigenen Weg zum wirtschaftlichen Erfolg suchen und finden wollen.

Nachwort zur 3. Auflage

Nachwort zur 3. Auflage

Schon seit der 1. Auflage von «Wirtschaftswunder Schweiz» rangiert die Schweiz regelmässig an erster Stelle des Global Competitiveness Index des World Economic Forum, im Jahr 2015 zum nunmehr siebten Mal in Folge. So ist es nicht schwierig, eine Art Liebesgeschichte über ein Land zu schreiben, das wirtschaftlich derart erfolgreich ist. Und natürlich weckt dies die Neugier über den Grund dieses Erfolgs – was Hauptmotiv für das Schreiben dieses Buches war, das nun bereits in der 3. Auflage erscheint.

Und diese Neugier hallt international nach: Das aus dem deutschen Originalwerk «Wirtschaftswunder Schweiz» erwachsene Folgebuch «Swiss Made» liegt in bislang sechs Sprachen vor – Arabisch, Chinesisch, Englisch, Französisch, Japanisch und Vietnamesisch –, von denen weltweit insgesamt rund 100 000 Exemplare verkauft worden sind. Damit dürften diese Ausgaben die heute wohl massgebendste Beschreibung der Schweizer Erfolgsgeschichte sein, was anerkannte internationale Experten wie Lee Kuan Yew, Paul Volcker und die Harvard-Professoren Lawrence Summers und Harold James in ihren Kommentaren bestätigt haben. Nicht zuletzt deshalb propagiert Pro Helvetia das Werk als beispielhafte Beschreibung von Kultur und Werten der Schweizer Wirtschaft, und mehr als 40 Schweizer Botschaften geben «Swiss Made» als Geschenk an diplomatische Gäste ab. Auch in der Schweiz zeigt sich diese Unterstützung: Bundesrat Johann Schneider-Ammann und Unternehmer Alfred Schindler schrieben das Vorwort der chinesischen, EPFL-Präsident Patrick Aebischer jenes der französischen Ausgabe. Die Gewinnerinnen und Gewinner des jährlichen Spark Award, mit dem die ETH Zürich die vielversprechendsten Erfindungen auszeichnet, erhalten jeweils eine Ausgabe von «Swiss Made» als Inspiration für künftiges Schaffen.

All dies mag die Erfolgsgeschichte der Schweiz weiter unterstreichen – doch es sei daran erinnert, dass Erfolg die Mutter der Selbstgefälligkeit und vielleicht sogar der Dekadenz ist. Generell gilt, dass die zahlreichen Rankings, in denen die Schweiz jeweils so gut abschneidet, aus einem Blick in die Vergangenheit resultieren – doch es ist die Zukunft, die zählt. So erlaube ich mir, hier einige persönliche Beobachtungen anzufügen, die das Erfolgsmodell Schweiz bedrohen können. Ich denke, dass auf fünf unterschiedlichen Ebenen – Individuum, Firmen, Gemeinschaft, Öffentlichkeit und Nation – grosse Herausforderungen auf die Schweiz zukommen werden. Diese sind nachfolgend kurz umrissen.

Individuum

Grosse individuelle Leistungen entstehen nur unter Druck. Jean-Pierre Roth, ehemaliger Präsident der Schweizerischen Nationalbank, sagte einst: «Die Schweiz wurde erfolgreich, weil sie arm und klein war.» Die Schweizer haben die Anpassung an widrige Umstände zu einer Gewohnheit gemacht und damit überproportionalen Erfolg erzielt. Die Herausforderung besteht nun darin, diese Routine fortzuführen, um damit der Selbstzufriedenheit entgegenzuwirken, die eine derartige Serie von Erfolgen typischerweise mit sich bringt. Obwohl die Schweizer eine Vielzahl von grossartigen Dingen erfunden haben, zählt ein Heilmittel gegen Selbstzufriedenheit leider nicht dazu.

Das hohe Wohlstandsniveau und die Tatsache, dass Erbschaften heute eine massgebliche Einkommensquelle für viele darstellen, lassen eine Übersättigung, zunehmendes Besitzstandsdenken, eine Rentnermentalität und somit Verlust der unternehmerischen Kräfte befürchten. Die Auswirkung dieser Selbstzufriedenheit und einer «Der Kühlschrank ist voll»-Mentalität ist offenkundig. Umfragen zeigen, dass die Schweizer Jugend viel Wert legt auf Wohlstand, aber weitgehend ignoriert, woher dieser kommt und wie er erreicht wurde. Wie lässt sich die Zukunft planen, ohne die Vergangenheit zu verstehen? Wie lässt sich etwas wertschätzen (und bewahren), ohne es richtig zu begreifen?

Innovation war immer entscheidend für Fortschritt und Gedeihen eines Landes, aber Innovation entsteht meist durch Versuch und Irrtum. Die Schweizer Gesellschaft hat Mühe mit einer produktiven Fehlerkultur. Die Schweiz wird ihre diesbezüglichen gesellschaftlichen Regeln hinterfragen müssen, denn Gesellschaften, die Risikobereitschaft unterstützen und Misserfolg akzeptieren, haben einen Wettbewerbsvorteil.

Dieser Zwang zur Anpassung gilt auch für einen anderen, hierzulande hochgeschätzten Wert: Diskretion. Sie war historisch ein Vorteil für die Schweiz – auch weil sich damit Profite verbergen liessen, die sonst Wettbewerb oder Neid angezogen hätten. Ausserdem mussten keine Fehler oder Unfälle, die unweigerlich passieren, zugegeben werden. Ich erinnere mich an eine Aussage von einem Mitglied der Geigy-Familie: «Es gab Todesfälle in klinischen Studien zum Testen neuer Medikamente, aber es wurde einfach nicht darüber gesprochen.» Aber wie Oswald Grübel sagt: «Jeder mit einem iPhone und einem Twitter-Konto ist quasi ein Journalist; Transparenz wird die Norm in der Schweizer Gesellschaft, wie auch anderswo.»

Firmen

Auf Firmenebene stehen mindestens drei Schweizer Schlüsselbranchen durch globale Veränderungen besonders unter Druck. Erstens die Vermögensverwaltung, die bezogen auf Arbeitsplätze und Steuerertrag für die Schweiz immer noch am bedeutendsten ist. Ihr Erfolg beruhte auf hohen Margen in einem Umfeld von relativ anspruchslosen Kunden, kräftigen Kapitalrenditen und einem einträglichen Aufschlag für Schweizer Diskretion. Das Fortbestehen dieser Grundlagen ist fraglich. Das soll nicht heissen, die Schweizer Vermögensverwaltungsbranche taumele am Abgrund. Wie Brad Hintz, Leiter der Bankenanalyse bei Sanford C. Bernstein, betont: «Es besteht immer Bedarf an einem sicheren, verlässlichen Bankenzentrum, und der Schweizer Leistungsausweis ist unübertroffen.» Zudem wächst global das private Vermögen, und es wird irgendwo seine Heimat finden wollen. Aber sowohl der Ursprung dieses Vermögens als auch die damit erzielbaren Margen ändern sich rapide. Die Branche ist gezwungen, sich diesen radikal neuen Umständen anzupassen und ihr Geschäftsmodell zu verändern.

Die Pharmaindustrie, eine zweite wichtige Quelle des Schweizer Wohlstandes und grösster Exporteur, steht unter ähnlichem Druck. Die Schweizer waren stets willens, mehr in Forschung zu investieren als ihre globalen Herausforderer – und es hat sich ausgezahlt. Allerdings sieht sich nun die gesamte Pharmabranche konfrontiert mit einer fallenden Produktivität der Forschung und explodierenden Grenzkosten für Entdeckungen; der Ertrag für Innovation ist geschrumpft. Gleichzeitig haben öffentliche Gesundheitswesen auf der ganzen Welt zunehmend das Problem, die Preise für Medikamente zu bezahlen. Auch übernehmen Generikahersteller immer grössere Marktanteile dort, wo Schlüsselpatente ablaufen. Die Schweizer Firmen sind sich dieser Entwicklungen bewusst, Novartis beispielsweise ist mittlerweile der zweitgrösste Generikahersteller der Welt. Roche und Novartis haben zu Beginn dieser globalen Veränderungen geschickter als ihre Wettbewerber navigiert. Aber ebenso wie die Vermögensverwaltung steht der Pharmaindustrie eine Ära von insgesamt schrumpfendem Wachstum und Ertragskraft bevor.

Drittens schliesslich war historisch der Tourismus ein wichtiger Pfeiler der Schweizer Wirtschaft. Vor allem in strukturschwachen Alpengegenden schuf er zahlreiche Arbeitsplätze. Seit einiger Zeit jedoch scheint der Tourismus einen langfristigen Abschwung zu erleiden. Der starke Schweizer Franken, eine Vielzahl an attraktiven Alternativen und die Senkung der Transportkosten setzen dem Schweizer Tourismus nachhaltig zu. Auf absehbare Zeit dürfte sich daran wenig ändern. Die Schweizer Politik muss sich deshalb fragen, inwieweit sie weiterhin Gebiete unterstützen will, die wenig Aussicht auf wirtschaftlichen Erfolg im Tourismus haben.

Gemeinschaft

Eine dritte Gruppe von kritischen Entwicklungen betrifft das gemeinschaftliche Fundament von «Swissness»: Das Abwägen zwischen persönlicher Ambition und Verantwortung für Familie, Gemeinschaft und Staat verschiebt sich. Menschen heiraten später, bekommen weniger Kinder, lassen sich öfter scheiden und fühlen sich weniger der Gemeinschaft verpflichtet, in der sie leben. Das angesehene Bildungssystem der Schweiz mit seinem starken Schwerpunkt auf der Berufsausbildung – für viele das Rückgrat des weltweit beneideten Egalitarismus – wird von zwei Seiten bedroht. Zum einen wird die klassische Ausbildung aufgrund der sich rasch wandelnden Technologien schneller obsolet. Ein Automechaniker zum Beispiel muss heute mehr von Software und Computern als von Maschinenbau verstehen. Zum anderen finden – wie überall sonst auf der Welt – eine Inflation an Bildungsabschlüssen und eine Akademisierung statt. Doch die Annahme, dass ein höherer Abschluss zu besseren Karriereaussichten führt, ist nicht zwingend korrekt.

Auch das persönliche Engagement in Politik, Militär und Kultur im Rahmen des Milizsystems gehört zu diesem Fundament, was zu einem dichten sozialen Gefüge beigetragen hat. Dem steht die zunehmend verbreitete Haltung gegenüber, man sei als Individuum ein Getriebener der Komplexität der Welt, ein «Rädchen in der Maschine», man könne sich nicht wirklich gegen den Strom stemmen, man könne sich nicht so verhalten, wie es einem die eigenen Überzeugungen gebieten würden, man sei für sein Tun nicht wirklich verantwortlich, sondern Opfer des Systems. Dies ist eine gefährliche Entwicklung, denn es ist nicht erkennbar, mit welcher Strategie man dieser fundamentalen Absage an die Selbstverantwortung begegnen könnte.

Öffentlichkeit

Ein Ursprung des Schweizer Erfolgs lässt sich bis auf die geistige Schöpfung der Aufklärung im 18. Jahrhundert zurückverfolgen. Ihr Ideal ist der wohlinformierte Bürger, der selbst denkt und entscheidet. Die Schweizer Medien haben weitgehend für das freiheitliche Denken nach aufklärerischen Kriterien gewirkt und gekämpft. Zu den Errungenschaften dieses Kampfes gehört die Pressefreiheit. Der deutsche Philosoph und Soziologe Jürgen Habermas, der Massgebendes zu den Begriffen «Öffentlichkeit» und «deliberative Demokratie» geleistet hat, beschreibt, dass die Wirksamkeit einer jeden Demokratie davon abhängt, wie sie den Diskurs und die Debatte begünstigen kann. Medien sind dafür ein kritischer Akteur. In einer perfekten Welt finden das Abwägen und Beraten in der Öffentlichkeit statt, und Politiker haben sich danach zu verhalten. Die schweizerische direkte Demokratie hat dieses Ideal gut umgesetzt.

Aber die Wirksamkeit dieses hochgeschätzten Schweizer Systems der direkten Demokratie gerät durch die Umwälzungen bei der Berichterstattung über öffentliche Angelegenheiten unter Druck. Wie überall auch hat sich die Schweizer Medienlandschaft enorm fragmentiert, mit vorhersehbar negativen Konsequenzen. Neue, populäre Medien, in Fernsehen, Internet und Print, zielen auf Nischenmärkte, Infotainment und spezielle Interessengruppen (ein Phänomen bekannt als «narrowcasting») und propagieren Ansichten oft auf simple, schrille Art, statt Konsens anzustreben und eine fundierte Meinungsbildung zu ermöglichen.

Nation

Schliesslich steht auch die Schweiz als Nation unter Druck. Passt dieses eher staatsskeptische, der spontanen Ordnung vertrauende, von unten nach oben aufgebaute Modell in eine Welt, in der dem Handeln des Staates wieder vermehrt eine zentrale Rolle zugeschrieben wird? Der Hang zu einer globalen Regulierungsmaschinerie, der von der Idee genährt wird, man könne Grossprobleme wie den Klimawandel nur auf supranationaler Ebene durch die Schaffung globaler Regulierungen lösen, ist unübersehbar. All dies ist eine politische Herausforderung, wächst doch der Druck zur Einbindung, Nivellierung und Top-down-Kontrolle.

Natürlich war die Schweiz als kleines Land immer auch Spielball der Geschichte und gelegentlich gar «erpressbar». Globalisierung und technologischer Wandel aber ändern die Bedeutung und die Reaktionsfähigkeit einer Nation und zwingen Länder zur Zusammenarbeit oder länderübergreifenden Bewältigung. Die Ereignisse im Zuge der Finanzkrise haben dies sehr deutlich (und für die Schweiz schmerzhaft) gezeigt. Die Schweiz sah sich plötzlich Verbindlichkeiten im Bankensektor gegenüber, die das ganze Land in den Bankrott hätten zwingen können. Kein Land hätte diese Krise allein überwinden können, und der Erfolg war abhängig von der Zusammenarbeit der Nationalbanken aller Industrieländer.

Weitere Krisen lauern am Horizont, in anderer Form, aber gleicher Art: tief greifend und komplex wie Klimawandel, Bankkundengeheimnis, Besteuerung von internationalen Beteiligungen und Off-shore-Vermögen oder akut, wie die vom Krieg in Syrien Vertriebenen. Der Flüchtlingsdruck überfordert allmählich den ganzen Kontinent. Menschen werden aus humanitären Gesichtspunkten aufgenommen, werden aber erst mal keinen oder nur einen geringen Beitrag zur Prosperität eines Landes beisteuern. Die schwierige Aufsicht über globale Organisationen mit Sitz in der Schweiz wie die FIFA zeigt die Durchlässigkeit nationaler Grenzen auf eine ganz andere Weise. Ganz zu schweigen von den grenzenlosen Auswirkungen der Aktivitäten von Unternehmen wie Google oder Uber.

Für die Schweiz, die staatlichen Initiativen misstraut und sich von Staatenbünden und internationalen Organisationen lange möglichst ferngehalten hat, stellt dies eine besondere Herausforderung dar. Die Schweiz ist heute nicht mehr das eher periphere und arme Land von einst; sie hat es mit Glück und Tüchtigkeit zu bewundernswertem Wohlstand gebracht. Doch trotz all ihres Strebens nach Unabhängigkeit ist die Schweiz Teil einer Welt, und sie wird sich von deren Krisen immer weniger abschotten können, wie die Aufgabe der Euro-Untergrenze durch die Schweizerische Nationalbank gezeigt hat. Gewiss hat die Schweizer Industrie die Stärke der Landeswährung bislang erstaunlich gut gemeistert und als Antrieb zur Stärkung der Wettbewerbsfähigkeit genommen. Doch derzeit ist man weltweit mit dem Paradox konfrontiert, dass man eher dafür bezahlt wird, wenn man Geld ausleiht, als dass der Sparer für das ausgeliehene Geld belohnt wird. Solche langen Perioden von «Gratisgeld» haben sich immer wieder als Quelle weltweiter Krisen erwiesen. So wird sich die Schweiz für kommende Verwerfungen wappnen müssen – und wird wohl nicht darum herumkommen, diese im Zusammenspiel mit anderen Ländern und kompatibel zu den Interessen der Nachbarn zu überwinden.

Den Herausforderungen begegnen

Natürlich bringt jedes Zeitalter seine Herausforderungen mit sich – und gerade die Wirtschaftsgeschichte der Schweiz ist reich an Erfahrungen mit existenziellen Krisen und Neubeginn: Nestlé stand 1923 vor dem Bankrott, die Firma Roche im Verlauf ihrer Geschichte gar zweimal. Die Schweizer Uhrenindustrie erlebte in den 1970er-Jahren eine existenzbedrohende Krise, ABB war 2002 formal während zwei Tagen zahlungsunfähig. Nach Ausbruch der Finanzkrise musste der Staat die UBS retten, und kurz darauf bewahrte eine Investition von Warren Buffet die Swiss Re vor Finanzturbulenzen. All diese Unternehmen überlebten, weil sie sich im Angesicht von Herausforderungen anpassen und neu erfinden konnten. Diese Beispiele zeigen aber auch, dass festgefahrene Verhaltensmuster irgendwann an eine Grenze stossen und genau diese Anpassungsleistungen verlangen.

Zu dieser Wandlungsfähigkeit gehört auch die Einsicht, dass manche Industrien nicht mehr gerettet werden können. Die Schweizer Textilindustrie ist nur noch ein Schatten ihrer selbst, und es überlebten nur jene, die – wie etwa Rieter – in ganz neue Bereiche vorstossen oder aber sich in kleinen, lukrativen Nischen einnisten konnten, beispielsweise Forster Rohner oder Jakob Schläpfer im Bereich Mode. Die Schweiz hat diesen Niedergang relativ gelassen hingenommen, vergleicht man sie mit anderen industrialisierten Nationen, die teilweise noch jahrzehntelang absterbende Industrien künstlich am Leben erhalten wollten.

Und schliesslich gehört auch der Mut dazu, an die eigene Sache zu glauben. Die Wurzel von Actelion war ein von Roche abgeschriebenes Forschungsprojekt; doch Jean Paul Clozel und seine Mitstreiter glaubten an ihre Idee. Aus dieser Hartnäckigkeit entstand eine Firma mit heute rund 2500 Mitarbeitern und einem Umsatz von 2,2 Mrd. Franken – wohl bislang das erfolgreichste schweizerische Biotechnologie-Unternehmen.

Dieser Mut zur Innovation wird die Schweiz brauchen in einer Welt, die sich insbesondere aufgrund der Digitalisierung rasch wandelt. Gut 20 Jahre ist es her, seitdem das World Wide Web dank Tim Berners-Lees Ideen vom Cern in Genf aus die Welt erobert hat; im Verbund mit Gerätschaften wie Smartphones, von denen jedes einzelne mehr Rechenleistung aufweist, als das gesamte Apollo-Programm je zur Verfügung hatte. Industrien wie Medien, Musik und Telekommunikation wurden und werden von dieser Entwicklung bis zur Unkenntlichkeit verändert – und weitere werden folgen.

Anpassung, Innovation und Mut werden somit Kernkompetenzen, um in der kommenden Welt wirtschaftlich bestehen zu können. Und trotz den erwähnten Herausforderungen stimmen neuere Entwicklungen zuversichtlich. Allmählich entwickelt sich auch hierzulande eine Start-up-Kultur. Die ETH schätzt, dass ihre Start-ups in den letzten zehn Jahren 1500 Stellen und 250 Mio. Franken Umsatz generiert haben – darunter Firmen wie Svox und u-blox, die in diesem Buch porträtiert werden. Das Schweizer Wirtschafts-Ökosystem kann also durchaus neue Nischen schaffen.

Bei aller Zuversicht muss sich die Schweiz aber bewusst sein, welche grossen globalen Veränderungen anstehen. Ein zunehmender Teil der ökonomischen Tätigkeit wird von Wissen abhängen, das an keine nationalen Grenzen gebunden ist. Die wirtschaftliche Verbundenheit mit der Welt und die Fähigkeit, Talente anzuziehen, entwickeln sich deshalb immer mehr als massgebende Erfolgsparameter für ein Land. Dies gilt besonders für die Schweiz, die jeden zweiten Franken dank Export generiert und seit je versucht, die Talente dieser Welt anzuziehen. Auch heute tut sie das durchaus erfolgreich: Mehr als die Hälfte der hiesigen Universitätsprofessoren stammt aus dem Ausland, und 73 Prozent aller Schweizer Studierenden schliessen an Universitäten ab, die zu den 200 besten der Welt gehören – in den USA sind dies lediglich 18 Prozent und in Japan gar nur 2 Prozent.

Doch es wird weltweit schwieriger, Ausländer in einem Land zu sein, insbesondere in der Schweiz – einem Land mit einem hohen Prozentsatz von Schweizern im Ausland und Ausländern in der Schweiz. Man darf dabei nicht vergessen, dass es oft diese dislozierten Gemeinschaften sind, in denen neue Innovationen geschehen und deren Vertreter neue Firmen gründen. Sie entwickeln abseits ihrer Heimat eine höhere Sensitivität für Gelegenheiten und Gefahren – ein nicht zu unterschätzender Vorteil für wirtschaftlichen Erfolg.

Das zeigt sich auch in der mehrfach in diesem Buch betonten Beobachtung, dass viele Unternehmer in der Schweiz ausländische Wurzeln haben: Jean Paul Closel von Actelion ist Franzose, Henri Nestlé war Deutscher, Charles Brown Engländer, Nicolas Hayek Libanese. Dieses Muster zeigt sich übrigens auch anderswo, gerade auch in der vorab in den USA beheimateten Technologiebranche: Sergei Brin von Google ist Russe, Eduardo Saverin von Facebook Brasilianer, der Vater von Amazon-Gründer Jeff Bezos Kubaner, Pierre Omidyar von eBay Franzose und Jerry Yang von Yahoo stammt aus Taiwan.

Doch Offenheit hat Grenzen – gerade auch in der Schweiz, deren Ausländeranteil von 6 Prozent in den 1950er-Jahren auf nun gegen ein Viertel angestiegen ist. Es gibt überall Grenzen der Aufnahmefähigkeit, und man wird nicht mehr fragen müssen, wie viele Ausländer man will, sondern welche – Länder wie Australien, Kanada und Singapur haben das verstanden.

Inwieweit diese Grenzen der Offenheit für Menschen Bestand haben in einer Welt, in der Güter immer freier bewegt werden können, wird sich weisen: Eine Idee und die dafür notwendige Technologie können irgendwelcher Herkunft sein, das Produkt kann an jedem Ort hergestellt werden, die Finanzierung kann von irgendwo her kommen, und die Konsumenten können überall sein. Demnach wird der Verkehr von Wissen, Finanzströmen und Waren zunehmen – und die Erfahrung zeigt, dass jene Länder am meisten profitieren, die sich dieser Entwicklung nicht verschliessen, sondern sie mitgestalten. Das bedeutet aber auch, dass der Wettbewerb zwischen den Ländern härter werden wird. Wer sich dieser Entwicklung verschliesst, wird vor einer unerfreulichen Zukunft stehen.

Auch für die Schweiz gilt demnach eine alte Investorenweisheit: «Eine gute Performance in der Vergangenheit ist keine Garantie für künftige Performance.»

R. James Breiding

Anhang

Literaturverzeichnis

Die Faktenbasis für dieses Buch bildeten umfangreiche Recherchen durch das am Schluss des Buches vorgestellte Recherche-Team. Auf eine detaillierte Referenzierung der Quellen wird verzichtet. Stattdessen werden nachfolgend exemplarisch einige Werke zu den einzelnen Branchen vorgestellt, in denen der Leser weiterführende Informationen findet.

Schweizer Wirtschaftsgeschichte allgemein

Paul Bairoch (1990): Die Schweiz in der Weltwirtschaft. Verlag Droz, Genf.

Jean-François Bergier (1983/1997): Wirtschaftsgeschichte der Schweiz. Von den Anfängen bis zur Gegenwart. Verlag Benziger, Zürich.

Sandra Bott, Gisela Hürlimann, Malik Mazbouri, Hans-Ulrich Schiedt (Hrsg.) (2010): Wirtschaftsgeschichte in der Schweiz: eine historiografische Skizze. Traverse 01/2010, Verlag Chronos, Zürich.

Joseph Jung (2006): Alfred Escher 1819–1882. Der Aufbruch zur modernen Schweiz. Verlag Neue Zürcher Zeitung.

Lorenz Stucki (1968/1981): Das heimliche Imperium. Wie die Schweiz reich wurde. Verlag Huber, Frauenfeld.

Tourismus

Alfred Erhart (1985): Wunder dauern etwas länger. Universal Flugreisen, Vaduz.

Roland Flückiger-Seiler (2001): Hotelträume zwischen Gletschern und Palmen. Schweizer Tourismus und Hotelbau 1830–1920. Verlag hier + jetzt, Baden.

Roland Flückiger-Seiler (2003): Hotelpaläste zwischen Traum und Realität. Schweizer Tourismus und Hotelbau 1830–1920. Verlag hier + jetzt, Baden.

Karl Lüönd (2006): Weltwärts. Kuoni: Die Zukunft des Reisens. Seit 1906. AT Verlag, Aarau und München.

Nahrungsmittelindustrie

Katja Girschik, Albrecht Ritschl, Thomas Welskopp (Hrsg.) (2003): Der Migros-Kosmos. Zur Geschichte eines aussergewöhnlichen Schweizer Unternehmens. Verlag hier + jetzt, Baden.

Jean Heer (1991): Nestlé 125 Years 1866–1991. Nestlé, Vevey.

Marco Menabuoni (2006): Cioccolato. Von den bittersüssen Verlockungen der Kakaobohne. Flechsig Verlag, Würzburg.

Albert Pfiffner (1993): Henri Nestlé (1840–1890). Vom Frankfurter Apothekergehilfen zum Schweizer Pionierunternehmer. Verlag Chronos, Zürich.

Albert Pfiffner, Hans-Jörg Renk (2005): Wandel als Herausforderung. Nestlé 1990–2005. Nestlé, Vevey.

Roman Rossfeld (2007): Schweizer Schokolade. Industrielle Produktion und kulturelle Konstruktion eines nationalen Symbols 1860–1920. Verlag hier + jetzt, Baden.

Uhrenindustrie

Max Forrer, René Le Coultre, André Beyner, Henri Oguey (2002): L'aventure de la montre quartz. Centre-doc, Neuenburg.

Marco Richon (1998): Omega Saga. Fondation Adrien Brandt en faveur du patrimoine Omega, Biel.

Lucien F. Trueb (1995): Die Zeit der Uhren. Verlag Ebner, Ulm.

Lucien F. Trueb (2006): Zeitzeugen der Quarzrevolution. Editions Institut l'Homme et le Temps, La Chaux-de-Fonds.

Jürg Wegelin (2009): Mister Swatch. Nicolas Hayek und das Geheimnis seines Erfolgs. Verlag Nagel & Kimche, München.

Banken

Hans Bauer, Warren J. Blackman (1998): Swiss Banking. An Analytical History. MacMillan Press, London.

Claude Baumann, Werner E. Rutsch (2008): Swiss Banking – wie weiter? Aufstieg und Wandel der Schweizer Finanzbranche. Verlag Neue Zürcher Zeitung, Zürich.

Claude Baumann (2006): Ausgewaschen. Die Schweizer Banken am Wendepunkt. Verlag Xanthippe, Zürich.

Lukas Hässig (2009): Der UBS-Crash. Wie eine Grossbank Milliarden verspielte. Verlag Hoffmann und Campe, Hamburg.

Joseph Jung (2000): Von der Schweizerischen Kreditanstalt zur Credit Suisse Group. Eine Bankengeschichte. Verlag Neue Zürcher Zeitung, Zürich.

Joseph Jung (2007): Rainer E. Gut. Die kritische Grösse. Verlag Neue Zürcher Zeitung, Zürich.

Robert U. Vogler (2005): Das Schweizer Bankgeheimnis: Entstehung, Bedeutung, Mythos. Verein für Finanzgeschichte, Zürich.

Versicherungen

Heinz Hermann Brennwald (1966): Die Entwicklung des schweizerischen Versicherungswesens in den Jahren 1930–1963. Juris, Zürich.

Markus von Escher, Karl Lüönd (2013): Sicherheit als Prinzip. 150 Jahre und eine Zukunft für die Basler. Bâloise Holding AG, Basel.

Joseph Jung (2000): Die Winterthur – Eine Versicherungsgeschichte. Verlag Neue Zürcher Zeitung, Zürich.

Hans-Martin Oberholzer (1992): Zur Rechts- und Gründungsgeschichte der Privatversicherung – insbesondere in der Schweiz. Verlag Oberholzer, Frauenfeld.

Textilindustrie

Alfred Bosshardt, Alfred Nydegger, Heinz Allenspach (1959): Die schweizerische Textilindustrie im internationalen Konkurrenzkampf. Polygraphischer Verlag, Zürich.

Toby Matthiesen (2010): Die Bleiche der Zeit. Ein Zürcher Oberländer Textilareal im Wandel. Verlag Chronos, Zürich.

Stefan G. Schmid (2001): David (1548–1612) und Heinrich (1554–1627) Werdmüller. Begründer der Zürcher Seidenindustrie. Schweizer Pioniere der Wirtschaft und Technik, Band 73, Zürich.

Martin Widmer (2004): Sieben x Seide. Die Zürcher Seidenindustrie 1954–2003. Verlag hier + jetzt, Baden.

Maschinenindustrie

Arbeitsgruppe für Geschichte der Arbeiterbewegung Zürich (Hrsg.) (1975): Schweizerische Arbeiterbewegung: Dokumente zu Lage, Organisation und Kämpfen der Arbeiter von der Frühindustrialisierung bis zur Gegenwart. Limmat-Verlag, Zürich.

Silvio Borner, Aymo Brunetti, Thomas Straubhaar (1990): Schweiz AG. Vom Sonderfall zum Sanierungsfall? Verlag Neue Zürcher Zeitung, Zürich.

Hannes Hofmann (1962): Die Anfänge der Maschinenindustrie in der deutschen Schweiz 1800–1875. Fretz & Wasmuth, Zürich.

Norbert Lang (2000): Charles E. L. Brown 1863–1924, Walter Boveri 1865–1924. Gründer eines Weltunternehmens. Schweizer Pioniere der Wirtschaft und Technik, Band 55, Zürich.

Chemie und Pharma

Thomas Busset, Andrea Rosenbusch, Christian Simon (Hrsg.) (1997): Chemie in der Schweiz. Geschichte der Forschung und der Industrie. Verlag Merian, Basel.

Alfred E. Chandler jr. (2005): Shaping the Industrial Century. The Remarkable Story of the Evolution of the Modern Chemical and Pharmaceutical Industries. Harvard University Press, Cambridge/London.

G. Huber, Karl Menzi (1959): Herkunft und Gestalt der Industriellen Chemie in Basel. Herausgegeben von der Ciba Basel, Olten/Lausanne.

Karl Lüönd (2008): Rohstoff Wissen. Geschichte und Gegenwart der Schweizer Pharmaindustrie im Zeitraffer. Verlag Neue Zürcher Zeitung, Zürich.

Tobias Straumann (1995): Die Schöpfung im Reagenzglas. Eine Geschichte der Basler Chemie (1850–1920). Verlag Helbing & Lichtenhahn, Basel/Frankfurt a. M.

Christian Zeller (2001): Globalisierungsstrategien – Der Weg von Novartis. Springer, Berlin/New York.

Medizintechnik

Stephanie Schmitt-Rüth, Susanne Esslinger, Oliver Schöffski (2007): Der Markt für Medizintechnik: Analyse der Entwicklung im Wandel der Zeit. Schriften zur Gesundheitsökonomie 12, Verlag HERZ, Burgdorf.

Handel

Daniel Ammann (2010): King of Oil. Marc Rich. Vom mächtigsten Rohstoffhändler der Welt zum Gejagten der USA. Verlag Orell Füssli, Zürich.

Ronald Cicurel, Liliane Mancassola (1991): Die schweizerische Wirtschaft 1291–1991. Geschichte in drei Akten. SQP Publication S. A., St-Sulpice.

Andrea Franc (2008): Wie die Schweiz zur Schokolade kam. Der Kakaohandel der Basler Handelsgesellschaft mit der Kolonie Goldküste (1893–1960). Verlag Schwabe, Basel.

Walter H. Rambousek, Armin Vogt, Hans R. Volkart (1990): Volkart. Die Geschichte einer Welthandelsfirma. Verlag Insel, Frankfurt a. M.

Giorgio und Margarete Wolfensberger (2001): Volkart 1851–2001. Eine schöne Geschichte in Bildern. Herausgegeben von Volkart, Winterthur.

Jörg Wolle (2009): Expedition in fernöstliche Märkte. Die Erfolgsstory des Schweizer Handelspioniers DKSH. Verlag Orell Füssli, Zürich.

Logistik und Transport

Walter Berchtold (1981): Durch Turbulenzen zum Erfolg – 22 Jahre am Steuer der Swissair. Verlag Neue Zürcher Zeitung, Zürich.

Sepp Moser (2001): Bruchlandung – Wie die Swissair zugrunde gerichtet wurde. Verlag Orell Füssli, Zürich.

Karl Lüönd (2004): Moving forward – Das Panalpina-Buch. Herausgegeben von Panalpina, Basel.

Hans P. Treichler, Barbara Graf, Boris Schneider, Ralph Schorno (1996): Bahnsaga Schweiz. AS Verlag, Zürich.

Urs von Schroeder (2002): Swissair 1931–2002 – Aufstieg, Glanz und Ende einer Airline. Verlag Huber, Frauenfeld.

Bau und Engineering

David D. Billington (2003): The Art of Structural Design – a Swiss Legacy. Princeton University Art Museum, Princeton NJ.

Werner Catrina (1985): Der Eternit-Report – Stephan Schmidheinys schweres Erbe. Verlag Orell Füssli, Zürich.

David Gugerli, Daniel Speich (2002): Topografien der Nation – Politik, kartografische Ordnung und Landschaft im 19. Jahrhundert. Verlag Chronos, Zürich.

Hans O. Staub (1994): Von Schmidheiny zu Schmidheiny. Schweizer Pioniere der Wirtschaft und Technik, Band 61. Verein für wirtschaftshistorische Studien, Meilen.

Hans G. Wägli (2008): Louis Favre (1826–1879). Erbauer des Gotthardtunnels. Schweizer Pioniere der Wirtschaft und Technik, Band 86, Zürich.

Architektur und Kunsthandel

Christoph Allenspach (1998): Architektur in der Schweiz – Bauen im 19. und 20. Jahrhundert. Pro Helvetia Schweizer Kulturstiftung, Zürich.

Christophe Mory (2005): Ernst Beyeler – Leidenschaftlich für die Kunst. Gespräche mit Christophe Mory, aus dem Französischen von Annalisa Viviani. Verlag Scheidegger & Spiess, Zürich.

Schweizerisches Institut für Kunstwissenschaften (Hrsg.) (1998): Die Kunst zu sammeln. Schweizer Kunstsammlungen seit 1848, Zürich.

Kenneth Frampton (1983): Die Architektur der Moderne – Eine kritische Baugeschichte. Aus dem Englischen von Antje Pehnt. Deutsche Verlags-Anstalt, Stuttgart.

Esther Tisa Francini, Anja Heuss, Georg Kreis (2001): Fluchtgut – Raubgut. Der Transfer von Kulturgütern in und über die Schweiz 1933–1945 und die Frage der Restitution. Verlag Chronos, Zürich.

Informationstechnologie

David Gugerli, Patrick Kupper, Daniel Speich (2005): Die Zukunftsmaschine. Konjunkturen der ETH Zürich 1855–2005. Verlag Chronos, Zürich.

Gregor Henger (2008): Informatik in der Schweiz – Eine Erfolgsgeschichte verpasster Chancen. Verlag Neue Zürcher Zeitung, Zürich.

Bildnachweis

Historisches Archiv ABB, Baden 212 links und rechts
AlpTransit Gotthard AG, Luzern 344
Andermatt Swiss Alps AG, Altdorf 48 oben, 48 unten
Apple 383 rechts
ART Basel 364 oben
Archiv AXA Winterthur 149 rechts, 157 rechts
© **Iwan Baan, Amsterdam** 371 oben
Baloise Group, Basel 153
© **Archiv Basler Mission/Bestand Basler Mission** 281 oben (QC-30.018.0071) und unten (QU-30.002.0059)
Baugeschichtliches Archiv, Zürich 173, 205 links
© **Bibliothèque publique et universitaire, Neuenburg** 85 links
© **Mario Botta** 369 oben (Foto Pino Musi) und unten (Foto Beat Pfändler)
© **Montres Breguet SA, L'Abbaye** 87 rechts
Stadtgemeinde Brig-Glis 278 links
Bundesamt für Landestopografie swisstopo 327 (reproduziert mit Bewilligung von swisstopo [BA100740])
Andrea Cometta, Pedrinate 364 unten
Coop Medienstelle, Basel 77 links
© **Roger Ressmeyer/CORBIS** 230 rechts
Archive und Sammlungen der Credit Suisse 112 links und rechts, 115 links und rechts
Hundertfünfzig Jahre DANZAS, 1815–1965 310 oben und unten
Archiv Deutsches Museum, München, Foto Karl Allwang 197 rechts
DKSH Management Ltd., Zürich 286 rechts und links, 287, 288
Dokumentationsbibliothek St. Moritz 37 links
© **Dreamstime** 329 unten
Endress+Hauser Management AG, Reinach 397 links und rechts
150 Jahre Escher Wyss, Sulzer Archiv, Winterthur 205 rechts
ETH Bibliothek, Nachlässe und Archive 326
Feintool AG, Lyss 217 links und rechts
FEMA Photo Library/Jocelyn Augustino 160 unten
© **FLC/2011, ProLitteris, Zürich** 361 oben
Basil Gelpke 305 unten
Genedata, Basel 246 links
Gerberkäse AG, Thun 57 links
Givaudan SA, Vernier 227 links
Glencore International AG, Zug 291 oben
Globalance Bank AG, Zürich 130
Goms Tourismus 39 links
Google 403
GRETLERs Panoptikum zur Sozialgeschichte 118 links, 302 rechts
Hahnloser/Jaeggli Stiftung, Winterthur 357 links und rechts
© **The Hebrew University of Jerusalem & The Jewish National & University Library** 352
Helvetia Patria Versicherungen, St. Gallen 152 rechts
© **Herzog & de Meuron** 371 unten

Historisches Museum Arbon 201 links

Holcim Ltd., Rapperswil-Jona 333

Otto & Joh. Honegger AG 175 oben und unten

100 Jahre Honegger-Webstühle, 1942, Maschinenfabrik Rüti 197 links

Verlag Hans Huber, Bern, Archiv Prof. Peter Ochsner 263 rechts

IBM Research – Zurich 381 links und rechts

Institut für Medizingeschichte, Universität Bern 256 links (Foto Jacques Zehnder), 256 rechts, 263 links (Foto Peter Friedli)

IWC Schaffhausen 92 rechts

Keystone 160 oben (Photo by Det. Greg Semendinger NYC Police Aviation Unit), 243 oben, 291 unten

Kunstmuseum Solothurn, Depositum des Kunstvereins Solothurn, 1899 278 rechts

Confiseur Läderach AG, Ennenda 78 links und rechts

Fotosammlung des Landesarchivs Glarus 30 links, 145

Lantal Textiles AG, Langenthal 189 rechts

Logitech International S.A. 389 links und rechts

Lonza Group Ltd., Basel 227 rechts

Mammut Sports Group AG, Seon 187 links, 187 rechts (Foto Rainer Eder)

Ralf Marquardt 87 links

Robert M. McClure 383 links

Medizinhistorisches Institut und Museum, Bibliothek, Zürich, «L'eveil médical vaudois 1750–1850: Tissot, Venel, Mayor», Université de Lausanne, 1987 254 links und rechts

Christian Menn, Chur 337 oben

AV-Archiv Migros-Genossenschafts-Bund, Zürich 74 oben und unten links

Schweizerische Mobiliar Versicherungsgesellschaft, Bern 152 links

Molecular Partners AG, Zürich-Schlieren 246 rechts

Monodor SA 66 unten rechts

Hotel Monte Rosa, Zermatt 33 rechts

H. Moser & Cie., MOSER SCHAFFHAUSEN AG, Neuhausen am Rheinfall 92 links

© National Portrait Gallery, London, Foto Ida Kar 361 unten

Archives Historiques Nestlé, Vevey 57 rechts, 63 unten, 66 links und oben rechts, 69 links und rechts

Nestlé Research&Development, Vevey 77 rechts

Niedersächsische Staats- und Universitätsbibliothek Göttingen 30 rechts

Firmenarchiv Novartis AG, Basel 224 links und rechts, 234 oben links und rechts, 238 links

NZZ Bildarchiv, Zürich 136 links (Foto Christoph Ruckstuhl), 372 unten (Foto Christian Beutler)

Österreichische Nationalbibliothek, Wien 118 rechts

Panalpina, Basel 305 oben

Archiv PHONAK 259 links

Partners Group, Zug 130 links

Pictet & Cie, Genf 113 links

Pilatus-Bahnen AG, Kriens/Luzern 41 rechts

© REUTERS/Yuriko Nakao (Japan) 136 rechts

Ringier Dokumentation Bild RDB 189 links (Foto Howard Brundrett), 392 links (Foto Lang/Grisel) und rechts (Foto Christian Lanz)

The Ritz London 39 rechts

Roche Firmenarchiv 230 links, 234 Mitte links und rechts

Rolex SA, Biel 95 links und rechts

© Sammlung Sigg 367

Bank Sarasin & Cie AG, Basel 113 rechts

Saurer Museum St. Gallen 201 rechts

Sachregister

Es wird nur auf relevante Stellen zu den jeweiligen Stichworten verwiesen.
Kursive Zahlen beziehen sich auf die tabellarische Darstellung von Firmen.

Personenregister

Es wird nur auf relevante Stellen zu den jeweiligen Personen verwiesen.

Dank

Eine Darstellung der Schweizer Wirtschaftsgeschichte, wie sie dieses Buch unternimmt, kann heutzutage kaum von einem einzigen Autor geleistet werden. So ist dieses Buch, das bewusst kein wissenschaftliches Werk sein will, sondern viele spannende Geschichten erzählen möchte, ein Gemeinschaftsunternehmen, bei dem zahlreiche Fachjournalisten mit ihren Recherchen und ihrer Textarbeit die Basis für die einzelnen Branchenkapitel gelegt haben. Es sind dies Ueli Burkhard (Textilindustrie), Timm Delfs (Uhrenindustrie), Felix Erbacher (Handel und Nahrungsmittelindustrie), Karl Lüönd (Chemie/Pharma und Versicherungen), Markus Schär (Banken und Maschinenindustrie), Caspar Schärer (Architektur/Kunst und Bau/Engineering), Felix Weber (Informationstechnologie und Medizintechnik) und Christoph Zurfluh (Tourismus). Das Kapitel Logistik und Transport basiert auf Beiträgen von Markus Christen, Felix Erbacher, Karl Lüönd, Caspar Schärer und Christoph Zurfluh. Als Bildredaktor hat Roger Zoller dieses Buch begleitet, Daniel Geissmann hat im Auftrag der Schweizerischen Nationalbank die Zahlen und Fakten für die Grafiken von Einführung und Schluss recherchiert. Prof. Harold James von der Princeton University hat ein Geleitwort beigesteuert. All diesen Personen danken wir sehr herzlich für ihr Engagement.

Ein besonderer Dank gebührt Markus Christen, der entscheidend zum Gelingen des Projektes beigetragen hat. Er begleitete und koordinierte die Arbeit unseres Rechercheteams, hat als Schreiber wichtige Lücken geschlossen, als Fachlektor mit kritischem Blick auf Schwachstellen hingewiesen und damit das Buch ganz wesentlich mitgeprägt. Unser Dank geht ferner an Hugo Bütler, der dieses Buches mit inspiriert hat. Beim Verlag NZZ Libro danken wir besonders Hans-Peter Thür und Ursula Hedwig Merz für ihre Unterstützung bei der Realisierung dieses Buches.

Nicht nur die Tatsache, dass die Grundlagen der einzelnen Kapitel von unterschiedlichen Experten erarbeitet wurden, führt naturgemäss zu einer gewissen Heterogenität der Darstellung der verschiedenen Branchen. Vielmehr ist auch deren historische Entwicklung und Bedeutung höchst unterschiedlich. So erhält in Branchen mit vorab historischer Bedeutung wie der Textilindustrie die generelle wirtschaftshistorische Perspektive ein stärkeres Gewicht gegenüber der Unternehmensgeschichte. Bei Branchen mit hohem Regulierungsgrad wie beispielsweise Banken und Versicherungen wird politischen Aspekten mehr Beachtung geschenkt als in andern Kapiteln.

Zahlreiche Unternehmer und Journalisten sowie Experten von Verbänden, Forschungsinstituten und andern Organisationen haben ihr wirtschaftshistorisches Fachwissen und ihre unternehmerischen Kenntnisse in Gesprächen und bei der kritischen Kontrolle der Kapitel einfliessen lassen. Ihnen allen gebührt unser Dank. Es sind dies unter anderem Daniel Ammann, Daniel Bach, Friedemann Bartu, Roland Baumgartner, Giorgio Behr, Ernesto Bertarelli, Alois Bischofberger, Victor Bischoff, Franz Blankart, Christoph Blocher, Daniel Borel, Sabine Bosshardt, Ulrich Bremi, Thomas B. Cueni, Daniel Daeniker, Walter Dettwiler, Markus von Escher, Yves Firmenich, Klaus Fischli, Stefan Flückiger, Walter Frehner, Eric Gasser, Charles Gebhard, Hans Geiger, Jürg Geigy, Fritz Gerber, Oswald Grübel, Martin Hess, Simon Heusser, Steven Hoch, Pierre Keller, David Kessler, Jean-Philippe Kohl, Albert Kündig, Jonas Lang, Jakob Langenauer, Konrad Lienhard, Hans Ulrich Maerki, Helmuth Maucher, Peter Moser, Claudius Ochsner, Jean-Philippe Pasche, Yves Paternot, Albert Pfiffner, Charles Pictet, Ivan Pictet, Hans Rentsch, Andy Rihs, Alfred Roelli, William Rutter, Bernard Sabrier, Roland Schlumpf, Andreas Schmid, Frank Schnewlin, Armin Schrick, Peter Schürmann, Klaus Schwab, Thomas Schweizer, Beda Stadler, Christopher Stadlin, Thomas Staehelin, Tobias Straumann, Guy Thomas, Ernst Thomke, Raphael Vannoni, Daniel Vasella, Andreas von Planta, Hans Vontobel, Rudolf Walser, Hans-Peter Wiedmer, Michael Wiesner, Hansjörg Wyss und Anselm Zurfluh. Selbstverständlich sind aber die Autoren alleine verantwortlich für allfällige inhaltliche Fehler.

Die Breite der Schweizer Wirtschaft spiegelt sich in der finanziellen Trägerschaft des Projektes, die die notwendigen Recherchen und die Textarbeit finanziert hat. Wir danken besonders folgenden Unternehmen, Stiftungen und Institutionen: ABB, Anova Holding AG, Emil Frey AG, FASMED (Dachverband der Schweizerischen Handels- und Industrievereinigungen der Medizintechnik), Holcim Ltd, Interpharma, Jacobs Holding AG, Johann Jacob Rieter-Stiftung, Naissance Capital AG, Nestlé S.A., Reichmuth & Co, Bernhard Sabrier, Sulzer AG, Swissmem, Swiss Re, Synthes Inc, Verband der Schweizer Uhrenindustrie FH, VP Bank, Walter Haefner Stiftung und Franz Wassmer. Ohne ihre Hilfe wäre die Finanzierung des beachtlichen Aufwandes, den die Realisierung eines solchen Werkes mit sich bringt, nicht möglich gewesen.

R. James Breiding, Gerhard Schwarz